해상법 중요판례집(Ⅰ)

(2012-2017)

고려대 해상법연구센터 발간

김 인 현 편저

法 文 社

안내의 말씀

본 판례집은 고려대학교 해상법연구센터에서 2013년 1월 Maritime Law News Update 제1호를 발간한 이래로 2017년 8월 제20호에 이르기까지 소개한 해상판례를 한권의 책으로 모은 것이다.

본 해상법 중요판례집은 해상사건을 처리하는 실무자와 연구자들에게 길잡이와 도움이 되도록 준비하였다. 원본에서는 뉴스레터의 성격상 자세하게 다루지 못하였지만, 그 후 관련판례가 깊숙하게 논의된 경우 이를 각주에서 소개하여 완결성을 높였다. 그리고 판결문 원문을 가능한 한 많이 첨부하여 연구와 재판실무 등에 활용할 수 있도록 하였다.

해상법 연구센터에서 발간한 News update에 소개된 판례들은 김인현 교수가 직접 작성한 것으로 그 후 한국해법학회지에 김인현 교수에 의하여 "해상법 판례 평석"에 소개된 바 있다. 따라서 본 판례집은 그러한 내용을 포함하는 편저로서 연구업적에 산입하지 않는 것임을 밝힌다.

본 작업을 위하여 수고를 한 김재희 변호사(법무법인 선율)(고려대 로스쿨 6기생), 판례를 타이핑 해준 장효은 조교와 편집을 맡아준 법문사 예상현 과장에게 감사를 드린다.

또한 센터 후원단체(선주협회, 스파크인터내셔널, 해송법률문화재단, 김&장 법률사무소 등)의 지원에도 감사드린다.

고려대학교 해상법연구센터는 앞으로도 4년 정도에 한 번씩 이같은 해상법 중요판례집을 발간할 것을 약속한다.

2017년 12월 15일

고려대학교 해상법연구센터 소장 김 인 현

차 례

제 1 호 (2013.1.11.) ······ 3

I. 미국 선급협회(ABS)의 손해배상책임(미국 제2항소법원 2012.8.29. 판결) ········ 3

II. 방제비채권의 책임제한 가부(부산고등법원 2012.10.29. 자 2012라61 결정) ······ 5

제 2 호 (2013.6.13.) ······ 8

I. 기업회생절차에서 공익채권으로서 운임청구권(대법원 2012.10.11. 자 2010마122 결정) ······ 8

II. 담보특약의 약관규제법 적용여부(서울고법 2012.11.22. 선고 2012나7207 판결) 10

제 3 호 (2013.9.25.) ······ 13

I. 추월항법의 적용(서울남부지방법원 2013.5.30. 선고 2012가합7046 판결) ··········· 13

II. 직접청구권이 부인된 사건(서울남부지방법원 2013.5.30. 선고 2012가합7046 판결) ······ 15

III. 잘못된 해도작성자의 책임(부산지방법원 2013.4.18. 선고 2012가합6274 판결) ·· 19

IV. 편의치적선에 적용될 준거법(창원지방법원 2013.4.10. 선고 2012나5173 배당이의 판결) ······ 21

제 4 호 (2013.12.31.) ······ 24

I. 선박대리점의 선박우선특권 행사(대법원 2012.7.16. 자 2009마 결정) ············ 24

II. 책임제한채권 인정이 부인된 운송물 불법인도(서울중앙지법 2013.11.1. 자 2013책2 결정) ······ 26

III. 이중책임제한 절차에서의 효력(인천지방법원 2013.5.21. 선고 2011가합17126 판결) ······ 29

IV. 화재면책(인천지방법원 2012.8.8. 선고 2011가합19740 판결) ······················· 33

V. RETLA 조항의 유효성(영국 해사법원 2012년 11월 7일 Saga Explorer 사건) ···· 36

제 5 호 (2014.3.31.) ······ 40

I. 유류오염사고로 인한 리조트의 경제적 손실이 배상된 판결 (서울중앙지방법원 2013.11.21. 선고 2011가합98377 판결) ······ 40

II. 여객운송인의 책임(청주지방법원 2013.11.15. 선고 2012가단25357 판결) ········· 42
III. 신용장에서 선하증권에 운송인의 서명을 요구하는 경우의 일치
(대법원 2013.10.31. 선고 2011다16431 판결) ········· 44

제 6 호 (2014.6.15.) ········· 47
I. 선박구조변경으로 인한 침몰과 보험금지급의무(서울중앙지법 2014.4.3. 선고
2013가합14274 판결) ········· 47
II. 창고에서의 운송물 무단반출로 인한 손해배상채권의 선주책임제한대상
여부(대법원 2014.5.9. 자 2014마223 결정) ········· 50
III. 항해용선계약에서 재판관할과 준거법 (울산지방법원 2014.2.6. 선고
2012가합3810 판결) ········· 53

제 7 호 (2014.9.20.) ········· 56
I. 책임제한결정(울산지방법원 2014.4.22. 자 2014책1 결정) ········· 56
II. 헤이그 규칙상 100파운드 책임제한액의 의미(대법원 2014.6.12. 선고
2012다106058 판결) ········· 57
III. 외국적 요소가 있는 해상운송계약에서 준거법의 결정 (울산지방법원
2014.2.6. 선고 2012가합3810 판결) ········· 59

제 8 호 (2014.10.5.) ········· 61
I. 러시아 법상 정기용선자가 발생시킨 채권은 선박우선특권의 대상 아님
(대법원 2014.10.2. 자 2013마1518 결정) ········· 61
II. 영국법상 직접청구권과 국제사법 제7조(서울고법 2014.5.9. 선고
2013나73560 판결) ········· 63

제 9 호 (2015.1.18.) ········· 66
I. 나용선(선체용선)등록 선박의 선적국법(대법원 2014.11.27. 자
12014마1099 결정) ········· 66
II. 선박소유자의 건조중인 선박에 대한 책임(부산지방법원 2014.5.15. 선고
2013가합47173 판결) ········· 68

제 10 호 (2015.4.15.) ········· 72
I. 선수금환급보증서의 법적 성질(대법원 2015.2.26. 선고 2012다79866 판결) ····· 72
II. 담보특약의 약관규제법 적용 여부(대법원 2015.3.20. 선고 2012다118846,

2012다118853(반소) 판결) ········· 75

제 11 호 (2015.7.3.) ········· 79

I. 국가의 사무를 처리한 경우 사무관리 성립의 요건(대법원 2014.12.11. 선고 2012다15602 판결) ········· 79

II. 항공·육상 복합운송에서 책임제한약관의 적용범위(대법원 2014.11.27. 선고 2012다14562 판결) ········· 81

III. 안전항에 대한 영국 Ocean Victory 판례(영국항소법원 2015.1.22. 선고 판결) ········· 85

제 12 호 (2015.11.9.) ········· 88

I. 선수금환급보증서의 법적 성질과 권리남용(대법원 2015.7.9. 선고 2014다 64442 판결) ········· 88

II. 책임보험계약의 직접청구권의 준거법(서울고법 2015.6.9. 선고 2012나29269 판결) ········· 91

제 13 호 (2016.1.5.) ········· 94

I. 화재면책, 선주책임제한규정의 임의규정성 및 합의배제 가능성 (대법원 2015.11.17. 선고 2013다61343 판결) ········· 94

II. 운송물 인도후 발행된 선하증권의 효력(대법원 2015.12.10. 선고 2013다3170 판결) ········· 97

제 14 호 (2016.3.11.) ········· 101

I. 운송물 불법인도시 창고업자의 책임(대법원 2015.4.23. 선고 2012다115847 판결) ········· 101

II. 터키의 직접청구권과 영국의 재판중지명령과의 관계 ········· 104

III. EEZ에서 압류된 선박을 해방시킨 판결 ········· 108

제 15 호 (2016.6.30.) ········· 112

I. 고정식 플로팅 도크는 지방세법상 선박이 아님(조세심판원 2015.12.24. 자 2015지0873 결정) ········· 112

제 16 호 (2016.8.31.) ········· 115

I. 선박투자회사의 펀드를 판매권유하는 증권회사의 설명의무 (대구지방법원 2015.2.4. 선고 2014나203202 판결) ······ 115
II. 예선사업자의 선박우선특권상 조사의무(대법원 2016.5.12. 선고 2015다49811 판결) ······ 117

제 17 호 (2016.11.19.) ······ 121
I. 회생절차하에서 국취부나용선에 대한 압류가능 여부(창원지방법원 2016.10.17. 자 2016타키227 결정) ······ 121
II. 서렌더 선하증권의 효력(대법원 2016.9.28. 선고 2016다213237 판결) ······ 123

제 18 호 (2017.3.15.) ······ 126
I. 적하보험에서 영국준거법약관의 효력과 설명의무(대법원 2016.6.23. 선고 2015다5194 판결) ······ 126
II. 국적취득조건부 선체용선의 회생절차에서의 지위(창원지방법원 2017.2.14. 자 2016라308 결정) ······ 129

제 19 호 (2017.5.13.) ······ 133
I. 선박연료유 공급자의 선박우선특권행사 가능성(대전지법 서산지원 2016.1.8. 자 2015타기180호 결정) ······ 133
II. 운송주선인이 계약운송인으로 인정된 사례(대법원 2017.1.25. 선고 2015다225851 판결) ······ 135

제 20 호 (2017.8.17.) ······ 138
I. 국취부나용선자의 보험금 수령권 여부(서울고등법원 2017.1.10. 선고 2015나2029365, 2029372 판결) ······ 138
II. 세월호에 적재된 화물차량에 적재된 화물도 보험부보 대상인지 여부 (서울고등법원 2016.4.21. 선고 2015나2030020 판결) ······ 141

■ 찾아보기 ······ 537

■ 판결문 전문 ■

<제2호－I－①> ······ 147
<제2호－I－②> ······ 149
<제2호－II> ······ 153
<제3호－I, II> ······ 170
<제3호－III> ······ 184
<제3호－IV> ······ 194
<제4호－I－①> ······ 198
<제4호－I－②> ······ 200
<제4호－I－③> ······ 205
<제4호－II> ······ 209
<제4호－III> ······ 212
<제4호－IV> ······ 222
<제5호－I> ······ 239
<제5호－II> ······ 246
<제5호－III> ······ 250
<제6호－I> ······ 256
<제6호－II> ······ 267
<제6호－III> ······ 269
<제7호－I> ······ 277
<제7호－II> ······ 279
<제8호－I> ······ 283
<제8호－II－①> ······ 286
<제8호－II－②> ······ 291
<제8호－II－③> ······ 293
<제9호－I－①> ······ 294
<제9호－I－②> ······ 298
<제9호－II> ······ 300
<제10호－I－①> ······ 305
<제10호－I－②> ······ 318
<제10호－II> ······ 322
<제11호－I> ······ 329
<제11호－II－①> ······ 342
<제11호－II－②> ······ 347
<제11호－II－③> ······ 351
<제12호－I－①> ······ 355
<제12호－I－②> ······ 372
<제12호－I－③> ······ 382
<제12호－II> ······ 386
<제13호－I－①> ······ 401
<제13호－I－②> ······ 410
<제13호－I－③> ······ 417
<제13호－II－①> ······ 419
<제13호－II－②> ······ 424
<제13호－II－③> ······ 426
<제14호－I－①> ······ 431
<제14호－I－②> ······ 438
<제14호－I－③> ······ 444
<제15호－I> ······ 448
<제16호－I> ······ 454
<제16호－II> ······ 462
<제17호－I> ······ 465
<제17호－II－①> ······ 469
<제17호－II－②> ······ 476
<제18호－I> ······ 481
<제18호－II> ······ 486
<제19호－I> ······ 491
<제19호－II－①> ······ 501
<제19호－II－②> ······ 507
<제20호－I> ······ 510
<제20호－II> ······ 529

Korea Maritime Law News Update

〈제1호〉 (2013.1.11.) I. 미국 선급협회의 손해배상책임 外
〈제2호〉 (2013.6.13.) I. 기업회생절차에서 공익채권으로서 운임청구권 外
〈제3호〉 (2013.9.25.) I. 추월항법의 적용 外
〈제4호〉 (2013.12.31.) I. 선박대리점의 선박우선특권 행사 外
〈제5호〉 (2014.3.31.) I. 유류오염사고로 인한 리조트의 손실 배상 판결 外
〈제6호〉 (2014.6.15.) I. 선박구조변경으로 인한 침몰과 보험금지급의무 外
〈제7호〉 (2014.9.20.) I. 책임제한결정 外
〈제8호〉 (2014.10.5.) I. 정기용선자 발생 채권은 선박우선특권 대상 아님 外
〈제9호〉 (2015.1.18.) I. 나용선등록 선박 선적국법 外
〈제10호〉 (2015.4.15.) I. 선수금환급보증서의 법적 성질 外
〈제11호〉 (2015.7.3.) I. 국가 사무를 처리한 경우 사무관리 성립 요건 外
〈제12호〉 (2015.11.9.) I. 선수금환급보증서의 법적 성질과 권리남용 外
〈제13호〉 (2016.1.5.) I. 선주책임제한규정의 임의규정성 및 합의배제 外
〈제14호〉 (2016.3.11.) I. 운송물 불법인도시 창고업자의 책임 外
〈제15호〉 (2016.6.30.) I. 고정식 플로팅 도크는 지방세법상 선박이 아님 外
〈제16호〉 (2016.8.31.) I. 선박투자회사 펀드를 판매하는 증권사의 설명의무 外
〈제17호〉 (2016.11.19.) I. 회생절차하에서 국취부나용선에 대한 압류가능 外
〈제18호〉 (2017.3.15.) I. 적하보험에서 영국준거법약관의 효력과 설명의무 外
〈제19호〉 (2017.5.13.) I. 선박연료유 공급자의 선박우선특권행사 外
〈제20호〉 (2017.8.17.) I. 국취부나용선자의 보험금 수령권 여부 外

제 1 호 (2013.1.11.)

I. 미국 선급협회(ABS)의 손해배상책임
(미국 제2항소법원 2012.8.29. 판결)

1. 사실관계

2002년 11월 프레스티지(Prestige)호 오염사고가 발생하여 어민들이 상당한 피해를 입게 되었다. 방제비 등을 지출한 스페인 정부는 프레스티지호의 선급검사를 한 미국선급협회(ABS)를 상대로 10억불에 해당하는 손해배상(징벌적 손해배상포함)을 청구하는 소송을 미국 뉴욕주 연방법원에 제기하였다.

뉴욕 1심 법원에서 청구가 기각되자 스페인 정부는 제2항소법원에 항소를 하게 되었다. 스페인 정부는 선급협회는 선급검사를 함에 있어서 계약관계에 있는 선주는 물론이고 제3자에 대하여도 주의의무를 부담한다고 주장하였지만, 미국선급협회는 이를 부정하였다. 나아가 스페인 정부는 ABS가 선박의 감항능력을 검사하고 증서를 발급함에 있어서 무모한(reckless) 행위가 있었고 따라서 책임이 있다고 주장하였다. 무모한 행위가 있었는지에 대한 사실관계의 존재여부가 쟁점이 되었다.

2. 법원의 판시내용

2012년 8월 29일 제2항소법원은 아래와 같이 판시하였다.

Sundance호 사건(1993년)에서 본 법원은 선주는 선급협회가 발행하는 선급증서가 선박이 안전하게 건조되었다는 점을 선주에게 담보하는 증서로 이해되어서는 아니된다고 판시한 바 있다. 원고는 이를 인정하면서도 위 판결은 선급협회의 무모한 행위로 인한 것이라면 그 적용이 없다고 주장하면서 미국선급협회의 무모한 행위가 있었는지를 입증하려고 한다. 1심 법원은, 선급협회가 잘못된 검사를 함으로써 불법행위책임을 부담하게 될 때 그 보호의 대상이 되는 범위에 스페인 정부는 포함되지 않는다고 판시하였고, 더 나아가 이것은 무모한 행위로 인한 사고인 경우에도 마찬가지라고 판시하였다.

본 법원은 무모한 행위로 인한 경우에 선급협회가 불법행위책임을 부담하는지에 대한 판단을 하지않고, 다만 그 전제가 되는 무모한 행위가 있는지를 먼저 판단한다. 원고는 그러한 무모한 행위가 있었다는 충분한 증거를 제출하지 못하였다. 그러므로 1심 법원에서 내린, 피고가 승소한 약식판결을 재확인한다.

3. 의 견

본 사건은 선급협회(classification society)의 제3자에 대한 불법행위책임이 문제가 된 사안이었다. 선급협회는 선박의 안전성에 대한 검사를 한 다음 선급에 선박을 입급시키고 증서를 발행하여주는 기관이다. 이 증서와 선박등록부에 대한 신뢰를 바탕으로 선박의 보험가입, 매매 등이 이루어진다.[1)]

선급협회의 책임은 선급계약의 당사자인 선급협회와 선박소유자(선주)와의 관계 및 선급협회와 제3자와의 관계로 나누어볼 수 있다. 선급협회는 선주와 선급계약을 체결하면서 검사수수료의 10배 등으로 책임이 제한된다는 약정을 체결하게 된다. 그런데, 제3자에 대한 책임은 약정으로 해결할 수 없다. 제3자는 불법행위를 기초로 한 손해배상책임을 선급협회에게 묻게 된다. 이 경우에 잘못된 선급검사에 대하여 선급협회가 선주 이외 제3자에게도 주의의무가 있는지가 문제되어왔다. 선급검사를 하면서 제3자에게 손해가 발생하지 않도록 검사할 의무가 선급협회에게 부과되어있는지의 문제이다.[2)]

본 사건에서는 프레스티지호가 스페인 연안에서 오염사고를 일으켰고 스페인 정부가 지불한 방제비용 등에 대하여 미국뉴욕연방지방법원에 소를 제기하였던 것이다. 영국과 미국에서는 선급협회는 선급검사시 제3자에게까지 이들을 보호하기 위하여 주의깊게 검사를 행할 주의의무를 부담하지 않는다는 판결을 여러 차례 내린 바 있다(1995년 Nicolas H호 사건에서 영국의 귀족원은 선급협회의 주의의무는 제3자에게 미치지 않는다고 판시함).

본 사건과 관련하여 원고인 스페인 정부는 무모한(reckless) 행위로 인한 경우에는 여전히 제3자에 대하여도 불법행위책임을 부담한다고 주장한 것이다. 이에 대하여 피고 미국선급협회는 이러한 법리에 앞서 그러한 무모한 행위가 없었다는 판결을 구하게 되

---

1) 세계적으로 유명한 선급협회로는 로이드선급, 일본선급, 미국선급등이 있다. 이들 주요선급협회는 세계선급연합회(IACS)를 결성하고 있고, 한국선급(KR)도 1985년부터 세계선급연합회의 회원으로 활동하고 있다.

2) 선급협회의 손해배상책임과 관련해서는 김인현, “선급협회의 손해배상책임에 관한 연구”, 고려대학교 법학석사학위논문, 1995.12.; 김인현, “선급협회의 손해배상책임과 그 대책”, 「한국해법학회지」 제27권 제1호, 2005.4., 「해상법연구Ⅱ」, 삼우사, 2008, 147면 이하를 참고 바람.

었다. 본 항소법원은 무모한 행위가 있었다는 입증을 원고인 스페인정부가 하지 못하였다고 판시하였다. 선급협회의 무모한 행위가 사고에 있었던 경우에는 선급협회의 책임은 제3자에게까지 확대되는가에 대한 판단은 본 법원이 내리지 않았다. 본 판결은 무모한 행위의 존부를 확인하는 약식판결(summary judgment)이었기 때문이다.

미국법에 따르면 무모한 행위가 성립하기 위하여는 원고에게 가하여질 정당화되지 않을 정도의 아주 높은 손해에 대한 위험을 무시하는 피고의 행동이 있어야 하고, 그 위험의 발생개연성은 명백하여 피고도 알고 있었어야 한다(the defendant...disregarded unjustifiably high risk of harm to another caused by the defendant's actions...that was obvious and thus should have been known to the defendant). 이는 고의에 가까운 주관적 요건이기 때문에 입증이 대단히 어렵다.

II. 방제비채권의 책임제한 가부

(부산고등법원 2012.10.29. 자 2012라61 결정)

1. 사실관계

일반선박인 경성호로부터 선박연료유(bunker) 유출사고가 있었고 이를 해양환경관리공단이 방제를 한 다음 방제비용청구를 선박소유자에게 제기하자 선박소유자(신청인)는 책임제한절차 개시를 신청하였고, 법원은 이를 책임제한채권으로 인정하여 책임제한절차 개시결정을 내렸다. 이에 동 공단은 이 결정이 위법하므로 취소하라는 항고를 부산고등법원에 제기하게 되었다.

2. 법원의 판시내용

유류오염배상과 관련하여 상법의 특별법인 유류오염손해배상보장법(이하 유배법)이 적용되는 바, 동법 제2조 제7호는 "유류오염손해란 유조선, 일반선박 및 유류저장부선에 의한 다음 각 목의 손해 또는 비용을 말한다. ...나. 방제비용..."이라고 규정하고 있고, 동법 제45조는 일반선박소유자의 책임제한이 인정되는 유류오염손해배상 채권에 방제조치비용을 포함시키고 있다.

기록에 의하면 유류오염사고를 일으킨 이 사건 경성호는 일반선박으로서 그 유류오염사고 방제비용은 위와 같은 유배법 조항에 의하여 선주책임제한채권에 해당하므로, 제1심의 이 사건 책임제한절차 개시결정은 적법하다고 할 것이다. 제1심 결정은 정당하므로 항고는 기각한다.

3. 의 견

책임제한제도는 원래 선박소유자 책임제한조약(LLMC)이라는 일반책임제한조약에서부터 시작되었다. 여기에 따르면 선박운항과 관련한 채권 대부분은 책임제한이 가능한 채권이지만, 공익적인 채권은 책임제한이 불가능하도록 하여 채권자를 보호하게 하고 있다. 선원의 임금채권, 해난구조로 인한 채권 등이 그러한 예이다(조약 제3조). 오염제거비용은 국가에 따라서 유보가 가능하다(제2조 제1항 및 제18조 제1항). 우리 상법은 침몰된 선박의 제거비용도 책임제한이 불가한 채권으로 정하였다(상법 제773조 4호). 그런데, 유조선의 유류오염관련 책임제한제도(CLC)가 새로이 만들어지면서, 방제비용도 책임제한이 가능한 채권으로 변경되었다. 이것은 아마도 책임제한이 되더라도 국제기금에 의하여 추가적으로 보상이 가능하기 때문일 것이다.

그 다음 일반선박에 의한 유류오염책임제한제도(선박연료유 협약, 소위 Bunker협약)가 2001년 제정되었고 2008년 발효되었다. 오염채권에 대한 별도의 책임제한기금 등이 만들어지지 않고 책임제한과 관련하여서는 일반 LLMC 혹은 이를 국내법화한 제도를 따르기로 하였다(Bunker 협약 제6조). 그렇다면 방제비용 등은 LLMC를 국내법화한 우리 상법에 따라 책임제한이 불가한 채권(비제한채권)이 되어야 할 것이다(상법 제773조).[3] 그런데, 2009년 국내법화하면서 이를 분명히 하지 못하여 입법의 불비가 있었다.

유배법 제45조(일반선박 소유자의 책임제한)

일반선박에 의한 유류오염손해의 배상책임이 있는 일반선박소유자의 책임제한에 관하여는 제9조 및 제10조를 준용하고, 상법 제769조 및 제770조 제1항을 적용한다. 제9조 및 제10조를 준용하는 경우 유조선은 일반선박으로 본다.

현행법을 보면 마치 유배법과 같이 책임제한이 가능한 것으로 해석이 되도록 입법이 되었다. 유배법 제10조는 제7조에 따라 책임을 제한하는 경우를 전제로 하고, 제7조는

3) 이에 대한 선행연구로는 김인현, "2009년 개정 유류오염손해배상 보장법", 「안암법학」 제34권, 2011.1., 653면 이하; 김인현, 「해상법 연구Ⅲ」, 법문사, 2015, 593면을 참고 바람.

유조선에 의한 유류오염손해배상책임을 지는 유조선의 선박소유자는 이 법에서 정하는 바에 따라 해당 유조선에 의한 유류오염손해배상책임을 제한할 수 있다고 한다. 제2조 제7호의 유류오염손해에는 유조선에 의한 방제조치비용도 포함한다. 그런데, 비제한채권에 대한 상법 제773조는 누락한 채로 상법의 769조 및 제770조 제1항만 언급하고 있기 때문에 유조선의 경우와 같이 책임제한이 가능하다는 주장이 가능하게 한다. 본 판결은 이와 같은 해석에 따라서 선박소유자는 방제비용채권에 대하여 책임제한이 가능하다고 판시한 것이다.

이러한 판시 결과는 모법이 된 선박연료유 협약과 다른 것이다. 필자가 제시하였던 연구용역의 결과(일반선박에 의한 유류오염손해의 배상책임있는 일반선박소유자의 책임제한에 관하여는 상법의 책임제한규정에 따른다고 제안되었다)와 달리 입법화 단계에서 부주의하게 유배법 제45조에 상법의 규정을 넣으면서 비제한채권과 관련된 제773조를 누락함으로써 문제가 발생한 것이다. 포괄적으로 상법의 책임제한규정을 따른다고 입법하였다면 제773조도 적용되어 방제비용은 비제한채권이 되었을 것이다. 선박연료유에 의한 오염사고로 인한 채권을 가진 자들은 다른 일반채권과 함께 책임제한기금에서 배당을 받아야 하고 또 책임제한이 되는 금액을 추가 보상하여 주는 국제기금제도도 존재하지 않기 때문에 유조선에 의한 경우보다 불리한 지위에 놓인다. 또한 방제비용채권이 책임제한이 된다면 방제가 지연될 우려가 있기 때문에 이를 비제한채권으로 할 공익적인 목적이 있는 것이다. 국토해양부에서도 이를 비제한채권으로 하기 위한 입법작업을 추진하여 현재 유배법 제45조에 제773조를 추가 삽입한 개정안이 국회에 계류중이다. (판결문 제공 법무법인 선율, 판례소개 김인현)[4)]

---

4) 그 후 유배법 제45조의 개정으로 일반선박의 선박연료유 유출로 인한 오염사고의 경우 방제비용은 책임제한이 불가한 채권으로 명문화되었다. 법률 제45조의 개정조문은 "일반 선박의 연료유로 발생한 유류오염손해의 배상책임이 있는 일반 선박소유자의 책임제한에 관하여는 제9조 및 제10조를 준용하고 「상법」 제769조, 제770조 제1항, 제771조, 제773조 제4호 및 제744조부터 제776조까지의 규정을 적용한다.(이하 생략) (시행일 2013.7.6.)"이다.

제2호 (2013.6.13.)

I. 기업회생절차에서 공익채권으로서 운임청구권

(대법원 2012.10.11. 자 2010마122 결정)

1. 사실관계

매수인(수입자) 甲은 매도인(수출업자) 乙과 상품매매계약(중고기계)을 체결하였고, 丙 은행은 매수인을 위하여 신용장을 개설하여 주었다. 매수인 甲은 丁(하파크로이드) 운송인과 운송계약을 체결하였다.(①) 한편, 甲은 그 사이에 회생절차개시신청을 하였고 신청허가를 받았다. 선하증권의 일부는 매수인 甲이 소지하고 있었지만 일부는 丙 은행이 소지하고 있었다. 그런데, 운임이 미지급되었기 때문에 丁 운송인은 자신이 점유하고 있던 운송물(중고기계)에 대하여 상법 제807조의 유치권에 기한 운송물경매를 신청하여 허가를 받았다.(②) 이에 대하여 丙 은행은 丁 운송인이 가지는 권리는 회생채무자에 대한 담보권이고 회생절차가 개시됨으로써 경매허가가 난 것은 잘못이라고 이의 취소를 구하였다.(③) 부산지방법원(2009.12.30. 자 2009라 209결정)은 은행 丙(항고인)의 운송인 丁(상대방)에 대한 항고를 기각하였다.

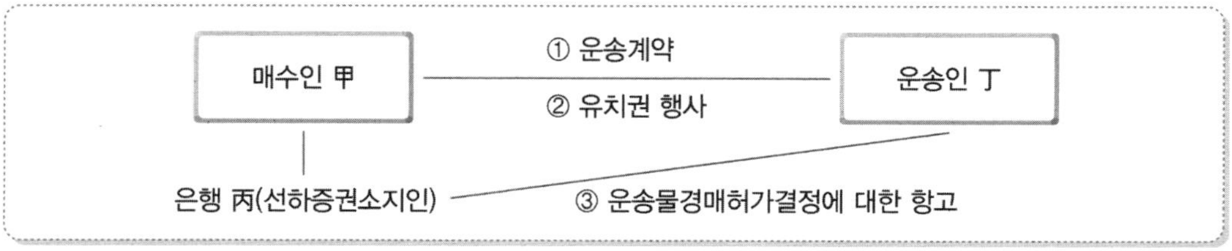

2. 법원의 판시내용

쌍방미이행된 운송인의 운임채권은 관리인이 운송계약 해지않았다면 공익채권이 됨.

위 각 해상운송계약은 쌍무계약으로서 매수인 회사에 대하여 회생절차가 개시된

2008.11.18. 당시 운송인의 매수인 회사에 대한 이 사건 제1항 내지 제3항 중고기계의 인도의무 및 매수인 회사의 운송인에 대한 운임 등의 지급의무는 모두 쌍방 미이행된 상태에 있었으므로, 운송인의 매수인 회사에 대한 운임채권 등은 매수인 회사의 관리인이 이행 또는 해제를 선택하기 전에는 회생채권이나 공익채권 어느 경우에도 해당하지 아니한 상태에 있었다(대법원 2007.9.6. 선고 2005다38263 판결). 그런데 매수인회사는 회생절차개시 이후 관계인집회를 거쳐 회생계획인가결정을 받았는바, 관리인이 관계인집회가 끝나기까지 위 각 해상운송계약을 해제 또는 해지하였다고 볼 아무런 자료가 없으므로 매수인회사의 관리인은 위 기한의 도과로써 위 각 해상운송계약을 해제 또는 해지할 수 없게 되었고 이로써 이행의 선택을 한 것으로 보아야 하므로, 운송인이 갖는 청구권은 공익채권에 해당하게 된다. 위 운임채권은 회생절차개시 후 그 실행이 중지 금지되는 회생담보권이 아니라 채무자회생법 제180조에 의하여 회생절차에 의하지 아니하고 수시로 그 권리를 행사할 수 있는 공익담보권에 해당한다고 할 것이다. 중고기계에 의하여 담보되고 있는 상대방 매수인 회사에 대한 운임채권 등이 회생담보권에 해당함을 전제로 하여 이 사건 운송물 경매허가 신청의 불허를 구하는 재항고인의 주장을 배척한 결론은 정당하다.

3. 의 견

이 사건에서 매수인과 매도인은 FOB 조건으로 수출입매매계약을 체결하였지만, 매도인이 수출지에서 운송계약을 체결하였다. 그러나 대법원은 이러한 경우 매수인이 매도인에게 운송계약을 체결할 대리권을 수여하였다고 보면서 FOB 약정하에서 운송계약의 당사자는 운송인과 매수인임을 확인하였다. 따라서 운임에 대한 채무자는 매수인 甲이 된다.

매수인 甲은 회생절차개시신청을 하여 개시 인가를 법원으로부터 받았다. 그 후 운송인은 미지급된 운임을 위하여 자신이 점유하고 있는 운송물에 대하여 유치권을 행사하여 경매신청을 하였고 법원은 이를 허가하였다. 채무자회생법 제58조에 의하면 운임채권에 대하여 담보권을 가지는 운송인은 더 이상 자신의 채권을 가지고 채무자의 재산에 대한 강제집행을 하지 못한다. 그런데 쌍방미이행쌍무계약의 경우(제119조)는 관리인이 이행을 선택하면 이는 공익채권이 되고(제179조 제1항 제7호) 이제는 회생절차에 의하지 아니하고 수시로 그 권리를 행사할 수 있어서 상대방은 강제집행이 가능하게 된다(제180

조 제1항). 본 사건에서 관리인은 관계인 집회가 끝나기까지 해상운송계약을 해지하지 않았으므로 이행을 선택한 것으로 간주된다(제119조 제1항). 따라서 운송인은 언제나 자신의 채권에 기한 담보권행사가 가능하여 법원의 경매허가결정은 정당한 것이 되었다.

대법원은 문제의 운송계약은 아직 운송물이 인도되지 않았고 운임이 지급되지 않았기 때문에 쌍무계약에서 쌍방 미이행된 채권으로 보았고, 관리인이 기한이 도과될 때까지 아무런 조치를 취하지 아니하였으므로 이행의 선택을 한 것으로 보아 운송인이 갖는 청구권은 공익채권에 해당한다고 본 것이다. 회생절차가 개시되면 채무자에 대한 채권자의 채권은 회생채권, 회생담보채권 그리고 공익채권으로 분류되고, 본 사건과 같이 수시로 변제되는 공익채권이 채권자에게 가장 유리하다(제179조 제7호).[1] **(판결문 전문 참조)**

II. 담보특약의 약관규제법 적용여부

(서울고법 2012.11.22. 선고 2012나7207 판결)

1. 사실관계

원고(해상보험회사)와 피고(선주)는 냉동화물운반선에 대한 선박보험계약을 체결하였다. 영국법을 준거법으로 하면서 남위 50 이내의 인도양의 일정해역 안에서만 항해하여야 한다는 항해구역 담보특약이 보험약관에 포함되어있었다. 위 허용된 항해구역을 벗어난 지점에서 냉동화물 운반선이 침몰하고 어획물도 멸실되었다. 보험자는 담보특약위반이기 때문에 선박이 항해구역을 벗어난 시점으로부터 보험자는 보험금지급책임을 면한다고 주장하면서 보험금 지급을 거절하였다. 피고는 담보특약은 약관의규제에관한법률(이하 약관규제법)의 설명의무의 대상이 되는 중요한 사실임에도 보험자가 이를 이행하지 않았기 때문에 보험자는 담보특약의 효력을 주장할 수 없다고 항변하였다.[2]

---

1) 선박운항관련 각종 채권의 회생절차에서의 처리에 대하여는 김찬영 "회생절차 하에서 정기용선 계약상 조기반선에 관한 연구", 「한국해법학회지」 제36권 제1호, 2014.4., 144면 이하; 김인현, "한진해운 회생절차에서의 해상법 및 도산법적 쟁점", 「상사법연구」 제36권 제2호, 2017, 9면 이하가 있다.

2) 이 판결에 대한 판례평석으로는 김인현, "영국준거법하의 담보특약에 대한 약관규제법 적용여부", 「한국해법학회지」 제35권 제2호, 2013.11., 373면 이하; 「해상법 연구Ⅲ」, 법문사, 2015, 791면 이하가 있다.

2. 법원의 판시내용

외국적 요소에는 보험자/피보험자의 국적뿐만 아니라 사고지점, 물건소재지 등 고려.

외국적인 요소가 있는지 여부는 거래당사자의 국적뿐만 아니라 주소, 물건소재지, 행위지, 사실발생지 등이 외국과 밀접하게 관련되어 있는지 등을 종합적으로 고려하여야 한다. 보험의 당사자는 모두 대한민국 법인이기는 하나 (중략) 선박은 조업을 위하여 인도양 등을 항해하는 선박이고, 이 사건 사고는 역시 남빙양에서 발생하였으므로 물건의 소재지나 보험사고의 발생지가 대한민국의 영해가 아니라는 점, 이 사건 각 보험증권, 그 약관 등도 모두 영어로 작성된 점, 보험금도 미화로 정해진 점, 준거법도 영국법으로 정해진 점을 종합하여보면 이 사건은 외국적 요소가 있다고 보이고, 따라서 국제사법을 적용하여 준거법을 정하는 것이 더 합리적이다.

특별한 사정이 없는 한 영국법 준거약관은 오랜 기간 동안에 걸쳐 해상보험업계의 중심이 되어 온 영국의 법률과 관습에 따라 당사자간의 거래관계를 명확하게 하려는 것으로서 우리 나라의 공익규정 또는 공서양속에 반하는 것이라거나 보험계약자의 이익을 부당하게 침해하는 것이라고 볼 수 없어 유효하므로(대법원 1996.3.8. 선고 95다28779 판결), 이 사건 선박보험의 성립과 효력, 그로 인한 원고의 보험금 지급의무의 발생 여부 등 모든 법률관계에는 원칙적으로 당사자가 정한 바에 따라 영국의 법률과 관습이 적용된다(피고는 이 사건 선박보험이 내국인 사이에 체결되는 등 모든 요소가 오로지 대한민국과 관련되므로 위 준거법 합의에도 불구하고 국제사법 제25조 제4항에 따라 이 사건 선박보험에는 대한민국의 강행법규가 적용되어야 한다고 하나, (중략) 이 사건 선박보험에 외국적 요소가 있다).

국제사법 제25조 제4항

모든 요소가 오로지 한 국가와 관련이 있음에도 불구하고 당사자가 그 외의 다른 국가의 법을 선택한 경우에 관련된 국가의 강행규정은 그 적용이 배제되지 아니한다.

3. 의 견

우리 대법원은 해상보험에서 영국준거법 및 담보특약에 대하여도 영국준거법에 따라 그 효력을 인정한다. 담보특약의 엄격성은 지나쳐서 아주 작은 사항의 위반이라도 보험사고와 인과관계가 없는 사항이라도 보험자는 면책된다. 대법원은 약관규제법을 적용하여 담보특약에 대한 설명의무를 위반한 경우에 보험자는 담보특약위반의 효력을 피보험자에게 주장할 수 없다는 판결을 두 차례 내린 바 있다(대법원 2001.7.27. 선고 99다55533 판결; 대법원 2010.9.9. 선고 2009다105388 판결). 그런데, 어떠한 근거에서 영국법이 준거법임에도 일부 사항에 대하여만 한국법을 적용하는지 비판이 제기되어왔다.[3)]

본 판결은 한국 피보험자와 한국의 보험자 사이에도 외국적 요소가 있는 경우에는 영국법이 준거법이 되기 때문에 국제사법 제25조 제4항이 적용되지 않아서 우리 나라의 약관규제법의 적용이 없다고 판시한 점에 의의가 있다. 결국 한국법이 적용되지 않기 때문에 약관규제법상의 설명의무위반은 문제되지 않고 피보험자의 담보특약위반으로 보험자는 면책되는 결과가 되었다.[4)] (판결문 전문 참조)

---

3) 최종현, "해상보험에 있어서 보험자의 보험약관 설명의무", 「한국해법학회지」 제28권 제2호, 2006.11., 87면 이하; 이정원, "영국법 준거약관과 보험자의 설명의무", 「저스티즈」 통권 제122호, 2011.2., 219면; 서영화, "해상보험에서 담보의무 조항과 보험자의 설명의무", 「한국해법학회지」 제33권 제2호, 2011.4., 25면 이하가 있다.

4) 이 사건에 대한 대법원 판결로는 대법원 2015.3.20. 선고 2012다118846 판결이 있다. 제10호－Ⅱ를 참조 바람.

제3호 (2013.9.25.)

I. 추월항법의 적용

(서울남부지방법원 2013.5.30. 선고 2012가합7046 판결)

1. 사실관계

중국 상해항 근처에서 원고의 A선박과 피고 B선박 사이에 충돌사고가 2009. 4. 17. 발생하였다. 두 선박 모두 장지앙 코우(CJK) 2번 정박지에 정박하다가 도선사 승선지점으로 항해 중이었다. A선박의 오른편 뒤편에 위치하였던 B선박은 A선박이 선속을 낮추자 A를 추월하는 모습이 되어 16:00경 나란히 가는 모양이 되었고, A와 제3의 선박사이를 지나 추월하게 된다. 그런데 16:03경부터 A가 증속하게 되고 B선박의 선수는 원고 A선박의 중간 정도에 위치하였다. 16:09경 원고 A선박의 선미와 피고 B선박의 좌현 선수가 충격하게 되었다.

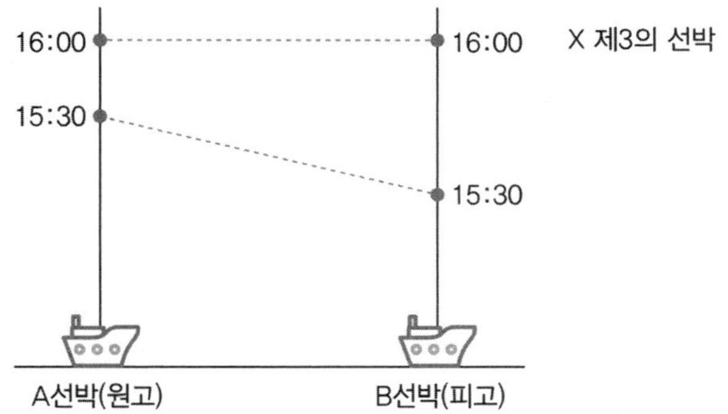

A선박측은 추월항법이 적용되어야 한다고 주장하였으나 B선박측은 16:00 이후에는 오히려 A가 추월하는 모양이라고 하면서 이를 부인하였다. 추월항법이 적용되면 추월선이 85% 정도의 과실비율을 부담하므로 어떤 항법이 적용되었는지가 큰 쟁점이 되었다.

2. 법원의 판시내용

추월항법이 적용되기 위하여는 ① 양 선박이 상호시계 내에 있고 ② 상대 선박이 일정한 침로(definate course)를 유지하고 있고 ③ 양 선박이 항행 중에 있고 ④ 추월상태에 있어야 하며, 나아가 ⑤ 충돌의 위험 또한 있어야 한다. (중략) 16:00경 이의 상황은 피고 선박(B선박)이 원고 선박을 추월하는 추월항법이 적용될 수 있는 상황에 해당할 수 있으나, 16:00경 이후의 상황은 원고 선박과 피고 선박이 거의 동일한 속도로 항해하거나 원고 선박이 오히려 피고 선박보다 빠르게 항해하고 있었으므로 추월상태에 있다고 단언할 수 없고, 16:00 경 이전의 추월상황이 16:00경 이후의 이 사건 선박충돌 상황과 단절되어 있다고 볼 수 있으므로, 이 사건 양 선박의 항해에 관하여 추월 항법은 적용될 수 없다. 결국 이 사건 선박충돌에서 원고 선박과 피고 선박의 과실비율은 국제해상충돌예방규칙 및 구 해상교통안전법에서 정하고 있는 각종 경계의무, 안전속력의무, 충돌의 위험판단 의무, 충돌을 피하기 위한 동작상의 주의의무, 선원의 상무 등의 일반적인 주의의무에 따라 판단하는 것이 상당하다. ① 피고 선박이 제3선박을 추월하기 위하여 원고 선박과 제3선박의 사이로 진입한 것이 기본적으로는 이 사건 선박충돌의 가장 큰 원인이 된 것으로 보이는 점, ② 원고 선박과 피고 선박 사이에는 모두 안전한 수로로 해당 선박을 안내하는 도선사가 승선하고 있었던 점, ③ 이 사건 선박충돌이 일어난 지점은 도선점 근처로서 여러 선박이 한꺼번에 몰려들어 충돌의 위험이 상당히 큰 곳이었던 점, ④ 원고 선박의 갑판실습생과 갑판수는 피고 선박의 존재를 알고 있었으면서도 원고 선박에 승선하고 있던 도선사에게 이를 알리지 않았고, 그리하여 도선사의 교체시점에서 위와 같은 인수인계가 이루어지지 않은 점, ⑤ 원고 선박과 피고 선박이 근접하게 된 것은 16:00경인데 그 무렵에 원고 선박이 갑자기 속도를 내기 시작한 점 등을 종합하면 원고 선박과 피고 선박의 과실비율은 40:60으로 봄이 상당하다.

3. 의 견

추월항법이 되면 추월선은 피항선이 되고 피추월선은 유지선이 된다(국제해상충돌예방규칙 COLREG 제13조). 추월선은 피추월선을 피하여야 한다. 피추월선은 속력과 침로를 유지하다가 최후의 순간에는 협조동작을 취하여야 한다. 아무런 조치를 취하지 않고 충돌사고가 발생한 경우 추월선이 85%, 피추월선이 15%의 과실비율을 부담하는 것이 일

반적이다.[1)]

본 사건은 처음에는 추월이었지만 나중에는 추월상태가 아닌 상태에서 충돌사고가 발생한 것으로 법원은 보았다. 한번 추월이면 끝까지 추월이라는 법언이 있지만, 처음에는 추월이었지만 나중에는 추월상태가 아닌 경우에는 법원은 추월항법을 적용할 수 없고 선원의 상무규정을 적용하여야 한다고 본 것이다.[2)]

법원은 추월항법의 적용요건을 나열한 다음, 본 사건은 추월항법이 적용되지 않고 선원의 상무 규정을 적용하게 되었다. 선원의 상무규정을 적용하면 기본적으로 과실비율은 50:50이 된다. 손해배상을 위한 과실비율에 대하여 법원은 피고선박이 제3선박을 추월하기 위하여 진입한 것을 큰 과실점으로 보았고 원고 선박이 갑자기 증속한 점을 근거로 피고는 60%, 원고는 40%의 과실비율을 부담한다고 판시하였다. (판결문 전문 참조)

II. 직접청구권이 부인된 사건

(서울남부지방법원 2013.5.30. 선고 2012가합7046 판결)

1. 사실관계

위 사건에서 A선박(원고)과 B선박이 충돌하여 A선박이 손해를 보았다. 이에 A선박의 소유자는 B 선박의 책임보험자에게 직접청구권을 행사하였다. B선박(공제계약자)은 우리나라의 삼성화재와 해운조합(피고)이 선체보험자였다. 영국법을 준거법으로하는 선체(선박)보험계약에는 아래 내용이 포함되어 있었다.

〈특약사항〉

협회기간약관(ITC 1983)을 적용하되, 좌초, 침몰, 화재, 폭발 및 충돌로 인하여 발생한 손해가 아닌 타 위험으로 발생된 분손에 대하여는 보상하지 아니함.

〈충돌손해배상책임 특별약관〉

조합은 공제가입선박이 타 선박과 충돌하여 그 결과 공제계약자가 다음의 손해에 대하여 법적배상책임을 지고 그 손해배상금조로 일정금액을 타인에게 지급한 경우에는 그 금액의

---

1) 추월선의 항법에 대하여는 김인현, 「해상교통법」, 삼우사, 2013, 192면 이하를 참조 바람.
2) 국제규칙 제13조 제d항에서는 처음 추월상태하에서 방위변화가 있더라도 여전히 추월선의 의무를 부담한다고 한다. 본 사례는 속력의 변화로 추월이 아닌 상태가 된 점에서 이와 다르다.

3/4비율로 공제계약자에게 보상한다. 다만, 공제계약에서 4/4비율로 정하였을 경우에는 이에 따라 보상한다.

1.1. 타 선박 혹은 타 선박에 있는 재산의 멸실 또는 손상
1.2. 타 선박 혹은 그 재산의 지연 또는 사용이익의 상실
1.3 타 선박 혹은 그 재산의 공동해손, 구조 또는 계약에 의한 구조

보험자는 본 사안에서는 영국법이 적용되어 피보험자인 선주가 피해자에게 먼저 지급하지 않은 사항이므로 A선박의 소유자는 B선박의 책임보험자에게 청구할 수 없다고 주장하였다. 제3자인 원고로서는 우리나라 법이 적용되면 상법 제724조 제2항 따라 폭넓게 책임보험자에 대한 직접청구권이 되므로 준거법을 한국법으로 하는 시도를 하게 되었다.

2. 법원의 판시내용

(1) 준거법

우리 국제사법에는 이 사건과 같이 피해자가 보험자에 대하여 직접청구권을 주장하는 경우에 관한 규정이 존재하지 않는다. 따라서 불법행위를 당한 피해자가 보험계약에 기하여 보험자에게 직접청구권을 행사하는 경우, 불법행위에 관한 준거법이 적용될 것인지, 보험계약에 관한 준거법이 적용될 것인지가 준거법 결정의 핵심이다. (i) 보험자에 대하여 직접청구를 하는 것은 보험자가 보험계약을 체결하였다는 것에 그 직접적인 근거를 두고있는 점, (ii) 직접청구권이 인정될 경우 그 내용(보상의 범위, 지급시기등) 역시 보험계약에 따라 결정될 수 밖에 없는 점, (iii) 원고는 피해자의 보험자에 대한 직접청구권의 법적 성질이 병존적으로 인수된 손해배상청구권이므로 채무인수에 관한 준거법 규정인 국제사법 제34조 제2항에 따라 대한민국법이 준거법이 되어야 한다고 주장하나, 원고의 위 주장은 우리 상법에 따라 보험자에 대한 직접청구권이 인정되는 경우 그 직접청구권의 법적 성질이 손해배상청구권이라는 것에 불과하므로, 준거법에 따라 직접청구권의 인정여부 자체가 문제가 되는 이 사건에 있어서는 이를 근거로 삼기에 적절하지 않은 점, (iv) 우리 국제사법은 연결점이라는 개념을 중심으로 준거법을 정하고 그러한 연결점을 정하는 여러 기준을 제시하되 그와 별도로 당사자 사이에서 국제사법이 정한 준거법과 다른 준거법을 정하는 것의 효력을 인정하고 있어 이러한 점에서 당사자의 의사합치가 준거법에 있어서는 가장 중요한 요소로 작용하는 것을 허용하고 있다고 볼 수

있는데, 불법행위에 따른 채권관계와 계약에 따른 채권관계가 중첩 내지 대립할 경우 둘 사이에는 당사자의 의사 합치가 사전에 존재하는 계약에 따른 채권관계가 그렇지 아니한 불법행위에 따른 채권관계보다는 중요한 의미를 지니고 있다고 볼 수 있는 점 (v) 특히 이 사건과 같이 불법행위에 따른 준거법 합의가 불법행위 이후에 이루어진 경우(국제사법 제33조에 따라 유효하다)에 직접청구권에 대한 준거법까지 불법행위에 따른 준거법을 따르게 될 경우, 불법행위의 당사자 사이의 사후 합의로써 보험계약에서의 준거법 합의를 무력화시킬 수 있게 되는 점등을 종합할 때, 피해자가 보험자에 대하여 직접청구권을 행사하는 경우에는 '보험계약에 따른 준거법'에 의하는 것이 상당하다. 결국 이 사건에 있어서는 영국법이 준거법이 된다.

(2) 영국법에 따라 직접청구권이 인정되는지 여부

영국법(제3자 권리법)은 우리 상법과 달리 피해자의 보험자에 대한 직접청구권을 일반적으로 허용하지 아니하고 예외적인 경우에만 허용하고 있으며, 이에 관한 규정이 제3자 권리법인바, 현행 제3자 권리법 제1조에는 직접청구권이 허용되는 경우에 관하여 '피보험자가 개인인 경우는 파산하였거나 채권자들과의 화의가 이루어진 경우', '피보험자가 법인인 경우에는 해산명령이 이미 내려졌거나, 임의해산에 대한 승인이 이루어졌거나, 파산관재인 등이 적법하게 임명되는 등 도산절차가 개시된 경우'에 한하여 직접청구권이 인정된다고 규정하고 있다(제한적, 열거적). 피고는 다만 폐업한 상태이므로 이에 해당하지 아니한다.

(3) 선지급항변 인정여부

선지급항변(피보험자가 피해자에게 먼저 손해배상을 한 경우에 한하여 보험자가 피보험자에게 보험금을 지급한다는 보험계약의 내용)의 유효성도 준거법인 영국법에 의하여 판단되어야 한다. 영국 대법원은 선주상호보험의 보험자가 선지급항변을 한 사안에서 "선지급항변을 포함한 보험계약에 있어 피보험자의 보험자에 대한 권리는 보험계약에 정해진 피보험자의 손해배상의무를 먼저 제3자에게 이행하였을 것을 조건으로 하는 조건적 권리로서 위와 같은 조건적 권리가 제3자 권리법에 의하여 제3자에게 이전되었다고 하더라도 제3자가 피보험자보다 더 좋은 지위를 얻거나 더 많은 권리를 획득하는 것은 아니므로 위와 같은 조건을 충족시키지 못하는 이상 보험자를 상대로 이를 청구할 수 없으므로, 결국 보험자의 이러한 선지급항변은 유효하다"는 취지로 판시하고 있고, 제3자가 피보험자보다 더 유리한 지위를 갖는 것이 아니라는 논거는 이 사건 보험계약과 같은 일반책임보험에도 그대로 적용될 수 있다고 할 것이다.

(4) 국제사법 제10조상의 공서양속에 위반하는가?

(i) 전 세계적으로 이와 같은 선지급항변을 인정하는 영국법이 해상보험업계에서 널리 활용되고 있는 점, (ii) 이 사건 보험계약과 같은 책임보험은 피해자에게 직접 그 손해를 배상한다는 것에 주된 목적이 있는 것이 아니라 피보험자의 불법행위 등으로 인하여 피보험자가 피해자에게 손해를 배상함으로써 경제적 손실이 발생한 경우 그 손실을 전보하여 줌으로써 피보험자의 불측의 손실이나 위험을 부보하고자 함에 그 목적이 있는 점, (iii) 피해자에 대한 직접청구권의 인정여부는 책임보험의 본질에 기인하는 것이 아니라 피해자 보호라는 입법정책적인 결단의 문제에 가깝다고 볼 수 있는데 선박충돌에 있어 피해선박과 가해 선박의 소유자는 통상적으로 자력이 충분할 것임을 예상할 수 있으므로 이러한 경우에 직접청구권을 인정하지 아니한다고 하여 공서양속에 반한다고 하기 어려운 점을 종합할 때, 영국법을 준거법으로 하는 약정이 대한민국의 선량한 풍속 그 밖의 사회질서에 명백히 위반된다고 할 수 없다.

3. 의 견

상법 제724조 제2항에서 정한 직접청구권은 피해자를 보호하기 위한 목적으로 1991년 상법 개정시에 추가된 것이다. 우리 나라는 영국과는 달리 제한없이 피해자의 직접청구권이 피해자에게 인정된다. 영국법이 준거법이 되면 제3자 권리법이 적용되고 영국대법원의 판례에 따라 선지급항변도 유효하여 피해자의 책임보험에 대한 직접청구권이 인정되지 않는다.[3)]

그런데, 보험자들이 한국 기업인 경우에 영국법을 적용하지 않고 한국법이 적용되면 피해자들은 상법 제724조 제2항에 따라 책임보험자로부터 손해배상을 쉽게 받을 수 있다. 외국적 요소가 있을 때 직접청구권의 준거법은 손해배상청구권설에 따르면 불법행위지법이 되고 사고가 대한민국의 영해 내에서 발생하였다면 한국법을 준거법으로 할 수 있다. 또한 국제사법 제25조 제4항에 따라서 준거법을 제외하고 순수한 국내적인 요

---

3) 직접청구권과 선지급항변에 대하여 자세한 내용은 김인현, "한국과 미국의 선주책임상호보험에서의 직접 청구권에 대한 비교법적 연구—선지급항변을 중심으로", 「한국해법학회지」 제28권 제1호, 2006.4., 7면 이하를 참고 바람.

소만 있으면 우리 상법을 적용할 수 있다. 또한 국제사법 제10조에 따라 외국법에 의하는 경우 그 규정의 적용이 대한민국의 선량한 풍속 및 그 밖의 사회질서에 명백히 위반되면 적용하지 않는다. 그러므로 이 사건에서 준거법이 영국법이 될지 한국법이 될지 가능성이 열려 있고, 그 결과에 따라 피해자의 보호가 크게 달라진다.

법원은 여러 가지 근거를 제시하면서 보험계약에 관한 준거법이 직접청구권에 적용되고 따라서 당사자가 약정한 영국법이 적용되어야 한다고 본 것이다. 그 결과 직접청구권 행사가 가능한 범위는 파산으로 좁혀졌고, 선지급항변도 유효한 것으로 판시되었다.

그러나, 직접청구권의 준거법이 보험계약에 따라 한국법이 되는 경우에 직접청구권은 한국 상법 제724조 제2항에 따라 폭넓게 인정되고, 선지급항변도 무효가 될 여지가 있다. 결국 한국법이 적용되면 영국법이 적용되는 경우보다 책임보험자에 대한 피해자의 직접청구권이 보다 쉽게 인정될 수 있기 때문에 우리 대법원이 직접청구권의 법적 성질을 불법행위에 기한 손해배상청구권이라고 한 점도 심각하게 고려해 보아야 한다. (판결문 전문 참조)

III. 잘못된 해도작성자의 책임

(부산지방법원 2013.4.18. 선고 2012가합6274 판결)

1. 사실관계

어선은 어획물을 운반하는 운송계약을 체결하고 남해안 해안을 항해 중이었다. 선장은 해도를 신뢰하고 항해 중 안전한 것으로 믿었지만 간출암에 부딪쳐 좌초하게 되어 침몰하였다. 만여도라고 표시된 간출암의 위치가 잘못 표시된 것이 사고의 원인으로 판단되었다. 어선의 선주는 해양수산부 산하 국립해양조사원장의 과실로 인하여 발생한 사고이므로 국가가 손해배상책임을 부담하여야 한다고 주장하였다. 부산지방해양안전심판원은 2011. 9. 1 “어획물 운반선 H 좌초사건”에 대한 재결에서, 이 사건 사고는 ‘만여’의 실제위치와 해도상 위치가 서로 달랐기 때문에 발생한 것이라고 결론 내렸다.

2. 법원의 판시내용

(1) 공무원이 고의 또는 과실로 그에게 부과된 직무상 의무를 위반하였을 경우라고

하더라도 국가는 그러한 직무상의 의무 위반과 피해자가 입은 손해 사이에 상당 인과관계가 인정되는 범위 내에서만 배상책임을 지는 것이고, 이 경우 상당인과 관계가 인정되기 위하여는 공무원에게 부과된 직무상의 의무내용이 단순히 공공일반의 이익을 위한 것이거나 행정기관 내부의 질서를 규율하기 위한 것이 아니고 전적으로 또는 부수적으로 사회구성원 개인의 안전과 이익을 보호하기 위하여 설정된 것이어야 한다. 구 측량수로조사 및 지적에 관한 법률은 (중략) 해상교통의 안전 및 국민의 소유권보호에 기여함을 목적으로 한다고 규정하고 있고, 수로도서지를 간행하여 판매하거나 배포하도록 규정하고 있다. 공공의 안전 외에 일반인의 생명과 재화의 안전보장도 목적으로 한다.

(2) 각 규정은 5년 단위의 수로조사 기본계획수립에 따른 수로조사지역 선정과 조사시기 등의 선정에 대한 합리적인 재량권을 국토해양부장관에게 부여한 것이지만, 구체적인 상황하에서 장관이 권한을 행사하지 아니한 것이 현저하게 합리성을 잃어 사회적 타당성이 없는 경우에는 직무상 의무를 위반한 것이 되어 위법하게 되고, 그러한 경우 특별한 사정이 없는 한 과실도 인정된다. 대한민국 바다에 관한 공식 해도는 오직 피고만이 작성할 수 있고, 1985년 이래로 수로측심작업이 이루어진 적이 없고, 2004년도에 사고지점에서 간출암을 발견하였음에도 해도에 표시된 간출암과 비교하지 않은 점, 주민들의 그 부근해역에 부표설치 건의에 대하여 조치를 취하지 않은 점을 고려하면, 이 사건의 경우 국토해양부장관이 이 사건 간출암의 위치를 잘못 표시한 해도를 계속하여 발행해 왔고, 2004년 이래 이를 시정할 기회가 몇 번 있었음에도 그렇게 하지 않은 것은 현저하게 합리성을 잃어 사회적 타당성이 없는 경우에 해당한다. 이는 공무원이 직무상 의무를 위반한 것이 되어 위법하고 특별한 사정이 없는 한 과실도 인정된다.

3. 의 견

해도의 발행은 수로국(국립해양조사원)에서 행한다. 그런데 해도에 표시된 내용이 수면하에 있는 경우에는 수로국이 모든 해역을 샅샅이 수심을 측정하지 못하기 때문에 이것이 누락되었다고 하여 주의의무 위반과 책임을 물을 수 없다. 이는 일종의 재량행위이기 때문이다. 수심이 표시되지 않은 곳의 암초에 부딪친 경우에 수로국에게 책임을 부과하기가 어렵다.

그런데, 법령에 따라 공무원에게 부과된 의무가 공공의 안전 외에 일반인의 생명과 재화의 안전보장을 목적으로 하면 손해배상책임이 쉽게 인정되게 된다. 법원은 측심을 하였지만 표기가 잘못된 경우, 이를 알고도 수정하지 않은 경우는 주의의무 위반에 해당하여 국가가 책임을 부담하게 된다고 판시한 것이다. 본 사안은 사고지점에 있는 간출암의 표시가 잘못되어 있었기 때문에 발생한 것이고 나아가 국가는 시정할 수 있는 기회가 여러번 있었음에도 이를 시정하지 않은 점이 있기 때문에 쉽게 주의의무 위반이 인정된 것으로 보인다.

법원은, 바다에는 해도에 나타나지 않는 수상 암초가 있을 수 있으므로, 선박운항자에게 주의의무 위반이 있다고 보아 원고에게도 과실이 있으므로 과실상계를 적용하여 국가의 책임을 20%로 제한하였다. 대법원 1997.8.26 선고 96다33143 판결에서 대법원은 "새로이 지정항만으로 개항한 지역에 대하여 수로측량을 하지 아니하고 기왕의 수로 조사성과에 따라 해도를 발간함으로써 암초가 해도에 표시되지 않아 그 암초에 의하여 선박이 손해를 입은 사안에서, 전국에 산재한 항만의 수로측량에는 막대한 비용과 시간이 소요되는 것이어서 법에서도 장기계획에 따라 연차적으로 이를 시행하도록 규정되어 있고, 이건 항구에 대하여도 장기계획에 따라 수로측정이 예정되어 있었던 점을 고려한다면, 새로운 측량을 하지 아니하고 기왕의 수로조사성과에 따라 해도를 발간한 것이 위법한다고 할 수 없으므로 국가배상 책임을 부인한다."고 하였다. (판결문 전문 참조)

IV. 편의치적선에 적용될 준거법

(창원지방법원 2013.4.10. 선고 2012나5173 배당이의 판결)

1. 사실관계

원고 선원들은 용선자와 고용관계를 맺었다. 용선자는 등록선박소유자로부터 선박을 용선한 지위에 있었다. 선박이 임의경매에 들어가자 밀린 임금을 지급받으려는 선원들은 선박우선특권에 기한 보호를 받으려고 하였다. 만약 등록국인 파나마법이 국제사법에 의하여 선박우선특권을 결정하는 준거법이 된다면 선원의 임금채권은 선박우선특권이 인정되지 않는다. 이에 선원들은 동 선박은 편의치적선이고 실제소유자는 용선자인 한국 회사이므로, 국제사법 제8조 제1항에 따라 법률관계와 가장 밀접한 관련이 있는 국가는 한국이고 따라서 한국의 상법이 적용되고 결국 선원의 임금채권은 선박우선특권을 발생시키는 채권이라고 주장하였다.

2. 법원의 판시내용

선박우선특권의 준거법은 원칙적으로 선적국법(국제사법 제60조 제1호)이고 편의치적의 경우에도 동일하다. 그러나, 국제사법에 의하여 지정된 준거법이 해당 법률관계와 근소한 관련이 있을 뿐인 경우 그 법률관계와 가장 밀접한 관련이 있는 다른 국가의 법이 명백히 존재하는 경우에는 그 국가의 법에 의하여야 한다(국제사법 제8조 제1항). 선박이 편의치적이 되어있어 선적만이 그 국가와 유일한 관련이 있을 뿐이고, 항해지, 실질적인 선박소유자, 실질적인 선박운영회사, 실질적인 선박의 근거지, 선원의 국적, 선박의 주된 항해지 및 주된 근거지, 당해 법률분쟁이 발생한 장소 등이 선적국과 근소한 관련만 존재하는 경우에는 임금채권을 근거로 하는 선박우선특권의 준거법은 선원근로계약의 체결경위 및 내용, 국제사법 제8조와 사회 경제적인 약자인 근로자를 보호하기 위해 규정한 국제사법 제28조의 취지 등을 고려하여 결정하여야 한다.

아래와 같은 사정에 의하면 파나마국은 이 사건 선박이 편의상 선적을 둔 국가일 뿐이고 이 사건 근로계약과는 별다른 관련성이 없다.

(i) 소유자인 F는 편의치적을 목적으로 설립된 페이퍼 컴퍼니에 해당하고, 파나마국과는 별다른 관련성이 없는 점

(ii) 원고들은 이 사건 선박의 선장과 기관장이고, 이 사건 선박의 선원들은 대한민국인이거나 동남아시아인들로 파나마국인은 존재하지 않는 점

(iii) 이 사건 선박이 파나마 내 항구를 거점으로 운항한 것으로 보이지 않는 점

(iv) 이 사건 선박의 실질적인 소유자는 대한민국 법인이자 이 사건 선박의 용선자인 G이고 G의 대표이사와 임원진은 모두 대한민국인으로 선박법(제2조)상 대한민국 선박의 요건을 갖춘 점

(v) G는 H와 선원공급계약을 체결하고 위 계약에 기초하여 선원들을 공급받았는데 당시 G와 H 사이에 작성된 대리점계약서(선원고용계약서)에 의하면, 위 계약서 이외의 규정은 한국 선원법 및 근로기준법에 따른다고 규정되어 있으므로 이 사건에 있어서는 당사자가 준거법을 대한민국의 법으로 선택한 특별한 사정이 있는 점

(vi) G는 이 사건 선박을 이용하여 화물을 운송하였는데, 주로 대한민국에서 싱가폴 등 동남아시아 지역의 항해에 사용한 것으로 보이는 점

(vii) 선박회사가 선박국적제도를 남용하여 편의치적하는 데에는 선원근로계약과 관련한 각종 규제와 부담을 회피할 의도도 포함되어 있는 반면 경제적 약자인 선원

들을 보호할 필요성이 큰 점

따라서, 이 사건 선박과 관련된 법률관계와 가장 밀접한 관련이 있는 법은 대한민국 상법이라고 할 것이므로, 국제사법 제8조 제1항에 따라 선박우선특권의 성립 및 원고의 선박우선특권과 피고의 근저당권의 우선순위는 상법을 적용하여 판단하여야 한다. 원고들이 지급받지 못한 임금, 퇴직금 등은 상법 제777조 제1항 제2호에서 정한 선원과 그 밖의 선박사용인의 고용계약으로 인한 채권으로 선박우선특권이 인정된다. 원고들의 채권은 피고의 저당권보다 우선한다(상법 제788조).

3. 의 견

외국적 요소가 개입된 선박 사건에서 국제사법은 선적국법 주의를 취하고 있다. 그런데 편의치적인 경우에도 선적국을 따라 편의치적국의 법률을 적용하는지가 문제된다. 편의치적선의 경우 선박의 실질소유자는 등록 선박소유자가 아니라 선체용선자로 나타난다. 이에 따라 선원도 선체용선자가 채용하므로 등록 선박소유자의 선적을 가진 선원이 아니다. 그러므로 선박의 선적국과 승선 중인 선원의 국적과는 아무런 관련이 없다. 이러한 경우에 국제사법의 연결점으로서의 선적국법은 의미를 가지지 못한다. 편의치적의 경우에 본거항은 편의치적국의 항구가 아니라 선체용선자들의 항구가 된다. 실제로 법률관계는 선체용선자의 본거항을 중심으로 이루어짐에도 명목상의 선적(본거항)을 따라서 법률관계를 인정할 것인가? 우리 나라는 2002년 국제사법을 개정하면서 제8조 제1항을 두어서 이를 해결하였다. 실질적인 관련성이 있는 국가의 법을 외국적 요소가 있는 법률관계를 결정하는 준거법으로 한다는 것이다.

법원은 본 판결의 적용범위를 선원의 경우로 제한하는 듯한 입장을 보인다. 이것이 선박소유자책임제한 등에 까지 확대될는지는 미지수이다. 파나마는 편의치적에 지나지 않고 실제소유자는 한국의 법인이라고 하면 책임제한액은 파나마법에 의하는지 한국법에 의하는지가 문제된다. 만약 법원이 가장 밀접한 관련성이 있는 국가가 한국이라고 본다면 책임제한의 준거법도 한국법이 될 것이다. 그러나 이에는 어느 정도 한계가 설정될 것으로 본다. 실질적인 관련성을 찾아서 합리적으로 법률관계를 처리하는 것도 중요하지만 상법상 법인이론이 무한정으로 깨트려지면 오히려 법률관계가 불안정하게 되기 때문이다. (판결문 전문 참조)

제4호 (2013.12.31.)

I. 선박대리점의 선박우선특권 행사 (대법원 2012.7.16. 자 2009마 결정)

1. 사실관계

러시아 선적의 선박 X호를 정기용선한 정기용선자(채무자 乙)는 부산항에 입항하였다. 乙의 선박대리점(甲)은, 대리점계약상 이행약정에 따라 X호의 입항과 관련된 乙의 채무인 항비 등을 부산항만공사(BPA)에 납부하였다. 甲이 납부한 대금을 乙이 변제하지 않았다. 이에 甲은, 항비는 선박우선특권(maritime lien)을 발생시키는 채권이고 자신은 부산항만공사의 채권을 대위하는 자의 지위에 있기 때문에 선박우선특권자가 된다고 주장하면서 선박 X호에 대한 임의경매신청을 하였고, 법원은 이를 허가하였다. 러시아의 선박소유자는 甲은, 선박우선특권을 행사할 수 있는 지위에 있지 않다고 하면서 선박임의 경매허가의 취소를 구하였다. 원심은 취소를 인용하였다. 대법원에서 선박대리점 甲이 민법 제481조의 법정대위권자이기 때문에 선박우선특권을 행사할 수 있는지가 쟁점이 되었다.

2. 법원의 판시내용

선박대리점이 이행인수약정에 따라 자신의 재산을 출연하여 한 변제는 민법 제469조에서 정하는 제3자의 변제에 해당한다. 민법 제481조에 의하여 법정대위를 할 수 있는 '변제할 정당한 이익이 있는 자'는 변제함으로써 당연히 대위의 보호를 받아야 할 법률상의 이익을 가지는 자를 말한다. 선박대리점이 이행인수약정에 따라 자신의 재산을 출연하여 채권자에게 변제한 경우에는 선박대리점은 "변제할 정당한 이익이 있는 자"로서 채권자가 선주에 대하여 가지는 채권을 당연히 대위한다(이행하지 아니하면 채무자에 대하여 채무불이행책임을 지게 되므로).

3. 의 견

우리 상법은 선박운항과 관련된 특정한 채권에 대하여는 채권자가 선박자체를 압류하여 임의경매를 신청할 수 있는 선박우선특권(maritime lien)제도를 두고 있다(제777조). 항비 채권을 가지는 항만공사, 도선료 채권을 가지는 도선사, 선박충돌피해를 입은 상대선박의 소유자, 임금채권을 가진 선원들이 이에 해당한다. 그런데, 경우에 따라서는 위의 자들을 위하여 선박소유자의 채무를 대신 변제한 자가 위 자들의 권리를 대신하여 선박우선특권을 행사할 수 있을 지가 문제된다. 선박소유자는 외국에 있고 선박대리점이 대리상으로서 선박소유자의 채무를 대신 변제한 경우 선박대리점은 자신이 변제한 것을 회수할 필요가 있는데 이 때 선박우선특권을 행사할 수 있다면 현장에 있는 선박을 활용할 수 있으므로 좋다.

본 사건에서 러시아 선적의 선박 X호는 정기용선자가 운항하고 있었고 부산항에 입항하면서 항비 등을 부산항만공사에 납부하여야 하였다. 선박대리점이 그 항비를 대리점계약상 이행인수약정에 따라 먼저 부산항만공사에 지급하였지만, 이를 회수하지 못하게 되자 선박에 대한 임의경매를 신청하게 되었다. 채무자인 정기용선자가 소유하는 다른 재산에 대한 가압류가 가능하지만, 외국에 소재하고 있다면, 다른 재산에 대한 가압류도 쉽지 않다. 이 때 선박채권자가 의지할 수 있는 것은 상법상 선박우선특권제도이다. 선박우선특권을 이용하려면 상법 제777조 소정의 채권을 가지는 자라야만 한다. 부산항만공사의 항비채권은 제1호에 해당한다. 그런데, 문제가 되는 것은 선박대리점이 부산항만공사에게 정기용선자를 대신하여 항비를 지급한 것이지 자신이 직접 항비를 수령할 권한을 가지는 채권자인 것은 아니다. 항비를 수령할 권한을 가지는 자는 부산항만공사이다. 대리점이 법정대위자로서의 지위를 인정받게 되면, 채권자의 지위를 대위 행사할 수 있다. 제3변제자가 변제할 정당한 이익이 있다면 변제자는 민법 제481조의 법정대위자가 되어 채권자인 부산항만공사가 가지던 권리(선박우선특권)를 행사할 수 있게 된다. 따라서, 본 사건에서 대리점이 항비를 지급할 때 정기용선자 乙의 대리인의 지위에서 지급한 것인지, 아니면 자신을 위하여 지급한 것인지, 즉 변제할 이익이 있는지가 문제되었다. 하급심은 이를 부정하였으나, 대법원은 항비의 지급은 대리점이 이행인수약정에 따라 행한 것이고 이행을 하지 않으면 손해배상책임을 부담하게 되므로 변제할 정당한 이익이 있는 자이므로, 선박대리점은 법정대위자로서 부산항만공사가 가지던 항비채권을 대위하는 지위에서 상법 제777조 1호의 선박우선특권을 행사할 수 있다고 판시한 것이다. 본 판결은 상법 제777조를 행사할 수 있는 선박채권자에는 변제할 정당한 이익을 가진 자도 포함된다는 점을 명확히 한 점에 의의가 있다.[1] (판결문 전문 참조)

II. 책임제한채권 인정이 부인된 운송물 불법인도 (서울중앙지법 2013.11.1. 자 2013책2 결정)

1. 사실관계

한국의 선박회사(운송인)(정기용선자)는 일본의 송하인(수출자)과 철근 3,004톤(시가 20억원 상당)에 대한 운송계약을 체결하였다. 일본에서 운송물을 선적한 다음 인천항에서 보세창고에 운송물이 입고되었다. 운송인은 지시식 선하증권을 수출자에게 발행하여주었고, 수출자가 여전히 선하증권을 소지하고 있다. 그런데, 수하인(수입자)은 창고업자와 결탁하여 선하증권과 상환하지도 않고 운송물을 불법반출하여 버렸다. 이에 선하증권소지인으로서 은행은 운송인에게 운송물인도청구권을 행사하면서 손해배상청구를 하게 되었다. 운송인측은 본 운송물이 벌커 화물이므로 운송인의 포장당책임제한보다 총체적 책임제한(선박소유자 책임제한)이 더 유리할 것으로 판단하여, 한국에서 선박소유자 책임제한절차 신청을 하였다. 송하인은 선박에서 양륙되어 창고에 들어있는 화물에서 발생한 손해는 선박소유자책임제한의 대상채권이 아니라고 주장하였다. 운송인은 상법 제769조 제1호의 "선박의 운항에 직접 관련하여 발생한 그 선박 외의 물건의 멸실로 인하여 생긴 손해에 관한 채권"에 해당한다고 주장하였다.

2. 법원의 판시내용

선박소유자 등의 책임제한을 인정하는 취지는 선박의 운항에 따르는 높은 해상위험과 해난사고로 인한 막대한 손해로부터 해상기업을 보호하고자 하는 데 있는 것이므로, 선박 외에서 선박의 항해와 직접 관련없이 발생한 손해에 대하여는 책임제한이 인정되지 않는다. 선박의 운항이란 통상 선박을 항해에 사용 또는 제공하는 것으로서 항해 중 또는 항해를 위하여 선박을 기계적 용법에 따라 조작 관리하는 것 전체를 가리키는 것으로 해석하여야 하므로[2], 여기에는 화물의 선적이나 양륙을 위하여 선박을 운항한 경우

---

1) 자세한 내용은 「한국해법학회지」 제35권 제2호, 2013.11., 413면 이하를 참조 바람.

2) 상법 제769조(선박소유자의 유한책임) 선박소유자는 청구원인의 여하에 불구하고 다음 각 호의 채권에 대하

화물이 목적항에 도착한 후 양륙되어 보세창고에 반입되었으면 이로써 화물에 대한 해상운송은 종료되었다고 보아야 하므로(대법원 2004.7.22. 선고 2001다67164 판결), 이와 같은 경위로 보세창고에 보관 중이던 화물을 보세창고업자가 무단반출하는 행위는 선박의 운항에 속하거나 이와 직접적 관련이 있다고 볼 수 없다. 따라서 신청인이 이 사건 선박을 운항하여 운송한 이 사건 화물을 XX가 운영하는 보세창고에 보관하던 중 선하증권과 상환없이 무단반출하여 정당한 선하증권소지인인 YYYY에게 위 화물가액 상당의 손해를 발생시켰다 하더라도, 이는 이 사건 선박의 운항과 직접 관련하여 발생한 손해가 아니므로 위 손해에 관한 채권은 선박소유자 등의 책임제한 대상이 되는 채권이라고 볼 수 없다. 그렇다면 이는 상법 제770조 제1항 각호의 구분에 따른 제한채권의 총액이 이에 대응하는 각 책임한도액을 초과하지 아니함이 명백한 경우에 해당하므로, 선박소유자등의 책임제한철자에 관한 법률 제18조 제1호에 의하여 주문과 같이 결정한다.

3. 의 견

상법상 운송인의 의무는 수령에서 인도에까지 이른다. 헤이그비스비 규칙에서는 운송인의 의무는 선적에서부터 시작하여 양륙으로 종료된다. 이러한 운송인의 의무는 강행규정의 지배를 받게 되어 이러한 의무를 면제하는 당사자의 약정은 무효가 될 것이다(헤이그비스비 규칙 제3조 제8항, 한국 상법 제799조).

한편, 운송인은 책임제한의 이익을 누릴 수 있다. 책임제한제도에는 포장당 책임제한제도와 선박소유자 책임제한제도 두 가지가 있다. 이는 운송인을 포함한 해상기업을 보호하기 위한 제도이다. 운송인은 포장당 책임제한의 이익을 누리면서도 동시에 선박소유자 책임제한의 이익을 누릴 수 있다(상법 제797조 제4항). 운송인이 운송물 인도와 관련된 의무를 이행하기 위하여는 창고업자를 활용할 수 밖에 없는 것이 우리나라 구조이다. 양륙항에 양륙된 다음 운송물은 모두 보세창고에 들어가게 된다. 보세창고의 창고업자는 수하인이 지정을 하게 되고 이러한 지배력을 바탕으로 수입자는 창고업자를 이용하여 선하증권과 상환없이 운송물을 불법반출하게 된다. 운송인은 선하증권소지인에게

여 제770조에 따른 금액의 한도로 그 책임을 제한할 수 있다. 다만, 그 채권이 선박소유자 자신의 고의 또는 손해 발생의 염려가 있음을 인식하면서 무모하게 한 작위 또는 부작위로 인하여 생긴 손해에 관한 것인 때에는 그러하지 아니하다.

1. 선박에서 또는 선박의 운항에 직접 관련하여 발생한 사람의 사망, 신체의 상해 또는 그 선박 외의 물건의 멸실 또는 훼손으로 인하여 생긴 손해에 관한 채권

손해배상책임을 부담하게 된다. 창고업자는 운송인의 이행보조자라는 대법원의 이중임치론 때문이다. 그런데, 이 경우에 운송인은 자신이 고의 혹은 무모한 행위가 없는 한은 포장당 책임제한을 주장할 수 있다. 이러한 경우에 운송인은 선박소유자 책임제한의 이익을 누릴 수 있을지가 문제되었다. 법원은 운송물이 양륙되어 창고에 입고되면 해상운송은 종료되어 선박운항에 속하지 않으므로 상법 제769조 제1호의 "선박의 운항과 직접 관련하여 발생한 채권"에 양륙후 창고에 있는 운송물은 적용되지 않는다는 취지로 판시하여 운송인의 책임제한은 부인되었다.

본 판결에 따르면 운송인이 부담하는 책임구간 중에서 일부는 선박소유자 책임제한이 적용되고 일부는 적용되지 않는 결과를 가져온다. 대법원이 창고에 입고된 다음에도 운송인의 책임을 인정하고 있으면서 창고입고 이후에는 책임제한이 되지 않는 결과가 된다는 것이다. 우리 상법도 1991년 개정을 하면서 1976년 조약의 입장을 받아들여 "선상에서" 발생한 채권에서 "선박운항과 직접 관련하여 발생한 채권"으로 그 범위를 넓히게 되었다.[3] 선박운항이 선박의 조종(maneuvering)이나 항해가 아닌 점은 분명하다. 상법이 항해라는 용어를 별도로 사용하고 있기 때문이다. 운송인을 보호하기 위하여 선박소유자의 책임제한제도의 원용이 가능하게 한 입법취지를 반영하여 보면 운송인이 부담하게 되는 운송계약상의 책임을 모두 포섭하는 것으로 보아야 할 것이다. 또한 1976년 조약도 지연손해까지 인정하여 주고, 구조자의 책임도 책임제한의 대상으로 하는 것을 보면 반드시 선박의 운항을 좁게 볼 사안은 아니라고 본다. 또한 우리나라는 영국이나, 중국, 일본 등 헤이그비스비 규칙을 도입한 국가와는 달리 강행적 의무를 부담하는 구간이 선적에서 양륙을 넘어서 수령에서 인도까지 확대되어있는데 책임제한이 불가하다는 본 판결 결과에 대하여 양륙 다음에는 책임을 지지않는다는 약정을 체결하여도 무효가 되므로 스스로 자신을 보호할 수단이 없다는 점도 고려되어야 한다. 2심 결정의 결과가 주목된다.[4] (판결문 전문 참조)

3) 이는 1976년 조약의 개정에서 1956년 조약의 "선상에서"를 "선박운항과 직접 관련하여"로 확대한 결과이다. 제2조 제1항 a호는 "occurring on board or in connection with the operation of the ship or with salvage operations, and consequential loss resulting therefrom.

4) 대법원에서도 본 판결의 내용은 유지되었다(대법원 2014.5.9. 자 2014마223 결정). 이에 대한 자세한 평석은 김인현, "2014 중요해상판례평석", 「한국해법학회지」 제37권 제1호, 2015.4., 334면 이하 제6호－II를 참조 바람.

III. 이중책임제한 절차에서의 효력

(인천지방법원 2013.5.21. 선고 2011가합17126 판결)

1. 사실관계

C호와 P호는 충돌하여 P호는 침몰 중이었다. 해양경찰이 P호를 예인하여 해안가에 좌초시키게 된다. C호의 선박소유자(선주)의 소송대리인들은 책임제한절차개시 신청서를 우리나라 인천지방법원에 제출하였다. 선적국인 파나마법에 의하여 책임제한이 인정되었다. 책임제한의 대상이 되는 채권은 P호 선주의 손해배상채권, P호에 적재된 화물의 적하보험자 또는 화주의 손해배상채권, 피해어민의 손해배상채권 등이었다. 법원은 2010.9.15. 책임제한개시결정을 하였다.

한편, 일본에서 P호가 C호를 압류하자 C호는 또다른 책임제한절차를 일본에서 개시하지 않을 수 없었다. 원고 겸 피고(C호의 선주, 책임제한절차의 신청인)는 장래 일본 나고야 지방재판소의 책임제한절차에 따라 P호의 선주에게 배상을 하고 이에 대한 대위권(구상권)을 취득한다고 주장하며(책임제한법 제42조 제3항 및 제4항), 장래 대위권을 근거로 제한채권을 신고하였다.

2011.8.26.자 사정재판에서 법원은 일본에서의 책임제한절차에서 C호가 P호의 선주에게 지급할 금원을 제한채권으로 인정하였다. 이렇게 되면 제한된 책임제한 기금에서 배당을 받아야 하는 P호의 화물 보험자 및 소유자가 불리해지므로, 사정재판에 대한 이의의 소송이 제기되었다.

제42조 (참가)

① 제한채권자는 신청인에 대하여 가지는 제한채권(이자, 지연손해금 또는 위약금 등의 청구권은 제한채권의 최초의 조사기일까지 발생한 것에 한한다. 이하 이장에 있어서 같다)으로 책임제한절차에 참가할 수 있다.

② 제한채권을 변제한 신청인 또는 수익채무자(주, 동일한 사고에 관하여 책임제한을 할 수 있는 신청인 이외의 자)는 그 변제의 한도에서 변제받은 제한채권자를 대위하여 책임제한절차에 참가할 수 있다.

③ 제한채권에 대하여 장래 제한채권자를 대위하게 되거나 신청인 또는 수익채무자에 대

하여 구상권을 가지게 되는 자는 자기의 제한채권을 가지는 것으로 보고 이에 의하여 책임제한절차에 참가할 수 있다. 다만, 제한채권자가 이미 책임제한절차에 참가한 때에는 그 참가한 한도 내에서 다시 참가하지 못한다.

④ 신청인 또는 수익채무자가 제한채권에 기하여 외국에서 강제집행을 당할 염려가 있음을 소명한 때에는 그 강제집행에 의하여 지급할 제한채권의 액에 관하여 신청인 또는 수익채무자가 제한채권을 가지는 것으로 보고 이에 의하여 책임제한절차에 참가할 수 있다. 제3항 단서의 규정은 이 경우에 준용한다.

2. 법원의 판시내용

(1) 원고 겸 피고의 참가요건 구비여부

이 사건 사정재판에서는 책임제한법 제42조 제3항에 따라 원고 겸 피고(C호 선주)의 참가를 허용하되 책임제한법 제42조 제3항 단서에 따라 이 사건 책임제한절차에 참가한 다른 제한채권자들에 관한 대위채권 부분은 사정금액에서 제외하였는바, 피고 겸 원고(P호의 화물의 보험자)들은 원고 겸 피고가 책임제한법 제42조 제3항 또는 제42조 제4항에 정한 참가의 요건을 구비하지 못하였음에도 원고 겸 피고의 제한채권액을 별지와 같이 사정한 이 사건 사정재판은 부당하다고 주장하고, 이에 대하여 원고 겸 피고(C)는 일본에서 진행되고 있는 책임제한절차에서 P호의 소유자에게 책임제한절차를 통해 변제할 계획이므로 책임제한법 제42조 제3항, 4항에 따라 이 사건 책임제한절차의 참가요건을 구비하였다고 주장한다.

1) 책임제한법 제42조 제3항에 의한 참가

신청인 또는 수익채무자가 책임제한제도에 참가할 수 있는 경우에 대하여 책임제한법 제42조 제2항에서는 "제한채권을 변제한 경우"로, 같은 조 제4항에서는 "제한채권에 의하여 외국에서 강제집행을 당할 염려가 있음을 소명한 경우"로 특별히 한정하여 규정하고 있으므로, 같은 조 제3항이 신청인 또는 수익채무자에 대하여도 적용된다고 해석한다면 같은 조 제2항과 제4항에서 신청인 또는 수익채무자에 대하여 책임제한절차에 참가할 수 있는 경우를 한정하여 규정하고 있는 것이 무의미해진다고 할 것이다. 따라서 이 조항은 제한채권자에 대한 보험자가 장래에 보험금을 지급하고 보험자대위를 하는 경우나 제한채권을 변제함으로써 공동면책에 의한 구상권을 주장할 수 있는 보증인, 물상보증인, 공동불법행위자 등을 전제로 한 것으로 해석함이 타당하므로, 결국 원고 겸 피고는 책임제한법 제42조 제3항을 근거로 하여 이 사건 책임제한절차에 참가할 수 없다고 봄이 상당하다.

2) 책임제한법 제42조 제4항에 의한 참가

신청인 또는 수익채무자가 이미 책임제한절차에 따라 기금을 조성한 상태에서 '외국에서 강제집행을 당할 염려'가 있는 경우 위 기금의 범위 안에서 부담을 지도록 하겠다는 것이 이 조항의 취지로 보이나, 그렇다고 하더라도 '외국에서 강제집행을 당할 염려'가 있는 경우를 넓게 해석하여 외국에서 책임제한절차가 진행되고 있는 경우까지 포함하는 것으로 해석하는 것은 ① 강제집행절차와 책임제한절차가 법문상 엄연히 구별되는 별개의 개념이므로 문리적 해석에도 반할 뿐만 아니라 ② 책임제한절차에는 강제집행을 당할 염려가 있는 경우에 이를 방지하기 위한 제도적인 장치가 규정되어 있는 등 강제집행절차와 책임제한절차는 그 성질을 달리하는 별개의 절차인 점, 우리나라는 '1976년 책임제한조약'의 체약국이 아니고 상법, 책임제한법 체계하에서는 우리나라와 외국에서 함께 책임제한절차가 개시되어 진행되는 상황이 예정되어있는 점 등을 고려하면 책임제한절차의 성격 및 현행 책임제한법 체계에도 부합하지 않는 해석이라 할 것이므로, 결국 원고 겸 피고는 책임제한법 제42조 제4항을 근거로 하여 이 사건 책임제한절차에 참가할 수 없다고 봄이 상당하다.

3) 소결

따라서 원고 겸 피고는 이 사건 책임제한절차에서 제한채권을 신고할 수 있는 요건을 갖추지 못하였으므로, 이 사건 사정재판 중 원고 겸 피고의 제한채권액을 0원으로 변경함이 타당하다.[5)]

3. 의 견

해상법은 해상기업을 보호하기 위한 제도로서 선박소유자책임제한제도를 두고 있다. 현재는 1976년 조약(LLMC) 및 1996년 의정서 체제이다. 우리나라는 이 LLMC를 비준하지 않고 국내법에 1976년 조약의 대부분을 반영하고있다. 이웃 일본은 1996년 의정서를 받아들였다. 외국적 요소가 개입된 사건의 경우에 책임제한을 신청하는 선주는 책임제한을 국제사법에 따라서 할 수 있다. 우리나라는 선적국법에 의한다. 한편 일본과 중국은 법정지법에 의하므로 각각 일본법과 중국법이 책임제한의 준거법이 된다. 일본법은

5) 이 판결에 대한 판례 평석으로는 김용준 "선박소유자 등의 책임제한절차에 관한 법률 제42조 제3항 및 4항에 대한 해석 및 적용범위에 관한 고찰", 「한국해법학회지」 제35권 제2호, 2013.11., 117면 이하가 있다.

1996년 의정서하에 있기 때문에 책임제한액수가 우리나라보다 4~5배가 높은 실정이다. 채권자들은 일본법을 선호하게 된다.

1976년 조약에 따르면 한 국가에서 개시된 책임제한절차의 효력은 다른 국가에도 미치도록 되어있다(제13조 제1항). 그런데, 한국과 일본 사이에는 한국이 조약의 비준국가가 아니므로 이러한 효력을 서로 주장할 수 없는 상황이다. 이러한 상황하에서 최근 한국에서 책임제한이 개시되었음에도 일본에서 다시 책임제한이 개시되거나 아니면 반대의 경우가 생겨나서 법률관계를 불안정하게 한다. 한국과 일본에서 동시에 책임제한절차가 개시되면 당해 선박소유자는 책임제한기금을 한국과 일본에 두 번 공탁하여야 하는 재정적 어려움에 처한다. 또한 먼저 진행된 책임제한절차에서 배당된 부분을 뒤이은 책임제한절차에서 어떻게 반영할지가 문제된다.

선박충돌사건에서 C호의 선주는 인천지방법원에서 책임제한절차개시 신청을 하였다. 이 절차에서 P의 선주는 참가하지 않았고 오히려 일본에서 C호를 압류하여 일본에서 C호의 선주가 별도의 책임제한절차신청을 하여 절차 진행 중에 있다. C호의 선주가 공탁한 한국에서의 책임제한기금에서 각 채권자에 대한 안분배당이 이루어질 것이다. 결국 일본에서 C호 선주가 P호의 소유자에게 책임제한절차에서 손해배상을 하고 나면, P호는 이중으로 지급받을 수 없어야 하므로 한국에서의 책임절차에서 다시 P호의 C호에 대한 채권을 책임제한에서 사정받도록 되어야 한다는 것이 C호측의 주장이다. 우리나라는 선박소유자 등의 책임제한절차에 관한 법률이 있기 때문에 그 규정에 의하여 책임제한절차에의 참가가 허용될 것이다. 제42조가 이에 대한 규정이다.

법원은 제42조 제3항의 경우는 보험자가 피보험자인 화주(제한채권자)에게 보험금을 지급한 다음 보험자대위에 의하여 구상권을 가지는 경우 등에 해당하므로 이와 같지 않은 C호는 제3항에 해당되지 않는다고 판시하였다. 제4항에서 "외국에서" "강제집행을 당할 염려가 있음을"에서 외국이란 조약의 비체약국을 말하는 것이다. 왜냐하면 체약국 사이에서는 강제집행을 막을 수 있는 규정이 있고 각 체약국은 이를 준수하여야 할 의무가 있기 때문이다. 강제집행이란 책임제한절차와는 다른 것이기 때문에 일본에서의 책임제한절차의 효과를 고려할 필요가 없다는 것이 법원의 취지이다. 결국, 법원은 우리나라 책임제한절차법에 일본에서 이미 책임제한절차에 지급한 C호의 경우에 사정을 허용하는 규정이 없다고 본 것이다.

이러한 판결의 결과는 중복책임제한절차의 문제점을 노정하게 된다. 선박소유자는 두 군데에서 책임제한기금을 공탁하게 되었고, 양 국가가 서로 책임제한의 결과를 인정하여주지 않으면, 이중으로 변제하게 되어 책임제한이 없는 것과 같은 결과가 될 것이다. 한쪽의 결과를 반영한다고 하더라도 절차가 늦어지게 될 것이다. 이러한 문제점을 해결하기 위하여는 우리나라가 1976년 조약이나 1996년 의정서에 가입하여야 한다.[6] 이렇게 되면 양국간에 먼저 책임제한절차가 개시되었다면 다른 국가에 책임제한절차가 신청되면 이는 각하될 것이다. (판결문 전문 참조)

IV. 화재면책

(인천지방법원 2012.8.8. 선고 2011가합19740 판결)

1. 사실관계

수입자(甲)는 운송인(丙)과 운송계약을 체결하였고 甲(수입자)과 乙(보험자)은 적하보험계약을 체결하였다. 인도에서 운송물을 적재하였지만, 항해 중 선박이 고장이 나서 조선소에 수리 중에 운송물이 발화되어 화재가 발생하였다. 이에 甲은 乙 등에게 보험금을 청구하여 보험금을 지급받았다. 乙은 甲이 운송인 丙에 대하여 가지는 청구권을 대위하여 丙에게 구상소송을 제기하게 되었다. 丙은 화재로 인한 사고이기 때문에 화재면책을 주장하였다. 이에 대하여 원고는 (i) 본 사고는 丙의 감항능력 결여로 인한 사고이고 이것이 화재와 인과관계가 있다고 주장하고, (ii) 그렇지 않다고 하여도, 본 사고는 운송인의 과실로 인하여 발생한 사고이기 때문에 헤이그비스비 규칙에 따르면 운송인은 면책되지 않는다고 주장하였다(준거법은 선하증권에 의하여 헤이그 규칙으로 정하여졌다).

2. 법원의 판시내용

(1) 감항능력주의의무 위반 여부

운송인의 감항능력주의의무 위반을 들어 화재면책을 배제하고자 하는 경우에는 운송인의 감항능력주의의무 위반 사실과 그 주의의무 위반이 화재와 인과관계가 있다는 점이 인정되어야 하는바, 이 사건에서 문제가 되는 것은 감항능력 중 이 사건 선박이 안전하게 항해할수 있는 상태였는지에 관한 '선체능력'과 이 사건 화물이 적절하고 안전한

---

6) 이에 대한 자세한 논의는 김창준, "중복적 책임제한절차의 법률관계", 「한국해법학회지」 제35권 제1호, 2013.4., 55면 이하가 있다.

방법으로 적재되었는지에 관한 '감하능력'이 있었는지 여부이다. (중략) 이 사건 선박은 발항 이전이나 출항 당시 주기관에 어떠한 문제나 특이 사항이 있다는 별도의 보고가 없었으나 출항 후 10일이 지나서야 원인을 알 수 없는 사유로 감속기에 문제가 발생한 사실, (중략), 주기관의 감속기는 정밀기계장치로서 발항 당시 그것이 손상되어 있었다면 주기관 가동이 불가능하여 항해 자체를 하지 못하였을 것으로 보이는 점, 헤이그 규칙 제3조 제1항 (a)호에 의하면 운송인은 발항 이전 및 발항 당시 선박의 감항성을 갖추면 족하고(The carrier shall be bound before and at the beginning of the voyage to exercise due diligence to make the ship seaworthy) 항해기간 내내 그 감항성을 유지할 의무는 없는 점 등을 보태어 보면, 앞에서 인정한 사실만으로는 피고가 감항능력 주의의무를 위반하였다는 점 내지 피고의 감항능력주의의무 위반으로 인하여 이 사건 사고가 발생하였다는 점을 인정하기 어렵고, 달리 이를 인정할 만한 증거가 없다. 따라서 원고들의 감항능력주의의무 위반에 관한 재항변은 받아들일 수 없다.

(2) 피고 운송인의 고의 또는 과실

원고들은 또한 피고는 이 선박의 수리기간이 3개월 이상 소요되었음에도 그 기간 중 화물을 다른 곳에 양하하여 적절히 관리하는 등의 조치를 취하지 아니하여 이 사고가 발생하였으므로 이는 피고의 고의 또는 과실에 의한 것이어서 헤이그 규칙 제4조 제2항 (b)호 단서에 의하여 면책될 수 없다고 재항변하고,[7] 이에 대하여 피고는 이 사고는 이 사건 화물의 채종박 고유의 특성에 기하여 자연발화한 것으로서 이 사고에 피고의 고의 내지 과실이 개입되지 않았다고 다툰다.

(i) 이 선박의 수리는 전적으로 선주가 담당하는 것이므로 수리로 인하여 항해기간이 지연되는 동안의 화물관리 역시 피고의 책임하에 이루어져야하는 점 (중략) (iii) 이 사건 화물 선적시 화물의 높이를 통풍구보다 낮게 하거나 화물이 통풍구를 막지 않도록 분리판을 대는 등 통풍구 주변에 공기 유출입이 가능하도록 공간을 확보하는 조치를 취하였다면 이 사고가 발생할 가능성이 감소하였을 것인 점, (iv) 이 사고는 정상적인 항해기간 중의 사고가 아니라 수리를 위하여 정박하고 있는 동안 화물이 고온다습한 환경에 장기간 노출되면서 발생한 사고인 점, (v) 이 선박의 1등 항해사는 화물이 통풍용 팬을 막고 있으면 주기적으로 화물의 균형유지를 위하여 트리밍(trimming)작업을 하여 이

7) Article 4(2) Neither the carrier nor the ship shall be responsible for loss or damage arising or resulting from:
(b) Fire, unless caused by the actual fault or privity of the carrier.

를 평평하게 만들어 주어야 하는 점, (vi) 설령 화주가 자신의 책임과 비용으로 화물을 적재한 경우라도 운송인은 그러한 적부가 운송에 적합한지의 여부를 살펴보고 운송을 위하여 인도받은 화물의 성질을 알고 그 화물의 성격이 요구하는 바에 따라 적부를 하는 등의 방법으로 손해를 방지하기 위한 적절한 예방조치를 강구하여야 할 주의의무가 있어 적재 후 항해기간 동안 운송인측의 과실로 인한 화물손상책임을 면할 수 없는 점 등을 보태어 보면, 이 사고는 피고가 운송인으로서 항해기간 동안 이 사건 화물의 관리상 주의의무를 다하지 못하여 발생하였다고 봄이 상당하다. 따라서, 이에 관한 원고의 재항변은 이유있으므로, 결국 피고의 화재면책 항변은 받아들일 수 없다.

3. 의 견

선박에서 화재가 종종 발생하게 된다.[8] 화재는 한번 발생하면 소화하기도 힘들고 큰 손해가 발생한다. 상법은 이러한 화재의 경우에 운송인의 책임을 면하게 하는 소위 화재면책 규정을 가지고 있다. 운송인은 자신의 사용인의 과실로 인하여 발생한 화재사고로 인하여 운송계약의 상대방인 화주에 대하여 손해배상 책임에서 면하게 된다. 그런데, 이러한 면책제도는 아주 예외적인 것이기 때문에 상법은 특별한 요건을 갖춘 경우에만 인정한다. 첫째, 운송인 자신의 고의 혹은 과실이 있는 경우에는 적용이 없다(상법 제795조 제2항 단서). 둘째, 감항능력주의의무를 갖춘 경우에만 가능하다. 발항 당시에 운송인이 감항능력주의의무를 갖추지 못하였고 이것이 사고에 영향을 미쳤다면 운송인은 면책되지 않는다.[9]

화재사고에 대하여 (1) 손해배상청구를 화주가 운송인에 대하여 제기하면, (2) 운송인은 화재로 인한 사고임을 들어 면책을 주장한다. (3) 화주는 감항능력 결여로 인한 사고임을 주장하면 운송인은 그렇지 않음을 입증하여야 한다. 운송인이 입증에 실패하면 운송인은 책임을 부담한다. (4) 운송인의 고의 혹은 과실로 인한 사고임을 화주가 입증하면 운송인은 또한 책임을 부담하게 된다.[10]

화재 면책은 항해과실 면책과 달리 운송인의 과실이 있는 경우에는 면책이 허용되지 않는다. 또한 감항능력주의의무 위반에 의한 손해의 경우에도 면책은 허용되지 않는다. 따라서, 본 소송에서도 원고측은 이 두 가지 사항에 대하여 재항변을 한 것이다. 이에

---

8) 화재와 관련된 대법원 판결로는 대법원 2002.12.10. 선고 2002다39364 판결이 있다.
9) 동지, 채이식, 「상법N」, 박영사, 2001, 306면; 최종현, 「해상법상론」, 박영사, 2014, 292면.
10) 운송인의 과실에 대한 입증책임을 운송인이 부담하는가 청구인인 화주가 부담하는가 다툼이 있다. 최종현, 상게서.

대하여 법원은 감항능력주의의무의 문제는 발항당시에 불감항이어야 하지만, 발항시에는 아무런 문제가 없었음을 인정하였다. 그러나, 운송인측에 운송물에 대한 주의의무 위반이 있음을 지적하고 있다.

화재의 경우에 운송인측에 운송물에 대한 주의의무 위반이 있음을 입증하여야 하는 자는 원고인 송하인측이다(상법 제795조 제2항). 이는 일반적인 경우에는 운송인이 자신에게 주의의무 위반이 없음을 입증하여야 하는 것(상법 제795조 제1항)과 크게 다른 점이다. 우리나라의 경우에는 항해과실 면책이나 화재 면책의 경우에 감항성 결여를 원고인 화주가 주장하는 경우는 드물었지만, 본 사건은 이를 다투고 있다는 점에서 선례로서의 가치가 있다. (판결문 전문 참조)

V. RETLA 조항의 유효성

(영국 해사법원 2012년 11월 7일 Saga Explorer 사건)

1. 사실관계

울산항에서 미국으로 향하는 철제를 싣게 되었다. 검정인이 검정을 한 결과 많은 녹이 슨 상태가 발견되어 상당한 량의 보고서를 작성하면서 선장과 1등항해사에게 이러한 사실을 보고했다. 그러나, 송하인은 무역거래에서 무하자선하증권(clean B/L)이 필요하다고 하면서 그러한 기재를 하지 말고 대신 화물선취보증장(LOI)을 제출하겠다고 하여 관행에 따라 대리점은 무하자선하증권을 발행하여 주었다. 선하증권의 전면에는 "외관상 양호한 상태(apparent good order and condition)"이라고 기재되었지만, 이면에는 소위 Retla 조항이 삽입되어 있었다(미국 코그사 1936년이 준거법으로 지정됨). 양륙항에서 녹이 있는 상태를 발견한 수하인(수입자)은 손해배상청구를 운송인에게 하게 되었다. 수입자는 자신은 전면의 "외관상 양호한 상태"라는 점을 신뢰하고 선하증권을 취득하게 되었는데, 수령한 것은 이와 다르므로 운송인이 책임을 부담하여야 한다고 주장하였고, 운송인은 이면에는 Retla 조항이 있고, 여기에서 '외관상 양호한 상태'는 정도를 불문하고 모든 부분에 녹이 있다는 취지로 되어 있으므로, 미국의 Tokio Marine 판결의 예에 따라 이 문구는 유효하여 결과적으로 처음부터 녹이 있었다고 하면서 자신은 책임이 없다고 항변하였다.

2. 법원의 판시내용

Retla 조항에 따르면 선하증권 전면에 기재된 "외관상 양호한 상태"란 "외관상 보이는 녹과 습기가 없는 것을 의미하는 것이 아니다"라고 한다. 이 때의 녹은 통상 일반적으로 표면에 발생하는 녹을 말하는 것이지, 정도를 불문하고 모든 녹을 말하는 것은 아니다. 모든 상태의 녹으로 확대되어서는 아니 된다. 본 판사는 1970년 미국의 Tokio Marine 사안의 결과를 따르지 않는다(역자주: 결국 전면과 이면의 내용을 종합하면, 모든 상태의 녹이 없다는 취지가 아니고, 표면의 녹이 선적시에 없다는 기재만 있는 것이 된다. 본 사안에서는 통상보다 심한 녹은 있는 것으로 되어, 운송인은 선적시에 그렇지 않음을 입증하지 못하면 패소하게 된다).[11] 선하증권 이면의 Retla 조항은 철제화물 외관상 나타날 수 있는 녹의 상태를 말하는 한도에서는 유효하다. 심하게 녹슨 상태에 대한 보고를 검정인이 하였음에도 불구하고 운송인은 심한 녹슨 상태를 알고서도 사기적으로 정확한 기재를 하지 않았다. 이는 선하증권의 선의의 제3자(수입자)가 대금을 지급함에 있어서 "외관상 양호하다는 기재를 신뢰하였다"고 하여 이것이 손해에 영향을 미쳤다. 불법표시(false representation)에 의한 손해배상책임을 운송인이 수하인(수입자)에게 부담한다.

3. 의 견

철제 등의 운송의 경우에 1등 항해사와 선장이 부딪치는 가장 큰 애로사항은 본선수취증(Mate Receipt)에 녹이 슨 상태 등에 대하여 아무런 기재를 하지 않는 소위 Clean B/L을 발행하여 달라는 요구를 받는 때이다. 선장으로서는 수하인으로부터 클레임을 청구받을 것이 걱정이 되어서 그렇게 할 수 없다. 본사에 연락을 하게 되면, 본사에서는 오랜 고객관계에 있기 때문에 본사에서 처리를 할 것이므로 Clean B/L을 발행하라고 한다. 본사에서는 L/I를 받고, 선장은 Clean B/L을 발행하게 된다. 송하인은, 실제와 달리 운송인이 무하자 선하증권을 발행하였고 녹슨 상태 때문에 수하인에게 클레임이 제기되면 자신이 책임을 지겠다는 내용의 보상장을 운송인에게 제출한 것이다. 그런데, 이 보상장은 선하증권 소지인이 운송인에게 손해배상청구를 하게 되면 운송인은 손해를 배

11) "The Saga Explorer", [2013] Vol. 1, LLoyd's Reports, 402. (역주: 결국 전면의 "외관상 양호"라는 취지에 대하여 이면의 레틀라 조항은 심하게 녹슨 그 상태에 대하여는 선하증권에 기재된 바가 없기 때문에 운송인 스스로가 녹이 슬지 않은 상태임을 기재한 것이고, 선하증권 기재의 간주적 효력 때문에 선하증권의 선의의 소지인에게는 다른 주장을 할 수 없고, 운송인은 선적상태와 인도된 상태의 차이에 대하여는 손해배상책임을 부담하게 된다).

상하고 난 다음에 송하인에게 구상청구를 할 것이 예정되어 있을 뿐이지, 운송인으로 하여금 선하증권 소지인에게 책임을 면하게 하도록 하지는 못한다. 운송인은 이러한 상황하에서 송하인의 Clean B/L 발행 요구에 대하여 아래와 같은 소위 레틀라(Retla) 약관을 선하증권 이면에 넣어서 책임을 피하려고 한다.

> "이 선하증권에 운송물이 외관상 양호한 상태로 선적되었다고 기재되었다고 하더라도 이는 화물이 외관상 물에 젖은 부분이나 녹이 없다는 것을 의미하는 것은 아니다. 만일 송하인이 요구하면 위와 같은 문언을 삭제하고 본선수취증(Mate Receipt)이나 검수증명서에 나타나 있을 수 있는 물에 젖은 부분 혹은 녹을 기재한 선하증권으로 교체해 주겠다"

이 문구의 취지는 전면의 "외관상 양호한 상태"에 대한 정의규정으로서 기능하여, 모든 외관상 녹이 있다는 취지라고 말하는 것으로 해석된다(1970년 미국의 Tokio Marine 판결). 이 효과는 아래와 같이 될 것이다.

(i) 실제로 녹이 있는 상태의 철제에 대하여 "외관상 양호함"이라는 문구를 넣고, 레틀라 약관이 없는 경우라면, 수하인은 수령시 녹이 있는 철제를 수령할 것이고 선하증권에서 양호하다고 되어 있으므로 그 차이에 대하여 운송인은 손해배상책임을 부담할 것이다. 이 경우 수하인은 선하증권만 제시하면 운송인은 선적시 스스로 녹이 슨 상태가 아니었음을 입증하여야 한다. 선하증권의 문언적 효력 때문에 화주는 선적에서 양호한 상태였음을 입증할 필요없이 선하증권만 제시하면 선적의 상태에서는 양호한 상태가 된다. 운송인은 배상을 하고 L/I를 발행한 송하인에게 구상할 것이다.

(ii) 실제로 녹이 없는 상태였고 "외관상 양호함"이라는 문구를 넣고, 레틀라 조항이 없었다면, 역시 운송인은 운송중 발생한 녹에 대하여 책임을 지게 될 것이다.

(iii) 만약, 비록 선하증권 전면에 "외관상 양호한 상태"라고 기재되었지만 이면의 Retla조항의 효력이 인정된다면, 처음부터 녹이 있다는 취지가 되므로, 수하인은 선적시부터 녹이 있었기 때문에 운송인에게 손해배상을 받을 수 없다. 수하인이 불리한 지위에 놓인다. 그런데, 그 녹의 정도가 문제된다.

선하증권의 전면에는 "외관상 양호함"이라는 기재가 있고, 이면의 레틀라 조항에는 "외관상 양호함"이란 "눈으로 보이는 녹이 없다는 취지가 아니다"고 한다. 선하증권의 기재의 효력은 선의의 제3자에게는 대항할 수 없는 효력이 있다. 그러므로, 만약 기재가 표면상의 일반적인 녹이 없다는 취지로 해석되는지, 아니면 모든 녹을 말하는지 문제가 된다. 1970년 미국의 법원은 레틀라 조항은 “모든 종류의 녹이 있다”고 말하는 것으로 해석하였다.[12] 미국 법원에 따르면 선하증권의 취지는 어떠한 종류의 녹에 대하여도 운송인은 있을 수 있다고 한 것이 되므로, 선적시부터 녹이 있었던 것이 되어 수하인에게 대항할 수 있게 된다.[13] 영국 법원은 본 판결에서 이러한 해석의 결과를 부정하였다. 전면의 “외관상 양호함”이란 통상적인 가벼운 녹만 없다는 취지라는 것이다. 그러므로 정도가 심한 녹에 대하여는 레틀라 조항에서 언급한 바가 없으므로 전면에 외관상 양호함이라고 기재된 선하증권을 제시하면 선적시의 상태를 운송인이 입증하여야 한다.

법원은 실제로 녹이 있음을 알면서도 전면에 “외관상 양호함”이라고 적는 것은 수하인이 이를 신뢰하고 손해를 볼 것을 알 수 있고 또 수하인은 이를 신뢰하고 대금을 지급한 것이므로 “불법표시(misrepresentation=false representation)”에 해당하여 운송인은 책임을 부담한다고 판시한 것이다. 실제와 다른 기재를 하여 수하인에게 책임을 부담하지 않는 것은 결국 운송인의 책임을 감경하는 약정에 해당하고 이는 강행규정(헤이그비스비 규칙 및 미국 COGSA 제3조 8항)에 의하여 무효라고 보았다(동지 최종현, 해상법상론, 박영사, 2009, 327면).

본 사건에서는 선주를 대리하는 운송인이 녹이 슨 상태를 알면서 보고서를 무시하고 무하자 선하증권을 발행한 경우이다. 판사는 이러한 경우는 선하증권이 사기적으로 발행된 것으로 선의의 취득자에게는 선하증권의 기재와 실제로 받은 운송물의 내용이 다른 것이므로 그 차이에 대하여는 책임을 져야한다는 것이다. 운송인은 송하인의 의뢰에 따라 실제에는 철제 등에 녹이 있음에도 불구하고 깨끗한 선하증권을 발행하여주면서 보상장(LOI)을 받는다. 영국법에 따르면 이는 사기에 가까운 행위이기 때문에 운송인이 송하인으로부터 수령한 보상장(LOI)도 무효가 되어 운송인이 손해배상을 소지인에게 하고 난 다음에도 구상청구를 송하인에게 할 수 없는 결과가 된다.

12) Tokio Marine & Fire Insurance Co Ltd v Retla Steamship Co [1970] 2 Lloyd's Rep 91.

13) 최종현 변호사는 운송인은 운송물의 외관상태를 선하증권에 기재하여야 하는데(상법 제853조 제1항 3호), 그 기재는 선의의 제3자에게 대항하지 못하는데 운송인의 운송물이 외관상 양호한 상태로 선적되었다고 선하증권을 발행하고 나서 레틀라 약관을 근거로 선하증권 기재와 다른 주장을 하는 것은 불이익변경금지원칙에 위반되어 무효라고 한다. 최종현, 전게서, 331면.

제5호 (2014.3.31.)

I. 유류오염사고로 인한 리조트의 경제적 손실이 배상된 판결 (서울중앙지방법원 2013.11.21. 선고 2011가합98377 판결)

1. 사실관계

2008년 유조선과 일반선박의 충돌사고로 기름이 유출되었고 그 결과 인근의 리조트에 객실을 이용하는 사람들이 줄어들자, 리조트의 소유자와 운영자는 유조선 측에 손해배상청구를 하기에 이르렀다. 유조선에는 (i) 소유자, (ii) 용선자, (iii) 용선자의 선주상호보험책임자가 있었다. 원고는 이 3자에 대하여 연대책임을 묻게 되었다. 그 근거로는 소유자에게는 유류오염손해배상보장법(이하 유배법)을, 용선자에 대하여는 민법의 사용자책임을, 책임보험자에게는 용선자와 체결한 각 공제계약을(상법의 규정을) 근거로 하였다. 원고는 객실취소 등에 대한 감정보고서를 제출하였다.

2. 법원의 판시내용

(1) 피고 용선자, 용선자의 선주상호보험책임자에 대한 판단

구 유류오염손해배상보장법 제4조 제5항 제3호, 제2조 제2호 단서에 의하면, 설령 원고들이 이 사건 사고로 인하여 손해를 입었다 하더라도, 선박 용선자에게는 손해배상을 직접 청구할 수 없다. 선박 용선자가 배상책임을 부담하지 아니하는 이상 용선자의 선주상호보험책임자에 대한 청구 역시 받아들일 수 없다.

(2) 피고 소유자에 대한 판단

1) 예약 취소로 인한 손해

이 사건 사고로 인하여 2008. 8. 이 사건 리조트 예약 63건이 취소되어 18,774,630원의 손해가 발생하였으며 이는 상당인과관계 있는 손해라고 판단된다.

2) 객실 가동률 감소로 인한 손해

감정인의 감정방법은 기대매출액 산정에 있어 2009년경 이후 객실 단가 상승 사정을 고려하지 아니한 점, 특히 증가된 69실의 기대매출액 산정 방법은 2009년 실제매출액을 2009년, 2010년, 2011년의 8, 9월 월별 매출 평균증가율로 나누어 계산하는 것이 합리적이라고 보이는 점 등을 고려하면 이 부분에 관한 감정결과는 기본적으로 신뢰하기 어렵다.

게다가 감정인의 계산방법에 따르면 기대매출액이 이 사건 사고 발생 전의 실제매출액에도 미치지 못하며, 이 사건 사고의 규모, 사고 후 이루어진 방제조치, 방제기간 등에 비추어보면 실제매출액이 기대매출액에 미치지 못한 것이 오로지 이 사건 사고 발생 때문이라고 볼 근거가 부족한 점, 원고가 주장하는 손해는 모두 객실 매출 감소에 따른 손해로 앞에서 인정한 금액을 넘어 객실 매출 감소에 따른 손해를 입었다고 볼 증거가 부족하다.

3) 부대영업장 매출 손해

부대영업장 매출이 오로지 객실 매출에 연동한다고 보기 어렵고 객실 매출대비 부대영업장 매출 비율이 65%라고 인정할 증거가 부족한 점, 2008. 8. 부대영업장 매출 증가율이 전년 동월 대비 매출 증가율보다 높은 점 등에 비추어보면 이 부분 청구는 받아들이기 어렵다.

3. 의 견

등록 선박소유자는 유조선에서 흘러나온 유류에 대하여 유배법상 무과실 책임을 부담하게 된다. 유배법상 부담하는 피해자의 손해는 유류오염사고와 인과관계가 있어야 한다. 선체용선자는 대한민국 국민이 선체용선한 외국 국적의 유조선에 의하여 유류오염 손해가 발생한 경우에만 선박소유자와 연대책임을 부담하게 된다. 그 외에 기타 용선자와 제3자에게는 피해자들은 손해배상책임을 물을 수 없다(유배법 제5조 제4항). 이번 사건에서는 용선자가 정기용선자인지 선체용선자인지 나타나 있지 않지만, 선박이 한국 선적이 아니기 때문에 용선자는 어떠한 경우에도 유배법상의 책임이 없다. 따라서 법원의 판시는 정당하다. 용선자가 선주상호보험에 가입하면서 선주를 피보험자로 하였다면 유배법상의 보장계약을 체결한 자로 보아서 책임의 주체가 되어야 할 터인데 이를 부인한 판시의 내용은 사실관계에 대한 재검토가 필요할 것으로 보인다.

유류오염으로 인한 손해는 직접손해, 경제적 손해, 순경제적 손해 등으로 나눌 수 있다. 예컨대 유류가 유출되어 어장을 위한 선박에 기름이 묻어서 선외기에 이상이 생긴 경우 이것은 직접손해이다. 어장에 나가지 못하여 어류를 채취하지 못함으로써 발생한 손해는 경제적 손실이고, 인근 리조트의 객실예약 취소로 발생한 손해는 순경제적 손실(pure economic loss)이다. 영미에서는 경제적 손실은 배상하지 않는 것이 원칙이다. 그러나 국제유류오염손해보상기금은 이것도 상당인과관계가 있으면 보상하는 것으로 한다.[1)] 우리나라는 영미와 같은 제한이 없이 상당인과관계가 있으면 보상한다. 본 사건에서는 리조트의 객실사용을 예약하였던 사람들이 오염사고로 인하여 취소를 한 것이 이 사고와 인과관계가 있다고 보아 손해배상을 인정한 것이다. 순경제적 손실에 대하여도 배상이 인정된 좋은 사례라고 할 것이다.[2)] (판결문 전문 참조)

II. 여객운송인의 책임

(청주지방법원 2013.11.15. 선고 2012가단25357 판결)

1. 사실관계

甲은 A역에서 부산으로 가기 위해 乙소속 열차의 객차에 승차하였다. 甲이 승차한 직후 甲의 일행이 승강장에서 甲에게 잘못 승차하였다며 내릴 것을 요구하자 甲은 마침 출발하기 시작한 열차 출입문에서 스스로 승강문을 열고 내리던 중 추락하여 신체의 일부가 객차 밑으로 들어가 좌측 하퇴부가 절단되는 등의 상해를 입었다. 乙소속 열차의 객차 출입문은 승무원의 조작에 의한 자동개폐방식이 원칙이나 비상상황에 대비하여 시속 5km 이하에서는 일정 정도 이상의 힘을 가하면 개방할 수 있도록 설계되었고, 열차의 운행 도중 위와 같은 수동방식으로 출입문이 열리게 되면 해당 출입구 외부 상단의 표시등에 불이 켜지게 되어 이를 확인할 수 있게 되어 있었다. 당시 乙소속 열차의 기관사 丙은 여객의 승하차를 확인한 뒤, 승강문을 닫고 열차출발신호를 확인한 다음 여객전무에게 출발신호를 받아 발차하던 중(0시 16분 23.4초경) 보조기관사로부터

1) 2008년 IOPC FUND Claims Manual 제 1.4.9에 의하면 어민이 어구가 오염되지 않았지만 그 수역이 오염되어 작업을 하지 못한 경우 배상이 가능하다고 설명한다.

2) 대법원 2004.4.28. 선고 2001다36733 판결에서 유류오염손해에서 정신적 손해도 배상될 것인지가 다투어 졌다. 우리 대법원은 유류오염 관련 국제조약에서 배상범위에 대하여 정하지 않은 경우에는 우리 민법에 의하고, 이에 의하면 위자료 청구권이 인정된다고 판시하였다. 자세한 내용은 김인현, 「해상법연구Ⅱ」, 574면을 참고 바람.

출입구 외부 상단의 표시등에 불이 켜져 있어 비상정지하라는 요청을 받고 비상제동하였다(0시 16분 24.9초). 甲은 乙이 철도여객운송인으로서 열차승객의 운송에 관한 모든 주의의무를 해태하였으므로 상법 제148조에 기하여 여객운송인은 손해배상책임을 져야 한다고 주장한다.

2. 법원의 판시 내용

여객운송인은 상법 제148조 제1항에 따라 자기 또는 사용인이 운송에 관한 주의를 해태하지 않았음을 증명하지 않는 이상 승객의 운송 중에 발생한 사고로 인한 손해를 배상할 책임이 있다.

(1) 이 사건 열차에서 추락하기에 이른 경위

열차가 역을 출발할 무렵에는 출입문이 정상적으로 닫혀 있었고, 피고는 열차를 출발시키겠다는 안내 방송을 내보낸 뒤 열차를 출발시켰다. 그 과정에서 피고 직원이 승강장에서 승하차 하거나 안전선 안쪽에 승객이 머무르고 있는지 여부 등을 확인하였다. 이후 원고의 일행들이 승강장에 있던 피고 직원에게 열차문을 개방해 줄 것을 요구했으나, 그 당시에는 이미 열차가 출발하기 시작하던 시점이어서 피고 직원이 열차를 정차시킨다거나 원고가 무단으로 뛰어내리는 것을 제지하는 것이 사실상 불가능하였다. 원고 스스로 "열차가 움직이고 있던 상황임을 알면서도 뛰어 내려도 문제가 없을 것 같아 내렸다"는 취지로 진술하고 있으므로 잘못 탑승했음을 인지한 원고가 스스로 해당 객차 출입문을 열고 주행 중인 열차에서 무리하게 뛰어내리다가 사고를 자초한 것으로 보인다.

(2) 운송에 관한 주의의무 위반 여부

피해자 스스로 진행 중인 열차에서 자발적인 의사에 의해 출입문을 열고 밖으로 뛰어내리다가 사고를 당한 경우, 열차의 출입문이 외력에 의해 열리도록 설계됐다거나, 그에 더 나아가 실제 열려 있었다고 하더라도 그와 같은 사실 자체가 사고발생의 원인이라 볼 수는 없으며(대법원 1993.2.26. 선고 92다46684 판결 등 참조), 또 사고 당시 열차의 기관사와 부기관사, 승강장에 있던 피고 직원 등은 열차의 안전한 정차와 승객들의 승·하차에 대비해 통상적인 운전업무와 안내·점검업무를 수행하고 있었고, 기관사는 출입문이 제대로 닫힌 것을 확인한 후에 출발신호를 받아 비로소 발차하기 시작했으며, 열차의 각 출입문은 평소 자동개폐방식에 따라 일률적으로 작동하고 있었다고 할 것이므로 소수의 승무원들이 출발하는 열차에서 출입문을 강제로 열고 급작스럽게 뛰어내리는 돌발적인 상황까지 예견하고 사고를 즉시 방지할 것을 기대하기는 어렵다. 기관사가 열차를 발차한 뒤 사고를 감지하고 정차시키기까지는 불과 1.5초 밖에 걸리지 않았고, 사고 이후의 구호조치 역시 비교적 신속하게 이루어졌으며 오히려 원고는 움직이는 열차에서 내릴 경우 발생할 수 있는 고도의 위험으로부터 스스로 자신의 생명・신체를 보호할 자기보호의무가 있고, 따라서 열차에 탑승한 승객은 객실이나 출입로 등 안전한 장소에서 열차가 정지할 때까지 기다려야 할 주의의무가 있는 점 등을 종합하면, 피고에게 손해배상을 해야 할 어떠한 과실이 있다고 볼 수 없다.

3. 의 견

상법 제148조 제1항은 운송인의 과실 책임을 규정하고 있다. 본 사건에서는 여객 운송인의 과실 여부가 문제되었다. 이 사건 열차의 객차출입문은 철도차량 안전기준에 관한 규칙에 부합하게 설계된 점, 피고 직원은 열차를 출발시키기 직전에 통상적인 운전업무와 안내 및 점검 업무를 수행하고 있었던 점, 피고는 이 사건 사고가 발생한지 1.5초 만에 사고를 감지하고 신속하게 구호조치를 하였던 점, 열차가 주행 중임을 알면서도 무리하게 뛰어내리는 원고를 제지하는 것이 사실상 불가능하였던 점에 비추어 피고에게 과실이 없다고 인정한 판례의 태도는 정당하다.

운송과 관련하여서는 운송인이 스스로 과실이 없음을 입증하여야 하므로 운송인은 무과실 입증이 어렵기 때문에 손해배상 책임을 부담하는 것이 일반적인데 이 사안은 이와 달리 운송인의 과실이 없음이 입증된 경우라고 할 것이다. 해상운송인의 손해배상책임도 과실책임이다(상법 제795조). 독일 상법의 경우 운송인은 무과실책임을 부담하고 있다. (판결문 전문 참조)

Ⅲ. 신용장에서 선하증권에 운송인의 서명을 요구하는 경우의 일치 (대법원 2013.10.31. 선고 2011다16431 판결)

1. 사실관계

수하인(수입자)은 송하인(수출자)을 위하여 신용장을 개설하였다. 신용장개설은행은 선하증권에는 운송인의 서명이 있어야 한다는 조건을 달았다. 송하인은 운송인과 운송계약을 체결하였고, 운송인은 운송물을 선적한 다음 선하증권을 발행하였다. 그런데, 운송인 자신의 로고가 있는 선하증권에 운송인을 대리하여 현지의 대리점이 서명하였다. 신용장개설은행은 이것은 신용장 조건과 일치하지 않는 것이라고 판단하여 대금을 지급하지 않았다. 이 선하증권이 신용장 조건과 일치하는 즉, 운송인의 서명이 있는 선하증권으로 볼 수 있는지가 문제되었다.

2. 법원의 판시내용

제6차 개정 신용장통일규칙은 제14조 a항에서 "지정에 따라 행동하는 지정은행, 확인은행이 있는 경우의 확인은행 그리고 개설은행은 서류에 대하여 문면상 일치하는 제시가 있는지 여부를 단지 서류만에 의해서 심사하여야 한다."고 규정하고, 같은 조 d항에서 "신용장, 서류 그 자체 그리고 국제표준은행관행의 문맥에 따라 읽을 때의 서류상의 정보는 그 서류나 다른 적시된 서류 또는 신용장상의 정보와 반드시 일치될 필요는 없으나, 그들과 저촉되어서는 안 된다."고 규정하고 있다.

따라서 신용장조건이 운송인의 서명이 있는 선하증권을 운송서류로 요구하고 있는 경우, 신용장개설은행은 앞서 본 신용장통일규칙 제20조 a항 i호 및 국제표준은행관행 제94조의 규정에서 정한 요건을 충족하는 서류만을 신용장조건에 합치하는 서류로서 수리하여야 하고, 선하증권이 위와 같은 요건을 충족하고 있는지는 신용장 관련 다른 서류의 기재를 참고하지 아니하고 해당 선하증권의 문언만을 기준으로 하여 형식적으로 엄격하게 판단하여야 한다. 그런데 신용장의 요구서류로 제시된 선하증권에 운송인 본인을 나타내는 명칭이 기재되어 있고, 대리인이 그 본인을 실제로 대리하여 선하증권에 대리인으로서 서명하였더라도, 선하증권의 문면에 그 본인이 운송인의 지위에 있음이 명시적으로 표시되지 아니한 경우에는, 신용장개설은행의 입장에서는 신용장 관련 다른 서류의 기재를 참고하지 아니하고 해당 선하증권의 문언만을 기준으로 하여 형식적으로 엄격하게 판단하여야 하므로, 그 본인이 운송인의 지위에 있다고 단정하기 어렵다. 따라서 이러한 선하증권은 제6차 개정 신용장통일규칙(UCP 600) 제20조 a항 i호 및 국제표준은행관행 제94조의 규정에 따른 서명 요건을 형식적으로 엄격하게 갖추었다고 보기 어렵다.

3. 의 견

무역거래는 보통 다른 국가 사이에서 일어난다. 그러므로 수출자와 수입자는 상대방을 알지 못하는 상태에서 무역거래를 하게 되므로 수출자는 대금의 회수가 걱정된다. 수입자는 화물이 자신의 수중에 들어오고 난 다음에야 대금을 지급하기를 원할 것이다. 이에 반하여 수출자는 조기에 대금을 환수하고자 할 것이다. 전자를 위하여 신용장제도가 마련되었고, 후자를 위하여 환어음이 고안되었다. 신용장을 발행하여 주는 은행은 수입자가 수입함에 있어서 신용장상에 기재된 대로 서류가 제시되면 대금을 지급할 것을 수출자에게 약속하는 것이다. 한편, 신용장 개설은행은 자신의 대금지급을 위한 담보로서 화물을 갖기 원하므로, 선하증권의 상환증권성과 권리증권성을 이용하여 화물을 통제하게 된다. 선하증권은 무역거래에 있어서 결제수단을 담보하는 중요한 기능을 하게 된다. 위와 같이 선하증권은 수출자와 수입자가 서로 상대방을 알지 못하는 상태에서 이루어지는 무역거래에서 결제수단을 담보하는 중요한 역할을 하고 있기 때문에 형식적인 사항이 더욱 중요하다.

본 사안에서 신용장 개설은행은 대금지급조건으로 발행되는 선하증권에는 운송인의 서명이 있을 것을 요구하였다. 본 건은 선하증권에 운송인 본인을 나타내는 명칭 및 대리인이 본인의 대리인으로 선하증권에 한 서명이 기재되어 있었다 하더라도, 선하증권상에 본인이 운송인의 지위에 있음이 명시적으로 표시되지 않았기 때문에 '운송인의 서명이 있는 선하증권'인지 여부는 신용장 관련 다른 서류의 기재를 참고해야만 알 수 있는 사안이었다. 따라서 이러한 선하증권은 서명 요건을 엄격하게 갖추었다고 보기 어렵다고 한 법원의 판시는 정당하다. 비록 운송인의 로고가 적힌 선하증권이라고 하더라도, 서명한 대리인이 누구의 대리인인지 명기하지 않으면 용선계약하에서는 대리인이 선박소유자의 대리인으로 혹은 용선자의 대리인으로 각각 기능할 수 있기 때문에 운송인의 특정이 문제가 될 수 있다. (판결문 전문 참조)

제6호 (2014.6.15.)

I. 선박구조변경으로 인한 침몰과 보험금지급의무
(서울중앙지법 2014.4.3. 선고 2013가합14274 판결)

1. 사실관계

우리나라의 건설회사는 해상구조물을 설치하는 회사인 피고와의 사이에 선박보험계약(2012.6.30.~2013.6.30.)을 체결하였다. 보험약관으로 영국법이 준거법인 ITC(Hull)을 사용하였다. 선박은 구조물을 증축하였고 이로 인하여 복원성이 나빠졌다. 2012.12.14. 울산항에서 해상작업을 하던 중 높은 파도와 강한 바람에 의한 선체요동으로 선박앞부분 갑판에서 약 40미터 높이에 위치한 우측지지대가 부러지면서, 균형을 상실한 중장비가 선박뒷부분 갑판으로 넘어졌고, 이로 인해 선박의 무게중심이 쏠린 선박의 뒷부분이 침수되면서 바다에 매몰되는 사고가 발생하였다.

영국법을 준거법으로 하는 본 약관에는 제6조에서 담보하는 위험으로 바다, 하천, 호수 또는 항해가능한 기타 수역에서의 고유의 위험으로 정한다. 또한 선장, 직원, 부원 또는 도선사의 과실 등도 이에 포함된다. 그러나, 피보험자, 선박소유자 또는 선박관리인이 상당한 주의를 결하고 있었던 결과로 보험의 목적에 발생된 멸실 또는 손해가 발생하지 않을 것을 조건으로 하고 있었다.

선박회사는 이 사고는 제6조의 해상고유의 위험으로 인한 사고이거나 선원들의 과실에 의한 것이므로 보험자는 보험금을 지급하여야 한다고 주장하였지만, 보험자는 사고의 근인은 해상고유의 위험으로 인한 것이 아니라 무리한 증축으로 인한 것이고 피보험자는 이 사건 침몰사고에 대하여 상당한 주의를 기울이지 않았기 때문에 이는 보험자가 보험금을 지급하는 보험사고가 아니라고 주장하였다.

보험자는 보험금지급채무 부존재 확인의 소를 제기하였고 피보험자는 피고가 되었다.[1)]

---

1) 이 판결은 2014.4.17. 발생한 세월호 사고와 유사한 사실관계를 가지고 있었기 때문에 당시 세간의 큰 관심

2. 법원의 판시내용

이 사건 보험계약에 기한 보험금 지급채무의 발생여부는 이 사건 침몰사고가 이 사건 보험계약에 의하여 담보되지 않는 미부보위험인 "이 사건 선박에 대한 대대적인 구조변경 및 그에 따른 타설장비의 지지력 결여"에 의하여 일어났을 개연성보다 해상고유의 위험 즉, 높은 파도와 강한 바람 등 예상치 못한 기상악화라는 원인에 의하여 일어났을 개연성이 우월하다고 볼 수 있는지 여부에 따라 판단하여야 할 것이다.

(i) 이 선박은 1984.6.18. 일본에서 건조되어 2007.1.20.경 수입된 노후 작업선임에도 피고는 2012.4. 경 공기단축 목적으로 이 사건 선박의 무게 수용력에 대한 전문가의 안전진단 없이 임의로 수입 당시의 구조형태를 변형하였음.(중략) (ii) 사고 당시 남해안 일대의 선박사고는 이 사건 침몰사고가 유일하고, 구조변경 없는 다른 선박은 아무런 피해가 없었던 점, (iii) 대표이사 등이 붕괴위험이 있는 시설물의 안정성 평가의무 및 공사를 위한 장치가 적합한 강도와 내력을 유지하도록 조치할 의무를 각 위반하여 이 사건 침몰 사고를 발생하게 했다는 공소사실이 유죄로 인정된 점, (iv) 선박안전기술공단 부산지부는 이 사건 침몰사고의 원인에 대하여 "증설된 설비의 무게 및 배치된 위치를 감안하면, 현저히 무게중심이 상승하여 상당한 복원력이 감소된 것으로 추정된다"라는 내용의 소견서를 작성한 사실 등(중략)에 비추어 보면 비록 이 사건 침몰사고 발생 이후인 2013.3.5. 선박안전기술공단에 도면감리 용역을 의뢰한 결과에 의하면, 이 사건 선박은 설계 당시부터 5대의 타설장비를 설치할 수 있도록 설계된 사실이 인정된다 하더라도, 그러한 사정만으로는 이 사건 보험계약이 담보하는 부보위험 중의 하나인 해상고유의 위험이라는 요인이 다른 가능한 미부보위험 등의 요인들보다 더 우월하고 개연성이 있어 이 사건 침몰사고의 지배적이고 직접적인 원인이었다고 단정하기 어렵고, 오히려, 이 사건 선박에 대한 대대적 구조변경 및 그에 따른 타설장비의 지지력 결여 등의 원인이 이 사건에서 추측할 수 있는 해상고유의 위험이라는 요인과 비교할 때 적어도 동등한 정도 이상으로 이 사건 선박침몰에 영향을 주었다고 판단된다.

따라서 이 사건 침몰사고는 이 사건 보험약관에서 규정하는 부보위험인 해상고유의 위험으로 인하여 발생하였다고 볼 수 없다.

피고는 선장 및 선원 등의 업무상 주의의무 위반 역시 이 사건 침몰사고의 근인이 되

을 끌었다.

었다고 주장한다. 그러나, 이는 "피보험자, 선박소유자 또는 선박관리인이 상당한 주의를 결여하고 있지 않았을 것"을 조건으로 담보되는 위험인데, 앞서 본 바와 같이 피보험자인 피고의 대표이사 등에 대하여 위에서 본 바와 같은 공소사실이 유죄로 인정되어 그 판결이 확정되는 등 피보험자 측이 이 사건 선박의 구조상 하자나 그로 인한 사고 발생 가능성에 관하여 상당한 주의의무를 결여하였다고 볼 수 있다. 따라서 이 사건 침몰사고의 발생에 선원 및 선장 등의 업무상 주의의무 위반이 하나의 원인이 되었다고 하더라도 이 사건 침몰사고는 이 사건 보험약관에서 규정하는 부보위험에 해당한다고 할 수 없다.[2)]

3. 의 견

선박보험이란 보험의 목적인 선박에서 보험사고가 발생한 경우에 보험자가 보험금을 지급할 것을 약정하고 그 댓가로 보험계약자가 보험료를 납부할 것을 약정하는 계약이다. 우리나라의 수중건설회사와 보험자는 영국 ITC(Hull)을 보험약관으로 사용한 보험계약을 체결하면서 준거법은 영국으로 하였다. 보험금을 지급하게 되는 보험사고가 문제되었다. 사고의 원인이 해상고유의 위험의 하나인 나쁜 바다날씨 때문인지 아니면 선박의 증축에 대한 것인지에 있었다. 후자는 보험약관상 보험금이 지급되는 보험사고가 아니다.

피보험자가 보험금을 수령하기 위하여는 보험사고가 담보위험을 근인으로 하여 발생하였음을 증명하여야 한다. 영국 MIA 제55조 제1항에서 말하는 "손해가 담보위험을 근인(proximate cause)으로 해야 한다"에서 근인이란 손해가 가장 시간적으로 근접하는 원인이 아니라 손해발생에 있어서 가장 효과적인 원인을 말한다(대법원 2005.11.25. 선고 2002다59528 판결). 보험사고가 이러한 근인에 의하여 발행하였다는 입증책임은 피보험자가 부담한다(대법원 1998.5.15. 선고 96다2773 판결). 그 증명의 정도는 증거의 우월(preponderance of evidence)에 의한 증명(대법원 2001.5.15. 선고 99다26221 판결)인데 발생 개연성이 그렇지 않은 개연성보다 우월할 정도를 입증하는 것이다.

피보험자는 해상고유의 위험이나 선원의 과실을 근인으로 주장하였으나 보험자 측은 오히려 무리한 증축이었다고 주장하였고 법원은 보험자 측의 주장을 받아들였다.

만약 보험기간 개시 뒤 증축을 하게 되면 위험이 변경되기 때문에 보험계약자는 이를

2) 본 사고에서 보험자는 담보특약 위반도 주장하였고 법원은 이에 대하여도 상세하게 다루고 있다.

보험자에게 통지할 의무가 있다. ITC(Hull) 제6조 제2항에 의하면, 선원의 과실로 인한 사고는 보험금 지급사유이지만, 이것이 피보험자의 주의의무 위반으로 인하여 발생하였다면 보험자는 보험금을 지급하지 않게 된다. (판결문 전문 참조)

II. 창고에서의 운송물 무단반출로 인한 손해배상채권의 선주 책임제한대상 여부

(대법원 2014.5.9. 자 2014마223 결정)

1. 사실관계

일본의 송하인은 한국에 운송물을 수출하게 되었다. 한국의 운송인(정기용선자)은 운송물을 싣고 한국 인천에 도착하였다. 운송물은 보세통관을 위하여 영업용보세창고에 입고되었다. 수입자는 보세창고와 결탁하여 운송물을 불법반출하였다. 선하증권은 운송인에 의하여 발행되었지만, 은행에 의하여 수리되지 않은 채로 송하인이 이를 소지하고 있었다. 수입자로부터 대금을 받지 못하고 운송물을 잃어버린 수출자 송하인은 운송인에게 손해배상청구를 하게 되었다. 운송인은 선하증권과 상환하지 않고 운송물을 반출한 점에 대하여 책임이 있음을 인정하면서, 선주책임제한제도를 원용하게 되었다.

1심과 2심 모두 상법 제769조의 "선박운항과 직접 관련하여 발생한 손해"에 창고안에 있던 운송물이 불법반출됨으로써 발생한 채권은 선반소유자 책임제한대상채권이 아니라고 판시하였다.

2. 법원의 판시내용

상법 제769조 제1호는 선박소유자가 청구원인의 여하에 불구하고 같은 법 제770조에 따른 금액의 한도로 그 책임을 제한할 수 있는 채권의 하나로 "선박의 운항에 직접 관련하여 발생한 그 선박 외의 물건의 멸실 또는 훼손으로 인하여 생긴 손해에 관한 채권"으로 규정하고 있고, 같은 법 제774조 제1호는 용선자 등도 위 규정에 따라 선박소유자의 경우와 동일하게 책임을 제한할 수 있다고 규정하고 있다. 위와 같이 선박소유자의 책임제한 대상을 '선박의 운항과 직접 관련하여 발생한' 손해에 관한 채권으로 한정하고 있는 것은 1976년 해사채권에 대한 책임제한조약 제2조 제1항 (a)호의

occurring in direct connection with the operation of the ship을 수용한 것으로서, 선박소유자책임제한제도의 목적, 연혁 및 취지 등을 종합하면, 선박의 운항이 종료된 후에 발생한 선박소유자의 단순한 채무불이행은 선박의 운항에 직접 관련된 것이라고 할 수 없다.

원심은 판시와 같은 사실에 기초하여, (i) 화물의 해상운송을 위하여 선박을 운항한 경우 화물이 목적항에 도착하여 양륙되고 보세장치장에 반입되었다면, 그 후 보세창고에 보관중이던 화물을 보세창고업자가 무단 반출하는 행위는 선박의 운항에 속하거나 이와 직접적 관련이 있다고 볼 수 없다고 전제한 다음, (ii) 신청인이 이 사건 선박을 운항하여 운송한 이 사건 화물을 xx가 운영하는 보세창고에 보관하던 중 xx가 이 사건 화물을 선하증권과 상환없이 무단 반출하여 정당한 선하증권소지인인 송하인에게 위 화물가액 상당의 손해를 발생시켰다고 하더라도, 이는 이 사건 운항과 직접 관련하여 발생한 손해가 아니므로 위 손해에 관한 채권은 선박소유자 등의 책임제한대상이 되는 채권이라고 볼 수 없다고 판단하였다. 원심결정 이유를 기록에 비추어 살펴보면, 원심의 위와 같은 판단은 앞서 본 법리에 기초한 것으로서, 거기에 재항고이유 주장과 같이 상법 제769조 제1호의 해석 및 해상운송인의 책임종료시점에 관한 법리 등을 오해한 위법이 없다. 그러므로 재항고를 기각하기로 하여, 관여 대법관의 일치된 의견으로 주문과 같이 결정한다.

3. 의 견

대법원이 상법 제769조 제1호는 1976년 선박소유자책임제한조약(LLMC)에서 도출된 것이라는 지적은 정당하다. 대법원은 LLMC의 목적, 제정취지, 연혁을 살펴보고, 창고에서 발생한 운송물 불법인도는 "선박의 직접 운항과 관련하여"라는 문구에 속하지 않는다고 보았다. 우리 하급심과 대법원은 공히 선박에서 양륙되고 보세장치장에 반입된 이후에 발생한 손해는 선박의 직접 운항과 관련된 손해에 속하지 않고, 따라서, 이와 관련된 책임을 부담하는 운송인은 선박소유자책임제한을 할 수 없다고 판시한 것이다. 본 판결에서는 선박의 운항(operation)의 의미가 크게 다투어졌는데, 법원은 좁게 보아 운항을 항해와 유사하게 본 것으로 판단된다.

그러나, 운송인이 포장당책임제한 이외에 선박소유자책임제한권을 가지게 된 것은, '헤이그비스비 규칙'이나 '함부르크 규칙' 등 운송 관련 국제조약에 규정된 때문이다. 그러므로, 이들 규칙의 목적, 연혁이나, 입법취지도 살펴보았어야 한다. 운송인은 자신의 책임구간 내에서 발생한 운송물 사고에 대하여 책임을 부담한다. 헤이그비스비 규칙에서 운송인의 책임구간은 선적에서 양륙까지이다. 그러나, 함부르크 규칙에서의 그것은 수령에서 인도까지 연장되었다. 상법은 후자와 동일하다. 따라서, 우리 상법과 함부르크 규칙하에서 운송인은 선박이 항구에서 양륙함으로써 의무가 종료되는 것이 아니고 인도까지 책임을 부담한다. 우리 대법원은 보세창고 안에 운송물이 보관된 경우에도 인도는 종료되지 않고 운송인의 책임하에 있다고 한다. 운송인은 창고에 보관 중에 불법인도에 대하여 손해배상책임을 화주에 대하여 부담한다. 영국과 일본 등 헤이그비스비 규칙 하에서는 약정을 통하여 운송인의 의무는 양륙에서 종료된다고 정할 수 있다. 그러나, 우리나라에서는 그렇게 할 수 없다. 이는 강행규정이기 때문이다(상법 제799조). 그런데, 위 규칙들은 운송인이 선박소유자책임제한의 이익도 함께 누린다고 하고 있고 이것이 우리 상법에 도입되었다. 물론, 상법 제769조의 직접 운항과 관련한 손해배상과 같이 읽어야 한다. 우리나라에서는 운항의 개념을 창고 안에서의 인도까지를 포함하는 것으로 넓게 해석하는 것이 입법취지를 살리는 것이다.

위 판결은 헤이그비스비 규칙의 운송인의 인도와 관련한 손해배상책임이 선박소유자책임제한 채권의 범위에 속하는지에 대한 첫 판결로서 중요한 의미를 갖게 된다. 이 판결의 결과 운송인을 보호하는 제도를 가지는 우리 법체제하에서 운송인은 양륙까지는 보호되면서 양륙에서 인도까지는 보호되지 못하는 입법의 공백을 가져오게 되었다. 입법의 공백을 메우기 위한 후속조치가 필요하다. 운송인은 개별적(포장당) 책임제한제도(상법 제798조)보다 총제적(선박소유자) 책임제한제도(상법 제769조)를 이용하는 것이 더 유리한 경우도 있다. 한 가지 방안은 창고업자에게 이행담보보증보험에 가입하게 하거나, 창고업자가 책임보험에 가입하게 하는 것이다. 책임보험하에서 피해자인 운송인은 책임보험자에게 직접 손해를 청구할 수 있다. 운송인을 피보험자로 하는 보증보험에 가입하게 하면 면책항변을 보험자가 제기하지 못하는 장점이 있다. **(판결문 전문 참조)**[3]

3) 이 판결에 대한 반대평석으로 김인현, "운송물 불법인도로 인한 손해배상채권의 선박소유자 책임제한채권 해당여부", 「사법」 제29호, 2011.9.15., 109면 이하; 찬성 평석으로 정영석, "선하증권과 상환하지 아니한 운송물 인도와 선박소유자의 책임제한", 「한국해법학회지」 제36권 제2호, 2014.11., 7면 이하가 있다.

III. 항해용선계약에서 재판관할과 준거법 (울산지방법원 2014.2.6. 선고 2012가합3810 판결)

1. 사실관계

원고 수입자는 중국의 수출자로부터 광석을 수입하였다. 중국의 수출자는 운송인과 항해용선계약을 체결하였는데 용선계약서에는 홍콩에서 중재로 본 사건을 해결한다는 내용이 추가되었다. 운송인은 광석을 실은 다음 선하증권을 발행하여 수출자에게 주었고 이 선하증권을 수입자가 소지하고 있다. 선하증권 이면에는 선박의 선적국 또는 쌍방이 합의한 곳에서 분쟁을 해결한다는 조항이 있다. 운송물은 손상된 채로 한국에 입항하자, 수입자는 선하증권 소지인으로서 운송인(피고)에게 손해배상청구를 대한민국의 울산지방법원에 제기하게 되었다.

피고 운송인은 이 사건 화물운송과 관련된 분쟁은 홍콩에서 중재에 의하여 해결하도록 합의하였기 때문에 한국법원에 제기된 소는 중재합의에 반하여 제기된 부적법한 소이고, 또한 이 사건 선박의 선적지는 러시아이므로 분쟁은 선하증권 이면약관의 관할조항에 따라 선적국인 러시아 또는 쌍방이 합의한 곳인 홍콩에서 다투어져야 한다고 주장하였다.

2. 법원의 판시내용

일반적으로 용선계약상의 중재조항이 선하증권에 편입되기 위하여는 우선, 용선계약상의 중재조항이 선하증권에 편입된다는 규정이 선하증권상에 기재되어 있어야 하고, 그 기재상에서 용선계약의 일자와 당사자 등으로 해당 용선계약이 특정되어야 한다. 만약, 그 편입문구의 기재가 중재조항을 특정하지 아니하고 용선계약상의 일반 조항 모두를 편입한다는 취지로 기재되어 있어 그 기재만으로는 용선계약상의 중재조항이 편입대상에 포함되는지 여부가 분명하지 않을 경우는 선하증권의 양수인(소지인)이 그와 같이 편입의 대상이 되는 중재조항의 존재를 알았거나 알 수 있었어야 하고, 중재조항이 선하증권에 편입됨으로 인하여 해당조항이 선하증권의 다른 규정과 모순이 되지 않아야 하며, 용선계약상의 중재조항은 그 중재약정에 구속되는 당사자의 범위가 선박소유자와 용선자 사이의 분쟁뿐 아니라 제3자 즉 선하증권의 소지인에게도 적용됨이 광범위하게 규정되어 있어야 할 것이다(대법원 2003.1.10. 선고 2000다70064 판결).

위와 같은 법리에 비추어 이 사건 선하증권의 경우를 보면, 용선계약상 중재조항이 선하증권에 편입된다거나 용선계약상 일반 조항이 모두 선하증권에 편입된다는 규정이 없는 데다 선하증권의 기재상 용선계약 자체가 특정되어 있지 아니하므로 이 사건 용선계약상 위 중재조항은 선하증권에 편입되었다고 볼 수 없다. 위 중재조항이 선하증권에 편입되었음을 전제로 한 피고의 주장은 이유 없다.

대한민국 법원의 관할을 배제하고 외국의 법원을 관할법원으로 하는 전속적 국제관할 합의가 유효하기 위하여는, 당해 사건이 대한민국 법원의 전속관할에 속하지 아니하고, 지정된 외국법원이 그 외국법상 당해 사건에 대하여 관할권을 가져야 하는 외에, 당해 사건이 그 외국법원에 대하여 합리적인 관련성을 가질 것이 요구된다고 할 것이고, 한편 전속적인 관할 합의가 현저하게 불리하고 불공정한 경우에는 그 관할 합의는 공서양속에 반하는 법률행위에 해당하는 점에서도 무효이다(대법원 2004.3.25. 선고 2001다53349 판결). 법정지법인 우리나라 국제사법 제2조 제1항 및 민사소송법 제8조, 제18조에 의하면, 대한민국은 의무이행지 또는 불법행위지로서 원고와 피고 사이의 이 사건 화물의 운송과 관련한 분쟁에 있어 법정관할을 갖는다고 할 것인 점, 이 사건 심리에 필요한 중요한 증거방법이 대부분 대한민국에 있는 것으로 보이는 점, 전속적 관할합의는 당사자 일방의 관할의 이익을 해할 수도 있으므로 이는 제한적으로 해석할 필요가 인정되는 점, 피고는 해상운송업체로서 전 세계에 걸쳐 영업활동을 하고 있는 기업이므로 대한민국에서 소송을 수행하게 된다 해도 응소의 부담이 크지 않을 것으로 보이는 점 등을 고려하면, 위와 같은 합의는 위 법정관할에 부가하여 선적국인 러시아 또는 당사자가 합의한 곳의 관할권을 합의하는 부가적인 합의라고 봄이 상당하다 할 것이므로, 대한민국 법원은 위와 같이 국제재판 관할합의가 있었다고 하더라도 위 분쟁에 관하여 재판관할권이 있다고 할 것이다. 이러한 점에서도 피고의 위 주장은 이유없다.

3. 의 견

항해용선계약하에서 운송이 되면 3명의 관련자가 개입되고 두 개의 운송관련 서면이 작성된다. 선박소유자와 용선자(화주) 사이의 항해용선계약이 먼저 있고, 선박소유자는 운송인으로서 운송물을 선적한 다음 선하증권을 발급하게 된다. 이 선하증권은 수하인이 소지하면서 선하증권의 효력에 따라 자신과는 계약관계가 없는 운송인에게도 손해배상을 청구할 자격이 주어진다. 선박소유자가 화주인 용선자와 용선계약을 체결할 때 분쟁해결을 중재로 처리하고자 하는 약정을 넣게 된다. 그 후 발행되는 선하증권에는 용선계약의 내용을 편입하여 소지인과 선박소유자와의 관계를 규율하게 된다. 이때 선하증권에 정당하게 용선계약의 내용이 편입된 경우에만 당사자를 규율하게 된다. 2013.1.10. 선고 2000다70064 판결에서 대법원은 특정편입조항과 일반편입조항을 분류하여 설명하였다.[4] 특정편입이 되려면 용선계약 자체를 특정하고 편입할 내용을 특별하게 언급하여야 효력이 있다는 것이 우리 법원의 입장이다. 일반편입이 되기 위하여는 편입대상은 소지인이 알았거나 알 수 있었어야 한다. 본 사건에는 용선계약의 내용이 정당하게 선하증권에 편입되지 않았다고 법원이 본 것이다. 그러므로, 용선계약상 홍콩 중재약정은 선박소유자(운송인)와 선하증권 소지인 사이에는 효력이 없는 것이 되었다.

다음으로 선하증권상의 전속적 재판관할(exclusive jurisdiction clause)의 효력이 문제되었다. 외국의 법원이 전속적 재판관할을 갖는다고 약정된 경우에 본 사건과 외국법원 사이는 실질적 관련성을 갖출 것이 우리 대법원이 취하고 있는 그 효력인정의 하나의 요건이다. 국제사법에 따라 대한민국이 의무이행지 또는 불법행위지로 법정관할을 가지고 이에 추가하여 러시아도 부가적으로 관할을 가진다고 보았다. 선하증권상의 전속관할합의를 법정관할에 부가하는 부가적 합의라고 한 점에서 본 판결의 의의를 찾을 수 있다. **(판결문 전문 참조)**

---

4) 자세한 논의는 석광현, "용선계약상 중재조항의 선하증권에의 편입", 「국제사법과 국제소송」 제4권, 박영사, 2007, 457면 이하가 있다.

제7호 (2014.9.20.)

I. 책임제한결정

(울산지방법원 2014.4.22. 자 2014책1 결정)

1. 사실관계

선체용선자가 운항하던 중국국적의 선박이 사고로 인하여 손해를 야기시켰다. 전체 손해액이 책임제한액을 넘어서는 것으로 판단되자 선체용선자는 손해발생지인 한국의 울산지방법원에 책임제한절차개시 신청을 하였다.

2. 법원의 결정

(1) 주문

1. 별지 기재선박의 별지 2 기재사고로부터 발생한 물적 손해에 관한 채권에 대하여 책임제한절차를 개시한다.
2. 변호사 xxx를 관리인으로 선임한다.
3. 제한채권의 신고기간을 2014.6.9. 14:00까지로 한다.
4. 제한채권의 조사기일을 2014.6.23. 16:00 울산지방법원 113호 법정으로 한다.

(2) 이유

신청인이 제출한 소명자료에 의하면, 신청인이 선체용선자이고 수익채무자가 소유자인 별지 1. 기재선박에 의하여 별지2 기재 사고가 발생함에 따라 생긴 물적 손해에 관한 채권금액이 이 사건의 준거법이 되는 이 사건 선박의 선적국법인 중국 해상법에서 정한 책임한도액 864,225SDR을 초과하고, 이 법원의 공탁보증허가에 의하여 공탁보증인인 C가 위 책임한도액에 상응하는 금전 및 이자(중략)를 가상하여 이 법원의 명에 따른 공탁의무를 이행할 것을 보증하는 공탁보증서를 제출하였으며, 달리 이 사건에 있어 신청을 각하하거나 기각하여야 할 사유가 없으므로, 이 사건 책임제한절차를 개시하여 중국 해상법 제207조, 제210조 제2항에 의한 주문 제1항과 같이 결정하고, 선박소유자 등의 책임제한절차 등에 관한 법률 제20조에 의하여 주문 제2 내지 제4항과 같이 결정한다.

3. 의 견

본 결정은 우리나라에서 선박소유자 책임제한절차가 어떻게 진행되는지 알 수 있는 좋은 결정문이다. 외국적 요소가 있는 책임제한의 경우 국제사법에 따라 선적국법이 준거법이 된다(국제사법 제60조). 본선은 중국선적이므로 중국해상법이 적용되었다. 그러나, 절차에 대하여는 법정지법인 우리나라 법이 적용된다. 책임제한이 인정되기 위하여는 선박소유자 등의 책임제한 절차에 관한 법률에서 정한 바와 같이 (i) 예상되는 손해배상액이 책임제한액을 넘어서야 하고 (ii) 책임제한배제사유가 없음을 신청인이 소명하여야 한다(제9조 및 제10조). 그리고 공탁금(책임제한액)의 공탁이 있어야 개시결정이 나오게 된다. 판사는 제한채권자는 모두 채권을 신고할 수 있도록 신고일자를 정한다. 책임제한 절차를 진행할 관리인을 선임한다(동 제20조).[1] (판결문 전문 참조)

II. 헤이그 규칙상 100파운드 책임제한액의 의미
(대법원 2014.6.12. 선고 2012다106058 판결)

1. 사실관계

소외 A는 화물을 한국에서 인도네시아로 수출하기로 하고, 피고와 사이에 해상화물운송계약을 체결하였다. 운송도중 화물 4포장이 손상되었다. 원고는 인도네시아의 적하보험자로서 소외 A에게 보험금을 지급하고, 구상금을 운송인에게 청구하게 되었다. 운송인은 선하증권을 발행하게 되었는데, 선하증권에 헤이그 규칙을 적용한다는 조항이 들어가 있었다. 운송인은 선하증권소지인의 손해배상청구에 대하여 헤이그 규칙 제4조에 따라 영국화 100파운드로 책임이 제한된다고 하자, 화주측은 제9조와 함께 읽으면 금화 100파운드가 된다고 주장하였다. 하급심은 운송인측을 지지하면서, 결국 이러한 약정의 내용은 영국화 100파운드이고 이는 준거법인 한국법상의 책임제한액보다 낮은 금액(약

---

1) 선박소유자 책임제한제도 절차와 관련하여서는 「주석 상법」 제8권, 사법행정학회, 2015, 239면 이하가 있다.

50만원)으로서 제799조 강행규정에 위반하여 무효이고 한국 상법의 포장당책임제한 금액에 따라 책임제한(약 100만원)이 된다고 판시하였다. 이에 원고는 대법원에 상고하기에 이르렀다.

2. 법원의 판시내용

헤이그 규칙 제4조 제5호 및 제9조의 규정, 두 차례에 걸친 헤이그 규칙의 수정경위 및 수정내용, 그리고 헤이그 규칙상 책임제한조항의 해석에 관한 영국을 비롯한 외국 판례의 태도 등을 종합하면, 헤이그 규칙 제4조 제5항에서 해상운송인의 포장당 책임제한액으로 정하고 있는 '100파운드(100 pounds sterling)'는 금화 100파운드의 가치를 의미하는 것으로 봄이 타당하다.

3. 의 견

고등법원 등 하급심에 따르면 당사자들은 영국 100파운드(약 50만원)로 포장당 책임제한 약정을 체결한 것이지만, 대법원에 따르면 금화 100파운드(약 2,000만원)에 약정을 체결한 것이 된다. 대법원이 언급한 영국의 판례는 유명한 1988년 Rosa S판결이다. 제9조의 금화조항은 계약을 체결하는 당사자를 위한 것이 아니라 체약국 정부에 참조할 사항으로 만들어졌다는 유력한 견해가 있다(이춘원, 한국해법학회지 제26권 제2호 2004.11. 281면 이하). 헤이그 규칙을 채택한 미국은 지금까지 미화 500달러(약 50만원)를 책임제한액으로 하고 있는 점도 이를 뒷받침한다. 포장당 책임제한액은 조약의 체결일에 따라 저액에서 고액으로 인상되면서(헤이그 규칙 → 헤이그비스비 규칙 → 함부르크 규칙 → 로테르담 규칙) 물가상승율을 반영하고 있다. 그런데, 당사자들이 1920년대에 성안된 헤이그 규칙을 편입시키면서 현재 상법의 약 100만원보다 20배나 높은 2,000만원을 책임제한액으로 하는 약정을 체결하였다고 보는 것은 우리나라 실무와 큰 차이가 나는 대법원 판결이다. 그간의 우리나라 하급심의 판결(Spar Two 사건<서울지방법원 2003.1.16. 선고 2001가합25714 판결; 서울고등법원 1998.12.18. 선고 98나1647 판결)이 현실을 더 잘 반영한 판결이라고 생각한다. 당사자의 의사를 탐구하여 반영하는 것과 조약의 국제적인 통일성을 반영하는 것이 충돌하는 경우에는 실무에서의 당사자의 의사가 먼저 반영되어야 할 것으로 본다.[2)3)] (판결문 전문 참조)

2) 이에 대한 찬성 평석으로는 허창하, "헤이그 규칙상 금화조항의 해석", 「법률신문」, 2014.7.21.이 있다. 반대 취지의 평석으로는 김인현, "2014년 중요해상판례평석", 「한국해법학회지」 제37권 제1호, 2015.4., 339면 이

III. 외국적 요소가 있는 해상운송계약에서 준거법의 결정
(울산지방법원 2014.2.6. 선고 2012가합3810 판결)

1. 사실관계

원고 수입자는 수출자로부터 상품을 수입하기로 하였다. 송하인은 중국에서 한국으로 운송물을 운송하기 위하여 운송인과 용선계약을 체결하였다. 용선계약서의 성약서(Fixture Note)에는 영국법에 따라 홍콩에서 중재에 의하여 분쟁을 해결한다는 내용이 들어있었다. 피고 용선자는 운송인으로 D호(러시아 선적)의 소유자이다. 운송물에 손상이 발생하여 원고가 울산지방법원에 손해배상청구의 소를 제기하자, 운송인은 본안 전(本案前) 관할항변을 하였다. 용선계약의 내용에 따라서 홍콩의 중재에 의하여야 한다고 주장하였다. 선하증권에는 용선계약의 내용을 편입한다는 구체적인 내용이 없었다. 원고가 소지하고 있는 선하증권의 이면에는 "선박의 기국(러시아) 또는 운송인과 상인간에 합의된 곳"을 관할로 하기로 정하였다. 어느 나라 법을 준거법으로 할지도 문제가 되었다.

2. 법원의 판시내용

한국법원이 재판관할을 갖는다는 판시의 내용은 6호에 소개됨.

대한민국 법에 따라 설립되어 대한민국에 주된 영업소를 둔 법인인 원고는 선적국이 러시아인 피고를 상대로 피고의 과실로 선박에 해수가 들어와 이 사고가 발생하였다고 주장하면서 손해배상을 구하고 있으므로, 이 사건에는 외국적 요소가 있고 국제사법에 따라 준거법을 결정하여야 한다.

국제사법은, 계약은 당사자가 명시적 또는 묵시적으로 선택한 법에 의하고, 당사자가 준거법을 선택하지 아니한 경우에는 계약에 관한 준거법은 그 계약과 가장 밀접한 관련이 있는 국가의 법에 의하고, 불법행위는 그 행위가 행해진 곳의 법에 의한다고 규정하고 있다(제25조 제1항, 제26조 제1항, 제32조 제1항). 이 사건 선하증권소지인인 원고와 운

하가 있다.

3) 현재 실무에서는 이 판결에서 정한 헤이그 규칙 하에서의 낮은 책임제한액수를 피하기 위하여 헤이그비스비 규칙을 지상약관에 넣어서 이를 적용하려는 움직임이 있다. 그런데 헤이그 규칙에는 포장당 책임제한제도만 있지만 헤이그비스비 규칙에서는 kg당 책임제한제도도 있기 때문에 운송인에게 불리한 점도 있다는 점을 고려해야 한다.

송인인 피고 사이에 적용될 법률관계에 관한 준거법을 정하였다고 볼 증거는 없다. 그런데, 피고는 해상운송업체로서 전 세계에 걸쳐 영업활동을 하고 있는 기업이고 원고는 대한민국 법인으로서 대한민국에 주소가 있고, 용선계약의 체결장소는 중국이며 양하지는 대한민국 울산으로 의무이행지는 대한민국이므로 계약과 가장 밀접한 관련이 있는 국가는 대한민국이라 할 것이다. 또한 위 조항에서 말하는 불법행위가 행해진 곳에는 행동지 이외에 결과발생지로서 법익침해 당시 법익의 소재지도 포함되는데(대법원 1983.3.22. 선고 82다카1533 판결), 해수 침수로 인해 이 사건 화물이 손상된 장소는 대한민국이고 이로 인해 침해되는 원고의 법익소재지 역시 대한민국이다. 따라서 원고와 피고 사이의 운송인의 채무불이행책임, 불법행위의 성립 및 효과, 피고의 손해배상책임의 발생여부에 관하여는 대한민국(민법, 상법)을 준거법으로 하여 판단한다.

3. 의 견

무역거래에 수반되는 해상운송계약은 외국인과의 거래가 되기 때문에 대부분 외국적 요소를 내포하게 된다. 이 경우 어느 나라 법을 분쟁해결의 기준으로 할 것인지는 국제사법(구, 섭외사법)에 의한다.

당사자가 자신들의 계약에 적용할 법률을 정한 것이 있으면, 당사자 자치의 원칙에 따라서 원칙적으로 이를 인정하고(국제사법 제25조 제1항), 정한 것이 없으면 계약에 관한 준거법은 그 계약과 실질적 관련성이 가장 많은 국가의 법을 적용하는 것으로 정하고 있다(제26조 제1항).

본 사안에서 선하증권에는 준거법약정이 없다고 법원은 보았다. 의무이행지가 대한민국인 점에서 실질적 관련성이 대한민국에 많다고 보아 채무불이행책임의 준거법을 대한민국 법으로, 불법행위가 행하여진 곳에는 행동지 이외에 결과발생지로서 법익침해 당시의 법익의 소재지도 포함되어 불법행위의 준거법은 대한민국법이 되어야 한다고 법원은 보았다. 결국 채무불이행책임, 불법행위의 성립 및 효과, 피고의 손해배상책임의 발생여부는 대한민국의 상법과 민법이라고 법원은 판시한 것이다.

이 판결은 외국적 요소가 개입된 국제사법 사건에서 준거법이 국제사법에 따라 어떻게 정하여지는 지를 잘 보여주는 판결이라고 생각된다. (판결문 전문 참조)

제8호 (2014.10.5.)

I. 러시아 법상 정기용선자가 발생시킨 채권은 선박우선특권의 대상 아님

(대법원 2014.10.2. 자 2013마1518 결정)

1. 사실관계

선박대리점은 러시아 정기용선자가 운항하는 X선박에 대한 선박대리점 계약을 체결하고 정기용선자가 지급하여야 할 항비를 부산항만공사에 대신 지급하였다. 채무자인 정기용선자가 발생시킨 항비채권을 근거로 선박대리점은 X선박에 대하여 선박우선특권을 행사하여 압류하면서 임의경매를 신청하였다. 법원은 이를 허가하였다. 이에 선박소유자는 이를 부정하면서 선박임의경매허가 취소를 구하였다. 대법원은 2012.7.16. 자 2009마461 결정에서 대리점이 지급한 금액은 선박대리점이 대리인으로서 지급한 것이 아니라, 별도의 이행인수약정에 따라서 재산을 출연한 것으로 민법 제469조의 제3자의 변제를 한 것이므로 채권자 항만공사가 정기용선자에 대하여 가지는 채권을 대위하여 행사할 수 있다고 판시하였다(News Update 제4호 1면, 한국해법학회지 제35권 제2호 2013. 11., 413면 이하를 참조 바람). 동 채권이 과연 선박우선특권을 발생시키는 채권인지가 다시 문제되었다. 외국적 요소가 개입된 사건이므로 국제사법에 따라서 선적국법인 러시아 법이 준거법이 되었다. 러시아는 1993년 선박우선특권 및 저당권 협약에 가입하였고 이 협약은 2004년 발효하였다. 과연 러시아 법하에서 정기용선자가 채무자인 경우 항비채권이 선박우선특권을 발생시키는지가 다루어졌고, 하급심은 이를 부정하였다.

2. 법원의 판시내용

1967년 국제협약 제7조 제1항은 선박우선특권이 발생하는 채권의 채무자로 선박소유자, 선체용선자 내지 다른 용선자(demise or other charterer), 선박관리인(manager), 선박운항자(operator)를 인정하였다가, 1993년 협약은 제4조 제1항에서 1967년 협약을 개정하여 위 채무자들 중 다른 용선자를 삭제함으로써 선박소유자, 선체용선자(demise charterer), 선박관리인, 선박운항자로 채무자를 한정하고 있다. 이처럼 1967년 협약에서 인정하던 다른 용선자에 대한 채권에 관한 선박우선특권을 1993년 협약에서 삭제한 것은, 선박우선특권의 경우 선박에 저당권이 이미 설정된 경우에도 저당권에 우선하여 변제받을 수 있어 선박저당권자의 권리가 침해될 수 있으므로, 선박우선특권으로 담보되는 채권을 합리적으로 축소 조정하여 선박저당권자의 지위를 강화하고 선박금융을 원활하게 하기 위하여 대외적으로 선박소유자와 같은 책임을 부담하는 선체용선자를 제외한 나머지 용선자들, 즉 정기용선자와 항해용선자에 대한 채권을 선박우선특권의 피담보채권의 범위에서 제외한 것으로 봄이 타당하다. 그리고 협약이 선박운항자와 용선자가 서로 구별되는 개념임을 전제로, 용선자 중 선체용선자만을 선박운항자와 나란히 선박우선특권의 피담보채무자로 열거하고 있는 점 등에 비추어 일정기간 동안 선박을 용선하여 이용하는 정기용선자는 1993년 협약 제4조 제1항 소정의 선박운항자에 해당되지 않는다고 봄이 타당하다. 원심은 정기용선자에 대한 채권인 이 사건 항비등 채권에 대하여는 1993년 협약상 선박우선특권이 인정되지 않는다고 보아 재항고인의 이 사건 경매신청을 기각한 것은 정당하다. 재항고를 기각한다.

3. 의 견

이번 사건은 한국의 선박대리점과 러시아 선박소유자 사이의 법적 분쟁이었다. 따라서 외국적 요소가 있으므로 우리 법원은 국제사법에 따라 준거법을 정하여야 한다. 선적국인 러시아법에 따라 선박우선특권이 발생하는지가 결정되게 되었다. 러시아는 1967년 협약이 아니라 1993년 협약의 가입국으로서 이것이 국내법과 동일한 효력이 있다. 1993년 협약에서는 1967년 협약과 달리 다른 용선자(other charterer)라는 단어가 삭제되었다. 따라서 정기용선자가 발생시킨 채권은 선박우선특권이 발생되는 채권이 아닌 것이 되는 것이다. 대법원은 이러한 해석에 따라서 본 사건에서 선박대리점은 러시아 선박소유자의 선박을 임의경매할 수 없다는 점을 분명히 하게 되었다.

한편, 우리 상법에 따를 때 정기용선자가 발생시킨 채권(도선료 채권)등은 채권자에게 선박우선특권을 발생시키는 지가 문제된다. 우리 상법은 제850조 제2항에서 채무자가 선체용선자인 경우에도 우선특권이 발생된다고 한다. 그렇지만, 정기용선자에 대하여는 언급이 없다. 다수설인 선박임대차유사설에 따르면 상법 제850조 제1항을 정기용선에도 적용할 수 있기 때문에 결국 제850조 제2항에 따라 선박우선특권이 발생된다고 해석된다. 법원의 판결은 아직 보고된 것은 없지만, 실무적으로 가능한 것으로 이해된다. 지나치게 넓은 우선특권의 인정은 선박소유자의 선박의 운항은 물론 은행 등과 같은 저당권자의 지위도 약화시키기 때문에 제한시키는 경향도 나타나고 있다. 만약 편의치적선의 경우라면 최근의 대법원 판결(대법원 2014.7.24. 선고 2013다34839 판결)에 따르면 실질적 관련성이 가장 많은 국가의 법을 적용할 여지가 있다(국제사법 제8조 제1항). 즉, 실질 선박소유자가 한국인이라면 우리 상법이 적용될 수 있는 여지가 있으므로 이를 유의하여야 할 것으로 보인다(News Update 제3호, 5면 참조 바람).[1] (판결문 전문 참조)

II. 영국법상 직접청구권과 국제사법 제7조 (서울고법 2014.5.9. 선고 2013나73560 판결)

1. 사실관계

선박충돌사고로 인하여 중국선박이 인천항 항로에 침몰하여 있자, 우리나라 항만당국이 이를 제거하게 되었다. 직접청구권을 활용하여 제거비용을 선박회사의 책임보험자인 P&I 클럽에게 청구하자, P&I 클럽은 영국법이 준거법으로 되어있기 때문에 직접청구는 피보험자인 선박회사가 도산 등이 된 경우에만 허용된다는 항변을 하게 되었다. 이에 원고는 대법원이 직접청구권의 법적 성질을 손해배상청구권이라고 하므로 한국법이 준거법이 되어야 한다고 주장하였다. 1심 법원은 보험계약의 준거법인 영국법이 적용되어야 한다고 판시하자, 이번에는 원고는 상법 제724조 제2항의 직접청구권은 국제사법상 약정에 관계없이 한국법이 적용되어야 하는 강행규정이라고 주장하였다.

2. 법원의 판시내용

원고는 위와 같이 영국법에 따라 원고의 피고에 대한 직접청구권을 인정하지 않으면 피해자를 보호하기 위한 우리 상법 제724조 제2항과 다른 결론으로, 외국법을 준거법으로 함으로써 직접청구권이 배제되어 국제사법 제10조의 대한민국의 선량한 풍속 그 밖의 사회질서에 명백히 위반되므로, 영국법을 적용하여서는 아니되고, 대한민국 상법 제

1) 본 사안에 대한 자세한 평석은 김인현, "선박우선특권상 채무자와 선적국의 의미", 「상사판례연구」 제28집 제4권, 2015, 506면 이하를 참조 바람.

724조 제2항은 국제사법 제7조에서 말하는 '준거법에 관계없이 적용되어야 하는 강행규정'에 해당하므로, 이 사건에는 준거법과 관계없이 상법 제724조 제2항이 적용되어야 한다는 취지로 주장한다.

살피건대, ① 전 세계적으로 이와 같은 영국법이 해상보험업계에 널리 활용되고 있는 점, ② 이 사건 보험계약과 같은 책임보험은 피해자에게 직접 그 손해를 배상한다는 것에 주된 목적이 있는 것이 아니라 피보험자의 불법행위 등으로 인하여 피보험자가 피해자에게 손해를 배상함으로써 경제적 손실이 발생한 경우 그 손실을 전보하여 줌으로써 피보험자의 불측의 손실과 위험을 부보하고자 함에 그 목적이 있는 점, ③ 피해자에 대한 직접청구권의 인정여부는 책임보험의 본질에서 기인하는 것이 아니라 피해자보호라는 입법정책적인 결단의 문제에 가깝다고 볼 수 있는데 선박의 소유자는 통상적으로 자력이 충분할 것임을 예상할 수 있으므로 이러한 경우에 직접청구권을 인정하지 아니한다고 하여 공서양속에 반한다고 하기 어려운 점 등을 종합할 때, 영국법을 준거법으로 하는 약정이 대한민국의 선량한 풍속 그 밖의 사회질서에 명백히 위반된다거나, 대한민국 상법 제724조 제2항이 준거법에 관계없이 적용되어야 하는 강행규정에 해당한다고 볼 수 없다.

3. 대법원의 판시내용(대법원 2014.9.25. 선고 2014다37620 판결)

이 사건 기록과 원심판결 및 상고이유서를 모두 살펴보았으나, 상고인의 상고이유에 관한 주장은 상고심절차에 관한 특례법 제4조 제1항 각호에 정한 사유를 포함하지 아니하거나 이유가 없다고 인정되므로, 위 법 제5조에 의하여 상고를 기각하기로 하여 관여 대법관의 일치된 의견으로 주문과 같이 판결한다.

4. 의 견

책임보험계약에서 보험계약의 당사자는 보험자와 보험계약자이다. 제3자인 피해자를 보호하기 위하여 일정한 요건하에 보험자에 대한 직접청구권을 허용하는 국가들이 있다. 영국법과 우리 법을 비교할 때 직접청구권은 우리 법에서 훨씬 광범위하게 인정된다. 영국법하에서는 가해자인 피보험자가 도산 등이 된 경우에만 인정되지만, 우리나라는 그러한 제한없이 모든 경우에 인정된다.[2] 그러므로 피해자는 보험자와 가해자에 대하여

2) 김인현, "한국과 미국의 선주책임상호보험에서의 직접 청구권에 대한 비교법적 연구", 「한국해법학회지」 제28권 제1호, 2006.4., 7면 이하; 서영화, "해상의 책임보험과 제3자의 직접청구권" 「부산지방변호사회지」,

모두 청구가 가능한 유리한 지위에 있게 된다. 본 사건에서는 피보험자인 선박소유자가 도산이 되지 않았기 때문에 영국법에서는 직접청구권이 인정되지 않는 연유로 우리 법을 적용하는 것이 승소할 수 있는 길이 된다. 우리 법원에 소송이 제기되었지만 외국적 요소가 개입되었기 때문에 국제사법에 따라서 적용될 준거법이 정하여 진다. 원고는 우리 법상 직접청구권의 법적 성질은 불법행위이므로 우리 법이 적용되어야 한다고 먼저 주장하였지만, 서울남부지방법원의 판시(2013.6.5. 선고 2012가합7046 판결, News Update 제3호, 2면 참조 바람)와 동일하게 보험계약의 준거법이 적용되어야 한다고 1심 법원은 보았다. 이에 원고는 국제사법 제7조에 의하면 강행규정이 반드시 적용되어야 하는 바이 강행규정에 상법 제724조 제2항이 해당한다고 주장하였다. 그러나, 법원은 이를 부인하였다.

학설은 국제사법 제7조에서의 강행규정이란 국내법에서 말하는 강행규정이 아니라 국제적인 강행규정이라고 본다. 국제적 강행규정이기 위하여는 준거법이 외국법인 경우에도 당해 국가의 강행규정을 적용하려는 입법자의 의지가 나타나야 한다고 한다.[3] 여기에 따르면 상법 제799조 등은 해당하지 않는다고 보았는데(석광현, 상게서, 144면), 법원은 상법 제724조 제2항의 직접청구권도 국제적인 강행규정이 아니라고 한 것이다.

만약 책임보험이 강제로 가입되어야 하는 경우라면, 법원의 해석은 달라질 것인지가 주목된다. 난파물제거협약(Wreck Removal Convention)은 2015년 4월 발효된다. 이 경우에 우리나라가 협약에 가입하여 보험의 가입이 강제화되면 비록 책임보험의 원래의 목적은 피보험자를 보호하기 위한 것이지만, 피해자를 보호하기 위한 입법목적이 더 강화되는 것이므로 강행규정으로 해석될 여지가 많아질 것으로 본다.[4] **(판결문 전문 참조)**

1996, 80면 이하.

3) 석광현, 「국제사법해설」, 박영사, 2013, 141면, 석광현 교수는 대외무역법, 외국환거래법, 독점규제 및 공정거래에 관한 법률 및 문화재 보호법 등이 그 예라고 한다.

4) 자세한 평석은 김인현, 전게 "2014 중요 해상 판례평석", 347면 이하를 참조 바람.

제9호 (2015.1.18.)

I. 나용선(선체용선)등록 선박의 선적국법 (대법원 2014.11.27. 자 12014마1099 결정)

1. 사실관계

선박은 독일인의 소유로서 독일에 선박등기와 등록이 되어있었다. 독일 은행인 신청인은 선박의 소유자(A)에게 금원을 대여하고, 선박에 저당권이 설정되었고 독일선박등기부에 저당권설정등기가 경료되었다. 동 선박의 나용선자는 마샬아일랜드에 선체용선등록을 하였다. 나용선자가 선박연료유공급자에게서 연료유를 보급받고 그 대금에 대한 채권을 선박관리업자가 가지고 있었다. 대금이 변제되지 않자 선박관리업자는 유류대금채권을 피담보채권으로 하여 선박에 대한 임의경매신청을 전주지방법원 군산지원에 제기하였다. 국제사법 제60조에 따르면 어떤 채권에 선박우선특권이 인정되는지는 해당 선박의 선적국법에 의한다. 법원은 선체용선등록국인 마샬아일랜드를 선적국으로 보아 선박우선특권이 있다고 보아 임의경매 결정을 내렸다. 이에 신청인인 은행은 여기서 말하는 선적국법은 선박의 소유권이 등기된 국가의 법인 독일법이 되어야하는 것이고, 결국 독일법에 따르면 선박연료유공급 채권은 선박우선특권이 발생되지 않는다고 임의경매개시결정에 대한 이의 신청을 전주지방법원 군산지원에 제기하였다. 그러나, 동 지원은 2013.7.25. 신청인의 이의 신청을 기각하였다. 그 후 전주지방법원은 신청인의 주장을 받아들여 임의경매 개시결정은 부당하므로 임의경매 개시신청을 기각하였다. 피신청인(선박관리업자)은 다시 대법원에 재항고를 하였다.

2. 법원의 판시내용

선박우선특권의 성립 여부와 일정한 채권이 선박우선특권에 의하여 담보되는지 여부 및 선박우선특권이 미치는 대상의 범위는 국제사법 제60조 제1호에 따라 선적국법, 즉 선박소유자가 선박의 등기등록을 한 곳이 속한 국가의 법이 준거법이 되는 것이고, 이러한 법리는 선박이 나용선등록 제도에 따라 선적국이 아닌 국가에 나용선(선체용선)등록이 되어있는 경우에도 마찬가지이다. 이 사건 선박에 관한 선박우선특권의 준거법은 나용선등록법인 마샬아일랜드 법이 아니라, 소유권등록국법인 독일법이고, 독일 상법에 따르면 이 사건과 같은 유류대금채권은 선박우선특권에 의하여 담보되지 않는다고 판단하여, 선박우선특권에 기초한 재항고인의 이 사건 임의 경매신청을 기각한 원심결정은 정당하다.

3. 의 견

외국적 요소가 있는 해상사건이 우리나라 법원에 제기되면 법원은 국제사법 제60조에 의거하여 그 선박의 선적국법에 따라 법률관계를 정하게 된다. 우리나라는 단일 등기와 등록을 허용하는 국가이다. 그런데, 싱가폴, 독일 등이 나용선(선체)등록을 허용하는 대표적인 국가이다. 이 경우에는 소유자의 등록이 있고, 선체용선자의 등록이 있게 된다. 현실적으로 이중등록은 국제법상 무국적이 되기 때문에 원등록은 정지되고 선체용선자의 등록만 허용된다. 사법적인 목적으로 등기가 있고 또 행정상의 목적으로 등록이 되는 국가에서는 선체용선등록이 되더라도 행정상의 등록만 정지될 뿐 사법적인 목적의 등기는 여전히 존재한다.[1)]

현실적으로 선박을 중심으로 거래를 하게되는 경우 선박의 국적증서 등에 나타나는 등록국은 선체용선등록국이기 때문에 거래관계의 상대방은 선체용선등록국을 보고 거래를 하게 될 것이다. 우리나라 법원은 종래 이러한 경우에 원등록국에서 등록을 일단 정지하고 선체용선등록을 허용하는 것이기 때문에 선적국은 선체용선등록국으로 보아야 한다고 판시한 바 있다(부산지방법원 2013.4.24. 자 2012라19 결정; 대법원 2013.9.13. 자 2013마816 결정).

그런데, 선체용선등록의 목적은 소유권등 사법적인 문제를 처리하기 위함이 아니라 행정적인 편의와 관리를 위하여 허용되고 선택되는 것이다. 편의치적으로 내버려두기보다는 선체용선등록을 하게 하여 자국에서 선박을 관리하는 것이 안전확보에 도움이 될 것이다. 선박우선특권은 소유권등 사법적인 문제에 해당하는 것이기 때문에 이러한 원칙을 적용하면 원등록국인 독일의 상법이 적용되게 되는 것이다. 대법원은 이러한 입장을 취하였다. 영국의 경우 선체용선등록을 허용하는 바, 선박의 사법적(소유권, 저당권,

1) 나용선등록제도에 대한 논문으로 최세련, "선박의 나용선등록에 따른 법적 쟁점검토", 「한국해법학회지」 제38권 제2호, 2016.11., 153면 이하가 있다.

물권의 순위) 문제는 여전히 원등록국을 따르도록 한다(1995년 상선법 제17조 제7항). 선체용선등록에 대한 국제조약도 동일한 취지이다(제12조 제3항). (판결문 전문 참조)[2)]

II. 선박소유자의 건조중인 선박에 대한 책임
(부산지방법원 2014.5.15. 선고 2013가합47173 판결)

1. 사실관계

甲 선박소유자(선주)는 乙 조선소와 선박건조계약을 체결하고 선박을 건조 중에 있었다. 甲 선주는 2012.3.27. 이 사건 선박에 대한 소유권보존등기를 마쳤다. 4.20. 실시된 1차 시운전에서 기관실에 문제가 있어서 시운전은 불합격되었다. 4.21. 일기가 불순하여 乙 조선소에 묶여있던 선박이 떠내려가서 丙 수리조선소의 안벽을 들이받아서 안벽을 사용하지 못하게 되었다. 이에 丙 수리조선소는 손해배상청구를 하게 되었다.

丙은 乙 조선소에게 보관자로서의 주의의무 위반을 이유로 손해배상청구를 하는 동시에 甲 선주에 대하여도 민법상 일반불법행위책임, 사용자책임, 공작물의 점유자책임 및 공작물의 소유자로서의 책임을 물었다.

2. 법원의 판시내용

(1) 조선소의 책임

피고 乙 조선소는 이 사건 선박을 건조하여 보관하는 자로서 자신의 시설 내인 안벽에 계류중인 선박을 안전하게 보관할 주의의무가 있음에도 이를 게을리하여 이 사건 선박이 안벽에서 벗어나 떠내려가도록 한 과실이 있다. 피고 乙 조선소는 원고(丙 조선소)에게 원고가 입은 손해를 배상할 책임이 있다.

(2) 선박소유자의 책임

1) 일반불법행위책임(민법 제750조)

원고는 피고 甲 선주가 이 사건 선박의 소유자로서 시운전을 마치는 등 선박의 관리를 시작하였으므로 이 사건 선박을 안전하게 보관할 주의의무가 있음에도 불구하고 이

2) 이 판결에 대한 추가적 평석으로는 김인현, "2014년 중요 해상판례평석", 「한국해법학회지」 제37권 제1호, 2015.4., 350면 이하가 있다.

를 위반하였으므로 손해배상책임이 있다고 주장한다.

그러나, ① 피고 선주는 피고 조선소에게 이 사건 선박의 건조를 의뢰한 도급인이고 이 사건 선박은 건조되어 인도되기 전까지 수급인인 피고 조선소의 관리하에 있었던 점, ② 사고 당시 시운전이 완료되지 않았고 피고 선주가 이 사건 선박을 점유하지도 않았기 때문에, 단순히 피고 선주가 이 사건 선박의 소유자라는 사실만으로 이 사건 선박을 안전하게 보관할 주의의무가 있다고 할 수 없다.

2) 사용자 책임(민법 제756조)

원고는 피고 선주가 해기사 자격증을 소지한 A를 이 사건 선박 건조현장에 파견하여 피고 조선소의 선박건조과정을 지휘감독하였고, 3.27. 피고 선주는 이 사건 선박의 소유권 보존등기를 마친 바, 도급인인 피고 선주와 수급인인 피고 조선소의 관계는 실질적인 사용자 및 피용자 관계이므로 피고 선주는 사용자책임을 부담한다고 주장한다.

① 피고 선주가 이 사건 선박 건조현장에 A를 파견하였음을 인정할 만한 객관적인 자료가 없는 점 ② 해기사는 선박건조를 관리 감독할 수 있는 자가 아니라 선박에 승무하여 선박을 운용하는 선박직원으로서 해기사 면허를 받은 사람으로서, 이 사건 선박건조과정 전체의 운영 및 시행을 직접 지도하는 등 시공자체를 관리할 수 있다고 보이지 않는 점 ③ 도급인인 피고 선주는 이 사건 선박의 소유권을 취득하였다는 사실만으로는 수급인인 피고 조선소와 사이에 바로 실질적인 사용자 관계가 생긴다고 볼 수 없는 점을 보면, 피고 선주와 피고 조선소와의 관계를 실질적으로 사용자/피용자 관계라고 할 수 없다.

3) 공작물의 점유자로서의 책임(민법 제758조 제1항 본문)

원고는 피고 선주가 선박의 시운전을 마치는 등 이 선박의 점유를 이전받아 관리를 시작하였으므로 공작물의 점유자로서 불법행위책임을 부담한다고 한다.

① 통상 시운전에 합격하여야만 비로서 선주에게 완성된 선박을 인도하는데, 이 사건 선박은 2012.4.20. 실시된 제1차 시운전에서 기관실에 문제가 있어 이를 보완 후 2차 시운전을 하기로 되어 있어 사고당시 시운전에도 합격하지 못한 점, ② 따라서 피고 선주 소속의 기관장은 제1차 시운전 당시 시운전의 입회인 자격으로 탑승한 것으로 보일 뿐 피고 선주 소속 기관장의 탑승사실만을 가지고 피고 선주가 이 사건 선박의 점유를 이전받았다고 보이지 않는 점 ③ 피고 선주는 2013.8.7. 이후에야 피고 조선소로부터 이 사건 선박을 이전받은 것으로 보이는 점 등에 비추어 보면 피고 선주는 이 사건 사고

당시에 선박의 점유자라고 할 수 없으므로, 원고의 주장은 이유 없다.

4) 공작물의 소유자로서의 책임(민법 제758조 제1항 단서)

공작물의 소유자는 점유자가 손해의 방지에 필요한 주의를 해태하지 아니한 때에 한하여 손해를 배상할 책임이 있는 바, 앞서 본 인정사실에 의하면, 피고 조선소는 이 사건 선박을 건조하여 점유보관하는 자로서 자신의 시설내인 안벽에 계류중인 선박을 안전하게 보관할 주의의무가 있음에도 이를 게을리하여 이 사건 선박이 안벽에서 벗어나 떠내려가도록 한 과실이 있다. 따라서 점유자가 책임이 있는 이상, 선박의 소유자인 피고 선주가 손해를 배상할 책임이 없다.

민법 제758조(공작물 등의 점유자, 소유자의 책임)

① 공작물의 설치 또는 보존의 하자로 인하여 타인에게 손해를 가한 때에는 공작물 점유자가 손해를 배상할 책임이 있다. 그러나 점유자가 손해의 방지에 필요한 주의를 해태하지 아니한 때에는 그 소유자가 손해를 배상할 책임이 있다.

3. 의 견

乙 조선소의 안벽에 붙어서 건조 중인 선박이 시운전을 아직 마치지 못하고 여전히 자신이 점유하고 있는 상태에서 떠내려가서 다른 조선소(丙)의 안벽에 손해를 입히게 되었다. 이에 丙 조선소의 소유자는 선박의 점유자에 해당하는 피고 조선소(乙)와 소유자에게 불법행위책임을 물었다.

법원은 피고 조선소에게 선박의 점유자로서 주의의무를 인정하고 피해자인 丙 조선소에 대한 손해배상 책임을 인정해 주었다.

그 다음 쟁점이 된 것은 과연 건조 중인 선박의 소유자가 책임을 부담하는가에 있었다. 시운전에 합격하지 못하여 아직 선박이 소유자에게 실질적으로 인도되지 않았다는 점을 근거로 선박에 대한 점유를 가지지 않았기 때문에 불법행위책임, 점유자로서의 책임을 부인하였다. 피고 조선소가 수급인의 지위에 있는데, 도급인인 피고 선주가 과연 사용자지위에 있는지 살펴보았다. 피고 선주가 점유를 취득하지 않고 단순히 소유권만 가지거나, 4급 해기사 자격을 가진 자를 조선소에 파견한 것만으로는 실질적인 지휘 감독관계가 없기 때문에 사용자책임이 인정되는 사용자－피용자 관계는 인정되지 않는다고 법원은 판시한 것이다. 만약, 시운전에 합격하고 선장 등 선원이 올라온 상태에서 선박이 떠내려갔다면 피고 선주가 점유자로서의 책임 등을 부담할 여지가 더 많아질 것으로 보인다. 다음 민법 제758조 본문의 공작물상의 책임을 점유자가 부담하는 가에 대하여 피고 선주는 아직 점유자가 아니기 때문에 책임을 부담하지 않고, 피고 조선소가 점유자로서 책임을 부담하는 상황이므로, 제758조 단서의 무과실책임을 소유자인 피고 선주가 부담하는 것은 아니라고 판시하였다. (판결문 전문 참조)

제 10 호 (2015.4.15.)

I. 선수금환급보증서의 법적 성질 (대법원 2015.2.26. 선고 2012다79866 판결)

1. 사실관계

동방조선(건조자)과 선우해운(발주자)은 케미컬 탱커선을 건조하는 선박건조계약을 체결하였다. 그 후 수보람쉬핑(이하 '수보람')이 선우해운의 계약상 지위를 포괄적으로 이전받기로 하는 계약이 동방조선, 선우해운, 수보람 3자간에 체결되었다. 같은 날 수보람은 원고(신한은행)으로부터 선박건조자금 1260만$을 대출받기로 하였으며 이에 대한 담보로 수보람이 선박건조계약으로부터 가지는 모든 권리와, 선수금환급보증으로부터 가지는 모든 권리를 원고에게 양도하기로 하는 양도담보계약을 체결하였다.

다음 날 수보람은 피고(그린손해보험)로부터 동방조선의 선박건조불이행 등 동방조선이 선수금을 반환하여야 하는 경우에 피고가 이의 지급을 보증하기로 하는 보증서(RG)를 발급받았다. 이 보증서에는 피고가 '취소될 수 없고 무조건적인' 선수금환급보증서를 개설한다고 되어 있었으며 준거법을 영국법으로 한다고 기재되어 있었다. 수보람은 원고와의 양도담보계약에 따라 동방조선과 피고에 대하여 각각 권리양도사실을 통보하였고 동방조선과 피고는 승낙의 통지를 하였다. 한편 원고는 대출약정에 따라 수보람에게 6,486,500달러를 대출해 주었고, 수보람은 1~3차 선수금으로 합계 7,783,800달러를 동방조선에게 지급하였다.

그러나 동방조선은 약속 기일까지 선박 건조를 완료하지 못하였으며 그로부터 6개월 후 동방조선의 조선사업 관련 자산과 선박건조자 지위를 선우상선에게 넘기기로 하는 자산양수도계약이 체결되었다. 1년 후 원고는 동방조선에 대하여 채무불이행을 이유로 선박건조계약을 해지 또는 취소한다는 통보를 하고 선수금의 반환을 요구하였으나, 동방조선이 응하지 않자 피고에게 보증서에 기하여 선수금 반환(7,783,800달러)을 요구하였다.

피고는 첫째, 원고들은 수보람에 대한 피담보채권의 범위(6,486,500달러) 내에서만 양도담보권을 실행할 수 있는데, 원고들이 출연하지 않은 1,297,300달러에 관하여는 피고에 대하여 보증금을 청구할 수 없고, 이 부분 보증채무의 이행을 구하는 것은 권리남용이다. 둘째, 사안의 RG는 독립적 보증이 아니므로 주채무자의 변경으로 보증채무가 소멸하였고, 혼동으로 채권이 소멸하였다는 점을 근거로 정산을 거부하였다.

서울고등법원(2012.7.20. 선고 2011나60300 판결)은 위 두 가지 쟁점에 대하여 원고 승소판결을 내렸다.

2. 법원의 판시내용

(1) 원고가 양도담보의 대상인 채권전액을 행사할 수 있는지

원고는 양도담보계약에 따라 수보람으로부터 보증서에 의하여 보유하거나 보유하게 될 모든 종류의 권리를 양도받았고, 수보람이 이를 피고에게 통지하여 피고가 원고에게 승낙의 통지를 하였으므로, 원고는 이 사건 보증서에 따른 채권 전부를 유효하게 양수하였고, 원고와 수보람 간의 정산은 별론으로 하고 원고는 피고에 대하여 이 사건 보증서에 따른 채권 전액을 청구할 수 있다.

(2) 영국법상 독립적 보증

영국법에서 말하는 독립증 보증을 한 금융기관은 공급자와 고객 사이의 원인관계에 의해 전혀 영향을 받지 않고 독립적 보증에 기한 채무를 이행하여야 하고, 금융기관에 보증의 이행을 거절할 수 있는 유일한 예외는 사기가 존재하고 금융기관이 이러한 사실을 알고 있는 경우이다. 따라서 피고가 주장하는 바와 같이 이 사건 자산 양수도계약에 따라 선우상선이 동방조선의 이 사건 선박건조계약에 따른 선박건조자 지위를 면책적으로 인수하였다고 하더라도 이러한 사정만으로는 영국법상 독립적 보증을 한 피고가 그 이행을 거절할 수 있는 사유에 해당하지 않는다.

3. 의 견

(1) 원고가 양도담보의 대상인 채권전액을 행사할 수 있는지

원고는 수보람과 채권의 양도담보계약을 체결하였다. 양도담보는 관습법상의 비전형담보 방식으로서 그 설정방법은 그 권리의 이전의 방식으로 하므로, 사안의 채권양도담보의 경우 채권양도의 방식으로 한다. 원고는 수보람과의 사이에 채권 이전의 합의를 하였고 채무자인 피고에 대하여 통지하고 피고가 승낙의 통지를 하였으므로 유효한 방식을 갖추었다(민법 제450조, 451조). 이 때 이전되는 채권의 내용은 "이 사건 보증서에 의하여 보유하거나 보유하게 될 모든 종류의 권리"이었다. 수보람이 선수금으로 동방조선에 지급한 7,783,800달러 전액에 대한 채권이 되는 것이고 원고가 수보람에 대출해준 6,486,500에 한정되는 것은 아니다.

피고는 양도담보에 관하여 선정산이 필요하다는 취지로 주장한 것으로 보이나, 판례는 등기나 등록을 공시방법으로 하지 않는 재산권에 대한 양도담보의 경우는 신탁적 소유권 이전설을 따르고 있으므로,[1] 대외적으로 원고는 완전한 채권자로서 모든 권리를 행사할 수 있는 것이다. 원고와 수보람 간의 정산의 문제는 내부문제로서 피고가 이것으로 원고에게 대항할 수는 없다.

(2) 영국법상 독립적 보증

영국법상 금융기관의 '취소될 수 없고 무조건적인' 내용의 보증은 독립적 보증으로 인정되어 원인관계에 의한 항변이 불가능하며, 그 예외로서 명백한 사기가 존재하고 금융기관이 이를 알고 있는 경우에만 보증의 이행을 거절할 수 있게 된다.[2]

피고는 사안의 보증서 발급은 독립적 보증이 아니라고 주장하였다. 독립적 보증이 아닌 것으로 되면 피고는 원인관계상의 항변을 원고에게 주장할 수 있게 된다. 피고는 먼저 주채무자의 변경(채무인수)으로 인한 보증채무 소멸을 주장하였다. 동방조선이 선박건조자 지위를 선우상선에게 양도하였다면 선수금반환채무의 주채무자가 선우상선으로 변경, 즉 면책적 채무인수가 된다. 민법 제459조에 따라 채무인수가 이루어지면 보증채무는 소멸하게 된다.

피고는 또한 수보람 전에 당초의 선박주문자였던 선우상선이 선박의 실제 소유자로서 선수금반환채권자인데(피고는 수보람은 페이퍼컴퍼니에 불과하다고 주장하였다) 동시에 선우상선이 선박건조자 지위를 양수하였으므로 선수금반환채무자가 되어 채권과 채무가 동일인에게 귀속, 혼동으로 채권이 소멸하며(민법 제507조), 주 채무 소멸에 따라 보증채무도 부종성으로 소멸하였다고 주장하였다. 그러나 대법원은 사안의 보증서 발급은 '취소될 수 없고 무조건적인' 것이므로 영국법상 독립적 보증에 해당한다고 보았다. 따라서 피고의 원인관계에 의한 항변은 불가능하며, 피고의 위 주장들은 모두 원인관계에 대한

---

1) 대법원 1986.8.19. 선고 86다카315 판결; 대법원 2005.2.18. 선고 2004다37430 판결.
2) 자세한 논의는 서영화, "선박건조 계약과 관련한 몇가지 법률문제들", 「한국해법학회지」 제32권 제1호, 2010.4., 54면을 참조 바람.

항변이므로 원심이 이를 배척한 것은 정당하다고 본 것이다.

본 판결은 선수금환급보증서의 법적 성질을 명쾌하게 설명한 대법원의 첫 보고된 판결로서 의의가 있다.[3] (판결문 전문 참조)

II. 담보특약의 약관규제법 적용 여부

(대법원 2015.3.20. 선고 2012다118846,2012다118853(반소) 판결)

1. 사실관계

원고(해상보험회사)와 피고(선주)는 선박보험을 체결하였다. 영국법을 준거법으로 하면서 인도양의 일정해역 안에서만 항해하여야 한다는 항해구역 담보특약이 보험약관에 포함되어 있었다. 피고는 위 해역 밖에서의 조업을 위하여 일정 기간에 한하여 원고와 조업수역 확장의 합의를 하였는데, 확장 기간이 만료된 다음날 당초의 항해구역을 벗어난 지점에서 냉동화물운반선이 침몰하고 어획물도 멸실되었다. 보험자는 피고의 행위가 담보특약 위반이기 때문에 선박이 항해구역을 벗어난 상태에서 확장 기간이 만료된 시점으로부터 보험계약은 종료되었다고 주장하면서 보험금 지급을 거절하였다. 피고는 담보특약은 "약관의 규제에 관한 법률"(이하 약관규제법)상 설명의무의 대상이 되는 중요한 사실임에도 보험자가 이를 이행하지 않았기 때문에 보험자는 담보특약의 효력을 주장할 수 없다고 항변하였다.[4]

2. 법원의 판시내용

(1) '약관규제법' 상의 약관여부에 관하여

약관규제법의 규제 대상인 약관은 계약의 일방당사자가 다수의 상대방과 계약을 체결하기 위하여 미리 마련한 계약의 내용을 말하는 것으로, 구체적인 계약에서 개별적으로 이루어진 합의는 약관에 해당하지 않는다. 사안에서 원고와 피고는 적하보험을 체결하기 전에 피고 소유의 선박 전부에 관한 적하보험조건을 협의하면서 조업구역을 남위 60도 이북의 남빙양으로 제한하기로 개별적으로 합의한 것이므로, (이는 약관에 해당하지

---

3) 참고 논문으로는 정대, "선박금융상의 선수금환급보증과 수출보증보험제도에 관한 연구", 「경제법연구」 제15권 제2호, 2016, 115면 이하가 있다.

4) 고려대 해상법연구센터 해상법 뉴스 업데이트 제2호 2013.6.13. 2면에서 하급심 판결(제2호－II)을 참조 바람.

않는다. 따라서 약관규제법 상의 설명의무가 발생하지 않는다) 원고가 조업구역에 관하여 설명의무를 이행하지 않았다는 피고의 주장을 배척한 원심의 판단은 정당하다.

(2) 워런티(warranty, 담보특약) 조항 위반 여부에 대하여

사안에서 선박보험증권의 기재 및 협회담보약관에 따라 이 사건 선박이 남위 50도 이북의 인도양 해역에서 항해하기로 정한 것은 영국법상의 워런티 조항에 해당하고, 항해구역을 확장하기로 한 기간이 만료되었음에도 위 구역을 벗어나 항해한 것은 워런티 조항 위반이라고 한 원심의 판단은 정당하다.

(3) 국제사법에 따라 약관규제법이 적용되는지 여부

외국법을 준거법으로 한 모든 계약에 관하여 당연히 약관규제법을 적용할 수 있는 것은 아니다. 피고는 원고가 영국법상 워런티 조항의 내용, 효력, 위반의 효과 등에 관하여 설명하지 아니하였으므로 설명의무 위반에 관한 약관규제법 제3조가 적용되어 워런티 조항이 계약의 내용으로 되지 아니한다고 주장하나, 이에 대하여 원심이 이 사건은 해상보험의 일반적 관행에 따라 영국법 준거약관을 사용하고 있고 그것이 대한민국의 공익이나 공서양속에 반한다거나 피고의 이익을 부당하게 침해하는 것이라고 볼 수 없으므로, 이 사건 선박보험과 관련된 모든 법률관계의 준거법은 영국법이고 달리 약관규제법을 적용하여야 할 사정이 없다고 판단한 것은 정당하다. 그리고 상고이유에서 들고 있는 대법원 2010.9.9. 선고 2009다105383 판결은 선박보험계약이 준거법 지정 외에 외국적 요소가 없는 순수 국내계약인 사안에 관한 것으로서, 외국적 요소가 있는 이 사건과는 사안을 달리하므로 이 사건에 원용하기에 적절하지 아니하다.

3. 의 견

(1) 약관규제법상의 설명의무의 적용 여부

약관규제법 제3조에 따르면 사업자는 약관의 중요한 내용을 계약 상대방에게 설명할 의무가 있으며, 설명의무를 이행하지 않은 경우 이를 계약의 내용으로 주장할 수 없다. 그런데 동법의 약관이라 함은 부합계약, 즉 계약의 한 쪽 당사자가 여러 명의 상대방과 계약을 체결할 것을 예정하고 일정한 형식으로 미리 마련해 놓은 계약내용을 말한다.

이 사안에서 대법원은 피보험선박의 조업구역 제한 약정은 영국법상 워런티에 해당한다고 보았다. 워런티, 즉 담보특약이 약관에 해당하는지의 여부는 그것이 미리 일방적으로 마련된 계약조항에 들어있는지, 아니면 개별적으로 워런티에 대한 합의를 한 것인지에 따라 달라지게 된다. 그러나 당해 사건의 워런티는 보험자가 미리 마련한 보험약관상에 포함된 것이 아니고 원고와 피고가 개별적으로 합의한 것으로 보아 약관에는 해당하지 않는다고 판단하였다. 따라서 약관규제법이 적용되지 않아 원고에게 설명의무가 없으므로, 설명의무 위반을 이유로 워런티의 계약내용 편입을 부정한 피고의 주장을 배척하였다.

우리 법에서 상고심은 법률심으로서, 사실심의 사실판단에 기속되므로(민사소송법 제432조) 원심이 사안의 사실관계에 대하여 당해 워런티 조항이 원고(보험자)측이 미리 일률적 적용을 위해 마련한 것이 아니라 원고・피고 간에 개별적으로 합의한 것으로 판단하였다면 대법원이 그러한 사실관계에 기초하여 당해 워런티 조항이 약관이 아니라고 본 것은 정당한 것이다. 그렇다면 약관규제법이 적용되지 않아 원고의 설명의무를 문제삼을 수 없다고 본 원심의 법리는 정당하다.

(2) 영국법상 워런티(담보특약)의 법리

우리 대법원은 해상보험에서 영국준거법 및 담보특약에 대하여 그 효력을 인정한다. 담보특약은 매우 엄격한 것이어서 아주 사소한 사항 및 보험사고와 인과관계가 없는 사항이라도 보험자는 면책된다.[5] 우리 법에서 보험계약자 또는 피보험자의 행위가 사고발생의 위험 증가와 인과관계가 있는 경우에 한하여 보험자에게 해지권 등이 인정되는 점(상법 제652조)과는 사뭇 다른 체계이다. 사안에서 당사자들은 선박보험의 준거법을 영국법으로 합의하였고, 원심과 대법원은 이 사건 선박이 남위 50도 이북의 인도양 해역에서 항해하기로 정한 것은 영국법상의 워런티 조항에 해당한다고 보았다. 그렇다면 피고의 선박이 위 구역을 벗어나 항해한 것은 워런티 조항 위반으로 되어, 보험사고 발생에 대한 인과관계의 존부와 무관하게 원고 보험자는 보험금 지급 의무를 면하게 된다.

(3) 이 사건에 국제사법 제25조 제4항에 따라 약관규제법이 적용되는지 여부

국제사법 제25조는 준거법의 선택에 관한 당사자자치를 인정하므로, 당사자간에 외국법을 준거법으로 합의하였음에도 불구하고 국내법인 약관규제법이 적용되기 위해서는

5) 담보특약에 대하여는 서헌제, "영미보험법에서의 warranties에 대하여", 「한국해법회지」 제5권 제1호, 145면 이하; 한창희, "영국해상보험버상 담보특약원칙의 현황과 과제", 「보험법 연구4」 보험법 연구회, 2002, 127면 이하; 김인현, "해상보험법에서 담보특약제도 개혁에 대한 고찰", 「법학연구」 부산대학교, 제48권 제1호, 2007.8., 1043면 이하가 있다.

예외적인 사유가 있는 경우여야 한다. 국제사법 제25조 제4항은 양 당사자, 선박의 활동지, 사고 발생지 등 모든 사항이 한 국가와만 관련이 있음에도 불구하고 당사자 간에 어떠한 법 적용을 회피할 목적으로 자신들과 무관한 다른 국가의 법을 선택하는 것을 방지하기 위하여, 관련이 있는 국가의 강행규정은 여전히 적용되는 것으로 하였다.

사안에서 피고는 계약의 양 당사자가 모두 한국 법인이므로 위 국제사법 제25조 제4항에 따라 강행규정인 약관규제법이 적용된다고 주장하였다.[6] 그러나 원심은 사고 선박의 활동지가 인도양 등이고 사고 역시 남빙양에서 발생한 점, 보험증권 등이 영어로 작성되고 보험금도 미화로 정해진 점 등 외국적 요소가 있으므로 국제사법 제25조 제4항이 적용되지 않는다고 보았고, 대법원은 이를 지지하였다.[7] **(판결문 전문 참조)**

6) 순수한 국내적인 요소만 있기 때문에 영국준거법임에도 불구하고 우리나라 약관규제법이 적용된 대표적인 사례로는 대법원 2010.9.9. 선고 2009다105388 판결이 있다.

7) 이 사례의 하급심 판결에 대한 자세한 평석으로는 김인현, "영국준거법하의 담보특약에 대한 약관규제법 적용여부", 「한국해법학회지」 제35권 2호, 2013.11., 387면, 391면; 본 판결에 대한 평석으로는 김인현, "2015년 중요해상판례", 「한국해법학회지」 제38권 제1호, 2016.4., 354면 이하가 있다.

제 11 호 (2015.7.3.)

I. 국가의 사무를 처리한 경우 사무관리 성립의 요건
(대법원 2014.12.11. 선고 2012다15602 판결)

1. 사실관계

원고는 해상방제업을 하는 회사이다. 2007년 허베이 스피리트 호 충돌사고로 인하여 대량의 원유가 서해안으로 유출되는 사고가 발생하자, 원고는 해경의 지휘를 받아 방제업무를 수행하였다. 이후 원고는 대한민국을 피고로 방제비용의 지급을 청구하는 소송을 제기하였다. 원고는 피고와의 사이에 도급계약이 성립하였다고 주장하였으나 법원은 국가와의 계약임에도 서면으로 작성되지 않았다는 이유로 도급계약의 성립을 부정하였다. 그러자 원고는 사무관리가 성립하였으므로 피고가 그 비용을 지급하여야 한다고 주장하였다. 피고 대한민국은, 방제작업은 허베이 스피리트 호의 사무이므로 국가에 대하여 사무관리가 성립하지 않는다고 주장하였다. 또한 피고는 책임제한절차가 진행 중이므로 그 절차 외에서 사무관리 비용을 청구할 수 없다고 주장하였다. 대법원은 아래와 같이 판시하였다.

2. 법원의 판시내용

(1) 국가의 사무를 처리한 경우 사무관리 성립의 요건

사무관리가 성립하기 위하여는 우선 사무가 타인의 사무이고 타인을 위하여 사무를 처리하는 의사, 즉 관리의 사실상 이익을 타인에게 귀속시키려는 의사가 있어야 하며, 나아가 사무의 처리가 본인에게 불리하거나 본인의 의사에 반한다는 것이 명백하지 아니할 것을 요한다. 다만 타인의 사무가 국가의 사무인 경우, 원칙적으로 사인이 법령상 근거 없이 국가의 사무를 수행할 수 없다는 점을 고려하면, 사인이 처리한 국가의 사무가 사인이 국가를 대신하여 처리할 수 있는 성질의 것으로서, 사무 처리의 긴급성 등 국가의 사무에 대한 사인의 개입이 정당화되는 경우에 한하여 사무관리가 성립하고, 사인은 그 범위 내에서 국가에 대하여 국가의 사무를 처리하면서 지출된 필요비 내지 유익비의 상환을 청구할 수 있다.

사안에서 선주의 조치만으로는 원유 유출사고에 따른 해양오염을 방지하기 곤란할 정도로 긴급방제조치가 필요한 상황이었고, 위 방제작업은 원고 회사가 국가를 위해 처리할 수 있는 국가의 의무 영역과 이익 영역에 속하는 사무이며, 원고 회사가 방제작업을 하면서 해양경찰의 지시·통제를 받았던 점 등에 비추어 원고 회사는 국가의 사무를 처리한다는 의사로 방제작업을 한 것으로 볼 수 있으므로, 원고는 사무관리에 근거하여 국가에 방제비용을 청구할 수 있다.

(2) 유배법에 의한 책임제한절차 진행 중에 별도의 사무관리 비용을 구하는 소송이 가능한지

선박소유자 등의 책임제한절차에 관한 법률의 취지는 기금 외의 다른 재산에 대한 집행을 금지하는 취지에 불과하고, 집행권원의 확보와 집행의 문제는 구별되어야 하므로, 사안에서 유류오염손해배상보장법에 의한 책임제한절차가 진행 중이더라도 원고가 사무관리 비용의 지급을 구하는 이 사건 소송이 금지되는 것은 아니다.

3. 의 견

(1) 사무관리 성립여부

민법 제734조에서 인정하는 사무관리가 성립하기 위한 요건은 1) 타인의 사무, 2) 타인 귀속 의사, 3) 본인에게 불리하거나 본인의 의사에 반한다는 것이 명백하지 않을 것, 4) 사무관리자에게 그 관리에 관한 법률상 또는 계약상 의무가 없을 것 등이다.[1] 이에 추가하여 국가의 사무인 경우, 5) 그 국가 사무의 성질이 사인이 대신 처리할 수 있는 성질일 것, 6) 긴급성 등 사인의 개입이 정당화되는 이유가 있을 것 등의 요건이 필요하다. 원고가 방제비용을 사무관리로 국가로부터 수령하기 위해서는 국가가 '타인'에 해당해야 한다.

1) 구 해양오염방지법에 따르면 기름 등 폐기물이 유출된 경우 1차적으로는 선박소유자에게 방제책임이 있지만 선박소유자의 방제가 불충분하거나 긴급방제조치가 필요한 경우 등에는 2차적으로 해양경찰청장에게 방제책임이 있고, 이는 국가의 책임이다. 사안의 경우 대규모 원유 유출사고였으므로 선박소유자의 방제만으로는 부족하고 긴급방제

1) 김준호, 「민법강의」, 법문사, 2000, 1159면.

조치가 필요한 경우로, 국가의 방제의무가 있어서 국가 사무가 되므로 원고가 방제작업을 한 것은 사무의 타인성이 인정된다.

2) 원고는 해경의 지시통제를 받아 방제작업을 하였기 때문에 사무의 타인귀속의사가 인정된다. 원고가 자기사무의 처리의사였다면 지시없이 스스로 작업을 하였을 것이다.

3) 국가 책임영역에 있는 일을 원고가 대신 한 것이므로 국가에게 이익이 된다.

4) 해상 유류방제작업은 사인이 대신 할 수 있는 성질의 사무이다.

5) 선주의 방제조치가 불충분하였고 긴급상황이었으므로 사인의 개입이 정당화된다.

(2) 책임제한절차와의 관계

우리 민사절차는 채권이 있다는 점을 확정하는 단계(집행권원의 확보)와, 확정된 채권을 집행하는 단계로 나누어진다. 책임제한절차는 후자의 집행 단계에 해당하고 이는 각종의 채권을 가진 채권자들이, 책임제한 기금에 대해서만 '집행'할 수 있도록 하는 것이다. 집행권원의 확보는 책임제한절차와 관계없이 독립적으로 가능하다. 원고가 사무관리비용의 지급을 청구하는 것은 채권이 있음을 확정하는 단계에 해당하는 것으로서 얼마든지 가능하다.[2] (판결문 전문 참조)

II. 항공 · 육상 복합운송에서 책임제한약관의 적용범위 (대법원 2014.11.27. 선고 2012다14562 판결)

1. 사실관계

A는 귀금속 3,347개, 중량 11.5kg(이하 '이 사건 화물')을 미화 139,217.50달러에 중국의 B로부터 수입하기로 하였다. 이에 A(수하인)는 운송인 C(피고)에게 이 사건 화물을 B(송하인)의 중국공장에서 A의 서울 사무실까지 항공운송 및 육상운송을 해 줄 것을 의뢰하였다.

본 운송계약 당시 작성되어 송하인 B에게 교부된 항공화물운송장 이면에는 운송인의 책임제한(Limitation of Liability)에 관한 '계약조건(Conditions of Contract)'이 기재되어 있는데, 그 내용은 '바르샤바 협약 등의 국제조약이나 법률 등이 적용되지 않을 경우 송하인이 고가의 신고를 하고 소정의 추가 요금을 지불하지 않는다면, 피고의 책임은 위 항

2) 자세한 내용은 김인현, "2015년 중요해상판례", 「한국해법학회지」 제38권 제1호, 2016.4., 365면을 참고 바람.

공화물운송장에 의하여 운송물 당 미화 100달러 또는 1파운드당 미화 9.07달러(kg당 미화 20달러) 중 더 큰 금액으로 제한된다'는 것이었다. 항공화물운송장 수하물 정보란에는 '포장 1개, 무게 11.5kg, 화물명세 쥬얼리 18K Gold, 가액 미화 139,217.50달러'라는 기재는 있었으나, A는 운송인 C에게 고가화물에 대한 요금이 아닌 일반요금만을 운송료로 지급하였다.

보험회사 D(원고)는 A(수하인)와 이 사건 화물에 관하여 적하보험계약을 체결하였다. 이 적하보험계약은 '협회항공약관(전위험담보) 및 가액이 운송인에게 통보되고 가액에 상응한 요금이 지급되어야 하며(Full value declared to Carrier and Valuation Charge Paid), 국내운송 전 과정 중 경호원이 동행되어야 함(It is warranted that the subject matter insured be accompanied by Guard during whole course of transit within domestic are)'을 보험조건으로 하였다. 그러나 A는 이를 지키지 않았다.

운송인 C(피고)는 이 사건 화물을 B의 중국공장에서 A의 서울 사무실까지 항공 및 육상으로 운송하던 중 화물 일부(3,347개 중에서 780개)를 도난 당하였는데, 이후 도난이 육상운송 구간에서 일어난 사실이 확인되었다.

A가 보험회사 D(원고)에게 보험금 지급을 청구하였다. D는 이 사건 보험조건 및 그 위반 시의 효과를 A에게 제대로 설명하였다면, A가 위 보험조건을 지키지 않았으므로 면책될 수도 있었다. 그렇지만 D는 그 설명을 하지 않았기 때문에 약관규제법에 따라 면책을 주장할 수 없었고 A에게 보험금을 지급하였다. 보험회사 D(원고)는 보험자대위의 법리에 의하여 A의 피고 C에 대한 운송계약상 채무불이행을 원인으로 한 손해배상청구권을 대위 행사하여 운송인 C(피고)에게 손해배상을 청구하였다.

1심과 2심에서는 (i) 보험자대위는 성립하고 (ii) 본 사고는 육상운송에서 발생한 사고이기 때문에 책임제한약관은 적용되지 않으므로 운송인은 손해의 전액(미화 27,148달러 =35,490,580원)을 배상하여야 하지만, A의 과실을 상계하여 최종적으로는 그 손해의 50%인 17,745,290원의 지급을 명하였다. 피고 운송인 C는 이를 다투었다.

2. 법원의 판단

(1) 사고발생구간 및 약관상의 책임제한 규정에 관한 법리

A와 피고 C 사이의 운송계약은 국제항공운송계약으로서 몬트리올협약이 피고의 약관이나 민법 및 상법에 우선하여 적용되고, 몬트리올 협약 제18조 제4항 및 제38조 제1항

에서는 항공운송계약을 이행함에 있어서 화물의 적재, 인도 또는 환적을 목적으로 하여 행하여졌을 때에는 반증이 없는 한 어떠한 손해도 항공운송 중에 발생한 사고의 결과라고 추정되는 것으로 규정하고 있다. 그러나 이 사건의 도난사고는 인천공항 통관 후 육상운송구간에서 발생한 것으로 추단되므로, 항공운송 중에 발생한 사고라는 추정은 깨어졌다.

(2) 약관상의 책임제한 규정에 관한 법리

항공화물운송장 뒷면에 기재된 책임제한에 관한 계약조건은 약관으로서 항공운송과 육상운송이 결합된 이 사건 운송계약의 내용을 이루고, 그 적용 범위를 제한하는 특별한 규정이 없는 한, 위 책임제한 규정은 육상운송구간을 포함한 이 사건 운송계약 전반에 적용되는 것이다. 따라서 이 사건 도난사고가 육상운송구간에서 발생하였다고 하더라도 이 사건 화물에 대하여는 고가의 신고가 되었을 뿐 소정의 추가요금이 지불되지 않은 경우이므로 피고의 책임은 위 계약조건에 정해진 범위 내로 제한된다. 따라서 손해가 육상운송 중에 발생한 이상 몬트리올 협약이나 이 사건 항공화물운송장 이면약관은 적용되지 않는다고 본 원심의 판결에는 잘못이 있다.

(3) 보험자대위에 관한 법리

상법 제682조에서 정한 제3자에 대한 보험자대위가 인정되기 위하여는 보험자가 피보험자에게 보험금을 지급할 책임이 있는 경우이어야 한다. 보험자가 보험약관에 정하여져 있는 중요한 내용에 해당하는 면책약관에 대한 설명의무를 위반함으로 인하여 약관의 규제에 관한 법률 제3조 제4항에 따라 해당 면책약관을 계약의 내용으로 주장하지 못하고 보험금을 지급하게 되었더라도, 이는 보험자가 피보험자에게 보험금을 지급할 책임이 있는 경우에 해당하므로 보험자는 보험자대위를 할 수 있다. 원고 D는 면책약관에 대한 설명의무를 위반하여 해당 면책약관을 계약의 내용으로 주장할 수 없게 됨으로써 피보험자인 A에 보험금을 지급할 책임이 있었던 것이므로, 원고의 보험자대위를 인정한 원심의 판단은 정당하다.

3. 의 견

복합운송계약에서 항공화물운송장 이면에 기재된 책임제한약관의 적용범위(제1쟁점)와 보험자 D가 면책약관에 대한 설명의무를 위반함으로 인하여 해당 면책약관을 계약의 내용으로 주장하지 못하고 피보험자에게 보험금을 지급한 경우에도 상법 제682조의 보험자대위가 인정되는지(제2쟁점)가 주된 쟁점이 된 사안이다.

(1) 항공화물운송장의 책임제한약관의 적용여부

제1쟁점에 대하여, 원심에서는 항공화물운송장 이면의 책임제한 약관은 항공운송구간에서 발생한 손해에만 적용되는 것을 전제로 육상운송구간에서 손해가 발생한 사안에서는 책임제한 약관이 적용되지 않는다고 판시하였다. 그러나, 대법원은 당사자가 체결한 것은 복합운송계약이므로 항공화물운송장 이면에 기재된 책임제한 약관은 명시적으로 적용범위를 항공운송구간으로 제한하지 않은 이상 항공운송구간 부분에 한정하여 적용되는 것이 아니라 전체 복합운송계약의 내용을 이루는 것으로서 육상운송구간에서 발생한 손해에 대해서도 적용되어야 한다고 판단하였다.

(2) 보험자대위의 성립여부

제2쟁점에 대하여, 보험자가 피보험자에게 면책약관에 대한 설명의무를 다하였다면 보험금을 지급할 책임이 면제되었을 것이지만 보험자가 설명의무를 다하지 않은 탓으로 면책약관을 계약의 내용으로 주장할 수 없어 보험금을 지급해야 하는 경우에도 상법 제682조의 보험자대위가 인정된다고 대법원은 보았다.

약관의 설명의무를 다하지 않는 경우 약관이 계약 내용에 편입되지 못하도록 하는 것은 사업자의 거래상 지위 남용과 불공정 약관 규제라는 약관규제법의 목적을 위한 것이다. 한편, 보험자대위 제도의 목적은 피보험자가 이중으로 보상받는 것을 방지하고 과실 있는 자에게 책임을 지게 함으로써 손해의 공평분담을 이루기 위하여 인정되는 것이다. 따라서 약관규제법상 보험자가 설명의무위반으로 책임을 지는 경우라고 하여도 이것이 보험자대위를 부정할 이유가 되지는 않는다. (판결문 전문 참조)

III. 안전항에 대한 영국 Ocean Victory 판례

[영국항소법원 2015.1.22. 선고 GARD MARINE & ENERGY LTD V CHINA NATIONAL CHARTERING CO LTD(THE "OCEAN VICTORY") 판결]

1. 사실관계

일본의 가시마(鹿島)항구에 정박하던 케이프사이즈의 선박 Ocean Victory가 2006. 10.24. 일기가 불순하여 외항으로 출항 중 강한 북풍과 조류에 의하여 밀려서 방파제에 좌초하게 된다. 선박은 나용선(선체용선) 되었다가 다시 정기용선 되어 운항되고 있었다. 보험금을 선박소유자에게 지급한 선박보험자인 Gard P&I 클럽은 선박소유자와 나용선자의 권리를 양도받아 정기용선자에게 구상청구를 하게 되었다. 청구의 근거는 용선계약상 안전항 담보의무에 위반하였다는 것을 근거로 하였다. 영국의 항소법원은 두 가지 법적 쟁점에 대하여 판단을 하게 되었다. 첫째, 과연 가시마 항구는 안전항이 아닌가? 둘째, 나용선자는 공동피보험자이고 보험료를 납부하였는데 구상청구의 대상이 되는가? 1심법원은 가시마항은 안전항이 아니었고 보험자의 구상도 가능하다고 보았다.[3)]

2. 영국 항소법원의 판단

안전항이 아닌 것이 되기 위하여는 '비정상적인(abnormal)' 상황하에서 발생한 사고가 아니어야 한다. 오랜 기간 동안 가시마 항구에서 이러한 사고는 발생하지 않았고, 이번 사고는 비정상적인 상황에서 강한 조류와 강한 북풍이 복합적으로 결합하여 발생한 것이기 때문에 불안전항의 정의에 해당되지 않는다.

나용선계약에 따르면 선주와 나용선자는 공동피보험자로 되어있고, 나용선자는 보험계약당사자로서 보험료를 납부하였다. 용선계약상 당사자들은 보험금을 지급함으로써 제3자에 대한 손해를 종결하려는 의도를 가지고 있었다고 보인다. 이러한 경우 전손보험금을 지급한 보험자의 나용선자에 대한 구상은 허용되지 않는다.

3) 안전항에 대한 연구로는 이창희, "용선자의 안전항 지정의무에 대한 소고", 「한국해법학회지」 제27권 제1호, 2005.4., 47면; 염정호, 「정기용선 계약법」, 법문사, 2010, 328면 이하가 있다.

3. 의 견

(1) 안전항담보의무

나용선자는 선박소유자에게, 정기용선자는 나용선자 혹은 선박소유자에게 안전항을 지정할 의무를 부담한다. 안전하지 않은 항구에 입항한 결과 발생한 손해에 대하여는 무과실책임을 용선자들이 선박소유자에게 부담하게 된다. 그런데, 어떤 경우가 과연 안전항이 아닌 경우가 되는지 항상 다툼이 있어 왔다.

안전항 의무는 제정법에서 정의를 내린 것이 아니고 영국의 판례법에 의하여 확립되어왔다. 비정상적인 상황(Abnormal occurrence)이 아닐 것이 요건이 된다(1958년 The Eastern City). 이미 선박의 입출항이나 정박에 위험성이 여러 차례 있어 왔고 알려진 경우에만 불안전항이 된다는 것이다. 그러므로, 예기치 못한 강한 바람이 불어와서 선박이 좌초한 경우는 이에 해당되지 않는다. 가시마 항구가 개장된 후 30여년 동안 5000여번에 걸쳐서 케이프사이즈의 선박이 입출항하였지만 한번도 사고가 나지 않았다는 것이 중요한 사실로서 인정되었다. 더구나 강한 바람과 높은 파도의 결합이 사고의 원인이었기 때문에 이런 경우는 더 예외적인 경우에 해당되게 되었다. 따라서, 항소법원은 이번 사고는 선례인 1958년의 The Eastern City 사례의 정의에 따르면 불안전항의 정의에 해당되지 않는 것으로 보았다.

불안전항 의무가 한국법하에서도 인정될 것인가? 우리 법에는 명문의 규정이 없다. 약정이 없는 경우에도 용선자는 선주에 대하여 안전항 제공의무를 부담할 것인가? 대부분의 용선계약은 안전항 의무가 포함된 Barecon이나 NYPE와 같은 표준계약서를 사용하는 것이 관행이므로 인정될 것으로 보인다. 일본상법 해상편 개정안에 용선자의 안전항 지정의무가 명문화되는 점에 유의하여야 한다.

(2) 보험자의 용선자에 대한 구상여부

이 사건에서 전손보험금을 선박소유자에게 지급한 보험자는 정기용선자에게 구상하고자 시도하였다. 용선계약이 선박소유자 → 나용선자 → 정기용선자로 이어졌으므로 먼저 선박소유자는 안전항 담보의무에 위반한 나용선자에게 구상이 가능하여야 하였다. 항소법원은 용선계약상 나용선자는 공동피보험자이면서 보험료를 납부한 자이기 때문에 구상할 수 없다고 보았다.

우리법 하에서도 유사한 논쟁이 있다. 자기를 위한 보험에서는 피보험자가 곧 보험계약자인 경우에는 구상을 할 수 없지만, 타인을 위한 보험에서는 비록 보험계약자(여기에서는 나용선자)가 피보험자(선박소유자)를 위하여 보험료를 납부한 경우에도 보험자는 보험계약자에게 구상할 수 있다는 것이 대법원의 판례이다(대법원 1989.4.25. 선고 87다카1669 판결). 이에 대하여 다수학설은 구상하지 못하여야 한다고 주장한다.

나용선의 경우 나용선자는 선박소유자를 위하여 보험료를 납부한다. 나용선자는 보험계약자가 되고 선박소유자는 피보험자가 된다. 이 경우 우리 대법원판례에 따르면 나용선자에게 선박보험자는 선박소유자가 나용선자에 대하여 가지는 안전항 담보위반을 근거로 한 손해배상청구권을 대위하여 구상할 수 있다고 하겠다. 그런데, 사안에서는 나용선자가 공동피보험자로 되어있다. 그러므로, 우리법 하에서도 역시 나용선자는 피보험자이므로 구상할 수 없다는 결론에 이르게 된다. 보험료를 납부하였기 때문이 아니라 피보험자였기 때문에 구상은 되지 않는다고 보아야 한다.

이 판결의 결과에 대하여 사고로 인하여 손해는 발생하여 선박소유자가 보았고 보험자는 보험금을 지급하여 과실있는 자인 정기용선자에게 구상을 하여야 하지만, 우선 나용선자에게 선주가 구상을 하지 못하는 관계가 되었다. 이렇게 되면 선박소유자는 안전항 의무에 위반한 나용선자에게 책임을 묻고, 나용선자는 다시 안전항 의무를 위반한 정기용선자에게 책임을 물어야 하는데, 항소법원이 전자가 불가하다고 하므로, 결국 선박보험자는 구상을 할 수 없다는 이상한 결론에 이르게 되었다는 비판이 제기되고 있다. 보험제도가 개입되지 않았다면 선박소유자는 나용선자에게 나용선자는 다시 정기용선자에게 차례로 손해배상책임을 물었을 것이다. 보험제도가 개입되면서 최종책임자인 정기용선자는 책임을 지지 않는 이상한 결과가 되었다. 영국대법원의 최종판단이 기대된다.[4]

4) 영국 대법원은 2017년 5월 10일 최종 판단을 내린바 있다.

제 12 호 (2015.11.9.)

I. 선수금환급보증서의 법적 성질과 권리남용
(대법원 2015.7.9. 선고 2014다 64442 판결)

1. 사실관계

甲 선박소유자는 乙과 선박건조계약을 체결하였다(준거법은 한국법). 선박의 건조를 위하여 甲은 乙에게 여러 차례에 걸쳐 선수금을 지급하기로 하였고, 만약 건조가 제대로 되지 않을 경우에는 선수금을 돌려받아야 하는 甲은 乙로부터 그 지급의 보증을 받게 되었다. 丙 은행이 甲을 수익자로 하여 선수금환급보증서를 발급하였다(준거법은 한국법). 2회에 걸친 선수금을 지급한 甲은 주문한 선박에 대한 건조능력과 의지를 의심하여 乙에게 더 이상 선수금을 지급하지 않았다. 이에 乙은 선박건조계약을 해제하였다. 그 뒤 甲도 선박건조계약의 해제를 하게 되었다. 甲은 丙에게 선수금환급보증서에 기한 선수금 반환청구를 하자, 丙은, 선수금을 지급하지 않아서 계약해제의 원인을 제공한 甲이 선수금환급을 요구하는 것은 권리남용이라고 주장하였다. 이에 대하여 원심법원(서울고등법원)은 甲의 요구는 권리남용에 해당하여 丙은 甲에게 선수금을 환급하지 않아도 된다는 판결을 내렸다.[1)]

2. 법원의 판시내용

은행이 보증을 하면서 보증금 지급조건과 일치하는 청구서 및 보증서에서 명시적으로 요구하고 있는 서류가 제시되는 경우에는 그 보증이 기초하고 있는 계약이나 이행제공의 조건과 상관없이 그에 의하여 어떠한 구속도 받지 않고 즉시 수익자가 청구하는 보증금을 지급하겠다고 약속하였다면, 이는, 주채무에 대한 관계에서 부종성을 지니는 통상의 보증이 아니라, 주채무자인 보증의뢰인과 채권자인 수익자 사이의 원인관계와는

1) 원심판결에 대한 평석으로 윤진수 "독립적 은행보증의 경제적 합리성과 권리남용의 법리", 「법조」 제692호, 2014.5., 5편 이하가 있다.

독립되어 원인관계에 기한 사유로는 수익자에게 대항하지 못하고 수익자의 청구가 있기만 하면 은행의 무조건적인 지급의무가 발생하게 되는 이른바 독립적 은행보증이다. (중략) 독립적 은행보증에서는 수익자와 보증의뢰인 사이의 원인관계는 단절되는 추상성 및 무인성이 있다.

다만 독립적 은행보증의 경우에도 신의성실 원칙이나 권리남용원칙의 적용까지 완전히 배제되는 것은 아니므로, 수익자(甲)가 실제로는 보증의뢰인(乙)에게 아무런 권리를 가지고 있지 못함에도 불구하고 은행보증의 추상성과 무인성을 악용하여 보증인(丙)에게 청구를 하는 것임이 객관적으로 명백할 때에는 권리남용에 해당하여 허용될 수 없다. 이와 같은 경우에는 보증인으로서도 수익자의 청구에 따른 보증금의 지급을 거절할 수 있으나, 원인관계와 단절된 추상성 및 무인성이라는 독립적 은행보증의 본질적 특성을 고려하면, 수익자가 보증금을 청구할 당시 보증의뢰인에게 아무런 권리가 없음이 객관적으로 명백하여 수익자의 형식적인 법적 지위의 남용이 별다른 의심 없이 인정될 수 있는 경우가 아닌 한 권리남용을 쉽게 인정하여서는 아니 된다.

(중략) 앞서 본 법리에 의하면, 독립적 은행보증인 이 사건 보증서에 기한 원고들의 청구가 권리남용에 해당하기 위해서는 원고들이 이 사건 소제기를 통하여 보증금을 청구할 당시 乙에 대하여 아무런 선수금환급청구권이 없음에도 독립적 은행보증의 수익자라는 법적 지위를 남용하여 청구하는 것임이 독립적 은행보증인인 피고에게 객관적으로 명백하다고 인정되어야 하는데, 피고 및 원고들의 위와 같은 주장 내용과 아울러 기록에 의하여 알 수 있는 이 사건 보증금 청구 당시의 사정, 즉 이 사건 소제기 전에 이루어진 원고들과 乙 조선소 사이의 회생채권조사확정재판에서도 乙 조선소의 위 계약해제가 적법한지 여부가 쟁점이 되어 1년여에 걸쳐 심문절차가 이루어졌음에도 결론이 내려지지 못한 채 회생절차폐지로 종결된 점 등을 고려하면, 이 사건 소제기 당시 원고들이 乙 조선소에 대하여 선수금환급청구권이 없음에도 이 사건 보증금을 청구하는 것임이 피고에게 객관적으로 명백한 경우에 해당한다고 보기는 어렵다.

그럼에도 원심은 이와 달리 乙 조선소의 위 계약해제가 적법하여 원고들의 선수금환급청구권이 존재하지 않음이 객관적으로 명백히 밝혀졌다는 심리 결과에 기초하여 그 판시와 같은 이유로 원고들의 이 사건 청구가 권리남용에 해당한다고 판단하였으니, 이러한 원심의 판단에는 독립적 은행보증에서의 권리남용에 관한 법리를 오해하여 판결에 영향을 미친 위법이 있다고 할 것이다. 그러므로 원심판결을 파기하고, 사건을 다시 심리 판단하도록 원심법원에 환송하기로 한다.

3. 의 견

선박건조계약에서는 발주자가 건조자에게 선수금을 여러 단계에 걸쳐서 지급하도록 되어있고, 그 반환을 담보하기 위하여 보증서를 건조자가 은행으로부터 받아서 발주자에게 건네주도록 되어있다. 이 보증서를 선수금환급보증서(RG)라고 한다. 이 선수금환급보증은 단순보증으로 발행되기도 하고 독립보증으로 발행되기도 한다. 독립보증은 보충성은 물론 부종성도 없기 때문에 원인관계와 절단되어 발주자는 쉽게 보증인으로부터 선수금을 환급 받을 수 있게 된다. 그 구별은 통상 보증서의 문구로서 구별된다. 본 보증서에도 "취소불가 및 무조건적"이라는 문구가 들어있었기 때문에 독립보증이다.

대법원은 독립보증은 원인관계와 절단되어 보증서에서 인정하는 사유가 발생하기만 하면 보증인은 선수금을 환급하여 주어야 하지만, 그 원인관계가 권리남용에 해당하여 발생한 것이라면 환급하지 않아도 된다고 설시하였다. 그렇지만, 그 권리남용의 판단 기준은 선수금환급을 신청할 당시의 사정만으로 보아야 한다고 기준시점을 제시하였다. 그리고 권리남용도 극히 예외적으로 인정되어야 독립보증으로 발행된 이유에 알맞은 해석이 된다는 점을 강조하고 있다.

본 사안에서는 주문한 선박건조에 대한 건조자의 의지와 능력을 믿지 못하게 된 발주자가 먼저 선수금을 지급하지 않았기 때문에 건조자는 계약을 해제하였고, 뒤이어 발주자도 건조가 약정에 맞추어 되지 않았으므로 계약을 해제하고 선수금반환을 요구하였다. 건조자는 원인을 제공한 발주자가 선수금반환을 구하는 것은 권리남용이라는 주장을 하였다. 대법원은 선수금환급보증의 해석과 관련하여서는 권리남용이론은 극히 예외적으로 인정되어야 하고 그 판단시점도 선수금환급신청 당시로 보아야 하고, 권리남용이 있었는지는 불확실하므로, 이를 적용할 수 없다고 하면서 발주자의 손을 들어준 것이다.[2)]
(판결문 전문 참조)

2) 이에 대한 자세한 평석은 김인현, "독립적 보증으로서의 선수금환급보증과 권리남용", 「국제거래법연구」 제24집 제2호, 2015.12., 115면 이하; 정대, "선수금환급보증과 권리남용의 판단기준", 「Dong-A Journal of IBT Law」 제15권, 2016, 121면이 있다. 선수금환급보증서의 법적 성질에 대한 선행 대법원 판결로는 대법원 2015.2.26. 선고 2012다79866 판결 사건이 있다(제10호 게재).

II. 책임보험계약의 직접청구권의 준거법 (서울고법 2015.6.9. 선고 2012나29269 판결)

1. 사실관계

운송인 甲은 乙과 태국에서 사우디까지 공사설비를 운송하는 운송계약을 체결하였다. 이어서 甲은 乙에게 수하인을 사우디의 丙으로 하는 선하증권을 발행하였다. 운송인 甲은 국내 丁 보험자와 甲 운송인이 운송중 발생하는 책임을 담보하는 책임보험계약을 체결하였다. 갑판하에서 운송되어야 하는 기계류가 갑판상 운송되다가 손해가 발생하였다. 선하증권을 소지한 丙은 丁을 상대로 보험금의 직접 지급을 청구하였다.

甲과 丁의 책임보험계약의 준거법은 영국법으로 되어있지만, "보험계약의 책임과 결재에 관하여만" 영국법이 적용된다고 약정되어있다.

원고는 "자신이 직접청구권을 행사할 수 있는가의 문제는 보험계약의 책임 및 결재에 관한 사항이 아니므로, 영국법이 아닌 대한민국법을 적용하여 판단해야 하고, 더욱이 제3자의 직접청구권을 정한 대한민국 상법 제724조 제2항은 국제사법 제7조에서 말하는 '준거법에 관계없이 적용되어야 하는 강행규정'에 해당하므로, 이 사건에는 준거법과 관계없이 상법 제724조 제2항이 적용되어야 한다. 그리고 영국법이 적용된다고 보더라도 이 사건 청구는 영국법상 직접청구권의 요건을 모두 갖추었다"고 주장하였다.

2. 법원의 판시내용

운송인 甲과 피고 丁 보험자 사이에서는 영국법을 준거법으로 하는 합의가 이루어진 사실은 앞서 본 바와 같으나, 쌍방 당사자 사이의 준거법 합의는 제3자에게 영향을 미치지 아니하므로 원고와 피고 사이에 위 준거법 합의가 영향을 미치지 아니한다. 한편 우리 국제사법에는 피해자가 보험자에 대하여 직접청구권을 주장하는 경우에 관한 규정은 존재하지 아니한다.

살피건대 ① 피해자가 보험자에 대하여 직접청구를 하는 것은 보험자가 보험계약을 체결하였다는 것에 그 직접적인 근거를 두고 있는 점, ② 직접청구권이 인정될 경우 그 내용(보상의 범위, 지급시기 등) 역시 보험계약에 따라 정해질 수 밖에 없는 점, ③ 피보험자의 보험금지급청구권의 인정 여부는 보험계약의 준거법에 의하고, 피해자의 직접청구권은 다른 준거법에 따른다면 하나의 계약관계에서 파생되는 밀접한 법률효과에 있어 준거법을 분리시키게 되어 보험계약 당사자의 의사에도 반할 뿐만 아니라 법 해석에 있어 모순 및 충돌의 가능성이 있는 점, ④ 우리 국제사법은 (중략) 당사자의 의사 합치가 준거법에 있어서 가장 중요한 요소로 작용하는 것을 허용하고 있는데, 피해자의 직접청구권에 있어서 보험자와 피보험자 사이에 합의된 준거법과 다른 법을 적용하는 것은 피해자의 직접청구권이 보험자의 의무 범위와 직결되어 있는 점에 비추어 (중략) 피해자가 보험자에 대하여 직접청구권을 행사하는 경우에는 '보험계약에 따른 준거법' 즉, 영국법에 의하는 것이 상당하다.

영국 제3자 권리법 제1조에는 직접청구권이 허용되는 경우에 관하여 (중략) '피보험자가 법인인 경우는 해산명령이 이미 내려졌거나, 임의 해산에 대한 승인이 이루어졌거나 파산관재인 등이 적법하게 임명되는 등 도산절차가 개시된 경우'에 한하여 직접청구권이 인정된다고 규정하고 있다. 그런데 운송인 甲은 현재 다만 폐업하여 '사실상' 파산한 상태이다. 영국에서는 (중략) 위 규정을 '제한적, 열거적'인 것으로 해석하고 있다. 결국, 피보험자인 운송인 甲은 제3자 권리법 제1조에서 정한 요건을 충족하였다고 볼 수 없으므로, 원고는 피고에게 직접청구권을 행사할 수 없다.

3. 의 견

보통 운송인은 선주상호보험(P&I 보험)에 책임보험을 가입하지만, 본 건에서는 우리나라 국내의 영리보험회사와 운송인 사이에 책임보험계약이 체결되었다. 책임보험에서 부보되는 위험 중에 운송인의 화주에 대한 손해배상 책임이 가장 대표적인 것이다. 갑판적된 화물의 손상에 대하여 선하증권을 취득한 사우디의 수입자는 책임보험자에게 직접청구권을 행사하였다. 상법 제724조 제2항에 규정된 우리나라의 직접청구권은 무제한적으로 인정되어 원고에게 유리하지만, 영국법이 적용되면 제한적으로 직접청구권을 인정하므로 원고에게 대단히 불리하다.

그런데 본건은 외국적 요소가 있는 사건이므로 우리나라 국제사법에 따라 준거법이 결정된다. 직접청구권에 대하여는 국제사법에 규정된 바가 없다. 원고는 자신에게 유리한 우리나라 법이 적용되어야 한다고 주장하였다. 그러나, 서울고등법원은 피해자가 보험자에 대하여 직접청구를 하는 것은 보험자가 보험계약을 체결하였다는 것에 직접적인 근거를 두고 있는 점 등을 종합하면 피해자가 보험자에 대하여 직접청구권을 행사하는 경우에는 '보험계약에 따른 준거법'에 의하여야 하므로, 영국법이 준거법이 되어 영국 '제3자 권리법'[Third Parties (Rights against Insurers) Act 1930]이 적용된다고 하였다. 그리고 제3자 권리법에 따르면 현재 사실상 파산의 경우는 직접청구권이 허용되는 사유가 아니라는 판시를 고등법원이 내린 것이다.[3)]

영국과 우리나라의 직접청구권에 대한 법률의 내용이 다르기 때문에 우리나라에서 소송이 제기되는 경우 많은 다툼이 일어나고 있다. 이의 해결책이 필요한 시점이다. **(판결문 전문 참조)**

---

3) 이에 대한 반론은 김인현, "2015년 중요해상판례", 「한국해법학회지」 제38권 제1호, 2016.4., 362면을 참조 바람.

제 13 호 (2016.1.5.)

I. 화재면책, 선주책임제한규정의 임의규정성 및 합의 배제 가능성
(대법원 2015.11.17. 선고 2013다61343 판결)

1. 사실관계

甲(송하인)은 乙(운송인)과 차량(이하 '이 사건 화물')을 부산에서 제주까지 운송하기로 하는 운송계약(이하 '이 사건 계약')을 체결하였다. 乙은 소외 丙 회사 소유의 선박을 정기용선하여 운항함으로써 이 사건 계약을 이행하였는데, 정기용선된 선박(현대설봉호)이 항해 중 화재가 발생하여 위 선박에 선적된 甲의 화물들은 모두 전소하였고, 이에 甲은 乙에게 손해배상청구를 하였다.

한편, 선박소유자인 丙이 이 사건 사고로 인한 손해배상액에 대하여 책임제한절차의 개시를 신청하여 책임제한절차가 진행 중이었고, 정기용선자인 乙(운송인)은 책임제한의 이익을 원용할 수 있는 수익채무자로 신고하였다.

甲과 乙 사이에 별도로 체결된 운송계약서(선하증권이 아님)에는 乙이 운송 중 발생하는 모든 사고에 대하여 책임을 부담하겠다는 취지의 구체적인 내용이 포함되어 있었으나, 직접적으로 상법상의 면책이나 책임제한을 배제한다는 조항은 두고 있지 않았다.

피고 乙(운송인)은 운송인의 화재면책과 운송인의 포장당 책임제한, 선박소유자 책임제한을 주장하였으나, 피고 운송인은 손해배상책임의 존부를 다투는 본안 소송에서 선박소유자 책임제한권이 약정으로 배제되지 않았음을 다투었다. 원고 甲(송하인)은 운송계약서에서 정한 내용에 따라 면책이나 책임제한은 허용되지 않는다고 주장하였다. 원심(광주고등법원 2013.7.17. 선고 2012나1018 판결)에서는 화재면책, 운송인의 책임제한, 선박소유자 등의 책임제한은 모두 임의규정으로서 이를 배제하는 당사자의 합의는 유효하다고 판시하였다.

2. 대법원의 판시내용

상법 제769조 본문은 그 규정 형식과 내용 및 입법취지 등에 비추어 임의규정으로 보아야 하므로 당사자 사이의 합의에 의하여 선박소유자등의 책임제한의 적용을 배제할 수 있다. 그리고 상법 제799조 제1항에 의하면 해상운송인의 책임에 관한 당사자 사이의 특약은 상법 제794조부터 제798조까지의 규정에 반하여 운송인의 의무 또는 책임을 경감 또는 면제하는 경우가 아닌 한 유효하다.

한편, 법률행위의 해석은 당사자가 그 표시행위에 부여한 객관적인 의미를 명백하게 확정하는 것으로서, 사용된 문언에만 구애받는 것은 아니지만, 어디까지나 당사자의 내심의 의사가 어떤지에 관계없이 그 문언의 내용에 의하여 당사자가 그 표시행위에 부여한 객관적 의미를 합리적으로 해석하여야 한다.

원심판결에 의하면, 원고와 피고는 이 사건 조항을 통하여 운송 의뢰차량이 부산항에서 검수된 직후부터 제주항 야적장에서 검수되기 전까지 외적 요인에 의하여 발생된 모든 사고에 대하여 피고가 책임을 지기로 약정하고, 아울러 피고가 책임질 내용은 실제 고객 및 화주가 신조차량의 인수를 거부할 경우 새로운 차량으로 대체하여 주고, 수리가 가능할 경우에는 수리비와 감가비를 지급하며, 신조차량에 지급된 매트 등의 부속품이 분실된 경우에는 실비보상하기로 약정한 것임을 알 수 있다.

위와 같은 사실관계를 앞에서 본 법리에 따라 살펴보면, 원고와 피고는 이 사건 조항을 통하여 화재면책이나 선박소유자 등의 책임제한 또는 해상운송인의 책임제한에 관한 상법 규정의 적용을 배제하기로 합의하였다고 할 것이므로, 이러한 합의가 유효하다고 본 원심의 판단은 정당하다. 거기에 상법상 선박소유자 등과 해상운송인의 책임제한 또는 당사자의 의사해석에 관한 법리를 오해한 위법이 없다.

3. 의 견

본 사건은 부산과 제주 사이의 내항운송에서 발생한 사건이다.[1] 이러한 개품 운송에서는 실무상 선하증권이 발행되는 것이 아니라 당사자 사이에 작성한 운송계약에 의하여 운송이 이루어진다. 이것을 증명하는 운송계약서는 약관이 아니기 때문에 약관규제 등에 관한 법률이 적용되지 않는다.

---

1) 내항운송에도 상법 해상편이 적용됨에는 의문의 여지가 없다.

운송인은 상법상 화재면책과 운송인 책임제한(포장당 책임제한) 및 선박소유자 책임제한(총체적 책임제한)의 이익을 향유할 수 있다. 통상 국제운송에서는 선하증권이 발행되고 이것이 운송계약의 일부를 이룬다. 선하증권은 운송인이 미리 작성하는 것이므로 운송인에게 유리한 위와 같은 면책이나 책임제한의 내용이 포함되어 있다.

위 사건에서 당사자가 서로 약정한 운송계약서에는 운송인이 화주의 모든 손해에 대하여 책임을 진다는 취지의 구체적 내용이 포함되어 있었다. 그렇지만 화재면책이나 선박소유자 책임제한을 배제한다는 내용의 약정을 가진 것은 아니었다. 사고가 발생하자 운송인은 화재면책, 운송인 책임제한, 선박소유자 책임제한의 이익을 주장하였는데, 원심과 대법원은 이들 규정은 모두 임의규정으로서 이를 배제하기로 하는 운송인에게 불리한 약정은 개품운송에서 송하인을 보호하기 위한 목적인 상법 제799조에 해당하지 않아서 유효하다고 판시한 것이다. 계약서에 당사자가 항해과실 면책이나 책임제한을 하지 못한다고 합의한 내용이 명시적으로 기재되어 있지는 않았지만, 우리 법원은 운송인이 모든 손해를 부담한다는 취지의 계약조항의 내용을 이렇게 넓게 해석한 것이다.

항해과실 면책과 운송인 책임제한부분에 대한 대법원의 판시에는 찬성하지만 선박소유자 책임제한제도에 대해서는 재고의 여지가 있다. 항해과실 면책이나 운송인 책임제한제도는 당사자 사이의 관계에 국한되는 내용이기 때문에 약정으로 배제가 쉽게 가능하지만, 선박소유자 책임제한은 당사자 관계를 포함하여 제3자와의 관계도 포함하고, 운송계약에 기한 채무불이행책임과 불법행위 책임을 모두 포섭하는 개념으로서 당사자의 약정에 의하여 발생되는 권리가 아니라 순전히 법률의 규정에 의하여 권리가 부여되는 것인 만큼 당사자의 약정으로 그 효력이 좌우될는지 의문이 있다. 그러므로, 운송계약의 당사자들 사이에서 명백하게 이의 적용을 배제하는 문구를 가지는 경우에만 배제하여야 한다고 본다.

송하인과 운송인은 모두 자본금 2억원의 소규모 회사이다. 따라서 이들이 항해과실 면책이나 선박소유자 책임제한과 같은 제도를 알지 못하였을 가능성이 높다. 사안에서 운송인은 송하인이 운송인의 경솔 또는 무경험을 이용하여 상법상 화재면책, 책임제한 규정을 배제하는 취지가 포함된 계약을 체결한 것이므로 민법상 불공정한 법률행위(제104조)에 해당하여 무효임을 주장하였으나, 원심 및 대법원은 주식회사인 운송인이 거래 일반에 대한 경험부족이 있다고 인정할 수 없다는 등의 이유로 불공정한 법률행위에 해당하지 않는다고 판단하였다.

해상법상 특유한 법리 및 제도들에 대하여 당사자들이 알지 못하고 일반 법리대로 계약이 체결되어 운송계약 당사자들이 손해를 보는 경우가 많다. 내항운송의 경우에 표준운송계약서식이 제정되어 활용되어야 이러한 분쟁이 발생하지 않을 것이다. 표준서식은 송하인과 운송인을 모두 보호하고 당사자의 법률관계에 예측가능성을 부여할 것이다. 본 사건은 해상법의 제도를 알지 못하는 것이 운송인에게 큰 손해를 초래할 수 있다는 경고를 줌과 동시에 운송산업 전체에 표준서식의 필요성을 재삼 강조하는 판결이라고 평가된다.

첨언하자면, 새로이 제정된 로테르담 규칙에서는 송하인에게 불리한 약정을 무효로 할 뿐만 아니라 운송인에게 불리한 약정도 무효로 하는 쌍방향적인 강행규정을 두고 있다. 만약 로테르담 규칙에 따른다면 운송인의 책임제한(포장당 책임제한)과 관련하여서는 이를 배제하는 약정은 무효가 되어 운송인은 책임제한이 가능하였을 것이다.[2] (판결문 전문 참조)

II. 운송물 인도후 발행된 선하증권의 효력

(대법원 2015.12.10. 선고 2013다3170 판결)

1. 사실관계

원고 甲(송하인)은 요르단으로 수출하는 화물의 운송을 피고 乙(운송인)에게 의뢰하였다. 원고 甲(송하인)은 이 사건 화물과 관련한 운송서류로서 해상화물운송장을 요구하였고 운송인은 이를 발급하여 주었다.

피고 乙(운송인)이 이 사건 화물을 해상운송하여 양륙항에 도착한 후, 해상화물운송장에 기재된 화물의 수하인들은 乙로부터 화물인도지시서(D/O)를 발급받아 운송물을 수령하였다.

아직 수하인으로부터 선적대금을 지급받지 못한 상태였던 甲(송하인)은 상품대금지급을 담보할 목적으로 乙에게 선하증권을 발행해 줄 것을 요청하였고, 乙은 직원의 착오로 운송물 반출 전인 것으로 알고 선하증권을 발급하였다. 이후 운송물이 이미 인도된 것을 알게 된 甲(송하인)은 乙(운송인)에게 운송물 멸실에 따른 손해배상 청구를 하였다.

甲은 (i) 운송인은 송하인으로부터 선적대금 등이 지급된 다음에야 수하인에게 운송물

---

2) 이에 대한 찬성 평석으로는 정영석, "선주책임제한법은 임의법규인가?", 「한국해법학회지」 제38권 제2호, 2016.11., 9면 이하가 있다.

을 인도하도록 하는 관행 또는 묵시적 약정이 있는데도 이를 위반하여 운송물을 인도한 점, (ii) 선하증권이 발행된 이상 이와 상환하여 운송물을 인도하여야 함에도 이를 위반한 점을 손해배상청구의 기초로 삼았다.

원심에서는 (i)의 관행 또는 묵시적 약정의 존재를 인정할 수 없고, (ii) 선하증권은 요인증권이므로 운송물 인도 후 발행된 선하증권은 효력이 없다고 판시하며 원고 패소 판결을 하였다.

2. 대법원의 판단

선하증권은 운송물의 인도청구권을 표창하는 유가증권으로서, 운송계약에 기하여 작성되는 유인증권이므로 상법은 운송인이 송하인으로부터 실제로 운송물을 수령 또는 선적하고 있을 것을 유효한 선하증권 성립의 전제조건으로 삼고 있다. 따라서 운송물을 수령 또는 선적하지 아니하였음에도 발행된 선하증권은 원인과 요건을 구비하지 못하여 목적물의 흠결이 있는 것으로서 무효이고, 이러한 법리는 운송물이 이미 수하인에게 적법하게 인도된 후에 발행된 선하증권의 경우에도 마찬가지이다. (중략) 선하증권이 발행되지 아니한 해상운송에서, 수하인은 운송물이 목적지에 도착하기 전에는 송하인의 권리가 우선되어 운송물에 대하여 아무런 권리가 없지만(상법 제815조, 제139조), 운송물이 목적지에 도착한 후 수하인이 그 인도를 청구한 때에는 수하인의 권리가 송하인에 우선한다(상법 제815조, 제140조 제2항). 위와 같은 법리들을 종합하면, 수하인이 목적지에 도착한 화물에 대하여 운송인에게 인도청구를 한 다음에는 비록 그 후 운송계약에 기하여 선하증권이 송하인에게 발행되었다고 하더라도 선하증권을 소지한 송하인이 운송인에 대하여 새로 운송물에 대한 인도청구권 등의 권리를 갖는다고 할 수 없다.

이 사건 선박의 선하증권은 이 사건 화물이 목적지에 도착하여 운송계약상의 정당한 수하인에게 인도된 후에 비로소 발행되었으므로 무효이고, 이 사건 운송계약의 당사자인 원고는 상법 제854조 제2항에서 정한 "선하증권을 선의로 취득한 소지인"에 해당하지 않으므로, 원고가 이 사건 선하증권을 소지하고 있다 하더라도 피고는 원고에게 무효인 이 사건 선하증권에 따라 화물을 인도할 의무를 지지 아니한다.

원고가 피고에게 선적지 비용을 지급하기 전에는 피고가 수하인에게 화물을 인도하지 않기로 하는 관행 또는 묵시적 약정이 원고와 피고 사이에 존재한다고 볼 수 없는 이상, 선하증권을 발행하였다는 사정만으로 선적지 비용을 받기 전에는 수하인에게 화물을 인도하지 않겠다는 신뢰를 원고에게 부여하였다고 할 수 없고 또한 피고가 선적지 비용을 지급받지 않은 상태에서 이 사건 화물을 인도한 것이 금반언의 원칙에 반한다고 할 수 없다.

3. 의 견

해상화물운송장(sea waybill)은 상환성이 없다는 점에서 선하증권과 차이가 있다. 그러므로 운송인은 수하인이 누구인지 확인한 다음 정당한 수하인에게 운송물을 인도하면 의무를 다하는 것이고, 반드시 해상화물운송장과 상환하여서만 운송물을 인도할 의무가 있는 것은 아니다. 이에 반하여 선하증권이 발행된 경우에는 운송인은 반드시 선하증권의 정당한 소지인에게 운송물을 인도하여야 하고(상법 제129조 및 제861조), 그렇지 않은 경우에는 운송물 인도청구권을 표창한 선하증권의 정당한 소지인에게 손해배상책임을 부담한다. 그런데, 선하증권은 요인증권이므로 운송물 없이 발행된 선하증권은 효력을 갖지 못하며, 무효인 이상 상환성 역시 인정되지 않음은 물론이다.

본 사안에서 해상화물운송장이 발행되어 운송물이 기 인도된 다음 특별한 사정으로 송하인이 운송인에게 다시 선하증권의 발급을 요구하여 선하증권을 발급받아 소지하게 되었다. 이러한 경우에는 운송물이 이미 수하인에게 인도됨에 따라 운송계약과 관련된 운송인과 송하인과의 관계는 종료된 것이다. 상법 제854조에 규정된 선하증권의 문언성에 따라 선의의 제3자에게 운송인은 문언에 기재된 대로 책임을 부담하여야 하지만, 송하인의 경우 선의로 취득한 제3자가 아니며, 설사 그렇다고 하더라도 요인성에 따라 선하증권이 무효인 이상 그러한 책임을 부담하지 않는다.

공권을 발행한 운송인은 선하증권을 신뢰하고 상품대금을 지급한 소지인에게 손해배상 책임을 부담하게 되는데, 상법 제854조의 효력과 관련하여 선하증권이 무효이기 때문에 불법행위책임을 부담한다는 것이 대법원과 일부 학설의 입장이고,[3] 채무불이행책임을 부담한다는 것이 다른 학설이다.[4] 학설의 차이를 떠나서, 이 사안은 공권을 신뢰한 수하인이 손해배상책임을 운송인에게 청구한 것이 아니라 송하인이 운송인에게 책임을 구한 점에서 차이가 난다.

선적비용이 먼저 지급되었는지 확인한 다음(즉, 송하인이 상품대금을 수하인으로부터 수

3) 대법원 2005.3.24. 선고 2003다5535 판결; 김인현, "2008년 해상법등 중요판례소개－공선하증권의 효력", 「한국해법학회지」 제31권 제2호, 2009.11., 379면.

4) 최종현, 「해상법상론」, 박영사, 2014, 438면; 최도수・정영석, "공선하증권의 효력에 관한 판례평석", 「한국해법학회지」 제37권 제1호, 2015.4., 157면 이하.

령하고 나아가 송하인이 비로소 운송인에게 선적비용을 지급하는 절차) 운송인이 수하인에게 운송물을 인도할 의무가 있음이 인정되었다면, 이 소송은 원고가 승소했을 것이다. 그러나 대법원은 이러한 운송인의 의무의 존재를 부정하였다. 비록 착오로 인하여 운송인이 송하인에게 선하증권을 발행해 주었기 때문에 그 상환성을 신뢰하여 상품대금을 회수할 기회를 놓친 점이 인정된다면 별개의 법리로 책임을 운송인에게 추궁할 수 있을 것으로 본다. 그러나, 대법원은 이러한 신뢰를 부정하였다.[5] **(판결문 전문 참조)**

5) 자세한 평석은 김인현, "2015년 중요해상판례", 「한국해법학회지」 제38권 제1호, 2016, 334면 이하가 있다.

제 14 호 (2016.3.11.)

I. 운송물 불법인도시 창고업자의 책임

(대법원 2015.4.23. 선고 2012다115847 판결)

1. 사실관계

한국의 수입자 甲은 외국의 수출자 乙로부터 철제를 수입하게 되었다. 甲은 丙 운송인과 운송계약을 체결하였다. 丁 은행은 수입자 甲의 의뢰로 수익자를 乙로 하는 신용장을 발급하였다. 운송물을 선적한 다음 丙 운송인은 선하증권(송하인 乙, 수하인 丁, 통지처 甲)을 발행하였다. 운송계약에는 FO(Free Out)약정이 있었고 수입자 甲의 위탁을 받은 피고(하역업자 겸 창고업자)가 하역작업 후 영업용 보세창고에 운송물을 넣어두었다. 그런데, 피고 창고업자와 오랜 거래관계에 있던 甲은 피고에게 찾아와, 운송인이 발행한 인도지시서(D/O)없이 출하증을 제시하고 운송물 인도를 요구하였음에도 불구하고, 피고는 운송물을 넘겨주어버렸다. 이에 수출자 乙에게 대금을 지급한 선하증권 소지인인 丁 은행(원고)은 피고 창고업자에게 손해배상청구를 구하였다.

원심은 FO 조항에 대한 대법원의 판결에 따르면 선상(船上)에서 하역작업을 하는 순간에 운송인의 인도의무는 종료되므로 이 때 운송인은 선하증권과 상환하여 화물을 인도할 의무가 있고 이를 위반한 순간 운송인은 선하증권 소지인에 대한 불법행위 책임을 부담하는 것이고 그 이후에 다시 창고업자가 창고에서의 반출에 대하여 불법행위책임을 부담하는 것은 아니라고 하였다. 이에 원고 丁 은행은 대법원에 상고하게 되었다.

2. 대법원의 판시내용

운송인은 화물을 선하증권 소지인에게 선하증권과 상환하여 인도함으로써 그 의무의 이행을 다하는 것이므로 선하증권 소지인이 아닌 선하증권상의 통지처의 의뢰를 받은 하역회사가 양하작업을 완료하고 화물을 영업용 보세창고에 입고시킨 사실만으로는 화물이 운송인의 지배를 떠난 것이라고 볼 수 없다. 이러한 경우 화물의 인도시점은 운송인 등의 화물인도지시서에 의하여 화물이 영업용 보세창고에서 출고된 때라고 할 것이다.

한편, 해상운송화물은 선하증권과 상환으로 그 소지인에게 인도되어야 하고 선하증권 없이 화물이 적법하게 반출될 수는 없으므로, 선하증권을 제출하지 못하여 운송인으로부터 화물인도지시서를 발급받지 못한 통지처에게 화물을 인도하면 그 화물이 무단 반출되어 선하증권의 소지인이 화물을 인도받지 못하게 될 수 있음을 예견할 수 있다고 할 것이다. 따라서 영업용 보세창고업자가 화물인도지시서나 운송인의 동의를 받지 않고 화물을 인도하였다면 그로 말미암아 선하증권 소지인이 입은 손해에 대하여 불법행위에 기한 손해배상책임을 진다.

(중략) 원심이 들고 있는 그 판시와 같은 이유만으로는 평택항에서 FO 조건으로 운송되어 영업용 보세창고에 보관된 화물에 대하여 선하증권이나 화물인도지시서 없이 실수입업자의 출고지시서만으로 출고되는 관행이 존재한다고 단정하기 어렵다.

그렇다면 보세창고업자인 피고가 선하증권의 소지인이 아닌 통지처의 의뢰를 받아 이 사건 화물을 양하하여 자신의 영업용 보세창고에 입고한 이 사건에서, 이 사건 운송계약이 FO조건으로 체결되어 수입자 乙의 의뢰와 비용부담으로 양하작업이 이루어졌다고 하더라도 이로써 이 사건화물이 양하되는 즉시 운송인의 지배를 떠났다고 볼 수 없다.

그런데도 이와 달리 원심이 운송계약의 FO조건이 곧 선상도 약정에 해당하고, 이 사건 화물이 영업용 보세창고에 보관되었다고 하더라도 평택항에서는 화물인도지시서 등을 받아야 화물이 출고되는 관행이 존재한다고 볼 수 없으므로 운송인이 피고에게 이 사건 화물을 인도한 때에 그 인도의무를 다하였다는 이유로 피고의 불법행위가 성립하지 않는다고 판단하였으니, 결국 원심판결에는 FO조건의 해상운송화물의 인도에 관한 법리를 오해하여 필요한 심리를 다하지 아니함으로써 판결에 영향을 미친 위법이 있고, 이를 지적하는 취지의 상고이유 주장은 이유 있다.

원심이 인용한 대법원 2004.10.15. 선고 2004다2137 판결은 화물이 실수입업자의 의뢰를 받은 하역업자에 의하여 양하 및 보세운송되어 자가보세장치장에 입고된 사안에서 FO조건에 따라 선상도가 이루어졌다고 판단한 것으로, 이 사건과 사안을 달리하여 이 사건에 원용하기에 적절하지 아니하다.

3. 의 견

상품의 매매에 있어서 수출자는 상품대금의 지급을 확보하기 위하여 수입자의 은행으로부터 대금지급에 대한 신용장을 받게 된다. 운송인이 발행하는 선하증권상 수하인은 신용장 개설은행이 된다. 수출대금을 수출자에게 지급한 은행은 담보로 선하증권을 소지하게 된다. 수입자는 상품대금을 은행에 지급하고 선하증권을 소지한 다음 이를 운송인에게 제시하고 운송물을 인도받아야 한다(상법 제129조, 제861조). 운송인도 선하증권과 상환하지 않고 수입자에게 운송물을 인도하게 되면 운송인은 선하증권소지인에게 운송물(담보물)에 대한 손해배상책임을 부담하게 된다.[1)]

운송물은 선적 → 운송 → 양륙을 거치게 되고 보세통관을 위하여 보세창고에 운송물이 입고된 다음 시간차를 두고 운송물이 수하인에게 인도되게 된다. 운송물이 불법인도되면 창고업자는 소지인에게 불법행위로 인한 손해배상책임을 부담하게 된다. 그런데, 만약 운송물의 인도가 양륙시에 이루어졌고 운송인이 선하증권과 상환하여 운송물을 인도하지 않았다면 운송은 이미 종료되었으므로 더 이상 창고업자가 책임을 지지 않아도 된다. 그러므로, 운송인의 인도시점이 중요한 의미를 가지게 된다.

대법원은 2014.10.15. 선고 2004다2137 판결에서 FIO 약정은 비용뿐만 아니라 운송인의 의무와 책임까지 다루므로, 선상에서 수하인이 하역시 인도는 이미 이루어지고 이때 운송물과 선하증권을 상환하지 않은 운송인이 불법행위책임을 부담하게 된다고 보았다.[2)] 대법원은 시간적으로 그 다음에 발생한 창고업자의 불법인도 행위에 대하여는 선하증권소지인에 대한 불법행위가 두 번 발생할 수 없다고 판시함으로써 창고업자에게는 책임을 물을 수 없다고 보았다. 그런데, 이 판결은 양륙된 운송물이 자가보세장치장(수하인이 설치함)에 들어간 경우이고, 영업용 보세장치업자에 운송물이 들어간 경우에는 달리 취급되는지에 대한 의문이 제기되었다.[3)] FO 약정이 있음에도 불구하고 영업용 보세장치장에 입고된 경우에는 운송인이 발급하는 인도지시서(D/O)를 수입자가 가져오면 이와 상환하여 운송물을 인도하는 관행들이 우리나라 각 항구에 있다는 점이 그 근거로 제시되었다.

본 판결에서 대법원은 위 2014 대법원 판결은 자가보세장치장인 경우에만 적용되는 것으로 운송물의 인도는 선상에서 일어나는 것이고, 영업용 보세장치장의 경우는 창고

---

1) 대법원 1999.4.23. 선고 98다13211 판결; 대법원 1991.12.10. 선고 91다14123 판결에서는 대법원은 상법 제129조는 운송인에게 선하증권 제시없는 운송물인도청구권 거절의 권리와 함께 거절 의무가 동시에 포함되어 있다고 하였다.

2) 이 판결에 대한 평석으로는 김인현 · 박영준 "선하증권상 FIO 특약의 개념과 효력", 「상사판례연구」 제24집 제3권, 2011, 249면 이하를 참조 바람.

3) 김인현, 「해상법연구 III」, 419면; "인도지시서와 화물선취보증장을 이용한 인도에 대한 소고 – 인천항과 부산항의 관행을 중심으로 –, 「한국해법학회지」 제33권 제1호, 2011.4., 61면 이하를 참조 바람.

에서 운송물이 인도될 때에 운송인의 인도의무는 종료된다는 점을 분명히 하였다. 결국, 전자의 경우는 창고업자가 인도지시서 없이 운송물을 인도하더라도 불법행위책임을 부담하지 않지만, 후자의 경우에는 창고업자가 여전히 책임을 부담하게 된다. 대법원은 이러한 근거로서 평택항에 아직도 영업용 보세장치장의 경우 인도지시서를 요구하는 관행들이 남아있다고 함으로써, 출고지시서만을 받고 운송물이 인도된다는 원심의 판단을 파기하였다. 즉, 대법원은 창고업자에게는 인도지시서를 받고 운송물을 넘겨줄 주의의무가 있음에도 이에 위반한 것이므로 불법행위책임을 선하증권 소지인에게 부담한다고 본 것이다.

우리 대법원은 종래 운송물이 자가보세장치장에 입고된 경우에는 입고되는 순간에 인도의무는 종료되고,[4] 영업용 보세장치장에 입고된 경우에는 창고에서 출고되는 순간에 인도의무가 종료된다고 보아왔다.[5] 다만, 2004년의 FO 약정에서 선상에서 인도가 일어난다고 함으로써 인도의 시점을 보세창고보다 앞당기는 판시를 한 바 있다. 그런데, 이번 판결은 위 판결은 단지 FO 약정이 있고 운송물이 인도되고 자가보세장치장에 들어간 경우에만 해당한다고 본 것이다. 이 경우에도 영업용 보세장치장에 입고되었다면 창고에서 출고될 때에 인도가 일어난다는 결론에 이른다. 그러므로, 여전히 창고업자는 출고시 인도지시서나 선하증권과 상환하지 않은 경우에는 선하증권소지인에게 손해배상책임을 부담하게 된다. 이 판결은 2004년 대법원의 FO 판결의 의미를 명확히 한 점에서 의의가 있다.[6] (판결문 전문 참조)

Ⅱ. 터키의 직접청구권과 영국의 재판중지명령과의 관계

(영국 여왕좌부 2015.2.11. The Yusuf Cepnioglu, Lloyd's Reports [2015] Vol. 1, 567)

1. 사실관계

2014.3.8. 어떤 선박이 그리스의 한 섬에서 좌초하였기 때문에 운송 중이던 컨테이너

4) 대법원 1988.9.27. 선고 84다카1639 판결.
5) 대법원 1992.2.14. 선고 91다4249 판결; 2000.11.14. 선고 2000다30950 판결.
6) 창고업자에게 수하인으로부터 인도지시서를 수령할 의무가 있는지는 항구의 상관행에서 찾았는데 인도지시서에 대한 입법의 필요성이 본 판결로부터 제기되었다. 자세한 내용은 김인현, 전게, "2015년 중요해상판례", 330면을 참조 바람.

화물이 손상을 입게 되었다. 이 컨테이너에 대하여 정기용선자가 운송인으로서 선하증권을 발행한 것이고, 이에 따르면 준거법과 재판관할은 터키로 되어 있다. 화주는 선박소유자와 용선자에게 손해의 통지를 하였다. 이에 정기용선자는 선박소유자를 상대로 용선계약에 따라 영국 런던에서 정기용선계약상의 중재를 개시하였다. 선박소유자가 최종적으로 책임을 부담함에도 정기용선자가 화주에게 먼저 책임을 부담하면 구상을 하기 위함이다. 한편, 선박소유자는 영국의 한 P&I 클럽의 회원사였고 제3자에 대한 책임보험에 가입하고 있었다. 클럽의 규약(영국 준거법 및 런던 중재약정)에는 선박소유자가 먼저 지급한 경우에만 클럽이 책임이 있다는 소위 말하는 선지급(先支給)규정(pay to be paid rule)이 들어 있었다.

2014.5. 용선자는 다시 터키에서 책임보험자인 P&I 클럽의 재산에 대하여 가압류를 구하면서 소송을 제기하였다. 터키 법은 용선자가 책임보험자에 해당하는 클럽에게 직접청구권을 허용하고 있다. 2014.7. 클럽은 영국법원에게 터키에서의 용선자의 소 제기는 선박소유자와 자신과의 책임보험계약상 영국중재약정에 위반한 것이므로 터키에서의 소송을 중지할 것을 명하는 소송중지명령(anti-suit injunction)을 구하게 되었다. 본 소송에서는 영국법원이 금지명령을 내릴 충분한 근거가 있는지가 쟁점이 되었다.

2. 법원의 판시내용

(1) 터키법상 직접청구권의 성질

(i) 터키 보험계약법에 의하면, 제3자의 직접청구는 보험계약상 합의된 금액을 최고한도로 하고(제1473조), 보험계약상의 소멸시효기간 이내에 제3자가 청구한 경우에만 인정된다(제1478조). 그러므로, 직접청구권은 보험계약상의 권리이다. 따라서, 영국의 보험자는 제3자에 대하여 영국 준거법과 런던 중재약정의 효력을 주장할 수 있다.

(ii) 보험자가 면책된 경우에도 강제보험의 경우에는 여전히 보험자는 제3자에 대하여 책임이 있다(제1484조). 2010년 규정에 의하면 P&I 보험은 강제보험이다. 터키 계약법에 따르면 피해자에게는 책임보험자에 대한 직접청구권이 인정된다. 직접청구권은 강행규정으로 이해되므로, 선지급규정은 피해자에게 효력이 없다.

(2) 성질 결정

(i) 터키법상의 직접청구권이 보험계약에 기한 것인지 아니면 독립된 권리인지가 문제된다. (ii) 터키법하에서 선지급 항변은 인정되지 않을 지라도, 기본적으로 직접청구권은

보험자와 피보험자 사이의 보험계약의 행사의 문제이다. 이는 PrestigeII 사건에서도 인정되었다.

(3) 영국 민사소송법상 동 사건에 소송중지명령이 인정될 수 있는가?

(i) 계약에 근거한 쟁송이 문제되어야 소송중지명령이 내려질 수 있다. 여기서 말하는 소송은 반드시 소송의 당사자가 계약관계에 있어야 함을 의미하는 것은 아니다. Greene Wood 사건[2009] Lloyd's Rep 505에서 Longmore판사는 "계약에 관한" 청구이어야 한다는 의미에 대하여 이는 피고가 계약당사자가 되어야 한다는 의미는 아니고, 영국법에 의하여 준거되는 계약과 관계가 있다면 충분하다고 판시한 바 있다(제45항).

(ii) 본 사건에서 용선자는 클럽과 선주 사이의 런던 중재약정의 당사자는 아니다. 그러나, 용선자는 클럽에 대하여 직접청구권의 이익을 향유한다. 그렇지만 그 이익은 클럽과 선박소유자 사이의 계약에 의하여 상당한 제한을 받는다. 그 제한은 바로 런던에서의 중재의 결과에 따른다는 것이다. 이것을 터키법원이 인정하지 않을 수도 있다. 그러나, 이것은 비록 용선자가 클럽과 선박소유자 사이의 계약의 당사자는 아닐 지라도 클럽과의 "계약과 관련하여"라는 관점에서 계약과 충분한 관련성이 있다고 판단된다.

(4) 상대방의 행위가 억압적이고 성가신 행위인가?

(i) 원고인 클럽은, Angelic Grace 사건 [1995] 1 Lloyd's Rep 87을 원용하였다. 이 사건에서 그렇게 하지 않을 정당한 이유가 없는 한은 소송중지명령은 내려져야 한다는 원칙이 확립되었다. 원고는 터키에서의 소송은 원고에게 억압적이고 괴롭힘을 주는 소송행위이기 때문에 중지명령이 내려져야 한다고 주장한다. (ii) 원고는 그 이유로서, 첫째, 런던에서의 중재에 의하여 분쟁이 해결되어야 한다는 약정이 있음에도 불구하고 피고 용선자는 터키에서 소송을 제기하였고, 둘째, 용선자의 의도대로 된다면, 보험자인 P&I 클럽이 가지는 선지급 항변을 행사할 기회가 박탈된다. 피고 용선자는 자신의 소제기는 단순히 터키법에 허용된 권리를 행사함에 지나지 않기 때문에 원고를 억압하거나 괴롭히는 행위가 아니라고 항변한다. (iii) 억압하거나 괴롭힘의 존재에 대한 결정은 P&I 클럽에 가하여지는 효과에 초점이 맞추어져야 한다. 터키에서의 소송은 런던 중재약정에 위반하여 이루어진 것이다. 또한 터키에서는 영국에서 가능한 책임보험자의 피해자(용선자)에 대한 선지급 항변을 못하게 만든다. 용선자는 런던에서 중재를 시작할 수도 있다. 그럼에도 불구하고 중재인을 선정하지 않았다. 클럽의 관점에서 보면 이는 억압적

이고 괴롭힘을 당하는 것이다. 용선자는 런던 중재를 하게 되면 책임보험자인 클럽의 자신에 대한 선지급 항변이 유효하기 때문에 런던중재에 가지 않은 것이다. 그러나, 영국법하에서는 클럽은 선지급 항변에 대한 권리를 가지고 이를 행사할 수 있다. 이러한 상황이라면 터키에서의 소송은 억압적이고 괴롭힘이 있는 것이라고 판단할 수 밖에 없다. 따라서, 원고의 피고 용선자에 대한 소송중지명령은 허용된다.

3. 의 견

영국 민사소송법에서는 중재나 재판에 대한 영국관할합의가 있음에도 불구하고 이를 제3국에서 제기하는 경우에 일방당사자가 영국의 법원에 제3국에서의 재판이나 중재를 중지하라는 명령을 구하게 된다. 이를 소송중지명령(anti-suit injunction)이라고 한다.[7] 이 명령에 위반하면 법정 모독죄로 처벌된다.

이러한 명령을 발하기 위한 요건으로는 첫째, 원고와 피고 사이에는 계약관계가 있어야 하고, 둘째, 대상이 되는 피고가 제3국에서 제기한 소송이나 중재가 원고에게 억압적이고(oppressive) 성가신(vexatious) 것이어야 한다.

본 사건에서는 선박소유자와 P&I 클럽 사이의 책임보험계약에서 클럽이 책임보험자가 되었는데, 이 계약에는 영국 중재약정이 들어 있었다. 원고인 클럽은 이 영국 중재약정을 소송중지명령에서 지키고자 시도하였다. 피고 용선자는 터키에서 클럽을 피고로 소송을 제기하였다. 즉, 책임보험계약상 당사자의 일방인 선박소유자가 제기한 것이 아니였다. 소송중지명령은 중재약정의 당사자 사이들에만 인정되는지가 문제되었는데, 영국의 판례에 따르면 반드시 직접 당사자는 아니어도 넓게 그 계약과 관련이 있으면 된다고 한다(2009년 Green Wood 사건). 그러므로 결국 직접청구권의 법적 성질이 보험계약과 연결이 되면 되는 것이었다. 소송의 근거는 터키법이 인정한 직접청구권이었다. 법원은 그 성질은 독립적인 것이 아니라 보험계약에 근거하는 것이라고 판시한 것이다.

제3국에서 일방에 대한 청구를 하면서 그 청구가 제3국에서는 유효하지만 영국에서는 무효인 경우에 그 제3국에서의 소송은 억압적이고 성가신 것이 되어 소송중지명령의 요건을 갖추게 되는지가 문제된다. 법원은 터키에서 소송이 진행되면 직접청구권에 관하여 보험자가 영국에서 중재로 진행되는 것에 비하여 불리하므로 이는 억압적이고 성가

7) 자세한 내용은 석광현, “국제상사중재에서 중재합의와 소송유지명령”, 「국제사법과 제소송」 제5권, 박영사, 2012, 649면을 참고 바람.

신 것이 된다고 판시한 것이다. 특히 터키법에 의하여 선지급 항변을 원고 P&I 클럽이 행사하지 못하여 불리하게 되는 점을 억압적이고 성가신 것으로 영국법원은 인정하여 주었다.

한편, 세계 각국은 직접청구권(direct action)을 인정하는 바, 각국마다 그 효력이 다르다. 한국과 같은 국가는 가장 넓게 직접청구권을 인정한다. 영국은 아주 제한적이다. 독일은 강제보험의 경우에만 직접청구권을 인정한다.

III. EEZ에서 압류된 선박을 해방시킨 판결

(유엔 해양법재판소, 2013.11.22. The Arctic Sunrise, Lloyd's Reports [2014] 2, 20)

1. 사실관계

네덜란드 국적의 아크틱 선라이즈호는 그린피스의 북극해 유류생산 반대운동에 사용되고 있었다. 그린피스가 2013.9.18. 러시아의 오프쇼어 오일 플래트폼에 들어가려고 하자 러시아는 이 선박을 억류하여 무르만스크로 끌고왔다. 죄명은 해적행위, 나중에는 난동질(hooliganism)이었다. 이 선박에는 30명의 선원이 타고 있었다. 네덜란드 정부는 억류당한 지점은 배타적 경제수역(EEZ)으로서 러시아는 선적국인 네덜란드의 동의 없이는 선박을 억류하여 갈 수가 없음에도 불구하고 동 선박을 압류하여 갔고 이는 유엔 해양법조약(UNCLOS) 위반이라고 주장하였다. 2013.10.4. 네덜란드 정부는 유엔해양법에 따른 손해배상청구를 구하는 중재를 1982년 유엔해양법 부속서 VII에 의하여 설치된 중재재판부에 요청하면서, 2013.10.21. 잠정조치로서 선박을 즉시 해방시켜줄 것을 해양재판소(ITLOS)에 요구하였다. 러시아는 이에 응하지 아니하였다. 2013.11.22. 유엔해양법재판소는 아래와 같은 판결을 내렸다.

2. 유엔 해양법재판소의 판시내용

네덜란드 정부는 유엔 해양법 조약 부속서 제7장의 중재를 신청하면서 본 재판소에 조약 제290조 제1항과 제5항에 따라 잠정조치로서 억류된 선박의 조속한 해방을 구하고 있다. 본 조 제5항에 의한 잠정조치가 허용되기 위하여는, 장차 구성될 중재재판부가 이 사건에 대하여 일응의 관할권을 가질 것과 또 상황의 긴급성의 존재라는 요건의 충족이 필요하다.

① 본 재판소의 소송에 나타나지 않는 일방도 본 절차의 한 당사자이고 권리와 의무를 부담하게 된다. 만약 당사자에게 분쟁에 대한 자신의 견해를 밝힐 기회가 주어졌다면, 일방 당사자가 불참하거나 방어하지 않는 것은 소송의 중단을 가져오는 것도 아니고 재판소가 잠정조치를 내릴 것을 배제하는 것도 아니다. 러시아 정부에게는 자신의 견해를 밝힐 충분한 시간을 주었다. 그러나 그렇게 하지 않았다.

② 네덜란드 정부는, 러시아가 기국인 네덜란드의 선박에 승선하여 조사하고 나포하고 억류하는 행위를 함으로써 네덜란드에 대하여 조약가입국의 의무를 위반하였다. 기국인 네덜란드는 해양법 제58조(공해의 자유)에 의하여 동 선박에 대한 관할을 행사할 자격이 있다. 제110조에 의하면 공해에서 외국선박에 대한 승선은 금지되어있고 이는 배타적 경제수역에도 미친다.

③ 제290조 제5항에 의한 잠정조치를 취하기 위하여는 부속서 제7장에 따라 중재재판부가 일응의 관할을 가져야 한다. 현 단계에서 본 재판소는 네덜란드가 말하는 권한의 존재를 분명하게 판단해줄 것이 요구되는 것은 아니다. 그러나 본 재판소의 관점에서 볼 때, 네덜란드가 주장하는 조항은 중재재판부가 관할을 가질 것으로 보인다. 따라서, 부속서 제7장의 중재재판부는 분쟁에 대하여 일응의 관할을 가진다.

④ 양국은 제56조, 58조, 60조, 87조 및 110조에 대한 해석에서 의견차이가 존재한다. 이들 조항에 대한 분쟁은 중재재판이 구성될 기초를 이루게 된다.

⑤ 동 선박은 낡은 쇄빙선인데, 수리보수도 필요하다. 억류로 인하여 수리와 보수를 못하게 하면 선박의 안전과 감항성에 나쁜 영향을 미친다. 이것은 결국 환경과 안전에 영향을 미친다. 따라서 긴급성이 있다.

⑥ 제290조 제5항에 기하여 본 분쟁과 관련하여 억류된 선원들과 선박은 네덜란드 정부가 360만 유로에 상당하는 보증서를 공탁하는 즉시 해방되어야 한다. 또한 선박과 선원들은 러시아가 관할권을 행사하는 영해와 해양수역을 떠날 것이 허용된다.

3. 의 견

1982년 유엔해양법조약(UNCLOS)은 제5장(제55조~75조)에서 배타적 경제수역(EEZ)을 창설하였다. 배타적 경제수역은 공해의 일부로서 선박은 이 해역에서도 여전히 항해의 자유를 누리지만, 해양환경의 보호와 보존 등에 대하여는 연안국이 관할권을 행사할 수 있도록 하고 있다(제56조). 한편, 유엔해양법조약은 해양과 관련하여 국가간의 분쟁을 해결하는 수단으로서 여러 제도를 창설하여 두고 있다(제15장, 제279조~299조). 해양관련 분쟁에 대하여 당사국 국가들은 (i) 국제해양법재판소 (ii) 국제사법재판소(ICJ) (iii) 부속서에 의한 중재기구에 분쟁을 제기하여 해결할 수 있다(제287조).

그린피스의 선박이 러시아의 배타적 경제수역에서 북극해의 유전활동을 방해하는 플래카드를 붙이는 작업을 하던 중 러시아 해군에 의하여 나포되었다. 네덜란드 정부는 유엔해양법상의 중재재판을 청구하면서(제287조), 이 재판청구와 선박의 해방 사이에는 오랜 시간이 걸릴 수 있기 때문에 유엔해양법 제290조를 근거로 잠정조치로서 보증서를 내는 대신으로 선박에 대한 가압류를 풀어 달라고 해양법재판소에 요청하였다.

이에 대하여 해양법재판소는 그 요건으로서 (i) 중재재판부가 이 사건에 대하여 관할을 가지는지 (ii) 급박함이 있는지를 살펴보았다. 네덜란드는 배타적 경제수역에서는 공해의 자유를 가지므로 기국인 자신의 동의 없이 자국의 선박을 러시아가 나포할 수 없다고 주장하였다. 이에 대하여 재판에 참여하지 않은 채로 러시아는, 러시아 법으로는 배타적 경제수역에서도 선박에 대한 억류가 가능하다고 주장하였다. 이런 당사자들의 의견을 고려하면 적어도 중재재판부가 사건을 다룰 관할을 가지므로 조약에서 요구하는 요건을 갖추었고(제288조 제1항 혹은 2항), 따라서 자신들이 제290조에 근거한 잠정조치를 내릴 수 있다고 유엔해양법재판소는 판시하였다.

연안국의 영해 내에서 손해를 야기한 선박에 대하여 연안국은 가압류 등 선박에 대한 나포, 손해배상책임의 부과 등을 할 관할권을 갖지만, 배타적 경제수역에는 그러하지 못한 것으로 보인다. 그렇지만, 각국은 국내법으로 배타적 경제수역에도 일정한 관할권을 행사할 수 있도록 하여 국제조약과 국내법이 서로 충돌하는 경우도 있다. 우리나라의 배타적 경제수역에서 발생한 튜멘호 가압류사건에서 선주는 한국정부가 관할이 없음에도 자신의 선박을 나포하였다고 주장하였다. 한국의 공유수면관리법(제13조 제1항)에 의하면 난파물의 경우 한국정부가 관할을 가지는 것으로 되어 있었다. 서울중앙지방법원은 동법에서의 한국정부의 관할은 유엔해양법에 위반되지 않았다고 판시한 바 있다.[8)]

8) 서울지방법원 2007.1.18. 선고 2006가합36580 판결에 대하여는 김인현, "2007년 해상법등 중요판례 평석", 「한국해법학회지」 제30권 제2호, 2008.11., 290면 이하; 서울고등법원 2008.1.31. 선고 2007나23274 판결에 대한 평석으로는 김인현, "2008년 해상법등 중요 판례소개", 「해법학회지」 제31권 제2호, 2009.11., 404면 이하가 있다.

우리나라에서 선박의 가압류해방은 순전히 민사법원에 의존하지만, 국가가 개입된 경우 유엔해양법재판소에서도 가압류해방이 가능하므로 참고할 만한 좋은 사례라고 할 수 있다.[9)]

9) 그 후 유엔해양법재판소의 중재재판부는 2015.8.14. 러시아의 배타적 경제수역 내에서 활동하던 아크틱 선라이즈호에 대하여 네덜란드 정부는 배타적 관할권을 가지므로 러시아 정부는 네덜란드 정부의 동의가 있는 경우에만 선박에 대한 조치를 합법적으로 취할 수 있다고 하면서 손해배상책임을 인정하였다. 2017.7.18. 중재재판부는 동 선박과 선원에 대한 부당압류를 이유로 네덜란드 정부에게 러시아 정부는 약 540만 유로를 지급하라고 판정하였다.

제 15 호 (2016.6.30.)

I. 고정식 플로팅 도크는 지방세법상 선박이 아님
(조세심판원 2015.12.24. 자 2015지0873 결정)

1. 사실관계

국내 조선소는 고정식 플로팅 도크를 취득하면서 지방세법 제276조 제1항에 따라 산업단지 안에서 취득한 산업용 건축물(도크)로 신고하여 취득세를 신고납부하여 취득세상 혜택을 보려고 하자, 세무당국은 이를 해상에 떠있는 선박건조 작업장으로서 선박에 해당하는 것으로 보아 더 많은 취득세를 부과하였다. 조선소는 그 취소를 구하는 청구를 조세심판원에 제기하게 되었다.

2. 판시의 내용

지방세법 제104조에 따른 취득세 과세대상인 선박이란 명칭여하를 막론한 모든 배를 말하고, 한편, 선박법 제1조의2 제1항에서 선박이란 수상 또는 수중에서 항행용으로 사용하거나 사용될 수 있는 배 종류를 정의하고 있으며, 선박안전법 제2조 제1호 및 선박안전법 시행규칙 제3조에 따르면 선박을 수상 또는 수중에서 항해용으로 사용하거나 사용될 수 있는 것과 이동식 시추선, 수상호텔 등 해양수산부령이 정하는 부유식 해상구조물로 보되, 이동식 시추선과 수상호텔, 수상식당 및 수상공연장 등으로서 소속 직원 외에 13명 이상을 수용할 수 있는 해상구조물 중 항구적으로 해상에 고정된 것은 선박으로 보지 않고 있어, 지방세법상 선박은 항구적으로 해상에 고정되어있지 않은 '항해에 사용되는 배'를 의미하는 것으로 해석하는 것이 타당하다고 보인다.

(i) 쟁점시설은 고정식 플로팅 도크로서 설치된 위치에 고정되어 진수시에도 전후좌우 이동없이 일부 바닥면이 반잠수하여 선박만 바다로 진수해 나가는 방식으로 항행용으로 사용할 필요성이 없고, 쟁점시설에 설치된 발전기의 전력산출량을 볼 때 발전기 역시 침몰을 방지하기 위한 것으로 항해를 대비한 것이 아닌 것으로 보이는 점, (ii) 쟁점시설을 고정식으로 설치하기 위해 자체 구조물의 제작비용에 추가로 수심확보를 위한 준설

공사에 약 8개월간 비용이 소요된 사실을 보더라도, 이를 해체하여 선박으로 사용할 계획이나 가능성이 있다고 하기 어려워 보이는 점, (iii) 쟁점시설이 항구적으로 해상에 고정되어 있어 선박안전법상 검사의무가 적용되지 않지만, 선주가 요구하는 선박건조설비의 안전성 확보를 위해 조선소가 임의로 선택하여 한국선급의 검사를 받았다는 청구주장이 신빙성이 있는 점, (iv) 쟁점시설은 선박법과 선박등기법상 선박으로 등기 또는 등록의 대상이 아니고 또한 등기 또는 등록한 사실도 없는 점, (v) 중략, 등에 비추어 쟁점시설을 항해에 사용되는 선박으로 보기 어렵다. 따라서, 처분청이 쟁점시설을 선박으로 보아 이건 취득세 등을 부과한 처분은 잘못이 있다.

3. 의 견

본 조세심판원의 결정은 고정식으로 설치되어 이동가능성이 없는 플로팅 도크는 조세법상 선박이 아니라고 판시한 점에 의의가 있다. 지방세법상 산업용 건축물로 인정받으면 취득세 납부에서 선박보다 유리한데, 조선소는 플로팅 도크를 산업용 건축물이라고 주장하고 세무당국은 선박으로 보았다.

선박인지의 여부는 각 법률마다 정의규정이 다르기 때문에 그 법에 따라 결정되어야 할 것이지만. 일반법인 선박법이 중요한 근거가 될 것이다. 일반적으로 선박이기 위하여는 적어도 (i) 이동에 제공되는 기구여야 하고, (ii) 추진력을 갖추어야 한다. (ii) 추진력은 선박법에서 부선과 같은 경우에는 다른 수단으로 보충되면 충분하기 때문에 반드시 자항력을 갖추어야 하는 것은 아니다.[1)]

본 사건에서도 이동성이 중요한 요소로 검토되었다. 본 사건과 유사하게 플로팅 도크의 지방세법상 취득세부과를 다룬 대법원 2014.6.26. 선고 2014두3945 판결에서 대법원은 "(본 플로팅 도크는) 선박을 건조할 때에는 물위에 떠있다가 선박이 건조되면 이를 적재하여 예인선에 끌리거나 밀려 수심이 깊은 바다로 나아간 다음 잠수함의 원리를 이용하여 가라앉는 방법으로 선박을 진수하므로 부양성, 적재성 및 이동성을 갖추고 있다는 점"을 근거로 지방세법상의 선박으로 인정하였다. 그러나, 본 사건에서는 이동되지 않는 고정식이라는 점이 인정되어 선박이 아니라 건축물로 인정받게 되었다.

부차적으로 선박인 경우에만 선박등기부에 등기되므로, 이 점도 선박인정에 있어 고려요소의 하나가 된다. 위 대법원 판결에서는 선박건조 증명서와 선박총톤수 측정증명

---

1) 이기수 · 최병규 · 김인현, 「보험 · 해상법」, 박영사, 2015, 468면.

서가 작성된 후 선박등록 및 소유권보존등기까지 마쳐진 사실관계가 인정되었지만, 본 사건에서는 선박등록이나 소유권보존등기가 되지 않았다는 점도 선박이 아니라는 결정에 고려가 되었다. (판결문 전문 참조)

제 16 호 (2016.8.31.)

I. 선박투자회사의 펀드를 판매권유하는 증권회사의 설명의무

(대구지방법원 2015.2.4. 선고 2014나203202 판결)

1. 사실관계

개인투자자들은 선박투자회사가 발행한 펀드를 증권회사를 통하여 구입하였다. 이 펀드는 투자자들에게서 모은 자금으로 선박투자회사를 설립하고 해외에 자회사를 설립한 다음 이 자회사는 선박투자회사의 펀드(후순위대출)는 물론 대주로부터 차금(선순위대출)한 뒤 선박을 한척 매입하게 된다. 이 매입된 선박은 선박운항자에게 용선되어지고 용선료 수입으로 차입금에 대한 원리금을 상환하고 용선계약이 종료될 때 선박을 용선자 혹은 제3자에게 매각하여 매각대금으로 투자자의 원금을 상환하게 된다.[1)]

그런데, 투자자들에게 원금을 상환하기 위하여는 용선기간의 만료시의 선박의 매각대금이 보장되어야 하기 때문에 선박투자회사가 설립한 자회사(SPC)는 해외의 은행과 선박잔존가치보증계약(RVG계약)을 체결하였다. 이 약정에 따르면 용선계약이 일정조건이 충족되면 해외은행이 선박을 일정가격으로 구매할 의무를 부담한다. 그러나, 용선료가 미지급되면 조건이 불충족되어 약정의 효력은 상실되게 된다.

2009년 용선자가 용선료를 지체하자 해외은행은 RVG계약을 해제하였고, 선박은 제3자에게 매각되어 선순위 대출원리금 등의 변제에 먼저 충당되어 후순위인 투자자들은 투자원금을 회수받지 못하게 되었다.

이에 개인투자자들은 펀드를 판매하면서 투자를 권유한 증권회사의 직원이 RVG계약의 위험성 등에 대하여 설명하여주지 않은 불법행위가 있었다는 이유로 그 사용자인 증권회사에 손해배상청구를 제기하였다.[2)]

---

1) 전형적인 선박투자회사의 운영작동 방식이다.
2) 첨부하는 판결문의 사실관계에서 선박투자회사가 선박을 매입, 운영하는 방법 및 절차가 자세하게 설명되어 있다.

2. 법원의 판시내용

투자설명서에 "건화물 운반선(149,477DWT) 한척에 투자되며, 선박인도 후 5년 이내에 용선자가 파산하거나 계약불이행 등으로 인해 기한의 이익이 상실되면, 보유선박의 매각을 통해 해산을 추진하게 됩니다. 이러한 경우 선박매각이 지연되어 적기에 해산할 수 없거나 저가매각으로 인한 투자원금 손실위험이 있습니다", "당사의 주식에 대한 투자는 관련 법령상 원리금 보호대상이 아니므로 투자자는 투자원금에 대한 손실을 입을 위험이 있습니다"라는 내용이 들어있다. RVG 계약과 관련하여서도, "만일 용선자가 제반조건을 지키지 못하는 경우 효력이 상실될 수 있으며, 용선자의 회사상태가 좋지 못하고 중고선 시장 상황이 좋지 않을 경우 원금에 대한 전액 상환이 불가능할 수 있으며 이에 따라 투자자의 원금손실이 발생할 위험이 있습니다"라고 되어있다.

선박투자회사의 사업구조상 투자위험요소는 용선자 또는 그 지급보증인인 용선자의 모회사의 채무불이행(용선료 미지급)과 용선계약이 종료되는 등의 사정으로 이 사건 선박을 매도할 경우 잔존가치 하락이라고 할 것이다. 투자설명서나 팸플릿에 용선자 등이 명시되어 있고, 용선자 등에 대한 재무정보등이 기재되어 있었던 이상, 원고는 용선자 등의 재무구조나 자력등을 조사한 후 투자여부나 투자규모를 결정할 수 있었으며, 이 사건 펀드가 후순위 대출상품이고 선순위로 근저당권의 대출액이 선박매입자금의 60~70%에 이르는 점이 명시되었던 이상 선순위 채권의 규모나 선박잔존 가치에 따라 이 사건 각 선박펀드의 수익이 영향을 받으리라는 것은 쉽게 예상할 수 있었을 것으로 보인다. 원고는 이 사건 펀드 이전에도 선박펀드에 투자한 경험이 있으며(중략) 피고 직원의 적극적인 권유로 인하여 이 사건 펀드에 투자하게 된 것은 아닌 것으로 보인다. 증권회사 직원의 불법행위는 없었다.

3. 의 견

선박투자회사는 개인투자자로부터 자금을 모아서 선박에 투자한 다음 높은 수익을 되돌려주는 목적으로 설계되었다. 선박투자회사법은 투자자를 보호하기 위하여 다양한 제도를 도입하고 있다. 선박투자회사는 1선박당 1개의 자회사를 만들어 그 외의 자회사의 채권자가 다른 선박에 대하여 채권을 실행하지 못하게 한다. 선박투자회사가 선박을 직접 운항하지 못하게 하는 것도 이러한 목적의 하나이다.

투자자가 투자한 자금은 구입한 선박의 용선기간 동안 발생하는 용선료로 일정한 수익을 보장한다. 그리고 원금은 용선기간 만료시 선박의 매각대금으로 처리된다. 그렇기 때문에 안정적인 용선료 수입과 만료시 적정한 선박의 매각대금 회수가 중요하다. 소유권 유보부 선체용선계약(BBCHP)의 경우에는 용선자가 선박을 매입하게 된다. 그렇지 않을 경우에도 해외의 은행이 선박을 매입하도록 약정을 체결하고 있다. 이러한 내용을 담은 약정을 선박잔존가치보증계약(Residual Value Guarantee Agreement: RVG계약)이라고 한다. 다만, 용선료가 수회 연체되면 계약은 해제된다.

본 사안에서 용선자가 용선료를 몇 개월 연체하자 해외은행은 RVG계약을 해제하게 되었다. 이에 따라 용선계약도 해지되었고 선박은 제3자에게 매각되었다. 매각대금은 선순위채권자가 대부분 가져가고 후순위채권자인 선박투자회사와 투자자들은 원금을 회수하지 못하게 되었다. 이에 투자자들이 이러한 위험요소를 설명하지 않았다는 이유로 펀드를 판매한 증권회사에게 손해배상청구를 한 것이다.

대법원은 "증권회사의 임직원은 유가증권의 가치나 거래행위에 필연적으로 수반되는 위험성에 영향을 미치는 중요정보를 고객에게 제공하고 설명하여야 할 의무를 부담한다(대법원 2006.6.29. 선고 2005다49709 판결)"고 하면서도 "금융투자 상품의 거래는 본래적으로 불확정 요소에 의한 위험성을 동반하므로, 증권회사 임직원의 투자자에 대한 불법행위책임은 (중략) 동반하므로, 증권회사 임직원의 투자자에 대한 불법행위책임은 (중략) 과대한 위험성을 수반하는 거래를 적극적으로 권유한 경우에 성립한다(대법원 1994.1.11. 선고 93다26205 판결)"고 설시한 바 있다.

법원은 투자설명서에 그러한 내용이 나와있고, 후순위 상품이기 때문에 어느 정도는 회수 불확실성에 대한 이해는 투자자인 원고에게 있었을 것으로 보았다. 또한 원고들이 이전에도 선박펀드에 투자한 경험이 있는 것도 고려하였다. 결론적으로는 증권회사 직원에게 주의의무 위반이 없다고 보았다. (판결문 전문 참조)

II. 예선사업자의 선박우선특권상 조사의무
(대법원 2016.5.12. 선고 2015다49811 판결)

1. 사실관계

예선업체는 라이베리아선박에 예선서비스를 제공하였다. 선박은 정기용선된 상태였는데 정기용선계약서에는 정기용선자는 '필요품' 등에 대하여 선박우선특권을 발생시킬 수 없다는 약정이 포함되어 있었다. 예선료를 받지 못하게 되자 그 선박이 한국에 다시 입항하게 되었을 때에 예선업자는 그 선박에 대한 임의경매신청을 하게 되었다.

외국적 요소가 있는 경우에는 우리나라 국제사법 제60조가 적용되는데, 선적국법에 의하여 적용법규가 결정된다. 동 선박은 라이베리아에 등록된 선박이었다. 선박소유자인 원고는 임의경매개시결정에 대한 이의를 하면서 채무부존재확인의 소를 제기하였다.

소송에서 원고인 선박소유자는 라이베리아법 제114조 제3항에 의하면 필요품 제공자는 "필요품을 공급하는 것이 용선계약하에서 허용되는지 여부를 조사할 의무"가 있는데 이를 행하지 않았으므로 라이베리아 법으로 선박우선특권을 행사할 수 없다고 주장하였다. 이에 대하여 피고측은 라이베리아법은 미국의 일반해상법을 준용하도록 되어있고 현재 미국법은 이 조항이 삭제되어 있음을 근거로 그러한 의무는 없다고 주장하였다.

2. 대법원의 판시내용

라이베리아국 해상법 제114조는 선박우선특권에 관하여 규정하고 있고, 특히 그 제3항에서는 "물품공급자가 용선계약상의 계약조항이나 선박 매매계약상 합의 또는 다른 이유를 통하여 선박에 물품공급을 주문한 자가 선박을 기속할 권한을 가지지 아니하고 있음을 알았거나 합리적인 조사를 통하여 이를 알 수 있었을 경우에는 본 조항에 따른 우선특권은 발생하지 아니한다"고 하여 공급자의 조사의무를 규정하고 있다. 라이베리아국 해상법 제30조는 라이베리아국 해상법의 다른 규정과 충돌하지 아니하는 한 성문화되지 아니한 미국 일반해상법(the non-statutory General Maritime Law of the United States of America)을 준용하는 것으로 규정하고 있다.

구 미국 연방해상법 제973조가 정한 '합리적인 조사의 이행'과 관련하여, 미국 연방대법원은 공급자에게는 주문자가 선박에 우선특권을 부여할 권한을 갖고 있는지를 조사할 의무가 있으므로 용선계약에서 용선자는 선박에 대하여 담보권을 설정할 수 없다고 약정한 경우에는 공급자가 그러한 담보금지조항의 존재에 대하여 알지 못하였더라도 이를 조사하지 아니한 이상 선박우선특권을 주장할 수 없다고 판시하였고, 이후 미국법원은 이와 같은 해석 태도를 일관하여 유지하였다. 그러나 1971년 미국 연방해상법 개정 이후 미국법원은 공급자에게 이러한 조사의무를 부과하지 아니하는 것으로 견해를 변경하였다.

라이베리아국 해상법상으로 미국의 해상판례법은 라이베리아국 해상법 제114조 제3항의 해석에 관한 중요한 법원(법원)이 되는데, 구 미국 연방해상법 제973조가 삭제됨으로써 공급자에게 조사의무를 부과하지 아니한 1971년 이후의 미국법원의 판례를 적용한다면 이는 현행 라이베리아국 해상법 제114조 제3항의 조문 내용과 부합하지 아니하고 그 조항의 입법 취지에도 어긋나게 되므로, 위 조항을 해석할 때 구 미국 연방해상법 제973조가 존속하고 있을 당시의 이에 관한 미국법원의 판례에 따르는 것이 합리적인 해석이라 할 것이다. 즉 라이베리아국 해상법 제114조 제3항에 따르면, 선박의 운항에 필요한 물품이나 용역의 공급자는 선박의 용선 여부 및 용선자에게 선박을 기속할 권한이 있는지를 질문하고 조사할 의무가 있고, 공급자가 이러한 의무를 이행하지 아니하였으면 선박우선특권을 주장할 수 없다고 해석함이 타당하다.

3. 의 견

외국적 요소가 있는 법률관계의 경우 우리나라 국제사법에 의하면 선박우선특권은 선적국법에 의하여 결정된다(제60조). 많은 선박들이 편의치적이 되어있기 때문에 우리나라 채권자들은 파나마, 라이베리아, 마샬 아일랜드 등의 해상법을 모두 알아야하는 부담을 안고 있다.

본 사건에서는 라이베리아 해상법에 따라 필요품의 공급을 통하여 선박우선특권을 발생시킬 수 없다는 내용이 용선계약서에 있는지를 공급자가 조사할 의무를 부담하고 있었다. 미국의 경우도 이미 부당함이 인정되어 삭제된 내용이지만, 라이베리아법에는 아직 그 조항이 존재하여 해석이 문제가 되었다.

서울고등법원과 대법원은 라이베리아법에는 아직 그 조항이 존재하고 있기 때문에 공급자에게 조사의무를 부과하는 판결을 내리게 되었다. 미국의 일반해상법이란 non-statutory 즉 판례법을 말한다. 판례보다 앞서는 것이 성문법이다. 그렇기 때문에 현실적으로 존재하는 라이베리아 성문법이 우선적으로 인정되어야 하므로 대법원의 법리해석은 타당한 것으로 보인다.

그렇지만, 한국법에서는 이러한 조사의무가 채권자에게 부과되지 않는다.[3] 그렇기 때문에 실무에서는 이러한 판결의 결과가 의외일 수 있을 것이다. 이러한 차이가 나게 된

3) 다만, 우리 법에서는 선체용선자가 선박우선특권의 피담보채권을 발생시키는 경우 "선박이용의 계약에 반함을 안 때에는 그러하지 아니하다"고 규정하여 선박우선특권이 발생되지 않도록 선박소유자와 선체용선자가 약정을 체결한 사항임을 안 경우에는 선박우선특권이 발생하지 않는다. 즉, 조사의무를 채권자에게 부과하고 있지는 않다.

것은 우리나라가 선박우선특권의 경우 선적국법을 취하고 있기 때문이다. 중국은 법정지법인 자국법주의를 취하고 있는 점과 다른 점이다. 선적국법주의는 선박소유자를 보호하는 주의이고 일견 타당한 점이 있기는 하지만, 임의경매의 대상이 된 선박의 선적국인 파나마법, 라이베리아 등 편의치적국의 법을 정확히 알기가 어렵다는 단점이 있다. 선박우선특권의 확대는 저당권자인 은행 등의 이익을 해하게 되고, 축소하게 되면 선박소유자를 보호하게 된다. 라이베리아 법은 선박소유자를 보호하는 입법이라고 할 수 있다. 선박운항에 관련된 자 전체에게 법적 안정성을 주기 위하여는 입항하는 국가의 법정지법으로 국제사법을 개정하는 것이 필요하다.

입법적 개정이 있기까지는 항만관련자들은 대상이 되는 선박의 선적국의 선박우선특권제도를 잘 파악하고 있을 필요가 있다. 학계에서는 각국의 선박우선특권제도를 연구하여 업계에 제공할 필요가 있다. 한국해법학회에서는 2017년 학회의 사업으로 각국의 선박우선특권제도를 연구하고 책자로 발간하였다. 한편, 당해 선박의 선적국법을 적용할 경우 우리나라의 실무와 완전히 다른 결론이 도출되는 경우 국제사법 제7조(대한민국법의 강행적 적용), 8조(준거법지정의 예외) 제1항 및 10조(사회질서에 반하는 외국법의 적용)를 적용할 여지는 없는지 검토할 필요가 있다.[4] **(판결문 전문 참조)**

---

4) 자세한 판례평석은 김종천, "라이베리아국 선박우선특권법상 필수품 공급업자의 조사의무에 대한 고찰", 「한국해법학회지」 제38권 제1호, 2016, 79면 이하를 참조 바람.

제 17 호 (2016.11.19.)

I. 회생절차하에서 국취부나용선(선체용선)에 대한 압류가능여부 (창원지방법원 2016.10.17. 자 2016타기227 결정)

1. 사실관계

파나마에 등기 및 등록된 한진샤먼호는 한진해운이 국취부나용선을 한 특수목적회사(SPC) 소유의 선박이다. 한진해운은 8월 30일에 회생절차개시신청을 하였고 서울중앙지방법원은 9월 1일에 회생절차개시결정을 내렸다.

채무자 회생 및 파산에 관한 법률(이하 채무자회생법) 제58조는 회생절차에 들어간 채무자의 재산은 강제집행의 대상이 아니라고 정하고 있다. 그런데 한진샤먼호에 연료를 공급하여 한진해운에 대해 연료비채권을 가지고 있었던 연료공급업자가 국제사법 제60조에 따라 파나마 해상법 제244조 제9호에 의하여 선박우선특권이 발생한다고 주장하면서 창원지방법원에 한진샤먼호에 대한 임의경매개시신청을 하자, 10월 7일 창원지방법원은 이 사건 선박이 채무자인 한진해운 소유의 선박이 아니라는 이유로 이를 인정하였다.

이에 한진해운은 이 사건 선박은 국적취득조건부 나용선으로서, 이 사건 나용선계약은 "(i) 단순한 선박의 이용에 관한 계약이 아니라 실질적으로는 선박의 매매계약에 해당하는바, 이 사건 나용선계약을 통하여 한진해운은 이 사건 선박을 사실상 취득하였거나 소유권취득에 대한 확실한 기대권을 취득하였으므로, 이 사건 선박은 한진해운의 재산으로 보아야 한다. (ii) 또한 이 사건 선박은 한진해운의 중요한 영업용 재산이므로 회생제도의 취지에 비추어 볼 때에도 채무자의 재산으로 보는 것이 상당하다. 따라서 이 사건 경매신청은 회생절차개시결정 후 회생채권에 기한 채무자의 재산에 대한 강제집행에 해당하여 부적법하다."고 주장하며, 위 결정에 대한 이의신청을 하기에 이르렀다.

2. 창원지방법원의 판시내용

회생절차개시결정이 있으면 회생채권 또는 회생담보권에 기하여 채무자의 재산에 대한 강제집행 등을 할 수 없으며, 채무자의 재산에 대하여 이미 행한 회생채권 또는 회생담보권에 기한 강제집행 등은 중지된다. 강제집행 등이 금지되는 것은 채무자의 재산에 대하여 행하는 것에 한하므로 연대채무자, 보증인, 물상보증인 등 제3자의 재산에 대하여 행하는 것은 금지되지 않는다.

이 사건 선박이 국적취득조건부 나용선(선체용선)인 사실은 앞서 본 바와 같으나, 그 계약기간이 종료되기 전에는 선박의 소유권이 파나마국 법인(SPC)에 귀속되어있고, 용선자인 한진해운은 용선기간 종료시에 약정한 용선료 등을 모두 지급하는 것을 조건으로 그 소유권을 취득할 수 있는 기대권을 취득할 뿐인바, 이 사건 나용선계약의 계약기간은 2019.3.12.까지이므로, 이 사건 선박에 대한 소유권은 여전히 파나마국 법인(SPC)에 있다고 할 수 있다. 또한 회생제도의 취지에 비추어 볼 때 영업에 사용하는 선박을 확보함으로써 회생재산을 충분히 충족시켜 회생절차를 원활하게 진행하는 것이 사회적 비용 측면에서 그 필요성이 크다고 해도 파나마국 법인(SPC) 명의의 이 사건 선박을 한진해운의 재산으로 포섭하여 회생절차를 진행하는 것은 채권자의 예측가능성과 법적 안정성을 크게 해할 우려가 있다. 따라서 이 사건 선박을 한진해운의 재산으로 보아야 한다는 신청인의 이 부분 주장은 이유없다.

3. 시사점

우리나라는 독특하게 국취부선체용선에 대하여 한국선박으로 간주하는 여러 단행법을 가지고 있다. 도선법, 국제선박등록법, 해운법 및 톤세제도 등에 의하면 이는 용선자에게 유리하지만, 반면 지방세법, 선박안전법, 선원법 등에 의한다면 용선자에게 불리하다. 그렇지만 소유권과 담보권과 관련하여서는 등기가 된 선박소유자의 소유로 보는 것이 우리나라 법원의 입장이고 법률의 해석도 그러하다.[1)]

결국 법원이 채무자회생법하에서도 채무자의 재산에 국취부선체용선이 포함된다는 해석을 하거나 아니면 법률로서 특별히 그러한 규정을 둔 경우가 아니라면 국취부선체용선은 SPC의 소유인 것이지 채무자인 용선자의 선박이 아닌 것이 된다. 이번 창원지방법

1) 국취부선체용선의 법률관계에 대하여는 김인현, “국적취득조건부 선체용선의 법률관계”, 「한국해법학회지」 제39권 제1호, 2017.5., 7면 이하를 참고 바람.

원의 결정도 이러한 국취부선체용선에 대한 법적 해석에 바탕을 둔 것으로 보인다.

한진해운은 사선 5척에 국취부선체용선 54척을 가지고 있었다. 선박우선특권은 선체용선자가 발생시킨 채무에 의하여도 압류가 가능하므로 압류되어 임의경매의 대상이 된다(상법 제777조). 이렇게 되면 한진해운은 영업을 할 수 없으므로 회생여부의 논의가 불가능하게 된다. 그러므로 채무자회생법하에서 채무자인 해상기업의 재산에 국취부선체용선을 포함시키는 것이 합목적적이라고 생각한다. 국취부선체용선과 관련하여서는 (i) 채무자회생법 제58조 제1항에서 회생채권자 등의 강제집행이 금지되는 대상인 채무자의 재산에 채무자가 소유하는 선박 및 '국취부선체용선'이 포함됨을 명기하는 입법개정 작업을 신속히 행하는 것이다. 응급대책으로는 파산법원이 지난 9월 1일 내린 회생절차개시결정서에 채무자의 재산에는 국취부선체용선이 포함됨을 지금이라도 추가 혹은 수정할 수 있다면 더욱 빠른 해결책이 될 것이다.[2] (판결문 전문 참조)

II. 서렌더 선하증권의 효력

(대법원 2016.9.28. 선고 2016다213237 판결)

1. 사실관계

일본의 송하인 A로부터 운송을 의뢰받은 B는 C와 용선계약을 체결하였다. 일본 선박소유자 E는 D와, D는 다시 C와 용선계약을 맺었다. 실제운송을 이행하게 된 소유자 E는 A로부터 화물을 수령하고 송하인을 A, 수하인을 한국의 수하인 그리고 통지처를 B로 하는 선하증권을 발행하였다.

C로부터 양륙작업을 의뢰받은 F로부터 다시 하도급을 받은 G의 양륙작업중 업무상 과실로 해당 화물이 파손되자 원고(적하보험자)는 보험금을 A에게 지급하고 A로부터 손해배상청구권을 양도받아 G에게 손해배상청구를 하였다. 이에 G는 선하증권 발행인인 E의 책임제한(히말라야약관)을 원용하겠다고 주장하였다.[3] 그런데 이 선하증권은 발행된 후 곧 회수된 서렌더 선하증권이었다.

---

2) 이에 대한 자세한 평석은 김인현, "한진해운 회생절차상 선박압류금지명령(stay order)의 범위", 「상사판례연구」 제30집 제1권, 2017, 129면 이하가 있음.

3) 즉, 운송물이 하역작업되던 중 하역회사(G)의 과실로 파손되자 보험금을 지급한 적하보험자(원고)는 하역회사 G에게 손해배상청구를 하였다. G는 운송인 C로 부터 하역작업 의뢰를 받았지만 선하증권은 선박소유자인 E로부터 발행되었고 G는 E발행 선하증권의 히말라야 조항을 원용하고자 하였다.

2. 대법원의 판시내용

비록 C가 이 사건 주된 용선계약의 FIOST 조건에 따라 직접 양륙작업을 인수하였고 피고가 그 양륙작업을 하수급함에 따라 피고와 E 사이에 직접적인 계약관계가 존재하지 않더라도, E는 이 사건 선하증권에 의해 A에 대하여 양륙작업까지의 운송책임을 부담하며 피고는 이러한 E의 양륙작업을 대행한 자로서 이 사건 히말라야 약관에서 규정하는 운송인의 하위계약자의 지위에 있다고 보는 것이 상당하다.

또 이 사건 선하증권이 비록 발행 후 다시 운송인인 E에게 회수되어 서렌더 선하증권이 되었지만, 그 밖의 합의가 이루어졌다는 특별한 사정이 없는 한 이 사건 선하증권 발행 당시 유효하였던 운송책임에 관한 이면약관의 내용은 여전히 효력이 있으므로 피고는 송하인 A를 상대로 이 사건 히말라야약관에 따른 책임제한을 주장할 수 있다.

3. 의 견

선하증권은 상환성을 갖기 때문에 선하증권과 상환하지 않는다면 수하인은 운송인으로부터 운송물을 인도받을 수 없다. 그러므로 운송물이 선하증권보다 먼저 도착하는 경우에는 수하인의 운송물 수령이 지체된다. 이를 극복하기 위하여 여러 가지 수단들이 강구되는데 그 중 하나가 서렌더 선하증권이다.[4] 서렌더 선하증권이 발행된 경우에 원본 선하증권은 반납되고 선하증권의 전면만 팩스 등으로 수하인에게 송부된다. 이는 상환성을 없애기 위하여 사용되는 것이므로 이 경우 상환성이 없는 것은 명백하지만, 선하증권상 이면약관의 내용이 송하인을 구속하는지가 문제된다.

우리 대법원은 처음부터 선하증권의 발행자체가 생략된 경우에는 선하증권이 아예 발행되지 않은 것으로 보아서 이면약관의 효력을 인정하지 않았다(대법원 2006.10.26. 선고 2004다27082 판결). 그런데 본 사안에서는 원본 선하증권이 발행된 이후에 이것을 서렌더시킨 것이다. 이러한 경우에 운송인과 송하인 사이에는 원본 약관의 내용이 적용된다는 것이 대법원의 판시내용이다. 서렌더 선하증권은 상환성도 없고 선하증권의 채권적 효력을 가지는 것도 아니다. 그러나, 선하증권 이면의 약정은 당사자간 약정으로서의 효력은 가질 수 있는데, 미리 발행된 경우는 기재된 약정의 효력이 있다고 대법원은 본 것이다.

---

4) 김인현, "실무에서 나타나는 다양한 선하증권과 그 대용물", 「국제거래법연구」 제22집 제1호, 2013.7., 272면 이하.

하역업자와 창고업자와 같은 독립계약자는 선하증권상 히말라야약관의 적용대상이 된다. 그런데 독립계약자가 되려면 그는 운송인 의무의 일부를 이행한 자이어야 한다. 본 사안에서는 선하증권을 발행한 자와 운송계약의 당사자가 분리되게 되어 이 요건을 충족하는지 여부가 문제되었다.

본 사안에서 운송주선인인 B는 용선자 C와 그리고 일본의 A와 화물을 운송하기로 하는 운송계약을 체결하였다. 그런데 C가 운송인으로서 계약한 운송물은 최종적으로 E가 운항하는 선박에 의하여 운송되었다. 그리고 선하증권은 E가 발행하였다. 이 사례가 일반적인 계약운송인－실제운송인 사례와 다른 것은 계약운송인이 발행한 선하증권이 송하인과 계약운송인을 구속하는 것이 아니라 실제운송인의 지위에 있는 E가 발행한 선하증권이 위와 같은 이런 기능을 수행하는 하우스 선하증권의 기능을 하고 있다는 점이다.

대법원은 두 사람이 모두 운송인의 지위에 있으므로 두 사람 중 누구로부터 하역작업을 의뢰받았다면 히말라야약관의 내용을 주장할 수 있다는 입장을 취하면서 G의 책임제한주장을 인정하였다. 이는 C가 운송인 E의 대리인으로서 B와 운송계약을 체결한 것으로 볼 수 있다.[5] (판결문 전문 참조)

5) 이에 대한 자세한 평석은 권창영, "서렌더 선하증권에서 이면약관의 효력", 「한국해법학회지」 제38권 제2호, 2016.11., 115면 이하; 김인현, "2016년 중요해상판례소개", 「한국해법학회지」 제39권 제1호, 2017.5., 226면 이하가 있다.

I. 적하보험에서 영국준거법약관의 효력과 설명의무
(대법원 2016.6.23. 선고 2015다5194 판결)

1. 사실관계

한국의 화주는 한국 적하보험자와 적하보험계약(구약관)을 체결하였다. 여기에는 두 개의 약정이 포함되어 있었다. 첫째, 본 보험증권에 따라 발생하는 "책임에 관한 모든 문제는 영국의 법과 관습에 의한다". 둘째, 화주가 보험자에게 부보화물의 갑판적재 사실을 고지하지 않은 경우 이 사건 보험계약의 담보범위는 투하(jettison)와 갑판유실(washing overboard)이외의 일반 분손은 담보하지 않는 분손부담보(Free from Particular Average) 조건으로 축소된다(소위 갑판적재약관(On-Deck Clause)).

이 화물이 2012.6.14. 중국의 상하이 항에서 선박 레이지(MV Reis G)호의 갑판 위에 선적되어 운송되던 중 2012.7.7. 일기가 불순(황천)(뷰포트 크기 8-9)하여 화물 4포장중 보일러 한 대가 오만 앞바다의 해상으로 떨어지는 사고가 발생하였다.

원고가 보험금을 청구하자 피고 보험자는 고지의무위반을 이유로 보험계약을 해지하였고, 또한 갑판적 사실을 고지하지 않았으므로 담보조건이 투하와 갑판유실은 담보되지만 다른 이유로 인하여 갑판상의 화물이 유실된 경우에 해당하므로 자신은 보험금을 지급할 의무가 없다고 주장하였다. 원고는 다시 보험자는 우리 나라 약관규제법상의 설명의무를 위반하였으므로 피고가 주장하는 약관상의 효력을 주장할 수 없다고 주장하였다. 원심은 준거법약관은 계약의 성립 및 효력에 모두 적용되어 우리나라 약관규제법이 적용되지 않고, 갑판유실도 없었다고 판시하여 원고는 패소하게 되었다.

2. 대법원의 판시내용

(1) 이 사건 준거법 약관은 보험계약 전부에 대한 준거법을 지정한 것이 아니라 보험자의 '책임'문제에 한정하여 영국의 법률과 관습에 따르기로 한 것이므로 책임 이외의

사항에는 이 사건 보험계약과 가장 밀접한 관련이 있는 우리나라의 법이 적용된다고 할 것인데, 약관의 설명의무에 관한 사항은 약관의 내용이 계약내용이 되는지 여부에 관한 문제로서 보험자의 책임에 관한 것이라고 볼 수 없으므로, 우리나라의 약관규제법이 적용된다. 원고측 실무자 소외인은 2003년부터 약 10년간 해상적하보험계약 체결업무에 종사하여 왔고, 원고의 해상적하보험계약 업무를 담당하면서 피고와 월 30건 내지 50건 가량의 해상적하보험계약을 체결한 바 있다. 이 사건 보험계약 체결 당시 원고는 이 사건 갑판적재 약관의 내용을 잘 알고 있었다고 보이므로, 피고가 그 내용을 설명하지 않았더라도 이 사건 갑판적재 약관은 이 사건 보험계약의 내용이 된다고 봄이 상당하다. 따라서 원심이 이 사건 보험계약에 약관규제법이 적용되지 아니한다고 판단한 것은 잘못이나, 원고가 이 사건 갑판적재 약관의 내용을 잘 알고 있었으므로 이 사건 갑판적재 약관은 약관규제법이 정하는 설명의무의 대상이 되지 아니하고, 따라서 피고가 그 내용을 설명하지 않았다고 하더라도 이 사건 보험계약의 내용이 된다고 본 원심판단의 결론은 정당하다.

(2) 영국법의 적용을 받는 영국 적하보험약관에서 규정하고 있는 갑판유실(Washing overboard)이란, 해수의 직접적인 작용으로 인하여 갑판 위에 적재된 화물이 휩쓸려 배 밖으로 유실되는 경우를 의미하는 제한적인 개념이므로, 악천후로 인한 배의 흔들림이나 기울어짐 등으로 인하여 갑판 위에 적재된 화물이 멸실되는 이른바 갑판멸실(Loss overboard)은 갑판적재 약관의 담보범위에 포함되지 아니한다. 원심은 이 사건 보일러가 황천(Heavy Weather)시 유입된 해수의 작용으로 유실되어 발생한 것이므로, 이 사건 갑판적재 약관에서 부보하는 위험인 갑판유실에 해당한다는 원고의 주장을 다음과 같은 이유로 배척하였다. 즉, (i) 악천후에 선박이 요동치거나 갑자기 기울어져 화물이 멸실된 경우는 갑판유실에 해당하지 않고 (ii) 이 사건 사고 당시 지역의 기상은 강한 남서풍을 동반한 몬순기후였지만 당시 중량 54.5톤에 달하는 이 사건 보일러를 휩쓸고 갈 정도의 심한 파도가 있었던 것으로 보이지 않는 점, (iii) 영국의 법률사무소 클라이드앤코가 "이 사건 보일러의 고박은 부적절하였다. 이 사건 보일러는 갑판유실된 것이 아니라 악천후에 선박이 요동하여 미끄러져 떨어진 것에 불과하므로 이 사건 보험계약으로 담보되지 않는다"는 취지의 의견을 제시한 점 등에 비추어 이 사건 사고가 '갑판유실'에 해당한다고 볼 수 없다고 판단하였다. 원심의 위와 같은 판단은 정당하다.

3. 의 견

(1) 영국 준거법약관

적하보험에서 '책임'과 관련하여서만 영국법이 준거법이라고 약정된 경우 본 판결에서 대법원은 설명의무는 '책임'에 포함되지 않는다고 보았고, 우리나라 법을 적용하였다. 동일한 적하보험의 영국 준거법약관이 사용된 경우 대법원은 1991.5.14. 선고 90다카25314 판결에서 고지의무위반은 '책임'의 범위에 속한다고 보아 영국보험법이 적용된다고 하면서 우리 상법을 적용하지 않았다. 또한 대법원은 '청구 및 결재'에 관하여 영국의 법률에 의한다는 영국 준거법약관의 경우 보험자의 설명의무는 우리나라 법률이 적용된다고 하였다(대법원 1998.7.14. 선고 96다39707 판결).

〈책임에 관한 모든 문제는 영국의 법에 의한다는 약정〉

고지의무	설명의무
책임의 범위에 속함	책임범위에 속하지 않음
영국법 적용	한국법 적용

이 사건에 사용된 적하보험의 영국 준거법약정에 대하여 대법원은 약관의 설명의무는 계약의 내용에 관한 것이므로 책임과 다른 것으로 보았다. 따라서 설명의무에 대하여는 준거법이 정하여져 있지 않은 것이 되므로 국제사법상 가장 밀접한 관련이 있는 한국법의 약관규제법이 결국 준거법이 되었다. 한국의 약관규제법 제3조에 의하면 보험자는 설명의무가 있는데, 갑판적 약관에 대한 것은 보험계약자가 오랜 보험계약체결 경험이 있으므로 그 내용을 알았을 것이므로 설명의무의 대상이 아니라고 판시하였다.[1]

(2) 갑판유실과 갑판멸실의 구별

갑판적을 하게 되면 위험하므로 추가보험료를 받지 않으면 보험자는 보험금을 지급하지 않으려고 할 것이다. 이와 관련하여 이러한 취지의 소위 갑판적 약관(on deck clause)를 넣게 되는데, 갑판적을 하게 되면, 사전에 보험자에게 통지하지 않는 한, 보험사고가 발생해도 보험자는 보험금을 지급하지 않게 된다. 다만 투하와 갑판유실은 담보되는 것으로 한다. 대법원은 황천 등 외적인 요인으로 갑판에 적재되었던 화물이 멸실된 경우는

1) 더 자세한 평석은 김인현, 2016년 중요해상판례 소개", 「한국해법학회지」 제39권 제1호, 2017.5., 241면을 참고 바람.

'갑판멸실(Loss overboard)'이라고 하고 '갑판유실(Washing overboard)'이란 정상적인 파도의 작용으로 화물이 유실된 경우라고 해석하였다.[2] 대법원은 이 사고는 고박이 부적절하여 떨어진 것으로 인하여 발생한 것이지 파도 때문에 휩쓸린 것이 아니므로 보험금이 지급되는 갑판유실에 해당하지 않는다고 본 것이다. 따라서, 원고의 보험금 청구는 실패하였다. (판결문 전문 참조)

II. 국적취득조건부 선체용선의 회생절차에서의 지위 (창원지방법원 2017.2.14. 자 2016라308 결정)

1. 사실관계

한진 샤먼호는 파나마에 등기 및 등록된 선박으로 한진해운이 국취부 선체용선(나용선)을 한 특수목적회사(SPC) 소유선박이다. 한진해운은 운항중 선박연료유를 공급받았는데, 한진 샤먼호에 연료를 공급하여 연료비채권을 가진 연료공급업자는 국제사법 제60조에 따라 파나마법(파나마 제55호 법률 2008.8.6. 제244조 제9호 선박의 필수품과 의장에 관하여 발생한 지급의무있는 채무가 이에 해당한다)에 의하면 선박우선특권이 발생한다고 주장하면서 한진 샤먼호에 대한 임의경매개시신청을 창원지방법원에 제기하자 2016.10.7. 창원지방법원은 이를 인정하였다. 채무자회생법 제58조는 회생절차에 들어간 채무자의 재산에 대하여는 회생채권자나 회생담보권자가 강제집행이나 가압류를 할 수 없다고 정하고 있기 때문에 만약 한진 샤먼호가 한진해운의 재산으로 인정된다면 채권자의 압류는 인정되지 않아야한다. 이 결정은 결국 한진 샤먼호는 파나마에 등록된 국취부선체용선으로서 아직 한진해운이 소유하는 선박이 아니므로 위 채무자회생법 제58조의 압류금지대상에 속하지 않는다는 의미이다. 이에 한진해운은 경매개시결정에 대한 이의신청을 제기하자, 창원지방법원은 한진해운이 아직 소유하는 선박이 아니므로 동법 제58조의 적용대상이 아니라고 판시하였다(창원지방법원 2016.10.17. 자 2016타기227 결정).(이에 대하여는 제17호－Ⅰ을 참고 바람) 이에 한진해운은 다시 항고를 하게 되었다.

한진해운의 항고이유의 요지는 아래와 같다.

(i) 한진해운은, 한진해운에 이 선박의 건조자금을 대출하였던 한국수출입은행 등에

---

2) 동지, 이재복, 「적하보험약관론」, 보험연수원, 1995, 163면.

이 선박대출금의 담보로 제공하기 위하여 종이회사인 파나마국 제1법인을 설립하여 이 선박을 편의치적한 뒤 국취부나용선계약을 체결하고 용선료 명목으로 대출금을 변제하여 왔고, 이후 추가로 160억원을 대출받으면서 파나마국 제2법인에 이 선박을 편의치적한 뒤 이 사건 나용선계약을 체결하고 용선료 명목으로 대출금을 변제하여왔다. 따라서 이 선박에 대한 실질적인 지배권을 행사하는 것은 파나마국 제2법인이 아닌 한진해운이라고 할 것인바, 회생절차에서 이 선박을 한진해운의 소유로 보아야하고, 선박우선특권은 회생담보권으로 보아야한다.

(ii) 이 선박을 파나마국 제2법인의 소유로 본다고 하더라도, 선박경매에서의 감수 및 보존처분은 한진해운이 가지는 이 선박에 관한 점유사용권을 침해하여 결국 한진해운의 재산에 대한 강제집행에 해당한다. 따라서 피신청인들의 이 선박에 대한 강제집행은 회생채권 또는 회생담보권에 기한 채무자의 재산에 대한 강제집행에 해당하므로 채무자회생법 제58조의 제1항의 규정에 따라 금지되어야 한다.

(iii) 이 선박은 부산 신항을 중간항으로 기항하여 중국 상하이로 가는 중이었고 최종 목적지까지의 항해준비를 완료한 상태였다. 따라서 항해의 준비를 완료한 선박은 압류하지 못한다는 상법 제744조 제1항의 규정에 따라 압류할 수 없다.

2. 창원지방법원의 결정내용

회생절차개시결정이 있으면 회생채권 또는 회생담보권에 기하여 채무자의 재산에 대한 강제집행 등을 할 수 없다(채무자회생법 제58조 제1항). 강제집행 등이 금지되는 것은 채무자의 재산에 대하여 행하는 것에 한하므로 연대채무자, 보증인, 물상보증인 등 제3자의 재산에 대하여 행하는 것은 금지되지 않는다. 국취부나용선계약에서 용선자는 용선기간이 종료된 후에 약정한 용선료 등을 지급하고 선박의 소유권을 취득할 수 있는 계약상 권리를 취득할 뿐인바, 특별한 사정이 없는 한 특수목적법인에 선박을 편의치적하였다는 사정만으로 용선기간 중에도 용선자가 선박에 대한 소유권을 가진다고 할 수는 없다. 이 사건 나용선(선체용선)계약이 국취부나용선계약인 사실, 그 계약기간이 2019.3.12.까지인 사실은 앞서 본 바와 같은 바, 용선기간이 종료되지 아니한 이상 이 선박의 소유자는 제3자인 파나마국 제2법인이라고 보아야 한다. 이 선박이 국제선박인 점, 특수목적법인의 설립 및 편의치적으로 인하여 이 선박이 누리는 제도상 및 금융상의 지위, 피신청인들과의 유류공급계약의 내용에다가 이 선박과 관련하여 자금조달을 하여 준 위 금융기관 등의 이 선박의 법적 소유관계에 대한 신뢰 등을 고려하여 보면, 회생절차에서 이 선박을 한진해운의 소유로 취급하는 것은 국제거래에서의 채권자 등 제3자의 예측가능성 및 법적 안정성을 크게 해할 우려가 있다.

또한 이 선박에 대한 강제집행의 결과 한진해운이 이 사건 나용선계약에 기하여 가지는 이 선박에 대한 점유·사용권이 침해된다고 하더라도 이는 선박에 대한 강제집행의 부수적인 결과에 지나지 아니하여 위 점유·사용권 자체에 대한 강제집행과 동일하게 볼 수 없을 뿐만 아니라, 한진해운의 이 선박에 관한 점유·사용권은 한진해운과 파나마국 제2법인 사이의 계약상 권리에 불과하여 이로서 제3자인 채권자에게 대항할 수도 없다.

따라서 이 선박에 대한 경매는 채무자의 재산에 대한 강제집행으로 볼 수 없어 채무자회생법 제58조 제1항에 의하여 금지되는 때에 해당한다고 할 수 없으므로 신청인의 이 부분 주장은 받아들이지 아니한다.

항해의 준비를 완료한 선박과 그 속구는 압류하지 못한다(상법 제744조 제1항). 항해준비를 완료하였다는 것은 일반적으로 선박의 즉시 출발을 가능하게 하는 사실상, 법률상의 전제조건을 충족할 때, 즉 선원이 모두 승선하고 선박의장 및 운송물의 선적을 마친 다음 발항에 필요한 서류를 구비한 때를 말한다. 이 선박이 항해의 준비를 완료하였다는 점을 인정할 아무런 자료가 없다. 오히려 기록에 의하면 이 선박은 이 사건 경매개시결정이 내려진 2016.10.6. 이후 중국 닝보 및 상하이로 가는 화물을 선적할 예정이었던 사실을 엿볼 수 있을 뿐이다. 신청인의 주장을 받아들이지 아니한다.

3. 의 견

한진해운은 1심에서와 마찬가지로 실질적으로는 선박을 처음부터 소유하면서도 대금의 담보를 위하여 선박을 편의치적하여 선체용선계약을 맺어 용선료를 납입하여 왔는데, 실질질인 지배권은 한진해운이 가진다는 주장을 다시 한번 하게 되었다. 창원지방법원은, 그럼에도 불구하고 채권자와 은행 등의 입장에서 보아 현실적으로 소유권등기가 SPC로 되어있는 상황에서는 법적 안정성과 예측가능성을 위하여 여전히 한진해운은 아직은 소유자가 아니라고 판시하였다. 한진해운이, 61척의 선박 가운데 55척이 국취부 나용선인데 이를 모두 한진해운의 재산으로 보지 않아서 채무자회생법 제58조가 적용되지 않는다면 선박은 모두 강제집행의 대상이 될 터이고, 그렇다면 회생 자체가 불가함을 주장하지 않은 점은 아쉬운 점이다.

항해준비완료선박의 압류금지 규정에 대한 법원의 판결이 찾아보기 힘든 상태에서 법원이 항해준비완료에 대한 정의를 내린 점에서 본 판결은 의의가 있다. 법원은 항해준비완료란 "선원이 모두 승선하고 선박의장 및 운송물의 선적을 마친 다음 발항에 필요한 서류를 구비한 때"라고 설시하였다.[3] **(판결문 전문 참조)**

---

3) 김인현, 전게 "2016년 중요해상판례 소개", 251면 이하가 있다.

제 19 호 (2017.5.13.)

I. 선박연료유 공급자의 선박우선특권행사 가능성 (대전지법 서산지원 2016.1.8. 자 2015타기180호 결정)

1. 사실관계

파나마에 등록된 선박(M/V K. Promise)은 한국의 선체용선자(나용선자)가 운항하고 있었다. 선체용선자는 싱가포르 소재 선박연료유 공급자(S)와 선박연료유 공급계약을 체결하였고, S는 글로벌 트레이더인 OW Bunker와 계약을 체결하였고 그의 의뢰를 받은 실제공급업체(physical supplier)가 동 선박에게 러시아에서 선박연료유를 공급하였다. OW Bunker가 파산하자 OW의 채권자인 네덜란드은행이 OW의 S에 대한 유류대금채권을 양수받아, 위 유류대금채권은 파나마국법상 선박우선특권으로 담보되는 채권에 해당한다고 주장하면서 선박에 대한 임의경매를 신청하였다. 채권자는, 파나마 제55호 법률에서는 선박우선특권으로 담보되는 채권발생의 원인이 되는 계약상대방을 제한하는 규정이 없다고 하면서, 직접적으로 선박소유자나 용선자와 계약을 체결하지 않았다고 하더라도 그 채권이 위 법률 제244조에서 열거하는 선박필수품에 해당하면 선박우선특권이 성립한다고 주장하였다. 법원이 은행의 주장을 받아들여 임의경매개시결정을 하자, 선박소유자는 그 결정의 취소를 구하였다.

2. 법원의 판시내용

파나마국 법률 제55호 제4조는 "선박은 선박소유자의 일반채무 또는 우선채무의 지급에 대하여 책임이 있고, 그러한 책임이 존재하는 한 제3자가 선박을 점유하고 있다고 하더라도 이와 같다"고 하고, 제27조는 "자신을 위하여 다른 사람 소유의 선박을 항해에 사용하는 자는, 그가 직접 지휘하는지 아니면 다른 사람을 통하여 지휘하는지 여부와 관계없이, 제3자에 대하여 선박소유자로 본다"고 한다. 제244조는 "다음의 채권은 선박우선특권을 가지며, 그 우열은 이 조항에 규정된 순서에 따른다. 9. 선박의 필수품과

의장으로 인하여 발생한 채무액"이라고 한다. 파나마국 대법원은 2011.2.28.Petro Servicio, S.A., v. Wedllsborg사건에서 (중략) 최소한 용선자가 아닌 제3자와 사이의 계약관계에 기하여 선박에 연료유를 공급한 자는 파나마국 법률 제55호의 제27조, 제4조에 기한 선박에 대한 대물적 권리를 주장할 수 없다는 것을 알 수 있다. OW는 용선자가 아닌 S로부터 연료유 공급을 주문받았을 뿐, 나아가 OW가 용선자인 한국의 나용선자와 사이에 직접 연료유공급계약을 체결하였음을 인정할 증거가 없다. 한국의 나용선자와 싱가폴의 S는 지배구조와 임원진의 구성의 공통점에도 불구하고 S는 한국의 나용선자와는 별개의 법인이고, (중략) S가 나용선자의 대리인으로서 OW에게 위 연료유를 주문하였다고 인정하기에 부족하다. 따라서 OW가 S와 체결한 계약으로부터 발생한 이 사건 유류대금채권은 파나마국 법률상 이 사건 선박에 대한 선박우선특권에 의하여 담보되는 채권이 아니다. 임의경매개시결정을 취소한다.

3. 의 견

한국법이 준거법인 경우, 선박연료유 공급으로 인한 채권은 1962년 제정 상법하에서는 제861조 5호 "선박의 보존 또는 항해계속의 필요로 인하여 선장이 선적항 외에서 그 권한에 의하여 체결한 계약 또는 그 이행으로 인한 채권"에 해당하였다. 그러나, 1991년 상법개정에 의하여 이 조항이 삭제가 되었다. 그러므로 선박연료유채권은 더 이상 선박우선특권을 발생시키는 채권이 아니다.

그런데, 본 사건은 외국적 요소가 있으므로 국제사법 제60조에 의하여 선적국법인 파나마 법이 적용된다. 파나마 제55호 법률(2008.8.6.) 제244조는 "다음 채권은 선박에 대하여 우선권을 가지며, 본 조에 기재된 순서에 따라 그 가액에 대하여 행사할 수 있다"고 하고, 제9호에서 선박의 필수품과 의장에 관하여 발생한 지급의무 있는 채무를 피담보채권의 하나로 정하고 있다. 제27조는 "해상운송을 위하여 다른 사람 소유의 선박을 항해에 사용하는 자는, 자신이 직접 이를 운항하든지 아니면 다른사람을 통하여 운항하든지 관계없이, 제3자에 대한 관계에 있어서는 그 선박의 소유자로 간주된다. Petro Servicios, S.A. v. M/V Wedellsborg 판결에서 다른 사람이 소유하는 선박을 사용하는 자를 표현선주(ostensible owner)의 지위에 있는 자를 의미한다고 하였기 때문에 선체용선자, 정기용선자가 포함될 수 있다. 선박의 필수품 공급계약을 선주 또는 표현선주로 인정될 수 있는 자와 직접적으로 체결한 경우에 한해서만 선박우선특권의 성립을 인정하여 주관적 범위를 제한하였다.

이와 관련하여 대법원은 2014.12.24. 선고 2014다 27128 판결에서 "이 사건 선박의 소유자인 원고에 대하여 채무를 부담시킬 권한이 없는 이 사건 선박의 수리업자와 물품 공급계약을 체결하고 그 수리업자에게 물품을 공급한 피고들은 그 채권에 대하여 이 사건 선박에 관한 선박우선특권의 준거법인 파나마 해상법 제244조 제9호 소정의 선박우선특권을 주장할수 없다"고 판시한 바가 있다. 본 사건에서는 선체용선자와 OW가 직접 연료유공급계약을 체결한 것이 아니고 싱가폴의 공급자와 OW가 계약을 체결한 것이므로 제27조에 해당되지 않게 된다. 이를 피하기 위하여 피신청인은 한국의 선체용선자와 싱가폴의 S는 동일한 회사라는 취지의 주장을 하였지만, 법원은 이를 받아들이지 않았다. (판결문 전문 참조)

II. 운송주선인이 계약운송인으로 인정된 사례 (대법원 2017.1.25. 선고 2015다225851 판결)

1. 사실관계

한국의 수출자(송하인) 甲은 인도의 乙 수입자에게 철재를 수출하게 되었다. 수출자는 한국의 丙 운송주선인에게 운송을 의뢰하였다. 丙은 FIATA에서 정한 복합운송증권(하우스 선하증권)의 사본을 작성하여 수출자에게 교부하였다. 丙은 수출자를 대리하여 한진해운과 사이에 부산항부터 인도 첸나이항까지 이 사건 화물의 운송계약을 체결하였는데, 한진해운은 마스터 선하증권을 발행하였다. 운송 중 녹손이 발생하여 원고 보험자는 보험금을 수입자에게 지급하고 그 권리를 대위하여 丙과 한진해운에게 구상청구를 하게 되었다. 丙은 자신은 수출자의 대리인에 지나지 않으므로 책임이 없다고 주장하였다. 원심에서는 丙을 계약운송인으로 보아 丙의 손해배상책임을 인정하였다.

2. 법원의 판시내용

운송주선업자가 운송의뢰인으로부터 운송관련 업무를 의뢰받았다고 하더라도 운송을 의뢰받았는지, 운송주선만을 의뢰받은 것인지 여부가 명확하지 않은 경우에는 당사자의 의사를 탐구하여 운송인의 지위를 취득하였는지 여부를 확정하여야 한다. 당사자의 의

사가 명확하지 않은 경우에는 하우스 선하증권의 발행자 명의, 운임의 지급형태 등 제반 사정을 고려하여 논리와 경험칙에 따라 운송주선업자가 운송의뢰인으로부터 운송을 인수하였다고 볼 수 있는지 여부를 확정하여야 한다(대법원 2007.4.27. 선고 2007다4943 판결 참조).

원심은 "① 비록 이 사건 하우스 선하증권이 발행인 란에 날인이 되지 않은 사본이고 서렌더 직인이 날인되어 있어 유가증권성은 부인된다고 하더라도 수출자와 피고가 체결한 계약내용을 추단할 수 있는 문서로서의 증명력까지 부인된다고 볼 수는 없는 점 ② 특별한 운송설비나 신용을 갖추지 못한 운송주선인이라고 하더라도 운송인으로 행위하거나 책임을 부담할 의사가 전혀 없다고 단정할 수 없고, 오히려 상법 제116조 제2항은 그러한 운송주선인이라도 개입권을 행사한 경우 운송인으로 간주된다고 규정하고 있는 점 ③ 만약 피고가 운송주선인으로서의 책임만을 부담할 의사였다면 한진해운이 발행한 마스터 선하증권을 수출자에게 그대로 교부하면 되는데도, 굳이 피고의 명의로 된 하우스 선하증권을 작성하여 교부하였고, 또한 이 사건 하우스 선하증권에 "as agent for carrier"라는 문구가 부동문자로 인쇄되어 있기는 하나, 정작 피고는 하우스 선하증권상의 계약운송인이 누구인지 밝히지 못하고 있을 뿐만아니라 누구인지 특정할 수 있는 자료도 제출하지 못한 점 ④ 피고가 수출자로부터 이 사건 화물의 운송업무를 의뢰받은 운송구간은 부산항 컨테이너 야드에서 수하인의 창고까지인 반면, 한진해운이 인수한 운송구간은 부산항 컨테이너 야드에서 인도 첸나이항의 컨테이너 야드까지이므로, 만약 한진해운이 계약운송인이라면 인도 첸나이항에서 수하인의 창고까지는 계약운송인이 존재하지 않는 결과가 되는데, 이는 송하인의 의사에 반하는 점을 종합하여 보면, 피고는 수출자에 대하여 이 사건 화물에 대한 계약운송인에 해당한다"고 판시하였다.

원심은, "운송인은 자기 또는 선원이나 그 밖의 선박사용인이 운송물의 수령·선적·운송·보관·양륙과 인도에 관하여 주의를 해태하지 아니하였음을 증명하지 아니하면 운송물의 멸실·훼손 또는 연착으로 인한 손해를 배상할 책임을 지는데(상법 제795조 제1항), 운송인인 피고 또는 그 이행보조자에 해당하는 한진해운 등이 이 사건 화물의 수령·선적·운송·보관·양륙과 인도에 관하여 주의를 해태하지 아니하였다고 볼 아무런 자료가 없는 이상 계약운송인인 피고는 이 사건 화물 중 일부에 관하여 발생한 녹손으로 인한 손해를 배상할 책임이 있다"고 판시하였다. (중략) 상고를 기각한다.

3. 의 견

명칭이나 상호가 운송주선인이면서도 실제로 행하는 영업이 운송주선은 물론 운송을 포함하는 경우가 대부분이다. 그래서 실무에서 운송주선인이 운송에 개입된 경우 실제로는 운송인, 운송주선인 혹은 대리인으로 기능했는지를 살펴보아야 한다. 운송인이 되는 경우 자신은 운송수단이 없기 때문에 실제운송인을 이행보조자로 사용하여야 한다. 자신이 발행하는 선하증권은 하우스 선하증권(House B/L)이 되고 실제운송인이 발행하는 선하증권은 마스터 선하증권(Master B/L)이라고 불린다. 우리 대법원 판결중 운송주선인이 계약운송인으로서 기능한 경우로는 대법원 2000.3.10. 선고 99다55052 판결; 2003.10.24. 선고 2001다72296 판결이 있다.[1)]

본 사안에서는 丙은 자신은 송하인의 대리인이었을 뿐이고 계약운송인이 아니었기 때문에 운송물의 손상에 대하여 책임이 없다고 주장하였다. 그러나, 법원은 마스터 선하증권이 발행되고 丙이 하우스 선하증권을 발행한 점, 그리고 실제로 각 선하증권의 운송구간이 다르고 하우스 선하증권이 더 긴 점도 주목하면서, 그렇기 때문에 하우스 선하증권은 의미있는 것이 되었고 丙을 계약운송인으로 간주하였다.

운송인은 상법상 과실추정주의에 따라 자신이 과실이 없음을 입증하여야 한다. 운송인이 책임을 면하려면 자신이 스스로 상법 제795조 제1항에서 정한 의무를 다하여야 하는데, 본 사건에는 丙 운송인은 그러한 입증을 하지 못하였기 때문에 책임을 부담하게 된 것이다.

본 판결은 운송주선인이 계약운송인으로 기능하는 경우에 운송인으로서의 손해배상책임이 인정된 전형적인 것으로 공부하기에 아주 좋은 판결로 평가된다.

한편, 운송주선인이 대리인으로 기능한 경우로는 대법원 2007.4.26. 선고 200다5058 판결이 있고, 순수한 운송주선인으로 기능한 경우로는 대법원 2003.2.14. 선고 2002나39326 판결이 있다.[2)] (판결문 전문 참조)

---

1) 운송주선인의 지위에 대하여는 김인현, "운송주선인의 다양한 법적 지위에 따른 법률관계", 「안암법학」 제26호, 2008.4., 213면 이하; 최세련, "운송주선인의 법적 지위 및 히말라야 약관의 적용범위", 「한국해법학회지」 제30권 1호, 2008.4., 115면 이하.

2) 자세한 내용은 김인현, 「해상법」, 법문사, 2015, 158~161면을 참조 바람.

I. 국취부나용선(선체용선)자의 보험금 수령권 여부
(서울고등법원 2017.1.10. 선고 2015나2029365, 2029372 판결)

1. 사실관계

한국의 용선자(원고)는 피고(선박소유자)로부터 선박을 50개월 기간동안 선체용선을 하였다. 1일당 일화 130,000엔을 용선료로 하고 선박인도금을 38,000,000엔으로 하였다. 2008년 대한민국 부산항에서 선박을 인도받고 용선기간의 만료 후 피고는 원고에게 소유권을 이전한다는 약정이 있었다. 용선계약의 세부사항은 NYPE(1993)으로 하였다. 또한 용선계약서 제20조에는 선박이 멸실된 경우 선급금 중 경과되지 아니한 금액(멸실 또는 최후의 소식이 있었던 날부터 기산하여)은 바로 용선자에게 반환되어야 한다고 규정하고 있다.

본 선박은 H 보험자와 선박보험에 보험금 미화 1,350,000달러로 가입되어 있었는데, 보험계약은 원고로부터 선박관리를 위탁받은 S가 체결하였고, 보험료는 원고가 납부하였다. 이 사건 보험증권에는 피보험자로 소유자(owner) 피고, 관리인(manager) S로 기재되어 있었다.

위 선박은 2013.7. 침몰하였는데, 이 침몰은 용선기간 및 보험기간 안에 발생하였다. S로부터 보험금청구권을 양도받은 원고는 자신이 피보험자라고 주장하면서 H보험자에게 보험금을 청구하였지만, 오히려 피고는 H에게 자신이 정당한 보험금청구권자라고 주장하였다. 이에 H는 채권자 불확지를 이유로 피공탁자를 원고 또는 피고로 하여 부산지방법원에 약 14억원을 변제 공탁하기에 이르렀다.[1)]

원고는 "본 용선계약은 (i) 소유권 유보부 매매로서 용선료 및 선박인도금 합계 235,730,000엔의 92%에 해당하는 217,100,000엔을 이미 지급하였으므로 이 사건 선박에 대하여 자신이 92%만큼의 물권적 기대권을 가진다 (ii) 보험증권에 관리자인 S가 기

---

1) 채무자가 채무를 면하는 방법의 하나로 공탁이 있다.

재되어있지만, S는 자신의 대리인에 불과하고 비현명대리에 의한 피보험자 본인은 자신이다"고 주장하면서, 공탁금출급청구권 중 92% 지분권이 자신에게 있다는 확인을 법원에 구하였다.

2. 법원의 판시내용

이 사건 선체용선계약은 원고가 피고에게 약정 용선료 등(50개월간 1일당 130,000엔의 용선료+선박인도금 38,000,000엔)을 모두 지급하면 피고가 원고에게 이 사건 선박의 소유권을 이전한다는 내용으로서 실질적으로 소유권 유보부 매매와 유사한 성격이 내포되어 있는 것은 사실이다.

이 사건 선체용선계약에서는 용선기간에 따른 용선료 외에 선박인도금 38,000,000엔을 지급하도록 규정하고 있으므로, 원고로서는 용선기간 종료 후 용선료 총액 197,730,000엔의 약 20%에 이르는 선박인도금을 추가로 지급하여야만 이 사건 선박의 소유권을 취득할 수 있다. 일반적인 소유권취득조건부 선체용선계약의 경우 용선료 외에 추가적인 인도금이 없거나 형식적 수준의 금액으로 책정된다는 점을 고려하면, 이 사건 선체용선계약은 일반적인 소유권취득조건부 선체용선계약의 경우보다 더욱 임대차계약에 가깝다(용선기간 종료후 소유권취득 조건이 부가된 선박임대차라고 봄이 타당하다). 따라서 이 사건 선체용선계약이 소유권유보부 매매임을 전제로 원고가 이 사건 선박에 대하여 물권적 기대권(피보험이익)을 가진다는 원고의 주장은 이유없다.

이 사건 선체용선계약 제9조, 제15조가 이 사건 선박에 관한 보험은 용선자인 원고의 부담으로 가입하여야 한다는 취지로 규정하고 있는 사실, 이 사건 보험계약은 원고로부터 이 사건 선박의 관리를 위탁받은 선박관리회사인 S가 H와 체결한 사실, 그 보험료는 원고가 납입한 사실 등이 있다.

2012.7.자 보험계약의 보험증권상 피보험자는 "소유자 원고, 관리자 S"로 되어 있었다가 이 사건 보험계약의 체결로 "소유자 피고, 관리자 S"로 변경되었는데, 이는 S의 착오가 아니라 원고와 S의 담당직원 사이의 협의를 거쳐서 이루어진 것이다. 위와 같이 피보험자란의 소유자를 원고에서 피고로 변경한 것은 이 사건 선박의 소유자인 피고의 피보험이익을 보호해 주기 위한 것으로 보인다.

결국 이 사건 공탁금출급청구권은 이 사건 보험증권상 피보험자이자 이 사건 선박의 소유자인 피고에게 귀속되어야 한다.

3. 의 견

선체용선의 경우 용선자는 선박충돌로 인한 피해자에 대한 손해배상책임을 부담하고 선박보험에서는 충돌약관에 의하여 보험자가 그의 손해를 보상하도록 되어있다. 그러므로, 선체용선자도 용선된 선박에 대하여 피보험이익을 가진다. 나아가 용선기간의 만료시 소유권을 취득하는 선체용선계약인 국취부선체용선계약의 경우 용선자는 선박에 대한 물권적 기대권을 가진다. 용선기간의 만료시 이미 선가를 모두 지급한 상태이므로 선박의 침몰시 경제적 이익을 상실하게 되므로 그도 피보험이익을 가진다. 이러한 이유로 선체용선의 경우 피보험자로는 선박소유자는 물론 선체용선자도 공동피보험자로 기재되는 경우가 대부분이다.

국취부선체용선계약은 소유권유보부 선체용선계약으로 부를 수 있는데, 이것도 두 가지로 나누어볼 수 있다. 처음부터 용선기간만료시 소유권의 용선자에게 이전될 것이 약정된 선체용선계약과, 용선기간의 만료시 용선자가 소유권을 취득할 선택권을 가지는 경우가 있다.

단순 선체용선계약과 국취부선체용선계약의 가장 큰 차이점은 전자의 경우 용선료는 순수한 선박의 사용료에 지나지 않으므로 소액일 것이지만, 후자의 경우라면 전체 용선료의 합은 선박의 가액이므로 용선료는 고액일 수 밖에 없다. 그런데, 선박매입에 대한 선택권을 갖는 국취부선체용선계약에서 선택권을 행사할 때 상당한 금액을 지급하는 경우 용선료는 단순 선체용선계약과 동일하게 순수한 사용료에 근접할 것이다. 이러한 경우라면 용선기간 중 용선자의 선박에 대한 물권적 기대권은 낮다고 할 수 있다.

본 사건에서는 용선기간이 거의 만료에 가까웠지만 선박이 침몰하자 선체용선자가 국내 보험자에게 선체보험금의 지급을 구하였다. 그런데, 보험증권에 피보험자로 선박소유자와 선박관리인만이 기재되어 있었기 때문에 보험자는 공탁을 하여 채무를 면하게 되었다. 과연 선체용선자가 보험금을 지급받을 자격이 있는지가 쟁점이 되었다.

서울고등법원은 본 용선계약에서 용선기간의 만료시 선가의 20%에 상당하는 금액을 용선자가 선박소유자에게 지급하고, 50개월간 지급하던 용선료도 선박의 사용대가인 용선료보다 크게 차이가 나지 않는다고 보았다. 결국 본 선체용선계약은 순수한 소유권유보부 선체용선계약이 아니라, 선박에 대한 매입의 선택권이 붙은 것으로 단순 선체용선계약과 가깝다고 보아, 선체용선자의 물권적 기대권을 인정하지 않았고 결국 선박에 대한 피보험이익이 선체용선자에게는 없는 것이 되었다.

또한 선박관리인은 선체용선자 자신의 대리인이기 때문에 자신은 본인으로서 당연히 피보험자라는 원고 용선자의 주장에 대하여 이전의 보험계약에서는 피보험자로 "선체용선자"가 포함되고 선박소유자가 포함되지 않았었는데, 본 계약에서 선박소유자를 피보험자로 추가한 것은 선박소유자를 보호하기 위한 목적이 있었다고 보았다.

만약, 용선계약의 종료와 함께 추가적인 대금의 지급없이 용선자가 소유권을 취득하는 계약이 체결되었다면 법원은 물권적 기대권을 인정하여 선체용선자도 피보험이익이 있다고 보았을 것이다. 국취부 선체용선의 경우에는 선체용선자도 피보험자에 등재되도록 해야 분쟁없이 선박보험금을 수령할 수 있을 것이다(피고가 부당이득을 취하므로 이를 원고에게 반환하여야 한다는 주장도 본 재판에서 다투어졌지만 거의 인정되지 않았음). (판결문 전문 참조)

II. 세월호에 적재된 화물차량에 적재된 화물도 보험부보 대상인지 여부

(서울고등법원 2016.4.21. 선고 2015나2030020 판결)

1. 사실관계

운송알선업을 영위하는 피고는 적재물을 서울에서 제주까지 운송하는 운송계약을 체결하면서 이 사건 적재물의 운송과정에서 발생된 사고로 인하여 적재물에 관한 배상책임을 부담하게 되는 경우에 대비하기 위하여 원고 보험회사와 사이에 적재물 가액 4억원인 적재물 배상책임보험계약을 체결하였다.

적재차량을 인천에서 세월호에 실었지만 운송 중 세월호가 2014.4. 침몰하였다. 원고는 이 사건 보험계약은 약관 규정상 피보험자가 차량운송 및 화물운송 부수사업을 수행하는 과정에서 발생한 보험사고로 인한 손해만을 담보하는데, 이 사건 사고는 차량운송 및 화물운송 부수사업의 범위를 벗어난 해상운송 중 발생한 것이므로 이로 인한 손해는 이 사건 보험계약이 담보하는 손해가 아니므로 원고는 피고에게 이 사건 보험계약에 따른 보험금지급의무를 부담하지 아니한다고 주장하면서 채무부존재확인의 소를 제기하였다.

피고는 이에 대하여 원고는 이 사건 보험계약 체결시 차량을 선박에 선적시켜 이동하는 중에 발생하는 사고로 인한 손해는 담보대상에서 제외된다는 취지 등 보험상품의 내용 및 담보대상에 관하여 아무런 설명도 하지 아니하였으므로 위와 같은 설명의무 위반에 따라 원고는 이 사고로 인한 손해는 이 사건 보험계약의 담보대상에서 제외된다고 주장할 수 없다고 주장하였다.

2. 법원의 판시내용

이 사건 약관에 의하면 그 가입대상은 화물자동차운송사업법에서 규정한 화물자동차 운송사업자 및 운송가맹사로 한정되어 있고 용어의 정의 규정에서는 보상하는 손해규정의 "법률상의 배상책임"에 대하여 "화물운송자동차운수사업법상의 손해배상책임에 따른 배상금을 말한다"고 정의하고 있다. 화물자동차운수사업법은 자동차 운송업을 규율하는 법률이다. 이 법 제7조에서 화물의 멸실, 훼손 또는 인도의 지연으로 발생한 운송사업자의 손해배상책임에 관하여 상법 제135조의 운송인의 손해배상책임을 준용하고 있는데, 상법은 해상운송인의 손해배상책임에 관하여는 상법 제135조와는 별도로 '해상편'에 그 근거규정을 따로 두고 있음에도 화물자동차운수사업법은 상법상 해상운송인의 손해배상책임 규정을 준용하지 않고 있다.

이 약관상 보상하는 손해는 "운송과정 동안에 발생된 보험사고"로 정하고 있고, 운송과정에 관하여는 "차량운송 및 화물운송부수업무"라고 명시하고 있으므로(제46조), 차량운송 및 화물운송부수업무의 범위를 벗어난 경우에는 위 약관의 담보범위에서 제외된다고 보아야 한다. "차량운송"이란 차량을 동력수단으로 사용하는 운송을 가리키는 것으로서, 차량이 선박이나 비행기에 선적되어 선박이나 비행기를 동력수단으로 하여 이동되는 경우에는 차량을 동력수단으로 사용하였다고 볼 수 없어 이를 차량운송이라고 할 수 없다.

이 사건 약관에 의하면, 피보험자가 차량을 동력원으로 하여 육상에서 화물을 운송하는 중에 발생한 사고로 인하여 화주에 대하여 손해배상책임을 지는 경우에 한하여 보험금이 지급되고, 피보험자가 화물을 적재시킨 상태의 차량을 선박에 선적시켜 운송하는 경우에는 보험금을 지급받을 수 없는바, 이는 보험자의 책임범위와 관련되는 해당 보험상품의 중요한 내용에 해당하는 사항으로서 보험자의 구체적이고 상세한 명시·설명의무의 대상이 된다고 할 것이다. (중략) 피고가 이 사건 보험계약의 담보대상이 육상운송의 경우에만 담보되는 것임을 별도의 설명없이도 충분히 예상할 수 있었다고 보기도 어렵다.

원고가 피고에게 명시 설명의무를 이행하였음을 인정할 아무런 증거가 없는 이 사건에서 원고는 이 사건 보험계약이 육상운송의 경우에만 부보범위에 포함된다는 것을 보험계약의 내용으로 주장할 수 없다. 따라서 이 사고는 보험계약에서 보장하는 운송과정에서 일어난 사고라고 보는 것이 타당하므로, 이 사고로 인한 손해를 보험계약에서 담보하는 손해라고 보아야 한다.

3. 의 견

피고는 화물자동차 운송사업자로서 차량에 적재물을 싣고 운송하는 자로서 적재물 배상책임보험에 의무가입하였는데, 차량이 해상운송을 하는 세월호에 실린 채로 운반 중 멸실, 훼손되었다. 손해를 배상한 운송인이 책임보험자인 원고에게 보험금 청구를 하자, 원고는 이는 이 보험계약이 담보하는 사고가 아니라는 취지로 채무부존재확인의 소를 제기한 것이다. 법원은 본 보험계약은 화물자동차운수사업법 제35조에 의거하여 운송인이 부담하는 책임을 부보해주는 것이기 때문에 해상운송을 하던 중 발생한 사고는 부보범위가 아닐 뿐더러 부보대상인 '차량운송' 중의 사고에서 차량운송이란 차량을 동력수단으로 활용하는 것인데, 선박에 가만히 실려있는 상태는 차량운송 상태가 아니라고 보았다. 적재물 배상책임보험은 화물자동차운수사업법상 규정된 육상 화물운송인의 손해배상책임을 강제적으로 담보시키는 보험이기 때문에 법원의 이러한 해석은 정당하다고 보인다. 그렇다면, 인천에서 제주로 해상이동 중에는 차량의 소유자는 보호받지 못하므로 적재물의 소유자는 적하보험자와 적하보험에 가입하는 것이 좋을 것이다.

한편, 보험자는 명시·설명의무가 있는데, 운송 중이던 자동차를 해상운송수단에 실어서 운송 중에는 이 보험의 적용범위가 아니라는 사실은 중요한 사항이므로 보험계약자에게 알렸어야 할 사항이라고 보았다.

약관규제 등에 관한 법률에 의하면 보험자가 그러한 설명의무를 다하지 못한 경우 약관상 그 내용을 보험자가 주장할 수 없기 때문에(제3조 제4항) 보험자는 보험금을 지급할 의무가 있다는 판결이 내려진 것이다. **(판결문 전문 참조)**

판결문 전문

〈제2호－Ⅰ－①〉
〈제2호－Ⅰ－②〉
〈제2호－Ⅱ〉
〈제3호－Ⅰ, Ⅱ〉
〈제3호－Ⅲ〉
〈제3호－Ⅳ〉
〈제4호－Ⅰ－①〉
〈제4호－Ⅰ－②〉
〈제4호－Ⅰ－③〉
〈제4호－Ⅱ〉
〈제4호－Ⅲ〉
〈제4호－Ⅳ〉
〈제5호－Ⅰ〉
〈제5호－Ⅱ〉
〈제5호－Ⅲ〉
〈제6호－Ⅰ〉
〈제6호－Ⅱ〉
〈제6호－Ⅲ〉
〈제7호－Ⅰ〉
〈제7호－Ⅱ〉
〈제8호－Ⅰ〉
〈제8호－Ⅱ－①〉
〈제8호－Ⅱ－②〉
〈제8호－Ⅱ－③〉
〈제9호－Ⅰ－①〉
〈제9호－Ⅰ－②〉
〈제9호－Ⅱ〉
〈제10호－Ⅰ－①〉
〈제10호－Ⅰ－②〉
〈제10호－Ⅱ〉
〈제11호－Ⅰ〉
〈제11호－Ⅱ－①〉
〈제11호－Ⅱ－②〉
〈제11호－Ⅱ－③〉
〈제12호－Ⅰ－①〉
〈제12호－Ⅰ－②〉
〈제12호－Ⅰ－③〉
〈제12호－Ⅱ〉
〈제13호－Ⅰ－①〉
〈제13호－Ⅰ－②〉
〈제13호－Ⅰ－③〉
〈제13호－Ⅱ－①〉
〈제13호－Ⅱ－②〉
〈제13호－Ⅱ－③〉
〈제14호－Ⅰ－①〉
〈제14호－Ⅰ－②〉
〈제14호－Ⅰ－③〉
〈제15호－Ⅰ〉
〈제16호－Ⅰ〉
〈제16호－Ⅱ〉
〈제17호－Ⅰ〉
〈제17호－Ⅱ－①〉
〈제17호－Ⅱ－②〉
〈제18호－Ⅰ〉
〈제18호－Ⅱ〉
〈제19호－Ⅰ〉
〈제19호－Ⅱ－①〉
〈제19호－Ⅱ－②〉
〈제20호－Ⅰ〉
〈제20호－Ⅱ〉

〈제2호-I-①〉

부 산 지 방 법 원

제 3 민 사 부

결 정

사 건	2009라209 운송물경매허가신청결정에 대한 즉시항고
항 고 인	丙, 은행
상 대 방	丁, 운송인
제1심 결정	부산지방법원 동부지원 2008. 12. 9.자 2008비단2 결정

주 문

이 사건 항고를 기각한다.

이 유

1. 항고인의 주장

항고인의 항고이유의 요지는, 별지 목록 각 중고기계는 회생절차개시결정을 받은 주식회사 甲(매수인)의 재산으로서 상대방은 주식회사 甲의 회생담보권자임에도 불구하고 위 각 중고기계에 대하여 경매를 허가한 제1심 결정은 채무자 회생 및 파산에 관한 법률에 위배되어 부당하다는 취지이다.

2. 판 단

회생채권 또는 회생절차개시결정이 있는 때에는 회생채권 또는 회생담보권에 기한 강제집행 등이 금지되고(채무자 회생 및 파산에 관한 법률 제58조 제1항 제2호), 여기서 회생담보권이라 함은 회생절차개시 전의 원인으로 생긴 채무자 외의 자에 대한 재산상의 청구권으로서 회생절차개시 당시 채무자의 재산상에 존재하는 유치권 · 질권 · 저당권 · 양도담보권 · 가등기담보권 · 전세권 또는 우선특권으로 담보된 범위의 것을 말한다(위 법률 제

141조 제1항 본문).

먼저 별지 목록 제1, 2항 기재 중고기계(이하 '이 사건 제1, 2항 중고기계'라 한다)에 관하여 살피건대, 기록에 의하면 이 사건 제1, 2항 중고기계에 관한 선하증권(증권번호 ○○○○○○○○○○, ○○○○○○○○○○)은 주식회사 甲이 소지하고 있는 사실을 인정할 수 있는바, 위 인정사실에 의하면 이 사건 제1, 2항 중고기계는 그 선하증권의 소지인인 주식회사 甲의 소유라고 할 것이고, 상대방의 이 사건 제1, 2항 중고기계에 관한 이 사건 운송물경매허가 신청은 주식회사 甲 외의 자가 아닌 주식회사 甲에 대한 재산상의 청구권에 기한 것이라 할 것이므로, 상대방의 이 사건 제1, 2항 중고기계에 관한 운송료 등 채권은 회생담보권에 해당한다고 할 수 없어, 항고인의 이 부분 주장은 이유 없다.

다음으로 별지 목록 제3항 기재 중고기계(이하 '이 사건 제3항 중고기계'라 한다)에 관하여 살피건대, 기록에 의하면 주식회사 甲은 이 사건 제3항 중고기계에 관한 선하증권상 통지처로 기재되어 있는 사실을 인정할 수 있을 뿐이고, 달리 주식회사 甲이 위 선하증권을 소지하는 사실을 인정할 자료가 없으므로, 이 사건 제3항 중고기계가 주식회사 甲의 재산이라는 것을 전제로 하는 이 부분 항고인의 주장 역시 이유 없다.

3. 결 론

그렇다면 제1심 결정은 정당하므로 항고인의 이 사건 항고는 이유 없어 이를 기각하기로 하여 주문과 같이 결정한다.

2009. 12. 30.

재판장 판 사 장 홍 선
판 사 권 소 영
판 사 김 병 만

〈제2호-I-②〉

대 법 원

결 정

사 건	2010마122 운송물경매허가신청결정에대한재항고
재 항 고 인	농업협동조합중앙회
상 대 방	하파그-로이드 악티엔 게젤사프트
제1심 결정	부산지법 2009. 12. 30.자 2009라209 결정

주 문

재항고를 기각한다.

이 유

재항고이유를 판단한다.

1. 채무자 회생 및 파산에 관한 법률(이하 '채무자회생법'이라고 한다) 제119조 제1항에 의하면, 쌍무계약에 관하여 채무자와 그 상대방이 모두 회생절차개시 당시에 아직 그 이행을 완료하지 아니한 때에는 관리인은 계약을 해제 또는 해지하거나 채무자의 채무를 이행하고 상대방의 채무이행을 청구할 수 있지만, 회생계획안 심리를 위한 관계인집회가 끝난 후에는 계약을 해제 또는 해지할 수 없다. 이 경우 관리인이 더 이상 계약을 해제 또는 해지할 수 없게 된 이상 이행의 선택을 한 것으로 보아야 하므로, 상대방이 갖는 청구권은 같은 법 제179조 제1항 제7호에 의하여 공익채권에 해당하게 된다.

한편 매도인과 매수인이 본선인도조건(F.O.B.)으로 수출입매매계약을 체결하면서도 매수인이 선복을 확보하지 않고 매도인이 수출지에서 선복을 확보하여 운송계약을 체결하되, 운임은 후불로 하여 운임후불(FREIGHT COLLECT)로 된 선하증권을 발행받아, 매수인이 수하인 또는 선하증권의 소지인으로서 화물을 수령할 때 운송인에게 그 운임을 지급하기로 약정한 경우, 특별한 사정이 없는 한 매수인이 매도인에게 자신을 대리하여 운송계약을 체결하는 권한을 부여하여 운송계약을 체결한 것으로 볼 것이므로 그 운송계약의 당사자는 해상운송인과 매수인이라고 할 것이다(대법원 1996. 2. 9. 선고 94다27144 판결, 대법원 2000. 8. 18. 선고 99다48474 판결 등 참조).

2. 원심결정 이유와 기록에 의하면, 다음과 같은 사실을 알 수 있다.

(1) 재항고인은 신용장(번호 생략)의 개설은행으로서 2008. 2.경 수입업자인 주식회사 양보(이하 '매수인 회사'라 한다)와 사이에 신용장대금 채권의 이행을 확보하기 위하여 수입예정 물품인 원심결정 별지 목록 제1항 내지 제3항 기재 중고기계(이하 '이 사건 제1항 내지 제3항 중고기계'라고 한다)에 관하여 양도담보설정계약을 체결하였다.

상대방은 수출업자인 심코 에스피 지 오 오(SYMCO SP. Z. O. O., 이하 '심코'라고 한다)와 사이에 2008. 7. 11.과 같은 해 9. 16. 및 같은 해 10. 24.에 각 이 사건 제1항 내지 제3항 중고기계를 폴란드 그디니와(GDYNIA)항에서 국내 부산항으로 운송하기로 하는 해상운송계약을 체결하되, 수출업자인 심코와 수입업자인 매수인 회사가 본선인도조건으로 수출입매매계약을 체결함에 따라 이에 맞추어 운임후불조건의 약정을 하였다.

(2) 위 양도담보설정계약과 해상운송계약 등의 조건에 따라 이 사건 제1항 내지 제3항 중고기계에 관하여 송하인은 수출업자인 심코로, 수하인은 신용장 개설은행인 재항고인 또는 재항고인이 지시하는 자로, 통지처가 수입업자인 매수인 회사로 각 기재되고, 본선인도조건 및 운임후불조건이 기재된 지시식 선하증권(증권번호 생략)이 각 발행되었다.

(3) 폴란드 그디니와항에서 이 사건 제1항 내지 제3항 중고기계를 선적한 각 선박이 2008. 8. 17.경, 같은 해 10. 26.경 및 같은 해 2008. 11. 28.경 순차로 양륙항인 부산항에 도착하였다.

매수인 회사는 2008. 7. 23.경 재항고인에 대하여 수입화물 대도신청을 한 후 그 무렵 이 사건 제1항 중고기계에 관한 선하증권을 재항고인으로부터 교부받고, 같은 해 10. 6.경 재항고인에 대하여 수입화물 대도신청을 한 후 그 무렵 이 사건 제2항 중고기계에 관한 선하증권을 재항고인으로부터 교부받았다. 그러나 이 사건 제3항 중고기계에 관한 선하증권은 위 양도담보설정계약에 따라 재항고인이 취득한 후 이를 계속 소지하고 있다.

(4) 부산지방법원은 2008. 11. 18. 11:00 매수인 회사에 대하여 회생절차개시결정(2008회합13)을 하였다.

(5) 상대방은 주식회사 양보 및 재항고인에 대하여 운임 등의 미지급을 이유로 이 사건 제1항 내지 제3항 중고기계의 인도를 거절하며 2008. 12. 1. 매수인 회사와 재항고인의 주소지로 1일 192,000원의 체화료가 매일 추가로 발생하고 있다는 사실을 통지함과 함께 운임 등의 조속한 지급을 최고하는 내용증명을 각 발송하였다.

그리고 상대방은 2008. 12. 5. 부산지방법원에 이 사건 제1항 내지 제3항 중고기계에 관하여 상법 제807조의 유치권과 상법 제808조 제1항의 우선변제권을 갖고 있음을 주장하며 이 사건 운송물경매허가신청을 하였다.

(6) 한편 매수인 회사가 제출한 회생계획안은 회생계획 심리 및 결의를 위한 관계인집회를 거쳐 2009. 11. 26. 회생법원에서 인가되었다.

3. 위 사실관계를 앞에서 본 법리에 비추어 살펴본다.

이 사건 제1항 내지 제3항 중고기계에 관한 각 해상운송계약은 해상운송인인 상대방과 수출업자인 심코 사이에 체결되었지만, 수출업자인 심코와 수입업자인 매수인 회사가 본선인도조건으로 수출입매매계약을 체결함에 따라 이에 맞추어 운임후불조건으로 체결되었고 그 본선인도조건 및 운임후불조건이 이 사건 제1항 내지 제3항 중고기계에 관한 각 선하증권에도 기재되어 있으므로, 위 각 해상운송계약은 수출업자인 심코가 수입업자인 매수인 회사를 대리하여 체결한 것으로서 그 계약당사자는 상대방과 매수인 회사라고 할 것이다.

또한 위 각 해상운송계약은 쌍무계약으로서 매수인 회사에 대하여 회생절차가 개시된 2008. 11. 18. 당시 상대방의 매수인 회사에 대한 이 사건 제1항 내지 제3항 중고기계의 인도의무 및 매수인 회사의 상대방에 대한 운임 등의 지급의무는 모두 쌍방 미이행된 상태에 있었으므로, 상대방의 매수인 회사에 대한 운임채권 등은 매수인 회사의 관리인이 이행 또는 해제를 선택하기 전에는 회생채권이나 공익채권 어느 경우에도 해당하지 아니한 상태에 있었다(대법원 2007. 9. 6. 선고 2005다38263 판결 참조).

그런데 매수인 회사는 회생절차개시 이후 회생계획안의 심리 및 결의를 위한 관계인집회를 거쳐 회생법원으로부터 회생계획인가결정을 받았는바, 매수인 회사의 관리인이 회생절차개시 이후 회생계획안의 심리를 위한 관계인집회가 끝나기까지 위 각 해상운송계약을 해제 또는 해지하였다고 볼 아무런 자료가 없으므로, 매수인 회사의 관리인은 위 기한의 도과로써 위 각 해상운송계약을 해제 또는 해지할 수 없게 되었고 이로써 이행의 선택을 한 것으로 보아야 하므로, 상대방이 갖는 청구권은 공익채권에 해당하게 된다.

그렇다면 상대방의 매수인 회사에 대한 운임채권 등이 이 사건 제1항 내지 제3항 중고기계에 관한 유치권(상법 제807조) 또는 우선변제권(상법 제808조 제1항)에 의하여 담보되고 있다고 볼 수 있는 이 사건에서, 위 운임채권 등은 회생절차개시 후 그 실행이 중지·금지되는 회생담보권이 아니라 채무자회생법 제180조에 의하여 회생절차에 의하지 아니하고 수시로 그 권리를 행사할 수 있는 공익담보권에 해당한다고 할 것이다.

원심의 이유설시에 적절하지 아니한 점이 없지 아니하나, 이 사건 제1항 내지 제3항 중고기계에 의하여 담보되고 있는 상대방의 매수인 회사에 대한 운임채권 등이 회생담보권에 해당함을 전제로 하여 이 사건 운송물경매허가신청의 불허를 구하는 재항고인의 주장을 배척한 결론은 정당하고, 거기에 재항고이유에서 주장하는 바와 같은 회생담보권에 관한 법리오해 등의 위법이 없다.

4. 결 론

그러므로 재항고를 기각하기로 하여 관여 대법관의 일치된 의견으로 주문과 같이 결정한다.

2012. 10. 11.

재판장 판 사 김 신

판 사 민일영

주 심 이인복

주 심 박보영

〈제2호-II〉

서 울 고 등 법 원

제 1 9 민 사 부

판 결

사 건	2012나7202(본소) 채무부존재확인 2012나7214(반소) 채무부존재확인
원고(반소피고), 피항소인 겸 항소인	
	메리츠화재해상보험 주식회사
피고(반소원고), 항소인 겸 피항소인	
	인성실업 주식회사
제1심판결	서울서부지방법원 2011. 12. 8. 선고 2011가합3602(본소), 2011가합12026(반소) 판결
변 론 종 결	2012. 10. 25.
판 결 선 고	2012. 11. 22.

주 문

1. 제1심 판결을 다음과 같이 변경한다.
   가. 원고(반소피고)와 피고(반소원고) 사이에 체결된 별지 목록 1, 2 기재 각 보험계약에 기한 보험금 지급채무는 존재하지 아니함을 확인한다.
   나. 피고(반소원고)의 반소청구를 기각한다.
2. 소송총비용은 피고(반소원고)가 부담한다.

청구취지 및 항소취지

1. 청구취지

본소 : 주문 제1의 가항 기재와 같다.

반소 : 원고(반소피고, 이하 '원고'라 한다)는 피고(반소원고, 이하 '피고'라 한다)에게 미화 3,000,000달러와 648,796,260원 및 위 각 금원에 대하여 2010. 12. 14.부터 이 사건

반소장 부본 송달일까지 연 6%, 그 다음날부터 다 갚는 날까지 연 20%의 각 비율에 의한 금원을 지급하라.

2. 항소취지

원고 : 제1심 판결의 본소에 관한 부분을 변경하여 본소 청구취지 기재와 같은 판결을 구한다. 제1심 판결의 반소에 관한 부분 중 원고 패소부분을 취소하고 그 취소부분에 해당하는 피고의 반소청구를 기각한다.

피고 : 제1심 판결의 본소에 관한 부분 중 피고 패소부분을 취소하고 그 취소부분에 해당하는 원고의 청구를 기각한다. 제1심 판결의 반소에 관한 부분 중 아래에서 추가로 지급을 명하는 부분에 해당하는 피고 패소부분을 취소한다. 피고는 원고에게 미화 3,000,000달러와 162,199,065원 및 위 각 금원에 대하여 2010. 12. 14.부터 2011. 10. 6.까지 연 6%, 그 다음날부터 다 갚는 날까지 연 20%의 각 비율에 의한 금원을 지급하라.

이 유

1. 기초사실

가. 보험계약의 체결

1) 선박에 대한 보험계약

대한민국 법인인 원고는 2010. 4. 30. 대한민국 법인인 피고와 사이에 피고 소유의 A (이하 '이 사건 선박'이라 한다)에 대하여 별지 목록 1 기재와 같은 선박보험계약(이하 '이 사건 선박보험'이라 한다)을 체결하였다. 원고가 같은 날 발행한 이 사건 선박보험증권(영어로 작성되었다)에는 이 사건 선박보험에 1983. 10. 1. 제정된 영국의 협회기간약관[Institute Time Clauses(hull－1/10/83)]이 적용된다고 기재되어 있고, '항해구역 : 인도양 중 협회담보약관[1]이 정한 구역 내(Trading Limit : Indian Ocean within I. W.[2])' 라는 기재가 있다. 위 협회기간약관 및 협회담보약관의 규정 중 이 사건에 관련된 부분은 아래 기재와 같다.

〈협회기간약관〉

이 보험은 영국의 법률 및 관례에 준거함(This insurance is subject to English law and practice)

1) 협회항로정한약관이라고도 한다.
2) INSTITUTE WARRANTIES의 약자이다.

3. 담보위반(BREACH OF WARRANTY)

적하, 운항, 항해구역, 예항, 구조작업 또는 출항일자에 관한 담보위반이 생겼을 경우에는 그 사실을 인지한 후 보험자에게 즉시 통보하고 보험자가 요구하는 조건의 변경과 추가보험료에 대한 합의가 이루어지는 경우에는 담보가 계속된다(Held covered in case of any breach of warranty as to cargo, trade, locality, towage, salvage services or date of sailing, provided notice be given to the Underwriters immediately after receipt of advices and any amended terms of cover and any additional premium required by them be agreed).

〈협회담보약관〉

5. 'Pantogonia', 'Chile' 또는 'Falkland' 도서의 항구나 장소를 제외하고 'Kerguelen', 'Croset' 도서 또는 남위 50도 이남의 항해를 정한함. 그러나 이 협회담보약관에 의하여 제외되지 않은 항구나 장소를 출입하는 도상이라면 남위 50도 이남의 해역을 통과할 자유재량권이 부여됨(Warranty not proceed to Kerguelen and/or Croset Islands or south of 50°S. Lat., except to ports and/or places in Patagonia and/or Chile and/or Falkland Islands, but liberty is given to enter waters south of 50°S.Lat., if en route to or from ports and/or places not excluded by this warranty).

2) 적하에 대한 보험계약

원고는 2010. 7. 13. 피고와 이 사건 선박의 적하에 대하여 별지 목록 2 기재와 같은 적하보험계약(이하 '이 사건 적하보험'이라 하고, 이 사건 선박보험과 합하여 '이 사건 각 보험'이라 한다)을 체결하였다. 이 사건 적하보험증권(영어로 작성되었다)의 전면에는 조업구역(at and from)이 '인도양, 남대서양, 남빙양'이라고 기재되어 있고, 이 사건 적하보험에 협회냉동식품약관(C)[3](이하 '냉동식품약관'이라 한다)과 어획물보험특별약관(A)[4](이하 '어획물약관'이라 한다)이 적용되며, '이 증권에 포함되어 있거나 또는 이 증권에 첨부되는 어떠한 반대되는 규정에도 불구하고 이 보험은 일체의 전보청구 및 결제에 관하여 영국의 법률과 관습에만 의한다.[5]'고 기재되어 있다. 위 냉동식품약관과 어획물약관 중 이 사건에 관련된 부분은 아래 기재와 같다.

---

3) INSTITUTE FROZEN FOOD CLAUSES (C)

4) SPECIAL FISHING PRODUCT CLAUSE(A)

5) Notwithstanding anything contained herein or attached hereto to the contrary, this insurance is understood and agreed to be subject to English law and practice only as to liability for and settlement of any and all claims.

〈냉동식품약관〉

10. 이 보험의 개시 후 목적지가 피보험자에 의하여 변경된 경우에는 보험자에게 지체 없이 통지할 것을 조건으로 추후에 협정되어야 할 보험료 및 보험조건에 의하여 담보가 유지됨(Where, after attachment of this insurance, the destination is changed by the Assured, held covered at a premium and on conditions to be arranged subject to prompt notice being given to the Underwriters).

19. 이 보험은 영국법과 관습에 준거한다(This insurance is subject to English law and practice.)

〈어획물약관〉

2. 여타의 다른 규정에도 불구하고 본 보험은 어획물이 증권에 기재된 선박의 냉동실/냉장실/선창에 처음 입고되었을 때에 개시하여, 증권에 기재된 어로작업 기간 동안 계속되며 다음의 시점에 종료한다.

(a) 증권에 기재된 어장으로부터 이탈한 때

[Notwithstanding anything contained herein to the contrary, for each catch of fish this Insurance attaches from the time the goods hereby insured first come into the Freezing Chambers and/or Refrigeration Chambers and/or fishing warehouse of the fishing vessel named in the policy, and continues during the specified fishing period, and terminates either.

(a) on deviation from fishing ground named in the policy.]

나. 항해구역의 변경 합의

1) 피고는 이 사건 선박보험의 보험기간이 개시된 후인 2010. 11. 11. 원고에게 이 사건 선박의 남극어장에서의 조업을 위하여 한 달간 조업수역을 남위 65도까지 추가확장담보하고 대양을 태평양수역으로 변경해줄 것을 요청하였고, 원고는 같은 날 이를 승낙하여 추가보험료를 미화 8,403달러(이하 '달러'라 한다), 이 사건 선박보험의 항해구역을 태평양 및 남위 65도까지, 기간을 2010. 11. 11.부터 같은해 12. 11.까지로 하는 선박 배서 및 청구서(HULL ENDORSEMENT/INVOICE)(이하 선박 배서 및 청구서를 '선박배서장'이라 하고, 2010. 11. 11. 발행된 선박배서장을 '이 사건 1차 배서장'이라 한다)를 피고에게 발송하였다.

2) 피고는 2010. 12. 2. 원고에게 이 사건 선박의 남극어장에서의 조업을 위하여 같은 달 10.까지 조업수역을 남위 67도까지 변경해줄 것을 요청하였고, 원고는 같은 날 이를 승낙하여 추가보험료를 214.5달러, 이 사건 선박보험의 항해구역을 남위 67도까지, 기간

을 2010. 12. 2.부터 같은 달 10.까지로 하는 선박배서장(이하 '이 사건 2차 배서장'이라 한다)을 피고에게 발송하였다.

다. 보험사고의 발생

이 사건 선박은 2010. 12. 13(월요일) 4:30(대한민국 시간, 이하 같다)경 항해 도중 태평양쪽 남빙양에 해당하는 남위 63도 20분, 서경 160도 15분 지점(예상위치)에서 전복되어 침몰(이하 '이 사건 사고'라 한다)하였는데, 이로 인하여 이 사건 선박은 수몰되었고 이 사건 선박에 적재되어 있던 시가 648,796,260원 상당의 어획물이 멸실되었다.

라. 피고의 조업수역 변경요청통지

피고는 이 사건 사고의 발생사실을 알고 2010. 12. 13. 05:45경 원고에게 팩스로 이 사건 선박의 남극어장에서의 조업을 위하여 앞으로 1달 동안 조업수역을 남위 67도까지 변경해줄 것을 요청하는 통지를 보냈다.

[인정근거] 다툼 없는 사실, 갑 제1 내지 10호증(가지번호 있는 경우 각 가지번호 포함)의 각 기재, 변론 전체의 취지

2. 준거법에 관한 판단(이하 본소와 반소를 함께 본다)

가. 국제사법의 적용

국제사법 제1조는 "이 법은 외국적 요소가 있는 법률관계에 관하여 국제재판관할에 관한 원칙과 준거법을 정함을 목적으로 한다."고 규정하고 있는데, 위와 같은 외국적 요소가 있는지 여부는 거래당사자의 국적뿐만 아니라 주소, 물건 소재지, 행위지, 사실 발생지 등이 외국과 밀접하게 관련되어 있는지 등을 종합적으로 고려하여야 하고, 그 결과 곧바로 내국법을 적용하기 보다는 국제사법을 적용하여 그 준거법을 정하는 것이 더 합리적이라고 인정되는 법률관계에 대하여는 국제사법의 규정을 적용하여 준거법을 정하여야 한다(대법원 2008. 1. 31. 선고 200426454 판결 참조).

앞서 본 사실관계에 의하면, 이 사건 각 보험의 당사자는 모두 대한민국 법인이기는 하나 이 사건 선박보험의 대상물이자 이 사건 적하보험의 전제가 되는 이 사건 선박은 조업을 위하여 인도양, 태평양, 남빙양 등을 항해하는 선박이고 이 사건 사고 역시 남빙양에서 발생하였으므로 물건의 소재지나 보험사고의 발생지가 대한민국의 영해가 아니라는 점, 이 사건 각 보험증권, 그 약관 등도 모두 영어로 작성된 점, 이 사건 선박 보험의 경우 보험금도 미화로 정해진 점, 아래에서 보는 바와 같이 각 보험의 준거법도 영국법으로 정해진 점 등을 종합하여 보면, 이 사건에는 외국적 요소가 있다고 보이고, 따라서 국제사법을 적용하여 그 준거법을 정하는 것이 더 합리적이라고 보인다.

나. 준거법의 결정

국제사법 제25조 제1항 본문은 "계약은 당사자가 명시적 또는 묵시적으로 선택한 법에 의한다."고 규정하고 있다.

이 사건 선박보험에 적용되는 협회기간약관에서 이 사건 선박보험의 준거법을 영국의 법률과 관습으로 정한 사실은 앞서 본 바와 같고, 특별한 사정이 없는 한 이러한 영국법 준거약관은 오랜 기간 동안에 걸쳐 해상보험업계의 중심이 되어 온 영국의 법률과 관습에 따라 당사자간의 거래관계를 명확하게 하려는 것으로서 우리나라의 공익 규정 또는 공서양속에 반하는 것이라거나 보험계약자의 이익을 부당하게 침해하는 것이라고 볼 수 없어 유효하므로(대법원 1996. 3. 8. 선고 95다28779 판결 등 참조), 이 사건 선박보험의 성립과 효력, 그로 인한 원고의 보험금 지급의무의 발생 여부 등 모든 법률관계에는 원칙적으로 당사자가 정한 바에 따라 영국의 법률과 관습이 적용된다(피고는 이 사건 선박보험이 내국인 사이에 체결되는 등 모든 요소가 오로지 대한민국과 관련되므로 위 준거법 합의에도 불구하고 국제사법 제25조 제4항에 따라 이 사건 선박보험에는 대한민국의 강행법규가 적용되어야 한다거나 위 준거법 합의가 준거법의 부분지정에 불과하여 이 사건 선박보험의 성립에 관하여는 대한민국법이 적용되어야 한다고 주장하나 이 사건 선박보험에 외국적 요소가 있음은 앞서 본 바와 같고 위 준거법 합의가 준거법의 부분지정으로 보이지 아니하므로 위 주장은 받아들이지 아니한다).

다음으로 이 사건 적하보험에 관하여 본다. 이 사건 적하보험에 적용되는 냉동식품약관에는 이 사건 선박보험과 같이 영국의 법률과 관습을 준거법으로 한다는 규정이 있고 한편 이 사건 적하보험증권의 전면에는 어떠한 반대되는 규정에도 불구하고 이 사건 적하보험은 일체의 전보청구 및 결제에 관하여 영국의 법률과 관습에만 의한다고 기재하고 있음은 앞서 본 바와 같은데, 위와 같이 위 냉동식품약관의 기재와 증권 전면의 기재에 우선하여 적용된다고 봄이 상당하다. 나아가 위 보험증권 전면에 기재된 준거법 지정문구의 의미는 이 사건 적하보험에 따른 일체의 전보청구와 지급에 관해서만 영국법을 준거법으로 지정한다는 준거법의 부분적 지정으로 해석되므로 전보청구와 지급에 관련되지 아니한 사항, 즉 이 사건 적하보험의 성립 등 준거법이 지정되지 아니한 사항에 관하여는 국제사법 제26조 제1항[6]에 따라 객관적 준거법이라고 보이는 대한민국법이 준거법이 된다(대법원 1998. 7. 14. 선고 96다39707 판결 등도 이와 같은 취지로 해석된다).

---

6) 당사자가 준거법을 선택하지 아니한 경우에 계약은 그 계약과 가장 밀접한 관련이 있는 국가의 법에 의한다.

3. 원고의 보험료 지급채무의 존부에 관한 판단

가. 이 사건 선박보험 상 워런티 위반 및 원고의 면책

1) 워런티와 관련한 영국법의 내용

영국 해상보험법(English Marine Insurance Act 1906) 제33조[7] 제1항은 워런티(실무상 혹은 강학상 '담보특약' 내지 '보장조건'이라고 지칭되기도 한다)를 확약적 워런티(provissory warranty), 즉 피보험자가 어떤 특정한 일이 행하여지거나 행하여지지 않을 것, 또는 어떤 조건이 충족될 것을 약속하거나 또는 특정한 사실상태의 존재를 긍정하거나 부정하는 내용의 워런티를 말한다고 규정하고 있다. 이와 같이 정의되는 워런티는 위험의 발생과 관련하여 중요한 것이든 아니든 불문하고 정확하게(exactly) 충족되어야 하는 조건(condition)으로서, 만약 이것이 정확하게 충족되지 않으면 보험증권에 명시적 규정이 있는 경우를 제외하고는 보험자는 워런티 위반을 이유로 보험계약 해지통고 등을 할 필요조차 없이 자동적으로 워런티 위반일에 소급하여 그 보험계약상의 일체의 책임을 면한다(같은 조 제3항). 특히 이러한 워런티 위반이 있으면 설령 보험사고가 워런티 위반과 아무런 관계없이 발생하였다고 하더라도 보험자는 일체의 책임을 면하고, 이는 워런티 위반 후 보험사고 발생 전에 그 위반사항을 시정하였다 하더라도 달라지지 아니한다(대법원 2010. 9. 9. 선고 2009다105383 판결 등 참조). 이와 같이 워런티에 대하여 정확한 준수를 요구하고 이를 위반하는 경우 엄격한 효과를 부여하는 것이 피보험자에게 지나치게 가혹하다는 점이 지적되자 영국 보험업계에서 이를 완화하기 위하여 앞서 본 협회기간약관 제3조에서 계속담보(Held Covered)에 관한 규정을 두게 되었다. 따라서 비록 워런티를 위반하더라도 피보험자가 그 사실을 인지한 후 보험자에게 즉시 통보하고 보험자와 조건 변경 및 추가보험료에 대하여 합의한 경우에는 부보의 효력이 계속 유지되게 된다.

2) 위 인정사실에 의하면, 이 사건 선박이 남위 50도 이북의 인도양 해역을 항해하는 것은 영국법 상 워런티 조항이라고 할 것이고 이 사건 1, 2차 배서장에 의하여 위 조항상의 항해구역이 2010. 12. 10. 또는 같은 달 11.을 종기로 하여 태평양쪽 남빙양의 남위

---

7) 33. Nature of warranty

(1) A warranty, in the following sections relating to warranties, means a promissory warranty, that is to say, a warranty by which the assured undertakes that some particular thing shall or shall not be done, or that some condition shall be fulfilled, or whereby he affirms or negatives the existence of a particular state of facts.

(3) A warranty, as above defined, is a condition which must be exactly complied with, whether it be material to the risk or not. If it be not so complied with, then, subject to any express provision in the policy, the insurer is discharged from liability as from the date of the breach of warranty, but without prejudice any liability incurred by him before that date.

65도 또는 57도까지 확장되었으나 위 기간이 만료됨에도 새로운 조건변경에 대한 합의 없이 이 사건 선박이 위 워런티 조항이 정한 항해구역을 벗어나 항해를 하다가 이 사건 사고가 발생한 것이므로, 특별한 사정이 없는 한 영국해상보험법 제33조 제3항에 의하여 원고는 피고에 대하여 이 사건 선박보험에 따른 보험금 지급채무를 부담하지 아니한다.

나. 이 사건 적하보험 상 조업구역 위반 및 원고의 면책

1) 이 사건 적하보험증권 전면에 조업구역이 '인도양, 남대서양, 남빙양'이고 냉동식품약관 및 어획물약관이 적용된다고 기재되어 있는 사실, 냉동식품약관 제10조가 피보험자가 목적지를 변경하는 경우 보험료 등의 추후 협의를 전제로 담보가 유지된다고 규정하고 있고, 어획물약관 제2조가 증권에 기재된 어장으로부터 이탈한 때 이 사건 적하보험이 종료한다고 규정하고 있는 사실은 앞서 본 바와 같다. 그리고 갑 제2, 13, 14호증(가지번호 있는 경우 각 포함)의 각 기재, 제1심 증인 B의 증언에 변론 전체의 취지를 더하면, 이 사건 적하보험계약이 체결된 이후 피고에게 교부된 상품설명서의 섹션3, '청약시 고지 사항 및 유의 사항'에서 '조업지역 : 다음의 조업지역을 선택하여 통보함. 선택된 조업지역을 벗어나 조업 중 발생하는 손해는 담보되지 않음' 이하로 '인도양 어장은 남위 50도 이북~북위 30도 이남, 대서양어장은 남위 55도 이북~북위 50도 이남, 남빙양어장은 남위 55도 이남~남위 60도 이북'이라고 각 기재되어 있는 사실, 원고는 매년 8. 말경 피고와 사이에 피고 소유의 선박 전체가 체결할 적하보험계약에 관하여 협의를 하면서 조업구역에 관하여도 협의를 하고, 그 때 협의된 사항으로 향후 1년간의 적하보험계약을 체결하는 사실, 원고와 피고가 2009. 8. 20. 합의하여 이 사건 적하보험 체결 시에도 기준으로 삼은 2009년도 적하보험에 관한 보험조건 안내서에 의하면, 조업구역이 위 상품설명서에 기재된 구역과 동일한 사실을 인정할 수 있다.

2) 이 사건 적하보험에 따른 전보청구와 지급에 관한 사항을 제외한 나머지 사항에 관한 준거법이 대한민국법이라는 점은 앞서 본 바이다. 그러므로 이 사건 적하보험에 적용되는 조업구역과 관련한 당사자의 의사표시의 해석에 관하여도 대한민국법의 원칙이 적용되어야 하는데, 위에서 본 보험증권 등의 문원 내용, 위 인정사실 및 아래에서 보는 바와 같은 이 사건 적하보험이 체결된 동기와 경위, 그로 인하여 달성하려는 목적, 당사자의 진정한 의사 등을 종합적으로 고찰할 때 비록 이 사건 적하보험증권에 남빙양의 구체적 범위에 관한 언급이 없고 위 상품설명서나 적하보험에 관한 보험조건안내서의 기재를 이 사건 적하보험의 내용으로 편입한다는 문구가 없다고 하더라도 이 사건 적하보험은 남빙양어장의 경우 남위 60도 이북 수역을 조업구역으로 한정하여 체결된 것으로 봄이 상당하다(따라서 국제수로기구의 정의에 의하면 남빙양은 남위 65도로 이 사건 사고 발생지점

이 조업구역에 포함된다는 피고의 주장은 받아들이지 아니하나 한편 이 사건 사고가 태평양쪽 남빙양에서 발생한 사실은 앞서 본 바이므로 이 점에서도 위 주장은 이유 없다).

그런데 이 사건 선박이 위 조업구역을 벗어난 지역에서 어로작업을 하다가 이 사건 사고가 발생하였으므로, 특별한 사정이 없는 한 원고는 피고에 대하여 이 사건 적하보험계약에 기한 보험금 지급채무를 부담하지 아니한다.

다. 피고의 주장에 관한 판단

1) 약관의 규제에 관한 법률(이하 '약관규제법'이라 한다)에 기한 주장

가) 피고의 주장 요지

이 사건 각 보험에는 약관규제법이 적용된다. 이 사건 선박보험증권에는 단지 'Trading Limit : Indian Ocean withing I. W.'라고만 기재되어 있고, 원고는 이 문구나 협회담보약관의 내용 및 효력, 특히 영국법상 워런티 위반의 효과 등에 관하여 아무런 설명을 하지 않고 단지 항해구역이 변경될 경우 추가보험료를 내야한다고만 안내하였다. 피고는 이를 믿고 항해구역이 변경될 경우 그러한 사실을 통지하고 추가보험료를 지급하였을 뿐이므로, 원고는 약관규제법 제3조에 의하여 협회담보약관이 이 사건 선박보험에 편입되었다고 주장할 수 없다. 또한 원고는 이 사건 적하보험이 남빙양의 일부분만을 조업구역으로 삼고 있다는 점에 관하여 설명하지 않았다. 따라서 위 조업구역 제한에 관한 규정은 이 사건 적하보험에 편입되었다고 할 수 없다.

나) 판단

(1) 이 사건 선박보험에서 해상보험업계의 일반적 관행에 따라 영국법 준거약관을 사용하고 있고 그것이 대한민국의 공익이나 공서양속에 반하는 것이라거나 피고의 이익을 부당하게 침해하는 것이라고 보이지 아니하므로 이 사건 선박보험의 성립 및 효력 등 이 사건 선박보험과 관련된 모든 법률관계의 준거법이 영국법이라는 점은 앞서 본 바와 같다. 국제사법 제27조가 소비자 보호를 위하여 준거법 지정과 관련하여 소비자계약에 관한 강행규정을 별도로 마련해 두고 있는 점이나 약관규제법의 규정내용, 입법목적 등을 고려하면, 외국법을 준거법으로 하여 체결된 계약에 관하여 당연히 약관규제법을 적용할 수 있는 것은 아니고(대법원 2010. 8. 26. 선고 2010다 28185 판결 참조), 달리 이 사건에서 약관규제법을 적용하여야 할 사정도 보이지 아니하므로, 이 사건 선박보험에는 약관규제법이 적용되지 아니한다.

피고는 다시 국제사법 제7조[8]에 따라 강행규정인 약관규제법이 적용되어야 한다는 취

8) 입법목적에 비추어 준거법에 관계없이 해당 법률관계에 적용되어야 하는 대한민국의 강행규정은 이 법에 의하여 외국법이 준거법으로 지정되는 경우에도 이를 적용한다.

지로 주장하나 위 조항에서 말하는 강행규정은 준거법이 외국법이라고 하더라도 그 적용이 배제되지 아니하는 국제적 강행규정을 의미하는데 약관규제법이 이러한 국제적 강행규정이라고 볼 수는 없다.

따라서 이 사건 선박보험에 약관규제법이 적용된다는 전제에 선 피고의 이 부분 주장은 더 나아가 살필 필요 없이 이유 없다.

(2) 설사 그렇지 않다고 하더라도, 보험자에게 보험약관의 명시·설명의무가 인정되는 것은 어디까지나 보험계약자가 알지 못하는 가운데 약관에 정하여진 중요한 사항이 계약 내용으로 되어 보험계약자가 예측하지 못한 불이익을 받게 되는 것을 피하고자 하는 데 그 근거가 있으므로, 보험약관에 정하여진 사항이라고 하더라도 거래상 일반적이고 공통된 것이어서 보험계약자가 별도의 설명 없이도 충분히 예상할 수 있었던 사항에 대하여는 보험자에게 명시·설명의무가 인정된다고 할 수 없고, 또 보험계약자나 그 대리인이 이미 약관의 내용을 충분히 잘 알고 있는 경우에는 보험자로서는 보험계약자 또는 그 대리인에게 약관의 내용을 따로 설명할 필요가 없다고 할 것인데(대법원 2004. 11. 25. 선고 2004다28245 판결 등 참조), 아래와 같은 사정에 비추어 보면 피고는 이미 위 약관의 내용을 잘 알고 있었다고 보여서 원고에게 약관규제법 제3조에 기한 설명의무가 인정되지 아니하므로 결국 어느 모로 보나 피고의 위 주장은 이유 없다.

즉, 갑 제15호증, 을 제7, 8, 9호증의 각 기재(다만 을 7, 8, 9호증 중 뒤에서 믿지 아니하는 부분 각 제외), 제1심 증인 C, D, E의 각 증언(다만 뒤에서 믿지 아니하는 부분 각 제외)에 변론 전체의 취지를 더하면, 피고는 임직원의 수가 47명인 수산업을 영위하는 회사로 보험업무나 법률사무를 처리하는 전담직원을 두지 아니하고 수산부 상무인 D와 계장인 E가 피고 소유 선박 전체의 보험 관련 업무를 담당한 사실, 피고는 매년 11월경부터 다음 해 3~4월 정도까지 남빙양에서 조업을 하였고, 이를 매년 11월경 원고에게 통지하면서 원고의 요구에 따라 그 조업에 필요한 확장담보 요청을 1개월 단위로 한 사실, 원고가 송부한 선박배서장에는 추가보험료를 그 보험료가 통지된 날로부터 5일 이내 납부하지 아니하면 최고장이 발송되고 그 후 14일 이내에 납부하지 아니하면 보험계약이 해지된다는 취지로 기재하고 있으나 피고가 위 기간 내 보험료를 납입하지 아니하였다고 하더라도 최고장이 발송되거나 보험계약이 해지된 적은 없고, 남빙양 조업이 완료된 4월경 한꺼번에 결산하기도 한 사실을 인정할 수 있으나 한편 이 사건 선박보험증권에 항해구역을 '인도양 중 협회담보약관이 정한 구역 내'로 기재 하고 있는 사실, 피고가 2010. 11. 11. 조업수역을 확장하여 달라는 요청을 하고 그에 따라 이 사건 1차 배서장을 교부받은 후 그 유효기간 내에 다시 조업수역이 2도 확장되었다고 추가 확장요청을 하여 이 사건 2차 배서장을 교부받은 사실, 피고가 이 사건 사고가 발생한 사실을 안 직후인 2010. 12.

13. 05:45경 원고에게 추가 확장담보구간을 남위 67도로 요청한 사실을 앞서 본 바이고, 갑 제10, 11, 15, 16, 18, 22 내지 37호증, 을 제1, 2, 5, 6, 10, 13, 17, 18호증(갑호증 및 을호증 가지번호 있는 경우 각 포함)의 각 기재, 을 제7, 8, 9 호증의 각 일부 기재, 제1심 증인 B의 각 증언, 제1심 증인 C, D, E의 각 일부 증언에 변론 전체의 취지를 더하면, 원고는 이 사건 선박보험의 체결이후 피고에게 보험증권과 함께 협회담보약관 등 각종 약관을 교부한 사실, 피고는 1987년경부터 선박보험 및 적하보험에 가입하여 원양어업을 해오다가 2000년경부터 원고에게 선박보험 및 적하보험을 가입하기 시작하여 2007년경부터 피고 소유 선박 전부에 관한 선박보험 및 적하보험을 원고에게 가입한 사실, 피고는 원고와 선박보험계약 및 적하보험계약을 체결한 후 조업수역이 변경되는 경우 대부분 그 변경 며칠 전부터 변경 당일까지 피고에게 '조업수역 확장부보'라는 제목으로 조업구역의 변경사실을 알리고 이에 대한 추가 확장담보를 요청하였고(다만 피고는 선박보험만에 관한 추가 확장담보를 요청하는지 또는 적하보험까지 추가 확장담보를 요청하는지 명시하지 않았다) 2008년부터 이 사건 사고 발생 전까지 요청한 횟수가 91회에 이르는데 위 요청 중에는 위도를 남위 63도에서 남위 63도 30분으로 변경하는 것과 단지 위도 30분을 확장하는 것도 포함되어 있는 사실(한편 피고는 위 91회중 반수 이상을 변경요청 당일부터 확장담보를 요청하였다), 2004년부터 이 사건 사고 발생 전까지의 기간 동안 피고가 한 확장담보 요청 중 5번(2010. 1. 11. 요청건 등)은 종전 담보기간이 종료한 1~2일이 지나 요청된 사실, 원고는 적하보험에 관하여는 아무런 조치를 아니한 채 선박보험에 한하여 위 요청을 받은 즉시 재보험사와 사이에 추가 확장담보로 인한 재보험료율에 대한 협의를 마치고 선박배서장을 발급하여 주었으나 확장담보 요청이 새로운 확장담보 개시 당일 또는 그에 촉박하게 이루어지는 경우가 많고 때로는 보험료율 산정이 지연되는 경우도 있어서(원고는 이러한 경우에는 일단 추가보험료를 기재하지 아니한 선박배서장을 발급하고 추후 보험료를 기재한 선박배서장을 다시 발급하여 주기도 하였다), 선박배서장을 새로운 확장담보 개시 당일 또는 그 며칠 이후 발급하기도 하였는데, 앞서 본 2008년부터 이 사건 사고 발생 전까지 동안 발급한 91건의 선박배서장 중 과반수를 새로운 확장담보기간 당일 또는 그 이후 며칠 사이에 발급한 사실, 이 사건 사고 이전까지 원고가 피고의 확장담보 요청을 거부하거나 그 확장담보로 요청된 내용을 수정하여 승인한 적은 없고, 원고가 제시한 추가보험료에 대하여 피고가 이의를 제기한 적도 많지 않았던 사실, 피고는 2010. 12. 14에 이르러 원고에게 문서로 이 사건 사고의 발생을 알린 사실, 한편 피고의 2010년 매출액은 1,200억 원이 넘고 2009년 회계연도에는 순이익이 100억 원을 넘은 사실을 인정할 수 있고, 이에 반하는 듯한 을 제7, 8, 9호증의 각 일부 기재, 제1심 증인 C, D의 각 일부 증언은 믿지 아니한다.

위 인정사실에 나타난 여러 사정, 즉 피고의 매출액이나 순이익에서 나타나는 피고의 규모 및 10년 이상의 장기간 동안 선박보험에 가입하여 왔던 점, 이 사건 선박보험에 적용되는 협회담보약관은 해상보험업계에서 일반적으로 사용하는 것이므로 피고는 위 기간 동안 동일한 약관이 적용되는 보험계약을 체결하여 왔다고 보이는 점, 피고가 2008년 이후 이 사건 사고 당시까지의 기간 동안에도 91건에 달하는 확장담보 요청을 하였고 또 단지 위도가 30분만 변경되더라도 그 요청을 한 점, 확장담보 요청도 거의 대부분 확장담보 개시일 당일까지 하였는데 이러한 확장담보 요청 및 그 승인이 단지 추가보험료 산정을 위하여 필요하다고 인식하고 있었다면 그와 같이 급하게 요청할 이유가 없다고 보이는 점, 피고가 이 사건 사고 발생을 안 직후 먼저 원고에게 확장담보 요청을 하고 그 이후 이 사건 사고 발생을 알렸던 점, 이 사건 선박보험증권의 발급시에도 협회담보약관이 교부된 점 등을 종합하여 보면, 비록 이 사건 선박보험 당시에 원고가 이 사건 협회담보약관을 구체적으로 설명하지 않았다고 하더라도 피고가 이미 그 내용과 효과 등을 잘 알고 있었다고 보아야 한다.

(3) 다음으로 이 사건 적하보험에 관하여 보건대, 이 사건 적하보험의 성립과 관련하여는 준거법이 대한민국법이므로 약관규제법이 적용된다. 그러나 원고와 피고가 이 사건 적하보험을 체결하기 이전에 피고 소유 선박에 관한 적하보험 조건을 협의하면서 조업구역을 남위 60도 이북의 남빙양으로 제한하기로 합의하였음은 앞서 본 바이므로 원고가 위 조업구역에 관하여 설명의무를 이행하지 않았다는 피고의 주장은 더 나아가 살필 필요 없이 이유 없다.

2) 영국 해상보험법 제22조 및 작성자 불이익 원칙과 관련한 주장

피고는 이 사건 선박보험증권에 기재된 'Trading Limit : Indian Ocean within I.W.'라는 문구나 이 사건 적하보험증권에 조업구역의 제한에 관한 부분은 그 내용이 명확하지 아니하므로 영국 해상보험법 제22조[9]의 규정에 따라 이 사건 각 보험이 내용이 될 수 없거나 위 법의 해석 원칙의 하나인 작성자 불이익의 원칙에 따라 이 사건 각 보험의 내용에 편입되지 않았다고 주장한다.

영국 해상보험법 제22조는 그 취지가 해상보험계약은 보험증권이 발행되어야만 그 존재 및 효력이 인정된다는 것으로 해상보험계약을 요식계약으로 정하는 데 있는 것이므로

9) 22. 보험계약은 보험증권에 구현되어야 한다(Contract must be embodied in policy).
다른 성문법에 별도 규정이 있는 경우를 제외하고, 해상보험계약은 이 법에 따라 해상보험증권에 구현되지 않으면 증거로서 인정되지 못한다. 보험증권은 계약성립 시 또는 그 후에 이를 작성하고 또한 발행할 수 있다.(Subject to the provisions of any statute, a contract of marine insurance is inadmissible in evidence unless it is embodied in a marine policy in accordance with this Act. The policy may be executed and issued either at the time when the contract is concluded, or afterwards).

보험증권의 기재가 명확하지 않는 경우에도 위 규정이 적용된다는 피고들의 주장은 이유 없다. 다음으로 영국 해상보험법의 해석 원칙의 하나로 인정되는 작성자 불이익의 원칙이라 함은 보험증권의 불명료한 조항은 보험자에게 불이익하게 해석된다는 것이다. 그런데 피고가 이 사건 각 보험에 포함된 항해구역 제한과 관련된 협회담보약관의 내용이나 조업구역의 제한범위를 잘 알고 있었다고 보아야 함은 앞서 본 바 이므로 위 기재가 피고에 대하여 내용이 명확하지 않다고 볼 수 없다.

피고의 이 부분 주장은 이유 없다.

3) **묵시적 합의 또는 계속담보, 워런티 위반 권리 포기 등에 관한 주장**

가) 피고의 주장 요지

이 사건 선박보험에 관하여, 원고와 피고 사이에 피고가 매년 11월경 남빙양 조업을 개시한다는 통지를 하면 그 때부터 그 종료일까지 항해구역을 그에 필요한 범위로 확장하되 재보험 요율의 산정을 위하여 형식적으로 매 1개월 단위로 항해구역 변경요청을 하고 이에 대하여 원고가 선박배서장을 발급하기로 하면서 추가보험료는 조업종료 후 일괄하여 정산 지급하기로 하는 묵시적 합의가 있는데, 이 사건에 있어서도 2010. 11.경 피고가 남빙양 조업을 개시한다는 통지를 함으로써 이 사건 선박보험에서 정한 항해구역은 피고가 조업에 필요한 범위로 확장되었다. 또한 피고가 항해구역을 벗어났다는 점을 신속하게 통지하는 경우 추가보험료에 대한 합의 없이도 협회기간약관 제3조에 따라 계속담보가 성립하는 관행이 있었다. 그런데 이 사건 1차 배서장의 유효기간 만료일인 2010. 12. 11.이 토요일이어서 그 직후 영업일인 2010. 12. 13. 피고가 확장담보 요청을 함으로써 위 관행에 따라 계속담보가 성립하였다. 그렇지 않다고 하더라도 위와 같은 관행에 비추어 보아 원고는 워런티 위반을 주장할 권리를 포기하였다.

이 사건 적하보험에 관하여, 피고가 확장담보 요청을 하거나 추가 보험료를 지급하지 않고 자유로이 조업구역을 변경하더라도 원고는 냉동식품약관 제10조가 정한 계속담보를 인정하여 주기로 하는 묵시적 합의가 있거나 피고가 매년 11월경 남빙양 조업을 개시한다는 통지를 하면 그 기간 동안 구체적인 조업구역 변경에 관한 통지를 하지 아니하더라도 남빙양 조업이 종료될 때까지 무상으로 계속 담보를 해주기로 하는 묵시적 합의가 있다. 그렇지 않다고 하더라도 2010. 11.경 남빙양 조업을 개시한다는 통지를 함으로써 냉동식품약관 제10조의 계속담보의 요건을 충족하였다. 또한 2010. 12. 13. 피고가 확장담보를 요청함으로써 냉동식품약관 제10조의 계속담보 요건을 충족하였거나 추가보험료의 부담 없이 계속담보를 하여 주기로 하는 관행에 따라 계속담보가 성립하였다.

나) 판단

(1) 이 사건 선박보험에 관한 주장에 대한 판단

피고가 매년 11월경 그 때부터 다음해 3~4월 정도까지 남빙양에서 조업을 한다는 점을 원고에게 통지하면서 매 1개월마다 확장담보 요청을 한 사실, 피고가 선박배서장에 기재된 기일까지 보험료를 납입하지 아니하더라도 최고장이 발송되거나 보험계약이 해지된 적은 없고, 보험료를 남빙양 조업이 완료된 4월경 한꺼번에 결산하기도 한 사실을 앞서 본 바와 같다.

그러나 나아가 원고와 피고 사이에 위 통지만으로 별도의 구체적인 기간과 범위를 정한 확장담보 요청이 없더라도 남빙양 조업이 종료될 때까지 항해구역을 그에 필요한 범위까지 확장하기로 하는 묵시적 합의가 존재하였다는 점에 관하여는 위에서 배척한 증거 이외에 이를 인정할 증거가 없다.

한편 위에서 본 여러 사정, 특히 피고가 조업수역이 변경된 당일에 피고에게 그에 대한 확장담보를 요청하더라도 원고는 아무런 이의 없이 피고가 원하는 범위로 선박배서장을 발급하여 주었고, 경우에 따라서는 종전 담보기간이 종료한 후에 요청하더라도 이를 받아들인 점, 원고가 시일이 촉박한 경우 확장담보를 승인하면서 추가보험료를 기재하지 아니한 선박배서장을 발급하였다가 추후 보험료를 기재한 선박배서장을 다시 발급하여 주기로 한 점, 2008년부터 이 사건 사고 발생 전까지의 기간 동안 발급한 91건의 선박배서장 중 과반수가 새로운 확장담보기간 개시 당일 또는 그로부터 며칠 지나 발급된 점 등에 비추어 보면, 원고와 피고 사이에 피고가 종전의 확장담보 기간이 지나기 전에 확장담보를 요청한 경우에는 원고는 일단 피고의 요청대로 승인하고 후에 보험료 정산하며, 나아가 설사 종전의 확장담보기간이 종료한 후에 추가 요청을 하더라도 협회기간약관 제3조에 따라 계속담보가 이루어진 것으로 처리하되 추가보험료는 사후에 정산하는 관행이 있었다고 할 수 있으나, 이러한 관행은 확장담보가 흠결된 기간 동안 보험사고의 발생이 없었던 경우에 대한 것이고 더 나아가 보험사고가 발생한 경우에도 피고의 신속한 통지만으로 계속담보가 이루어지는 관행까지 있다고 할 수는 없으며(워런티 위반이 있으면 그 위반과 보험사고 사이의 인과관계를 묻지 아니하고 보험자가 면책되는 것이지만 협회기간약관 제3조는 보험가입자의 즉시 통지와 담보조건 및 추가보험료 등에 대한 합의가 사전에 이루어지는 것을 전제로 보험자가 면책주장을 포기하여 워런티 위반 효과의 엄격성을 제한하는 취지이다. 그러므로 원고와 피고 사이에 성립한 피고가 요청하는 대로 계속담보가 성립하되 추가보험료에 대한 합의만을 계속담보가 성립한 이후로 미루기로 하는 위 관행은 위 조항의 요건을 다시 완화하는 것으로 그 자체로 충분한 의미가 있고 이는 보험사고의 불발생을 당연한 전제로 하는 것이라고 보아야 한다), 위에서 배척한 증거 이외에 이를 인정할 증거도 없다.

다음으로, 영국 해상보험법 제34조 제3항[10]은 보험자가 워런티 위반에 관한 권리를 포기할 수 있다고 규정하고 있으나, 위에서 인정한 사정만으로 원고가 워런티 위반을 주장할 권리를 포기하였다고 볼 수는 없고, 위에서 배척한 증거 이외에 이를 인정할 증거가 없다.

따라서 피고의 이 부분 주장은 모두 이유 없다.

(2) 이 사건 적하보험에 관한 주장에 대한 판단

우선 원고와 피고 사이에 피고가 아무런 확장담보 요청을 하지 아니하고 자유로이 조업구역을 변경하더라도 냉동식품약관 제10조가 정한 계속담보를 인정하여 주기로 하거나 피고가 매년 11월경 남빙양 조업을 개시한다는 통지를 하면 그 기간 동안 구체적인 조업구역 변경에 관한 통지를 하지 아니하더라도 남빙양 조업이 종료될 때까지 무상으로 계속담보를 해주기로 하는 묵시적 합의가 있었다는 주장에 관하여 보건대, 위에서 배척한 증거 이외에 이를 인정할 증거가 없다.

또한 피고가 2010. 11.경 남빙양 조업을 개시한다는 통지를 함으로써 냉동식품약관 제10조의 계속담보의 요건을 충족하였다는 주장에 관하여 보건대, 위 약관 조항은 보험의 개시 후 피보험자의 통지 없이 조업구역(위 약관에는 목적지라고 기재되어 있으나 이는 조업구역도 포함하는 의미로 해석되다)이 변경된 경우 피보험자가 지체 없이 이를 통지하는 경우에 관한 것으로 조업구역이 변경되기 전에 미리 포괄적인 통지를 함으로써 계속담보가 성립한다는 취지라고 보이지 아니한다. 다음으로 피고가 이 사건 사고 직후인 2010. 12. 13. 확장담보를 요청함으로써 위 약관 조항이 정한 계속담보의 요건을 충족하였다는 주장에 관하여 보건대, 위 약관 조항은 협회기간약관 제3조와 달리 보험료 및 보험조건에 관한 사전 합의를 요구하고 있지는 아니하나(원고는 위 냉동 식품약관 제10조도 보험료 및 보험조건에 관한 사전 합의를 전제로 한 조항이라는 취지로 주장하나 'to be arranged'라는 문구는 사후 합의도 포함한다고 해석된다) 그렇다고 하더라도 조업구역을 무단으로 변경하여 보험사고가 이미 발생한 경우에도 조업 구역의 변경을 통지함으로써 담보가 계속 유지된다는 취지로 보이지는 아니한다(이와 같은 경우에는 추후에 정할 보험료나 보험조건에 관하여 합의가 성립할 여지도 없다고 보인다).

한편 피고가 10년 이상 원고에게 적하보험과 선박보험을 함께 가입하면서 남빙양 조업기간 동안 원칙적으로 매 1개월 단위로 '조업수역 확장부보'라는 문서를 통하여 추가확장담보 요청을 하였고 원고는 그 때마다 즉시 또는 며칠 이내로 그 요청을 승인하면서 선박

10) A breach of warranty may be waived by the insurer.

배서장을 교부하였고 이를 거부한 적이 없으나 적하보험에 관하여는 아무런 조치를 취하지 아니한 사실 등 앞서 본 사실에다가 을 제11호증의 3, 을 제13호증의 1, 2, 3의 각 기재에 변론 전체의 취지를 더하여 인정되는 위와 같은 피고의 조업수역 확장요청에 대하여 원고가 선박배서장만을 발부하여 주었음에도 피고는 그 동안 아무런 이의를 제기하지 아니한 사실, 피고 소유의 F가 2007. 5. 19.경 남위 60도 34분 지역에서 조업을 하다가 사고를 당하였는데 당시 피고가 위와 같은 조업수역 확장요청을 하여 원고가 선박배서장만을 교부하여 주었음에도 원고는 아무런 이의 없이 적하사고에 대하여도 보험금을 지급한 사실 등을 종합하여 보면, 비록 피고의 조업수역 확장담보 요청에 관하여 원고가 선박배서장만을 발급하여 주기는 하였으나 이로써 원고와 피고 사이에 적하보험에 관하여도 추가보험료 없이 확장담보를 승인하는 관행이 성립하였다고 볼 수 있다(원고는 피고의 조업수역 확장요청이 선박보험에 한하는 것인지 적하보험도 포함하는 것인지 모호하고 선박보험의 보험금이 훨씬 다액이며 적하보험의 경우 그 지역에서의 어획물이 없을 수도 있다는 사정을 감안하여 선박배서장을 일단 발급한 것이고 이에 대하여 피고가 아무런 이의제기를 하지 아니하였으므로 피고의 위 조업수역 확장요청은 선박보험에 한하는 것이라고 보아야 한다고 주장하나, 어획물약관 제2조는 증권에 기재된 어장으로부터 선박이 이탈할 때 보험이 종료되도록 규정하고 있어 피고가 1번이라도 정해진 어장에서 이탈할 경우 그 이후 다시 정해진 어장으로 복귀하거나 추가 확장담보를 신청하더라도 계속담보의 요건이 갖추어 지지 아니하는 한 보험금을 수령할 수 없다고 해석되는바, 위와 같은 피고의 확장담보 요청이 선박보험만을 유지하고 적하보험에 대하여는 더 이상 보험을 유지하지 아니할 의사를 가지고 이루어진 것으로 볼 수 없으므로, 위 주장은 받아들이지 아니한다). 그러나 이러한 관행은 선박보험에 관하여 유효한 확장담보나 계속담보가 이루어진 경우에 관한 것인데 이 사건 선박보험에 관하여 2010. 12. 13.자 통지로 계속담보가 유효하게 이루어진 것으로 볼 수 없다는 점은 앞서 본 바와 같으므로, 결국 이 사건 적하보험에 관하여 관행에 의한 계속담보의 성립을 인정할 수 없다.

따라서 피고의 이 부분 주장은 모두 이유 없다.

4) 신의칙 위반 주장에 대한 판단

피고는, 원고가 최근 5, 6년간의 보험계약 갱신 과정에서 피고의 보험계약 유지, 관리 업무를 도맡아 해주었고, 원고와 피고 사이에 수년 동안 새로운 확장담보 개시일 또는 개시일로부터 며칠이 지나 확장담보를 요청하더라도 이를 모두 승인하여 주는 관행이 있는 등의 사유로 남빙양 조업 전기간 동안 확장담보를 유지하여 줄 것이라는 신뢰를 가지게 되었는데, 이 사건 1차 배서장의 담보 종료일이 토요일이어서 그 직후 월요일에 추가 확장담보 요청을 할 예정이었으나 마침 그 날 이 사건 사고가 발생해서 이 사건 사고 1시간 후 확장담보를 요청하게 된 것임에도 원고가 이를 이유로 이 사건 각 보험에 기한 보험금 지급을 거절하는 것은 위와 같이 형성된 피고의 신뢰에 반하는 것으로 신의성실의 원칙에 어긋난다고 주장한다.

살피건대, 원고와 피고 사이에 종전의 확장담보기간이 종료한 후에 추가 확장담보 요청을 하더라도 선박보험에 관하여는 협회기간약관 제3조에 따라 계속담보가 이루어진 것으로 처리하고 추가보험료는 그 이후 정산하며 적하보험에 관하여는 별도의 추가 보험료 없이 선박보험에 의한 계속담보가 이루어지는 경우 적하보험도 계속담보가 이루어지는 것으로 처리하는 관행이 있었으나 이는 담보위반이 생긴 기간 동안 보험사고의 발생이 없었던 경우의 관행에 불과하고 보험사고가 발생한 경우에도 적용되는 관행이라고 볼 수 없음은 앞서 본 바이므로 피고가 보험사고가 발생한 이후에도 확장담보 요청을 할 경우 원고가 이를 승인하여 줄 것이라는 신뢰를 가지게 되었다고 보기는 어렵고, 위에서 배척한 증거 이외에 달리 이를 인정할 증거도 없으므로 위 주장 역시 이유 없다.

4. 결 론

그렇다면, 원고의 피고에 대한 이 사건 각 보험에 기한 보험금 지급채무는 모두 존재하지 아니한다고 할 것이고 피고가 이를 다투는 이상 원고로서는 그 확인을 구할 이익이 있다고 할 것이므로, 원고의 본소 청구는 전부 이유 있어 인용하고 피고의 반소청구는 이유 없어 기각할 것이다. 그런데 제1심 판결은 이와 일부 결론을 달리하여 부당하므로 원고의 항소를 받아들여 제1심 판결을 위와 같이 변경하기로 하여, 주문과 같이 판결한다.

재판장 판 사 윤 성 근
판 사 문 정 일
판 사 구 자 헌

〈제3호-I, II〉

서 울 남 부 지 방 법 원

제 15 민 사 부

판 결

사 건	2012가합7046 손해배상
원 고	내셔널 케미컬 캐리어즈 엘티디 씨오
피 고	1. 주식회사 진로해운
	2. 삼성화재해상보험 주식회사
	3. 한국해운조합
변 론 종 결	2013. 3. 28.
판 결 선 고	2013. 5. 30.

주 문

1. 피고 주식회사 진로해운은 원고에게 94,420,616원 및 이에 대한 2009. 4. 17.부터 2012. 5. 18.까지는 연 5%, 그 다음날부터 다 갚는 날 까지는 연 20%의 각 비율에 의한 금원을 지급하라.
2. 원고의 피고 주식회사 진로해운에 대한 나머지 청구, 피고 삼성화재해상보험 주식회사, 한국해운조합에 대한 각 청구를 기각한다.
3. 소송비용 중 원고와 피고 주식회사 진로해운 사이에 생긴 부분의 1/4은 원고가, 나머지는 피고 주식회사 진로해운이 각 부담하고, 원고와 피고 삼성화재해상보험 주식회사, 한국해운조합 사이에 생긴 부분은 원고가 각 부담한다.
4. 제1항은 가집행할 수 있다.

청 구 취 지

피고들은 각자 원고에게 188,501,589원 및 이에 대한 2009. 4. 17.부터 이 사건 소장 부본 송달일까지는 연 5%, 그 다음날부터 다 갚는 날까지는 연 20%의 각 비율에 의한 금원을 지급하라.

이　　　유

1. 기초사실

가. 당사자들의 지위 및 보험계약의 체결

1) 원고는 해상화물운송사업을 영위하는 사우디아라비아 국적의 회사로서 2006년 8월부터 현재까지 화물선 '엔씨씨 카심(NCC Qassim)호(2006년 건조, 길이 183.24m, 총톤수 29,575t, 기관 12,900마력, 이하 '원고 선박'이라 한다)'를 소유하고 있다.

2) 피고 주식회사 진로해운(이하 '피고 진로해운'이라 한다)은 해상운송업을 영위하는 한국 회사로서 2007. 10. 8.부터 2011. 11. 22. 까지 화물선 제이엘브레이브호[2005년 건조, 길이 81m, 총톤수 1,972t(등기부상 총톤수 1,727t), 기관 2,199마력, 이하 '피고 선박'이라 한다]를 소유하고 있었다(피고 선박의 소유권은 2011. 11. 23. 주식회사 포인트파이브쉬핑으로 이전되었다).

3) 피고 삼성화재해상보험 주식회사(이하 '피고 삼성화재'라 한다)와 피고 한국해운조합은 피고 진로해운과, 피고 선박에 관하여 다음과 같은 내용의 보험계약(이하 '이 사건 보험계약'이라 한다)을 체결한 보험자들이다.

〈보험계약〉

○ 보험기간 : 2008. 10. 2. 12:00 ~ 2009. 10. 2. 12:00

○ 선가 : 미화 3,700,000달러

○ 가입액 : 피고 삼성화재 미화 2,200,000달러, 피고 한국해운조합 미화 1,500,000달러

○ 특약사항

− 협회기관약과(선박)[INSTITUTE TIME CLAUSES(HULL−1/10/83]을 적용하되 좌초, 침몰, 화재, 폭발 및 충돌로 인하여 발생한 손해가 아닌 타 위험으로 발생된 분손에 대하여는 보상하지 아니함

〈충돌손해배상책임 특별약관〉

1. 조합은 공제가입선박이 타선박과 충돌하여 그 결과 공제계약자가 다음의 손해에 대하여 법적배상책임을 지고 그 손해배상금조로 일정금액을 타인에게 지급한 경우에는 그 금액의 3/4의 비율로 공제계약자에게 보상합니다. 다만, 공제계약에서 4/4의 비율로 정하였을 경우에는 이에 따라 보상합니다.
   1.1 타 선박 혹은 타 선박에 있는 재산의 멸실 또는 손상
   1.2 타 선박 혹은 그 재산의 지연 또는 사용이익의 상실
   1.3 타 선박 혹은 그 재산의 공동해손, 구조 또는 계약에 의한 구조

〈INSTITUTE TIME CLAUSES(HULL−10/10/83)〉

○ 이 보험은 영국의 법과 실무를 따른다.

나. 선박 충돌 사고의 발생

1) 피고 선박은 2009. 4. 13. 17:00경 울상항에서 중국 상하이로 출발하여 2009. 4. 15. 08:45경 중국 상하이 근처의 장지앙 코우(CJK) 2번 정박지에 정박하였고, 원고 선박은 2009. 4. 16. 14:25경 닝보를 출발하여 2009. 4. 17. 02:10경 역시 위 장지앙 코우 2번 정박지에 정박하였다.

2) 원고 선박은 2009. 4. 17. 위 장지앙 코우를 출발하여 좁은 수로를 따라 상하이 항구에 입항 중이었고, 피고 선박 역시 원고 선박의 뒤에서 원고 선박과 같은 방향으로 항해하고 있던 중, 같은 날 16:00경 피고 선박이 원고 선박을 추월하려는 과정에서 원고 선박의 선미와 피고 선박의 좌현 선수가 충격하게 되었다(이하 '이 사건 선박충돌'이라 하고, 이 사건 선박충돌의 자세한 경위는 이하 2의 나.항에서 보는 바와 같다).

[인정근거] 다툼 없는 사실, 갑 제1내지 3, 17 내지 22호증, 을나 제1 내지 4, 7호증(가지번호 있는 것은 각 가지번호 포함, 이하 같다)의 각 기재, 이 법원의 각 CD동영상 검증 결과, 변론 전체의 취지

2. 피고 진로해운에 대한 청구에 관한 판단

가. 재판관할 및 준거법 합의

1) 재판관할의 합의

갑 제8호증의 각 기재에 변론 전체의 취지를 종합하면, 원고는 2011. 4. 15. 피고 진로해운과 이 사건 선박충돌로 인한 손해배상책임에 관한 소송을 대한민국 법원의 전속관할로 하기로 합의한 사실을 인정할 수 있다.

살피건대, 외국 법원의 관할을 배제하고 대한민국 법원을 관할법원으로 하는 전속적인 국제관할의 합의가 유효하기 위하여는, 당해 사건이 외국 법원의 전속관할에 속하지 아니하고, 대한민국 법원이 대한민국법상 당해 사건에 대하여 관할권을 가져야 하는 외에, 당해 사건이 대한민국 법원에 대하여 합리적인 관련성을 가질 것이 요구되며, 그와 같은 전속적인 관할 합의가 현저하게 불합리하고 불공정하여 공서양속에 반하는 법률행위에 해당하지 않는 한 그 관할 합의는 유효하다고 할 것인바(대법원 2011. 4. 28. 선고 2009다19093 판결), 이 사건 선박충돌에 따른 손해배상청구는 불법행위에 따른 손해배상청구로서 외국법원에 전속관할이 있다고 볼 수 없고, 피고 진로해운은 대한민국 법인이라는 점에서 위 관할합의의 유효성을 부정할 만한 사정이 없으므로 이 사건 재판관할의 합의는 유효하고 위 합의에 따라 원고의 피고 진로해운에 대한 청구는 대한민국 법원의 전속관할에 속한다.

2) 준거법 합의

갑 제8호증의 각 기재에 변론 전체의 취지를 종합하면, 원고는 2011. 4. 15. 피고 진로해운과, 이 사건 선박 충돌로 인한 손해배상책임에 관한 소송에 있어 준거법을 대한민국법으로 합의한 사실을 인정할 수 있다. 국제사법 제61조 제1항은 '개항・하천 또는 영해에서의 선박충돌에 관한 책임은 그 충돌지법에 의한다'고 규정하고 있으나, 국제사법 제33조는 당사자는 불법행위가 발생한 후 합의에 의하여 대한민국법을 준거법으로 선택할 수 있다고 규정하고 있는바, 선박충돌역시 불법행위의 일종으로 볼 수 있으므로 국제사법 제33조에 따라 원고와 피고 진로해운이 대한민국법을 준거법으로 한 합의는 유효하다. 따라서 원고의 피고 진로해운에 대한 청구에 관하여는 대한민국법이 준거법이 된다.

나. 피고 진로해운의 손해배상책임

1) 원고의 주장

원고 선박은 이 사건 선박충돌로 인해 우현 선미쪽 발라스트 탱크의 외판 및 그 인접 내부 구조물이 찌그러지는 손상을 입게 되었고, 그 결과 원고는 손상된 부위에 대한 수리비용, 사고 직후 조사기간 내지 임시수리기간 동안 선박을 상업적으로 사용하지 못함으로써 입게 된 불가동손실 및 사고 직후 조사 내지 임시수리를 하는 과정에서 발생한 각종 비용으로서 미화 141,517.71달러(=수리비용 미화 66,763.00달러+불가동손실 미화 40,660.76달러+관련 비용 미화 35,093.95달러)의 손해를 입었다고 주장하는바, 원고와 피고 진로해운 사이에는 민사소송법 제150조에 의하여 위 피고가 이를 자백한 것으로 본다.

2) 쌍방 과실로 인핸 책임의 배분

가) 상법 제879조 제1항의 의미 및 취지

상법 제879조 제1항은 "선박의 충돌이 쌍방의 선원의 과실로 인하여 발생한 때에는 쌍방의 과실의 경중에 따라 각 선박소유자가 손해배상의 책임을 분담한다. 이 경우 그 과실의 경중을 판정할 수 없는 때에는 손해배상 책임을 균분하여 부담한다."라고 규정하고 있다. 이는 민법상의 공동불법행위책임과 과실상계의 특칙으로 볼 수 있고(대법원 1972. 6. 13. 선고 70다213 판결 등 참조), 소송자료에 의하여 쌍방의 과실이 있음이 인정되는 경우에는 비록 상대방이 이를 주장하지 않더라도 법원이 이를 직권으로 심리판단하여야 할 것이되, 상법 제879조 제1항 후문의 취지에 따라 상대방의 과실이 50% 이상이라고 주장하는 측이 상대방의 과실 비율을 입증할 책임을 부담한다고 보아야 할 것이다(나아가 위 규정에 따른 책임이 이른바 '교차책임설'인지 '단일책임설'인지 여부가 문제되는바, ① 상법 제879조 제1항의 규정은 쌍방 과실의 손해의 부담에 관한 비율을 정하는 원칙을 정한 것일 뿐 배상액의 계산방법에 관한 규정은 아니라는 점, ② 쌍방이 각기 과실이 있는 경우 그 과실에 따른 불법행위책임은 각자가 지는 것이 원칙적이라는 점 등을 종합할 때 '교차책임설'이 타당하다고 할 것이다. 따라서 교차책임설을 따르는 이상 피고 진로해운이 별도로 상계 항변을 하지 아니하는 이 사건에서는 원고의 과실에 따른 피고 진로해운의 손해배상액을 판단하여 피고 진로해운의 책임 범위에서 공제하지는 아니한다).

나) 과실비율의 판단

(1) 인정사실

갑 제3, 17 내지 22호증, 을나 제4, 7호증(가지번호 있는 것은 각 가지번호 포함, 이하 같다)의 각 기재, 이 법원의 각 CD동영상 검증 결과, 변론 전체의 취지를 종합하면 다음과 같은 사실을 인정할 수 있다.

① 피고 선박은 2009. 4. 13. 17:00경 울상한에서 중국 상하이로 출발하여 2009. 4. 15. 08:45경 중국 상하이 근처의 장지앙 코우(CJK) 2번 정박지에 정박하였다.

② 원고 선박은 2009. 4. 16. 14:25경 닝보를 출발하여 2009. 4. 17. 02:10경 역시 위 장지앙 코우 2번 정박지 정박하였다.

③ 피고 선박은 2009. 4. 17. 08:30경 닻을 올려 출발하였고 같은 날(이하 시간만 표시하는 것은 2009. 4. 17.을 의미한다) 11:40경 상하이 도선사가 승선하여 항해를 하였으며, 15:50경 타이창 도선사로 변경된 후 15:52경 엔진을 전부 가동시킨 뒤 15:58경 엔진을 반속 상태로 감속하였다.

④ 한편 원고 선박은 2009. 4. 17. 10:15경 도선사를 승선시켜 항해를 개시하였다. 15:30에 다른 도선사로 변경하기로 예정되어 있었는데, 당시 해상교통이 복잡하여 15:46경으로 도선사의 변경이 미루어졌고, 도선사의 변경 과정에서 원고 선박이 속력을 늦추게 되었다.

⑤ 15:30경 피고 선박은 원고 선박의 뒤쪽에서 대체로 비슷한 방향으로 항해를 하고 있었는데, 원고 선박이 도선사의 승선 과정에서 평균 6노트로 속력을 늦추게 되어 앞서 가던 원고 선박과 피고 선박의 거리가 좁혀지게 되어, 15:50경에 피고 선박은 원고 선박의 오른쪽 뒤편 약 0.5마일 거리에 위치하게 되었다(15:50경 원고 선박의 항해 속도는 5.4노트였다).

⑥ 피고 선박은 15:56경 근처를 항해하던 다른 선박과 원고 선박 사이로 진행하여 다른 선박을 추월하고 16:00경에는 원고 선박과 동일 선상에서 나란히 진행하게 되었다.

⑦ 16:03경부터 원고 선박의 속력이 11~12노트로 증가되었고, 이에 따라 피고 선박과 속도가 거의 비슷하거나 오히려 피고 선박보다 속도가 더 빨라져서 피고 선박이 원고 선박에 조금씩 뒤처지게 되었다(16:04경 원고 선박의 속도는 13노트였다). 이로 인하여 피

고 선박의 선수는 원고 선박의 중간 정도에 위치하게 되었다.

⑧ 한편, 원고 선박과 피고 선박 앞에는 제3의 선박이 있었는데 제3의 선박은 원고 선박과 피고 선박보다 천천히 항해하고 있었으므로 원고 선박 및 피고 선박이 16:07 ~ 16:08경 제3의 선박을 추월하게 되었다(추월 과정에서 원고 선박이 가장 좌측, 피고 선박이 가운데 제3의 선박이 가장 우측에 위치하게 되었다).

⑨ 위와 같이 원고 선박과 피고 선박이 제3 선박을 추월하는 과정에서 16:09 원고 선박의 선미와 피고 선박의 좌현 선수가 충격하게 되었다.

⑩ 2009. 4. 17. 16:05～16:09 사이에 원고 선박의 침로는 우현으로 약 6.5도 변경되었고, 피고 선박이 침로를 좌현으로 바꾸었는지에 관한 자료는 없다.

⑪ 한편, 15:55경 원고 선박의 갑판실습생과 갑판수는 피고 선박이 원고 선박과 가까이 있다고 생각하였으나 이미 2등 도선사가 피고 선박의 존재를 알고 있을 것으로 믿고 이 사실을 선교의 2등 도선사에게 말하지 않았다. 그 무렵은 원고 선박의 2등 도선사가 1등 도선사로 교체되는 시점이었는데 2등 도선사는 인수인계를 하면서 피고 선박에 관하여 언급하지 않았다.

(2) 인정되는 주의의무

위와 같은 상황에서 원고 선박과 피고 선박에게 어떠한 주의의무가 인정되는지가 과실비율의 판단의 전제가 될 것인데, 이에 관하여는 국제해상충돌예방규칙(International Regulations for Preventing Collisions at Sea)과 구 해상교통안전법(이 사건 선박충돌 당시 시행되던 법으로서 2009. 5. 27. 법률 제9731호로 개정되기 전의 것)에서 정하고 있는 각종 주의의무가 일응의 기준이 될 것이다. 원고는 위 규정에서 정하고 있는 각종 주의의무 중 이 사건 선박충돌에 관하여는 '추월 항법'에 관한 주의의무가 적용되어야 한다고 주장하는데, '추월 항법'에 관한 주의의무는 특별히 추월 상황에서 적용되는 주의의무로서 일반적인 주의의무 보다 우선적으로 적용 여부가 검토되어야 하므로 이에 해당하는 상황이었는지 관하여 본다.

살피건대, 추월 항법이 적용되기 위해서는 ① 양 선박이 상호 시계 내에 있고, ② 상대 선박이 일정한 침로(Definite Course)를 유지하고 있으며, ③ 양선박이 항행 중에 있고, ④ 추월 상태에 있어야 하며, 나아가 ⑤ 충돌의 위험 또한 있어야 하는바, 앞서 인정한 사실에 의하면 피고 선박은 15:56경 근처를 항해하던 다른 선박과 원고 선박 사이로 진행하여 다른 선박을 추월하였고, 16:00경에는 원고 선박과 동일 선상에 나란히 진행하게 된 사실, 16:03경부터 원고 선박의 속력이 11～12노트로 증가되었고, 이 때문에 피고 선박과 속도가 거의 비슷하거나 오히려 피고 선박보다 속도가 더 빨라져서 피고 선박이 원고 선박에 조금씩 뒤처지게 된 사실, 그 후 피고 선박이 뒤처지게 된 나머지 충돌 직전에는 피고 선박의 선수가 원고 선박의 중간 정도에 위치하게 된 사실, 그 무렵 원고 선박의 선미와 피고 선박의 좌현 선수가 충격하게 된 사실을 인정할 수 있는바, 16:00경 이전의 상황은 피고 선박이 원고 선박을 추월하는 추월 항법이 적용될 수 있는 상황에 해당할 수 있으나, 16:00경 이후의 상황은 원고 선박과 피고 선박이 거의 동일한 속도로 항해하거나 원고 선박이 오히려 피고 선박보다 빠르게 항해하고 있었으므로 추월상태에 있다고 단정할 수 없고, 16:00경 이전의 추월 상황이 16:00경 이후의 이 사건 선박충돌 상황과 단절되어 있다고 볼 수 있으므로, 이 사건 양 선박의 항해에 관하여 추월 항법은 적용될 수 없다.

그렇다면 이 사건 선박충돌에는 추월 항법이 직접적으로 적용되지 않고, 그 밖에 일반적인 주의의무보다 우선하여 적용될 특별한 상황(예컨대 제한 시계, 횡단 항법 등)이라고 할 만한 증거가 없으므로, 결국 이 사건 선박충돌에서 원고 선박과 피고 선박의 과실 비율은 국제해상충돌예방규칙 및 구 해상교통안전법에서 정하고 있는 각종 경계의무, 안전속력유지 의무, 충돌의 위험 판단 의무, 충돌을 피하기 위한 동작상의 주의의무, 선원의 상무 등 일반적인 주의의무에 따라 판단하는 것이 상당하다.

(3) 과실비율의 판단

원고 선박과 피고 선박의 구체적인 과실 비율에 관하여 보건대, 위 인정사실에서 알 수 있는 다음과 같은 사정, 즉 ① 피고 선박이 제3 선박을 추월하기 위하여 원고 선박과 제3 선박의 사이로 진입한 것이 기본적으로는 이 사건 선박충돌의 가장 큰 원인이 된 것으로 보이는 점, ② 원고 선박과 피고 선박에는 모두 안전한 수로로 해당 선박을 안내하는 도선사가 승선하고 있었던 점, ③ 이 사건 선박충돌이 일어난 지점은 도선점 근처로서 여러 선박이 한꺼번에 몰려들어 충돌의 위험이 상당히 큰 곳이었던 점, ④ 원고 선박의 갑판실 습생과 갑판수는 피고 선박의 존재를 알고 있었으면서도 원고 선박에 승선하고 있던 도선사에게 이를 알리지 않았고, 그리하여 도선사의 교체 시점에서 위와 같은 인수인계가 이루어지지 않은 점, ⑤원고 선박과 피고 선박이 근접하게 된 것은 16:00경인데 그 무렵에 원고 선박이 갑자기 속도를 내기 시작한 점 등을 종합하면 원고 선박과 피고 선박의 과실 비율은 40:60으로 봄이 상당하다.

3) 소결론

가) 결국, 피고 진로해운은 원고에게, 이 사건 선박충돌로 인한 원고의 손해액 중 피고 진로해운의 과실비율에 상당하는 미화 84,901.626달러(=141,517.71달러×0.6)를 손해배상금으로 지급할 의무가 있다.

나) 한편, 외화채권을 채무자가 우리나라 통화로 변제할 경우 그 환산시기는 이행기가

아니라 현실로 이행하는 때, 즉 현실이행 시의 외국환 시세에 의하여 환산한 우리나라 통화로 변제하여야 하고, 법원은 원고가 청구취지로 구하는 금액 범위 내에서는 채무자가 현실로 이행할 때에 가장 가까운 사실심 변론종결 당시를 우리나라 통화로 환산하는 기준시로 삼아 그 당시의 외국환 시세를 기초로 채권액을 다시 환산한 금액에 대하여 이행을 명하여야 하는바(대법원 2012. 10. 25. 선고 2009다77754 판결), 따라서 피고 진로해운은 미화 84,910.626달러에 대하여 변론종결 당시인 2013. 3. 28. 을 기준일로 삼아 그 당시의 외국환 시세인 1달러당 1,112원(이 법원에 현저한 사실이다)을 기준으로 환산한 94,420,616원(=미화 84,910,626달러×1,112원, 원 미만 버림) 및 이에 대하여 이 사건 선박충돌사고 발생일인 2009. 4. 17.부터 이 사건 소장부본이 피고 진로해운에 송달된 2012. 5. 18.까지는 민법이 정한 연 5%, 그 다음날부터 다 갚는 날까지는 소송촉진 등에 관한 특례법이 정한 연 20%의 각 비율에 의한 지연손해금을 지급할 의무가 있다.

3. 피고 삼성화재, 한국해운조합에 대한 청구

가. 준거법의 결정 피고 진로해운의 손해배상책임

1) 원고의 주장

가) 피고 삼성화재, 한국해운조합의 위임을 받아 위 피고들의 업무를 처리하던 모든해상손해사정 주식회사(이하 '모든해상'이라 한다)의 담당자가 2011. 4. 12.경 원고에게 대한민국법을 준거법으로 하자는 제안을 하였고, 이에 원고측 담당자가 이에 동의함으로써 원고와 위 피고들 사이에 이 사건 선박충돌에 따른 분쟁을 대한민국법에 의하기로 하는 준거법 합의가 이루어졌다.

나) 위와 같은 준거법 합의가 인정되지 않더라도, 원고의 피고 삼성화재, 한국해운조합에 대한 청구는 피해자의 보험자에 대한 직접청구권이고 위 직접청구권의 법적성질은 손해배상청구권을 보험자가 중첩적으로 인수한 것으로 보아야하므로, 앞서 본 바와 같이 원고와 피고 진로해운 사이에서 대한민국법을 준거법으로 합의하여 이에 따라 원고에게 손해배상청구권이 인정되는 이상 국제사법 제34조 제2항에 따라 원고와 피고 삼성화재, 한국해운조합 사이에서도 대한민국법이 준거법이라고 보아야 한다.

2) 피고 삼성화재 한국해운조합의 주장

가) 피고 삼성화재, 한국해운조합은 원고와 준거법 합의를 한 바 없다. 원고는 모든해상의 담당자가 피고 삼성화재, 한국해운조합으로부터 관할 합의를 할 권한을 위임받아 준거법 합의를 하였다고 주장하는바, 피고 삼성화재, 한국해운조합은 모든해상의 담당자에게 준거법 합의를 위한 대리권을 수여한 바 없다.

나) 원고와 피고 진로해운 사이의 준거법 합의는 제3자인 피고 삼성화재, 한국해운조합에 미치지 않는다, 원고의 청구는 피고 진로해운과 피고 삼성화재, 한국해운조합 사이의 보험계약을 근간으로 하고 있는 것이고, 피고들 사이에는 위 보험계약에 있어 영국법을 준거법으로 하기로 합의하였으므로, 원고와 피고 삼성화재, 한국해운조합 사이에 관계에서는 영국법이 준거법이다.

3) **판단**

가) 준거법 합의가 있었는지 여부

원고는 갑 제9호증에 의하여 원고가 피고 삼성화재, 한국해운조합이 대한민국법을 준거법으로 하기로 합의하였다고 주장하나, 갑 제9호증은 모든해상의 담당자인 문계원과 원고의 담당자 사이의 이메일일 뿐, 문계원이 피고 삼성화재, 한국해운조합과 어떠한 관련이 있는지, 위 피고들로부터 어떠한 대리권을 위임받았는지에 관하여 이를 인정할 아무런 증거가 없으므로 원고와 피고 삼성화재, 한국해운조합 사이에서 준거법 합의가 있었다고 볼 수 없고, 오히려 갑 제8, 9호증의 각 기재를 종합하면, 모든해상의 담당자인 문계원이 원고와 준거법 합의를 위한 교섭을 진행한 것은 피고 삼성화재, 한국해운조합을 위한 것이 아닌 피고 진로해운을 위한 것으로 보이는바(갑 제9호증 이메일을 통하여 체결된 합의의 결과물이 원고와 피고 진로해운 사이의 갑 제8호증이다) 피고 삼성화재, 한국해운조합이 대한민국법을 준거법으로 합의하였다는 원고의 주장은 이유 없다.

나) 준거법의 결정

원고와 피고 삼성화재, 한국해운조합 사이에서 어느 법을 준거법으로 하여야 하는지에 관하여 본다.

원고와 피고 진로해운 사이에는 불법행위에 의한 손해배상청구권이 존재하고, 피고 진로해운과 피고 삼성화재, 한국해운조합 사이에는 보험계약에 따른 채권·채무관계가 존재함은 앞서 본 바와 같고, 원고와 피고 진로해운 사이에는 대한민국법을, 피고 진로해운과 피고 삼성화재, 한국해운조합 사이에는 영국법을 준거법으로 하는 합의가 각 이루어진 사실은 앞서 본 바와 같으나, 쌍방 당사자 사이의 준거법 합의는 제3자에게 영향을 미치지 아니하므로 원고와 피고 삼성화재, 한국해운조합 사이에서는 위 각 준거법 합의가 영향을 미치지 아니한다.

우리 국제사법은 불법행위에 관한 준거법, 채권에 관한 준거법을 정하는 일반적인 원칙을 포함하여 준거법에 관한 각종 규정을 두고 있으나, 이 사건과 같이 피해자가 보험자에 대하여 직접청구권을 주장하는 경우에 관한 규정은 존재하지 아니한다. 따라서 불법행위를 당한 피해자가 보험계약에 기하여 보험자에게 직접청구권을 행사는 경우, 불법행위에 관한 준거법이 적용될 것인지, 보험계약에 관한 준거법이 적용될 것인지가 결국 이 사건 준거법 결정에 있어서의 핵심이라고 할 것이다.

살피건대, ① 보험자에 대하여 직접청구를 하는 것은 보험자가 보험계약을 체결하였다는 것에 그 직접적인 근거를 두고 있는 점, ② 직접청구권이 인정될 경우 그 내용(보상의 범위, 지급시기 등) 역시 보험계약에 따라 정해질 수밖에 없는 점, ③ 원고는 피해자의 보험자에 대한 직접청구권의 법적 성질이 병존적으로 인수된 손해배상청구권이므로 채무인수에 관한 준거법 규정인 국제사법 제34조 제2항에 따라 대한민국법이 준거법이 되어야 한다는 취지로 주장하나, 원고의 위 주장은 우리 상법에 따라 보험자에 대한 직접청구권이 인정되는 경우 그 직접청구권의 법적 성질이 손해배상청구권이라는 것에 불과하므로, 준거법에 따라 직접청구권의 인정 여부가 자체가 문제가 되는 이 사건에 있어서는 이를 근거로 삼기에 적절하지 아니한 점, ④ 우리 국제사법은 '연결점'이라는 개념을 중심으로 준거법을 정하고 그러한 연결점을 정하는 여러 기준을 제시하되 그와 별도로 당사자 사이에서 국제사법이 정한 준거법과 다른 준거법을 정하는 것의 효력을 인정하고 있어 이러한 점에서 당사자의 의사 합치가 준거법에 있어서는 가장 중요한 요소로 작용하는 것을 허용하고 있다고 볼 수 있는데, '불법행위에 따른 채권관계'와 '계약에 따른 채권관계'가 중첩 내지 대립할 경우 둘 사이에서는 당사자의 의사 합치가 사전에 존재하는 '계약에 따른 채권관계'가 그렇지 아니한 '불법행위에 따른 채권관계'보다는 중요한 의미를 지니고 있다고 볼 수 있는 점, ⑤ 특히 이 사건과 같이 불법행위에 따른 준거법 합의가 불법행위 이후에 이루어진 경우(국제사법 제33조 본문에 따라 유효하다)에 직접청구권에 대한 준거법까지 불법행위에 따른 준거법을 따르게 될 경우, 불법행위의 당사자 사이의 사후 합의로써 보험계약의 준거법 합의를 무력화시킬 수 있게 되는 점 등을 종합할 때, 피해자가 보험자에 대하여 직접청구권을 행사하는 경우 '보험계약에 따른 준거법'에 의하는 것이 상당하다.

결국, 이 사건에 있어서는 영국법이 준거법이 된다.

나. 영국법에 따라 직접청구권이 인정되는지 여부

1) 관련 법리

섭외적 사건에 관하여 적용될 준거법으로서 외국법은 여전히 사실이 아니라 법으로서 법원은 직권으로 그 내용을 조사하여야 하고, 그러한 직권조사에도 불구하고 그 외국법의 내용을 확인할 수 없는 경우에 한하여 조리 등을 적용할 것이다(대법원 1990. 4. 10. 선고 89다카20252 판결, 대법원 2000. 6. 9. 선고 98다35037 판결 참조). 한편 섭외적 사건에 관하여 적용될 준거법인 외국법의 내용을 확정하고 그 의미를 해석함에 있어서는 그 외국법이 본국에서 현실로 해석·적용되고 있는 의미 또는 내용에 좇아야 하고, 소송과정에서 그 외국의 판례 등 해석기준에 관한 자료가 제출되지 아니하여 그 내용이 확인이 불가능한 경우에만 일반적인 법해석기준에 따라 법의 의미·내용을 확정할 수 있는 것이다(대법원 1991. 2. 22. 선고 90다카19470 판결, 대법원 2010. 1. 28. 선고 2008다54587 판결, 대법원 2010. 3. 25. 선고 2008다88375 판결 등 참조).

2) 피해자의 보험자에 대한 직접청구권의 자체의 인정 여부

가) 영국의 제3자 권리법

영국법은 우리 상법과 달리 피해자의 보험자에 대한 직접청구권을 일반적으로 허용하지 아니하고 예외적인 경우에만 허용하고 있으며, 이에 관한 규정이 '제3자 권리법[Third Parties(Rights against Insurers) Act 1930]'인바, 현행 제3자 권리법 제1조에는 직접청구권이 허용되는 경우에 관하여 '피보험자가 개인인 경우는 파산하였거나 채권자들과의 화의가 이루어진 경우', '피보험자가 법인인 경우는 해산명령이 이미 내려졌거나, 임의 해산에 대한 승인이 이루어졌거나, 파산관재인 등이 적법하게 임명되는 등 도산절차가 개시된 경우'에 한하여 직접청구권이 인정된다고 규정하고 있다.

나) '폐업'의 경우도 제3자 권리법에 따라 직접청구권이 인정되는지 여부

위와 같이 영국법은 피해자가 보험자에 대하여 직접청구권을 행사할 수 있는 경우를 피보험자 자력이 충분하지 않은 것이 입증된 몇 가지 경우로 제한하고 있다. 그런데 갑 제23, 24호증의 각 기재에 변론 전체의 취지를 종합하면, 피고 진로해운은 현재 파산 또는 회생절차가 개시되어 진행 중이지는 않고, 다만 '폐업'한 상태인 사실을 인정할 수 있다. 그렇다면 위와 같이 '폐업'인 경우에도 영국의 제3자 권리법에 따라 피해자에게 직접청구권이 인정될 수 있는지에 관하여 본다.

살피건대, 앞서 본 바와 같이 이 부분의 준거법은 영국법이므로, 이는 우선 영국에서 현실적으로 해석·적용되고 있는 의미에 따라 판단하여야 할 것이고 그와 같은 해석기준에 관한 자료를 확인할 수 없는 경우에는 일반적인 법해석기준에 따라야 할 것이다. 그런데 영국에서는 제3자 권리법 제1조의 입법 취지, 규정의 방식 등을 고려할 때 위 규정에서 직접청구권을 허용하고 있는 경우를 '제한적, 열거적'인 것으로 해석하고 있고, 이와 유사한 것으로 보이는 경우까지도 위 법의 적용 범위에 포함된다고 볼 수 없다는 해석 태도를 취하고 있다(영국법의 위와 같은 법해석이 우리나라 법해석 기준을 비롯한 일반적인 법해석기준에 의하더라도 타당한 것으로 볼 수 있다).[1]

그렇다면, 결국 피보험자인 피고 진로해운은 제3자 권리법 제1조에서 정한 요건을 충족

---

1) Howard Bennet, "The Law of Marine Insurance", Oxford University Press(2006), pp.613－615 참조.

하였다고 볼 수 없으므로, 피해자인 원고는 보험자인 피고 삼성화재, 한국해운조합에 직접 청구권을 행사할 수 없다. 따라서 원고의 피고 삼성화재, 한국해운조합에 대한 청구는 더 나아가 판단할 필요 없이 이유 없다.

3) 선지급항변 인정 여부

가) 앞서 본 바와 같이 원고가 영국법에 따라 보험자에게 직접청구권을 행사할 수 없으므로 피고 삼성화재, 한국해운조합에 대한 청구는 그 자체로 이유 없으나, 만일 피보험자의 '폐업'의 경우에도 영국의 제3자 권리법에 따른 직접청구권이 인정된다고 해석할 경우에는, 위 피고들이 들고 있는 선지급항변의 유효성 여부가 다시 문제될 수 있으므로 이에 관하여 부가적으로 판단한다.

나) 이 사건 각 보험계약의 충돌손해배상책임 특별약관 및 이 사건 각 보험계약이 따르고 있는 협회기간약관[INSTITUTE TIME CLAUSES(HULL－1/10/83)]에는 "보험자는 피보험 선박이 타 선박과 충돌하여 그 결과 피보험자가 타선박의 재산의 멸실 또는 손상에 대하여 법적인 배상책임을 지고, 손해배상금으로 일정금액을 타인에게 지급한 경우 피보험자가 지급한 금액의 3/4을 피보험자에게 보상한다."는 내용의 규정이 있고, 위 내용은 피보험자가 피해자에게 먼저 손해배상을 한 경우에 한하여 보험자가 피보험자에게 보험금을 지급한다는 취지로서 이른바 '선지급규정(Pay－to－be－paid Clause)'으로 불리는바, 피고 삼성화재, 한국해운조합은 이러한 선지급규정에 따라 피고 진로해운이 원고에게 손해배상을 한 바 없으므로 원고에게 보험금을 지급할 수 없다는 항변을 하므로 이에 관하여 본다.

다) 위 피고들의 선지급항변에 관하여는, 피보험자의 무자력 등의 이유로 제3자 권리법이 열거적으로 정한 직접청구권의 요건을 충족한 피해자에게 또 다시 약정에 따른 선지급항변을 인정하게 될 경우, 제3자 권리법의 취지가 몰각될 수 있으므로 위와 같은 항변이 허용될 수 있는지 여부가 문제가된다고 할 것인데, 이 역시 준거법인 영국법에 의하여 판단되어야 할 것이다.

영국 대법원(House of Lord)은 선주상호보험의 보험자가 위와 같은 선지급항변을 한 사안에서 "선지급규정을 포함한 보험계약에 있어 피보험자의 보험자에 대한 권리는 보험계약에 정해진 피보험자의 손해배상의무를 먼저 제3자에게 이행하였을 것을 조건으로 하는 조건적 권리로서 위와 같은 조권적 권리가 제3자 권리법에 의하여 제3자에게 이전되었다고 하더라도 제3자가 피보험자보다 더 좋은 지위를 얻거나 더 많은 권리를 획득하는 것은 아니므로 위와 같은 조건을 충족시키지 못하는 이상 보험자를 상대로 이를 청구할 수 없으므로, 결국 보험자의 이러한 선지급항변은 유효하다"는 취지로 판시하고 있고

[Firma C-Trade S. A. v Newcastle Protection and Indemnity Association 사건(1987), Socony Mobil Oil Co. Inc. and Others v. West of England Ship Owners Mutual Insurance Association Ltd. 사건(1987) 참조], 제3자가 피보험자보다 더 유리한 지위를 갖는 것이 아니라는 논거는 이 사건 보험계약과 같은 일반 책임보험에도 그대로 적용될 수 있다고 할 것이다. 그렇다면 결국 원고가 영국의 제3자 권리법에 따라 피고 삼성화재, 한국해운조합에 직접청구권을 행사할 수 있는 요건을 갖추었다고 하더라도, 피고 삼성화재, 한국해운조합의 선지급항변이 여전히 유효한 이상, 원고는 어느모로 보나 피고 삼성화재, 한국해운조합에 직접청구권을 행사할 수 없다.

다. 국제사법 제10조에 위반한 것인지 여부

앞서 본 바와 같이 영국법에 따르면 원고의 피고 삼성화재, 한국해운조합에 대한 직접청구권이 인정되지 않게 되는데, 이는 우리 상법 제724조 제2항이 피해자의 두터운 보호를 위하여 피해자에게 보험자에 대한 직접청구권을 인정하는 것과 다른 결론이다.

이에 대하여 원고는, 이와 같이 외국법을 준거법으로 함으로써 우리 상법에서 인정한 직접청구권이 배제되는 경우 이는 국제사법 제10조에 따라 공서양속에 위배되는 준거법 적용이므로 이 부분에 관하여는 영국법을 적용하지 아니하여야 한다고 주장하므로 이에 관하여 본다.

살피건대, ① 전 세계적으로 이와 같은 선지급항변의 유효성을 인정하는 영국법이 해상보험업계에 널리 활용되고 있는 점, ② 이 사건 보험계약과 같은 책임보험은 피해자에게 직접 그 손해를 배상한다는 것에 주된 목적이 있는 것이 아니라 피보험자의 불법행위 등으로 인하여 피보험자가 피해자에게 손해를 배상함으로써 경제적 손실이 발생한 경우 그 손실을 전보하여 줌으로써 피보험자의 불측의 손실과 위험을 부보하고자함에 그 목적이 있는 점, ③ 피해자에 대한 직접청구권의 인정 여부는 책임보험의 본질에서 기인하는 것이 아니라 피해자 보호라는 입법정책적인 결단의 문제에 가깝다고 볼 수 있는데 선박충돌에 있어 피해 선박과 가해 선박의 소유자는 통상적으로 자력이 충분할 것임을 예상할 수 있으므로 이러한 경우에 직접청구권을 인정하지 아니한다고 하여 공서양속에 반한다고 하기 어려운 점 등을 종합할 때, 영국법을 준거법으로 하는 약정이 대한민국의 선량한 풍속 그 밖의 사회질서에 명백히 위반된다고 할 수 없다.

라. 소결론

따라서 준거법인 영국법에 의할 때, 원고의 피고 삼성화재, 한국해운조합에 대한 직접청구권은 인정될 수 없으므로 원고의 위 피고들에 대한 청구는 모두 이유 없다.

4. 결 론

그렇다면, 원고의 피고 진로해운에 대한 청구는 위 인정범위 내에서 이유 있어 인용하고 나머지 청구는 이유없어 이를 기각하고, 원고의 피고 삼성화재, 한국해운조합에 대한 각 청구는 이유 없어 이를 각 기각하기로 하여 주문과 같이 판결한다.

재판장 판 사 윤 성 근
판 사 문 정 일
판 사 구 자 헌

〈제3호-III〉

부 산 지 방 법 원

제 5 민 사 부

판 결

사 건	2012가합6274 손해배상(기)
원 고	1. A
	2. B
	3. C
	4. D
	5. E
	6. F
피 고	대한민국
	법률상 대표자 법무부장관 황교안
변 론 종 결	2013. 3. 14.
판 결 선 고	2013. 4. 18.

주 문

1. 피고는 원고 A에게 6,195,620원, 원고 B, 원고 C, 원고 D, 원고 E, 원고 F에게 각 1,000,000원 및 위 각 금원에 대하여 2010. 10. 23.부터 2013. 4. 18.까지는 연 5%의, 그 다음날부터 다 갚는 날까지는 연 20%의 각 비율로 계산한 돈을 지급하라.
2. 원고들의 각 나머지 청구를 기각한다.
3. 소송비용 중 원고 A와 피고 사이에 생긴 부분 중 9/10는 원고 A가, 나머지는 피고가, 원고 B, 원고 C, 원고 D, 원고 E, 원고 F와 피고 사이에 생긴 부분 중 4/5는 위 원고들이, 나머지는 피고가 각 부담한다.
4. 제 1항은 가집행할 수 있다.

청 구 취 지

피고는 원고 A에게 100,000,000원, 원고 B, 원고 C, 원고 D, 원고 E, 원고 F에게 각 5,000,000원 및 위 각 금원에 대하여 2010. 10. 23.부터 이 사건 판결선고일까지는 연 5%의, 그 다음날부터 다 갚는 날까지는 연 20%의 각 비율로 계산한 돈을 지급하라.

이 유

1. 인정사실

가. 원고 A는 H(어선번호 000000-000000, 총톤수 170톤, 길이 38,50m, 너비 7.0m, 깊이 3.40m, 진수년월일 1985. 10. 30., 이하 '이 사건 선박'이라 한다)의 소유자이고, 원고 B는 이 사건 선박의 사실상 소유자이자 선장이며, 원고 C는 이 사건 선박의 기관장, 원고 D는 이 사건 선박의 갑판장, 원고 E는 이 사건 선박의 갑판사, 원고 F는 이 사건 선박의 조리장이다(이하 원고 A를 제외한 나머지 원고들을 통칭하여 "승선 원고들"이라 한다).

나. 승선 원고들은 2010. 10. 23. 9:30경 전남 고흥군 I에 있는 지죽도 부근의 해상 가두리 양식장에서 이 사건 선박에 화주 J가 운송료 20,000,000원에 운송을 의뢰한 우럭 약 60,000마리(3,400kg, 시가 30,000,000원)를 싣고 통영항을 향해 운송하면서, 시간과 연료를 절약하기 위해 대염도와 배도 주위에 산재해 있는 양식장 사이의 좁은 통로를 통과하려고 아래 그림과 같이 전남 고흥군 지죽도 남단을 약 10노트의 속력으로 지나가다가, 같은 날 10:23경 이 사건 선박이 전남 고흥군 대염도 남방 0.1 마일 해상인 북위 34도 25분 41.1초, 동경 127도 19분 53.9초에 위치한 간출암(이하 '이 사건 간출암'이라 한다)에 좌초되어 기관실 선저 부분에 길이 약 2m, 너비 약 50cm 크기의 파공이 발생하는 사고(이하 '이 사건 사고'라 한다)를 당하였다.

다. 이 사건 사고 당시 선장인 원고 B는 해도와 지피에스 플로터(GPS plotter, 선박간 데이터 송수신이 가능한 위성위치확인시스템)를 참고하여 이 사건 선박을 운항하였는데, 이 사건 선박에 비치된 해도 및 지피에스 플로터에는 이 사건 간출암이 표시되어 있지 않고 '만여'라는 간출암만 표시되어 있어 원고 B는 주위 양식장만 조심한다면 대염도와 만여 사이를 무사히 통과할 수 있을 것으로 기대하여 아래 그림과 같이 항로를 설정했다가 이 사건 사고를 당하였다.

라. 승선 원고들은 사고 직후인 10:50분경 주변에 있던 양식장 관리선을 불러 모두 퇴

선하였지만, 이 사건 선박은 그 후 썰물로 해수면이 계속 낮아지자 선체가 좌현으로 기울어지면서 전복되었다. 침몰한 이 사건 선박은 그 후 인양되었지만, 수리 불능으로 폐선되어 100,916,420원에 고철로 매각되었다.

마. 이 사건 사고 당시 기상은 맑은 날씨에 북동풍이 8~10m/s로 불고 있었고, 시정은 양호하였으며, 조류는 사고 당일 09:28경이 고조, 15:42경이 저조로 사고 시간인 10:23에는 고조 후 점차 해수면이 낮아지고 있던 때였다.

바. 피고 산하 국토해양부장관(현 해양수산부장관)으로부터 권한을 위임받은 국립해양조사원장은 수로조사기본계획에 따라 수로조사를 실시하여 항해용으로 사용되는 해도 등의 수로도서지를 간행하는데, 이 사건 사고 당시 국립해양조사원이 발간한 해도에는 이 사건 간출암이 표시되어 있지 않았고, 그보다 약 200~300미터 동쪽에 '만여'라는 암초가 표시되어 있었다. '만여'는 1985년 전 건설교통부 수로국에서 육분의와 단빔 음향측심기를 이용하여 측정한 결과를 바탕으로 그 동안 계속 해도에 반영되어 왔는데, 이 사건 사고 후인 2011. 6. 8.부터 같은 달 14.까지 국립해양조사원 남해해양조사사무소에서 디지피에스(DGPS) 및 멀티빔 음향측심기 등의 첨단 장비를 이용하여 실측한 결과 기존 해도상 북위 34도 25분 39.1초, 동경 127도 20분 3.9초에 위치한 것으로 표시된 '만여'는 아래 그림과 같이 잘못 표시된 것으로, 실제로는 대염도의 남서남(진방위 150도, 0.28마일)에 위치한 두 개의 암초로 구성되어 있으며, 이 사건 간출암이 그 중 하나인 것으로 확인되었다.

사. 국립해양조사원은 이러한 조사결과를 바탕으로 2011. 6. 28.과 같은 해 7. 1. 이 사건 간출암에 관한 항해경보와 항해통보를 각 완료하고, 2011. 7. 8. 해도에 대한 보정도를 간행하는 등의 시정조치를 취하였다.

아. 이 사건 간출암 부근 해역에 관하여는 1985년 전 건설교통부 수로국에서 측심조사를 행한 이후 특별히 수로도서지 작성을 위한 측심조사가 행해진 적은 없다. 국립해양조사원이 국토해양부 장관의 위임을 받아 수립하는 5년 단위의 수로조사기본계획에도 2012년까지는 이 사건 간출암 부근 해역에 관한 수로조사계획은 포함되어 있지 않았다.

자. 국립해양조사원은 2004년도에 어초상태 조사를 위하여 멀티빔 음향측심장비를 이용하여 대염도 부근 해역에 대한 측심조사를 실시했는데, '기존 해도상 대염도 남동 약 750m 지점에 표기된 간출암과 천소 수심' 이외에는 수중 암초가 존재하지 않는 것으로 확인하였다. 한편, 이 사건 간출암에 최근 3년간 선박이 좌초되거나 접촉된 사건이 해양경찰서나 해양항만청 등의 피고 산하 기관에 접수된 적은 없었지만, 2010. 7.경에는 대염도 인근 주민들이 '해도에 표시된 대염도 동남쪽 약 1km 지점에 위치한 수중 암초는 주

변을 통행하는 선박들이 위치를 가늠하기 어려워 안전사고의 위험이 높다'며 해상부표를 설치해 줄 것을 피고 산하 여수지방해양항만청에 요청한 바 있다.

차. 부산지방해양안전심판원은 2011. 9. 1. '어획물운반선 H 좌초사건'에 대한 재결에서, 이 사건 사고는 '만여'의 실제 위치와 해도상 위치가 서로 달랐기 때문에 발생한 것이라고 결론내렸다. 한편, 광주지방법원 순천지원은 2010고약1578호 사건에서 이 사건 선박의 선장인 원고 B에 대하여 이 사건 사고로 인한 선박 매몰과 그 과정에서 발생한 연료유 유출로 인한 해양오염 등에 관한 업무상 과실선박매몰 및 해양환경관리법 위반 혐의에 대해 모두 유죄를 인정하여 벌금 2백만원의 약식명령을 내렸다.

[인정근거] 다툼 없는 사실, 갑 제1, 2, 4, 7호증, 갑 제11호증의 1, 을 제2호증의 7, 을 제2호증의 10 내지 16의 각 기재, 변론 전체의 취지

2. 손해배상책임의 발생

가. 판단

1) 공무원이 고의 또는 과실로 그에게 부과된 직무상 의무를 위반하였을 경우라고 하더라도 국가는 그러한 직무상의 의무 위반과 피해자가 입은 손해 사이에 상당인과관계가 인정되는 범위 내에서만 배상책임을 지는 것이고, 이 경우 상당인과관계가 인정되기 위하여는 공무원에게 부과된 직무상 의무의 내용이 단순히 공공 일반의 이익을 위한 것이거나 행정기관 내부의 질서를 규율하기 위한 것이 아니고 전적으로 또는 부수적으로 사회구성원 개인의 안전과 이익을 보호하기 위하여 설정된 것이어야 한다(대법원 2007. 12. 27. 선고 2005다62747 판결, 대법원 2010. 9. 9 선고 2008다77795 판결 등 참조).

이 사건 사고 당시 적용되던 구 측량·수로조사 및 지적에 관한 법률(2009. 6. 9. 법률 제9774호로 제정되고, 2011. 3. 30. 법률 제10485호로 개정되기 전의 것, 이하 '수로조사법'이라 한다)은 제1조에서 "이 법은 측량 및 수로조사의 기준 및 절차와 지적공부의 작성 및 관리 등에 관한 사항을 규정함으로써 국토의 효율적 관리와 해상교통의 안전 및 국민의 소유권 보호에 기여함을 목적으로 한다"고 규정하고 있고, 같은 법 제30조, 제31조 1항, 제35조, 제109조 등에서는 국토해양부장관 등으로 하여금 수로조사기본계획을 5년마다 수립하고, 이에 따라 연도별 사업시행계획을 수립·시행하도록하며, 항해의 안전을 위한 항만, 항로, 어항 등의 수로측량과 항로조사 등의 수로조사를 하여 수로조사성과를 수록한 해도 등을 포함한 수로도서지를 간행하여 판매하거나 배포하도록 규정하고 있으며, 국토해양부장관의 승인을 받지 않고 수로도서지를 복제하거나 이를 변경하여 수로도서지와 비슷한 제작물을 발행한 자는 형사처벌을 받도록 규정하고 있다(별지 수로조사법 관련

규정들 참조).

위와 같은 수로조사법의 관련 규정들을 종합해 보면, 위 조항들은 공공의 안전 외에 일반인의 인명과 재화의 안전보장도 그 목적으로 하는 것이라고 봄이 상당하다.

그리고, 수로조사법의 위 각 규정의 내용과 형식에 비추어 보면 위 각 규정은 5년 단위의 수로조사기본계획수립에 따른 수로조사지역 선정과 조사시기 등의 선정에 관한 합리적 재량권한을 국토해양부장관 및 관련 공무원(이하 '국토해양부장관 등'이라 한다)에게 부여한 것이라고 봄이 상당하지만, 그러한 권한을 부여한 취지와 목적에 비추어 볼 때 구체적인 상황 아래 국토해양부장관 등이 그 권한을 행사하지 아니한 것이 현저하게 합리성을 잃어 사회적 타당성이 없는 경우에는 직무상 의무를 위반한 것이 되어 위법하게 되고, 그러한 경우 특별한 사정이 없는 한 과실도 인정된다고 할 것이다(대법원 2010. 4. 22. 선고 2008다38288 전원합의체 판결, 대법원 2010. 9. 9. 선고 2008다7779 판결 등 참조).

2) 이러한 법리에 비추어 이 사건에 대하여 보건대, 앞서 본 사실관계와 증거들에 의하여 인정되는 다음과 같은 사정들, 즉 ① 대한민국 바다에 관한 공식 해도는 오직 피고만이 작성할 수 있고, 피고 산하 국토해양부장관의 승인을 받지 않고 수로도서지를 복제하거나 이를 변경하여 수로도서지와 비슷한 제작물을 발행한 자는 형사처벌을 받게 되기 때문에 결국 대한민국 바다에 관한 현황은 전적으로 국토해양부장관 등이 작성하는 해도에 의존할 수밖에 없는 점, ② 비록 대한민국 전 해역에 대한 수로측심에는 막대한 비용과 시간이 소요되는 것이고 이로 인해 법에서도 장기계획에 따라 연차적으로 이를 시행하도록 규정되어 있다고 하더라도, 이 사건 간출암 부근 해역에 관하여는 1985년 이래 해도의 정확성을 확인하기 위한 수로측심 작업이 이루어진 적이 없고, 특히 이 사건 간출암 부근 해역은 양식장 사업이 활발하여 어선의 통행이 빈번한 지역임에도 불구하고 5년 단위의 수로조사기본계획에 그 동안 포함된 적이 없었다는 점, ③ 비록 어초상태 조사를 위한 측심조사였다고는 하지만, 국립해양조사원은 2004년도에 멀티빔 음향측심장비를 이용하여 대염도 부근 해역에 대한 측심조사를 하면서 이 사건 간출암의 존재를 확인하였던바, 수중 암초의 위험성에 대해 누구보다도 잘 아는 국립해양조사원 소속 공무원들로서는 가까운 시일 내에 부근 해역에 관한 해도 작성을 위한 측심조사가 예정되어 있지 않았다면 당시 발견된 거의 유일한 수중 암초인 이 사건 감출암의 위치를 해도상의 만여의 위치와 비교하는 작업을 마땅히 수행하였어야 함에도 불구하고 이를 행하지 않았던 점, ④ 이 사건 사고 발생 전인 2010. 7.경 이미 대염도 인근 주민들이 이 사건 간출암에 해상부표를 설치해 줄 것을 피고 산하 여수지방해양항만청에 요청하였던바, 육안으로 손쉽게 확인되지 않는 수중 암초에 관하여 지역 주민들이 제공하는 정보에 대해서는 비록 해당 지역이 수

로조사기본계획에 포함되지 않았더라도 최대한 신속히 측심조사를 통한 적절한 조치를 취함으로써 언제 발생할지 모르는 선박 좌초사고를 방지할 수 있었을 것으로 보이고, 그렇게 하는 것이 수로조사법이 추구하는 해상교통의 안정성을 확보하고 국민의 소유권에 대한 개별적인 안전과 이익을 보호하는 적절한 방법이라는 점 등을 고려해 본다면, 이 사건의 경우 국토해양부장관 등이 이 사건 간출암의 위치를 잘못 표시한 해도를 계속하여 발행해 왔고, 2004년 이래 이를 시정할 기회가 몇 번 있었음에도 불구하고 그렇게 하지 아니한 것은 현저하게 합리성을 잃어 사회적 타당성이 없는 경우에 해당한다고 할 것이다. 따라서 이는 공무원이 직무상 의무를 위반한 것이 되어 위법하고, 특별한 사정이 없는 한 과실도 인정된다고 할 것이다.

3) 한편, 원고들은 국토해양부장관 등이 발행한 해도나 이를 기초로 만들어진 지피에스 플로터에 표시되어 있는 만여를 피해서 갈 수 있는 항로를 선정하여 이 사건 선박을 운전하다가 해도에 표시되지 아니한 이 사건 간출암에 좌초되는 이 사건 사고를 당하였던 것이므로, 위와 같은 공무원의 위법행위와 이 사건 사고 사이에는 인과관계도 인정된다.

4) 따라서 피고는 국가배상법 제2조에 따라 원고들에게 이 사건 사고로 인하여 발생한 손해를 배상할 책임이 있다.

나. 책임의 제한

채무불이행 또는 불법행위에 있어서 과실상계는 공평 내지 신의칙의 견지에서 손해배상액을 정함에 있어 피해자의 과실을 참작하는 것으로서 그 적용에 있어서는 가해자, 피해자의 고의·과실의 정도, 위법행위의 발생 및 손해의 확대에 관하여 어느 정도의 원인이 되어 있는가 등의 제반사정을 고려하여 배상액의 범위를 정하는 것이며, 불법행위에 있어서의 가해자의 과실이 의무 위반이라는 강력한 과실임에 반하여 과실상계에 있어서의 과실이란 사회통념상, 신의성실의 원칙상, 공동생활상 요구되는 약한 부주의를 가리키는 것인바(대법원 1992. 2. 14. 선고 91다4249 판결 등 참조), 위 인정사실 및 앞서 든 각 증거에 의하여 알 수 있는 다음과 같은 사정들 즉, ① 바다에는 해도에 나타나지 않는 수상 암초가 있을 수 있으므로 선박 운항자로서는 만연히 해도나 지피에스 플로터에만 의존하지 말고 레이더나 망원경 등의 장비를 통해 선박 진행 방향에 있을지 모르는 수상 암초를 관측하면서 선박을 운행해야 하는 주의의무가 있음에도 불구하고 승선 원고들은 이러한 조치를 취하지 않았고, 위 원고들은 이 사건 사고 당시 견시 요원도 배치하지 않은 채 만연히 조타실에서 전방만 주시하면서 항해하고 있었던 점, ② 특히나 해안선 가까운 해역에는 발견되지 않았거나 위치가 부정확한 수중 암초가 존재할 가능성이 높고 유사시 안전을 위한 피항 수역의 확보 등이 어렵기 때문에 항로를 선정할 때 가급적 안전이 확보된

넓은 해역을 통과하도록 항로를 선정함이 바람직함에도 불구하고 승선 원고들은 시간과 기름을 절약하기 위해 무리하게 최단 거리로 항로를 선정하여 이 사건 사고 지점을 지나게 되었던 점, ③ 이 사건 사고 당시 승선 원고들은 이 사건 간출암 주변 해역에 익숙하지도 않고 이 사건 간출암 주변에는 양식장이 다수 존재하여 사고 발생의 우려가 높은 지역임에도 불구하고 이 사건 선박을 10노트로 전속 운전함으로써 피해의 발생과 확대에 기여했던 점 등의 사정들을 피고가 배상하여야 할 재산상 손해액을 산정함에 있어 참작하기로 하여 승선 원고들의 과실비율을 80%로 인정하고 피고의 책임 범위를 20%로 제한하기로 한다.

한편, 불법행위로 인한 손해배상의 책임 및 그 범위를 정함에 있어 피해자의 과실을 참작하는 이유는 불법행위로 인하여 발생한 손해를 가해자와 피해자 사이에 공평하게 분담시키고자 함에 있으므로, 피해자의 과실에는 피해자 본인의 과실뿐 아니라 그와 신분상 내지 사회생활상 일체를 이루는 관계에 있는 자의 과실도 피해자측의 과실로서 참작되어야 하고, 어느 경우에 신분상 내지 사회생활상 일체를 이루는 관계라고 할 것인지는 구체적인 사정을 검토하여 피해자측의 과실로 참작하는 것이 공평의 관념에서 타당한지에 따라 판단하여야 하는바(대법원 1999. 7. 23. 선고 98다31868 판결 등 참조), 비록 이 사건 선박의 소유자인 원고 A의 경우는 이 사건 선박에 승선하지 않았다고 하더라도 이 사건 선박의 운항을 위 선박의 사실상 소유자인 B와 그 밖의 승선 원고들에게 전적으로 맡겨두었던 사정 등에 비추어 본다면 이 사건 선박을 운항했던 승선 원고들과 신분상 내지 사회생활상 일체를 이루는 관계에 있다고 봄이 타당하므로 원고 A에 대하여도 위 80%의 과실비율은 동일하게 적용된다.

3. 손해배상의 범위

가. 원고들 주장의 요지

1) 원고 A는 이 사건 사고로 인하여 ① 이 사건 선박 가치 402,760,000원, ② 선박 인양비용 185,560,200원, ③ 이 사건 선박에 선적된 어획물 훼손에 따른 손해 3천만원과 운송실패로 인한 운송비 상실손해 2천만원의 합계 50,000,000원, ④ 휴업손해 44,100,000원(원고 B, 원고 C의 3개월분 급여 각 990만원과 원고 D, 원고 E, 원고 F의 3개월분 급여 각 810만원의 합계), ⑤ 위자료 2천만원 등 합계 702,420,200원(=402,760,000원+185,560,200원+50,000,000원+44,100,000원+20,000,000원)의 손해를 입었다고 주장하면서, 위 손해액에서 이 사건 선박을 고철로 매각함으로써 얻은 이익 100,916,420원을 공제한 나머지 601,503,780원을 피고가 배상할 책임이 있다는 전제 하에 일부 청구로 1

억원 및 이에 대한 지연손해금의 배상을 구하고 있다.

2) 승선 원고들은 위자료로 각 5백만원 및 이에 대한 지연손해금의 지급을 구하고 있다.

나. 원고 A에 대한 손해배상의 범위

1) 선박 손해

일반적인 불법행위로 인한 손해는 물건이 멸실되었을 때에는 멸실 당시의 시가를 통상의 손해로 보아야 하지만(대법원 2006. 4. 28. 선고 2005다44633 판결, 대법원 1971. 2. 9. 선고 70다2826 판결 등 참조), 선박안전기술공단 부산지부와 한국방송통신전파진흥원 부산본부의 각 사실조회회신 결과에 비추어 본다면 갑 제5호증의 기재만으로는 이 사건 사고 당시 이 사건 선박의 가치가 원고가 주장하는 바와 같이 402,760,000원에 이른다고 인정하기는 부족하고, 그 밖에 달리 이 사건 사고 당시의 가치를 직접적으로 입증할 증거는 없다.

이처럼 불법행위로 인한 손해배상청구소송에서 재산적 손해의 발생 사실은 인정되나 구체적인 손해의 액수를 증명하는 것이 사안의 성질상 곤란한 경우, 법원은 증거조사의 결과와 변론 전체의 취지에 의하여 밝혀진 당사자들 사이의 관계, 불법행위와 그로 인한 재산적 손해가 발생하게 된 경위, 손해의 성격, 손해가 발생한 이후의 여러 정황 등 관련된 모든 간접사실들을 종합하여 손해의 액수를 판단할 수 있는바(대법원 2009. 9. 10. 선고 2006다64727 판결 등 참조), 갑 제11호증의 1, 을 제7호증의 1, 2, 을 제8호증의 각 기재에 변론 전체의 취지를 종합하여 인정할 수 있는 다음과 같은 사정, 즉 ① 농림수산부의 어선감척사업의 추진에 따른 어선 수요 감소에 따라 최근 들어 어선의 시세가 계속 하락하고 있는 점, ② 이 사건 선박은 1985. 10. 30. 진수된 후 이 사건 사고까지 약 28년 정도 운항되어 상당히 노후한 점, ③ 이 사건 선박과 톤수 및 건조연도가 유사한 다른 선박들의 경우, 국제선박 매매시장에서 공급자들은 미화 250,000 달러 정도로 매도가를 정하고 있는 점, ④ 이 사건 선박은 이하에서 인정하는 바와 같이 185,560,200원을 들여 인양하고, 폐선 후 고철로는 100,916,420원에 처분되었던 점 등의 사정에 비추어 보면, 이 사건 사고 당시 이 사건 선박의 가격은 300,000,000원으로 봄이 상당하다.

따라서 이 사건 사고로 인하여 원고 A는 이 사건 선박 가격인 300,000,000원의 손해를 입었다.

2) 선박인양비용

갑 제6호증의 1 내지 4의 각 기재에 변론 전체의 취지를 종합해 보면, 원고 A가 2010. 10. 27. 작업대금 185,560,200원에 이 사건 선박의 인양을 K에게 의뢰하고 원고 B를 통해 계약금 25,000,000원을 지급한 사실과 잔금 160,560200원은 작업 완료 후 3일 이내에 지급하기로 하였지만 자금 부족으로 아직 지급하지 못하고 있는 사실을 인정할 수 있으므로, 이 사건 선박의 인양을 위한 작업대금 185,560,200원 전액이 이 사건 사고로 인하여 원고 A에게 발생한 손해이다.

3) 화물 운송 관련 손해

앞서 인정한 바와 같이 이 사건 선박은 화주 J가 운송료 20,000,000원에 운송을 의뢰한 우럭 약 60,000마리(3,400kg, 시가 30,00,000원)을 싣고 가다가 이 사건 사고를 당하였던바, 원고 A는 이로 인해 J로부터 약정한 운송료 20,000,000원을 받지 못하였음은 물론, 오히려 위 J에게 발생한 30,000,000원의 손해를 배상해야 하는 상황이므로 위 금액의 합계 50,000,000원도 이 사건 사고로 원고 A에게 발생한 손해이다.

4) 휴업손해

불법행위로 인하여 영업용 물건이 전부 파손된 경우에 있어서 이를 대체할 다른 물건을 마련하기 위하여 필요한 합리적인 기간 동안 그 물건을 이용하여 영업을 하지 못함으로 인하여 발생한 영업손실 상당의 휴업손해는 그에 대한 증명이 가능한 통상의 손해로서 그 교환가치와는 별도로 배상하여야 하고, 이는 영업용 물건이 일부 손괴된 경우 수리를 위하여 필요한 합리적인 기간 동안의 휴업손해와 마찬가지라고 보아야 한다(대법원 2004. 3. 18. 선고 2001다82507 전원합의체 판결 등 참조). 그렇지만 이 사건의 경우, 원고 A가 주장하는 휴업손해가 실제 발생하였다고 인정할 증거가 없고, 승선 원고들의 급여가 원고 A가 주장하는 금액이라는 점을 인정할 증거도 없으며, 승선 원고들의 급여 상당액이 원고 A에게 휴업기간 동안 발생한 휴업손해라는 점을 인정할 증거도 없으므로 원고 A의 위 청구는 이유 없다.

5) 과실상계

가) 피고의 책임비율: 20%

나) 계산: 535,560,200원(=선박 손해 300,000,000원+선박인양비용 185,560,200원+화물 운송관련 손해 50,000,000원)×0.2=107,112,040원

6) 손익상계

다만 원고 A는 이 사건 선박을 인양하여 고철로 판매함으로써 100,916,420원의 이익을 취하였으므로, 이 사건 사고로 인해 원고 A가 얻은 위 이익은 피고의 원고 A에 대한 손해배상액에서 공제되어야 한다.

7) 위자료

일반적인 타인의 불법행위 등에 의하여 재산권이 침해된 경우에는 그 재산적 손해의

배상에 의하여 정신적 고통도 회복된다고 보아야 할 것이므로 재산적 손해의 배상에 의하여 회복할 수 없는 정신적 손해가 발생하였다면, 이는 특별한 사정으로 인한 손해로서 가해자가 그러한 사정을 알았거나 알 수 있었을 경우에 한하여 그 손해에 대한 위자료를 청구할 수 있는 것인바(위 대법원 전원합의체 판결 등 참조), 이 사건의 경우 원고 A에게 재산적 손해의 배상으로 인해 회복할 수 없는 정신적 손해가 발생하였음을 인정할 증거가 없으므로, 원고 A의 위 청구는 이유 없다.

8) 소결론

따라서 피고는 원고 A에게 6,195,620원(=과실상계 적용한 손해액 107,112,040원－이익 공제 100,916,420원) 및 이에 대하여 이 사건 사고 발생일인 2010. 10. 23.부터 위 원고가 구하는 바에 따라 이 사건 판결 선고일인 2013. 4. 18.까지는 민법에 정한 연 5%의, 그 다음날부터 다 갚는 날까지는 소송촉진 등에 관한 특례법에 정한 연 20%의 각 비율로 계산한 돈을 지급할 의무가 있다.

다. 승선 원고들에 대한 손해배상의 범위

바다 한 가운데서 갑작스레 발생한 이 사건 사고로 인하여 이 사건 선박에 승선하고 있던 승선 원고들이 상당한 충격과 정신적 고통을 받았을 것임은 경험칙상 명백하므로 피고는 이를 금전으로 위자할 의무가 있다 할 것인바, 이 사건 사고의 발생 경위, 원고들의 구조 경위, 위 원고들의 나이, 성별, 직업, 재산 및 교육 정도 등 변론에 나타난 제반 사정에 비추어 승선 원고들의 위자료는 각 1,000,000원으로 정함이 상당하다.

따라서 피고는 위 원고들에게 각 1,000,000원 및 이에 대하여 이 사건 사고 발생일인 2010. 10. 23.부터 위 원고들이 구하는 바에 따라 이 사건 판결선고일인 2013. 4. 18.까지는 민법에 정한 연 5%의, 그 다음날부터 다 갚는 날까지는 소송촉진 등에 관한 특례법에 정한 연 20%의 각 비율로 계산한 돈을 지급할 의무가 있다.

4. 결 론

그렇다면, 원고들의 청구는 각 위 인정범위 내에서 이유 있어 이를 인용하고, 각 나머지 청구는 이유 없어 이를 기각하기로 하여 주문과 같이 판결한다.

재판장 판 사 조 양 희

판 사 조 승 우

판 사 나 상 아

〈제3호-Ⅳ〉

창 원 지 방 법 원

2013. 4. 10. 선고 2012나5713 판결
[배당이의] : 상고

【원고, 피항소인】 원고 1 외 1인 (소송대리인 변호사 배호창)

【피고, 항소인】 주식회사 하나은행 (소송대리인 법무법인 지평지성 담당변호사 신자영)

【제1심판결】 창원지법 2012. 2. 21. 선고 2010가단58776 판결

【변론종결】 2013. 3. 13.

【주　　문】

1. 피고의 항소를 모두 기각한다.
2. 항소비용은 피고가 부담한다.

【청구취지 및 항소취지】

청구취지

이 법원 2009타경37912, 2009타경37929, 2009타경37936(중복) 선박임의경매사건에서 이 법원이 2010. 12. 24. 작성한 배당표 중 피고에 대한 배당액 6,339,792,267원을 6,287,698,557원으로, 원고 1에 대한 배당액 0원을 24,816,820원으로, 원고 2에 대한 배당액 0원을 27,276,890원으로 각 경정한다.

항소취지

제1심판결을 취소한다. 원고들의 청구를 모두 기각한다.

【이　　유】

1. 기초 사실 및 2. 당사자 주장의 요지

제1심 판결문 각 해당 부분 기재와 같다(민사소송법 제420조 본문).

3. 준거법의 결정

가. 준거법의 지정의 원칙과 예외

1) 원칙

선박우선특권의 준거법은 원칙적으로 선적국법이고(국제사법 제60조 제1호), 편의치적의 경우에도 원칙적으로 선적국법이 준거법이 된다.

2) 예외

국제사법에 의하여 지정된 준거법이 해당 법률관계와 근소한 관련이 있을 뿐인 경우 그 법률관계와 가장 밀접한 관련이 있는 다른 국가의 법이 명백히 존재하는 경우에는 그 국가의 법에 의하여야 한다(국제사법 제8조 제1항).

3) 선박우선특권의 준거법 결정 기준

선박우선특권의 준거법을 판단함에 있어서 당사자 사이에 그 준거법과의 밀접한 관련성에 관한 다툼이 있을 경우에는 선적국법과 해당 법률관계의 관련성 정도 및 선적국법 이외의 밀접 관련성이 있는 명백한 준거법의 존재 여부에 관하여 실질적으로 판단하여야 한다.

즉 선박이 편의치적이 되어 있어 선적만이 그 국가와 유일한 관련이 있을 뿐이고, 항해지, 실질적인 선박 소유자, 실질적인 선박 운영회사, 실질적인 선박의 근거지, 선원의 국적, 선박의 주된 항해지 및 주된 근거지, 당해 법률 분쟁이 발생한 장소 등이 선적국과 근소한 관련만 존재하는 경우에는 임금채권을 근거로 하는 선박우선특권의 준거법은 선원근로계약의 체결 경위 및 내용, 국제사법 제8조와 사회·경제적인 약자인 근로자를 보호하기 위해 규정한 국제사법 제28조의 취지 등을 고려하여 결정하여야 한다.

나. 이 사건의 경우

1) 위에서 든 증거들과 제1심 증인 소외인의 증언 및 변론 전체의 취지에 의하여 인정되는 아래와 같은 사정 등에 의하면 파나마국은 이 사건 선박이 편의상 선적을 둔 국가일 뿐이고 이 사건 선원근로계약과는 별다른 관련성이 없다.

가) 이 사건 선박의 소유자인 에메랄드 라인 오버시즈 인코퍼레이션은 편의치적을 목적으로 설립된 페이퍼 컴퍼니에 해당하고 파나마국과는 별다른 관련성이 없는 점

나) 원고들은 이 사건 선박의 선장과 기관장이고, 이 사건 선박의 선원들은 대한민국인이거나 동남아시아인들로 파나마국인은 존재하지 않은 점

다) 이 사건 선박이 파나마 내 항구를 거점으로 운항한 것으로 보이지 않는 점

2) 위에서 든 증거들과 변론 전체의 취지에 의하여 인정되는 아래와 같은 사정을 종합하면 이 사건 선박과 관련된 법률관계와 가장 밀접한 관련이 있는 법은 대한민국 상법이라고 할 것이므로, 국제사법 제8조 제1항에 따라 선박우선특권의 성립 및 원고들의 선박우선특권과 피고의 근저당권의 우선순위는 상법을 적용하여 판단하여야 한다.

가) 이 사건 선박의 실질적인 소유자는 대한민국 법인이자 이 사건 선박의 용선자인 퍼스트쉽핑이고, 퍼스트쉽핑의 대표이사와 임원진은 모두 대한민국인으로 선박법(제2조)상 대한민국 선박의 요건을 갖춘 점

나) 퍼서트쉽핑은 신도꾸마린과 선원공급계약을 체결하고 위 계약에 기초하여 선원들을 공급받았는데, 당시 퍼스트쉽핑과 신도꾸마린 사이에 작성된 대리점계약서(선원고용계약서)에 의하면, 위 계약서 이외의 규정은 한국 선원법 및 근로기준법에 따른다고 규정되어 있으므로 이 사건에 있어서는 당사자가 준거법을 대한민국의 법으로 선택한 특별한 사정이 있는 점

다) 퍼스트쉽핑은 이 사건 선박을 이용하여 화물을 운송하였는데, 주로 대한민국에서 싱가포르 등 동남아시아 지역의 항해에 사용한 것으로 보이는 점

라) 선박회사가 선박국적제도를 남용하여 편의치적하는 데에는 선원근로계약과 관련한 각종 규제와 부담을 회피할 의도로 포함되어 있는 반면 경제적 약자인 선원들을 보호할 필요성이 큰 점

4. 판 단

앞서 든 증거들에 의하면, 원고들이 지금까지 지급받지 못한 임금, 퇴직금, 연차유급수당, 본선수당이 원고 1은 24,816,820원이고, 원고 2는 27,276,890원인 사실이 인정되고, 원고들의 위 임금채권은 상법 제777조 제1항 제2호에 정한 선원과 그 밖의 선박사용인의 고용계약으로 인한 채권으로 선박우선특권임이 인정된다.

원고들의 위 채권은 상법 제788조에 따라 피고의 저당권보다 우선하므로 경매법원으로서는 피고에 대한 배당액 6,339,792,267원 중 24,816,820원을 원고 1에게, 27,276,890원을 원고 2에게 배당하였어야 할 것이다.

따라서 피고의 근저당권이 선박우선특권이 부여된 원고들의 채권보다 선수위임을 전제로 작성된 이 사건 배당표는 위법하므로, 피고에 대한 배당액 6,339,792,267원을 6,287,698,557원으로 하고, 원고 1에게 24,816,820원으로 원고 2에게 27,276,890원을 배당하는 것으로 경정하는 것이 상당하다.

5. 결 론

원고들의 이 사건 청구는 이유 있어 이를 모두 인용할 것이데, 제1심 판결은 이와 결론을 같이 하여 정당하고 피고의 항소는 결국 이유 없으므로 주문과 같이 이를 모두 기각한다.

재판장 판 사 김 주 식
판 사 이 수 웅
판 사 김 영 주

〈제4호-Ⅰ-①〉

부 산 지 방 법 원

결 정

사 건	2007타경 5839 선박임의경매
신 청 인	○○○○○○캄퍼니 리미티드
(소 유 자)	사이프러스 니코시아
피 신 청 인	○○○ 주식회사
(채 권 자)	부산 중구

주 문 피신청인의 신청인에 대한 별지 목록 기재 선박에 대한 이건 선박임의경매사건은 이 법원 2007타키 580호 선박임의경매개시결정에 대한 이의신청 사건의 결정시까지 이를 일시 정지한다.

이 유 신청인의 이 건 신청은 이유 있으므로 민사집행법 제86조 제2항, 제16조 제2항의 규정에 의하여 주문과 같이 결정한다.

2007. 2. 8.

판 사 오 경 미

별　　지
(선박의 표시)

1. 선　　　명 :
1. 호 출 부 호 :
1. 선 박 국 적 : 러시아
1. 총톤수 / 순톤수 : 4,295톤/3,642톤
1. 장 / 폭 / 고 : 94.63 / 17.00 / 9.65 미터
1. 선　　　풍 : 냉동운반선
1. 소　유　자 : 엘티디

-- 이 상 --

〈제4호-I-②〉

부 산 지 방 법 원

제 2 민 사 부

결 정

사 건	2008라421 선박임의경매결정에 대한 즉시항고
항 고 인,	○○○○○○ 캄퍼니 리미티드
이의신청인	사이프러스 니코시아
채 권 자,	○○○○○○○ 주식회사
경매신청인	부산 중구
채 무 자	에○○○○○○○○○○○○○
	미국 위싱턴주 씨애틀시
제1심 결 정	부산지방법원 2008. 7. 10.자 2007타키580 결정

주 문

1. 제1심 결정을 취소한다.
2. 이 법원이 별지 목록 기재 선박에 관하여 2007. 2. 6. 2007타경5839호로 한 선박임의 경매개시결정을 취소한다.
3. 이 사건 선박임의경매신청을 기각한다.
4. 이 법원이 2007타경5839호 선박임의경매 집행정지 신청사건에 관하여 2008. 9. 18. 한 집행정지결정을 인가한다.

이 유

1. 기초사실

기록에 의하면 다음과 같은 사실이 인정된다.

가. 채권자는 선박대리업점을 영위하는 국내 법인이고, 항고인(이의신청인, 이하 항고인이라고 한다)은 별지 목록 기재 선박(이하 '이 사건 선박'이라고 한다)의 소유자이며, 채무자는 이 사건 선박의 용선자이고, 한편 이 사건 선박의 선적국(船籍國항)은 러시아다.

나. 채권자는 2006. 2. 28.경부터 2006. 7. 30.경까지 화물 양·적하를 위해 부산항에 입·출항한 이 사건 선박의 입·출항료, 정박료, 도선료, 도선사비, 예선료, 강취박료, 오염방제비 등 합계 21,352,272원(이하 '이 사건 항비 등'이라고 한다)을 이 사건 선박의 용선자인 채무자를 대신하여 부산항만공사 등 이 사건 항비 등 채권자에게 지급하였다.

다. 채권자는 이 사건 항비 등 채무가 선박우선특권에 의하여 담보되는 채무라고 주장하면서 위 돈을 신청금액으로 하여 2007. 2. 5. 이 법원에 이 사건 선박에 대한 임의경매신청을 하였고, 이 법원은 2007. 2. 6. 2007타경5839호로 이 사건 선박에 대한 임의경매개시결정을 하였으며, 이에 대하여 항고인은 이의신청을 하였으나 제1심은 항고인의 이의신청을 기각하는 결정을 하였다.

2. 채권자의 주장

가. 이 사건 항비 등은 이 사건 선박의 입·출항시 항만당국에 의해 강제되는 절차와 관련하여 발생되는 비용으로, 이 사건 선박의 선적국인 러시아국 상선법이 위와 같은 비용 채권에 대하여 선박우선특권을 인정하고 있다.

나. 채권자는 채무자와 선박대리점 계약을 체결하고 그 계약에 따라 이 사건 항비 등의 비용을 채무자를 위하여 부산항만공사 등에 대신 지급하였는데, 러시아국 상선법이 선박우선특권에 의하여 담보되는 채권 자체의 대위를 인정하고 있을 뿐 아니라, 우리나라 법의 변제자의 법정대위의 법리에 따르더라도 채권자는 부산항만공사 등을 대위할 수 있으므로, 채권자는 이 사건 항비 등 채권에 기하여 이 사건 선박에 대하여 선박우선특권이 있다.

3. 판 단

가. 변제자대위의 준거법

선박우선특권은 일정한 채권을 담보하기 위하여 법률에 의하여 특별히 인정된 권리로서 일반적으로 그 피담보채권과 분리되어 독립적으로 존재하거나 이전되기는 어려우므로, 선박우선특권이 유효하게 이전되는지 여부는 그 선박우선특권이 담보하는 채권의 이전이 인정되는 경우에 비로소 논할 수 있는 것인바, 국제사법 제60조 제1호, 제2호에서 선적국법에 의하도록 규정하고 있는 사항은 선박우선특권의 성립 여부, 일정한 채권이 선박우선특권에 의하여 담보되는지 여부, 선박우선특권이 미치는 대상의 범위, 선박우선특권의 순위 등으로서 선박우선특권에 의하여 담보되는 채권 자체의 대위에 관한 사항은 포함되어 있지 않다고 해석되므로, 그 피담보채권의 임의대위에 관한 사항은 특별한 사정이 없는 한 국제사법 제35조 제2항에 의하여 그 피담보채권의 준거법에 의하여야 한다(대법원 2007. 7. 12. 선고 2005다39617 판결).

이 사건의 경우 이 사건 항비 등 채권의 준거법은 우리나라 법이라고 할 것이므로 이 사건 항비 등 채권의 대위의 인정여부에 관하여는 우리나라 법을 기준으로 하여야 한다.

나. 변제자대위에 따른 선박우선특권 인정 여부

(1) 민법 제481조에서 '변제할 정당할 이익이 있는 자'라 함은 변제로 인하여 법률상 당연히 이익을 받는 자를 말하고, 한편 구 상법 제861조에서 말하는 선박우선특권 있는 채권이라 함은 선주 또는 선박운항자가 선박에 관하여 같은 조 제1항 각호에 정한 노력 물품 또는 비용을 제공받고 그로 인한 채무를 이행하지 아니하는 경우에 그 선박을 담보로 하여 그로부터 다른 채권보다 우선하여 변제받을 수 있도록 하기 위하여 생기는 것이지 선주 또는 선박운항자가 같은 조 제1항 각호에 정한 노력 등에 대하여 자기의 대리인으로 하여금 그 노력 등의 제공자에게 대가를 지불하고 그 노력 등의 제공을 받는 경우에는 선박우선특권 있는 채권이 발생할 여지가 없다(대법원 1978. 5. 23. 선고 77.다 1679 판결).

위와 같은 법리에 비추어 이 사건을 보건대, 채권자의 주장과 같이 이 사건 항비 등 채권 자체가 선박우선특권에 의하여 담보되는 채권이라고 하더라도 기록에 나타난 다음과 같은 점 즉, ① 이 사건 선박의 입·출항시 발생하는 이 사건 항비 등은 원칙적으로 이 사건 선박의 용선자인 채무자가 부담하여야 하는 점, ② 그런데 채권자는 채무자와의 선박대리점 계약에 따라 위 비용을 대신 부담한 것일 뿐이고, 부산항만공사 등이 채권자에게 이 사건 항비 등을 청구하였다고 하여 채권자가 부산항만공사 등과의 관계에서 이 사건 항비 등을 부담할 법률상 의무는 없으며 달리 이를 인정할 자료는 없는 점, ③ 또한 채권자가 채무자를 대신하여 이 사건 항비 등을 지급하지 아니할 경우 법률상 손해를 입게 된다는 점에 관한 아무런 자료가 없는점[항고인이 선박대리점의 업무 및 운영실태(선박대리점으로서 대리점계약에 따라 대신 지급하기로 한 이 사건 항비 등은 선박의 입·출항과 관련하여 항만당국에 의하여 강제되는 절차와 관련된 비용으로 항고인이 직접 항만당국으로부터 납부고지를 받아 지급하여 왔다)에 비추어 이 사건 항비 등을 지급하지 않을 경우 입게 된다는 손해는 이 사건 선박에 대한 선박대리점계약상 항고인이 항만당국이나 채무자와의 관계에서 입게 되는 사실상 손해에 불과하다] 등에 비추어 보면, 채권자는 민법 제481조가 규정하는 변제할 정당한 이익이 있는 자라고 할 수 없고, 따라서 채권자는 부산항만공사 등을 법정대위할 수 없으며(임의대위하였다는 점에 관한 아무런 주장·입증이 없으므로 임의대위도 성립하지 않는다), 이 사건 항비 등 채권은 변제로 인하여 소멸되었다고 할 것이므로, 결국 채권자가 채무자에 대하여 대리점계약에 따른 지급금 상환청구권을 가지는 것을 별론으로 하고, 이 사건 선박에 이 사건 항비 등 채권과 관련한 선박우선특권은 대위행사할 여지는 없다[가사 이 사건 항비 등 채권의 대위의 인정여부에 관하여 채권자의 주장과 같이 러시아 상선법을 따라야 한다고 하더라도, 러시아 상선법이 '선박우선특권으로 담보되는 채권의 양도 또는 대위는 그러한 선박우선특권의 양도 또는 대위를 동시에 수반한다'(제372조 제1항)고만 규정할 뿐 대위의 요건에 관한 아무런 언급이 없는 이상 채권자가 부산항만공사 등을 당연히 대위한다고 볼 수는 없고, 한편 채권자가 들고 있는 '대법원 1979. 6. 26. 선고 79다407 판결'은 선박우선특권의 대위취득 여부에 관한 사안이 아니라 선박소유자와 대리상계약을 체결한 선박대리점이 그 계약의 이행으로 생긴 '선박소유자'에 대한 구상채권에 대하여 선박우선특권을 인정한 경우로서 이 사건과는 그 사안을 달리한다].

(2) 뿐만 아니라, 기록에 의하여 이 사건 항비 등 채권이 발생한 기간 동안 채무자는 채권자에게 이 사건 항비 등 채권액을 훨씬 상회하는 수백만 달러를 지급한 사실이 인정되는바, 채무자가 동일한 채권자에 대하여 같은 종류를 목적으로 한 수개의 채무를 부담한 경우에 변제의 제공에 있어서 당사자가 변제에 충당할 채무를 지정하지 아니한 때에는 민법 제477조의 규정에 따라 법정변제 충당되는 것이고 특히 민법 제477조 제4호에 의하면 법정변제충당의 순위가 동일한 경우에는 각 채무액에 안분비례하여 각 채무의 변제에 충당되는 것이므로, 위 안분비례에 의한 법정변제충당과는 달리, 그 법정변제충당에 의하여 부여되는 법률효과 이상으로 자신에게 유리한 변제충당의 지정, 당사자 사이의 변제충당의 합의가 있다거나 또는 당해 채무가 법정변제충당에 있어 우선순위에 있어서 당해 채무에 전액 변제충당되었다고 주장하는 자는 그 사실을 주장·입증할 책임을 부담한다(대법원 1984. 1. 31. 선고 83다카1560 판결, 1994. 2. 22. 선고 93다49338 판결 등 참조).

그렇다면 채권자로서 위와 같이 채무자가 지급한 돈이 이 사건 항비 등 채권이 아닌 다른 채권에 우선 충당되었다는 점을 주장·입증하여야 하는데도 이에 관한 아무런 주장·입증이 없는 이상 채권자는 채무자로부터 채권자가 지출한 이 사건 항비 등 상당을 상환받았다고 볼 것이므로, 이러한 점에 비추어 보아도 채권자가 이 사건 임의경매 신청을 하면서 주장하는 이 사건 채권은 존재한다고 보기도 어렵다.

4. 결 론

따라서 항고인의 이의신청은 이유 있어 인용할 것인바 제1심 결정을 이와 결론을 달리하여 부당하므로, 제1심 결정을 취소하고, 이 법원이 이 사건 선박에 관하여 2007. 2. 6. 2007타경5839호로 한 선박임의경매개시결정을 취소하며, 채권자의 선박임의경매 신청을 기각하기로 하고, 이 법원 2007타경5839호 선박임의경매 집행정지 신청사건에 관하여 이 법원이 2008. 9. 18. 한 집행정지결정을 인가하기로 하여, 주문과 같이 결정한다.

2009. 2. 19.

재판장 판 사 문형배

판 사 김정우

판 사 최상수

〈제4호-I-③〉

대 법 원

판 결

사 건	2009마461 선박임의경매 결정에 대한 즉시항고
채권자, 재항고인	그로발스타해운 주식회사
소유자, 상대방	알카이드 쉽핑 캄퍼니 리미티드
채무자	에머랄드 리퍼 라인즈 엘엘씨
원 심 판 결	부산지방법원 2009. 2. 19. 선고 2008라421 판결
판 결 선 고	2012. 7. 16.

주 문

원심판결을 파기하고, 사건을 부산지방법원 본원 합의부에 환송한다.

이 유

재항고이유(재항고이유서 제출기간 경과 후에 제출된 재항고이유서보충서의 기재는 재항고이유를 보충하는 범위 내에서)를 판단한다.

1. 선박대리점의 법정대위에 관한 재항고이유에 대하여

가. (1) 국내에 영업소가 있는 선박대리점이 외국의 선박소유자 등과의 선박대리점계약에 기하여 외국 선적의 선박에 관하여 항해 등에 관한 사무의 처리를 위탁받아 그 사무를 처리하는 경우에, 그 선박대리점계약에 의하여 발생하는 채권 및 채무의 종류·내용과 효력, 그리고 변제 그 밖의 방법에 의한 소멸 등의 사항에 관하여 당사자가 준거법을 따로 선택하지 아니하였다면, 다른 특별한 사정이 없는 한 국제사법 제26조 제2항 단서에 의하여 계약과 가장 밀접한 관련이 있는 것으로 추정되는 선박대리점의 영업소가 있는 우리나라의 법이 준거법이 된다.

그리고 선박대리점이 선박소유자 등을 대리하여 선박의 항해에 필요한 계약을 체결하는 것은 통상 상법 제87조 소정의 대리상의 지위에서 하는 것이다. 그러나 선박대리점은 선박소유자 등의 상업사용인이 아니라 독자적으로 영리를 추구하는 독립한 상인으로서 자신의 명의로 영업을 영위하는 것으로서, 선박대리점이 선박소유자 등과 사이에 그러한 계약으로부터 발생한 채무를 선박소유자 등을 대신하여 자신의 재산을 출연하여 변제하기로 한 경우 그 법적 성질은 특별한 사정이 없는 한 이행인수약정으로 보아야 한다. 그리고 선박대리점이 이러한 이행인수약정에 따라 자신의 재산을 출연하여 한 변제는 선박소유자 등의 대리인으로서 한다는 점을 밝히는 등 본인의 변제라고 평가되어야 할 만한 사정이 없는 한 민법 제469조에서 정하는 '제3자의 변제'에 해당한다고 봄이 상당하다.

(2) 한편 민법 제481조에 의하여 법정대위를 할 수 있는 '변제할 정당한 이익이 있는 자'라고 함은 변제함으로써 당연히 대위의 보호를 받아야 할 법률상의 이익을 가지는 자를 의미한다(대법원 1963. 7. 11. 선고 63다251 판결, 대법원 1990. 4. 10. 선고 89다카24834 판결 등 참조). 그런데 이행인수인이 채무자와의 이행인수약정에 따라 채권자에게 채무를 이행하기로 약정하였음에도 불구하고 이를 이행하지 아니하는 경우에는 채무자에 대하여 채무불이행의 책임을 지게 되어 특별한 법적 불이익을 입게 될 지위에 있다고 할 것이므로, 이행인수인은 그 변제를 할 정당한 이익이 있다고 할 것이다.

따라서 선박대리점이 선박소유자 등을 대리하여 체결한 계약으로부터 발생한 채무를 선박소유자 등과의 이행인수약정에 따라 자신의 재산을 출연하여 채권자에게 변제한 경우에는 특별한 사정이 없는 한 선박대리점은 '변제할 정당한 이익이 있는 자'로서 채권자가 선박소유자 등에 대하여 가지는 채권을 당연히 대위한다.

원심이 인용하고 있는 대법원 1978. 5. 23. 선고 77다1679 판결은 선박대리점이 입항료 등을 선박소유자의 대리인으로 지급한 사안에 관한 것으로서 이 사건과 사안을 달리하여 여기에 원용하기에 적절하지 아니하다.

나. 원심결정 이유와 기록에 비추어 살펴보면, 이 사건 선박에 대하여 선박우선특권의 실행을 위한 경매를 신청한 재항고인은 국내에서 선박대리점업을 영위하는 법인이고, 이 사건 경매개시결정에 대하여 이의신청을 한 상대방은 외국법인으로서 이 사건 선박의 소유자인 사실, 채무자는 미합중국 워싱턴주 씨애틀시에 주소를 두고 있는 외국법인으로서 이 사건 선박의 용선자이고, 이 사건 선박의 선적국은 러시아인 사실, 재항고인은 채무자와 선박대리점계약을 체결하였는데, 그 계약에서 이 사건 선박의 입·출항시 발생하는 항비 등 비용은 이 사건 선박의 용선자인 채무자가 부담하기로 하되 재항고인이 채무자를 대신하여 우선 지급하기로 약정한 사실, 이에 재항고인은 2006. 2. 28.경부터 2006. 7. 30.경까지 화물 양·적하를 위하여 부산항에 입·출항한 이 사건 선박의 입·출항료, 정박료, 도선료, 도선선비, 예선료, 강취방료(강취방료), 오염방제비 등 합계 21,352,272원

(이하 '이 사건 항비 등'이라고 한다)을 채무자를 대신하여 부산항만공사 등 이 사건 항비 등의 채권자에게 지급한 사실 등을 알 수 있다.

이러한 사실관계를 앞에서 본 법리에 비추어 보면, 재항고인이 채무자와 체결한 선박대리점계약에 따라 채무자를 대리하여 이 사건 선박의 입·출항에 필요한 계약을 체결하고, 나아가 그로 인하여 발생한 이 사건 항비 등의 지급채무를 채무자 대신 자신이 출연하여 이행하기로 약정한 것은 이행인수약정이라고 봄이 상당하다. 나아가 재항고인이 이러한 이행인수약정에 따라 부산항만공사 등 이 사건 항비 등의 채권자에게 자신의 출연으로 그 채무를 변제한 것은 특별한 사정이 없는 한 민법 제481조에서 정한 '변제할 정당한 이익이 있는 자'의 변제에 해당한다고 할 것이므로, 결국 재항고인은 이 사건 항비 등의 채권을 당연히 대위한다고 할 것이다.

그럼에도 원심은 재항고인이 부산항만공사 등과의 관계에서 이 사건 항비 등을 부담할 법률상 의무가 있다고 볼 수 없고, 재항고인이 채무자를 대신하여 이 사건 항비 등을 지급하지 아니할 경우 법률상 손해를 입게 된다고 할 수 없으므로, 재항고인이 이 사건 항비 등의 채무를 변제할 정당한 이익이 있는 자에 해당하지 아니한다는 이유로 재항고인의 선박우선특권 대위에 관한 주장을 배척하였다. 이러한 원심의 판단에는 민법 제481조가 규정하는 법정대위 등에 관한 법리를 오해함으로써 판결에 영향을 미친 위법이 있다. 이를 지적하는 재항고이유의 주장은 이유 있다.

2. 법정변제충당에 관한 법리오해 등에 관한 재항고이유에 대하여

가. 채무자가 동일한 채권자에 대하여 같은 종류를 목적으로 한 수개의 채무를 부담한 경우, 당사자가 변제에 있어서 변제에 충당할 채무를 지정하지 아니한 때에는 민법 제477조의 규정에 따라 법정변제충당이 행하여지는 것이다. 특히 민법 제477조 제4호에 의하면, 법정변제충당의 순위가 동일한 경우에는 각 채무액에 안분비례하여 각 채무의 변제에 충당된다. 따라서 위 안분비례에 의한 법정변제충당으로 발생하는 법률효과 이상으로 자신에게 유리한 변제충당의 지정이나 당사자 사이의 변제충당의 합의가 있다거나 또는 당해 채무가 법정변제충당에 있어 우선순위에 있어서 당해 채무에 전액 변제충당되었다고 주장하는 이는 그 사실을 주장·입증할 책임을 부담한다고 할 것이다(대법원 1984. 1. 31. 선고 83다카1560 판결, 대법원 1994. 2. 22. 선고 93다49338 판결 등 참조).

나. 원심결정 이유와 기록에 의하면, 채무자는 이 사건 항비 등 채권이 발생한 기간 동안 재항고인에게 이 사건 항비 등 채권액을 상회하는 미화 수백만 달러를 송금한 사실, 재항고인은 2007. 2. 6. 채무자에 대한 이 사건 항비 등 채권을 선박우선특권의 피담보채권으로 기재하여 이 사건 선박에 관하여 담보권실행을 위한 경매를 신청한 사실, 채무자측은

2007. 3. 16.경 재항고인에게 "귀사의 미수금에 대하여도 지급할 능력이 없습니다. 귀사는 상기 두 회사로부터 귀사가 받아야 할 미수금을 회수할 수 없다는 증거로 이 서류를 사용하여도 무방합니다"라는 내용의 공증인이 공증한 서신을 보내온 사실을 알 수 있다.

이러한 사실관계에 비추어 보면, 재항고인은 채무자에게 이 사건 항비 등 채권 이외에 다른 채권을 가지고 있었고, 재항고인의 이 사건 경매신청 후인 2007. 3. 16.경에도 미수금이 남아 있었으므로, 채무자가 재항고인의 이 사건 경매신청 당시까지 재항고인에게 송금한 위 금전만으로는 이 사건 항비 등을 포함하여 재항고인에 대한 채무 전부를 완제하기에는 부족한 상태에 있었다고 봄이 상당하다.

다. 사정이 이와 같다면, 원심으로서는 앞서 본 법리에 따라 먼저 채무자측이 이 사건 경매신청 후 재항고인에게 존재를 자인한 미수금채무가 이 사건 항비 등의 채무를 가리키는지 여부 및 채무자가 재항고인에게 송금하였다는 미화 수백만 달러의 구체적인 지급 명목 내지 내역을 밝혀서 어느 채권의 변제에 지정충당 내지 합의충당이 되었는지 등을 살펴보아야 하고, 만약 지정충당 내지 합의충당을 인정하기 어렵다면 이 사건 항비 등 채권과 다른 채권 사이의 우선순위를 가려 법정변제충당을 하고 상호간의 우선순위를 가릴 수도 없는 경우에는 각 채권액에 안분비례하여 법정변제충당을 하여야 한다.

그럼에도 원심은 위와 같은 사항들에 대하여 심리하지 아니한 채, 재항고인이 채무자로부터 송금받은 미화 수백만 달러가 이 사건 항비 등 채권이 아닌 다른 채권에 우선적으로 충당되었다는 점에 관하여 재항고인의 아무런 주장·증명이 없으므로 이 사건 항비 등 채권이 위 송금된 금전에 의하여 전부 변제된 것으로 보아야 한다는 취지로 판단하였다. 이러한 원심의 판단에는 법정변제충당에 관한 법리를 오해하고 필요한 심리를 다하지 아니하여 재판에 영향을 미친 위법이 있다. 이 점을 지적하는 재항고이유의 주장도 이유 있다.

3. 결 론

그러므로 나머지 재항고이유에 대한 판단을 생략한 채 원심결정을 파기하고 사건을 다시 심리·판단하게 하기 위하여 원심법원에 환송하기로 하여 관여 법관의 일치된 의견으로 주문과 같이 결정한다.

대법관 재판장 이 상 훈
주 심 양 창 수
주 심 김 용 덕

〈제4호-II〉

서 울 중 앙 지 방 법 원
제 2 파 산 부
결 정

사 건 2013책2 선박책임제한
신 청 인 태영상선 주식회사

주 문

이 사건 선박소유자 등 책임제한절차 개시신청을 기각한다.

이 유

1. 기초사실

이 사건 기록에 의하면 다음과 같은 사실을 인정할 수 있다.

가. 신청인은 별지 목록 기재 선박(이하 '이 사건 선박'이라고 한다)의 정기용선자로서 이를 이용하여 해상운송업을 영위하였다.

나. 신청인은 2013. 4. 4. 한와쿄쿄 가부시키가이샤(이하 '한와코쿄'이라고 한다)와 1,588 묶음의 이형철근 3,004.084톤(이하 '이 사건 화물'이라고 한다)을 일본국 요코하마항에서 우리나라 인천항까지 운송하기로 하는 해상운송계약을 체결한 후, 한와쿄쿄에게 수하인 "TO ORDER", 통지처 효산스틸로 된 선하증권을 발행해 주었다.

다. 신청인은 2013. 4. 4. 이 사건 선박에 이 사건 화물을 적재하고 요코하마항을 출발하여 2013. 4. 10. 인천항에 도착한 후, 위 화물을 보세창고업자인 주식회사 청명(이하 '청명'이라고 한다)이 운영하는 보세창고에 보관하였다.

라. 청명은 2013. 4. 13.부터 같은 달 25.까지 4차례에 걸쳐 이 사건 화물을 선하증권과 상환함이 없이 무단 반출하였다.

2. 신청인의 주장

신청인은, 선하증권과 상환 없이 한 이 사건 화물의 무단 반출로 선하증권소지인인 한와코쿄에 발생한 위 화물가액 1M935,631,129원(일본화 168,184,128엔×11.509원/엔) 상당의 손해에 관한 채권은 상법 제769조 제1항 제1호가 규정하는 '선박의 운항과 직접 관련하여 발생한 물건의 멸실로 인하여 생긴 손해에 관한 채권'으로 책임제한 대상 채권이 되고 이는 상법상 책임한도액 685,522,054원(405,476 SDR×1,690.66원/SDR)을 초과한다고 주장한다.

3. 관련규정

가. 상법 제769조(선박소유자의 유한책임) 선박소유자는 청구원인의 여하에 불구하고 다음 각 호의 채권에 대하여 제770조에 따른 금액의 한도로 그 책임을 제한할 수 있다. 다만, 그 채권이 선박소유자 자신의 고의 또는 손해발생의 염려가 있음을 인식하면서 무모하게 한 작위 또는 부작위로 인하여 생긴 손해에 관한 것인 때에는 그러하지 아니하다.

1. 선박에서 또는 선박의 운항에 직접 관련하여 발생한 사람의 사망, 신체의 상해 또는 그 선박 외의 물건의 멸실 또는 훼손으로 인하여 생긴 손해에 관한 채권

나. 상법 제774조(책임제한을 할 수 있는 자의 범위) ① 다음 각 호의 어느 하나에 해당하는 자는 이 절의 규정에 따라 선박소유자의 경우와 동일하게 책임을 제한할 수 있다.

1. 용선자 · 선박관리인 및 선박운항자

4. 신청인의 주장에 대한 판단

선박소유자 등의 책임제한을 인정하는 취지는 선박의 운항에 따르는 높은 해상위험과 해난사고로 인한 막대한 손해로부터 해상기업을 보호하고자 하는데 있는 것이므로, 선박 외에서 선박의 항해와 직접 관련 없이 발생한 손해에 대하여는 책임제한이 인정되지 않는다.

선박의 운항이란 통상 선박을 항해에 사용 또는 제공하는 것으로서 항해 중 또는 항해를 위하여 선박을 기계적 용법에 따라 조작 · 관리하는 것 전체를 가리키는 것으로 해석하여야 하므로, 여기에는 화물의 선적이나 양륙을 위하여 선박을 조작 · 관리하는 것도 포함된다. 그러나 화물의 해상운송을 위하여 선박을 운항한 경우 화물이 목적항에 도착한 후 양륙되어 보세장치장에 반입되었다면 이로써 화물에 대한 해상운송은 종료되었다고 보아야 하므로(대법원 2004. 7. 22. 선고 2001다67164 판결 참조), 이와 같은 경위로 보세창고에 보관 중이던 화물을 보세창고업자가 무단 반출하는 행위는 선박의 운항에 속하거나 이와 직접적 관련이 있다고 볼 수 없다.

따라서 신청인이 이 사건 선박을 운항하여 운송한 이 사건 화물을 청명이 운영하는 보세창고에 보관하던 중 선하증권과 상환 없이 무단 반출하여 정당한 선하증권 소지인 한와

코쿄에게 위 화물가액 상당의 손해를 발생시켰다 하더라도, 이는 이 사건 선박의 운항과 직접 관련하여 발생한 손해가 아니므로 위 손해에 관한 채권은 선박소유자 등의 책임제한 대상이 되는 채권이라고 볼 수 없다.

5. 결 론

그렇다면 이는 상법 제770조 제1항 각 호의 구분에 따른 제한채권의 총액이 이에 대응하는 각 책임한도액을 초과하지 아니함이 명백한 경우에 해당하므로, 선박소유자 등의 책임제한절차에 관한 법률 제18조 제1호에 의하여 주문과 같이 결정한다.

2013. 11. 1.

재판장 판 사 이 종 석

판 사 양 민 호

판 사 박 찬 우

〈제4호-III〉

인 천 지 방 법 원
제 17 민 사 부
판 결

사 건	2011가합17126 사정재판에 대한 이의 2011가합17133(병합) 사정재판에 대한 이의
원고 겸 피고	센트럴 스트림 마린 코퍼레이션
피고 겸 원고	1. 동부화재해상보험 주식회사 2. 주식회사 심존 3. 한화손해보험 주식회사 4. 주식회사 산들코퍼레이션 5. 주식회사 광명목재
피 고(탈퇴)	아메리칸 홈 어슈어런스 컴퍼니
피 고	김정화

피고 아메리칸 홈 어슈어런스 컴퍼니

변 론 종 결	2013
판 결 선 고	2013. 5. 21.

주 문

1. 인천지방법원 2010책2 선박책임제한 사건에서 위 법원이 2011. 8. 26.자로 한 사정재판 중,

   가. 원고 겸 피고의 제한채권액을 0원으로,

   나. 피고 겸 원고 동부화재해상보험 주식회사의 제한채권액을 97,835,396원으로,

   다. 피고 겸 원고 주식회사 심존의 제한채권액을 32,709,743으로,

   라. 피고 겸 원고 한화손해보험 주식회사의 제한채권액을 457,807,301원으로,

   마. 피고 겸 원고 주식회사 산들코퍼레이션의 제한채권액을 53,796,606원으로,

   바. 피고 겸 원고 주식회사 광명목재의 제한채권액을 15,862,716원으로,

   사. 피고 아메리칸 홈 어슈어런스 컴퍼니의 승계참가인의 제한채권액을 562,755,934원

으로 각 변경하여 사정한다.

2. 원고 겸 피고의 나머지 청구 및 피고 겸 원고들의 나머지 청구를 모두 기각한다.
3. 소송비용은 이를 5분하여 그 중 4는 원고 겸 피고가, 1은 나머지 피고 겸 원고들, 피고 아메리칸 홈 어슈어런스 컴퍼니의 승계참가인이 각 부담한다.

청 구 취 지

1. 2011가합17126호 사건 {원고 겸 피고 센트럴 스트림 마린 코퍼레이션의 피고 겸 원고들, 피고 김정화, 피고 아메리칸 홈 어슈어런스 컴퍼니의 승계참가인 에이아이지 손해보험 주식회사(이하 '피고 승계참가인'이라고 한다)에 대한 청구}

가. 인천지방법원 2010책2 선박책임제한절차 사건에 관하여 위 법원이 2011. 8. 26.자로 한 사정의 재판을 취소한다.

나. 원고 겸 피고의 제한채권액을 일본화 428,904,796엔 및 이에 대한 2010. 8. 17.부터 일본화 428,904,796엔을 일본법원에 공탁한 날까지 연 0.024%의 비율에 의한 금원으로, 피고 겸 원고들 및 피고 승계참가인의 각 제한채권액을 0원으로 변경한다.

2. 2011가합171313호 사건 {피고 겸 원고들의 원고 겸 피고에 대한 청구}

위 사정의 재판을 취소하고, 원고 겸 피고의 제한채권액을 0원으로 변경한다.

이 유

1. 인정사실

다음의 사실은 당사자들 사이에 다툼이 없다

가. 당사자의 지위

원고 겸 피고는 씨에스크레인호의 소유자이고, 피고 겸 원고 주식회사 심존, 주식회사 산들코퍼레이션, 주식회사 광명목재는 씨에스크레인호와 충돌한 푸핑유안호에 선적되어 있던 화물의 수입자이며, 피고 겸 원고 동부화재해상보험 주식회사, 한화손해보험 주식회사, 피고(탈퇴) 아메리칸 홈 어슈어런스 컴퍼니는 푸핑유안호에 선적된 화물의 송하인 내지 수하인과 운송 중 위험을 부보하기 위하여 해상화물적하보험계약을 체결한 보험자이고, 피고 승계참가인은 2012. 6. 1. 아메리칸 홈 어슈어런스 컴퍼니로부터 모든 보험계약상의 지위를 양도받았으며, 피고 김정화는 이 사건 책임제한절차에서 선임된 관리인이다.

나.

1) 씨에스크레인호(총톤수 7,675톤, 길이 116.50m인 파나마 국적의 강조 케미컬탱커선)는 2010. 6. 14. 16:20경 선장 김중배를 포함한 18명의 선원이 승무하고 선수흘수 약 4.7미터, 선미흘수 약 5.8미터의 공선 상태로 울산항을 출항하여 인천항으로 항해하고 있었다.

2) 푸핑유안호(총톤수 2,645톤, 길이 87.97m인 중국 칭다오 선적의 강조 화물선)는 2010. 6. 13. 15:00경(중국시간, 한국시간은 16:00) 선장 타오랑을 포함한 선원 17명이 승무하고 중국 텐진항에서 코일 등 철재화물 3,343톤을 적재하고 출항하여 인천항으로 항해하고 있었다.

3) 푸핑유안호는 2010. 6. 15. 23:35경 진침로 007도, 속력 약 6.7노트로 인천항 제1입항대기정박지에 진입하였고, 씨에스크레인호는 같은 날 23:45경 진침로 약 027도, 속력 약 12.4노트인 상태로 동수도를 따라 항해하다가 23:47경 진침로 약 355도로 변침하여 인천항 제1입항대기정박지를 향해 항해하였다.

4) 같은 날 23:56경 옹진군 북장자서 서방 약 2.8마일 거리인 북위 37도 19분 24초·동경 126도 25분 10초 해상에서 씨에스크레인호 선수부와 푸핑유안 우현 선미부가 양 선박의 선수미선 교각 약 40도로 충돌하는 사고(이하 '이 사건 사고'라 한다)가 발생하였다.

5) 이 사고로 씨에스크리엔호는 정 선수부가 일부 손상되고, 푸핑유안호는 기관실 우현 외판에 직경 약 3m 크기의 파공이 발생하여 선미부가 침수되었다.

다. 일본에서의 책임제한절차의 경과 및 사정재판

원고 겸 피고는 일본 나고야 지방재판소에 책임제한절차개시신청을 하였고, 위 법원은 2010. 8. 17. 그 신청을 받아들여 선박소유자등책임제한절차개시결정을 하였으며, 푸핑유안호 선박의 소유자 칭따오 푸핑유안 쉽핑 컴퍼니 리미티드, 원고 겸 피고, 피고 겸 원고들, 아미레칸 홈 어슈어런스 컴퍼니, 소외 세인인터내셔널 주식회사는 각각 제한채권을 신고하였다.

라. 이 사건 책임제한절차의 경과 및 사정재판

1) 원고 겸 피고는 이 사건 사고로 인한 물적 손해의 총채권액이 상법 소정의 책임 한도액인 1,365,225 계산단위(SDR)를 초과한다는 이유로 인천지방법원에 선박소유자 등의 책임제한절차에 관한 법률(이하 '책임제한법'이라고 한다)에 따라 책임제한절차 개시신청을 하였고, 위 법원은 2010. 9. 15. 그 신청을 받아들여 2010책2호로 위 물적 손해에 관하여 책임제한 개시결정을 하였다.

2) 원고 겸 피고, 피고 겸 원고들, 아메리칸 홈 어슈어런스 컴퍼니는 위 책임제한절차

에 참가하여 제한채권으로 별지 표 '사정금액'란의 ①항 금액을 각 신고하였고, 그 후 열린 채권조사기일에서 별지 표 '사정금액'란의 ②항과 같이 각각 이의하였으며, 위 법원은 2011 8. 26. 책임제한법 제57조에 따라 씨에스크레인호와 푸핑유안호의 과실비율을 8.5:1.5로 정하여 별지 표 '사정금액'란의 ③항과 같이 제한채권을 사정(이하 '이 사건 사정재판'이라고 한다) 하였다.

마. 이 사건 사고로 인한 물적 손해액은 이 사건 사정재판에서 인정된 손해액과 같다.

2. 이 사건의 쟁점

가. 원고 겸 피고의 참가요건 구비 여부

이 사건 사정재판에서는 책임제한법 제42조 제3항에 따라 원고 겸 피고의 참가를 허용하되 책임제한법 제42조 제3항 단서에 따라 이 사건 책임제한절차에 참가한 다른 제한채권자들에 관한 대위채권 부분은 사정금액에서 제외하였는바, 피고 겸 원고들은 원고 겸 피고가 책임제한법 제42조 제3항 또는 제42조 제4항에 정한 참가의 요건을 구비하지 못하였음에도 원고 겸 피고의 제한채권액을 별지와 같이 사정한 이 사건 사정재판은 부당하다고 주장하고 이에 대하여 원고 겸 피고는 일본에서 진행되고 있는 책임제한절차에서 푸핑유안호 선박의 소유자 칭따오 푸핑유안 쉽핑 컴퍼니 리미티드에게 책임제한절차를 통해 변제할 계획이므로 책임제한법 제42조 제3항, 제4항에 따라 이 사건 책임제한 절차의 참가요건을 구비하였다고 주장한다.

나. 쌍방의 과실비율

원고 겸 피고는 이 사건 사고는 푸핑유안호가 제한된 시계에서 경계의무를 다하지 않고 기존의 진행방향에서 갑자기 좌전타하는 등 항법에 위반되게 항해하여 발생한 것이므로, 이 사건 사고에 관한 씨에스크레인호의 과실비율을 85%로 인정한 사정재판은 그 과실비율 인정에 있어 씨에스크레인호의 과실비율을 과다하게 인정한 잘못이 있어 부당하다고 주장하고, 이에 대하여 피고 겸 원고들은 이 사건 사고는 씨에스크레인호가 제한된 시계에서 협소하고 위험한 곳을 항해하면서도 속도를 줄이지 않고 경계를 소홀히 한 전적인 과실에 의해 발생한 것이므로, 이 사건 사정재판은 그 과실비율 인정에 있어 씨에스 크리엔호의 과실비율을 과소하게 인정한 잘못이 있어 부당하다고 주장한다.

3. 판 단

가. 원고 겸 피고의 참가요건 구비여부에 관한 판단

1) 책임제한법의 규정

선박소유자 등의 책임제한에 관한 법률 제42조(참가)

① 제한채권자는 신청인에 대하여 가지는 제한채권(이자, 지연손해금 또는 위약금 등의 청구권은 제한채권의 최초 조사기일까지 발생한 것만 해당한다. 이하 이 장에서 같다)으로 책임제한절차에 참가할 수 있다.

② 제한채권을 변제한 신청인 또는 수익채무자는 그 변제의 한도에서 변제받은 제한채권자를 대위(代位)하여 책임제한절차에 참가할 수 있다.

③ 제한채권에 대하여 장래 제한채권자를 대위하게 되거나 신청인 또는 수익채무자에 대하여 구상권을 가지게 되는 자는 자기의 제한채권을 가지는 것으로 보고 이에 의하여 책임제한절차에 참가할 수 있다. 다만, 제한채권자가 이미 책임제한절차에 참가한 경우에는 그 참가한 한도에서 다시 참가하지 못한다.

④ 신청인 또는 수익채무자가 제한채권에 의하여 외국에서 강제집행을 당할 염려가 있음을 소명한 경우에는 그 강제집행에 따라 지급할 제한채권의 금액에 관하여 신청인 또는 수익채무자가 제한채권을 가지는 것으로 보고 이에 의하여 책임제한절차에 참가할 수 있다. 이 경우에는 제3항 단서를 준용한다.

2) 판단

가) 책임제한법 제42조 제3항에 의한 참가

신청인 또는 수익채무자가 책임제한제도에 참가할 수 있는 경우에 대하여 책임제한법 제42조 제2항에서는 '제한채권을 변제한 경우'로, 같은 조 제4항에서는 '제한채권에 의하여 외국에서 강제집행을 당할 염려가 있음을 소명한 경우'로 특별히 한정하여 규정하고 있으므로, 같은 조 제3항이 신청인 또는 수익채무자에 대하여도 적용된다고 해석한다면 같은 조 제2항 제4항에서 신청인 또는 수익채무자에 대하여 책임제한절차에 참가할 수 있는 경우를 한정하여 규정하고 있는 것이 무의미해진다고 할 것이다. 따라서 위 조항은 제한채권자에 대한 보험자가 장래에 보험금을 지급하고 보험자대위를 하는 경우나 제한채권을 변제함으로써 공동면책에 의한 구상권을 주장할 수 있는 보증인, 물상보증인, 공동불법행위자 등을 전제로 한 것으로 해석함이 타당하므로, 결국 원고 겸 피고는 책임제한법 제42조 제3항을 근거로 하여 이 사건 책임제한절차에 참가할 수 없다고 봄이 상당하다.

나) 책임제한법 제42조 제4항에 의한 참가

신청인 또는 수익채무자가 이미 책임제한절차에 따라 기금을 조성한 상태에서 '외국에서 강제집행을 당할 염려'가 있는 경우 위 기금의 범위 안에서 부담을 지도록 하겠다는 것이 이 조항의 취지로 보이나, 그렇다고 하더라도 '외국에서 강제집행을 당할 염려'가 있는 경우를 넓게 해석하여 외국에서 책임제한절차가 진행되고 있는 경우까지 포함하는 것으로 해석하는 것은 ① 강제집행절차와 책임제한절차가 법문상 엄연히 구별되는 별개의 개념이므로 문리적 해석에도 반할 뿐만 아니라, ② 책임제한절차에는 강제집행을 당할 염려가 있는 경우에 이를 방지하기 위한 제도적인 장치가 규정되어 있는 등 강제집행절차와 책임제한절차는 그 성질을 달리하는 별개의 절차인 점, 우리나라는 '1976년 책임제한조약'의 체약국이 아니고 상법, 책임제한법 등에도 외국 책임제한절차개시의 효과에 관하여는 규정하고 있지 않으므로 현재의 책임제한법 체계하에서는 우리나라와 외국에서 함께 책임제한절차가 개시되어 진행되는 상황이 예정되어 있는 점 등을 고려하면 책임제한절차의 성격 및 현행 책임제한법 체계에도 부합하지 않는 해석이라 할 것이므로, 결국 원고 겸 피고는 책임제한법 제42조 제4항을 근거로 하여 이 사건 책임제한절차에 참가할 수 없다고 봄이 상당하다.

3) 소결

따라서 원고 겸 피고는 이 사건 책임제한절차에서 제한채권을 신고할 수 있는 요건을 갖추지 못하였으므로, 이 사건 사정재판 중 원고의 제한채권액을 0원으로 변경함이 타당하다.

나. 쌍방의 과실비율

1) 인정사실

다음의 사실은 당사자 사이에 다툼이 없거나, 갑 제6, 7, 8, 12, 31호증, 을가 제1, 10, 11, 12호증(가지번호 있는 것은 가지번호 포함)[1)]의 각 기재에 의하여 인정된다.

가) 양 선박의 상대선박 인지

씨에스크레인호는 같은 날 23:45경 진침로 약 027도, 속력 약 12.4 노트인 상태로 동수도를 따라 항해하던 중 인천항 제1입항대기정박지로 향하는 선박 푸핑유안호를 레이더로 탐지하였고, 23:47경 진로 전방 약 1.2마일 앞에 푸핑유안이 진침로 약 006도, 속력 약 4.4노트로 항해하고 있는 것을 확인하였다.

푸핑유안호도 인천항 제1입항대기정박지에 진입하는 과정에서 레이더로 주변상황을 확인하던 중 후방 약 1.2마일 거리에서 속력 약 9.0노트로 항해 중인 씨에스크레인을 발견하였다.

---

1) 병합된 양 사건에서 제출된 증거가 같으므로, 2011가합17126호 사건의 번호를 기준으로 한다.

나) 충돌까지 항해상황

(1) 푸핑유안호는 같은 날 23:52경 투묘 장소를 찾으며 닻을 내리기 위하여 주기관을 정지하였고, 이 때 속력은 약 2.1노트였다.

(2) 씨에스크레인호는 같은 날 23:53경 푸핑유안호가 씨에스크레인호의 선수로부터 좌현 약 20도, 약 0.3마일 전방에 있음에도 이를 알지 못한 상태에서 푸핑유안이 위치하고 있는 지점에 투묘할 생각으로 키를 좌현 10도로 돌려 서서히 변침하였고, 23:55경 선수 전방 약 40미터 거리에 있는 푸핑유안호의 불빛을 발견하고 키를 극우전타하면서 주기관을 정지하고 전속후진 하였으나 결국 이 사건 사고가 발생하였다.

(3) 씨에스크레인호는 이 사건 사고가 발생할 때까지 23:50경 12.3노트, 23:53경 9.1노트, 23:54경 8.2노트 23:55경 7.8노트, 23:56분경 5.7노트의 속력으로 항해하였다.

다) 경계 및 방지 행위

(1) 푸핑유안호의 선장 타오랑은 앞에서 본 바와 같이 씨에스크레인호를 인지하였음에도 씨에스크레인호의 속력이 빨라 동수도를 따라 인천항으로 입항하는 선박으로 막연히 추측하고 레이더를 통해 지속적으로 확인하지 않았고, 이 사건 사고가 발생하기 1분 전에야 상대선박을 확인하고, VHF로 교신을 시도하며 기적을 1회 울렸다.

(2) 씨에스크레인호의 선장 김중배도 앞에서 본 바와 같이 푸핑유안호를 인지하였음에도 씨에스크레인호의 우측으로 빠져나갔을 것이라고 막연히 추측하고 레이더를 통해 확인하지 않았고, 푸핑유안호가 씨에스크레인호의 선수 전방 약 40미터 거리에 이르러서야 비로소 확인하였다.

(3) 양 선박 모두 이 사건 사고가 발생한 정박지에 들어오는 과정에서 무중신호를 하지 않았다.

라) 이 사건 사고 당시의 주변상황

이 사건 사고 당시 안개기 짙게 끼어 시정이 약 300m 이하로 제한되어 있었고, 정박지에는 이미 7~8척의 선박이 약 0.5마일 간격으로 정박을 하고 있어 가항수역이 매우 협소하며, 조류도 남남서쪽으로 약 1.5노트로 흐르고 있었다.

2) 원고 겸 피고는 푸핑유안호가 이 사건 사고가 발생하기 5분 전인 23:15경 자선의 정횡(90도 각도 옆)보다 후방에 있는 씨에스크레인호의 방향으로 침로를 변경하였고, 이와 같이 항법을 위반한 항해가 이 사건 사고의 원인이 되었다고 주장하므로 살피건대, 갑 제8, 12, 31호증의 기재에 의하면 푸핑유안호의 침로에 이 사건 사고 10여분 전부터 약간 변동(23:45 006. 23:47 004, 23:49경 001, 23:51 345, 23:52 324, 23:53 318, 23:54 321, 23:55 330, 23:56 332)이 있었던 사실이 인정되나, 앞에서 본 바와 같이 푸핑유안호는

23:52경 투묘 장소를 찾으며 닻을 내리기 위하여 주기관을 정지하였고, 이 사건 사고 당시 남남서쪽으로 약 1.5노트의 조류가 흐르고 있었던 사실 등을 고려하면, 이와 같이 침로의 변경이 있었다는 사정만으로는 푸핑유안호가 의도적으로 좌변침하였다고 인정하기에 부족하고, 달리 이를 인정할 증거가 없다.

3) 관련 법령의 규정

해상교통안전법 제3장(해상교통관리)이 국제조약인 국제해상충돌예방규칙의 내용을 거의 그대로 수용하고 있으므로, 이 사건 사고 당시 적용되던 해상교통안전법 제3장의 관련 규정에 따라 판단한다.

해상교통안전법 (2011.06.15 해사안전법으로 전문개정)

① 이 조의 규정은 시계가 제한된 수역 또는 그 부근을 항행하고 있는 선박이 서로 시계 안에 있지 아니한 경우에 적용한다.

② 모든 선박은 시계가 제한된 그 당시의 사정과 조건에 적합한 안전한 속력으로 항행하여야 하며, 동력선은 제한된 시계 안에 있는 경우 기관을 즉시 조작할 수 있도록 준비하고 있어야 한다.

③ 선박은 제1절의 규정에 따라 조치를 취할 때에는 시계가 제한되어 있는 당시의 상황에 충분히 유의하여 항행하여야 한다.

④ 레이더만으로 다른 선박이 있는 것을 탐지한 선박은 해당 선박과 얼마나 가까이 있는지 또는 충돌할 위험이 있는지를 판단하여야 한다. 이 경우 해당 선박과 매우 가까이 있거나 그 선박과 충돌할 위험이 있다고 판단한 경우에는 충분한 시간적 여유를 두고 피항동작을 취하여야 한다.

⑤ 제4항에 따른 피항동작이 침로를 변경하는 것만으로 이루어질 경우에는 될 수 있으면 다음 각 호의 동작은 피하여야 한다.

1. 다른 선박이 자기 선박의 양쪽 현의 정횡 앞쪽에 있는 경우 좌현 쪽으로 침로를 변경하는 행위(추월당하고 있는 선박에 대한 경우는 제외한다)
2. 자기 선박의 양쪽 현의 정횡 또는 그곳으로부터 뒤쪽에 있는 선박의 방향으로 침로를 변경하는 행위

第53條(조종신호와 경고신호)

⑥ 좁은 수로 등의 굽은 부분이나 장애물 때문에 다른 선박을 볼 수 없는 수역에 접근하는 선박은 장음으로 1회의 기적신호를 울려야 한다. 이 경우 그 선박에 접근하고 있는 다른 선박이 굽은 부분의 부근이나 장애물의 뒤쪽에서 그 기적신호를 들은 경우에는 장음 1회의 기적신호를 울려 이에 응답하여야 한다.

第54條(제한된 시계 안에서의 음향신호)

① 시계가 제한된 수역이나 그 부근에 있는 모든 선박은 밤낮에 관계없이 다음 각 호에 따른 신호를 하여야 한다.

1. 항행중인 동력선은 대수속력이 있는 경우에는 2분을 넘지 아니하는 간격으로 장음을 1회 울려야 한다.

4) 쌍방의 항법 위반에 따른 과실비율의 확정

양측 모두가 시계가 제한된 상태에서 사전에 상대선박을 인지하고도 레이더 등을 통한 지속적인 경계를 소홀히 한 점, 무중신호를 게을리 한 점(해상교통안전법 제39조 제1항 내지 4항, 제54조 위반), 거기에 더하여 씨에스크레인호의 경우 시계가 제한된 상태에서 가항수역이 매우 협소한 정박지를 항해하면서 과도한 속력으로 항해한 점(해상교통안전법 제39조 제2항, 제53조 제6항 위반) 등 앞서 본 양 선박의 충돌까지의 항해상황가 법령상의 항법 준수 여부, 그 위반의 정도 및 내용 등을 종합하여 보면, 이 사건 선박충돌사고로 인한 손해배상책임 분담에 있어 양측의 과실비율은 씨에스크레인호 75%, 푸핑유안호 25%로 정함이 상당하다.

다. 제한채권액의 사정

1) 원고 겸 피고의 제한채권액 : 0원

2) 피고 겸 원고들 및 피고 승계참가인의 제한채권액을 앞서 인정한 과실비율(씨에스크레인호 75%)에 따라 다음과 같이 변경한다.

가) 피고 겸 원고 동부화재해상보험 주식회사 : 87,835,396원

계산 : 화물멸실로 인한 손해액 12,393,247원×0.75×(1+175/365×0.05)

나) 피고 겸 원고 주식회사 심존 : 32,709,743원

계산 : 화물멸실로 인한 손해액 42,591,952원×0.75×(1+175/365×0.05)

다) 피고 겸 원고 한화손해보험 주식회사 : 457,807,301원

계산 : 화물멸실로 인한 손해액 596,119,207원×0.75×(1+175/365×0.05)

라) 피고 겸 원고 주식회사 산들코퍼레이션 : 53,796,606원

계산 : 화물멸실로 인한 손해액 70,049,539원 × 0.75×(1+175/365×0.05)

마) 피고 겸 원고 주식회사 광명목재 : 15,862,716원

계산 : 화물멸실로 인한 손해액 20,655,131원×0.75×(1+175/365×0.05)

바) 피고 승계참가인 : 562,755,934원

계산 : 화물멸실로 인한 손해액 732,774,729원×0.75×(1+175/365×0.05)

4. 결 론

그렇다면 이 사건 책임제한절차에서 인천지방법원이 별지와 같이 사정한 것은 부당하다 할 것이어서 원고 겸 피고, 피고 겸 원고들 및 피고 승계참가인의 제한채권액을 위와 같이 변경하여 사정함이 상당하므로, 원고 겸 피고, 피고 겸 원고들의 이 사건 청구들은 모두 위 인정범위 내에서 이유 있어 이를 인용하고, 나머지 청구들은 모두 이유 없어 이를 기각하기로 하여 주문과 같이 판결한다.

재판장 판 사 이 철 규

판 사 장 규 형

판 사 장 원 지

〈제4호-IV〉

인 천 지 방 법 원

2012. 8. 8. 선고 2011가합19740 판결
[손해배상(기)]: 항소

【원고】 한화손해보험 주식회사 외 5

【피고】 에버그린 글로리 인터내셔널 디벨로프먼트 리미티드

【변론종결】 2012. 7. 4.

【주　　　문】

1. 피고는 원고 한화손해보험 주식회사에게 400,654,144원, 원고 흥국화재해상보험 주식회사에게 177,386,313원, 원고 동부화재해상보험 주식회사에게 93,020,978원, 원고 삼성화재해상보험 주식회사에게 218,707,196원, 원고 현대해상화재보험 주식회사에게 215,100,520원, 원고 그린손해보험 주식회사에게 162,978,109원 및 위 각 돈에 대하여 2011. 10. 21.부터 다 갚는 날까지 연 5%의 비율로 계산한 돈을 각 지급하라.
2. 소송비용은 피고가 부담한다.
3. 제1항은 가집행할 수 있다.

【청 구 취 지】

주문과 같다(소장에는 지연손해금 기산일이 2010. 10. 25.로 기재되어 있으나 이는 2011. 10. 21.의 오기로 보인다).

【이　　　유】

1. 인정사실

가. 수입계약 및 적하보험계약의 체결

1) 대한사료 주식회사, 서부사료 주식회사, 제일사료 주식회사, 제일곡산 주식회사, 현

대사료주식회사, 두산생물자원, 씨제이제일제당 주식회사, 대주산업 주식회사, 에이티생명과학 주식회사, 한일사료 주식회사, 수퍼피드 주식회사, 대한제당 주식회사, 팜스토리한냉 주식회사, 홍성사료 주식회사, 오씨아이상사 주식회사(이하 '수입자들'이라 하고, 각 회사명 표시 중 '주식회사'의 기재는 생략한다)는 축산사료로 사용되는 인도산 채종박(Indian Rapeseed Meal, 이하 '이 사건 화물'이라 한다)[1)]을 CFR(운임포함) 조건으로 수입하기로 하였다.

2) 수입자들은 2011. 3. 24.부터 같은 해 5. 16.까지 해상보험 등 손해보험업을 영위하는 원고들(이하 아래 <표>에서와 같이 줄여 부르기로 한다)과 이 사건 화물에 관하여 각 적하보험계약(이하 '이 사건 각 보험계약'이라 한다)을 체결하였는데, 구체적인 수량, 송장가액(수입가액), 선하증권 번호, 화물적하보험자 내역은 아래와 같다(상업송장의 최종 목적지 내지 선하증권상의 양륙항은 모두 인천항이다).

수입자	화물량 (M/T)	송장가액 (달러)	선하증권 번호	적하보험자 (원고들)
대한사료	432t	120,096.00	KWL110508G0D004	한화손해
서부사료	144t	40,032.00	KWL110508G0D005	한화손해
제일사료	270t	75,060.00	KWL110508G0D006	한화손해
제일곡산	450t	125,100.00	KWL110508G0D007	한화손해
현대사료	238t	66,164.00	KWL110508G0D008	한화손해
두산생물자원	95t	26,410.00	KWL110508G0D009	삼성화재
씨제이제일제당	288t	80,064.00	KWL110508G0D010	삼성화재
대주산업	144t	40,032.00	KWL110508G0D011	한화손해
에이티생명과학	50t	13,900.00	KWL110508G0D012	동부화재
한일사료	333t	92,574.00	KWL110508G0D013	삼성화재
수퍼피드	194t	2,574.00	KWL110508G0D014	삼성화재
대한제당	859t	238,802.00	KWL110508G0D015	현대해상
팜스토리한냉	238t	66,164.00	KWL110508G0D016	흥국화재
홍성사료	288t	80,064.00	KWL110508G0D017	동부화재
서울사료	477t	132,606.00	KWL110508G0D018	흥국화재
오씨아이상사	670t	186,260.00	KWL110508G0D019	그린손해
합계	5,170t	1,437,260.00	KWL110508G0D020	

1) 겨자과에 속하는 유채, 한 채 등 채종의 씨에서 기름을 짜고 남은 찌꺼기로서, 주로 동물의 사료로 사용된다.

나. 운송계약의 체결과 선하증권의 발행

1) 해상화물운송업 등을 영위하는 피고는 다목적 보통 건화물선인 '골든 138호'(M.V. GOLDEN 138, 이하 '이 사건 선박'이라 한다)의 소유자로서, 이스트-세일링 쉽 매니지먼트 리미티드(East-Sailing Ship Management Limited)에게 1993 뉴욕생산물거래소 양식 표준용선계약서(Time Charter New York Produce Exchange Form 1993, 코드명 "NYPE 1993")의 조건에 따라 정기용선해 주고, 위 회사가 다시 케이월드라인 주식회사(K-World Line Co., Ltd.)에게 재정기용선을 해주었으며, 케이월드라인은 송하인이자 수출자인 오씨아이 인터내셔널 인코퍼레이션(OCI International Inc.)과 1992, 1976 및 1994 개정 발틱국제해운동맹 표준항해용선계약서[The Baltic and International Maritime Council Uniform General Charter(as revised 1922, 1976 and 1994), 코드명 "Gencon"]에 따라 이 사건 화물을 인도의 칸들라(Kandla)항에서 인천항으로 운송하는 항해용선계약을 체결하였다.

2) 케이월드라인은 자신을 선장의 대리인(as an agent on behalf of Master)으로 하여[2] 2011. 4. 16. 이 사건 화물에 관한 선하증권을 발행하였다.

다. 이 사건 화물 손상 사고의 발생

1) 이 사건 선박은 2011. 4. 16. 선하증권상 선적항인 인도 칸들라항에서 이 사건 화물인 채종박 5,170t과 다른 화물인 피마자박(Castor seed extraction De-Oiled cake) 3,030t 합계 8,200t의 화물에 대한 선적작업을 완료하고 다음날 09:15경 칸들라항을 출항하였다.

2) 이 사건 선박은 항해 중이던 2011. 4. 27. 07:42경 주기관 감속기의 고장으로 추진력을 상실하여 동경 101도 54.58초, 북위 02도 09.55초 지점에 투묘하였는데, 당시 주기관 감속기어의 손상으로 프로펠러축이 더 이상 작동하지 않아 주기관을 사용할 수 없었던 것으로 판명되었다.

3) 이 사건 선박의 선장은 공동해손을 선포한 후 긴급히 예인선을 수배하여, 2011. 5. 1. 15:08경 예인선 '퍼시픽 히커리(Pacific Hikory)'호가 사고 현장에 도착해 같은 날 16:03경부터 이 사건 선박을 예인하였다.

4) 이 사건 선박은 2011. 5. 2. 11:18경 인도네시아 바탐(Batum) 부근의 해상에 도착하여 투묘하였다가 같은 달 5일 다시 예인되어 바탐의 수리조선소인 에이에스엘(ASL)조선소에 도착하여 접안하였다.

5) 이 사건 선박은 위 조선소에서 고장난 감속기에 대한 수리작업을 진행하였는데 신

---

2) 선장은 통상 선적항 외에서 선주의 대표자로 취급된다.

품감속기의 공급이 늦어지고 피고가 조선소 측에 수리비 지급을 지연하는 등의 사유로 인하여 수리작업은 3개월 가량 소요되었다.

6) 이 사건 선박의 수리작업이 거의 종료될 무렵인 2011. 7. 30.경 이 사건 화물인 채종박이 적입된 2번 화물창에서 연기가 나는 사고(이하 '이 사건 사고'라 한다)가 발생하여 피고측은 이산화탄소 소화장치로 소화작업을 실시하였고, 그 작업이 진행되는 동안 같은 달 31일 주기관 감속기의 수리가 완료되었다.

7) 수리를 마친 이 사건 선박은 2011. 8. 5. 싱가포르에서 연료유를 수급한 후 2011. 8. 15. 인천항을 향해 다시 출항하여 같은 달 27일 인천항에 도착하였는데, 인천항에 접안한 후 2번 화물창의 화물을 확인한 결과 그곳에 적재된 채종박은 선미 쪽 절반 이상이 심하게 탄화되고 곳곳에 연기가 피어오르고 있었으며 나머지 선수 쪽 화물도 상단부 곳곳에 탄화된 흔적이 발견되었다.

라. 원고들의 보험금 지급과 이 사건 화물의 전손 처리

1) 원고들은 2011. 10. 6.부터 같은 달 20일까지 수입자들에게 이 사건 각 보험계약에 기하여 보험금을 지급하였다.

2) 이 사건 화물은 전손 처리되어 잔존물 매각의 방법으로 제3자에게 매각되었고 그 대금으로 323,379,000원이 회수되어 원고들에게 분배되었는데, 수입자들이 입은 손상화물 손해액, 지급 보험금, 잔존가 배분액은 아래 <표>와 같다.

원고들	손상화물 손해액 (달러)	지급보험금 (희망이익 제외)	잔존가 배분액 (원)
한화손해	463,175.52	397,480.75달러 + 74,543,816원	104,957,551
흥국화재	197,359.99	222,108,928원	44,722,615
동부화재	93,297.36	13,900.00달러 + 99,088,007원	21,141,579
삼성화재	254,185.51	91,917.36달러 + 175,942,525원	45,919,709
현대해상	237,107.87	268,830,175원	53,729,655
그린손해	184,938.67	204,886,000원	41,907,891
합 계	1,427,064.92	503,298.12달러 + 1,045,399,452원	323,379,000

[인정근거] 다툼 없는 사실, 갑 제1, 2, 4, 5호증, 을 제17호증(각 가지번호 포함, 이하 같다)의 각 기재, 변론 전체의 취지

2. 준거법의 판단

가. 운송인의 책임 소멸 등 선하증권의 적법한 소지인과 운송인 간의 채권적인 법률관계는 선하증권의 준거법에 따라 판단하여야 하므로 원고들과 피고 등 사이의 이 사건 화물 운송과 관련된 권리관계를 판단함에 있어서는 그에 관한 준거법의 확정이 선행되어야 한다.

나. 먼저, 원고들과 피고 사이의 법률관계에 적용될 준거법에 관하여 살피건대, 선하증권이 그 약관에서 명시적으로 적용할 법을 정하고 있는 경우에는 그 정한 법률에 의하여, 선하증권의 발행인이 선하증권에 적용할 법을 명시적 혹은 묵시적으로 지정하지 않은 경우에는 선하증권이 발행된 나라의 법에 의하여 이를 판단하여야 할 것이고, 갑 제2호증, 을 제1호증의 각 기재에 변론 전체의 취지를 종합하면, 케이월드라인이 오씨아이 인터내셔날 인코퍼레이션(OCI International Inc.)에게 교부한 이 사건 화물에 관한 선하증권들이 이면약관에 다음과 같은 준거법 조항을 두고 있는 사실을 인정할 수 있다.

제1조 준거법 및 중재조항을 포함하여 이 선하증권 표면에 표시된 일자 용선계약의 모든 조건과 내용, 권리와 예외는 이 선하증권의 내용으로 편입된다(All terms and conditions, liverties and exceptions of the Charter Party, dated as overleaf, including the Law and Arbitration Clause, are herewith incorporated).

제2조 일반지상약관(General Paramount Clause)

(a) 이 계약에는 선적지국에서 입법화된 1924. 8. 25.자 '선하증권에 관한 약간의 규칙을 통일하기 위한 국제협약'에 담긴 '헤이그 규칙'(이하 '헤이그 규칙'이라 한다)이 적용된다. 선적지국에서 위와 같이 입법화된 법률이 유효하게 시행되고 있지 아니한 경우에는 도착지국의 해당 법률이 적용된다. 다만 선적에 관하여 강제적으로 적용될 수 있는 위와 같은 법률이 없는 경우에는, 위 규칙의 내용이 적용된다(The Hague Rules contained in the International Convention for the Unification of certain rules relating to Bills of Lading, dated Brussels the 25th August 1924 as enacted in the country of shipment, shall apply to this Bill of Lading. When no such enactment is in force in the country of shipment, the corresponding legislation of the country of destination shall apply, but in respect of shipments to which no such enactments ar compulsorily applicable, the terms of the said Convention shall apply).

(b) 헤이그-비스비 규칙이 적용되는 거래(Trade where Hague-Visby Rules apply)

'선하증권에 관한 약간의 규칙을 통일하기 위한 국제협약의 개정을 위한 1968년 의정서'(이하 '헤이그-비스비 규칙'이라 한다)가 강제적으로 적용되는 거래에서는, 그 해당의 각 조항이 적용된다(In trade where the International Brussels Convention 1924 as amended by the Protocol signed as Brussels on February 23rd 1968-the Hague-Visby Rules-apply compulsorily, the provision of respective shall apply).

다. 이와 같이 위 선하증권 이면약관에 포함된 일반지상약관은 선적지국에서 입법화한 헤이그 규칙(선적지국에서 위와 같이 입법화된 법률이 없는 경우에는 도착지국에서 입법화한 헤이그 규칙)이 적용되는 것으로 하되, 헤이그-비스비 규칙[3]이 적용되는 거래에서는 위 규칙의 조항이 적용된다고 규정하였을 뿐, 달리 명시적 또는 묵시적으로 준거법을 정하지 않고 있는바, 이에 따르면 결국 운송인의 화재 면책에 관하여는 헤이그 규칙이나 헤이그-비스비 규칙 또는 그 규칙의 내용을 입법화한 선적지국 또는 도착지국의 법률이 적용되어야 할 것이다(이 사건 사고와 관련한 선적지국이나 도착지국이 운송인의 화재 면책에 관한 헤이그 규칙이나 헤이그-비스비 규칙을 입법화하였다면, 결국 그 내용은 헤이그 규칙 또는 헤이그-비스비 규칙과 기본적으로 동일하다고 보아야 할 것이다).

라. 따라서 이하에서는 헤이그 규칙의 내용에 따라 피고가 수입자들에게 보험금을 지급하고 수입자들의 채권을 대위하는 원고들에게 이 사건 사고로 인한 손해배상책임을 지는지 여부를 살펴본다.

3. 손해배상책임의 발생

가. 청구원인에 관한 판단

위 인정사실에 의하면, 선하증권상 피고를 대표하는 선장의 대리인인 케이월드라인이 항해용선계약을 체결하고 이 사건 화물을 운송하던 중 화물이 손상되는 사고가 발생하였는바, 이 사건 선박의 선주이자 운송인의 지위에 있는 피고는 특별한 사정이 없는 한 수입자들에게 이 사건 사고로 인한 손해를 배상할 책임이 있고, 수입자들에게 보험금을 지

---

3) 이는 헤이그 규칙 중 일부를 개정한 것으로서 이 사건에서 문제되는 운송인의 화재 면책에 관한 규정은 개정되지 아니하였다.

급한 원고들은 수입자들의 피고에 대한 손해배상청구권을 대위취득하였다고 할 것이다.

나. 화재 면책 항변

1) 쌍방의 주장 요지

피고는, 이 사건 화물의 손상은 화재로 인하여 생긴 운송물에 관한 손해로서 헤이그 규칙 제4조 제2항 (b)호[4] 본문에 따라 면책된다고 주장하고, 이에 대하여 원고들은 이 사건 사고는 화재 사고가 아니므로 피고에게 화재 면책이 적용될 여지가 없다고 다툰다.

2) 인정사실

갑 제3, 6호증, 을 제5 내지 8, 11호증의 각 기재 내지 영상, 증인 소외 2, 소외 1의 각 증언에 변론 전체의 취지를 종합하면, 다음과 같은 사실이 인정된다.

가) 이 사건 사고일인 2011. 7. 30.자 항해일지에는 "이 사건 화물 상단부분에 연기가 피어오르고 산화되었으며(The smoke was coming on top of the cargo and some areas are already charred or burnt), 이에 선장은 선원들에게 즉시 경보를 울려 2번 화물창의 화물이 자체 발열 및 산화하고 있다고 알렸고(Gemeral alarm is sounded by the master to all crew and had advised that the cargo in hold No.2 self－heating and burning), 연소를 통제할 수 있는 모든 가능성에 대해 논의하였다(discussed all the probabilities of controlling the combustion)."고 기재되어 있다.

나) 이 사건 사고 발견 직후 선원들을 소화장치로 이산화탄소 약 45kg을 살포하고 화물창 안의 공기 유입을 차단하기 위하여 모든 해치커버와 통풍구 및 개폐구를 닫아 가능한 모든 틈새를 봉인하고 통풍을 차단하는 등의 방법으로 조치하였다.

다) 이 사건 화물은 자연발화(Spontaneous combustion)한 것으로 밝혀졌는데, 이 사건 선박의 선원들이 2번 화물창 뒷부분에서 나는 연기로 이 사건 사고를 최초로 인지할 당시 위 화물창 내 화물의 일부가 서서히 타고(slow burning) 있는 것이 발견되었다.

라) 이 사건 선박이 인천항에 도착한 후 원고들이 모든해상손해사정 주식회사에 의뢰하여 2011. 8. 29., 같은 해 9. 15., 같은 달 30일 세 차례에 걸쳐 이 사건 사고에 관한 조사보고서(작성시기 순으로 을 제6, 7호증, 갑 제3호증이 이에 해당한다. 이하 순서대로 '초기, 중간, 최종 보고서'라 한다)가 작성되었는데, 초기보고서에는 "이 사건 선박 2번 화

---

4) Article 4

2. Neither the carriers nor the ship shall be responsible for loss or damage arising or resulting from: (b) Fire, unless caused by the actual fault or privity of the carrier.

제4조

2. 운송인 또는 선장은 다음의 사유에서 생기는 멸실 또는 손해에 대하여는 그 책임을 지지 아니한다.
(b) 화재. 그러나 운송인의 고의 또는 과실로 인한 것은 제외한다.

물창의 선미 쪽에 적재된 화물이 불에 타 탄화된 상태였고, 2번 화물창에 적재된 전체 화물량의 약 2/3 정도는 발화로 인해 손상을 입은 것으로 보이며, 나머지 1/3의 경우도 연기 혹은 냄새로 인해 영향을 입었을 가능성이 있다."고 기재되었다가 이 사건 소 제기 시점에 근접하여 작성된 최종보고서에는 이 사건 화물의 연소 내지 탄화에 관한 언급보다는 피고의 감항능력주의의무 위반 내지 화물 관리상의 과실이 이 사건 손해의 주요 원인이 되었다는 취지로 기재되었다.

마) 이 사건 화물의 하역작업시 하역용 장비인 그랩(Grab)으로 상단부 화물의 곳곳을 파헤쳐 화물 손상의 정도를 확인하였는데, 그 결과 선미 부분은 상단부뿐만 아니라 바닥 부분까지 손상되었고 선수쪽 화물도 깊숙한 곳까지 손상된 것으로 밝혀졌고, 이 사건 사고 후 인 2011. 8. 6.부터 같은 달 27일까지 2번 화물창의 내부 온도가 대략 55°C 정도인 것으로 측정되었다.

바) 이 사건 사고에 관하여 협성검정회사(Hyopsung Surveyors & Adjusters Corporation)가 작성한 보고서의 말미에는 손상 원인(Cause of Damage)과 관련하여 "자연발화를 방지하기 위하여 전체 항해기간 동안 행해진 주의의 정도를 나타내는 명백한 증거와 자료가 없으므로, 화재(fire, 다만 증인 소외 1은 제3차 변론기일에서 'fire'를 화염이 발생하였다는 의미로 사용한 것은 아니라고 증언하였다)의 원인에 대하여 어떤 의견을 제시할 수 없다."는 결론이 기재되었다.

3) 판 단

가) 위 인정 사실에다가 이 사건 기록과 변론에 나타난 여러 사정, 특히 ① 대한민국 상법을 비롯한 세계 각국의 해상법에서 해상운송인의 화재 면책을 인정하는 취지는, 선박을 이용한 해상운송 자체가 고도의 위험을 수반하는 업무로서, 선상 화재라는 상황적 특수성으로 인하여 인명, 선체 내지 화물에 대한 손해에 적절하게 대처하기 어려운 경우가 많고 또한 이로 말미암아 야기되는 손해가 막대하여 선박의 화재가 운송인의 파산으로 직결될 위험이 적지 않아 이러한 위험으로부터 운송인이 충분하게 보호되지 않는다면 해상운송이라는 물류제도 자체가 유지되기 어렵기 때문인 점, ② 원고들 주장대로라면 이 사건 사고 발생시 피고 측이 연기를 늦게 발견하거나 이산화탄소 살포 등의 조치를 지연하여 실제로 불꽃이나 화염까지 일었다면 피고가 화재 면책을 주장할 수 있을텐데, 그 전에 조치를 취하여 화물이 까맣게 그을리고 연기가 나는 정도에 그쳤다는 이유로 화재 면책을 주장할 수 없다고 한다면 여러 모로 균형에 맞지 않고, 해상운송인의 화재 면책을 규정한 취지를 몰각하게 되는 점, ③ 이 사건 사고시 이 사건 화물에서 연기가 피어오르고 있었다는 점에 대하여는 원·피고 사이에 다툼이 없는데 위와 같은 현상이 바로 연소가 일어

나는 초기 과정('combustion'의 대표적인 사전적 의미는 'the process of burning'이다)인 점, ④ 곡물이나 사료의 경우 화물창 하부에 있는 스팀파이프나 열기로 인하여 화물이 탄화되거나 변색되는 사고가 간혹 발생하는 점, ⑤ 선원들은 전형적인 소화 방법을 사용하여 이 사건 사고에 대처하였고, 원고들 주장과 같이 이 사건 화물에 물을 투입하면 화물 전체가 회복할 수 없는 수침손해(wet damage)를 입게 될 뿐 아니라 자체발열로 고열상태에 있는 화물이 증기 폭발할 위험도 있는 점, ⑥ 이 사건 화물과 같이 5면이 밀폐된 화물창 내에 적재된 산적 화물의 경우 갑판 천장 쪽 표면을 제외하고는 선박 구조물에 갇혀 있고 화물이 깊이 선적되어 단열효과가 있기 때문에 표면층 화물을 제외하고 화물 내의 연기가 공기 중으로 빠지지 못하고 축적되어 중심부의 경우 갑판 천장 쪽보다 훨씬 높은 열기와 온도를 가질 수 밖에 없어 자연발화의 요건을 갖추고 있는 점, ⑦ 이 사건 화물이 자연발화될 때 연소의 3가지 요소인 발화물질, 발화점 이상의 온도, 일정량 이상의 산소가 모두 충족된 것으로 보이는 점 등을 보태어 보면, 이 사건 사고는 헤이그 규칙 제4조 제2항 (b)호의 해상운송인의 화재면책 규정상의 '화재'라 봄이 상당하고, 당사자 사이에 다툼이 없는 다음과 같은 사실관계, 즉 이 사건 사고 발생시 이 사건 화물이 까맣게 타고 2번 화물창에서 연기가 났을 뿐 불꽃이나 화염이 발생하지는 않았으며 선원들은 이 사건 화물에 물을 뿌리는 조치를 취하지 아니하였다는 점만으로는 위와 같은 인정을 뒤집기에 부족하다.

나) 따라서 이 사건 사고는 '운송 중의 화재로 인한 사고'로서 일응 피고는 면책된다고 할 것이다.

다. 감항능력주의의무 위반 여부

1) 쌍방의 주장 요지

원고들은, 설령 이 사건 사고를 운송 중의 화재로 인한 사고로 본다 하더라도 선박의 운항 중 주기관 감속기가 고장난 이상 피고가 이 사건 선박에 관하여 감항성을 갖추지 못한 것이므로 헤이그 규칙 제4조 제1항,[5] 제3조 제1항[6]에 의하여 면책될 수 없다고 재항

5) Article 4

1. Neither the carrier nor the ship shall be liable for loss or damage arising or resulting from unseaworthiness unless caused by want of due diligence on the part of the carrier to make the ship seaworthy and to secure that the ship is properly manned, equipped and supplied, and to make the holds, refrigerating and cool chambers and all other parts of the ship in which goods are carried fit and safe for their reception, carriage and preservation in accordance with the provisions of paragraph 1 of the Article 3. Whenever loss or damage has resulted from unseaworthiness the burden of proving the exercise of due diligence shall be on the carrier or other person claiming exemption under this Article.

제4조

1. 운송인 또는 선장은 제3조 제1항의 규정에 따라 선박으로 하여금 항해를 감당할 수 있도록 하며,

변하고, 이에 대하여 피고는 감항능력주의의무를 위반하지 아니하였고, 설령 이를 위반하였다고 하더라도 이 사건 사고와는 인과관계가 없다고 다툰다.

2) **판단**

가) 운송인은 화재로 인하여 생긴 운송물에 관한 손해를 배상할 책임을 면하지만, 그 전제로 자기 또는 선원이나 그 밖의 선박사용인이 발항 당시 감항능력(선박이 안전하게 항해를 할 수 있게 할 것, 필요한 선원의 승선, 선박의장과 필요품의 보급, 화물창·냉장실, 그 밖에 운송물을 적재할 선박의 부분을 운송물의 수령·운송과 보존을 위해서 적합한 상태에 두는 등 선박이 항해에 적합하거나 항해를 감당할 수 있는 능력)에 관한 주의의무를 해태하지 아니하였음을 증명하지 못하면 운송물의 멸실로 인한 손해를 배상할 책임이 있다.

나) 운송인의 감항능력주의의무 위반(헤이그 규칙 제3조 제1항 위반)을 들어 화재 면책을 배제하고자 하는 경우에는 운송인의 감항능력주의의무 위반 사실과 그 주의의무 위반이 화재와 인과관계가 있다는 점이 인정되어야 하는바, 이 사건에서 문제되는 것은 감항능력 중 이 사건 선박이 안전하게 항해할 수 있는 상태였는지에 관한 '선체능력'과 이 사건 화물이 적절하고 안전한 방법으로 적재되었는지에 관한 '감하능력'이 있었는지 여부이다.

다) 살피건대, 갑 제3호증의 기재에 변론 전체의 취지를 종합하면, 이 사건 선박은 칸들라항을 출항한 후 10일만에 주기관 감속기어에 고장이 발생한 사실, 최종보고서에는 빗물 등이 이 사건 화물이 적입된 2번 화물창의 해치코밍을 통하여 화물창으로 유입된 것으로 기재되어 있는 사실, 이 사건 선박 2번 화물창의 측면 벽쪽 및 전후 벌크헤드(격벽)

또한 선박에 관하여 적당하게 선원, 의장 또는 선용품을 보급하며 또한 선박, 냉장실과 냉기실 기타 화물이 선적되는 선박의 모든 부분을 화물의 수령, 운송과 보존을 위하여 적당하고 안전하게 하는 데 대한 운송인 측의 상당한 주의의 결여로 인한 경우가 아니면 불감항에서 생기는 멸실 또는 손해에 대하여 책임을 지지 아니한다. 멸실 또는 손해가 불감항에서 생긴 때에는 상당한 주의를 하였다는 증명책임은 항상 이 조에서 규정하고 있는 면책을 주장하는 운송인 또는 기타의 자가 이를 부담한다.

6) Article 3

1. The carrier shall be bound before and at the beginning of the voyage to exercise due diligence to :

(a) Make the ship seaworthy.

(b) Properly man, equip and supply the ship.

(c) Make the holds, refrigerating and cool chambers, and all other parts of the ship in which goods are carried, fit and safe for their reception, carriage and preservation.

제3조

1. 운송인은 발항 전과 발항 당시에 다음의 사항에 대하여 상당한 주의를 하여야 한다.

(a) 선박이 감항능력을 갖추도록 하는 일

(b) 선박에 대하여 선원의 승선·의장과 선용품의 보급을 적절하게 하는 일

(c) 선창, 냉장실과 냉기실 기타 화물이 적재되는 선박의 모든 부분을 화물의 수령, 운송과 보존을 위하여 적당하고 안전하게 하는 일

부근에 적재된 다량의 화물들이 심하게 덩어리가 형성되어 굳어 있는 상태가 확인되었고, 하층의 바닥 부분에는 일부 침수의 흔적이 있었던 사실, 이 사건 선박이 주기관 감속기의 고장으로 정지된 2011. 4. 27. 이전인 같은 달 21일에도 윤활유 누유로 인하여 선박이 한 차례 정선한 적이 있는 사실, 이 사건 사고 후 선박의 각종 롤러 베어링과 측압 베어링이 원래의 위치에서 이탈하였고, 베어링 하우징 표면의 스크래치와 베어링 하우징 내부의 부식 흔적 및 군데군데 표면 파임 현상 등의 하자가 발견되었으며, 드라이빙 기어의 이(teeth)가 군데군데 탈락하거나 절손되어 있었고 대부분 기어들의 표면이 거칠어진 상태였던 사실, 피마자박이 적재되어 있던 1번 화물창의 해치커버와 해치코밍은 2번 화물창의 그것에 비하여 상태가 양호하였고 선수와 선미 쪽에 설치된 통풍팬의 흡입구와 배기구가 막혀있지 않은 상태였던 사실은 인정된다.

라) 그러나 갑 제3호증, 을 제4 내지 9호증의 각 기재와 증인 소외 2, 소외 1의 각 증언에 변론 전체의 취지를 종합하면, 이 사건 선박은 발항 이전이나 출항 당시 주기관에 어떠한 문제나 특이사항이 있다는 별도의 보고가 없었으나 출항 후 10일이 지나서야 원인을 알 수 없는 사유로 감속기에 문제가 발생한 사실, 이 사건 선박에 화물 선적작업을 하기 전인 2011 4. 14. 송하인이 지정한 검정인이 선박에 승선하여 화물창의 적합성을 점검한 결과 아무런 이상이 없음을 확인한 사실, 이 사건 선박의 해치코밍 탑레일 일부가 부식되고 변형된 모습이 있지만 초기보고서상 그 부위를 통한 침수 흔적이 있다는 보고는 없는 사실, 이 사건 사고 후 조사 당시 해치커버에 침수가 될 만한 결함이나 해치커버 주위의 화물창벽에 침수의 흔적은 없었던 사실, 이 사건 사고로 인한 화물창 내 온도 상승과 화물창 벽 내·외부의 온도 차이 때문에 자연적으로 화물창 내 수증기가 응결되어 땀(Sweat)이 형성되고, 불에 탄 화물 일부가 수분에 젖어 고착된 형태를 띤 사실을 인정할 수 있는바, 위 인정 사실에다가 이 사건 기록과 변론에 나타난 여러 사정, 특히 ① 이 사건 사고로 인한 열기로 화물창 내의 온도가 더욱 높아진 상태에서 밤에 외부온도가 낮아지고 차가운 해수면에 잠긴 선체의 벽이 차가워져 그 온도차에 의하여 화물창 내 공기에 함유된 수증기 성분이 선체 벽에 물방울로 응결되어 화물창 바닥에 흘러내린 것으로 보이는 점, ② 외부적인 요인이 없어도 화물창의 내부 천장이나 벽면 바닥에 물방울이 맺혀 응결되었다가 화물창 내부에 적재된 화물에 스며드는 경우가 있는 점, ③ 2번 화물창의 해치커버와 해치코밍의 부식은 이 사건 사고의 처리 과정에서 살포한 이산화탄소로 인하여 생긴 현상으로 보이는 점, ④ 피마자박은 비료용으로 사용되고 쉽게 발화하지 않는 반면, 채종박은 동물 사료용으로 주로 사용되며 지방, 단백질 성분이 많아 항해 중에 고온다습한 기후 등 외부적인 요인에 의해 자연적으로 발화될 수 있는 점, ⑤ 이 사건 화물의 경우 단백질과 지방을 포함하고 있기 때문에 열에 의해 지방의 아미노기가 변이되면서 화

물이 갈색으로 변하고 뭉치는 현상(cake 현상)이 발생할 수 있는 점, ⑥ 이 사건 선박의 경우 화물창의 높이가 바닥에서부터 10미터 이상으로 특별한 경우가 아니라면 해수나 빗물이 유입되어 바닥까지 내려갈 확률은 매우 낮은 것으로 보이는 점, ⑦ 주기관의 감속기는 정밀기계장치로서 발항 당시 그것이 손상되어 있었다면 주기관 가동이 불가능하여 항해 자체를 하지 못하였을 것으로 보이는 점, ⑧ 헤이그 규칙 제3조 제1항 (a)호에 의하면 운송인은 발항 이전 및 발항 당시 선박의 감항성을 갖추면 족하고(The carrier shall be bound before and at the beginning of the voyage to exercise due diligence to make the ship seaworthy) 항해기간 내내 그 감항성을 유지할 의무는 없다는 점 등을 보태어 보면, 앞에서 인정한 사실만으로는 피고가 감항능력주의의무를 위반하였다는 점 내지 피고의 감항능력주의의무 위반으로 인하여 이 사건 사고가 발생하였다는 점을 인정하기 어렵고, 달리 이를 인정할 만한 증거가 없다.

마) 따라서 원고들의 감항능력주의의무 위반에 관한 재항변은 받아들일 수 없다.

라. 이 사건 사고가 피고의 고의 또는 과실에 기인한 것인지 여부

1) 쌍방의 주장 요지

원고들은 또한 피고는 이 사건 선박의 수리기간이 3개월 이상 소요되었음에도 그 기간 중 화물을 다른곳에 양하하여 적절히 관리하는 등의 조치를 취하지 아니하여 이 사건 사고가 발생하였으므로 이는 피고의 고의 또는 과실에 의한 것이어서 헤이그 규칙 제4조 제2항 (b)호 단서에 의하여 면책될 수 없다고 재항변하고, 이에 대하여 피고는 이 사건 사고는 이 사건 화물인 채종박 고유의 특성에 기하여 자연발화한 것으로서 이 사건 사고에 피고의 고의 내지 과실이 개입되지 않았다고 다툰다.

2) 판단

가) 운송계약이 성립한 때 운송인은 일정한 장소에서 운송물을 수령하여 이를 목적지로 운송한 다음 약정한 시기에 운송물을 수하인에게 인도할 의무를 지는데, 운송인은 그 운송을 위한 화물의 적부(積付)에 있어 선장·선원 내지 하역업자로 하여금 화물이 서로 부딪치거나 혼합되지 않도록 그리고 선박의 동요 등으로부터 손해를 입지 않도록 하는 적절한 조치와 함께 운송물을 적당하게 화물창 내에 배치하여야 하고, 가사 적부가 독립된 하역업자나 송하인의 지시에 의하여 이루어졌다고 하더라도 운송인은 그러한 적부가 운송에 적합한지의 여부를 살펴보고, 운송을 위하여 인도받은 화물의 성질을 알고 그 화물의 성격이 요구하는 바에 따라 적부를 하여야 하는 등의 방법으로 손해를 방지하기 위한 적절한 예방 조치를 강구하여야 할 주의의무가 있다(대법원 2003. 1. 10. 선고 2000다70064 판결 참조).

나) 살피건대, 을 제17, 18호증의 각 기재, 증인 소외 2의 증언에 변론 전체의 취지를 종합하면, 피고로부터 이 사건 선박을 재정기용선한 케이월드라인과 화주인 오씨아이 인터내셔날 인코퍼레이션 사이의 항해용선계약의 기초가 된 Gencon 항해용선계약서에 의하면 화물의 선적, 적부, 고르기, 고박, 깔판 대기, 하역 등의 작업은 용선자의 책임과 비용으로 하는 것으로 규정되어 있는 사실, 통상 항해 중에는 위험성 때문에 해치커버를 잘 열지 않으나 이 사건 선박이 수리를 위한 정박 중에는 선원들이 매일 화물창 내 통풍작업을 실시하였고 1주일 단위로 해치커버를 개방하여 화물 상태를 점검하고 전면적인 통풍을 실시한 사실, 이 사건 사고의 발생에 선주나 선원들의 고의적인 행위, 선박 설비의 결함이나 누전, 선박 내 인화성 물질의 존재 등 다른 외부요인이 직접 개입되지 않은 사실은 인정된다.

다) 그러나 갑 제3, 6호증의 각 기재 내지 영상과 증인 소외 2, 소외 1의 각 증언에 변론 전체의 취지를 종합하면, 이 사건 선박의 2번 화물창에는 흡입용 2개, 배기용 2개의 통풍용 팬(하단부에 2개, 중간부, 상단부에 각 1개)이 설치되어 있는데, 이 사건 사고 당시 통풍용 팬과 연결된 대다수의 흡입구와 배기구들은 적재된 화물에 완전히 막혀 있는 상태여서 통풍이 제대로 이루어질 수 없는 상태였던 사실, 일반적으로 화물을 적재하면 화물창의 하단부와 중간부는 화물에 덮이고 상단부만 개방되는데, 2번 화물창의 상단부 선미 뒤쪽은 화물로 완전히 덮여 화물이 상단부 배기구 위로 올라와 있었던 사실, 이 사건 선박은 흡입구와 배기구가 모터로 되어 있어 강제식 통풍을 하는데 흡입구 쪽이 막혀 있었기 때문에 통풍팬을 돌리더라도 통풍이 원활하게 이루어질 수 없었던 사실, 이 사건 선박의 선원들은 3개월 간의 수리기간 동안 인도네시아의 고온다습한 환경을 고려하여 화물을 다른 곳에 양하하여 보관하는 등의 별도의 조치를 취하지 아니한 사실, 국제선급협회(IACS)에서 펴낸 산적화물 지침서 4.2.1(Monitoring of Stevedoring Operation)에서는 "본선의 1등항해사는 하역작업을 감시할 책임이 있고 각 화물을 가능한 대칭적으로 선적하고 필요할 경우 화물의 트리밍 작업을 할 의무가 있다(The Officer in charge has responsibility for the monitoring of the stevedoring operation and should ensure that the cargo is loaded, where possible, symmetrically in each hold and, where necessary, trimmed)."고 기재되어 있는 사실, 피마자박이 적입된 1번 화물창의 경우 해치커버와 해치코밍의 상태가 비교적 양호했고 선수와 선미 쪽에 설치된 통풍용 팬의 흡입구와 배기구가 뚫려 있었던 사실을 인정할 수 있는바, 위 인정 사실에다가 이 사건 기록과 변론에 나타난 다음과 같은 사정, 즉 ① 이 사건 선박의 수리는 전적으로 선주가 담당하는 것이므로 수리로 인하여 항해기간이 지연되는 동안의 화물 관리 역시 피고의 책임하에 이루어져야 하는 점, ② 이 사건 선박의 주기관 감속기 고장으로 인한 정박 이후 피고가 공동해손을 선포하였다면 화물 관리에 드는 비용 역시 공동해손 정산 결과에 따라 화

주로부터 회수할 수 있으므로 선주인 피고로서는 수리기간 동안 선박에 대한 조치와 함께 이 사건 화물을 양하해 놓았다가 다른 선박으로 옮겨 싣는 등 화물에 대한 적절한 관리를 해야 함이 마땅한 것으로 보이는 점, ③ 이 사건 화물 선적시 화물의 높이를 통풍구보다 낮게 하거나 화물이 통풍구를 막지 않도록 분리판을 대는 등 통풍구 주변에 공기 유출입이 가능하도록 공간을 확보하는 조치를 취하였더라면 이 사건 사고가 발생할 가능성이 감소하였을 것인 점, ④ 이 사건 사고는 정상적인 항해기간 중의 사고가 아니라 수리를 위하여 정박하고 있는 동안 화물이 고온다습한 환경에 장기가 노출되면서 발생한 사고인 점, ⑤ 이 사건 선박의 1등항해사는 화물이 통풍용 팬을 막고 있으면 주기적으로 화물의 균형 유지를 위하여 트리밍(Trimming) 작업을 하여 이를 평평하게 만들어 주어야 하는 점, ⑥ 설령 화주가 자신의 책임과 비용으로 화물을 적재한 경우라도 운송인은 그러한 적부가 운송에 적합한지의 여부를 살펴보고 운송을 위하여 인도받은 화물의 성질을 알고 그 화물의 성격이 요구하는 바에 따라 적부를 하는 등의 방법으로 손해를 방지하기 위한 적절한 예방조치를 강구하여야 할 주의의무가 있어 적재 후 항해기간 동안 운송인 측의 과실로 인한 화물 손상 책임을 면할 수 없는 점, ⑦ 이 사건 선박은 주기관 감속기에 고장이 발생하지 않았더라면 통상 15일에서 20일 정도 항해하여 2011. 5. 5. 전후로 인천항에 도착할 수 있었을 것인데, 수리를 위한 정박으로 인하여 원래 도착 예정일보다 3개월 이상 늦게 도착한 점(이 사건 사고 발생 전인 2011. 4. 21.에도 감속기의 윤활유 누유로 정선한 적이 있다)등을 보태어 보면, 이 사건 사고는 피고가 운송인으로서 항해기간 동안 이 사건 화물의 관리상 주의의무를 다하지 못하여 발생하였다고 봄이 상당하다.

라) 따라서 이에 관한 원고의 재항변은 이유 있으므로, 결국 피고의 화재 면책 항변은 받아들일 수 없다.

마. 이 사건 사고가 위험물인 이 사건 화물의 특성에 기인하였는지 여부

1) 쌍방의 주장 요지

피고는 또한 이 사건 사고가 위험물인 이 사건 화물의 특수한 성질에 의하여 발생하였고 선장 또는 피고가 그 위험성을 모르고 선적에 동의한 것이므로 헤이그 규칙 제4조 제2항 (m)호 내지 제6항 제1문[7]에 따라 면책되고 가사 이 사건 화물의 위험성을 알고 선

7) Article 4

2. Neither the carrier nor the ship shall be responsible for loss or damage arising or resulting from :

(m) Wastage in bulk or weight or any other loss or damage arising from inherent defect, quality or vice of the goods

6. Goods of an inflammable, explosive or dangerous nature to the shipment whereof the carrier, master or agent of the carrier has not consented with knowledge of their nature and

적에 동의하였더라도 위 규칙 제4조 제6항 제2문에 따라 면책된다고 항변하고, 이에 대하여 원고들은 이 사건 화물은 위험물이 아니라고 다툰다.

2) 판단

가) 을 제26 내지 28호증의 각 기재에 변론 전체의 취지를 종합하면, 이 사건 화물인 채종박은 1965년 국제해상위험물질규칙(IMDG Code; International Maritime Dangerous Goods Code)상 제4급(Class 4)의 4.2 국제연합번호 2217 종자 케이크(SEED CAKE)에 해당하는 물질로서, 습기와 접촉할 경우 자체 발열하는 물질로 규정되어 있는 사실, 이 사건 화물은 그 특성상 적절한 통풍을 요하는데 이 사건 선박의 2번 화물창 해치코밍에 습기가 차 이 사건 화물과 접촉함으로써 종국적으로 화물에 응결된 땀으로 인한 손상(Sweat Damage)이 발생한 사실, 로이드 검정교본(Lloyd's Survey Handbook)은 채종박 화물에 관하여 "기름을 추출한 후의 채종박 잔존물로서 동물 사료에 사용되고(The residue of rape seed after the extraction of oil, used for animal feed) 통상 자루에 넣어 선적하며(Usually shipped in bags), 발열 및 자연발화하기 쉬운 성질이 있다(Liable to heating and spontaneous combustion)."고 설명하고 있는 사실, 종자화물의 운송과 안전기준(Standard Cargo, setting the standard for service and security; Carriage of Seedcake)에는 "씨드케이크(종자케이크) 화물의 경우 높은 수분 함유량이 미생물의 활동을 촉진시키기 때문에 약 70°C까지 최초의 온도 상승을 초래할 수 있고 이는 종자케이크의 품질 하락과도 관련이 있다. 이 활동은 단독으로는 종자케이크가 발화하는 원인이 되지 않을 것이나 잔여 기름의 산화를 가속시킬 것이고, 이는 종자케이크가 자연적으로 점화하는 발화점까지 충분히 온도를 상승시킬 수 있다."고 설명하고 있는 사실은 인정된다.

나) 그러나 을 제27, 28호증의 각 기재에 변론 전체의 취지를 종합하면, 송하인의 의뢰로 지오 켐 래버라토리스 피브이티 엘티디(Geo Chem Laboratories PVT. Ltd)가 발행한 품질증명서에 의하면 이 사건 화물은 선적 전 검사 결과 기름 성분은 0.68%, 수분은

---

character, may at any time before discharge be landed at any place, or destroyed or rendered innocuous by the carrier without compensation and the shipper of such goods shall be liable for all damage and express directly or indirectly arising out of or resulting from such shipment.

제4조

2. 운송인 또는 선장은 다음의 사유에서 생기는 멸실 또는 손해에 대하여는 그 책임을 지지 아니한다.

(m) 화물의 숨은 하자, 특수한 성질 또는 고유한 하자에서 생기는 용적이나 중량의 감소 또는 기타의 멸실 손해

6. 연소성, 폭발성 또는 위험성이 있는 화물로서 운송인, 선장 또는 운송인의 대리인이 그 종류 또는 성질을 알았으면 그 선적을 승낙하지 않았을 것은 운송인이 송하인에게 배상하지 아니하고 그 양륙 전 언제든지 이를 임의의 장소에 양륙하거나 파괴 또는 무해하게 할 수 있으며, 그 화물의 송하인은 그 선적에서 직접 또는 간접으로 생기는 모든 손해와 비용에 대하여 책임을 진다.

9.84%로 성분 분석되어, 비위험화물의 예외 인정 기준인 기름 단독 4% 이상 내지 기름과 수분을 합쳐 15%를 넘지 않는 요건을 충족하여 국제해상고체산적화물규칙(IMSBC Code)이 규정하는 비위험화물 그룹인 C그룹에 해당(Indian Rapeseed Extraction Meal is Non-Hazardous, meets specification laid down as per IMSBC Group C(Appendix C) "Seed cake (non-hazardous) containing not more than 4% oil and 15% oil plus moisture combine"]하고, 실질적으로는 인화성 용액이 제거되었으나 다만 인화성 용액의 잔여 증기가 있을 수 있으므로 그 방산을 돕기 위하여 표면 통풍이 요구된다(The cargo is reported to be substantially free from flammable solvent. However, surface ventilations shall be required to assist in dissipating, any solvent residual vapour.)고 기재되어 있는 사실, 이에 위 회사는 선적 전인 2011. 4. 15. 선장에게 이 사건 화물은 위험성이 없다고 보인다고 통지한 사실을 인정할 수 있는바, 이러한 사실관계에 비추어 볼 때 앞에서 인정한 사실만으로는 이 사건 화물이 위험물이라고 보기 어렵고, 달리 이를 인정할 만한 증거가 없다.

다) 따라서 이 사건 화물이 위험물임을 전제로 하는 피고의 위 항변은 받아들일 수 없다.

4. 손해배상책임의 범위

앞서 인정한 사실에 의하면, 원고들은 수입자들에게 지급한 보험금액에서 이 사건 화물을 전손 처리하고 회수한 잔존가의 배분액을 공제한 금액만큼 수입자들을 대위할 수 있는바, 이를 원고별로 정리하면 다음과 같다.

원고	지급보험금 (희망이익 제외)	잔존가 배분액(원)	대위가능금액[8]	인용금액[9] (청구금액, 원)
한화손해	397,480.75 달러 +74,543,816 원	104,957,551	400,972,122	400,654,144
흥국화재	222,108,928 원	44,722,615	177,386,313	177,386,313
동부화재	13,900.00 달러 +99,088,077 원	21,414,579	93,032,098	93,020,978
삼성화재	91,917.36 달러 +175,942,525 원	56,919,709	218,780,726	218,707,196
현대해상	268,830,175 원	53,729,655	215,100,520	215,100,520
그린손해	204,886,000 원	41,907,891	162,978,109	162,978,109
합계	503,298.12 달러 +1,045,399,452 원	323,379,000	1,268,249,888	1,267,847,260

5. 결　　론

그렇다면 피고는 손해배상으로 원고 한화손해보험 주식회사에게 400,654,144원, 원고 흥국화재해상보험 주식회사에게 177,386,313원, 원고 동부화재보험 주식회사에게 93,020,978원, 원고 삼성화재해상보험 주식회사에게 218,707,196원, 원고 현대해상화재보험주식회사에게 215,100,520원, 원고 그린손해보험주식회사에게 162,978,109원 및 위 각 돈에 대하여 원고들이 구하는 바에 따라 보험금 최종 지급 다음날인 2011. 10. 21.부터 다 갚는 날까지 민법이 정한 연 5%의 비율로 계산한 지연손해금을 각 지급할 의무가 있으므로, 원고들의 청구는 모두 이유 있어 이를 각 인용한다.

판　사　재판장　　조 의 연
한 동 석
김 혜 성

---

8) 원고들이 대위행사하는 수입자들의 손해배상채권 액수는 이 사건 화물의 멸실 당시의 외국환 시세(매매기준율)에 의하여 우리나라 통화로 환산한 금액이다. 한편 2011. 7. 30. 이 사건 사고가 발생하였으나 이 사건 선박이 인천항에 도착한 후 이 사건 화물을 전손 처리하고 이에 따라 수입자들에게 보험금을 지급하였으므로 원고들 주장과 같이 인천항 도착일인 2011. 8. 27.자 매매기준율을 적용하여 손해액을 계산하는 것이 부당하지 않다고 보인다(다만 2011. 8. 27.이 토요일이므로 금요일의 매매기준율인 1달러당 1,085.30원으로 계산하였다).

9) 원고 한화손해, 동부화재, 삼성화재는 각 대위가능금액의 범위 내에서 인용금액과 같이 청구하고 있는바, 이는 환율계산 과정에서의 오류로 인한 것으로 보인다.

〈제5호-I〉

서 울 중 앙 지 방 법 원

제 31 민 사 부

판 결

사 건	2011가합98377 손해배상(기) 2011가합116794(병합) 손해배상(기)
원 고	1. 주식회사 ○○리조트 2. 주식회사 □□□□□
피 고	1. 주식회사 △△△△ 2. ▲▲▲▲▲▲
변 론 종 결	2013. 10. 31.
판 결 선 고	2013. 11. 21.

주 문

1. 피고 주식회사 △△△△은 원고 주식회사 ○○리조트에게 18,774,630원과 이에 대하여 2008. 8. 2.부터 2013. 11. 21.까지는 연 5%, 그 다음날부터 다 갚는 날까지는 연 20%의 각 비율로 계산한 돈을 지급하라.
2. 원고 주식회사 ○○리조트의 피고 주식회사 △△△△에 대한 나머지 청구, 원고 주식회사 ○○리조트의 피고 ▲▲▲▲▲▲, 주식회사 ◇◇에 대한 청구, 원고 주식회사 □□□□□의 피고들에 대한 청구를 기각한다.
3. 소송비용 중 원고 주식회사 ○○리조트와 피고 주식회사 △△△△사이에 생긴 부분의 9/10는 원고 주식회사 ○○리조트가, 나머지는 피고 주식회사 △△△△이 각 부담하고, 원고 주식회사 ○○리조트와 피고 ▲▲▲▲▲▲, 주식회사 ◇◇ 사이에 생긴 부분은 원고 주식회사 ○○리조트가 부담하며, 원고 주식회사 □□□□□와 피고들 사이에 생긴 부분은 원고 주식회사 □□□□□가 부담한다.
4. 제1항은 가집행할 수 있다.

청 구 취 지

피고들은 각자 원고 주식회사 ○○리조트에게 201,770,476원, 원고 주식회사 □□□□□에게 90,341,000원과 각 이에 대하여 2008. 8. 2.부터 이 사건 청구취지 및 청구원인 변경신청서 부본 송달일까지는 연 5%, 그 다음날부터 다 갚는 날까지는 연 20%의 각 비율로 계산한 돈을 지급하라.

이 유

1. 청구원인 판단에 필요한 범위 내의 기본적 사실관계

가. 이 사건 사고 발생

2008. 8. 2. 23:32경 전남 신안군 자은도 북방 4.5km 해상에서 499톤 유조선인 여명 7호(이하 '이 사건 선박'이라 한다)와 1,627톤 모래운반선인 금호 5호가 쌍방 선원의 과실로 충돌하여, 이 사건 선박 좌현 1, 2번 화물탱크에 실려 있던 벙커 C유 약 2kℓ가 해상으로 유출되는 이 사건 사고가 발생하였다. 그 후 실시된 방제작업에도 유출된 기름 중 일부가 빠른 조류의 영향 등으로 잘게 쪼개져 전남 신안군 증도 소재 엘도라도 리조트(이하 '이 사건 리조트'라 한다) 앞 바다를 비롯하여 사고 현장 주변 도서 해안으로 유입되었다.

나. 원고들 지위

원고 (주)□□□□□는 이 사건 리조트를 개발, 분양하는 회사이고, 원고 (주)○○리조트는 이 사건 리조트를 운영하는 회사이다.

이 사건 리조트는 2006년 5월경 108객실 규모로 영업을 시작하였고, 2008년 5월경 69객실을 증축하여 현재까지 총 177객실 규모로 영업을 하고 있다.

다. 피고들 지위

피고 (주)△△△△은 이 사건 선박 소유자이다.

피고 (주)◇◇은 2003. 1. 1. 피고 (주)△△△△과 이 사건 선박에 관한 용선계약을 체결하였고(을 제1호증), 이 사건 사고 당시에도 위 용선계약에 따른 용선자 지위를 유지하고 있었다.

피고 ▲▲▲▲▲▲은 2008. 5. 15.경 피고 (주)◇◇과 공제기간을 2008. 5. 16.부터 2009. 5. 15.까지, 선주 (주)△△△△으로 정하여 선주배상책임공제계약을 체결하였다.(주요내용은 아래와 같고, 자세한 내용은 을 제2, 3호증 참조).

선주배상책임공제약관
제21조 (오염에 관한 책임 및 비용)
조합은 적하유, 연료유 및 기타 오염물질의 유출, 배출 또는 그것들의 방지를 위해 공제계약자가 부담하는 다음에 열거하는 책임 및 비용을 보상합니다.
1. (제3자에 발생한 손해에 관한 책임) 오염에 의해 제3자에게 발생한 손해에 관한 책임

[인정근거] 다툼 없는 사실, 갑 제2, 4호증, 을 제1 내지 3호증(가지번호 포함)의 각 기재, 변론 전체의 취지

2. 원고들 주장 요지

가. 원고 (주)○○리조트는 이 사건 사고로 인하여 아래와 같이 합계 201,770,476원 상당의 손해를 입었다.

순번	항목	액수	주장 근거 내지 계산 근거
1	예약 취소로 인한 손해	18,774,630원	2013. 9. 17.자 감정결과
2	객실 가동률 감소로 인한 손해	103,510,507원	2013. 9. 17.자 감정결과
3	부대영업장 매출 감소로 인한 손해	79,485,339원	(1항 18,774,630원+2항 103,510,507원)×0.65(객실 매출 대비 부대영업장 매출 비율)
4		201,770,476원	

나. 원고 (주)□□□□□는 이 사건 사고로 인하여 이 사건 리조트 분양이 지연되어 아래와 같이 합계 90,341,000원 상당의 손해를 입었다.

순번	항목	액수	주장 근거 내지 계산 근거
1	분양지연으로 인한 대출이자 손해	79,166,000원	20억 원 (전년 대비 분양매출액 감소분, 갑 제11호증)×9.5%(대출이자 연이율, 갑 제12호증×5/12)5개월, 갑 제3호증의 2)
2	분양지연으로 인한 사무실 차임 손해	11,175,000원	2,235,000원(월 차임, 갑 제13호증)×5(5개월, 갑 제3호증의 2)
합계		90,341,000원	

다. 이 사건 선박 소유자인 피고 (주)△△△△은 구 유류오염손해배상 보장법(2009. 5. 27. 법률 제9740호로 개정되기 전의 것) 제4조에 기하여, 이 사건 선박용선자인 피고 (주)◇◇은 그 회사의 피용자인 선원의 과실로 이 사건 사고가 발생하였으므로 민법 제756조에 기하여, 피고 ▲▲▲▲▲▲은 피고 (주)△△△△, 피고 (주)◇◇과 체결한 각 공제계약에 기하여, 각자 원고들에게 위 손해를 배상할 의무가 있다.

3. 피고 (주)◇◇, ▲▲▲▲▲▲에 대한 청구에 관한 판단

가. 관련 규정

구 유류오염손해배상 보장법 2009. 5. 27. 법률 제9740호로 개정되기 전의 것, 이하 같다)

제2조(정의) 이 법에서 사용하는 용어의 정의는 다음과 같다.

2. "선박소유자"라 함은 선박법 제8조 제1항의 규정 또는 외국의 법령에 의하여 선박의 소유자로 등록된 자를 말하며, 등록되어 있지 아니한 경우에는 선박을 소유하는 자를 말한다. 다만, 외국이 소유하는 선박의 경우에 그 나라에서 그 선박의 운항자로서 등록되어 있는 회사 또는 기타의 단체가 있는 때에는 그 회사 또는 기타의 단체를 이 법에 의한 선박소유자로 보며, 대한민국 국민이 외국국적을 가진 선박을 나용선한 경우에는 선박의 소유자로서 등록된 자와 나용선자를 모두 이법에 의한 선박소유자로 본다.

제4조 (유류오염손해배상책임) ① 유류오염손해가 발생한 때에는 사고 당시의 선박소유자는 그 손해를 배상할 책임이 있다.

④ 대한민국 국민이 나용선한 외국국적선박으로 인하여 유류오염손해가 발생한 경우에는 그 선박의 소유자와 나용선자가 연대하여 그 손해를 배상할 책임이 있다.

⑤ 다음 각호의 자에 대하여서는 이 법에 의한 손해배상을 청구하지 못한다.

3. 선박의 용선자(제2조 제2호 단서의 규정에 의한 나용선자를 제외한다)관리인 또는 운항자

나. 청구원인에 관한 판단

1) 구 유류오염손해배상 보장법 제4조 제5항 제3호, 제2조 제2호 단서에 의하면, 설령 원고들이 이 사건 사고로 인하여 손해를 입었다 하더라도, 피고 (주)△△△△이 소유하는 대한민국 국적(다툼 없는 사실)의 이 사건 선박을 용선한 피고 (주)◇◇에게는 손해배상을 직접 청구할 수 없다. 피고 (주)◇◇이 배상책임을 부담하지 아니하는 이상, 피고 (주)◇◇과 맺은 '제1의 다항' 기재 공제계약에 기한 피고 ▲▲▲▲▲▲에 대한 청구 역시 받아들일 수 없다. 피고 (주)△△△△과 피고 (주)◇◇의 내부 법률관계, 최종 책임자는 이 사건 판단대상이 아니다.

2) 설령 피고 (주)△△△△이 원고들의 손해를 배상할 책임 있다고 하더라도, 피고 ▲▲▲▲▲▲이 피고 (주)△△△△과 공제계약을 체결하였다고 볼 증거가 부족하다.

다. 소결론

피고 ▲▲▲▲▲▲, (주)◇◇에 대한 청구는 이유 없으므로, 이하에서 피고 (주)△△△△에 대한 청구에 관하여 판단한다.

4. 피고 (주)△△△△에 대한 청구에 관한 판단

가. 원고 (주)○○리조트 청구 부분

1) 예약 취소로 인한 손해 부분

예약 취소로 인한 손해는 18,774,630원이라고 판단하였다. ㉮ 제1항 인정사실, ㉯ 증거에 의하여 추론되는 사실, 사정, ㉰ 법리, 증거법칙에 따른 평가 등을 종합한 근거는 아래와 같다.

① 이 사건 사고로 인하여 2008년 8월 이 사건 리조트 예약 63건이 취소되었다. 이는 이 사건 사고와 상당인과관계 있는 손해라고 판단된다.

② 감정인 정□□은 예약취소로 인한 손해액을 아래와 같이 18,774,630원으로 감정하였다(2013. 9. 17.자 감정결과).

예약취소에 따른 매출 감소분	가	24,524,000원
공제할 부가가치세 10%	나	2,454,200원
부가가치세를 공제한 금액	다=가-나	22,087,800원
공제할 변동비용 (동업종 적용 변동비 15%)	라	3,313,170원
손해감정액	다-라	18,774,630원

③ 감정인 정□□이 산정한 금액, 공제 내역 내지 비율이 부당하다고 볼 근거가 부족하다.

2) 객실 가동률 감소로 인한 손해

감정인 정□□은 2008. 8. 3.부터 2008. 9. 30.까지의 객실 가동률 감소로 인한 손해액을 아래와 같이 합계114,691,318원으로 감정하였다(2013. 10. 18.자 감정인 회신결과이고, 2013. 9. 17.자 감정결과에서는 103,510,507원으로 감정).

기존 108실 매출 감소분	가	112,716,073원
증가된 69실 매출 감소분	나	37,207,218원
소계	다=가+나	149,923,291원
공제할 부가가치세 10%	라	14,992,329원
부가가치세를 공제한 금액	마=다-라	134,930,962원
공제할 변동비용 (동업종 적용 변동비 15%)	바	20,239,644원
손해감정액	마-바	144,691,318원

그러나 ㉮ 감정인은 기대매출액에서 실제매출액을 공제하는 방법으로 매출 감소분을 계산하였는데, 기대매출액 산정에 있어 2009년경 이후 객실 단가가 상승하였다는 사정을 고려하지 아니한 점, ㉯ 특히 증가된 69실의 기대매출액 산정에 있어, 감정인은 2009년, 2010년, 2011년 8, 9월 월별 매출 평균증가율에다가 2008년 8, 9월 실제매출액을 곱하여 계산하였는데, 그러한 방법보다는 2009년 실제매출액을 위 평균증가율로 나누어 계산하는 것이 합리적이라고 보이는 점 등을 고려하면, 이 부분에 관한 감정결과는 기본적으로 신뢰하기 어렵다.

게다가 ㉮ 감정인 계산방법에 따르면 2008. 8. 3.부터 8. 31.까지 기존 108실의 실제매출액은 기대매출액의 81.4%이나, 동일한 계산방법에 의할 때 이 사건 사고 발생 전의 실제매출액도 기대매출액에 미치지 못하였던 점, ㉯ 이 사건 사고의 규모, 사고 후 이루어진 방제조치, 방제기간 등에 비추어 보면 실제매출액이 기대매출액에 미치지 못한 것이 오로지 이 사건 사고 발생 때문이라고 볼 근거가 부족한 점, ㉰ 원고 주장 '1), 2)항' 기재 손해는 모두 객실 매출 감소에 따른 손해로, '1)항' 기재 손해는 '2)항' 기재 손해에 포함된다고 볼 수 있고, '1)항' 기재 손해를 위와 같이 인정한 점 등을 고려하면, 원고 (주)○○리조트가 '1)항' 기재 손해를 넘어 객실 매출 감소에 따른 손해를 입었다고 볼 증거가 부족하다.

따라서 이 부분 주장은 받아들이지 아니한다.

3) 부대영업장 매출 손해

부대영업장 매출이 오로지 객실 매출에 연동한다고 보기 어렵고 객실 매출 대비 부대영업장 매출 비율이 65%라고 인정할 증거가 부족한 점, 전년 동월 대비 2008년 8월 부대영업장 매출 증가율이 37.77%에 이르고 이는 이 사건 사고 발생 전인 전년 동월 대비 2008년 7월 부대영업장 매출 증가율(36.50%)보다 높은 점 등에 비추어 보면, 이 부분 청구도 받아들이기 어렵다.

4) 소결론

피고 (주)△△△△은 원고 (주)○○리조트에게 18,774,630원과 이에 대하여 이 사건 사고 발생일인 2008. 8. 2.부터 위 피고가 그 이행의무의 존부 및 범위에 관하여 항쟁함이 상당하다고 인정되는 이 판결 선고일인 2013. 11. 21.까지는 민법이 정한 연 5%, 그 다음날부터 다 갚는 날까지는 연 20%의 각 비율로 계산한 돈을 지급할 의무가 있다.

나. 원고 (주) □□□□□ 청구 부분

2006년 이후 매년 이 사건 리조트 분양률이 감소하는 추세였던 점, 방제작업으로 이 사건 리조트 앞 바다에 유입되었던 기름이 비교적 짧은 시간 내에 제거된 것으로 보이는 점, 유출된 기름의 양 등에 비추어 보면, 이 사건 사고와 이 사건 리조트 분양 지연 사이에 상당인과관계가 있다거나 분양지연된 기간이 5개월이라는 점에 관한 증명이 부족하므로, 이 부분 청구 역시 받아들일 수 없다.

5. 판단 근거 법률, 판례 등

이 사건에서는 법률, 법리와 증거법칙에 의해 판단을 하였다.

가. 참조 또는 근거 법률 1: 구 유류오염손해배상 보장법(2009. 5. 27. 법률 제9740호로 개정되기 전의 것) 제4조, 제2조, 민법 제750조 이하 등

나. 참조 또는 근거 법률 2: 민사소송법 제202조, 제208조 제2항, 제288조 이하 등

다. 청구취지 및 청구원인 변경신청서 접수일: 2013. 9. 26

라. 청구취지 및 청구원인 변경신청서 송달일: 2013. 9. 26.

6. 결　　론

그렇다면, 원고 (주)○○리조트의 피고 (주)△△△△에 대한 청구는 위 인정범위 내에서 이유 있어 이를 인용하고, 원고 (주)○○리조트의 피고 (주)△△△△에 대한 나머지 청구, 원고 (주)○○리조트의 피고 ▲▲▲▲▲▲, (주)◇◇에 대한 청구, 원고 (주)□□□□□의 피고들에 대한 청구는 이유 없어 이를 기각하기로 하여, 주문과 같이 판결한다.

재판장 판 사 윤 종 구

판 사 서 전 교

판 사 백 지 예

〈제5호-II〉

청 주 지 방 법 원

판 결

사 건	2012가단25357 손해배상
원 고	
피 고	한국철도공사
변 론 종 결	2013. 10. 18.
판 결 선 고	2013. 11. 15.

주 문

1. 원고의 청구를 기각한다.
2. 소송비용은 원고가 부담한다.

청 구 취 지

피고는 원고에게 71,156,400원 및 이에 대하여 2010. 11. 14.부터 이 판결 선고일까지는 연 5%의, 그 다음날부터 다 갚는 날까지는 연 20%의 각 비율로 계산한 돈을 지급하라.

이 유

1. 기초사실

가. 이 사건 사고의 발생

원고는 2010. 11. 14. 00:14경 ◎◎◎역에서 부산으로 가기 위해 열차를 기다리던 중 피고 소속의 여수행 무궁화호 제1517열차(이하 '이 사건 열차'라 한다)의 5호 객차에 승차하였다. 원고가 승차한 직후 원고의 일행이 승강장에서 원고에게 잘못 승차하였다며 내릴 것을 요구하자 이에 원고는 마침 출발하기 시작한 이 사건 열차 출입문에서 스스로 승강문을 열고 내리던 중 추락하여 신체의 일부가 객차 밑으로 들어가 좌측 하퇴부가 절단되는 등의 상해를 입었다(이하 '이 사건 사고'라 한다).

나. 이 사건 열차 출입문의 개폐방식

이 사건 열차의 객차 출입문은 승무원의 조작에 의한 자동개폐방식이 원칙이나, 철도차량 안전기준에 관한 규칙[1]에 따라 비상상황에 대비하여 시속 5km 이하에서는 일정 정도 이상의 힘을 가하면 개방할 수 있도록 설계되었고, 열차의 운행 도중 위와 같은 수동방식으로 출입문이 열리게 되면 해당 출입구 외부 상단의 표시등에 불이 켜지게 되어 이를 확인할 수 있다.

다. 이 사건 사고 전후의 상황

당시 이 사건 열차의 기관사 ◇◇◇은 열차가 ◎◎◎역에 도착하여 여객의 승하차를 확인한 뒤, 승강문을 닫고 열차출발신호를 확인한 다음 여객전무에게 출발신호를 받아 발차하던 중 보조기관사로부터 나.항 기재 출입구 외부 상단의 표시등에 불이 켜져 있어 비상정지하라는 요청을 받고 비상제동하였다. 이 사건 열차의 블랙박스 기록 사본에 의하면 이 사건 열차는 0시 16분 23.4초경 발차하였고, 0시 16분 24.9초에 정지하였다.

[인정근거] (생략)

2. 당사자 주장의 요지

원고는, 이 사건 사고는 피고가 철도여객운송인으로서 열차승객의 운송에 관한 모든 주의의무를 해태하여 발생한 것이므로, 피고에 대하여 상법 제148조에 기하여 이 사건 사고로 인한 여객운송인의 손해배상책임을 물으면서 이 사건 사고로 원고가 입은 손해의 배상을 구한다.

이에 대하여 피고는, 이 사건 사고와 관련하여 여객운송인으로서의 주의의무를 다하였고, 위 사고는 원고의 전적인 과실로 인하여 발생한 것이므로 면책되어야 한다고 주장한다.

---

1) 철도차량 안전기준에 관한 규칙 제44조(여객용 출입문)

⑩ 여객용 출입문에는 이중의 잠금장치가 설치되어야 하며, 열차속도가 출발 후 일정속도에 도달하는 때에는 여객용 출입문이 자동적으로 잠기며 채제될 수 없는 구조이어야 한다.

⑪ 철도차량에는 출발시 여객용 출입문을 닫기 전에 여객에게 안내할 수 있는 장치가 설치되어야 하며, 출입문의 개폐상태는 철도차량운전업무종사자에게 통보되어야 한다.

⑫ 비상시 철도차량의 내부와 외부에서 여객용 출입문을 수동으로 개방할 수 있는 장치를 갖추어야 하며, 수동개방장치의 덮개에는 수동개방장치의 위치를 쉽게 알 수 있도록 위치표지가 부착되어야 한다.

3. 손해배상책임의 발생에 관한 판단

가. 위 인정사실에 의하면, 피고는 여객운송인으로서 상법 제148조 제1항에 따라 자기 또는 사용인이 운송에 관한 주의를 해태하지 아니하였음을 증명하지 아니하는 이상, 승객인 원고의 운송 중에 발생한 이 사건 사고로 인하여 원고가 입은 손해를 배상할 책임이 있다.

나. 책임의 면제여부

1) 먼저 원고가 이 사건 열차에서 추락하기에 이른 경위에 관하여 보건대, 앞서 든 증거들에 변론 전체의 취지를 종합하여 알 수 있는 다음과 같은 사정들, 즉 ① 이 사건 열차가 ◎◎◎역을 출발할 무렵에는 이 사건 열차의 출입문이 정상적으로 닫혀져 있었고, 피고는 열차를 출발시키겠다는 안내 방송을 내보낸 뒤 열차를 출발시켰으며, 그 과정에서 피고 직원이 승강장에서 승하차 하거나 안전선 안쪽에 승객이 머무르고 있는지 여부를 확인하였던 점, ② 이후 원고의 일행들이 승강장에 있던 피고 직원에게 열차문을 개방하여 줄 것을 요구하였으나, 그 당시에는 이미 열차가 출발하기 시작하던 시점이었는바, 그와 같은 상황에서 피고 직원이 이 사건 열차를 정차시킨다거나 원고가 무단으로 뛰어내리는 것을 제지한다는 것은 사실상 불가능한 점, ③ 원고는 스스로 "이 사건 열차가 움직이고 있던 상황임을 알면서도 뛰어내려도 문제가 없을 것 같다 내렸다"는 취지로 진술하고 있는 점에 비추어 보면, 이 사건 열차가 출발하기 시작할 무렵 차량을 잘못 탑승하였음을 인지한 원고가 열차에서 내려 일행들과 합류해야 한다는 급박한 심리상태에서 스스로 해당 객차 출입문을 열고 주행 중인 열차에서 무리하게 뛰어내리다가 이 사건 사고를 자초한 것으로 보인다.

2) 다음으로 피고가 여객의 운송 중에 발생한 이 사건 사고와 관련하여 운송에 관한 주의의무를 다하였는지 여부를 보건대, ① 피해자 스스로 진행중인 열차에서 자발적인 의사에 의해 출입문을 열고 밖으로 뛰어 내리다가 사고를 당한 이 사건에 있어, 이 사건 열차의 출입문이 외력에 의해 열리도록 설계되었다거나, 그에 더 나아가 실제 열려 있었다고 하더라도, 그와 같은 사실 자체가 사고발생의 원인이라 볼 수 없는 점(대법원 1993. 2. 26. 선고 92다46684 판결 등 참조), ② 이 사건 사고 당시 이 사건 열차의 기관사와 부기관사 및 승강장에 있던 피고 직원 등은 열차의 안전한 정차와 승객들의 승・하차에 대비하여 통상적인 운전업무 및 안내・점검업무를 수행하고 있었고, 기관사는 출입문이 제대로 닫힌 것을 확인한 후에 출발신호를 받아 비로소 발차하기 시작하였으며, 이 사건 열차의 각 출입문은 평소 자동개폐방식에 따라 일률적으로 작동하고 있었다고 할 것이므

로, 소수의 승무원들이 위 원고의 행위와 같이 출발하는 열차에서 출입문을 강제로 열고 급작스럽게 뛰어내리는 돌발적인 상황까지 예견하여 사고를 즉시 방지할 것을 기대하기는 어려운 점, ③ 기관사가 이 사건 열차를 발차한 뒤 이 사건 사고를 감지하고 정차시키기까지는 불과 1.5초 밖에 걸리지 않았고, 이 사건 사고 이후의 구호조치 역시 비교적 신속하게 이루어진 것으로 보이는 점, ④ 달리 이 사건 열차에 관한 하차설비의 구조적 결함 또는 관리상의 하자가 발견되거나 피고 소속 직원들이 운전취급규정을 위반하여 정해진 위치를 이탈하거나 근무를 태만히 하였다고 볼 사정이 나타나 있지 않은 점, ⑤ 오히려 승객은 움직이는 열차에서 내릴 경우 발생할 수 있는 고도의 위험으로부터 스스로 자신의 생명·신체를 보호할 자기보호의무가 있고, 따라서 열차에 탑승한 승객은 객실이나 출입로 등 안전한 장소에서 열차가 정지할 때까지 기다려야 할 주의의무가 있는 점 등을 종합하여 보면, 원고가 들고 있는 사정들만으로는 피고에게 손해배상을 해야 할 어떠한 과실이 있다고 볼 수 없다. 따라서 피고의 면책 항변은 이유 있다.

4. 결　　론

그렇다면, 원고의 청구는 이유 없어 이를 기각하기로 하여, 주문과 같이 판결한다.

판 사　　임 동 환

〈제5호-III〉

대 법 원

2013. 10. 31. 선고 2011다16431, 16448, 16455 판결
[손해배상 · 운임등 · 운임등]

【원고(반소피고), 상고인】 아주베스틸 주식회사

【피고(반소원고), 피상고인】 주식회사 크리스탈쉬핑

【피고, 피상고인】 오리온해운 주식회사

【원심판결】 서울고법 2010. 12. 30. 선고 2010나25263, 25270, 25287 판결

【주 문】

상고를 모두 기각한다. 상고비용은 본소, 반소를 통하여 원고(반소피고)가 부담한다.

【이 유】

상고이유를 판단한다.

1. 상고이유 제2점에 대하여

가. 신용장에 의한 거래는 서류에 의한 거래이고 직접적인 상품의 거래가 아니므로 신용장거래의 이행은 신용장에 기재된 조건과 형식상 엄격하게 일치함을 요한다. 그러나 신용장개설은행이 신용장을 개설하면서 신용장통일규칙(UCP)이나 국제표준은행관행(ISBP) 등과 다른 조건을 신용장에 기재하는 경우에는 신용장의 수익자나 매입은행이 그에 따라 요구서류를 갖추어 제시하더라도 신용장개설은행으로서는 자신이 내심으로 의도한 신용장 조건과 불일치한다는 이유로 신용장대금의 지급을 거절할 수 없다.

나. 원심판결 이유와 적법하게 채택된 증거들에 의하면, ① 이 사건 신용장의 개설은행인 웰스 파고 에이치에스비씨 트레이드 뱅크(이하 '웰스파고은행'이라 한다)는 2009. 2. 13. 원고(반소피고, 이하 '원고'라 한다)를 수익자로 하여 이 사건 신용장을 개설하면서 이 사건 신용장거래에는 신용장통일규칙 최신판이 적용되고, 신용장 조건으로 '운송인이 서명한 무사고 선적 선하증권 전통'(FULL SET OF SIGNED CLEAN ON BOARD OCEAN PORT-TO-PORT BILLS OF LADING SIGNED BY THE CARRIER) 등의 서류가 요구

된다고 기재한 사실, ② 이 사건 신용장거래에는 제6차 개정 신용장통일규칙(UCP 600)이 적용되는데, 위 신용장통일규칙 제20조 a항 i호는, 신용장에서 선하증권을 요구한 경우에 선하증권의 문면상 운송인의 명칭이 표시되고 운송인 또는 그 대리인이 서명하거나 선장 또는 그 대리인이 서명하여야 하며, 운송인, 선장 또는 대리인에 의한 서명은 운송인, 선장 또는 대리인의 서명이라는 것이 확인되어야 하고, 대리인의 서명은 운송인을 위하거나 대리하여 서명하였는지, 또는 선장을 위하거나 대리하여 서명하였는지 표시하여야 한다고 규정하고 있는 사실, ③ 한편 국제표준은행관행 제94조는 선하증권 원본은 위 신용장통일규칙 제20조 a항 i호에 설명된 형태로 서명되고 운송인이 특정되어야 하며, 그의 명칭이 표시되어야 한다고 규정하고 있는 사실, ④ 피고 오리온해운 주식회사(이하 '피고 오리온해운'이라 한다)는 미국 운송회사인 '사가 포레스트 캐리어즈'(SAGA FOREST CARRIERS INT'L A/S, 이하 '사가포레스트'라 한다)의 국내 대리점으로서 해운대리점업 등을 목적으로 하는 국내 법인이고, 피고(반소원고) 주식회사 크리스탈쉬핑(이하 '피고 크리스탈쉬핑'이라 한다)은 운송주선업 등을 목적으로 하는 국내 법인인 사실, ⑤ 피고 크리스탈쉬핑은 2009. 2. 중순경 원고로부터 이 사건 화물의 운송 주선을 의뢰받고 사가포레스트에 그 운송을 의뢰하였고, 그에 따라 피고 오리온해운은 2009. 2. 23. 사가포레스트의 대리인으로서 이 사건 화물을 선적한 후 선하증권 4통(이하 '이 사건 선하증권'이라 한다) 을 발행한 사실, ⑥ 이 사건 선하증권은 피고 오리온해운이 사가포레스트의 선하증권 양식을 이용하여 대리 발행한 것인데, 그 좌측 상단에는 사가 포레스트의 상호가 인쇄되어 있고, 그 우측 하단의 '운송인을 위한 서명'(SIGNED FOR THE CARRIER)란에는 피고 오리온해운의 상호 및 전화번호와 함께 피고 오리온해운의 서명이 기재되어 있으며, 운송선박의 명칭란에는 '사가 보이저'(SAGA VOYAGER)라고 기재되어 있는 사실, ⑦ 이 사건 신용장의 매입은행인 주식회사 한국외환은행(이하 '한국외환은행'이라 한다)은 2009. 3. 6. 웰스파고은행에 이 사건 선하증권 등 선적서류를 제시하면서 신용장대금을 청구하였는데, 웰스파고은행은 2009. 3. 9. 이 사건 선하증권이 "운송인에 의하여 서명되지 않았고 운송인의 이름이 나타나지 않는다."며 신용장조건과의 불일치를 이유로 신용장대금의 지급을 거절한 사실 등을 알 수 있다.

다. 위 사실관계를 앞에서 본 법리에 비추어 살펴보면, ① 이 사건 신용장 조건이 그 문언상 운송인(CARRIER)이 선하증권에 서명할 것을 요구할 뿐, 운송인 본인(CARRIER ITSELF)이 서명할 것을 요구하고 있지 아니하고, ② 이 사건 신용장 거래에 적용되는 제6차 개정 신용장통일규칙과 국제표준은행관행은 운송인의 대리인이 서명하여 선하증권을 대리 발행하는 것을 허용하고 있으며, ③ 운송인이 특정되어 선하증권이 발행되는 한 운송인의 대리인이 선하증권을 발행하더라도 법률관계에 어떠한 문제가 생기거나 선하증권의 소지인이 운송인을 상대로 운송물인도청구권을 행사하는 데 어떠한 장애가 생기지 아니하고, ④ 일반적인 신용장거래에서 특별히 운송인 본인만이 선하증권을 발행하도록 요구할만한 합리적인 이유를 찾아볼 수 없으며, ⑤ 이 사건 신용장조건에서 운송인의 서명을 요구한 것은 종래 운송인의 지위에 있지 아니한 운송주선인이 선하증권을 발행함으로써 신용장조건과의 일치 여부를 둘러싸고 분쟁이 드물지 않았기 때문에 이를 방지하기 위한 조치라고 이해될 수 있으므로, 이러한 사정들에 비추어 볼 때, 이 사건 신용장조건의 문언만으로 오로지 운송인 본인만이 선하증권에 서명하여야 하고, 운송인의 대리인이 서명한 선하증권은 신용장 개설은행이 수리할 수 없다는 취지가 명확하게 나타나 있다고 할 수 없다.

따라서 이 사건 신용장은 운송인의 대리인이 서명하여 발행할 수 있다고 해석될 수 있으므로, 이 사건 신용장개설은행인 웰스파고은행으로서는 이 사건 선하증권이 운송인 본인인 사가포레스트가 아니라 그 대리인인 피고 오리온해운에 의하여 서명되어 신용장조건과 불일치하다는 이유로 신용장 대금의 지급을 거절할 수 없다.

그런데도 원심은 이와 달리 이 사건 신용장조건이 오로지 운송인 본인에 의하여 서명된 선하증권을 요구하는 것으로 잘못 해석하는 한편, 송하인 겸 이 사건 신용장의 수익자인 원고가 피고들에게 그 사실을 알려 주지 않아 피고 오리온해운이 이 사건 선하증권에 대리인으로 서명하게 된 것이므로, 피고들에게 과실이나 위법행위가 있었다고 볼 수 없다는 취지로 판단하였다.

원심의 위와 같은 이유설시는 적절하지 아니하나, 앞서 본 바와 같이 피고 오리온해운이 사가포레스트의 대리인으로서 이 사건 선하증권에 서명한 것이 신용장조건과 불일치하다고 볼 수 없어 피고들에게 그에 관하여 어떠한 과실이나 위법행위가 있었다고 볼 수 없으므로, 원심의 위와 같은 판단은 그 결론에서 정당하고, 거기에 상고이유의 주장과 같이 논리와 경험의 법칙에 반하여 자유심증주의의 한계를 벗어나거나 필요한 심리를 다하지 아니한 잘못으로 판결에 영향을 미친 위법이 없다.

2. 상고이유 제1, 3점에 대하여

가. 제6차 개정 신용장통일규칙은 제14조 a항에서 "지정에 따라 행동하는 지정은행, 확인은행이 있는 경우의 확인은행 그리고 개설은행은 서류에 대하여 문면상 일치하는 제시가 있는지 여부를 단지 서류만에 의해서 심사하여야 한다."고 규정하고, 같은 조 d항에서 "신용장, 서류 그 자체 그리고 국제표준은행관행의 문맥에 따라 읽을 때의 서류상의 정보는 그 서류나 다른 적시된 서류 또는 신용장상의 정보와 반드시 일치될 필요는 없으나, 그들과 저촉되어서는 안 된다."고 규정하고 있다. 따라서 신용장조건이 운송인의 서명이

있는 선하증권을 운송서류로 요구하고 있는 경우, 신용장개설은행은 앞서 본 신용장통일규칙 제 20조 a항 i호 및 국제표준은행관행 제94조의 규정에서 정한 요건을 충족하는 서류만을 신용장조건에 합치하는 서류로서 수리하여야 하고, 선하증권이 위와 같은 요건을 충족하고 있는지 여부는 신용장 관련 다른 서류의 기재를 참고하지 아니하고 해당 선하증권의 문언만을 기준으로 하여 형식적으로 엄격하게 판단하여야 한다(대법원 2003. 11. 28. 선고 2001다49302 판결, 대법원 2007. 5. 10. 선고 2005다57691 판결 등 참조).

그런데 신용장의 요구서류로 제시된 선하증권에 운송인 본인을 나타내는 명칭이 기재되어 있고, 대리인이 그 본인을 실제로 대리하여 선하증권에 대리인으로서 서명하였더라도, 선하증권의 문면에 그 본인이 운송인의 지위에 있음이 명시적으로 표시되지 아니한 경우에는, 신용장개설은행의 입장에서는 신용장 관련 다른 서류의 기재를 참고하지 아니하고 해당 선하증권의 문언만을 기준으로 하여 형식적으로 엄격하게 판단하여야 하므로, 그 본인이 운송인의 지위에 있다고 단정하기 어렵다. 따라서 이러한 선하증권은 위 신용장통일규칙 제20조 a항 i호 및 국제표준은행관행 제94조의 규정에 따른 서명 요건을 형식적으로 엄격하게 갖추었다고 보기 어렵다.

원심판결 이유와 앞서 본 사실관계를 위 법리에 비추어 살펴보면, 이 사건 선하증권의 좌측 상단에는 사가포레스트의 상호가 인쇄되어 있기는 하나, 그가 운송인의 지위에 있음을 나타내는 표시가 없으므로, 이 사건 신용장개설은행인 웰스파고은행으로서는 이 사건 선하증권의 문언만으로 사가포레스트가 운송인이라고 단정하기 어렵다. 따라서 이 사건 선하증권은 위 신용장통일규칙 제20조 a항 i호 및 국제표준은행관행 제94조의 규정에 따른 서명 요건을 형식적으로 엄격하게 갖추었다고 할 수 없고, 웰스파고은행은 특별한 사정이 없는 한 이 사건 선하증권이 이 사건 신용장조건과 불일치한다는 이유로 신용장대금의 지급을 거절할 수 있다.

나. 한편 운송인은 송하인과 사이에 체결한 운송계약에 기하여 선하증권을 발행하는 것이고, 이는 송하인(신용장의 수익자)과 신용장개설은행 사이에 이루어지는 신용장거래와는 별개의 법률관계이다.

앞서 본 바와 같이 피고 오리온해운이 사가포레스트로부터 선하증권을 발행할 권한을 위임받아 사가포레스트의 상호가 인쇄된 사가포레스트의 선하증권 양식을 이용하여 '운송인을 위한 서명란'에 대리인으로 서명하고, 사가 보이저를 그 운송선박으로 기재하여 이 사건 선하증권을 발행한 이 사건에서, 비록 사가포레스트가 운송인의 지위에 있다는 명시적인 표시가 없다 하더라도, 이 사건 선하증권의 소지인으로서는 이 사건 선하증권의 양식, 사가포레스트의 인쇄된 상호, 운송선박의 명칭 등을 근거로 사가포레스트가 이 사건 선하증권상 운송인이라고 알 수 있고, 필요한 경우에는 피고 오리온해온 등에게 문의하여 이를 확인할 수 있으므로, 사가포레스트를 상대로 이 사건 화물에 대한 인도청구권을 행사하는데 어떠한 장애가 있다고 할 수 없다.

비록 신용장거래에서 운송서류 중의 하나로 선하증권을 요구하는 경우가 일반적이고, 그 경우 선하증권의 기재사항이 신용장조건과 일치하기 위해서는 신용장통일규칙 및 국제표준은행관행 등에 따라야 한다 하더라도, 이는 어디까지나 운송계약과는 별개인 송하인과 신용장개설은행 간의 신용장거래에서 요구되는 준수사항이다. 따라서 선하증권의 서명부분이 신용장통일규칙 및 국제표준은행관행 등에 부합하는지 여부는 원칙적으로 신용장거래의 당사자인 송하인 스스로의 책임하에 점검하고, 불일치하는 사항이 있으면 운송인 등에게 그 보증을 요구하는 등의 조치를 취하여야 한다.

나아가, 이 사건 선하증권 발행 당시 운송인 또는 그 대리인이 신용장통일규칙 및 국제표준은행관행 등을 숙지하고 그에 따른 서명 요건을 형식적으로 엄격히 갖추어 선하증권을 발행하는 것이 운송업계의 관행으로 정착되어 있고, 별도의 약정 없이도 운송인 측에서 그와 같은 조치를 취하는 것이 운송계약상 의무의 내용을 형성한다고 인정할 만한 자료를 기록상 찾아볼 수 없다. 오히려 원심판결 이유와 기록에 의하면, 피고 오리온해운은 2008. 6. 30.부터 2009. 2.경 사이에 이 사건 선하증권과 동일한 양식을 사용하여 이 사건 선하증권과 같은 방식으로 대리 서명을 한 선하증권 76통을 발행하였고, 원고, 한국외환은행은 물론이고 웰스파고은행도 그것이 위 신용장통일규칙 제20조 a항 ⅰ호 및 국제표준은행관행 제94조의 규정에 어긋난다고 문제 삼지 아니하고 신용장대금을 모두 지급하였던 사실을 알 수 있을 따름이다.

위와 같은 여러 사정을 종합하여 보면, 피고 오리온해운이 사가포레스트의 대리인으로서 이 사건 선하증권을 대리 발행하면서 사가포레스트가 운송인의 지위에 있음을 명시적으로 표시하지 아니하였더라도, 이 사건 선하증권의 소지인이 사가포레스트를 상대로 이 사건 화물에 대한 인도청구권을 행사하는 데 어떠한 장애가 있다고 할 수 없는 이상, 선하증권의 발행과 관련하여 운송계약상의 주의의무를 다하지 아니한 잘못이 있다고 할 수 없다. 그리고 피고 오리온해운에게 위와 같이 주의의무 위반이 있다고 할 수 없는 이상, 웰스파고은행이 이 사건 선하증권에 사가포레스트가 운송인의 지위에 있다는 명시적인 표시가 없다는 이유로 신용장대금의 지급을 거절함으로써 이 사건 신용장의 수익자인 원고 내지 매입은행인 한국외환은행에 손해가 발생하였다 하더라도, 피고들이 그에 대하여 운송계약 혹은 운송주선계약상의 채무불이행으로 인한 손해배상책임을 져야 한다거나 불법행위로 인한 손해배상책임을 져야 한다고 할 수 없다.

다. 원심의 이유설시에 다소 미흡한 부분이 없지 아니하나, 같은 취지에서 원심이 원고들의 피고들에 대한 손해배상청구를 배척한 결론은 정당하고, 거기에 상고이유의 주장과 같이 신용장조건에 대한 엄격일치의 원칙 및 선하증권 기재사항에 대한 운송인 또는 운송주선인의 주의의무 등에 관한 법리를 오해한 잘못으로 인하여 판결에 영향을 미친 위법이 없다.

3. 반소에 관한 상고이유에 대하여

원고는 상고장에 반소에 관한 부분도 불복 범위로 기재하고 있으나, 상고장이나 상고이유서에 그에 관한 적법한 상고이유의 기재가 없다.

4. 결 론

그러므로 상고를 모두 기각하고, 상고비용은 본소, 반소를 통하여 패소자가 부담하기로 하여, 관여 대법관의 일치된 의견으로 주문과 같이 판결한다.

대법관 재판장 신 영 철

이 상 훈

주 심 김 용 덕

김 소 영

〈제6호-I〉

서 울 중 앙 지 방 법 원

제 3 1 민 사 부

판 결

사 건	2013가합14274 채무부존재확인
원 고	동부화재해상보험 주식회사
피 고	○○건설 주식회사
변 론 종 결	2014. 3. 7.
판 결 선 고	2014. 4. 3.

주 문

1. 별지 목록 기재 사고와 관련하여 같은 목록 기재 보험계약에 기한 원고의 피고에 대한 보험금 지급채무는 존재하지 아니함을 확인한다.

2. 소송비용은 피고가 부담한다.

청 구 취 지

주문과 같다.

이 유

1. 기초사실

가. 선박보험계약의 체결

1) 원고는 해상보험 등 손해보험사업을 영위하는 회사로서 2012. 6. 29.경 피고와 사이에 샌드 콤팩션선(SAND COMPACTION BARGE)[1]인 ○○ 36호(SEOKJUNG NO.36, 이하 '이 사건 선박'이라 한다)에 대하여 보험기간을 '2012. 6. 30.부터 2013. 6. 30.'까지로, 보험목적물을 이 사건 선박의 '선체 및 기관 등(HULL & MACHINERY ETC.)'으로 피보험자를 '피고'로 각 정하여 별지 목록 기재와 같은 내용의 보험계약(이하 '이 사건 보험계

1) 해저의 연안 지반을 모래 말뚝으로 치환 개량하기 위해 직경이 큰 압축된 모래 말뚝을 타설하는 선박.

약'이라 한다)을 체결하였다.

2) 위 보험계약에 적용되는 영국 협회선박기간보험약관(Institute Time Clauses－Hulls －1/10/83, 이하 '이 사건 보험약관'이라고 한다)은 그 본문 첫머리에서 '이 보험은 영국의 법률과 관습에 따른다[2)]'라고 규정하고, 제6조에서 담보하는 위험(Perils)으로 바다, 하천, 호수 또는 항해 가능한 기타 수역에서의 고유 위험,[3)] 선장, 직원, 부원 또는 도선사의 과실[4)] 등을 열거하고 있으며, 다만 선장, 직원, 부원 또는 도선사의 과실조항(6.2.3)에 대하여는 피보험자, 선박소유자 또는 선박관리인이 상당한 주의를 결여하고 있었던 결과로 보험의 목적에 발생된 멸실 또는 손해가 발생하지 아니한 것을 조건으로 한다[5)]는 제한규정을 두고 있다.

3) 원고가 피고에게 교부한 보험증권에는 '보험개시일로부터 30일 이내에 한국선급(KR), 한리해상손해사정(KORHI) 또는 한국해사감정(KOMOS)의 현상검사를 받고 그에 따른 모든 권고사항을 이행한다[6)]'라는 내용과, '피예인선박의 예인이 실시되기 전 예인에 부합되는 예인선, 피예인선, 예인방법 등의 적격 여부에 관한 안전도 검사를 한국선급(KR), 한리해상손해사정(KORHI) 또는 한국해사감정(KOMOS) 검정인으로부터 받아야 하고, 모든 권고사항을 이행한다'[7)](이하 위 각 조항을 '이 사건 워런티 조항'이라 한다)라는 내용이 영문으로 기재되어 있다.

나. 이 사건 선박의 침몰

이 사건 선박은 2012. 12. 14. 울산 남구 용연동 앞 0.9마일 해상(울산신항 북방파제 제3공구 동쪽방향 끝단 해상)에서 해상 작업을 하던 중, 높은 파도(파도 높이 2.5m, 최대 높이 3.3m)와 강한 바람(풍속 8～9m/s)에 의한 선체의 요동으로 선박 앞부분 갑판에서 약 40m 높이에 위치한 우측 지지대의 연결부위가 부러지면서, 균형을 상실한 리더 등 중장비가 선박 뒷부분 갑판으로 넘어졌고, 이로 인해 선박의 무게중심이 쏠린 선박의 뒷부분이 침수되면서 바다에 매몰(이하 '이 사건 침몰사고'라 한다)되었다.

[인정근거] 다툼 없는 사실, 갑 제 1 내지 3, 7, 내지 9호증(가지번호 있는 경우 가지

---

2) This insurance is subject to English law practice

3) perils of the seas, rivers, lakes or other navigable water, 6.1.1

4) negligence of master, officers, crew or pilots, 6.2.3

5) provided such loss or damage has not resulted from want of due diligence by the Assured, Owners or Managers.

6) WARRANTED KR, KORHI, OR KONOS CONDITION SURVEY WITHIN 30 DAYS FROM ATTACHMENT AND ALL THEIR RECOMMENDATIONS COMPLIED

7) WARRANTED APPROVAL OF APPROPRIATE TUG, TOW, TOWAGE, STOWAGE ARRANGEMENTS ACCORDING TO THE CONTENTS OF ANNUAL OPERATION OF THE VESSEL BY KR, KORHI, OR KOMOS SURVEYOR BEFORE INITIAL TOW DURING THE CURRENCY OF THE POLICY AND ALL THEIR RECOMMENDATIONS CONPLIED WITH

번호 포함, 이하 같다)의 각 기재, 변론 전체의 취지

2. 부보위험으로 인하여 보험목적물에 손해가 발생한 것인지 여부

가. 당사자들 주장의 요지

원고는, 이 사건 침몰사고는 '보험목적물과 무관한 타설장비의 지지력 결여'에 의해 발생한 것으로 이 사건 보험약관상의 부보위험인 '해상 고유의 위험'으로 인한 것이 아닐 뿐만 아니라 피보험자인 피고는 이 사건 침몰사고 발생에 관하여 상당한 주의를 결여하였기 때문에 원고에게 '선장, 직원, 부원 또는 도선사의 과실'을 주장할 수도 없으므로, 원고는 피고에 대하여 보험금을 지급할 채무가 없다고 주장한다.

이에 대하여 피고는, 이 사건 침몰사고는 강한 바람과 높은 파도 등 사고 당시의 기상 악화로 인하여 타설장비가 선박 뒷부분 갑판으로 넘어지면서 발생하였으므로, 이 사건 침몰사고는 이 사건 보험약관상 부보위험인 '해상 고유의 위험'으로 인한 것이고, 선장 및 선원들의 업무상 주의의무 위반 역시 이 사건 침몰사고의 원인이 되었으므로, 원고는 피고에 대하여 보험금을 지급할 의무가 있다고 다툰다.

나. 판단

1) 준거법

위 인정사실에 의하면, 원고와 피고는 이 사건 보험계약을 체결하면서 이 사건 보험약관을 적용하기로 하였고, 이 사건 보험약관은 '이 보험은 영국의 법률과 관습에 따른다'라고 규정하고 있으므로, 이 사건 보험계약에 따른 보험금지급의무의 발생 여부는 이 사건 보험약관의 규정 및 영국의 법률과 관습에 따라 판단해야 할 것이다.

2) 이 사건 침몰사고가 '해상 고유의 위험'으로 인하여 발생한 것인지 여부

가) 판단기준

영국 해상보험법 제55조 제1항에 의하면 손해가 담보위험을 근인(proximate cause)으로 하는지 여부가 보험자의 책임 유무를 결정하는 기준이 되는바, 여기서 근인이라 함은 손해와 가장 시간적으로 근접하는 원인(proximate in time)을 말하는 것이 아니라 손해의 발생에 있어서 가장 효과적인 원인(proximate in efficiency)을 말한다(대법원 2005. 11. 25. 선고 2002다59528 판결). 이 사건 보험약관에서 부보위험의 하나로 들고 있는 해상 고유의 위험(perils of the seas)이라 함은 해상에서 보험의 목적에 발생하는 모든 사고 또는 재난을 의미하는 것이 아니라, 해상에서만(of the seas) 발생하는 우연한 사고 또는 재난만을 의미하고, 우연성이 없는 사고, 예컨대 통상적인 바람이나 파도에 의한 손

상, 자연적인 소모 등은 이에 해당하지 아니하고, 보험의 목적에 생긴 손해가 이러한 해상 고유의 위험으로 인하여 발생한 것이라는 점에 관한 입증 책임은 피보험자가 부담한다고 할 것이다(대법원 1998. 5. 15. 선고 96다27773 판결 등 참조). 여기서 그 증명의 정도는 이른바 '증거의 우월(preponderance of evidence)'에 의한 증명(대법원 2001. 5. 15. 선고 99다26221 판결 등 참조) 즉, 사고원인에 관한 가설의 개연성을 교량하였을 때(balance of probability), 보험사고가 부보위험에 의하여 일어났을 개연성이 그렇지 않을 개연성보다 우월(more likely than not the loss arose because of an insured peril)할 정도로 입증되어야 하며, 만일 부보위험과 미부보위험 또는 부보위험에서 제외되는 위험(a non-insured or an excepted peril)이 동등한 정도로 보험사고에 영향을 주었다고 인정되는 경우에는 피보험자의 입증은 실패한 것으로 보아야 할 것이다.

따라서 이 사건 보험계약에 기한 보험금 지급채무의 발생 여부는 이 사건 침몰사고가 이 사건 보험계약에 의하여 담보되지 않는 미부보위험인 '이 사건 선박에 대한 대대적 구조변경 및 그에 따른 타설장비의 지지력 결여'에 의하여 일어났을 개연성보다 해상 고유의 위험 즉, '높은 파도와 강한 바람 등 예상치 못한 기상악화'라는 원인에 의하여 일어났을 개연성이 우월하다고 볼 수 있는지 여부에 따라 판단하여야 할 것이다.

나) 판단

살피건대, 갑 제8호증의 13, 19, 45, 75, 127, 240, 241, 245, 298, 299, 443, 508, 511, 512의 각 기재에 의하면 ① 이 사건 선박은 1984. 6. 18. 일본에서 건조되어 2007. 1. 20.경 수입된 노후 작업선임에도 피고는 2012. 4.경 공기 단축 목적으로 이 사건 선박의 무게 수용력 등에 대한 전문가의 안전진단 없이 임의로 수입당시의 구조형태를 변형하여 각 3개의 장비열 위에 25m씩 수직형 리드(로드[8]와 오거[9]를 고정시키는 가이드)를 증축하고, 좌・우측 끝단에 같은 크기, 모양의 같은 타설장비(총 300톤)을 임으로 각 1열(높이 약 80m)씩 증축한 사실, ② 이러한 구조변경에 약 554억 원 상당의 비용이 투입되었고, 이러한 구조변경으로 인하여 이 사건 선박의 무게가 약 500톤 이상 증가되었으며, 그 결과 이 사건 선박은 SPC 작업선에서 DCM 작업선으로 변경된 사실, ③ 피고는 위와 같은 상태로 이 사건 선박을 이용하여 2012. 6. 28.부터 이 사건 침몰사고 발생한 같은 해 12. 14.까지 수개월 동안 울산항 신항 북방파제 제3공구 축조공사 작업을 하여 온 사실, ④ 2012. 12. 14. 04:00경 울산 남구 용연동 앞 0.9마일 해상에 풍랑예비특보가 발표되었고, 피고가 피항결정을 내린 같은 날 14:00경 에는 이미 바람이 세고 파도가 높은 상황이었으며, 결국 같은 날 19:13경 이 사건 침몰사고가 발생한 사실, ⑤ 국립과학수사연

8) 해저연안지반에 구멍을 뚫어 시멘트를 주입, 혼합하여 연약지반을 강화시키는 드릴
9) 로드 파이프를 회전시키는 모터

구원에서 이 사건 침몰사고 당시의 파고, 바람, 앵커의 상태 등을 적용하여 시뮬레이션을 한 결과, 이 사건 선박에 관한 구조변경을 하지 않았을 경우에도 최대 응력이 205.6MPa로 측정되는데, 이 사건 선박의 작업 장비(선박 구조물) 제작에 사용된 자재는 선박 설계기준에 따른 일반구조용강재(SS400, SM400, SMA400)이고, 그러한 자재의 허용응력 최대값은 140MPa인 사실, 한편, ⑥ 이 사건 침몰사고가 발생한 2012. 12. 14. 19:13경에는 풍랑예비특보가 발표되었을 뿐 풍랑주의보는 발효되지 않은 사실, ⑦ 이 사건 사고 당시 남해안 일대의 선박 사고는 이 사건 침몰사고가 유일했고, 별다른 구조변경 없이 3열의 리드만 장착했던 ○○ 8001호(리더65m×3열), 동지 3호(리더74.5×3열), 경국호(리더82m×3열) 등 다른 DCM 선박에서는 아무런 피해가 발생하지 않은 사실, ⑧ 피고의 대표이사 박일훈과 현장소장 김근욱은 2013. 4. 25. 울산지방법원{2013고단192, 211(병합)}에서 '붕괴 위험이 있는 시설물의 안정성 평가 의무 및 공사를 위한 장치가 적합한 강도와 내력을 유지하도록 조치할 의무를 각 위반하여 이 사건 침몰사고를 발생케 했다'라는 등 공소사실이 유죄로 인정되어 김근욱은 징역 2년{이후 항소심(울산지방법원 2013노400)에서 징역 1년 6개월로 감경되었다}, 박일훈은 징역 1년 4월에 집행유예 2년의 형을 각 선고받았고, 2013. 9. 24. 그 판결이 확정된 사실, ⑨ 이 사건 선박의 장비담당자 최진호를 비롯한 피고의 일부 직원들은 '이 사건 선박의 구조변경 및 지지대 보강 결여로 인하여 이 사건 선박의 안정성에 문제가 생겼다'라는 취지로 진술한 사실, ⑩ 선박안전기술공단 부산지부는 이 사건 침몰사고의 원인에 관하여 '증설된 설비의 무게 및 배치된 위치를 감안하면, 현저히 무게중심이 상승하여 상당한 복원력이 감소된 것으로 추정된다'라는 내용의 소견서를 작성한 사실, ⑪ 국립과학수사연구원은 '사고 선박은 도입 이후 리더 높이 증가, 리더 증설, 공법 변경 등 크게 3번의 개조 작업이 진행되었고 개조 작업으로 인한 구조물의 변경이 본 침몰 사고와 관련성이 있다고 추정됨'이라고 기재된 감정서를 작성한 사실 등이 인정된다.

이에 비추어 보면, 비록 피고가 이 사건 침몰사고 발생 이후인 2013. 3. 5. 선박안전기술공단에 도면감리 용역을 의뢰한 결과에 의하면, 이 사건 선박은 설계 당시부터 5대의 타설장비를 설치할 수 있도록 설계된 사실이 인정된다 하더라도, 그러한 사정만으로는 이 사건 보험계약이 담보하는 부보위험 중 하나인 해상 고유의 위험이라는 요인이 다른 가능한 미부보위험 등 요인들보다 더 우월하고 개연성이 있어 이 사건 침몰사고의 지배적이고 직접적인 원인이었다고 단정하기 어렵고, 오히려 이 사건 선박에 대한 대대적 구조변경 및 그에 따른 타설장비의 지지력 결여 등의 원인이 이 사건에서 추측할 수 있는 해상 고유의 위험이라는 요인과 비교할 때 적어도 동등한 정도 이상으로 이 사건 선박 침몰에 영향을 주었다고 판단된다.

따라서 이 사건 침몰사고는 이 사건 보험약관에서 규정하는 부보위험인 '해상 고유의 위험'으로 인하여 발생하였다고 볼 수 없다.

3) 이 사건 침몰사고가 선장 등의 과실로 인하여 발생한 것인지 여부

한편 피고는 선장 및 선원 등의 업무상 주의의무 위반 역시 이 사건 침몰사고의 근인이 되었다고 주장한다.

그러나 이는 '피보험자, 선박소유자 또는 선박관리인이 상당한 주의를 결여하고 있지 않았을 것'을 조건으로 담보되는 위험인데, 앞서 본 바와 같이 피보험자인 피고의 대표이사 박일훈과 현장소장 김근욱에 대하여 '붕괴 위험이 있는 시설물의 안정성 평가 의무 및 공사를 위한 장치가 적합한 강도와 내력을 유지하도록 조치할 의무를 각 위반하여 이 사건 침몰사고를 발생케 했다'라는 등의 공소사실이 유죄로 인정되어 그 판결이 확정되는 등 피보험자 측이 이 사건 선박의 구조상 하자나 그로 인한 사고 발생 가능성에 관하여 상당한 주의를 결여하였다고 볼 수 있다.

따라서 이 사건 침몰사고의 발생에 선장 및 선원 등의 업무상 주의의무 위반이 하나의 원인이 되었다 하더라도 이 사건 침몰사고는 이 사건 보험약관에서 규정하는 부보위험에 해당한다고 할 수 없다.

3. 이 사건 워런티 조항의 위반 여부

가. 당사자들 주장의 요지

원고는, 이 사건 보험계약 체결 당시 피고에게 이 사건 워런티 조항에 관하여 충분히 설명했고, 피고는 이 사건 보험계약 체결 이전 수차례 해상보험계약을 체결한 경험이 있어 워런티 조항의 의미와 효과를 잘 알고 있었기에, 이 사건 워런티 조항은 이 사건 보험계약에 편입되었다 할 것이고, 피고는 현상검사 내지 예인검사를 수검하지 않아 이 사건 워런티 조항을 위반하였으므로, 결국 원고에게는 보험금을 지급할 채무가 없다고 주장한다.

이에 대하여 피고는, 이 사건 보험계약의 준거법이 영국법이라 하더라도 보험자의 약관 설명의무에 관하여는 약관의 규제에 관한 법률(이하 '약관규제법'이라 한다)이 적용되는데, 피고는 이 사건 워런티 조항의 의미나 효과를 사전에 알지 못했을 뿐만 아니라 이 사건 보험계약 체결 당시 원고로부터 이 사건 워런티 조항의 의미나 효과 등에 관하여 어떠한 설명도 들은 적이 없으므로, 이 사건 워런티 조항은 이 사건 보험계약에 편입될 수 없다는 취지로 다툰다.

나. 약관규제법의 적용 여부

하나의 법률관계를 구성하는 수개의 법률행위 등에 대하여는 각기 다른 복수의 준거법이 적용될 수 있고, 계약의 효력에 관하여 준거법 약정을 하였다 하더라도 계약의 성립에 관하여는 그와 다른 별개의 준거법이 적용될 수 있다. 사업자와 고객이 체결한 계약에서 사업자가 고객에서 교부하는 약관이 당연히 계약의 내용으로 편입될 수 있는지는 계약의 성립에 관한 문제로서, 외국법을 준거법으로 하여 체결된 모든계약에 관하여 당연히 약관규제법을 적용할 수 있는 것은 아니라 하더라도(대법원 2010. 8. 26. 선고 2010다28185 판결 등 참조), 당사자들의 계약 교섭 경위, 외국법의 계약 성립 규정 등에 관한 인식이나 이해의 정도, 계약 교섭 단계에서 약관 규제법의 설명의무를 이행하려는 의사나 태도는 가졌는지 여부, 계약 체결 후의 당사자들의 태도 등을 종합하여, 당사자들이 계약의 성립 및 약관의 계약 내용 편입에 관하여 외국법이 아닌 우리나라 법률을 적용하려는 의사를 가졌다고 인정될 수 있는 경우에는 약관규제법을 준거법으로 하기로 하는 묵시적 합의를 인정할 수 있다.

이 사건 보험약관의 준거법조항은 '이 보험은 영국의 법률과 관습에 따르다'고 규정하고 있어 일단 계약이 체결된 보험의 해석과 효력 등에 관하여 영국의 법률과 관습이 적용되는 것은 명확하지만, 계약의 성립에 관하여도 영국의 법률과 관습이 당연히 적용되는지 여부는 명확하지 아니하다. 또한 앞서 본 증거들과 변론의 전취지를 종합하여 보면, 원고와 피고는 이 사건 보험계약의 교섭단계에서 계약의 성립에 관한 영국의 법률과 관습이 무엇인지 알지도 못한 것으로 보이고, 이 사건 보험계약의 교섭과정에서 이 사건 보험계약의 성립에 관하여 영국법을 준거법으로 하는 약정을 체결하였다고 인정할만한 증거도 찾아볼 수 없다(준거법 조항이 있는 이 사건 보험약관의 교부시기도 이 사건 보험계약의 성립 후로 보인다). 오히려 원고와 피고는 이 사건 보험계약 체결을 전후로 하여 우리나라 약관규제법이 적용됨을 전제로 '상품설명 내용에 대한 계약자 확인' 등의 서면을 주고받았고, 이 사건 소송에서도 원고와 피고 모두 이 사건 보험계약의 워런티 조항이 이 사건 보험계약의 내용에 편입되기 위해서는 약관규제법에 따른 설명의무의 이행이 필요함을 전제로 그 설명의무의 이행 여부에 관하여만 다툴 뿐, 약관규제법이 이 사건 보험계약에 적용되지 않는다고 주장하고 있지 않다.

위와 같은 여러 사정을 종합하여 보면, 원고와 피고 사이에는 이 사건 보험계약의 성립에 관하여 우리나라 법률을 적용하기로 하는 묵시적 합의가 있었다고 봄이 상당하고, 따라서 이 사건 보험계약의 워런티 조항이 이 사건 보험계약의 내용으로 편입 여부에 관하여는 우리나라의 약관규제법이 적용된다고 할 것이다.

다. 설명의무 위반 여부

고객이 약관의 내용을 충분히 잘 알고 있는 경우에는 그 약관이 바로 계약내용이 되어 당사자에 대하여 구속력을 갖는다고 할 것이므로, 사업자로서는 고객에게 약관의 내용을 따로 설명할 필요가 없다고 보는 것이 상당하고(대법원 1998. 4. 14. 선고 97다39308 판결 참조), 이는 약관의 내용이 거래상 일반적이고 공통된 것이어서 보험계약자가 별도의 설명을 하지 아니하여도 충분히 예상할 수 있는 사항이거나 이미 법령에 의하여 정하여진 것을 되풀이 하는 것에 불과한 경우에도 마찬가지라고 할 것이지만(대법원 2003. 12. 11. 선고 2001다33253 판결, 위 대법원 2010다19990 판결 등 참조), 위와 같이 사업자가 고객에게 약관의 내용을 따로 설명할 필요가 없는 특별한 사정이 있다는 점은 이를 주장하는 사업자가 증명하여야 한다(대법원 2001. 7. 27. 선고 99다55533 판결, 위 대법원 2010다19990 판결 등 참조).

영국법상 워런티(warranty)라는 용어는 여러 의미로 사용되지만, 영국 해상보험법 제33조 제1항은 워런티(실무상 혹은 강학상 '담보특약' 내지 '보장조건'이라고 지칭되기도 한다)를 확약적으로 워런티(promissort warranty), 즉 피보험자가 어떤 특정한 일이 행하여지거나 행하여지지 않을 것, 또는 어떤 조건이 충족될 것을 약속하거나 또는 특정한 사실상태의 존재를 긍정하거나 부정하는 내용의 워런티를 말한다고 규정하고 있다. 이와 같이 정의되는 워런티는 위험의 발생과 관련하여 중요한 것이든 아니든 불문하고 정확하게(exactly) 충족되어야 하는 조건(condition)으로서(같은 조 제2항), 만약 이것이 정확하게 충족되지 않으면 보험증권에 명시적 규정이 있는 경우를 제외하고는 보험자는 워런티 위반을 이유로 보험계약 해지통고 등을 할 필요조차 없이 자동적으로 워런티 위반일에 소급하여 그 보험계약상의 일체의 책임을 면한다(같은조 제3항, 대법원 1996. 10. 11. 선고 94다60332 판결 등 참조). 특히 이러한 워런티 위반이 있으면 설령 보험사고가 워런티 위반과 아무런 관계없이 발생하였다고 하더라도 보험자는 일체의 책임을 면하고(대법원 1998. 5. 15. 선고 96다27773 판결 등 참조), 이는 워런티 위반 후 보험사고 발생 전에 그 위반사항을 시정하였다 하더라도 달라지지 아니하므로 워런티 위반의 효과는 매우 엄격하고 보험계약자에게 미치는 영향이 매우 크다. 따라서 워런티 조항을 사용하여 해상보험을 체결하는 보험자로서는 원칙적으로 당해 보험계약자에게 워런티의 의미 및 효과에 대하여 충분히 설명할 의무가 있다고 할 것이다(대법원 2010. 9. 9. 선고 2009다105383 판결 참조).

이 사건에 관하여 보건대, 원고가 피고에게 교부한 보험증권에는 '보험개시일로부터 30일 이내에 한국 선급, 한리해상손해사정 또는 한국해사감정의 현상검사를 받고 그에 따른 모든 권고사항을 이행한다', '피예인선박의 예인이 실시되기 전 예인이 부합되는 예인선, 피예인선, 예인방법 등의 적격 여부에 관한 안전도 검사를 한국선급, 한리해상손해사정 또는 한국해사감정 검정인으로부터 받아야 하고, 모든 권고사항을 이행한다'라고 기재된 사실은 앞서 본 바와 같고, 갑 제6, 7호증, 제8호증의 266, 267 내지 271, 277, 을 제2호증의 각 기재에 의하면, ① 원고는 이 사건 보험계약 체결 1년 전인 2011. 6. 29. 피고와 사이에 이 사건 선박에 관한 보험계약을 체결하였고, 당시 원고가 피고에게 교부한 선박보험 상품설명서에는 이 사건 워런티 조항과 동일한 내용이 기재된 사실, ② 당시 피고는 상품설명 내용에 대한 계약자 확인란에 체크하고, 보험계약자 확인란에 서명·날인한 사실, ③ 원고는 이 사건 보험계약 체결 당시에도 피고에게 위와 같은 내용의 선박보험 상품설명서를 교부했고, 당시 피고는 상품설명 내용에 대한 계약자 확인란에 체크하였으며, 보험계약자 확인란에 서명·날인 한 사실, ④ 피고는 이 사건 보험계약 체결 당시, 보험가입조건·보험가액·요율·보험료 등을 1년 전 체결한 보험계약과 비교·검토하고, 담당·이사·사장·회장의 단계를 거쳐 내부결제를 받은 사실, ⑤ 피고는 2005. 7.경과 2011. 7.경 두 차례에 걸쳐 이 사건 선박에 관하여 한리해상손해사정으로부터 현상검사를 받은 사실, ⑥ 피고가 2005. 8. 10. 그린화재해상보험으로부터 받은 이 사건 선박에 관한 요율 견적서에는 현상검사 및 예인검사에 관한 내용이 기재된 사실이 인정된다.

그러나 갑 제8호증의 278, 을 제3 내지 5, 13호증의 각 기재에 의하면, ① 원고의 선박보험 담당직원인 최태민은 이 사건 보험계약 체결일로부터 약 4개월여가 지난 2012. 10. 26.에서야 원고의 대리점 관계자 박소연에게 '현상검사 및 예인검사를 받지 않은 경우 보험자가 절대적으로 면책되므로 계약자에게 자세한 설명과 조속한 처리를 부탁한다'라는 내용의 이메일을 보낸 사실, ② 피고는 이 사건 선박과 유사한 ○○ 8001호 등 수척의 선박에 관한 선박보험계약을 체결하면서도 2011년도에 현상검사나 예인검사를 모두 받지 않은 사실, ③ 이 사건 선박 등에 관한 연간보험료가 적게는 72,612,000원에서 많게는 148,947,000까지 지급된 사실이 인정되고, 여기에다가 앞서 본 증거들과 변론의 전취지에 의하여 인정되는 다음과 같은 사정들, 즉 ① 원고의 선박보험 담당직원인 최태민 조차 보험 계약 체결일로부터 30일 이내에 현상검사를 받지 못하면 이 사건 보험계약은 별도의 해지통고 없이 자동적으로 소급하여 원고가 일체의 책임을 면하게 된다는 사정을 알지 못했을 뿐만 아니라 원고의 대리점 관계자들도 이 사건 보험계약 체결 당시에는 현상검사 및 예인검사를 받지 않았을 경우 위와 같이 원고가 보험금지급책임을 면하게 되는지 등을 알지 못했던 것으로 보이는 점, ② 특히 피고의 담당 직원으로서도 이 사건 보험계약을 1년 전에 체결한 종전 보험계약의 갱신 정도로 이해하여 새로이 현상검사 및 예인검사를 받아야 한다는 것을 인식하지 못하였다고 보이는 점, ③ 현상검사나 예인검사에 소요되는 비용은 수십만 원 정도에 불과한 것에 비추어, 이러한 검사를 받지 않을 경우 보험금을 지급받지 못할 수 있다는 사정을 알면서도 피고가 이 사건 선박을 비롯한 수척의 선박에 관하여 거액의 보험료를 계속 납부한다는 것은 선뜻 이해하기 어려운 점 등을 보태어 보면, 앞에서 인정한 사실만으로 원고가 피고에게 이 사건 워런티 조항에 관한 설명의무를 제대로 이행하였다고 인정하기 부족하고, 달리 이를 인정할 증거가 없으므로, 이 사건 워런티 조항은 이 사건 보험계약의 내용으로 편입되었다고 보기 어렵다. 따라서 원고의 이 부분 주장은 이유 없다.

4. 최대선의 준수의무 위반 여부

가. 당사자들 주장의 요지

원고는, 이 사건 선박에 관한 대대적인 구조변경은 신중한 보험자의 입장에서 보험료를 산정하거나 위험을 인수하는데 영향을 미칠 수 있는 중요한 사항에 해당하고, 피고는 이 사건 보험계약 체결 당시 이 사건 선박의 대대적인 구조변경 사실을 원고에게 고지하지 않았으며, 원고는 이 사건 소장부본의 송달로써 이 사건 보험계약을 취소하였으므로, 원고에게는 보험금을 지급할 채무가 없다고 주장한다.

이에 대하여 피고는, 이 사건 선박의 구조형태를 변경한 것은 설계도에서 예정된 것으로 '대대적인 구조변경'이라 할 수 없고, 이는 보험료를 산정하거나 위험을 인수하는데 결정적인 영향을 미치는 사항도 아니라는 취지로 다툰다.

나. 판단

영국 해상보험법 제17조는 "해상보험계약은 최대선의(utmost good faith)에 기초한 계약이며, 만일 일방당사자가 최대선의를 준수하지 않았을 경우 상대방은 그 계약을 취소할 수 있다."라고 규정하고 있고, 이러한 최대선의의 원칙에 기초하여 같은 법 제18조 제1항은 "이 조항의 규정에 반하지 않는 한, 피보험자는 계약이 체결되기 이전에 자신이 알고 있는 모든 중요한 사항을 보험자에게 고지하여야 하며, 통상의 업무수행 과정에서 자신이 알고 있어야만 할 모든 사항은 알고 있는 것으로 간주된다. 만일 피보험자가 이러한 고지를 하지 않은 경우 보험자는 그 계약을 취소할 수 있다."라고 규정하며, 같은 조 제2항은 "신중한 보험자가 보험료를 산정하거나 위험을 인수할지 여부를 결정함에 있어서 그 판단에 영향을 미치는 사항은 모두 중요한 것이다."라고 규정함으로써 피보험자에게 고지의무를 부과하고 있다.

살피건대, 앞서 본 바와 같이 피고는 이 사건 보험계약을 체결하기 전인 2012. 4. 경 약 54억 원 상당을 투입하여 타설장비를 증축하여 이 사건 선박을 SCP 작업선에서 DCM

작업선으로 구조를 변경하였고, 그와 같은 과정에서 타설장비의 지지력 결여 등의 하자가 존재하여 이 사건 침몰사고의 중대한 원인이 되었으며, 이러한 구조 변경으로 인하여 이 사건 선박의 무게가 약 500톤 이상 증가하였고, 여기에 선박의 무게나 선종은 일반적으로 선박의 보험료를 산정함에 있어 중요 고려사항이 되는 점을 아울러 보태어 보면, 이 사건 선박의 구조변경은 보험자인 원고가 보험계약의 인수 여부나 보험요율 등을 결정함에 있어 커다란 영향을 미치는 중요사항에 해당된다고 봄이 상당하다.

그러나 피고가 이 사건 보험계약 체결당시 그러한 사항을 보험자인 원고에게 고지하지 않은 사실은 당사자 사이에 다툼이 없으므로, 결국 이 사건 보험계약은 영국해상보험법 제17조 제18조가 규정한 최대선의의무나 고지의무 위반을 이유로 한 원고의 취소 의사표시가 기재된 이 사건 소장 부본 송달로써 적법하게 취소되었다 할 것이다.

5. 감항능력 유지의무 위반 여부

피고가 이 사건 보험계약을 체결하기 이전에 타설장비를 증축하는 등 이 사건 선박의 구조를 대대적으로 변경했고, 이로 인하여 이 사건 선박은 감항능력을 상실했으며, 이 사건 선박이 감항능력을 상실한 상태에서 운항한 탓으로 이 사건 침몰사고가 발생하였으므로 원고에게는 보험금을 지급할 채무가 없다는 원고의 주장은, 앞서 본 바와 같이 이 사건 침몰사고가 보험사고에 해당하지 않고, 이 사건 보험계약이 취소된 것으로 판단되는 이상, 더 나아가 살피지 않기로 한다.

6. 결 론

그렇다면, 이 사건 침몰사고와 관련하여 이 사건 보험계약에 기한 원고의 피고에 대한 보험금 지급채무는 존재하지 아니하고, 피고가 이를 다투고 있는 이상 그 확인을 구할 이익도 있다 할 것이므로, 이 사건 청구는 이유 있어 이를 인용하기로 하여 주문과 같이 판결한다.

재판장 판 사 오 영 준
판 사 설 승 원
판 사 허 문 희

〈제6호-II〉

대 법 원
제 2 부
결 정

사 건	2014마223 선박책임제한
재 항 고 인	태영상선 주식회사
원 심 결 정	서울고등법원 2014. 1. 22. 자 2013라1679 결정

주 문

재항고를 기각한다.

이 유

재항고이유(재항고이유서 제출기간이 지난 후에 제출된 참고자료제출서 등 서면의 기재는 재항고이유를 보충하는 범위 내에서)를 판단한다.

상법 제769조 제1호는 선박소유자가 청구원인의 여하에 불구하고 같은 법 제770조에 따른 금액의 한도로 그 책임을 제한할 수 있는 채권의 하나로 '선박의 운항에 직접 관련하여 발생한 그 선박 외의 물건의 멸실 또는 훼손으로 인하여 생긴 손해에 관한 채권'을 규정하고 있고, 같은 법 제774조 제1호는 용선자 등도 위 규정에 따라 선박소유자의 경우와 동일하게 책임을 제한할 수 있다고 규정하고 있다. 위와 같이 선박소유자의 책임제한 대상을 '선박의 운항에 직접 관련하여 발생한' 손해에 관한 채권으로 한정하고 있는 것은 1976년 해사채권에 대한 책임제한조약(Convention on Limitation of Liability for Maritime Claims) 제2조 제1항 (a)호의 'occurring in direct connection with the operation of the ship'을 수용한 것으로서, 선박소유자 책임제한제도의 목적, 연혁 및 취지 등을 종합하면, 선박의 운항이 종료된 후에 발생한 선박소유자의 단순한 채무불이행은 선박의 운항에 직접 관련된 것이라고 할 수 없다.

원심은 판시와 같은 사실에 기초하여, (1) 화물의 해상운송을 위하여 선박을 운항한 경우 화물이 목적항에 도착하여 양륙되고 보세장치장에 반입되었다면, 그 후 보세창고에 보관 중이던 화물을 보세창고업자가 무단 반출하는 행위는 선박의 운항에 속하거나 이와 직접적 관련이 있다고 볼 수 없다고 전제한 다음, (2) 신청인이 이 사건 선박을 운항하여 운송한 이 사건 화물을 주식회사 청명이 운영하는 보세창고에 보관하던 중 주식회사 청명이 이 사건 화물을 선하증권과 상환 없이 무단 반출하여 정당한 선하증권 소지인인 한와코교 가부시키가이샤에게 위 화물가액 상당의 손해를 발생시켰다 하더라도, 이는 이 사건 선박의 운항과 직접 관련하여 발생한 손해가 아니므로 위 손해에 관한 채권은 선박소유자 등의 책임제한 대상이 되는 채권이라고 볼 수 없다고 판단하였다.

원심결정 이유를 기록에 비추어 살펴보면, 원심의 위와 같은 판단은 앞서 본 법리에 기초한 것으로서, 거기에 재항고이유 주장과 같이 상법 제769조 제1호의 해석 및 해상운송인의 책임종료시점에 관한 법리 등을 오해한 위법이 없다.

그러므로 재항고를 기각하기로 하여, 관여 대법관의 일치된 의견으로 주문과 같이 결정한다.

2014. 5. 9.

재판장 대법관 신영철
대법관 이상훈
주 심 대법관 김용덕
대법관 김소영

〈제6호-III〉

울 산 지 방 법 원

제 5 민 사 부

판 결

사 건 2012가합3810 손해배상(기)
원 고 주식회사 A
피 고 B
변 론 종 결 2014. 1. 9.
판 결 선 고 2014. 2. 6.

주 문

1. 피고는 원고에게 384,431,322원 및 이에 대하여 2012. 12. 6.부터 다 갚는 날까지 연 20%의 비율로 계산한 돈을 지급하라.
2. 소송비용은 피고가 부담한다.
3. 제1항은 가집행할 수 있다.

청 구 취 지

주문과 같다.

이 유

1. 기초 사실

가. 원고는 C 인터내셔널 인더스트리 앤드 트레이드 씨오 엘티디(C INTERNATIONAL INDUSTRY AND TRADE CO. LTD, 이하 'C'라 한다)로부터 마그네시아 크링커(MAGNESIA CLINKER[1]) 1,248.63톤[2](이하 '이 사건 화물'이라 한다)을 331,250달러에

1) 마그네사이트[탄산마그네슘($MgCO_3$)의 광물명] 광석을 1500~1700℃에서 구워 굳힌 가공물, 2800℃ 이상의 고온에도 견딜 정도로 내화성이 강하여 주로 제철소의 용광로 등에 사용된다.
2) C로부터 1,250톤을 수입하기로 하였으나 실제 수량은 1,248.63톤이었다.

수입하기로 하였다.

나. C는 2012. 4. 10. 피고와 사이에 중국 바유취안(Bayuquan)항에서 대한민국 울산항까지 이 사건 화물을 운송하는 용선계약을 체결하고, 피고는 당시 송하인 C, 수하인 피고, 선적지 중국 바유취안, 양하지 대한민국 울산으로 되어 있는 선하증권을 발행하였다. 성약각서(을1호증, Fixture Note)[3]에는 영국법에 따라 홍콩에서 중재에 의하여 분쟁을 해결하도록 규정하고 있다.

다. 피고는 이 사건 화물을 운송한 카파티호(M/V D, 이하 '이 사건 선박'이라 한다)의 소유·운영자로서 해상운송업 등을 운영하고 있다.

라. 이 사건 선박은 2012. 4. 14. 중국 바유취안항에서 출항하여 2012. 4. 23. 울산항에 도착하였다.

마. 이 사건 선박이 울산항에 도착하였을 때 이 사건 화물은 유입된 해수에 젖어 있었는데(이하 '이 사건 사고'라 한다) 육안으로도 젖어있음이 확인되는 184.79톤은 폐기되고, 나머지 1,063.84톤은 주식회사 E(이하 'E'라 한다)에 인수되었다.

바. E는 위 1,063.84톤 중 179.31톤을 제품 생산에 투입하였다가 생산된 제품에서 하자가 발생하자 2012. 4. 27. 원고에게 전량 반품을 요청하고 나머지 884.53톤을 반환하였다.

사. 원고는 2012. 7. 11. 이 사건 화물 중 위 잔존물 884.53톤을 59,263.51달러에 매각하였다.

[인정근거] 다툼 없는 사실, 갑1호증, 갑2호증의 1, 2, 갑20호증, 갑22호증, 갑25호증, 을1호증, 을6호증(을9호증과 같다)의 각 기재, 변론 전체의 취지

2. 당사자의 주장

가. 원고의 주장

피고는 운송인으로서 선박을 화물의 운송과 보존을 위하여 적합한 상태에 두고, 운송물의 선적, 적부, 보관 등에 필요한 주의의무를 다하여 안전하게 화물을 운송할 주의의무가 있음에도 운항 중에 선창에 해수가 침입하도록 하여 습기에 약한 이 사건 화물이 전부 훼손되도록 하였다. 따라서 피고는 운송인으로서의 주의의무 위반으로 인한 채무불이행에 기하여 또는 불법행위에 기하여 원고에게 이 사건 사고로 인하여 원고가 입은 손해를 배상할 의무가 있다.

3) 용선계약이 성립된 경우 계약의 주된 조항을 기재하여 선주와 화주가 연서하여 보관하는 각서를 말한다.

나. 피고의 주장

1) 이 사건 화물 운송과 관련된 분쟁은 홍콩에서 중재에 의하여 해결하도록 합의하였다. 따라서 이 사건 소는 중재합의에 반하여 제기된 부적법한 소이다. 또한 이 사건 선박의 선적지는 러시아이므로 이 사건 사고로 인한 분쟁은 선하증권 이면약관의 관할 조항에 따라 선적국인 러시아 또는 쌍방이 합의한 곳인 홍콩에서 다투어져야 한다.

2) 설령 피고의 책임이 인정된다 하더라도 이 사건 화물은 선적 당시부터 표준사양에서 벗어난 비정상적인 화물이었고 이 사건 사고로 인하여 손상을 입은 화물은 일부에 국한되므로 일부 침수된 186.16톤 및 이를 처리하기 위한 부대비용만 손해로 인정되어야 한다.

3. 본안전 항변에 관한 판단

가. 일반적으로 용선계약상의 중재조항이 선하증권에 편입되기 위하여는 우선, 용선계약상의 중재조항이 선하증권에 '편입'된다는 규정이 선하증권상에 기재되어 있어야 하고, 그 기재상에서 용선계약의 일자와 당사자 등으로 해당 용선계약이 특정되어야 하며(다만 위와 같은 방법에 의하여 용선계약이 특정되지 않았더라도 선하증권의 소지인이 해당 용선계약의 존재와 중재조항의 내용을 알았던 경우는 별론으로 한다), 만약 그 편입문구의 기재가 중재조항을 특정하지 아니하고 용선계약상의 일반 조항 모두를 편입한다는 취지로 기재되어 있어 그 기재만으로는 용선계약상의 중재조항이 편입대상에 포함되는지 여부가 분명하지 않을 경우는 선하증권의 양수인(소지인)이 그와 같이 편입의 대상이 되는 중재조항의 존재를 알았거나 알 수 있었어야 하고, 중재조항이 선하증권에 편입됨으로 인하여 해당 조항이 선하증권의 다른 규정과 모순이 되지 않아야 하며, 용선계약상의 중재조항은 그 중재약정에 구속되는 당사자의 범위가 선박소유자와 용선자 사이의 분쟁뿐 아니라 제3자 즉 선하증권의 소지인에게도 적용됨을 전제로 광범위하게 규정되어 있어야 할 것이다(대법원 2003. 1. 10. 선고 2000다70064 판결 참조).

위와 같은 법리에 비추어 이 사건 선하증권의 경우를 보면, 용선계약상 중재조항이 선하증권에 편입된다거나 용선계약상 일반 조항이 모두 선하증권에 편입된다는 규정이 없는데다 선하증권의 기재상 용선계약 자체가 특정되어 있지 아니하므로 이 사건 용선계약상 위 중재조항은 선하증권에 편입되었다고 볼 수 없다. 위 중재조항이 선하증권에 편입되었음을 전제로 한 피고의 위 주장은 이유 없다.

나. 민사소송법 제355조 제1항에 의하여 문서는 원본・정본 또는 인증있는 등본을 제출하는 것이 원칙이나, 사본을 원본에 갈음하여 또는 사본 그 자체를 원본으로서 제출할

수도 있다고 할 것인바, 상대방이 원본의 존재나 성립을 인정하고 사본으로써 원본에 갈음하는 것에 대하여 이의가 없는 경우에는 사본을 원본에 갈음하여 제출할 수 있고, 이와 같은 경우에는 그 원본이 제출된 경우와 동일한 효과가 생긴다고 할 것이며, 반면에 사본을 원본으로서 제출하는 경우에는 그 사본이 독립한 서증이 된다고 할 것이나 그 대신 이에 의하여 원본이 제출된 것으로 되지는 아니하고, 이때에는 증거에 의하여 사본과 같은 원본이 존재하고 또 그 원본이 진정하게 성립하였음이 인정되어야 하는 것이다(대법원 1999. 11. 12. 선고 99다38224 판결, 대법원 2002. 8. 23. 선고 2000다66133 판결 등 참조).

피고는 이 사건 선하증권의 이면약관에 '선박의 기국 또는 운송인과 상인 간에 합의된 곳'을 관할로 하기로 정하였으므로 대한민국에는 관할이 없다는 취지의 주장을 하나, 을17호증(선하증권 이면약관 사본)은, 원고가 그 원본의 존재 및 성립의 진정을 부정하고 있고, 을18호증 내지 을21호증의 각 기재만으로는 그 원본의 존재 및 성립의 진정을 인정하기 부족하고 달리 그와 같은 원본의 존재 및 진정 성립을 인정할 증거도 없으므로 을17호증은 증거로 쓸 수 없고(오히려 이 사건 선하증권은 피고가 회수하였으므로 이 사건 선하증권 원본을 제출하거나 그 존재 및 성립의 진정을 입증할 책임은 피고에게 있는 점, 피고는 이 사건 선하증권을 발행한 대리점 직원을 증인으로 신청하였다가 이를 철회하기도 한 점, 피고는 변론종결 무렵이 되어서야 을17호증을 이 사건 선하증권의 이면약관이라며 그 사본을 뒤늦게 제출한 점, 선하증권 양식의 종류가 다양하고 선하증권 이면 역시 발행 시마다 달라질 수 있는 점 등에 비추어 보면, 을17호증이 이 사건 선하증권의 이면약관이라는 피고의 위 주장을 받아들이기 어려운 사정만 알 수 있을 따름이다), 그 외 달리 피고의 위 주장을 인정할 증거가 없다. 피고의 위 주장은 이유 없다.

다. 대한민국 법원의 관할을 배제하고 외국의 법원을 관할법원으로 하는 전속적인 국제관할 합의가 유효하기 위해서는, 당해 사건이 대한민국 법원의 전속관할에 속하지 아니하고, 지정된 외국법원이 그 외국법상 당해 사건에 대하여 관할권을 가져야 하는 외에, 당해 사건이 그 외국법원에 대하여 합리적인 관련성을 가질 것이 요구된다고 할 것이고, 한편 전속적인 관할 합의가 현저하게 불리하고 불공정한 경우에는 그 관할 합의는 공서양속에 반하는 법률행위에 해당하는 점에서도 무효이다(대법원 2004. 3. 25. 선고 2001다53349 판결 등 참조).

설령 피고 주장과 같이 이 사건 선하증권의 이면약관으로 선박의 기국인 러시아 또는 당사자가 합의한 곳을 관할로 하기로 정하였다 하더라도 법정지법인 우리나라 국제사법 제2조 제1항 및 민사소송법 제8조, 제18조에 의하면, 대한민국은 의무이행지 또는 불법행위지로서 원고와 피고 사이의 이 사건 화물의 운송과 관련한 분쟁에 있어 법정관할을 갖는다고 할 것인 점, 이 사건 심리에 필요한 중요한 증거방법이 대부분 대한민국에 있는 것으로 보이는 점, 전속적 관할합의는 당사자 일방의 관할의 이익을 해할 수도 있으므로 이는 제한적으로 해석하여야 할 필요가 인정되는 점, 피고는 해상 운송업체로서 전 세계에 걸쳐 영업활동을 하고 있는 기업이므로 대한민국에서 소송을 수행하게 된다 해도 응소의 부담이 크지 않을 것으로 보이는 점 등을 고려하면, 위와 같은 합의는 위 법정관할에 부가하여 선적국인 러시아 또는 당사자가 합의한 곳의 관할권을 창설하는 부가적인 합의라고 봄이 상당하다 할 것이므로, 대한민국 법원은 위와 같이 국제재판관할의 합의가 있었다 하더라도 위 분쟁에 관하여 재판관할권이 있다고 할 것이다. 이러한 점에서도 피고의 위 주장은 이유 없다.

4. 준거법의 결정

대한민국법에 따라 설립되어 대한민국에 주된 영업소를 둔 법인인 원고는 선적 기국이 러시아인 피고를 상대로 피고의 과실로 이 사건 선박에 해수가 침습하여 이 사건 사고가 발생하였다고 주장하면서 손해배상을 구하고 있으므로, 이 사건에는 외국적 요소가 있어 국제사법에 따라 준거법을 결정하여야 한다.

국제사법은 계약은 당사자가 명시적 또는 묵시적으로 선택한 법에 의하고, 당사자가 준거법을 선택하지 아니한 경우에는 계약에 관한 준거법은 그 계약과 가장 밀접한 관련이 있는 국가의 법에 의하고, 불법행위는 그 행위가 행해진 곳의 법에 의한다고 규정하고 있다(제25조 제1항, 제26조 제1항, 제32조 제1항). 이 사건 선하증권 소지인인 원고와 운송인인 피고 사이에 적용될 법률관계에 관한 준거법을 정하였다고 볼 증거는 없다. 그런데 피고는 해상 운송업체로서 전 세계에 걸쳐 영업활동을 하고 있는 기업이고 원고는 대한민국 법인으로서 대한민국에 주소가 있고, 용선계약의 체결 장소는 중국이며 양하지는 대한민국 울산으로 의무이행지는 대한민국이므로 계약과 가장 밀접한 관련이 있는 국가는 대한민국이라 할 것이다. 또한 위 조항에서 말하는 불법행위가 행해진 곳에는 행동지 이외에 결과발생지로서 법익침해 당시 법익의 소재지도 포함되는데(대법원 1983. 3. 22. 선고 82다카1533 전원합의체 판결 등 참조), 해수 침수로 인해 이 사건 화물이 손상된 장소는 대한민국이고 이로 인해 침해되는 원고의 법익 소재지 역시 대한민국이다. 따라서 원고와 피고 사이의 운송인의 채무불이행책임, 불법행위의 성립 및 효과, 피고의 손해배상책임의 발생 여부에 관하여는 대한민국법(민법, 상법)을 준거법으로 하여 판단한다.

5. 본안에 관한 판단

가. 손해배상책임의 발생

운송계약이 성립하면 운송인은 일정한 장소에서 운송물을 수령하여 이를 목적지로 운송한 다음 약정한 시기에 운송물을 수하인에게 인도할 의무를 지는데, 운송인은 그 운송을 위한 화물의 적부(적부)에 있어 화물이 서로 부딪치거나, 혼합되지 않도록 그리고 선박의 동요나 침수 등으로부터 손해를 입지 않도록 하는 적절한 조치와 함께 운송물을 적당하게 선창 내에 배치하여야 하고, 가사 적부가 독립된 하역업자나 송하인의 지시에 의하여 이루어졌다고 하더라도 운송인은 그러한 적부가 운송에 적합한지의 여부를 살펴보고, 운송을 위하여 인도받은 화물의 성질을 알고 그 화물의 성격이 요구하는 바에 따라 적부를 하여야 하는 등의 방법으로 손해를 방지하기 위한 적절한 예방조치를 강구하여야 할 주의의무가 있다고 할 것이다.

갑3호증, 갑4호증, 갑6호증의 1, 갑19호증, 갑20호증, 갑22호증 내지 갑26호증, 을2호증의 1, 2, 3, 4, 을4호증, 을6호증, 을8호증, 을11호증, 을12호증의 각 기재, 갑3호증의 기재 및 영상, 갑21호증의 3의 영상, E에 대한 사실조회회신 결과, 증인 소외 1의 증언, 증인 소외 2의 일부 증언 및 변론 전체의 취지에 의하면, 이 사건 화물은 선적 당시 수분함량 등이 정상적인 화물이었던 사실, 이 사건 화물은 1500°C 이상의 고온에서 생산되는 제품으로 수분이 거의 없고 흡습 성질이 강하며 용광로의 내부 코팅재로 사용되는데 수침된 화물을 사용할 경우 생산 제품에 금이 갈 수 있고 이를 통하여 쇳물이 흘러나오는 2차 사고가 발생될 수 있는 사실, 원고 직원인 소외 1은 이 사건 화물 선적 당시 이 사건 선박의 1등 항해사에게 이 사건 화물이 수분에 매우 민감하므로 수분에 노출되지 않도록 운송에 특별히 주의하라고 요구한 사실, 이 사건 선박의 선령은 19여 년으로 노후화되어 있어 이 사건 선박의 선수 램프와 선창 격벽에 틈새가 있었는데 피고가 이를 실리콘 접착제 등으로 임시로 밀봉해 놓았던 사실, 이 사건 화물 운송 도중 위와 같은 틈새를 통하여 선창 내로 해수가 유입된 사실, 선창 내 해수의 유입을 방지하기 위하여 램프와 선창 격벽 사이의 공간에 유입된 해수를 펌프로 배출하기도 한 사실, 하역작업을 위하여 해치커버 개방 시 해치커버 위에 고여 있던 물이 선창 선미에 적재되어 있던 화물에 떨어져 수침되기도 한 사실, 위와 같은 해수와 담수의 유입으로 이 사건 선박이 울산항에 도착할 당시 이 사건 화물 중 184.79톤이 젖어 있음이 육안상 확인되어 원고가 이를 폐기한 사실, 원고가 나머지 1,063.84톤을 E에 납품하였으나 E는 위 1,063.84톤 중 179.31톤을 제품 생산에 투입하였다가 생산된 제품에서 하자가 발생하자 2012. 4. 27. 원고에게 전량 반품을 요청하고 나머지 884.53톤을 반품한 사실, 원고가 2012. 5. 8. 한국세라믹기술원에 이 사건 화물에 대한 성분검사를 의뢰한 결과 샘플당 수분 비중이 3.11%, 0.08%, 2.56%로 기준치 0.02%를 초과한 사실(피고가 검정 의뢰한 코리아검정 주식회사에서 2012. 6. 12. 한국화학융합시험연구소에 이 사건 화물에 대한 표본 분석을 의뢰한 결과 외관상 정상화물로부터 채취한 표본의 수분 비중이 평균 0.02%이고, 외관상 수침화물로부터 채취한 표본의 수분 비중이 평균 0.79%이기는 하나, 위 한국세라믹기술원의 분석 결과와 차이가 크고 수침이 발견된 뒤 50여 일 지난 뒤에 분석한 것이므로 이를 그대로 믿기 어렵다), 물의 표면장력이 크므로 화물 선창 아래쪽으로 해수가 침입하였더라도 삼투압 현상에 의해 화물 전체가 손상되었을 가능성이 높은 사실, 이 사건 화물은 해수에 의해 오염되면 수분이 증발되더라도 해수에 포함되어 있는 소금 성분 때문에 고온에 견디지 못하여 용광로 내부 코팅재 등 고온용 내화제로 사용하기 어려운 사실, E는 이 사건 화물이 해수에 침수되어 생산에 투입할 수 없을 정도로 손상되어 있다는 이유로 이 사건 화물의 전량을 반품한 사실, 원고는 E로부터 이 사건 화물을 전량 반품받은 후 원래의 수입단가보다 20달러 높은 톤당 285달러에 대체상품을 조달하여 E에 납품한 사실, 원고는 위 잔존물을 수입가 331,250달러(톤당 265달러)보다 훨씬 낮은 59,263.51 달러(톤당 67달러)에 매각한 사실, 원고가 피고에게 잔존물의 적정 가격을 알아보기 위한 공동 조사를 피고에게 제안하고 잔존물의 견적가격(원고는 잔존물 매각을 위하여 3개 업체로부터 이 사건 화물의 잔존가액을 견적받았는데 이들 업체가 제시한 금액은 톤당 50달러에서 70달러 사이였다)과 매각계획을 통보하였음에도 피고가 이에 대한 이의나 의견을 제시하지 아니한 사실이 인정된다.

위 인정 사실에 의하면, 이 사건 화물은 운송인인 피고의 주의의무 위반으로 인하여 전부 훼손되었다 할 것이므로, 피고는 원고에게 운송인의 채무불이행책임 또는 불법행위책임에 기하여 이 사건 사고로 인하여 원고가 입은 모든 손해를 배상할 의무가 있다.

나. 손해배상책임의 범위

갑2호증의 1, 갑4호증, 갑5호증의 각 기재에 의하면, 원고는 피고의 위와 같은 주의의무 위반으로 인하여 이 사건 화물의 멸실 당시 시가 상당액의 손해를 입었다 할 것이고, 그 시가는 특별한 사정이 없는 한 이 사건 화물 수입계약상 약정 대금인 331,250달러에서 위 잔존물 가액 59,263.51달러를 뺀 271,986.49달러(331,250달러−59,263.51달러)라 할 것이다. 또한 미국 달러화로 표시된 시가를 우리나라 통화로 환산함에 있어서는 특별한 사정이 없는 한 멸실 당시의 기준환율에 의하여 환산함이 상당하므로, 위 시가를 멸실 당시의 기준환율에 의하여 우리나라 통화로 환산하면 310,064,598원(＝271,986.49달러

×2012. 4. 24. 당시 기준환율 1,140원/달러, 원 미만 버림)이 된다.

갑7호증 내지 갑18호증(각 가지번호 포함)의 각 기재에 의하면, 원고는 이 사건 화물의 손상과 관련하여 관세 5,704,620원, 통관수수료 501,930원, 하역료 10,056,091원, 손상품 폐기비용 7,724,722원, 화물량에 대한 계근 검정료 880,000원, 화물 성분 분석료 376,500원, 반품화물에 대한 상차료 2,233,000원, 반품화물에 대한 계근비 475,200원, 반품화물 운송비 38,844,575원, 반품화물 계근 검정료 1,100,000원, 손해사정회사 검정비용 4,568,674원, 직원 출장비 1,901,412원 등 합계 74,366,724원의 부대비용을 지출한 사실이 인정되고, 이러한 비용 지출은 이 사건 사고와 상당인과관계가 있다 할 것이므로 피고의 채무불이행 또는 불법행위로 인해 원고가 입게 된 손해라고 볼 수 있다.

다. 소결론

따라서 피고는 원고에게 이 사건 사고로 인한 손해배상으로 384,431,322원(이 사건 화물 자체의 손상으로 인한 손해 310,064,598원+부대비용 합계 74,366,724원) 및 이에 대하여 원고가 구하는 2012. 11. 30.자 청구취지 및 청구원인 변경신청서 부본 송달 다음날임이 기록상 분명한 2012. 12. 6.부터 다 갚는 날까지 소송촉진 등에 관한 특례법이 정한 연 20%의 비율로 계산한 지연손해금을 지급할 의무가 있다.

6. 결 론

그렇다면 원고의 이 사건 청구는 이유 있으므로 이를 인용하기로 하여 주문과 같이 판결한다.

재판장 판 사 김 원 수
판 사 채 대 원
판 사 권 순 향

〈제7호-I〉

울 산 지 방 법 원

제 10 민 사 부

결 정

사 건 2014책1 선박책임제한
신 청 인 A
수익채무자 B

주 문

1. 별지 1. 기재 선박의 별지 2. 기재 사고로부터 발생한 물적 손해에 관한 채권에 대하여 책임제한절차를 개시한다.
2. 변호사 이선호를 관리인으로 선임한다.
3. 제한채권의 신고기간을 2014. 6. 9. 14:00까지로 한다.
4. 제한채권의 조사기일을 2014. 6. 23. 16:00 울산지방법원 113호 법정으로 한다.

이 유

신청인이 제출한 소명자료에 의하면, 신청인이 선체용선자이고 수익채무자가 소유자인 별지 1. 기재 선박에 의하여 별지 2. 기재 사고가 발생함에 따라 생긴 물적 손해에 관한 채권금액이 이 사건 준거법이 되는 이 사건 선박의 선적국법인 중국 해상법에서 정한 책임한도액 864,225SDR(국제통화기금의 특별인출권)을 초과하고, 이 법원의 공탁보증허가에 의하여 공탁보증인인 C가 위 책임한도액에 상응하는 금전 및 이에 대한 사고발생일로부터 이 법원이 정하는 공탁지정일까지 연 6%의 비율로 계산한 이자를 가산하여 이 법원의 명에 따른 공탁의무를 이행할 것을 보증하는 공탁보증서를 제출하였으며, 달리 이 사건에 있어 신청을 각하하거나 기각하여야 할 사유가 없으므로, 이 사건 책임제한절차를 개시하기로 하여 중국 해상법 제207조, 제201조 제2항에 의하여 주문 제1항과 같이 결정하고, 선박소유자 등의 책임제한 절차 등에 관한 법률 제20조에 의하여 주문 제2 내지 4 항과 같이 결정한다.

2014. 4. 22.

재판장 판 사 장 홍 선
판 사 이 예 림
판 사 성 기 석

〈제7호-II〉

대 법 원
제 1 부
판 결

사 건	2012다106058 구상금
원고, 상고인	피티. 아수란시 인드라푸라 (PT. ASURANSI INDRAPURA)
피고, 피상고인	주식회사 지엘머턴츠마린
원 심 판 결	서울중앙지방법원 2012. 10. 19. 선고 2012나20825 판결
판 결 선 고	2014. 6. 12

주 문

원심판결을 파기하고, 사건을 서울중앙지방법원 합의부에 환송한다.

이 유

상고이유를 판단한다.

1. 원심판결 이유 및 원심이 적법하게 채택한 증거들에 의하면 다음과 같은 사실을 알 수 있다.

가. 소외 주식회사 에스앤티(이하 '에스앤티'라고만 한다)는 소외 피티. 구나누사 우타마 파브리카토스(PT. GUNANUSA UTAMA FABRICATORS, 이하 '소외 회사'라고 한다)에게 공랭식 열교환기 등(이하 '이 사건 화물'이라 한다)을 수출하기 위해 2009. 12.경 피고와 이 사건 화물운송계약(이하 '이 사건 운송계약'이라 한다)을 체결하였다.

나. 피고는 2010. 1. 9. 이 사건 화물을 선적하고, 송하인 에스앤티, 수하인 소외 회사, 선적항 대한민국 부산항, 양하항 인도네시아국 자카르타로 기재된 선하증권(이하 '이 사건 선하증권'이라 한다)을 발행한 후 부산항에서 자카르타까지 위 화물을 운송하였다.

다. 이 사건 화물은 운송과정에서 운송인인 피고의 과실로 4포장단위에 포함된 59,150달러 상당의 화물이 손상되었고, 이로 인하여 인도네시아의 손해보험사인 원고는 2011. 1. 28. 피보험자인 소외 회사에게 보험금 미화 62,747.47달러를 지급한 후 피고에게 구상금을 청구하는 이 사건 소를 제기하였다.

라. 이 사건 선하증권 이면약관 제2조에 따르면, 선적지국가나 도착지국가에서 「1924. 8. 25. 브뤼셀에서 성립된 선하증권에 대한 규정의 통일에 관한 국제협약에 포함된 헤이그규칙(The Hague Rules contained in the International Convention for the Unification of Certain Rules relating to Bills of Landing, dated Brussels 25 August 1924, 이하 '헤이그규칙'이라 한다)」을 입법화하지 않은 경우 강행규정에 반하지 않는 한 이 사건 운송계약에 관하여 헤이그규칙을 적용하도록 하고 있는데, 대한민국과 인도네시아국은 모두 헤이그규칙을 입법화하지 않았다.

2. 원심은, 운송인인 피고의 책임제한은 이 사건 선하증권 이면약관 제2조에 따라 헤이그규칙이 정한 바에 의하고, 헤이그규칙 제4조 제5항은 운송인의 포장당 책임을 영국화 100파운드 내지 이와 동등한 가치의 다른 통화로 제한하고 있는데, 다음과 같은 사정, 즉 ① 헤이그규칙의 시행 이후 항해기술의 발달과 인플레이션의 영향으로 책임한도액이 저가라는 지적을 보완하기 위해「1968년에 브뤼셀에서 수정된 헤이그규칙(The Hague Rules as Amended by the Brussels Protocol 1968, 이하 '헤이그－비스비 규칙'이라 한다)」을 새로이 제정하게 되었다는 점, ② 영국의 금약관협정에서 책임제한액을 영국화 200파운드로 하였다가, 다시 영국화 400파운드로 인상한 점, ③ 헤이그규칙 제9조에서 '이 협약에서의 통화단위는 금화로 한다'고 규정하고 있더라도 이는 헤이그규칙 체결 당시의 금본위제도하에서 통화단위가 금화라는 당연한 사항을 규정한 것에 불과한 것으로 보이는 점 등에 비추어, 헤이그규칙 제4조 제5항 소정의 '영국화 100파운드'의 의미는 금화가 아닌 영국화 100파운드를 의미한다고 해석되고, 따라서 이는 상법이 정하고 있는 운송인의 책임제한액보다 운송인의 책임을 감경하는 것으로서 상법 제799조 제1항에 따라 효력이 없으나 책임제한약정 자체로는 효력이 있는 것이므로, 결국 운송인인 피고의 책임은 상법 제797조 제1항, 제2항, 제795조 제1항에 따라 포장당 666.67계산단위의 범위로 제한된다고 하여 원고의 이 사건 청구액 72,393,339원 중 상법상 해상운송인의 책임제한액인 4,808,690원[4포장×666.67계산단위×1,803.25원(2011. 10. 19. 기준 환율)]만을 인용하였다.

3. 그러나 원심의 위와 같은 판단은 다음과 같은 이유에서 그대로 수긍하기 어렵다.

가. 헤이그규칙 제4조 제5항, 제9조 제1문은 해상운송인의 책임제한액을 규정함에 있어 당시 영국 통화인 '파운드(pound sterling)'를 사용하면서 이것을 금가치(gold value)에 연결시키고 있는데, 이는 헤이그규칙 제정 당시 금본위를 채택하고 있던 영국의 통화를 금가치표시의 기준으로 이용하는 것으로서 여기서의 파운드(pound sterling)는 금화 파운

드(gold value pound)를 의미하는 것이었다. 그 후 1931년 영국에서 파운드의 금태환(김태환)이 정지됨으로써 그때까지의 'pound sterling'이라는 화폐단위는 존재하지 않게 되었고, 그 이후부터 헤이그규칙 제4조 제5항의 'pound sterling'의 계산은 영국 주화법(Coinage Act 1870)에서 금화에 요구하는 금의 함량과 순도를 기준으로 그 가치가 정하여졌다. 이처럼 헤이그규칙상의 '100 pounds sterling'을 금화 100파운드에 들어있는 금의 가치라고 보는 이상 이를 현재 영국의 명목상 화폐단위인 100파운드의 가치와 동일시할 수는 없다.

나. 화폐단위로서 영화(영화) 파운드를 사용하지 아니하는 헤이그규칙의 체약국들은 헤이그규칙 제9조 제2문에 따라 영화 파운드로 표시된 해상운송인의 책임제한액을 자국의 화폐단위로 환산하는 권리를 유보하고 있었는데, 실제 각국의 물가상승으로 자국통화로 환산한 책임제한액들의 가치가 하락하여 더 이상 실제의 손해를 배상하여 주는 금액으로서의 의미를 갖지 못하게 됨으로써 책임제한액을 인상하여야 할 필요가 발생하였다. 따라서 이러한 책임한도액을 인상할 필요에 따라 헤이그-비스비 규칙이 도입되었다는 사정을 근거로 헤이그규칙 제4조 제5항의 '100 pounds sterling'이 영국화 100파운드를 의미하는 것으로 볼 수는 없다.

다. 헤이그-비스비 규칙은 헤이그규칙상 해상운송인의 책임제한액이 1포장당 100파운드 가치의 금화라는 것을 전제로, 해상운송인의 책임제한기준을 푸앵카레 프랑(fran poincare)으로 변경한 것이고, 1푸앵카레 프랑은 순도 0.900의 금 65.5mg을 의미하므로 푸앵카레 프랑 역시 금화가치를 기준으로 하고 있다. 그 후 금의 국제적인 통화가치로서의 역할이 쇠퇴하자 국제통화기금(International Monetary Fund)이 금조항에서 벗어나 고정된 가치를 가진 계산단위로서 특별인출권(Special Drawing Right, 이하 'SDR'이라 한다)을 창설하였고, 이에 따라 헤이그-비스비 규칙을 개정하여 SDR을 해상운송인의 책임제한기준으로 삼게 되었다. 이처럼 SDR이라는 계산방식이 금화기준에서 비롯되는 문제점을 해결하려는 노력에서 도입되었다는 점은 종래 헤이그규칙과 헤이그-비스비 규칙에서 금화가 책임제한액의 기준으로 쓰였다는 사실을 나타내는 것이라 할 수 있다.

라. 1988년 영국 법원이 'The Rosa S' 사건에서 헤이그규칙 제4조 제5항에서의 '100 pounds sterling'은 금화 100파운드의 가치를 의미하는 것으로 해석하여야 한다고 판시한 이래 각국의 법원에서 동일한 취지의 판시를 하였는데, 이러한 다른 나라 법원들의 해석론은 우리나라에서도 참작될 수 있다고 보인다.

마. 위와 같은 헤이그규칙 제4조 제5항 및 제9조의 규정, 두 차례에 걸친 헤이그규칙의 수정경위 및 그 수정내용, 그리고 헤이그규칙상 책임제한조항의 해석에 관한 영국을 비롯

한 외국 판례의 태도 등을 종합하면, 헤이그규칙 제4조 제5항에서 해상운송인의 포장당 책임제한액으로 정하고 있는 '100파운드(100 pounds sterling)'는 금화 100파운드의 가치를 의미하는 것으로 봄이 타당하다.

바. 그럼에도 원심은 판시와 같은 이유만으로 헤이그규칙 제4조 제5항의 책임제한액이 영국화 100파운드를 의미한다고 보아 이 사건 화물 중 손상된 4포장에 대하여 상법상 책임제한액인 4,614,053원만을 인용하였으니, 이러한 원심의 판단에는 이 사건 운송계약의 해석에 관한 법리를 오해하여 판결 결과에 영향을 미친 위법이 있다. 이를 지적하는 상고이유 주장은 이유 있다.

4. 그러므로 원심판결을 파기하고, 사건을 다시 심리·판단하게 하기 위하여 원심법원에 환송하기로 하여 관여 대법관의 일치된 의견으로 주문과 같이 판결한다.

재판장 대법관 양 창 수
대법관 고 영 한
주 심 대법관 김 창 석
대법관 조 희 대

〈제8호-I〉

대 법 원
제 1 부
결 정

사 건 2013마1518 선박임의경매결정에대한즉시항고
재 항 고 인 그로발스타해운 주식회사
원 심 결 정 부산지방법원 2013. 7. 29.자 2008라420 결정

주 문

재항고를 기각한다.

이 유

재항고이유(재항고이유서 제출기간이 지난 후에 제출된 재항고이유보충서의 기재는 재항고이유를 보충하는 범위 내에서)를 판단한다.

1. 선박우선특권의 성립 여부, 일정한 채권이 선박우선특권에 의하여 담보되는지 여부 및 선박우선특권이 미치는 대상의 범위는 국제사법 제60조 제1호에 따라 선적국(船籍國)의 법이 준거법이 된다(대법원 2007. 7. 12. 선고 2005다39617 판결 참조).

그리고 러시아 헌법은 제15조 제4항에서 "일반적으로 승인된 원칙, 국제법 및 러시아 연방의 국제조약은 러시아 연방 법률체계의 일부를 구성한다. 러시아 연방의 국제조약이 법률과 달리 정하고 있는 경우에는 국제조약이 적용된다"고 규정하고 있으므로, 러시아가 선박우선특권에 관한 국제조약에 가입하고 있는 경우에는 러시아 국적선(國籍船)에 대한 선박우선특권에 관하여는 그 국제조약이 러시아 국내법에 우선하여 적용된다.

2. 원심결정 이유와 기록에 의하면, 국내에서 선박대리점업을 영위하는 재항고인은 원심 판시 기재 선박(이하 '이 사건 선박'이라 한다)의 정기용선자인 채무자와 선박대리점계약을 체결하였는데, 그 계약에서 이 사건 선박의 입·출항시 발생하는 항비 등 비용은 채무자가 부담하기로 하되 재항고인이 채무자를 대신하여 우선 지급하기로 약정한 사실, 이에 재항고인은 2006. 2. 28.경부터 2006. 7. 30.경까지 부산항에 입·출항한 이 사건 선

박의 입·출항료, 정박료, 도선료, 도선선비, 예선료, 강취방료(綱取放料), 오염방제비 등 합계 19,905,497원(이하 '이 사건 항비 등'이라고 한다)을 채무자를 대신하여 부산항만공사 등 이 사건 항비 등의 채권자에게 지급한 사실, 재항고인이 이 사건 항비 등 채권이 선박우선특권에 의하여 담보되는 채권이라고 주장하면서 이 사건 선박에 임의경매신청을 하여 2007. 1. 18. 부산지방법원 2007타경2946호로 위 선박에 대한 임의경매개시결정이 내려지자, 이에 대하여 외국 법인인 이 사건 선박의 소유자가 이의신청을 한 사실, 재항고인이 이 사건 항비 등을 대지급할 당시 이 사건 선박의 선적국은 러시아인 사실, 러시아는 1999. 3. 4. '선박우선특권 및 저당권에 관한 1993년 국제협약('Convention on Maritime Lien and Mortgages, 1993', 이하 '1993년 협약'이라 한다)'에 가입하였고, 1993년 협약은 2004. 9. 5. 발효된 사실 등을 알 수 있다.

3. 위와 같은 사실관계를 앞서 본 법리에 비추어 살펴본다.

이 사건 선박에 대하여 선박우선특권이 성립하는지 여부는 선적국인 러시아법에 따라 결정되고, 러시아는 '1993년 협약'의 체약국이므로 정기용선자에 대한 채권인 이 사건 항비 등 채권이 선박우선특권으로 담보되는지 여부는 1993년 협약에서 위 채권을 선박우선특권의 피담보채권으로 정하고 있는지 여부에 따라 결정된다.

'선박우선특권 및 저당권에 관한 국제협약'은 1926년에 제정된 이래 1967년 및 1993년 두 차례에 걸쳐 개정되었는데, 종래 '선박우선특권 및 저당권에 관한 1967년 국제협약('Convention on Maritime Lien and Mortgages, 1967', 이하 '1967년 협약'이라 한다)' 제7조 제1항은 선박우선특권이 발생하는 채권의 채무자로 '선박소유자(owner), 선체용선자 내지 다른 용선자(demise or other charterer), 선박관리인(manager), 선박운항자(operator)'를 인정하였다가, 1993년 협약은 제4조 제1항에서 1967년 협약을 개정하여 위 채무자들 중 '다른 용선자(other charterer)'를 삭제함으로써 '선박소유자(owner), 선체용선자(demise charterer), 선박관리인(manager), 선박운항자(operator)'로 채무자를 한정하고 있다.

이처럼 1967년 협약에서 인정하던 '다른 용선자(other charterer)'에 대한 채권에 관한 선박우선특권을 1993년 협약에서 삭제한 것은, 선박우선특권의 경우 선박에 저당권이 이미 설정된 경우에도 저당권에 우선하여 변제받을 수 있어 선박저당권자의 권리가 침해될 수 있으므로, 선박우선특권으로 담보되는 채권을 합리적으로 축소·조정하여 선박저당권자의 지위를 강화하고 선박금융을 원활하게 하기 위하여 대외적으로 선박소유자와 같은 책임을 부담하는 선체용선자(demise charterer)를 제외한 나머지 용선자들, 즉 정기용선자(time charterer)와 항해용선자(voyage charterer)에 대한 채권을 선박우선특권의 피담보채권의 범위에서 제외한 것으로 봄이 타당하다.

그리고 1993년 협약이 '선박운항자(operator)'와 '용선자(charterer)'가 서로 구별되는 개념임을 전제로, 용선자(charterer) 중 선체용선자(demise charterer)만을 선박운항자(operator)와 나란히 선박우선특권의 피담보채무자로 열거하고 있는 점 등에 비추어 일정 기간 동안 선박을 용선하여 이용하는 '정기용선자(time charterer)'는 1993년 협약 제4조 제1항 소정의 '선박운항자(operator)'에 해당되지 않는다고 봄이 타당하다.

위와 같은 1967년 협약 제7조 제1항, 1993년 협약 제4조 제1항 등의 규정, 1993년 협약의 개정경위 및 개정내용, 그리고 1993년 협약상 '선박운항자(operator)' 개념에 '정기용선자'가 포함되지 않는 점 등의 사정을 종합하면, 1993년 협약의 해석상 정기용선자에 대한 채권에 대하여는 선박우선특권이 인정되지 않는다고 보아야 할 것이다.

4. 원심이 그 판시와 같은 이유로 정기용선자에 대한 채권인 이 사건 항비 등 채권에 대하여는 1993년 협약상 선박우선특권이 인정되지 않는다고 보아 재항고인의 이 사건 경매신청을 기각한 것은 정당하고, 거기에 재항고이유 주장과 같이 1993년 협약의 해석 등에 관한 법리를 오해하여 재판에 영향을 미친 위법이 없다.

5. 그러므로 재항고를 기각하기로 하여 관여 대법관의 일치된 의견으로 주문과 같이 결정한다.

2014. 10. 2.

재판장 대법관 이 인 복

대법관 김 용 덕

주 심 대법관 고 영 한

대법관 김 소 영

〈제8호-II-①〉

서 울 중 앙 지 방 법 원

제 2 1 민 사 부

판 결

사 건	2012가합52279 비용상환
원 고	인천항만공사
피 고	큐비이 홍콩 앤드 상하이 인슈어런스 엘티디
변론종결	2013. 3. 18.
판결선고	2013. 8. 22.

주 문

1. 원고의 청구를 기각한다.
2. 소송비용은 원고가 부담한다.

청 구 취 지

피고는 원고에게 1,355,753,211원 및 이에 대하여 2011. 9. 30.부터 이 사건 소장부본이 송달된 날 까지는 연 5%의, 그 다음 날부터 다 갚는 날까지는 연 20%의 각 비율로 계산한 돈을 지급하라.

이 유

1. 기초사실

가. 당사자의 지위

원고는 인천 항만시설의 신설, 개축, 유지, 보수 등에 관한 공사의 시행 및 항만의 관리, 운영 사업을 하는 법인이고, 피고는 천진시흠북해운유한공사(天津市鑫北海運有限公司, Tianjin Shi Xin Bei Shipping Co. Ltd)가 소유하는 신하이(Xin Hai) 7호(이하 '이 사건 선박'이라 한다)에 관하여 선주상호책임보험(Proteciton and Indemnity Insurance, 이하 '이 사건 보험계약'이라 한다)을 체결한 보험자이다.

나. 이 사건 보험계약의 내용

이 사건 선박의 선주와 피고 사이에 체결한 이 사건 보험계약은 2005. 10. 1. 00:00부터 2006. 10. 1. 00:00까지를 보험기간으로 하되 난파물 제거작업을 수행하여야 하거나 그 비용을 부담하여야 할 경우 부보 대상으로 정하였는데, 보험약관상 '피보험자가 보상금을 청구하기 위해서는 우선적으로 책임, 손실, 비용을 자신의 자금으로 지급하여야 하는 선이행조건이 이행되어야 하고(4. 11), 이 보험은 영국법의 적용을 받고 그에 따라 해석되며(11.2), 이 사건 보험과 관련하여 발생하는 일체의 분쟁은 런던 중재에 의하여 해결한다(9. 1)'고 정하고 있다.

다. 이 선박의 침몰

이 사건 선박은 2006. 3. 18. 21:00경 중국 칭다오항을 출항하여 인천항으로 입항하던 중 인천항 북장자서 정박지에 묘박 중이던 코리아가스호의 선수 정방으로 가까이 항과하려 한 과실로 2006. 3. 20. 04:20경 코리아가스호의 구상선수부와 충돌하였고, 이로 인하여 이 사건 선박은 선저탱크가 파공되어 해수가 침범하면서 그대로 침몰하였다.

라. 이 사건 선박의 인양

인천지방해양항만청장은 개항질서법 제26조에 의하여 이 사건 선박의 선주에 대하여 선박의 제거명령을 내렸으나 선주가 아무런 조치를 하지 않았다. 이에 원고는 인천지방해양항만청장과 협의하여 이 사건 선박의 인양작업을 처리하기로 하여 2010. 9. 16. 해양수중공사와 인양계약을 체결하고 인양작업을 완료한 후 해양수중공사에 1,355,753,211원을 지급하였다.

[인정근거] 다툼 없는 사실, 갑 제1 내지 9호증(가지번호가 있는 것은 각 가지번호 포함)의 각 기재, 변론 전체의 취지

2. 당사자의 주장

원고는 이 사건 선박의 선주에 대하여 인양작업 비용 상당의 사무관리 비용채권 또는 불법행위에 따른 손해배상채권을 보유하고 있는바, 피고는 이 사건 선박에 대한 선주상호책임보험의 보험자로서 이 사건 선박의 선주가 원고에 대하여 부담하는 위 채권을 보험금으로 지급할 의무가 있고, 원고는 대한민국 상법 제724조 제2항에 따라 보험금의 직접 지급을 구한다.

이에 대하여 피고는 이 사건 보험계약에 있어 이 사건 보험계약상 중재합의에 반하여

제기된 이 사건 소송은 부적법하고, 그렇지 않다 하더라도 영국법을 준거법으로 하기로 한 합의에 따라 영국법이 준거법이 된다고 할 것이데 원고의 이 사건 청구는 영국법상 직접청구권의 요건을 갖추지 못하였으므로 결국 원고의 청구가 이유 없다고 다툰다.

3. 본안전항변에 관한 판단

이 사건 보험계약상 런던중재에 의하여 분쟁을 해결하기로 정하였음은 앞서 본 바와 같다. 그러나 원고는 대한민국 상법 제724조 제2항에 따라 보험계약의 제3자로서 직접 청구권을 행사한다고 주장하고 있고,[1] 위 직접청구권의 법적 성질은 보험자가 피보험자의 피해자에 대한 손해배상채무를 중첩적으로 인수한 결과 피해자가 보험자에 대하여 가지게 된 손해배상청구권이므로(대법원 1999. 2. 12. 선고 98다44956 판결 등 참조), 보험계약의 당사자가 아닌 원고에 대하여는 위 중재합의의 효력이 미치지 아니한다고 보는 것이 타당하다. 따라서 피고의 본안전항변은 이유 없다.

4. 본안에 관한 판단

가. 준거법의 결정

우리 국제사법은 불법행위(사무관리)에 관한 준거법, 채권에 관한 준거법을 정하는 일반적인 원칙을 포함하여 준거법에 관한 각종 규정을 두고 있으나, 이 사건과 같이 피해자의 보험자에 대한 직접청구권에 관한 규정은 두고 있지 않다. 따라서 위와 같이 피해자가 보험자에게 직접청구권을 행사하는 경우, 불법행위(사무관리)에 관한 준거법이 적용될 것인지, 보험계약에 관한 준거법이 적용될 것인지가 결국 이 사건 준거법 결정에 있어서의 핵심이라고 할 것이다.

살피건대, ① 보험자에 대하여 직접청구를 하는 것은 보험자가 보험계약을 체결하였다는 것에 그 직접적인 근거를 두고 있고, 인정되는 경우 그 내용(보상의 범위, 지급시기 등) 역시 보험계약에 따라 정해질 수밖에 없는 점, ② 원고는 피해자의 보험자에 대한 직접청구권의 법적 성질이 병존적으로 인수된 손해배상청구권이므로 채무인수에 관한 준거법 규정인 국제사법 제34조 제2항에 따라 대한민국법이 준거법이 되어야 한다는 취지로 주장하나, 원고의 위 주장은 우리 상법에 따라 보험자에 대한 직접청구권이 인정되는 경우 그 직접청구권의 법적 성질이 손해배상청구권이라는 것에 불과하므로, 준거법에 따라 직접청구권의 인정 여부 자체가 문제가 되는 이 사건에 있어서는 이를 근거로 삼기에 적절하지 아니한 점, ③ 우리 국제사법은 '연결점'이라는 개념을 중심으로 준거법을 정하고

1) 원고 주장과 같이 대한민국 상법상 직접청구권이 이 사건에서 인정될 수 있는지의 문제는 본안에서 판단한다.

그러한 연결점을 정하는 여러 기준을 제시하되 그와 별도로 당사자 사이에서 국제사법이 정한 준거법과 다른 준거법을 정하는 것의 효력을 인정하고 있어 이러한 점에서 당사자의 의사 합치가 준거법에 있어서는 가장 중요한 요소로 작용하는 것을 허용하고 있다고 볼 수 있는데, '불법행위에 따른 채권관계'와 '계약에 따른 채권관계'가 중첩 내지 대립할 경우 둘 사이에서는 당사자의 의사 합치가 사전에 존재하는 '계약에 따른 채권관계'가 그렇지 않은 '불법행위 따른 채권관계'보다는 중요한 의미를 지니고 있다고 볼 수 있는 점, ④ 피해자는 보험자와 아무런 계약관계가 없음에도 피해자 보호를 위한 입법정책적인 목적에서 피해자의 직접청구권이 인정된 데에 불과하여 피해자가 피보험자에 대하여 가지는 손해배상청구권보다 피보험자가 보험자에 대하여 가지는 보험금청구권에 더 긴밀한 연결점을 찾을 수 있는 점, ⑤ 특히 이 사건과 같이 불법행위에 따른 준거법 합의가 불법행위 이후에 이루어진 경우(국제사법 제33조 본문에 따라 유효하다)에 직접청구권에 대한 준거법까지 불법행위에 따른 준거법을 따르게 될 경우, 불법행위의 당사자 사이에 사후 합의로써 보험계약에서의 준거법 합의를 무력화시킬 수 있게 되는 점, ⑥ 피보험자의 보험금지급청구권의 인정 여부는 보험계약의 준거법에 의하고 피해자의 직접청구권은 불법행위의 준거법에 따른다면 하나의 계약관계에서 파생되는 밀접한 법률효과에 있어 특별한 이유 없이 준거법을 분리시키게 되어 당사자의 의사에 반하거나 법 해석 모순, 충돌의 가능성을 배제할 수 없게 되는 점 등을 종합할 때, 피해자가 보험자에 대하여 직접청구권을 행사하는 경우에는 '보험계약에 따른 준거법'에 의하는 것이 상당하다.

결국, 이 사건에 있어서는 영국법이 준거법이 된다.

나. 영국법에 따른 직접청구권 인정 여부

영국법은 우리 상법과 달리 피해자의 보험자에 대한 직접청구권을 일반적으로 허용하지 아니하고 예외적인 경우에만 허용하고 있으며, 이에 관한 규정이 '제3자 권리법[Third Parties(Rights against Insurers) Act 1930]'인바, 현행 제3자 권리법 제1조에는 직접청구권이 허용되는 경우에 관하여 '피보험자가 개인인 경우는 파산하였거나 채권자들과의 화의가 이루어진 경우', '피보험자가 법인인 경우는 해산명령이 이미 내려졌거나, 임의 해산에 대한 승인이 이루어졌거나, 파산관재인 등이 적법하게 임명되는 등 도산절차가 개시된 경우'에 한하여 직접청구권이 인정된다고 규정하고 있다.

이 사건에 관하여 보건대, 이 사건 선박을 소유한 피보험자인 천진시흠북해운유한공사에 대한 해산명령이 이루어졌거나 임의 해산에 대한 승인이 이루어졌거나 파산관재인이 임명되는 등 도산절차가 개시되었다고 볼 아무런 증거가 없어 직접청구권을 행사할 수 없으므로, 원고의 청구는 더 나아가 살필 필요 없이 이유 없다.

다. 공서양속 위반인지 여부

원고는, 위와 같이 영국법에 따라 원고의 피고에 대한 직접청구권을 인정하지 않으면 피해자를 보호하기 위한 우리 상법 제724조 제2항과 다른 결론으로, 외국법을 준거법으로 함으로써 직접청구권이 배제되어 국제사법 제10조의 공서양속에 위배되는 준거법 적용이라는 취지로 주장한다.

살피건대, ① 전 세계적으로 이와 같은 영국법이 해상보험업계에 널리 활용되고 있는 점, ② 이 사건 보험계약과 같은 책임보험은 피해자에게 직접 그 손해를 배상한다는 것에 주된 목적이 있는 것이 아니라 피보험자의 불법행위 등으로 인하여 피보험자가 피해자에게 손해를 배상함으로써 경제적 손실이 발생한 경우 그 손실을 전보하여줌으로써 피보험자의 불측의 손실과 위험을 부보하고자 함에 그 목적이 있는 점, ③ 피해자에 대한 직접청구권의 인정 여부는 책임보험의 본질에서 기인하는 것이 아니라 피해자 보호라는 입법정책적인 결단의 문제에 가깝다고 볼 수 있는데 선박의 소유자는 통상적으로 자력이 충분할 것임을 예상할 수 있으므로 이러한 경우에 직접청구권을 인정하지 아니한다고 하여 공서양속에 반한다고 하기 어려운 점 등을 종합할 때, 영국법을 준거법으로 하는 약정이 대한민국의 선량한 풍속 그 밖의 사회질서에 명백히 위반된다고 할 수 없다.

5. 결 론

그렇다면 원고의 이 사건 청구는 이유 없으므로 기각하기로 하여 주문과 같이 판결한다.

재판장 판사 최 승 록
판사 박 성 구
판사 민 희 진

〈제8호-II-②〉

서 울 고 등 법 원

제 18 민 사 부

판 결

사 건	2013나73560 비용상환
원고, 항소인	인천항만공사
피고, 피항소인	큐바이 홍콩 앤드 상하이 인슈어런스 엘티디
제 1 심 판 결	서울중앙지방법원 2013. 8. 22. 선고 2012가합52279 판결
변 론 종 결	2014. 4. 11.
판 결 선 고	2014. 5. 9.

주 문

1. 원고의 항소를 기각한다.
2. 항소비용은 원고가 부담한다.

청구취지 및 항소취지

제1심판결을 취소한다. 피고는 원고에게 1,355,753,211워너 및 이에 대하여 2011. 9. 30.부터 이 사건 소장부본이 송달된 날까지는 연 5%의, 그 다음 날부터 다 갚는 날까지는 연 20%의 각 비율로 계산한 돈을 지급하라.

이 유

1. 제1심판결의 인용

이 사건에 관하여 이 법원이 설시할 이유는, 다음과 같이 추가, 삭제하거나 고치는 부분을 제외하고는 제1심 판결의 이유 기재와 같으므로, 민사소송법 제420조 본문에 의하여 이를 그대로 인용한다.

① 제1심 판결문 제3쪽 제16, 17행('[인정근거]' 부분)에 "갑 제10호증의 1 내지 갑 제13호증의 각 기재, 제1심 법원의 인천지방해양항만청장에 대한 사실조회 결과"를 추

가한다.

② 제4쪽 제3, 4행 중 "이 사건 보험계약상 중재합의에 반하여 제기된 이 사건 소송은 부적법하고, 그렇지 않다 하더라도"를 삭제한다.

③ 제4쪽 제8행부터 15행까지(본안전항변에 관한 판단 부분)를 삭제한다.

④ 제4쪽 제16행 "4. 본안에 관한 판단"을 "3. 판단"으로 고친다.

⑤ 제7쪽 제6, 7행 중 "공서양속에 위배되는 준거법 적용이라는 취지로"를 "대한민국의 선량한 풍속 그 밖의 사회질서에 명백히 위반되므로, 영국법을 적용하여서는 아니되고, 대한민국 상법 제724조 제2항은 국제사법 제7조에서 말하는 '준거법에 관계없이 적용되어야 하는 강행규정'에 해당하므로, 이 사건에서는 준거법과 관계없이 상법 제724조 제2항이 적용되어야 한다는 취지로"로 고친다.

⑥ 제7쪽 제17, 18행 중 "위반된다고 할 수 없다."를 "위반된다거나, 대한민국 상법 제724조 제2항이 준거법에 관계없이 적용되어야 하는 강행규정에 해당한다고 볼 수 없다,"로 고친다.

2. 결 론

그렇다면, 원고의 이 사건 청구는 이유 없어 이를 기각하여야 할 것인바, 제1심 판결은 이와 결론을 같이하여 정당하므로, 원고의 항소를 기각하기로 하여 주문과 같이 판결한다.

재판장 판 사 김 인 겸

판 사 한 소 영

판 사 신 종 오

〈제8호-II-③〉

대 법 원
제 2 부
판 결

사 건 2014다37620 비용상환
원고, 상고인 인천항만공사
피고, 피상고인 큐비이 홍콩 앤드 상하이 인슈어런스 엘티디
원 심 판 결 서울고등법원 2014. 5. 9. 선고 2013나73560 판결

주 문

상고를 기각한다.

상고비용은 원고가 부담한다.

이 유

이 사건 기록과 원심판결 및 상고이유서를 모두 살펴보았으나, 상고인의 상고이유에 관한 주장은 상고심절차에 관한 특례법 제4조 제1항 각 호에 정한 사유를 포함하지 아니하거나 이유가 없다고 인정되므로, 위 법 제5조에 의하여 상고를 기각하기로 하여 관여 대법관의 일치된 의견으로 주문과 같이 판결한다.

2014. 9. 25.

재판장 대법관 조 희 대
대법관 신 영 철
주 심 대법관 이 상 훈
대법관 김 창 석

〈제9호-I-①〉

전 주 지 방 법 원

제 1 민 사 부

결 정

사 건	2013라205 경매개시결정에 대한 이의
신청인, 항고인	코메르츠방크 악티엔게젤샤프트(Commerzbank Aktiengesellschaft)
피신청인, 상대방	매리빌 마리타임 인코포레이션(Maryville Maritime INC)
제 1 심 결 정	전주지방법원 군산지원 2013. 7. 25.자 2013타기148 결정

주 문

1. 제1심 결정을 취소한다.
2. 전주지방법원 군산지원 2012타경12656호 선박임의경매 사건에 관하여 위 법원이 2012. 12. 3. 별지 목록 기재 선박에 대하여 한 경매개시결정을 취소하고, 피신청인의 임의경매신청을 기각한다.

이 유

1. 기초사실

이 사건 기록에 의하면 다음의 사실이 인정된다.

가. 별지 목록 기재 선박(이하 '이 사건 선박'이라 한다)은 독일 법인인 씨클래스 9 게엠베하 운트 코 카게(Sea Class 9 GMBH & Co KG, 이하 '씨클래스'라 한다)의 소유로서 독일에 선박등기가 되어 있다.

나. 신청인은 은행업을 영위하는 독일 법인으로서 2011. 8. 11. 씨클래스에게 17,000,000달러를 대여하고, 같은 달 12. 이 사건 선박에 관하여 저당권자 신청인, 저당권설정자 씨클래스, 채권최고액 28,275,000달러의 1순위 저당권을 설정하고 독일 선박등기부에 저당권설정등기를 경료하였다.

다. 한편, 이 사건 선박의 이전 소유자인 야타가 모빌리언게젤샤프트 엠베하 운트 코 카게(JATAGA Mobiliengesellschaft MBH & Co KG, 이하 '야타가'라 한다)는 2007. 7. 16. 마샬아일랜드 법인인 콜 에이지 쉽코 엘엘씨(Coal Age Shipco LLC, 이하 '콜 에지지'

라 한다)와 사이에 이 사건 선박에 관하여 나용선계약(Bareboat Charter)을 체결하였는데, 씨클래스는 2010. 11. 4. 야타가로부터 이 사건 선박을 매수하면서 콜 에이지의 동의 하에 위 2007. 7. 16.자 나용선계약을 인수하기로 하였다. 이에 씨클래스는 2011. 8. 9. 위 2007. 7. 16.자 나용선계약상의 선주 지위를 인수하였고, 이를 마샬아일랜드에 나용선등록(Bareboat Charter Register)하였다.

라. 피신청인은 선박관리업에 종사하는 그리스 소재 법인으로서, 2008. 4. 15. 콜 에이지와 사이에 선박관리계약(Ship Management Agreement)을 체결하였다. 피신청인은 이후 2012. 8. 2. 콜 에이지를 대리하여 월드 퓨얼 서비시즈 싱가포르 피티이 엘티디(World Fuel Services Singapore PTE LTD, 이하 '월드 퓨얼'이라 한다)와 사이에 이 사건 선박에 선박용 연료유 약 1,000톤을 공급하기로 하는 유류공급계약을 체결하였다. 월드 퓨얼은 2012. 8. 9. 위 유류공급계약에 따라 이 사건 선박에 선박용 연료유 985.081톤을 공급하였고, 당시 위 연료유 공급가액은 미화 603,845.65달러(이하 '이 사건 유류대금채권'이라 한다)에 이른다.

마. 월드 퓨얼은 2012. 11. 27. 피신청인에게 이 사건 유류대금채권을 양도하고, 위 양도 사실을 콜 에이지에게 통지하였고, 피신청인은 2012. 11. 29. 월드 퓨얼에게 위 양도계약에 따른 양도대금을 지급하였다.

바. 피신청인은 콜 에이지가 이 사건 유류대금을 지급하지 아니하자, 2012. 12. 3. 이 사건 유류대금채권을 청구채권으로 하여 이 사건 선박에 대하여 전주지방법원 군산지원 2012타경12656호로 선박임의경매신청을 하였고, 위 법원은 같은 날 경매개시결정을 하였다.

사. 이에 대하여 신청인은 2013. 3. 21. 전주지방법원 군산지원 2013타기148호로 경매개시결정에 대한 이의신청을 하였으나, 위 법원은 같은 해 7. 25. 신청인의 이의신청을 기각하였다.

2. 항고이유의 요지

나용선등록제도에 따라 선박이 이중등록된 경우 선박의 소유권, 저당권 및 선박우선특권 등 사법적 권리의무는 소유권등록국의 법에 따라 규율되므로, 이 사건에서 선박우선특권의 인정 여부를 정하는 준거법인 선적국법은 나용선등록국인 마샬아일랜드법이 아니라 소유권등록국인 독일법이고, 독일법에 의하면 유류대금채권에 관하여는 선박우선특권이 인정되지 않는다.

가사 마샬아일랜드법이 이 사건의 준거법에 해당한다고 하더라도, 피신청인은 나용선자와 선박관리계약을 체결하여 선박 운항에 관한 일반적인 권한을 선주로부터 수여받은 선박관리인의 지위에 있는데, 마샬아일랜드법에 의하면 이와 같은 지위에 있는 피신청인에게는 선박우선특권이 인정되지 않는다.

3. 판 단

국제사법 제60조 제1호 및 제2호는 '선박의 소유권 및 저당권, 선박우선특권 그 밖의 선박에 관한 물권, 선박에 관한 담보물권의 우선순위는 선적국법에 의한다'고 규정하여, 선박에 관한 물권 및 담보물권의 우선순위에 대한 법률문제에서 준거법을 결정하는 기준으로서 선적국법주의를 택하고 있다. 여기에서 선적국법이라 함은 선박이 소속하는 국가, 즉 선박이 국적을 가지고 있는 국가의 법을 말하는바, 일반적으로는 소유권등록항, 즉 선박소유자가 선박의 등기·등록을 하고 선박국적증서를 교부 받은 곳이 속한 국가의 법을 의미한다.

한편, 나용선이란 선주가 선박 이용자를 위해 선체만을 대차하는 일종의 선박임대차로서, 나용선계약을 통하여 임차인에 해당하는 용선자는 용선기간 동안 선박을 점유·사용할 채권적 권리를 갖게 된다. 이와 같이 특정국가에 등록을 한 선박이 일시적으로 다른 국가에 나용선된 경우에 있어, 나용선자가 그 다른 국가의 국기를 게양하고 운항할 수 있는 권리를 취득하기 위하여 그 다른 국가에 등록하는 것을 나용선등록이라고 한다.

위와 같이 선박이 선주로부터 용선자에게 나용선되어 다른 국가에 나용선등록을 마치고 나용선등록국의 국기를 게양하면서 운항되는 경우에, 국제사법 제60조의 선적국법의 해석과 관련하여 일반적인 경우와는 달리 나용선등록을 마친 국가가 당해 선박의 선적국이 되는지가 문제된다.

살피건대, 나용선등록은 선주와 용선자가 나용선계약이라는 선박의 사용에 관한 일종의 채권적 계약을 통하여 형성된 법률관계를 기반으로 하여, 특정의 공법적 효과 즉, 일정기간 동안 소유권등록국이 아닌 나용선등록국의 국기를 게양하면서 운항하고, 나용선등록국의 배타적 관할권과 감독권을 형성하여 그에 따른 이익을 향유할 것을 목적으로 하는 제도인바, 이와 같이 특정국가에 등록된 선박이 다른 국가에 나용선등록이 되어 그 국가의 국기를 게양하면서 운항한다는 사실만으로는 애초에 선박소유자가 선박에 대하여 가지는 물권적인 사적지배권에는 영향을 미치지 못한다고 봄이 타당하다. 그런데 선박우선특권은 선박의 운항과 관련된 일정한 채권에 대하여 그 선박의 환가대금으로부터 다른 채권자들보다 우선하여 변제를 받는 법정담보물권이므로, 선박이 소유권등록국가가 아닌 다른 국가에 나용선등록되었다는 사정만으로 당해 선박에 관한 선박우선특권의 성립과 순위에 영향을 미치도록 하는 것은 국제적 거래관계가 많은 선박의 사법적 법률관계의 안정성에 비추어 볼 때 부당하다. 따라서 선박이 소유권등록국과 다른 국가에 나용선등록이 된 경우라고 하더라도 선박우선특권의 준거법 판단에 있어 국제사법 제60조의 선적국법은 여전히 소유권등록을 마친 국가의 법을 의미하는 것으로 새기는 것이 타당하다.

또한, 국제사법 제60조의 조문 체계를 살펴보면 '해상에 관한 다음 각호의 사항은 선적국법에 의한다'라고 규정하고, 이하의 각호에서 해당 내용을 규정하고 있고, 특히 제1호에서는 '소유권, 저당권, 선박우선특권 그 밖의 선박에 관한 물권', 제2호에서는 '선박에 관한 담보물권의 우선순위'라고 규정하고 있는바, 선적국법의 의미를 각호의 내용에 따라 달리 파악하기보다는 전체적으로 일률적인 의미로 이해함이 타당하다. 따라서 소유권등록과는 별개로 나용선등록이 마쳐진 사정이 있는 경우에 있어 선박우선특권에 한하여 국제사법 제60조 규정상의 선적국법의 의미를 다른 담보물권이나 기타 권리와는 달리 파악하는 것은 위 규정의 문리적 해석에도 부합하지 않는다.

위와 같은 법리에 비추어 이 사건을 보건대, 이 사건 선박이 독일 법인의 소유로서 독일에 등기되어 있음은 앞서 본 바와 같으므로, 이 사건 유류대금채권이 선박우선특권으로 인정되는지 여부의 판단기준이 되는 준거법인 선적국법은 독일법이라고 할 것이다. 그런데 독일상법(Handelsgesetzbuch) 제754조는 선박우선특권이 인정되는 경우를, "① 선장 및 기타 본건 선박 선원들의 임금, ② 선박에 부여되는 공과금, 선박제세, 입항세 및 도선료, ③ 선박의 운영으로 인하여 직접적으로 발생한 인명 손실, 신체적 상해 및 재산의 손실·손상과 관련한 청구. 단, 계약에 기초하여 발생할 수 있거나 계약에 기초하여 발생한 재산의 손실·손상과 관련한 신청은 제외, ④ 잔존가액 또는 잔존가액 비용을 포함한 추가적 비용, 선박의 분담금 또는 선박 운임의 공동해손 및 난파선 견인 등의 청구, ⑤ 본건 선박 선주에 대한 실업보험 등 사회보험 대리점들의 청구"로 한정하고 있을 뿐이고, 이 사건 유류대금채권과 같이 선박에 관하여 발생한 물품대금에 대해서는 특별히 선박우선특권이 발생한다고 규정하고 있지 않다. 따라서 이 사건 유류대금채권에는 선박우선특권이 인정되지 않고, 선박우선특권에 기한 이 사건 임의경매개시결정은 부당하다.

4. 결 론

그렇다면, 이 사건 항고는 이유 있으므로, 제1심 결정을 취소하고, 피신청인의 이 사건 임의경매개시신청을 기각하기로 하여 주문과 같이 결정한다.

2014. 6. 2.

재판장 판 사 정 재 규
판 사 위 수 현
판 사 김 성 겸

〈제9호-Ⅰ-②〉

대 법 원

제 2 부

결 정

사 건	2014마1099 경매개시결정에 대한 이의
상 대 방	코메르츠방크 악티엔게젤샤프트 (Commerzbank Aktiengesellschaft)
재 항 고 인	매리빌 마리타임 인코포레이션 (Maryville Maritime INC)
원 심 결 정	전주지방법원 2014. 6. 2.자 2013라205 결정

주 문

재항고를 기각한다.

재항고비용은 재항고인이 부담한다.

이 유

재항고이유(재항고이유서 제출기간이 지난 후에 제출된 재항고이유보충서의 기재는 재항고이유를 보충하는 범위 내에서)를 판단한다.

선박우선특권의 성립 여부와 일정한 채권이 선박우선특권에 의하여 담보되는지 여부 및 선박우선특권이 미치는 대상의 범위는 국제사법 제60조 제1호에 따라 선적국(船籍國)의 법, 즉 선박소유자가 선박의 등기·등록을 한 곳이 속한 국가의 법이 준거법이 되는 것이고(대법원 2007. 7. 12. 선고 2005다39617 판결 참조), 이러한 법리는 선박이 나용선등록제도에 따라 선적국이 아닌 국가에 나용선등록이 되어 있는 경우에도 마찬가지이다.

위 법리와 기록에 따라 살펴보면, 이 사건 선박에 관한 선박우선특권의 준거법은 이 사건 선박의 '나용선등록국법'인 '마샬아일랜드법'이 아니라 '소유권등록국법'인 '독일법'이고, 독일 상법에 따르면 이 사건과 같은 유류대금채권은 선박우선특권에 의하여 담보되지 않는다고 판단하여, 선박우선특권에 기초한 재항고인의 이 사건 임의경매신청을 기각한 원심결정은 정당하다. 거기에 선박우선특권의 준거법에 관한 법리를 오해하여 재판 결과에 영향을 미친 위법이 없다.

그러므로 재항고를 기각하고 재항고비용은 패소자가 부담하도록 하여, 관여 대법관의 일치된 의견으로 주문과 같이 결정한다.

2014. 11. 27.

재판장 대법관 이 상 훈
대법관 신 영 철
대법관 김 창 석
주 심 대법관 조 희 대

〈제9호-II〉

부 산 지 방 법 원
제 5 민 사 부
판 결

사 건	2013가합47173 손해배상(기)
원 고	주식회사 제이 와이 조선인, ○○○○○○ 캄퍼니 리미티드
피 고	1. 주식회사 동해조선
	2. 광진통운 주식회사
변 론 종 결	2014. 4. 24.
판 결 선 고	2014. 5. 15.

주 문

1. 피고 주식회사 동해조선은 원고에게 179,097,802 및 이에 대하여 2012. 4. 21.부터 2014. 5. 15.까지는 연 5%, 그 다음날부터 다 갚는 날까지는 연 20%의 각 비율에 의한 돈을 지급하라.
2. 원고의 피고 광진통운 주식회사에 대한 청구를 기각한다.
3. 소송비용 중 원고와 피고 주식회사 동해조선 사이에 생긴 부분은 피고 주식회사 동해조선이, 원고와 피고 광진통운 주식회사 사이에 생긴 부분은 원고가 각 부담한다.
4. 제1항은 가집행할 수 있다.

청 구 취 지

피고들은 각자 원고에게 179,097,802원 및 이에 대하여 2012. 4. 21.부터 이 사건 판결 선고일까지는 연 5%, 그 다음날부터 다 갚는 날까지는 연 20%의 각 비율에 의한 돈을 지급하라.

이 유

1. 인정사실

가. 원고는 선박수리업 등을 영위하는 법인이고, 피고 주식회사 동해조선(이하 '피고 동해조선'이라 한다)은 선박건조업 등을 영위하는 법인이며, 피고 광진통운 주식회사(이하 '피고 광진통운'이라 한다)는 기선 광진월드7호(이하 '이 사건 선박'이라 한다)의 소유자로서 해상운송업 등을 영위하는 법인이다.

나. 피고 동해조선은 2011. 3.경 피고 광진통운의 의뢰로 이 사건 선박을 건조하게 되었고, 피고 광진통운은 2012. 3. 27. 이 사건 선박에 관한 소유권보존등기를 마쳤다.

다. 피고 동해조선의 안벽에서 계류[1] 중이던 이 사건 선박은 2012. 4. 21. 23:00경 안벽을 벗어나 떠내려가게 되어 인접한 원고의 제2번 선대[2] 시설에 충돌하였고, 이어 제1번 선대 시설에 좌초되었다(이하 '이 사건 사고'라 한다).

라. 이 사건 사고 당시 원고의 제1번 선대에서 2012. 4. 28. 하가[3] 예정이던 현대당진호가 수리 중이었는데 원고의 위 선대 시설이 파손됨에 따라 하가예정일로부터 6일이 지난 2012. 4. 28.에야 하가하게 되었고, 원고는 파손된 위 선대 시설을 수리하는 기간 동안 조선소 시설을 가동하지 못하게 되었다.

마. 원고는 이 사건 사고로 인하여 합계 179,097,802원의 손해(선대 파손부분 복구비용 87,593,00원+선대 시설을 가동하지 못한 2012. 4. 23.부터 2012. 4. 28.까지 6일간 영업손실액 31,340,150원+현대당진호의 소유자인 현대해운 주식회사가 6일간의 하가 지연으로 인하여 원고에게 청구한 운항손실금 60,164,652원)를 입었다.

[인정근거]

○ 피고 동해조선 : 의제자백(민사소송법 제150조 제3항, 제1항)

○ 피고 광진통운 : 다툼 없는 사실, 갑 제2 내지 8호증의 각 기재(가지번호 포함), 갑 제 1호증의 영상, 변론 전체의 취지

2. 피고 동해조선에 대한 청구에 관한 판단

위 인정사실에 의하면, 피고 동해조선은 이 사건 선박을 건조하여 보관하는 자로서 자신의 시설 내인 안벽에 계류 중인 선박을 안전하게 보관할 주의의무가 있음에도 이를 게을리 하여 이 사건 선박이 안벽에서 벗어나 떠내려가도록 한 과실이 있다.

---

1) 선박을 부두, 방파제, 부표 등에 붙들어 매는 것.
2) 선박을 건조하거나 선박을 끌어올려 수리할 수 있도록 만든 경사진 시설.
3) 선박을 선대에서 내리는 것.

위와 같은 과실행위가 원인이 되어 이 사건 사고가 발생하였으므로, 피고 동해조선은 원고에게 이 사건 사고로 인하여 원고가 입은 손해 179,097,802원 및 이에 대하여 원고가 구하는 바에 따라 불법행위일인 2012. 4. 21.부터 이 사건 판결 선고일인 2014. 5. 15.까지는 민법이 정한 연5%, 그 다음날부터 다 갚는 날까지는 소송촉진 등에 관한 특례법이 정한 연 20%의 각 비율에 의한 지연손해금을 지급할 의무가 있다.

3. 피고 광진통운에 대한 청구에 관한 판단

가. 일반불법행위책임(민법 제750조)

원고는 피고 광진통운이 이 사건 선박의 소유자로서 시운전을 마치는 등 선박의 관리를 시작하였으므로 이 사건 선박을 안전하게 보관할 주의의무가 있음에도 이를 위반하였으므로 이에 따른 손해를 배상할 책임이 있다고 주장한다.

살피건대, 앞서 본 인정사실 및 을나 제1 내지 9호증(가지번호 포함)의 각 기재에 변론 전체의 취지를 종합하여 인정할 수 있는 다음의 사정들 즉, ① 피고 광진통운은 피고 동해조선에게 이 사건 선박의 건조를 의뢰한 도급인이고 이 사건 선박은 건조되어 인도되기 전까지 수급인인 피고 동해조선의 관리 하에 있었던 점, ② 아래에서 보는 바와 같이 이 사건 사고 당시 이 사건 선박의 시운전이 완료되지 않았던 데다가 피고 광진통운이 이 사건 선박을 점유하고 있지도 않았던 점 등에 비추어 보면, 단순히 피고 광진통운이 이 사건 선박의 소유자라는 사실만으로 이 사건 선박을 안전하게 보관할 주의의무가 있다고 할 수 없으므로, 이와 다른 전제에 선 원고의 이 부분 주장은 이유 없다.

나. 사용자책임(민법 제756조)

원고는 피고 광진통운이 해기사 자격증을 가진 A를 이 사건 선박 건조현장에 파견하여 피고 동해조선의 이 사건 선박 건조의 전체 과정을 지휘·감독하였고, 이 사건 사고일인 2012. 4. 21. 이전인 2012. 3. 27. 피고 광진통운은 이 사건 선박의 소유권보존등기를 마친바, 도급인인 피고 광진통운과 수급인인 피고 동해조선의 관계는 실질적인 사용자 및 피용자 관계이므로 피고 광진통운은 사용자책임을 부담한다고 주장한다.

살피건대, 도급인은 도급 또는 지시에 관하여 중대한 과실이 없는 한 수급인이 그 일에 관하여 제3자에게 가한 손해를 배상할 책임이 없으나(민법 제757조), 다만 도급인이 수급인의 일의 진행 및 방법에 관하여 구체적인 지휘 감독권을 유보한 경우에는 도급인과 수급인의 관계는 실질적으로 사용자 및 피용자의 관계와 다를 바 없으므로 수급인의 불법행위로 인한 손해에 대하여 도급인은 민법 제756조에 의한 사용자책임을 면할 수 없다(대법원 1993. 5. 27. 선고 92다48109 판결 등 참조). 또한 사용자 및 피용자 관계 인정의 기초가 되는 도급인의 수급인에 대한 지휘 감독은 건설공사의 경우에는 현장에서 구체적인 공사의 운영 및 시행을 직접 지시 지도하고 감시 독려함으로써 시공 자체를 관리함을 말하는 것이고, 단순히 공사의 운영 및 시공의 정도가 설계도 또는 시방서대로 시행되고 있는가를 확인하여 공정을 감독하는데 불과한 이른바 감리는 여기에 해당하지 않는다(대법원 1992. 6. 23. 선고 92다2615 판결 참조).

위 법리에 비추어 이 사건을 보건대, 을나 제10호증의 기재에 변론 전체의 취지를 종합하여 인정할 수 있는 다음의 사정들 즉, ① 피고 광진통운이 이 사건 선박 건조현장에 A를 파견하였음을 인정할 만한 객관적인 자료가 없는 점, ② 해기사는 선박 건조를 관리・감독할 수 있는 자가 아니라 선박에 승무하여 선박을 운용하는 선박직원으로서 해양수산부장관의 해기사 면허를 받은 사람인데(선박직원법 제2조 제3호, 제4조 제1호), A는 4급 항해사로서 원양어선의 항해사 경험과 근해 소형선박의 선장 경험이 전부인 자로 이 사건 선박 건조과정 전체의 운영 및 시행을 직접 지도하는 등 시공 자체를 관리할 수 있다고 보이지 않는 점, ③ 도급인인 피고 광진통운이 이 사건 선박의 소유권을 취득하였다는 사실만으로는 수급인인 피고 동해조선과 사이에 바로 실질적인 사용자 관계가 생긴다고 볼 수 없는 점 등에 비추어 보면, 원고가 주장하는 위 사정들만으로는 도급인인 피고 광진통운이 수급인인 피고 동해조선의 일의 진행 및 방법에 관하여 구체적인 지휘 감독권을 유보하였음을 인정하기에 부족하고, 달리 이를 인정할만한 증거가 없으므로, 피고 광진통운과 피고 동해조선의 관계는 실질적으로 사용자 및 피용자의 관계라고 할 수 없는바, 이와 다른 전제에서 선 원고의 이 부분 주장 역시 이유 없다.

다. 공작물책임

1) 공작물의 점유자로서의 책임(민법 제758조 제1항 본문)

원고는 피고 광진통운이 이미 이 사건 선박의 시운전을 마치는 등 이 사건 선박의 점유를 이전받아 관리를 시작하였으므로 공작물의 점유자로서 불법행위책임을 부담한다는 취지로 주장한다.

살피건대, 을나 제2 내지 9호증의 각 기재에 변론 전체의 취지를 종합하여 인정할 수 있는 다음의 사정들, 즉 ① 통상 시운전에 합격하여야만 비로서 선주에게 완성된 선박을 인도하는데, 이 사건 선박은 2012. 4. 20. 실시된 제1차 시운전에서 기관실에 여러 문제가 있는 것이 발견되어 이를 보완한 후 제2차 시운전을 하기로 되어 있어 이 사건 사고 당시 시운전에도 합격하지 못했던 점, ② 따라서 피고 광진통운 소속의 기관장은 제1차 시운전 당시 시운전의 입회인 자격으로 탑승한 것으로 보일 뿐 피고 광진통운 소속 기관장의 탑승사실만을 가지고 피고 광진통운이 사건 선박의 점유를 이전받았다고 보이지 않는 점, ③ 피고 광진통운은 2013. 8. 7. 이후에야 피고 동해조선으로부터 이 사건 선박을 인도받은 것으로 보이는 점에 비추어 보면 피고 광진통운은 이 사건 사고 당시 이 사건 선박의 점유자라고 할 수 없으므로, 원고의 이 부분 주장 역시 이유 없다.

2) **공작물의 소유자로서의 책임(민법 제758조 제1항 단서)**

원고는 피고 광진통운이 이 사건 선박의 소유자이므로 공작물의 소유자로서 불법행위 책임을 부담한다는 취지로 주장한다.

살피건대, 공작물의 소유자는 점유자가 손해의 방지에 필요한 주의를 해태하지 아니한 때에 한하여 손해를 배상할 책임이 있는바, 앞서 본 인정사실에 의하면, 피고 동해조선은 이 사건 선박을 건조하여 점유·보관하는 자로서 자신의 시설 내인 안벽에 계류 중인 선박을 안전하게 보관할 주의의무가 있음에도 이를 게을리 하여 이 사건 선박이 안벽에서 벗어나 떠내려가도록 한 과실이 있다.

따라서 이 사건 선박의 점유자인 피고 동해조선이 손해의 방지에 필요한 주의를 해태하여 점유자로서의 책임이 있는 이상, 이 사건 선박의 소유자인 피고 광진통운은 그 손해를 배상할 책임이 없으므로, 원고의 이 부분 주장 역시 이유 없다.

4. 결 론

그렇다면 원고의 피고 동해조선에 대한 청구는 이유 있어 이를 인용하고, 피고 광진통운에 대한 청구는 이유 없어 이를 기각하기로 하여 주문과 같이 판결한다.

재판장 판 사 차 경 환
판 사 장 민 경
판 사 우 상 범

〈제10호-I-①〉

서 울 고 등 법 원

제 1 3 민 사 부

판 결

사 건	2011나60300 선수금환급보증금
원고, 피항소인	1. 주식회사 신한은행
	2. 신한캐피탈 주식회사
피고, 항소인	그린손해보험 주식회사
제 1 심 판 결	서울중앙지방법원 2011. 6. 9. 선고 2009가합131561 판결
변 론 종 결	2012. 6. 22.
판 결 선 고	2012. 7. 20.

주 문

1. 제1심 판결 중 아래에서 지급을 명하는 금원을 초과하는 피고 패소 부분을 취소하고, 그 취소 부분에 해당하는 원고들의 청구를 모두 기각한다.
   피고는 원고들에게 미화 7,783,800달러 및 그 중 미화 2,594,600달러에 대하여 2006. 11. 8.부터, 미화 2,594,600달러에 대하여 2006. 12. 9.부터, 미화 2,594,600달러에 대하여 2007. 5. 12.부터 각 2011. 6. 9.까지는 연 5%의, 그 다음날부터 다 갚는 날까지는 연 8%의 각 비율로 계산한 돈을 지급하라.
2. 당심에서의 청구취지 확장에 따라, 피고는 원고들에게 미화 1,024,689.27달러에 대하여 2009. 9. 6.부터 2012. 7. 20.까지는 연 5%의, 그 다음날부터 다 갚는 날까지는 연 8%의 각 비율로 계산한 돈을 지급하라.
3. 당심에서 확장된 원고들의 나머지 청구 및 피고의 원고들에 대한 나머지 항소를 모두 기각한다.
4. 가지급물반환신청에 기하여, 원고들은 피고에게 미화 1,771,507.53달러 및 이에 대하여 2011. 6. 10.부터 2012. 7. 20.까지는 연 5%의, 그 다음날부터 다 갚는 날까지는 연 20%의 각 비율로 계산한 돈을 지급하라.
5. 제2항 및 제4항은 가집행할 수 있다.
6. 소송총비용(가지급물 반환신청비용 포함) 중 15%는 원고들이, 나머지는 피고가 각 부

담한다.

청구취지, 항소취지 및 가지급물반환신청취지

1. 청구취지

피고는 원고들에게 미화 7,783,800달러 및 그 중 미화 2,594,600달러에 대하여 2006. 11. 8.부터, 미화 2,594,600달러에 대하여 2006. 12. 9.부터, 미화 2,594,600달러에 대하여 2007. 5. 12.부터 각 2009. 9. 5.까지는 연 5%의, 그 다음날부터 이 사건 소장 부본 송달일까지는 연 8%의, 그 다음날부터 다 갚는 날까지는 연 20%의 각 비율에 의한 금원을, 위 금원 중 미화 1,024,689,27달러에 대하여 2009. 9. 6.부터 이 사건 소장 부본 송달일까지는 연 8%의, 그 다음날부터 다 갚는 날까지는 연 20%의 각 비율에 의한 금원을 각 지급하라(원고는 당심에 이르러 이자 내지 지연손해금 기산일을 각 선수금 지급일 다음날부터로 감축하는 한편, 2009. 9. 6.부터 이 사건 소장 부본 송달일까지의 지연손해금 청구 및 약정이자에 대한 지연손해금 청구를 확장하였다).

2. 항소취지

제1심 판결을 취소한다. 원고들의 피고에 대한 청구를 기각한다.

3. 가지급물반환 신청취지

원고들은 피고에게 미화 11,266,250.7달러 중 제1심 판결금을 초과하는 금원 및 위 금원에 대하여 2011. 6. 10.부터 당심 판결선고일까지는 연 5%의, 그 다음날부터 다 갚는 날까지는 연 20%의 각 비율에 의한 금원을 지급하라(결국 주문 제4항과 같게 된다).

이 유

1. 기초사실

가. 선박건조계약 및 계약상 지위 이전계약 체결

1) 주식회사 선우해운(이하 '선우해운'이라고 한다)은 2006. 2. 2. 주식회사 동방조선(이하 '동방조선'이라고 한다)과 동방조선이 케미컬 탱커선(선체번호 DB-102, 이하 '이 사건 선박'이라 한다) 1척을 대금 미화 12,973,000달러에 건조하여 2007. 12. 30.까지 선우해운에게 인도하되, 선우해운은 위 건조대금을 계약체결일부터 인도일에 이르기까지 5회(1회 내지 3회차 분납금액은 건조대금의 20%에 해당하는 각 미화 2,594,600달러, 4회차 분납금액은 건조대금의 10%에 해당하는 미화 1,297,300달러, 5회차 분납금액은 건조

대금의 30%에 해당하는 미화 3,891,900달러이다)에 걸쳐 분납하기로 하는 내용의 선박건조계약(이하 '이 사건 선박건조계약'이라 한다)을 체결하였다.

2) 선우해운, 동방조선, 수보람 쉬핑 에스에이(Suboram Shipping S.A., 이하 '수보람'이라 한다)는 2006. 7. 19. 선우해운이 이 사건 선박건조계약에 따른 계약상 지위를 포괄적으로 수보람에게 이전하고, 동방조선은 이를 승인하는 내용의 계약상 지위 이전계약(이하 '이 사건 계약상 지위 이전계약'이라 한다)을 체결하였다.

나. 원고들의 선박건조자금 대출

1) 원고들은 2006. 7. 19. 수보람과 이 사건 선박의 건조자금으로 총 미화 12,600,000달러를 대출하는 약정(이하 '이 사건 대출약정'이라 한다)을 체결하면서 위 대출금에 대한 담보를 확보하기 위하여 수보람으로부터 수보람이 현재 또는 장래에 ① 이 사건 선박건조계약에 의하여 보유하거나 보유하게 될 모든 종류의 권리 및 ② 수보람을 수익자로 하여 금융기관으로부터 받게 될 선수금환급보증[1]에 의하여 보유하거나 보유하게 될 모든 종류의 권리를 각 이전받기로 하는 내용의 인도 전 양도담보계약(이하 '이 사건 양도담보계약'이라 한다)을 체결하였다.

2) 이에 따라 수보람은 2006. 7. 20. '이 사건 양도담보계약에 따라 이 사건 선박건조계약에 따른 수보람의 권리를 원고들에게 양도하였다'는 내용으로 동방조선에게 통지하였고, 같은 날 동방조선은 위 통지에 따르겠다는 취지로 원고들에게 회신하였다.

3) 그리고 수보람은 2006. 7. 20. 동방조선이 수보람에 대하여 선수금을 반환하여야 할 채무가 발생할 경우 피고가 위 채무에 대한 보증채무를 부담하는 내용의 선수금환급보증서(이하 '이 사건 보증서'라 한다)를 피고로부터 발급받았는데, 그 주요 내용은 다음과 같다(이하 이 사건 보증서에 따른 보증을 '이 사건 보증'이라 한다).

○ 피고는 이 사건 선박 건조를 위하여 선우해운과 동방조선 사이에 체결된 이 사건 선박건조계약 및 선우해운, 동방조선, 수보람 사이에 체결된 이 사건 계약상 지위 이전계약과 관련하여 동방조선의 신청에 따라 수보람을 수익자로 하여 '취소될 수 없고 무조건적인(irrevocable and unconditional)' 선수금환급보증서(번호 : 7101060414)를 개설한다.

---

1) '선수금환급보증'이란 영문으로 'Refund Guarantee', 또는 'Advance Payment Guarantee'라고 표현되는바, 이 사건 선박건조계약과 같이 선박 건조에 상당한 시간이 소요되는 경우 선박건조자는 건조 중에 자재구입비 등으로 상당한 자금을 필요로 하므로 발주자는 선박 인도 전에 선박건조대금의 70～80% 정도를 선수금 명목으로 4회 정도에 걸쳐 분납하고 나머지 20～30%를 선박 인도시 잔금으로 지급하게 된다. 만약 선박건조자가 선박 인도의무를 제대로 이행하지 못하는 경우 발주자는 계약을 해제하고 기 지급한 선수금에 대하여 반환을 청구할 수 있는데, 선박건조자의 자력이 충분하지 못한 경우 발주자는 선수금을 제대로 반환받지 못하는 경우가 발생할 수 있다. 이를 대비하여 발주자의 선박건조자에 대한 선수금반환청구권을 담보하기 위하여 선박건조자는 금융기관에게 일정한 수수료를 지급하고 선수금환급보증을 받아서 발주자에게 제공하게 된다.

○ 수보람이 동방조선과 계약을 체결하는 대가로, 계약의 조건에 따라 수보람이 선박의 인도 이전에 동방조선에게 지급한 선수금, 이자 및 기타 지급금을 환급받을 권한을 가지는 경우에 피고는 수보람에 대하여 수보람의 청구가 있은 날부터 30일 이내에 수보람의 청구금액 및 수보람이 위 금액을 지급한 날의 다음날부터 이 선수금환급보증서에 따라 전액 변제를 받는 날까지 연 5%의 비율로 셈한 이자를 지급할 것임을 취소 불가능하게 보증한다.

○ 이 선수금환급보증서에 따른 보증금액은 동방조선이 이 사건 선박의 인도 전 선수금을 받는 즉시 그 선수금 및 이에 대한 계약상의 이자를 더한 금액만큼 자동으로 증가되나, 어떠한 경우에도 보증총액은 미화 9,081,100달러에 동방조선이 각 인도 전 선수금을 수령한 날의 다음날부터 이 선수금환급보증서에 따라 수보람이 지급받는 날까지 연 5%의 이율에 의하여 계산한 이자를 합산한 금액을 초과하지 않는다.

○ 이 선수금환급보증서에 따른 지급은 수보람의 단순청구(simple demand) 및 이 사건 선박건조계약 제10조에 따라 수보람의 동방조선에 대한 선수금 환급청구가 이루어졌으며 동방조선이 환급의무를 이행하지 못하였다는 내용을 확인하는 서명 진술서(signed statement)를 수령하면 이루어진다.

○ 상기 내용에도 불구하고 수보람의 동방조선에 대한 환급청구가 이루어진 때부터 30일 이내에 피고가 동방조선 또는 수보람으로부터 중재절차가 개시되어 수보람의 계약취소권 및 환급청구권이 계약의 조건에 따라 중재에 회부되었다는 점에 대한 서면 확인을 동반한 통지를 받는 경우 피고는 수보람으로부터 지급청구 및 중재결정문 사본을 수령하는 즉시, 중재판정에 따라 동방조선이 수보람에게 지급하여야 할 금액에 상응하는 금액을 미화 9,081,100달러 및 이에 대한 이자의 합계액 범위 내에서 지급할 것이다.

○ 이 선수금환급보증서는 보증 금액을 수보람이 수령하거나 또는 수보람이 계약조건에 따라 선박을 인도받음으로써 무효가 되며, 이러한 경우 이 선수금환급보증서는 피고에게 반환되어야 한다.

○ 이 선수금환급보증서는 양도가 가능하고, 이 선수금환급보증서의 발행일부터 동방조선이 계약규정에 따라 수보람에게 선박을 인도하는 때까지 유효하다.

○ 이 선수금환급보증서는 영국법에 의하여 규율되고 그에 따라 해석된다.

4) 수보람은 2006. 7. 26. '이 사건 양도담보계약에 따라 이 사건 보증에 따른 수보람의 권리를 원고들에게 양도하였다'는 내용으로 피고에게 통지하였고, 같은 날 피고는 위 통지에 따르겠다는 취지로 원고들에게 회신하였다.

다. 원고들의 선수금 지급 및 동방조선의 이 사건 선박건조계약 불이행

1) 원고들은 이 사건 대출약정에 따라 2006. 11. 7. 1회차 선수금 중 미화 1,297,300달러, 2006. 12. 8. 2회차 선수금 미화 2,594,600달러, 2007. 5. 11. 3회차 선수금 미화 2,594,600달러 합계 미화 6,486,500달러를 수보람에게 대출해 주었고, 수보람은 위 대출금 등으로 동방조선에게 1회 내지 3회차 선수금 합계 미화 7,783,800달러를 지급하였다.

2) 그러나 동방조선은 이 사건 선박의 인도일인 2007. 12. 30.까지 이 사건 선박의 건조를 완료하지 못하였다.

라. 동방조선과 주식회사 선우상선 사이의 자산양수도계약 체결

한편, 동방조선과 주식회사 선우상선(이하 '선우상선'이라 한다)은 2008. 7. 1. 동방조선이 선우상선에게 조선사업과 관련된 자산 및 이 사건 선박건조계약에 따른 선박건조자 지위를 양도하는 내용의 자산양수도계약(이하 '이 사건 자산양수도계약'이라 한다)을 체결하였다.

마. 원고들의 동방조선에 대한 이 사건 선박건조계약 해제 및 선수금환급 통보

1) 원고들은 동방조선이 이 사건 선박건조계약에 따른 선박 인도의무를 이행하지 않자 2009. 7. 31. 동방조선에 대하여 '원고들은 이 사건 양도담보계약에 따라 수보람의 이 사건 선박건조계약에 따른 권리를 양도받았고 동방조선이 이를 승낙하였으므로 동방조선의 채무불이행이 있을 경우 이 사건 선박건조계약을 해지 또는 취소할 수 있는바, 동방조선이 이 사건 선박의 인도의무를 이행하지 않으므로 이 사건 선박건조계약을 해지 또는 취소한다. 따라서 동방조선은 원고들에게 수보람이 선수금 명목으로 지급한 미화 7,783,800달러 및 각 선수금(1회 내지 3회차 선수금)에 대하여 그 지급일부터 연 5%의 비율로 셈한 이자를 가산하여 환급하여야 한다'는 내용으로 통지하였으나, 동방조선은 원고들에게 선수금을 반환하지 않았다.

2) 이에 원고들은 2009. 8. 5. 피고에 대하여 '이 사건 보증서에 근거하여 피고는 원고들에게 선수금 명목으로 지급된 미화 7,783,800달러 및 각 선수금(1회 내지 3회차 선수금)에 대하여 그 지급일부터 연 5%의 비율로 셈한 이자를 가산하여 환급하여야 한다'는 내용으로 통지하였으나, 피고는 이에 응하지 않았다.

[인정근거] 다툼 없는 사실, 갑 제1호증의 1, 2, 갑 제2호증, 갑 제3호증의 1, 2, 갑 제4호증의 1 내지 4, 갑 제5호증, 갑 제6호증의 1 내지 4, 갑 제7, 8호증, 을 제1호증의 각 기재, 변론 전체의 취지

2. 주장 및 이에 관한 판단

가. 당사자들의 주장 요지

1) 원고들

가) 이 사건 보증은 이른바 '독립적 보증'에 해당하므로, 원고들이 이 사건 보증서에 기하여 피고에게 보증채무의 이행을 청구하면 피고는 원인관계(이 사건 선박건조계약에 따른 동방조선과 수보람 사이의 관계)에 기한 항변을 할 수 없다.

나) 가사 이 사건 보증이 '독립적 보증'에 해당하지 않는다고 하더라도 이 사건 자산양수도계약은 동방조선과 선우상선 사이에 체결된 2자간 계약인수에 불과하고, 원고들은 이 사건 양도담보계약에 따라 수보람의 이 사건 선박건조계약에 따른 지위를 양도받았으므로 이 사건 자산양수도계약에 대하여 동의권을 행사할 수 있는 지위에 있다. 그런데 원고들이 이 사건 자산양수도계약에 대하여 동의한 사실이 없으므로 동방조선이 이 사건 선박건조계약에 따른 선박건조자 지위를 상실한다고 볼 수 없고, 따라서 동방조선의 선수금반환채무를 보증한 피고의 보증채무도 소멸하지 않는다.

2) 피고

가) 이 사건 보증은 이른바 '독립적 보증'에 해당하지 않는다. 따라서 피고는 다음과 같은 원인관계에 기한 항변으로 원고들에 대하여 대항할 수 있다.

(1) 이 사건 자산양수도계약에 따라 선우상선이 동방조선의 이 사건 선박건조계약에 따른 선박건조자 지위를 면책적으로 인수하였고 수보람 및 원고들이 이에 동의하였으므로, 동방조선은 이 사건 선박건조계약에서 탈퇴하여 더 이상 선수금반환채무를 부담하지 않고 선우상선이 선수금반환채무를 부담하게 되었는바, 이와 같이 선수금반환채무의 주채무자가 변경됨으로 인하여 피고의 보증채무도 소멸하였다.

(2) 또한 이 사건 자산양수도계약에 따라 이 사건 선박의 실제 소유자로서 선수금환급채권자인 선우상선이 선수금환급채무자인 동방조선으로부터 이 사건 선박건조계약상 지위를 인수함으로써 채권자와 채무자 지위의 혼동으로 선수금환급채권이 소멸하였으므로 피고의 보증채무도 소멸하였다.

나) 가사 이 사건 보증이 '독립적 보증'이라고 하더라도 동방조선이 이 사건 선박건조계약에서 탈퇴하여 더 이상 수보람에 대하여 선수금반환채무를 부담하지 않으므로 동방조선에게 수보람에 대한 선수금반환채무가 있음을 전제로 원고들이 피고에 대하여 보증채무의 이행을 구하는 것은 신의칙에 위반하는 권리남용에 해당한다. 그리고 원고들은 수보람에 대한 피담보채권의 범위 내에서만 양도담보권을 실행할 수 있는바, 원고들이 출연하지

않은 1,297,300달러에 관하여는 피고에 대하여 보증금을 청구할 수 없고, 따라서 이 부분 보증채무의 이행을 구하는 것도 권리남용에 해당한다. 나아가 동방조선은 이 사건 선박건조계약과 관련하여 원고들에 대하여 채권을 가지고 있고, 피고는 동방조선에 대하여 사전구상채권이 있으므로 위 사전구상채권액 중 동방조선의 원고들에 대한 채권액 범위 내에서 원고들이 구하는 선수금환급보증금 채권액을 상계할 수 있다.

다) 한편, 피고는 제1심 판결 선고 후 원고들에 대하여 11,266,250.7달러를 지급하였는바, 이는 수보람의 원고들에 대한 대여금 채무의 이행으로서 변제한 것이므로 변제자 대위에 의하여 원고들이 수보람에 대하여 가지는 대여금 채권과 담보권은 변제자인 피고에게 이전되어 원고들은 더 이상 피고에게 보증채무를 물을 수 없다.

라) 끝으로, 이 사건 보증서에 관하여는 영국법을 적용하기로 약정하였으므로 원고들은 소송촉진 등에 관한 특례법 소정의 지연손해금의 지급을 구할 수 없고, 이 사건 보증의 당사자들은 이 사건 보증 채무의 불이행으로 인한 지연손해금을 연 5%로 제한하기로 약정하였으므로 연 5%를 초과하는 지연손해금의 지급을 구할 수도 없다.

나. 판단

1) 이 사건 보증이 '독립적 보증'에 해당하는지 여부

가) 영국법상 '독립적 보증'

이 사건 보증서가 영국법에 의하여 규율되고 해석됨은 앞서 본 바와 같은바, 갑 제16호증, 갑 제17호증의 1, 2의 각 기재에 변론 전체의 취지를 종합하면, 영국법에서 말하는 '독립적 보증'으로 볼 수 있는 구체적 징표로는, 그 보증문서가 ① 다른 관할지역 당사자들 사이의 기본 거래에 관한 것이고, ② 금융기관에 의하여 발급된 것이며, ③ 청구가 있는 즉시(on demand) 지급할 의무를 지게 된다는 내용을 포함하고{곧바로(first) 또는 서면에 따라(written) 라는 문구가 포함되거나 불포함된 경우 모두 해당된다}, ④ 보증인에게 제공되는 항변을 제한 또는 금지하는 조항이 없는 경우 등이 있고, 이 사건 보증서와 같은 보증문서에 중재가 언급된 것이 독립적 보증으로 인정하는데 방해가 되지 않는다는 영국 법원의 판례(the Gold Coast case)가 있는 사실, 영국법에서 말하는 '독립적 보증'이 있을 경우 ① 보증인은 주채무자와 채권자 사이의 관계로 인하여 영향을 받지 않고, ② 주채무자가 그의 계약상 의무를 이행하였는지 여부에 의해서 보증채무에 영향을 받지 않으며, ③ 또한 공급자가 채무불이행 상태인지 여부에 의해서도 영향을 받지 않고, ④ 보증인은 그가 발급한 보증서에 따라 독립적 보증으로서 지급할 의무가 있고 그러한 조건이 명시되어 있다면 어떠한 입증 또는 조건 없이 지급하여야 하는 효과가 있는 사실을 인정할 수 있다.

나) 판단

위에서 본 영국법상 '독립적 보증'의 징표에 비추어 이 사건에 관하여 살피건대, 이 사건 보증서에는 피고가 수보람에 대하여 취소될 수 없고 무조건적인(irrevocable and unconditional) 보증책임을 진다는 취지가 기재되어 있고, 이 사건 보증서에 의한 지급은 피고가 수보람의 단순청구(simple demand) 및 이 사건 선박건조계약 제10조에 따라 수보람의 동방조선에 대한 선수금 환급청구가 이루어졌으며 동방조선이 환급의무를 이행하지 못하였다는 내용을 확인하는 서명된 진술서(signed statement)를 수령하면 이루어진다는 취지가 기재되어 있음은 앞서 본 바와 같은바, 이에 따르면 피고는 이 사건 보증서를 통하여 일정한 요건이 충족되기만 하면 곧바로 수보람에게 보증채무를 이행하겠다고 확약한 것으로서 그 보증채무의 성질이 취소가 불가능하고 무조건적임이 분명하므로, 이 사건 보증은 '청구만 있으면 보증인이 곧바로 보증책임을 지는 것'이라는 영국법상 '독립적 보증'의 특징을 내포하고 있다고 봄이 상당하고, 이는 이 사건 보증서에 중재가 언급되었더라도 마찬가지이다. 따라서 이 사건 보증은 영국법에서 말하는 '독립적 보증'에 해당한다고 할 것이다.

2) 피고의 보증책임 발생 여부

원고들이 이 사건 양도담보계약에 따라 수보람이 이 사건 보증서에 의하여 보유하거나 보유하게 될 모든 종류의 권리를 양도받았고 수보람이 이를 피고에게 통지하여 피고가 이에 따르겠다는 취지를 원고들에게 회신하였음은 앞서 본 바와 같으므로, 원고들은 피고에 대하여 이 사건 보증서에 의한 수보람의 권리를 행사할 수 있다.

그런데 원고들이 동방조선에 대하여 '수보람이 선수금 명목으로 지급한 미화 7,783,800달러 및 각 선수금(1회 내지 3회차 선수금)에 대하여 그 지급일부터 연 5%의 비율로 셈한 이자를 가산하여 환급하여야 한다'는 취지로 선수금 환급을 요청하였으나 동방조선이 이에 응하지 않은 사실 및 이에 따라 원고들이 피고에게 보증채무 이행을 청구한 사실은 앞서 본 바와 같으므로, 결국 피고는 이 사건 보증에 따라 보증인으로서의 책임을 져야 한다. 따라서 피고는 원고들에게 이 사건 선박의 선수금으로 동방조선에게 지급된 미화 7,783,800달러 및 이에 대한 이자 내지 지연손해금을 지급할 의무가 있다.

3) 피고의 항변 등에 관한 판단

가) 원인관계에 기한 항변

영국법상 인정되는 '독립적 보증'의 효과에 따라 피고는 주채무자(동방조선)와 채권자(수보람) 사이의 원인관계에 기한 사유로서는 채권자에 대항할 수 없다고 보아야 할 것인바, 이 사건 자산양수도계약에 따라 선수금반환채무의 주채무자가 동방조선에서 선우상선으로 변경되었다거나 선수금반환채권자인 선우상선과 선수금반환채무자인 동방조선의 지위가 혼동됨으로써 피고의 보증채무가 소멸하였다는 취지의 항변은 원인관계에 기한 항변에 불과하므로 피고는 위와 같은 항변으로 원고들에게 대항할 수 없다. 따라서 피고의 이러한 취지의 항변은 더 나아가 살필 필요 없이 이유 없다(가사 이 사건 보증이 '독립적 보증'에 해당하지 않는다 하더라도, 계약당사자로서의 지위 승계를 목적으로 하는 계약인수는 3면 계약으로 이루어지거나 관계 당사자 중 2인의 합의와 나머지 당사자가 이를 동의 내지 승낙하는 방법으로 가능한 것인바, 이 사건 양도담보계약으로 인하여 수보람으로부터 적법하게 이 사건 선박건조계약상의 권리 내지 지위를 양수한 원고들의 동의 내지 승낙이 있었다고 볼 아무런 증거가 없는 이 사건에 있어서는 동방조선이 선우상선과 이 사건 자산양수도계약을 체결하였다고 하여 곧바로 이 사건 선박건조계약에서 유효하게 탈퇴하였다고 볼 수 없으므로 동방조선은 여전히 선수금반환채무자의 지위에 있다. 따라서 피고의 보증채무는 소멸한다고 볼 수 없다. 또한 이 사건 양도담보계약에 의하여 수보람의 계약상 권리 내지 지위는 원고들에게 이전되었으므로 이 사건 자산양수도계약이 있다고 하더라도 채권 및 채무가 동일한 주체에 귀속되는 혼동이 발생한다고 볼 수도 없다. 더구나 혼동이 있다고 하더라도 선수금 환급채권은 제3자인 원고들의 권리의 목적이 되었으므로 소멸하지도 아니한다. 따라서 피고의 위 항변은 어느 모로 보나 이유 없다).

나) 권리남용 항변

동방조선이 이 사건 자산양수도계약에 따라 이 사건 선박건조계약에서 탈퇴함으로써 수보람에 대하여 선수금반환채무를 부담하지 않는지 여부에 관하여 살피건대, 이 사건 양도담보계약에 따라 수보람이 이 사건 선박건조계약에 의하여 보유하거나 보유하게 될 모든 종류의 권리를 원고들에게 양도한 사실은 앞서 본 바와 같으므로, 이 사건 선박건조계약에 따른 동방조선의 계약상 지위를 선우상선이 인수하기 위하여는 원고들의 동의를 받아야 한다고 봄이 상당하다고 할 것인데 원고들이 이에 동의하였다는 점을 인정할 아무런 증거가 없다. 따라서 동방조선의 선수금반환채무가 소멸되었다고 볼 수 없으므로(피고는 수보람이 서류상 회사에 불과하고, 선우상선과 임원들이 겹치는 사정에 비추어 수보람이 이 사건 자산양수도계약에 동의하였다고 주장하나, 그와 같은 사정이 있다고 하더라도 수보람이 동의하였다고 단정할 수는 없고, 그밖에 수보람이 동의하였다고 인정할 증거가 없으며, 원고들의 동의 내지 승낙이 없는 이상 수보람의 동의가 있었다고 하더라도 위 결론이 달라지는 것도 아니다), 이를 전제로 한 피고의 이 부분 항변도 이유 없다.

또한, 원고들이 환급보증을 구하는 선수금 미화 7,783,800달러 중 1,297,300달러는 원고들이 출연하지 않았음은 앞서 본 바와 같으나, 한편, 원고들은 이 사건 양도담보계약에 따라 수보람이 이 사건 보증서에 의하여 보유하거나 보유하게 될 모든 종류의 권리를 양도받았고 수보람이 이를 피고에게 통지하여 피고가 이에 따르겠다는 취지를 원고들에게 회신하였음은 앞서 본 바와 같으므로 원고들은 이 사건 보증서에 따른 채권 전부를 유효하게 양수하였다고 할 것이어서, 장래 수보람에 대하여 정산의무를 지게 됨은 별론으로 하더라도 원고들은 선수금환급채무의 보증채무자인 피고에 대하여 채권 전액을 청구할 수 있다. 따라서 이와 다른 전제의 피고의 이 부분 항변도 이유 없다.

다) 상계 항변

살피건대, 동방조선이 원고들에 대하여 채권이 있음을 인정할 아무런 증거가 없으므로, 이를 전제로 한 피고의 이 부분 항변도 이유 없다.

라) 변제 내지 변제자대위 항변

살피건대, 피고가 가집행금으로써 수보람의 원고들에 대한 차용금 채무를 대위변제하였다는 주장은 곧 원고들에 대하여 확정적으로 변제하였다는 것인바, 이는 피고가 이 사건 보증서에 기한 피고의 보증채무의 소멸을 주장하면서 원고들에 대하여 가지급금의 반환을 구하고 있는 것과 모순될 뿐 아니라, 가집행선고로 인한 변제의 효력은 상소심에서 그 가집행의 선고 또는 본안판결이 취소되는 것을 해제조건으로 하여 발생하는 것으로서 종국적인 변제로 볼 수 없으므로, 이와 다른 전제의 피고의 이 부분 항변도 이유 없다.

마) 지연손해금 관련 주장

지연손해금은 채무의 이행지체에 대한 손해배상으로서 본래의 채무에 부수하여 지급되는 것이므로 본래의 채권채무관계를 규율하는 준거법에 의하여 결정되어야 한다. 한편 소송촉진 등에 관한 특례법 제3조 제1항에서 정하는 법정이율에 관한 규정은 비록 소송촉진을 목적으로 소송절차에 의한 권리구제와 관련하여 적용되는 것이기는 하지만 그 실질은 금전채무의 불이행으로 인한 손해배상의 범위를 정하기 위한 것이다. 따라서 소송촉진 등에 관한 특례법 제3조 제1항에서 정한 법정이율에 관한 규정을 절차법적인 성격을 가지는 것이라고만 볼 수는 없다(대법원 2011. 1. 27. 선고 2009다10249 판결 참조).

이 사건에서 보건대, 이 사건 보증서를 규율하는 준거법은 영국법인 사실은 앞서 본 바와 같으므로 이 사건 보증서에 기한 채무의 불이행으로 인한 손해배상금도 영국법에 의하여 결정되어야 할 것이고, 상법이나 소송촉진 등에 관한 특례법을 적용할 수는 없다고 할 것인데, 갑 제18호증의 기재 및 변론 전체의 취지에 의하면, 영국법상 금전채무의 불이행으로 인한 지연손해금은 판결 선고일 이후에는 연 8%로 정해져 있고, 판결 선고일까지는 계약에서 특별히 정한 바가 있다면 그에 따르고, 그렇지 않다면 채권자의 선택에 따라 채무불이행으로 인한 손해배상을 청구하거나 법정 이율에 따른 지연손해금을 청구하는 방식에 따르게 되며, 위 법정 이율은 법원이 재량으로 정할 수 있는바, 이 사건 보증에서 보증채무의 불이행으로 인한 지연손해금을 따로 정하지 않은 사실은 앞서 본 바와 같고 원고들이 법정 이율에 따른 지연손해금을 청구하고 있으므로, 판결 선고일 이후의 지연손해금 비율은 연 8%를 적용하고, 판결 선고일까지의 지연손해금 비율은 재량으로 정하기로 한다.

그러므로 보건대, 위 기초사실에 의하면 이 사건 보증에서 선수금 환급금에 대한 이자를 연 5%로 약정하였으므로 선수금 환급금에 대한 보증채무의 이행지체시에도 위 비율 정도의 지연손해금이 지급되어야 한다는 것이 당사자들의 의사로 보이는 점, 여기에 더하여 피고도 이 사건 보증에서 채무불이행으로 인한 지연손해금을 연 5%를 넘지 않도록 약정하였다고 주장하는 점 등에 비추어 볼 때, 이 사건에 있어 판결 선고 전 지연손해금 비율을 연 5%로 정하기로 한다.

따라서, 이를 지적하는 피고의 이 부분 주장은 위 인정범위 내에서 이유 있다.

4) 소결

그렇다면, 피고는 원고들에게 선수금 합계 미화 7,783,800달러 및 그 중 1회차 선수금 미화 2,594,600달러에 대하여는 그 지급일 다음날인 2006. 11. 8.부터, 2회차 선수금 미화 2,594,600달러에 대하여는 그 지급일 다음날인 2006. 12. 9.부터, 3회차 선수금 미화 2,594,600달러에 대하여는 그 지급일 다음날인 2007. 5. 12.부터 각 제1심 판결 선고일인 2011. 6. 9.까지는 연 5%의 비율에 의한 약정 이자(아래에서 보는 바와 같이 2009. 9. 5.까지는 약정 이자이다) 내지 지연손해금(2009. 9. 6.부터는 지연손해금이다)을, 그 다음날부터 다 갚는 날까지는 연 8%의 비율에 의한 지연손해금을 지급할 의무가 있다.

3. 확장 청구(이자에 대한 지연손해금 부분)에 관한 판단

살피건대, 이 사건 보증에서 수보람이 선박의 인도 이전에 동방조선에게 지급한 선수금, 이자 및 기타 지급금을 환급받을 권한을 가지는 경우 피고는 수보람에 대하여 수보람의 청구가 있은 날부터 30일 이내에 수보람의 청구금액 및 선수금 지급일 다음날부터 연 5%의 비율에 의한 이자를 지급하기로 약정한 사실, 수보람으로부터 이 사건 보증에 따른 권리 및 이 사건 선박건조계약에 따른 권리를 양도받은 원고들이 동방조선에게 선수금 반환을 청구하였으나 동방조선이 이에 응하지 아니하자 2009. 8. 5. 피고에 대하여 선수금 합계액 미화 7,783,800달러 및 이에 대한 연 5%의 비율에 의한 이자를 지급할 것을 통지한 사실은 앞서 본 바와 같고, 갑 제7호증의 기재와 변론 전체의 취지에 의하면, 위 2009. 8. 5.자 통지가 2009. 8. 6. 피고에게 도달한 사실을 인정할 수 있다.

위 인정사실에 의하면, 피고가 원고들로부터 선수금 및 이자의 환급청구를 받은 날인

2009. 8. 6.로부터 30일이 되는 2009. 9. 5.에 위 선수금 및 각 지급일 다음날부터 위 2009. 9. 5.까지 연 5%의 약정 이율에 의한 이자의 변제기가 도래하여 그 다음날부터 이행지체에 빠졌다고 할 것이고, 한편 위 2009. 9. 5.까지의 선수금에 대한 연 5%의 비율에 의한 이자는 미화 1,024,689.27달러{=(2,594,600달러×0.05×1,033[2)]/365)+(2,594,600달러×0.05×1,002[3)]/365)+(2,594,600달러×0.05×848[4)]/365), 센트 미만 버림}가 됨은 계산상 명백하므로, 피고는 원고들에게 위 미화 1,024.689.27달러에 대하여 그 변제기 다음날인 2009. 9. 6.부터 이 판결 선고일까지는 앞서 본 연 5%의, 그 다음날부터 다 갚는 날까지는 앞서 본 연 8%의 각 비율에 의한 지연손해금을 지급할 의무가 있다.

4. 피고의 가지급물 반환 신청에 관한 판단

아래에서 보는 바와 같이 제1심 판결이 당심에서 일부 취소되어야 하므로 제1심의 가집행선고도 이 판결 선고로 인하여 일부 실효된다고 할 것인바, 원고들이 제1심 판결의 가집행선고에 기하여 2011. 6. 10. 피고로부터 제1심 인용금액 미화 11,266,250.7달러를 지급받은 사실은 당사자 사이에 다툼이 없거나, 을 제28호증의 기재에 의하여 인정할 수 있는데(피고는 원고 주식회사 신한은행의 계좌로 위 돈을 송금하였으나 원고들이 위 돈을 지급받았다는 점에 관하여 당사자 사이에 다툼이 없다), 원고들이 가지급물로서 수령한 미화 11,266,250.7달러는 당심의 인용금액을 기초로 가지급금의 지급일인 2011. 6. 10.까지의 원리금을 합산한 미화 9,494,743.17달러[=7,783,800달러+{(2,594,600달러×0.05×1,675[5)]/365)+(2,594,600달러×0.08×1[6)]/365)}+{(2,594,600달러×0.05×1,644[7)]/365)+(2,594,600달러×0.08×1/365)}+{(2,594,600달러×0.05×1,490[8)]/365)+(2,594,600달러×0.08×1/365)}, 센트 미만 버림]를 공제하고 그 잔액이 미화 1,771,507.53달러(=11,266,250.7달러−9,494,743.17달러)가 되므로, 원고들은 피고에게 위 미화 1,771,507.53달러 및 이에 대하여 위 가지급물 수령일인 2011. 6. 10.부터 원고들이 가지급물 반환의무의 존부 및 범위에 관하여 항쟁함이 상당하다고 인정되는 당심 판결 선고일인 2012. 7. 20.까지는 민법에서 정한 연 5%의, 그 다음날부터 다 갚는 날까지는 소송촉진 등에 관한 특례법에서 정한 연 20%의 각 비율로 계산한 지연손해금을 지급할 의무가 있다.

---

2) 1회차 선수금 지급일 다음날인 2006. 11. 8.부터 2009. 9. 5.까지의 일수
3) 2회차 선수금 지급일 다음날인 2006. 12. 9.부터 2009. 9. 5.까지의 일수
4) 3회차 선수금 지급일 다음날인 2007. 5. 12.부터 2009. 9. 5.까지의 일수
5) 1회차 선수금 지급일 다음날인 2006. 11. 8.부터 제1심 판결 선고일인 2011. 6. 9.까지 일수
6) 가지급일인 2011. 6. 10., 이하 연 8%를 적용하는 부분 같다.
7) 2회차 선수금 지급일 다음날인 2006. 12. 9.부터 제1심 판결 선고일인 2011. 6. 9.까지 일수
8) 3회차 선수금 지급일 다음날인 2007. 5. 12.부터 제1심 판결 선고일인 2011. 6. 9,까지 일수

이에 대하여 원고들은 위 지연손해금 비율에 관하여 국제사법 제31조 단서에 따라 영국법이 적용되어야 한다고 주장하나, 위 가지급물은 그 성질이 당사자 간의 법률관계에 기하여 행하여진 이행으로부터 발생한 경우가 아니라 법원의 가집행선고부 판결에 기한 것이므로 위 가지급물의 반환채무에 관하여는 국내법이 적용되어야 한다. 따라서 원고들의 위 주장은 이유 없다.

5. 결 론

그렇다면 원고들의 피고에 대한 청구는 위 인정 범위 내에서 이유 있어 이를 인용하고 나머지 청구는 이유 없어 이를 기각할 것인바, 이와 결론을 일부 달리한 제1심 판결 중 위 인정 금원을 초과하여 지급을 명한 피고 패소부분은 부당하므로 이를 취소하고, 그 취소부분에 해당하는 원고들의 청구를 모두 기각하며, 피고의 원고들에 대한 나머지 항소는 이유 없어 이를 모두 기각하고, 당심에서 확장된 원고들의 청구는 위 인정범위 내에서 이유 있어 이를 인용하며 나머지 청구는 이유 없어 이를 기각하고, 피고의 가지급물 반환신청은 이유 있어 이를 인용하기로 하여, 주문과 같이 판결한다.

재판장 판 사 문 용 선

판 사 채 동 수

판 사 이 준 철

〈제10호-Ⅰ-②〉

대 법 원

제 3 부

판 결

사 건 2012다79866 선수금환급보증금

원고, 피상고인 겸 상고인

주식회사 신한은행 외 1인

피고, 상고인 겸 피상고인

그린손해보험 주식회사

피고 승계참가인 엠지손해보험 주식회사

원 심 판 결 서울고등법원 2012. 7. 20. 선고 2011나60300 판결

판 결 선 고 2015. 2. 26

주 문

상고를 모두 기각한다.

피고 승계참가인의 참가신청을 각하한다.

상고비용은 상고인 각자가 부담하고, 참가로 인한 소송비용은 피고 승계참가인이 부담한다.

이 유

1. 상고이유(상고이유서 제출기간이 경과한 후에 제출된 참고자료 제출서의 기재는 상고이유를 보충하는 범위 내에서)를 판단한다.

가. 원고들의 상고이유에 관하여

(1) 상고이유 제1, 2점에 관하여

지연손해금은 채무의 이행지체에 대한 손해배상으로서 본래의 채무에 부수하여 지급되는 것이므로, 본래의 채권채무관계를 규율하는 준거법에 의하여 결정되어야 한다. 한편 소

송촉진 등에 관한 특례법(이하 '특례법'이라고 한다) 제3조 제1항에서 정하는 법정이율에 관한 규정은 비록 소송촉진을 목적으로 소송절차에 의한 권리구제와 관련하여 적용되는 것이기는 하지만 절차법적인 성격을 가지는 것이라고만 볼 수는 없고 그 실질은 금전채무의 불이행으로 인한 손해배상의 범위를 정하기 위한 것이므로(대법원 1997. 5. 9. 선고 95다34385 판결, 대법원 2011. 1. 27. 선고 2009다10249 판결 등 참조), 본래의 채권채무관계의 준거법이 외국법인 경우에는 위 특례법 규정을 적용할 수 없다고 해석함이 상당하다(대법원 2012. 10. 25. 선고 2009다77754 판결 참조).

원심이 이 사건 보증서를 규율하는 준거법이 영국법이므로 이 사건 보증서에 기한 채무의 불이행으로 인한 손해배상금도 영국법에 의하여 결정되어야 한다고 판단한 것은 위와 같은 법리에 따른 것으로서, 거기에 상고이유 주장과 같이 국제사법 제25조, 특례법 제3조 제1항에 관한 법리를 오해한 위법이 없다.

상고이유에서 들고 있는 대법원판결들은 이 사건과 사안을 달리하는 것이어서 이 사건에 원용하기에 적절하지 아니하다.

(2) 상고이유 제3점에 관하여

원심판결 이유와 기록에 의하면, 영국법상 금전채무의 불이행으로 인한 지연손해금은 판결선고일 이후에는 연 8%로 정해져 있고, 판결선고일까지는 계약에서 특별히 정한 바가 없다면 채권자의 선택에 따라 채무불이행으로 인한 손해배상을 청구하거나 법정이율에 따른 지연손해금을 청구하는 방식에 따르게 되는 점, 청구인(claimant)이 법정이율에 따른 지연손해금을 청구하는 경우 그 법정이율은 법원이 재량으로 정하는데, 그 합리적인 수준을 정하기 위하여 청구인이 그 채무액으로 얻을 수 있는 금액의 수준뿐만 아니라 그 채무액과 동일한 금액을 차용하는 데에 지급하여야 하는 이자의 수준도 고려할 수 있는 점을 알 수 있다.

위와 같은 점과 이 사건 기록에 나타난 제반 사정에 비추어 보면, 원심이 판결선고 전 지연손해금 비율을 연 5%로 정한 조치는 정당한 것으로 수긍할 수 있고, 거기에 상고이유 주장과 같이 영국법상 판결선고 전 지연손해금에 관한 법리를 오해한 위법이 없다.

(3) 상고이유 제4점에 관하여

가집행선고부 제1심판결에 기하여 금원을 지급하였다가 다시 상소심판결의 선고에 의해 그 가집행선고가 실효됨에 따라 금원의 수령자가 부담하게 되는 원상회복의무는 성질상 부당이득의 반환채무이지만(대법원 2005. 1. 14. 선고 2001다81320 판결 참조), 이러한 원상회복의무는 가집행선고의 실효가 기왕에 소급하는 것이 아니기 때문에 본래부터 가집행이 없었던 것과 같은 원상으로 회복시키려는 공평의 관념에서 민사소송법이 인정한 법정채무이므로, 국제사법 제31조 단서에 정한 '부당이득이 당사자 간의 법률관계에 기하여 행하여진 이행으로부터 발생한 경우'에 해당한다고 볼 수 없다.

원심이 가지급물은 그 성질이 당사자 간의 법률관계에 기하여 행하여진 이행으로부터 발생한 경우가 아니라 법원의 가집행선고부 판결에 기한 것이라는 이유로 이 사건 가지급물반환신청의 지연손해금 비율에 관하여 영국법이 적용되어야 한다는 원고들의 주장을 배척하고 특례법 제3조 제1항을 적용한 조치는 정당하고, 거기에 상고이유 주장과 같이 국제사법 제31조에 관한 법리를 오해한 위법이 없다.

나. 피고의 상고이유에 관하여

(1) 상고이유 제1점에 관하여

원심은 그 채택 증거에 의하여 원고들이 이 사건 양도담보계약에 따라 수보람 쉬핑 에스에이(Suboram Shipping S.A., 이하 '수보람'이라고 한다)가 이 사건 보증서에 의하여 보유하거나 보유하게 될 모든 종류의 권리를 양도받았고, 수보람이 이를 피고에게 통지하여 피고가 이에 따르겠다는 취지를 원고들에게 회신하였다는 사실을 인정한 다음, 원고들은 이 사건 보증서에 따른 채권 전부를 유효하게 양수하였다고 할 것이어서 수보람에 대하여 정산의무를 지게 됨은 별론으로 하고 원고들은 피고에게 이 사건 보증서에 따른 채권 전액을 청구할 수 있다고 판단하였다.

관련 법리와 기록에 비추어 살펴보면, 원심의 이러한 판단은 정당한 것으로 수긍할 수 있고, 거기에 상고이유 주장과 같이 양도담보권 또는 권리남용에 관한 법리를 오해한 위법이 없다.

상고이유에서 들고 있는 대법원판결들은 이 사건과 사안을 달리하는 것이어서 이 사건에 원용하기에 적절하지 아니하다.

(2) 상고이유 제2점에 관하여

기록에 의하면, 영국법에서 말하는 독립적 보증을 한 금융기관은 공급자와 고객 사이의 원인관계에 의해 전혀 영향을 받지 않고 독립적 보증에 기한 채무를 이행하여야 하고, 금융기관이 보증의 이행을 거절할 수 있는 유일한 예외는 명백한 사기가 존재하고 금융기관이 이러한 사실을 알고 있는 경우임을 알 수 있다. 따라서 피고가 주장하는 바와 같이 이 사건 자산양수도계약에 따라 주식회사 선우상선이 주식회사 동방조선의 이 사건 선박건조계약에 따른 선박건조자 지위를 면책적으로 인수하였다고 하더라도 이러한 사정만으로는 영국법상 독립적 보증을 한 피고가 그 이행을 거절할 수 있는 사유에 해당하지 않는다고 할 것이다.

원심의 이 부분 이유설시는 적절하지 않지만 원심이 피고의 권리남용 주장을 배척한 결론은 정당하고, 거기에 상고이유 주장과 같이 독립적 보증에서의 면책 또는 권리남용에 관한 법리를 오해하여 판결 결과에 영향을 미친 위법이 없다.

(3) 상고이유 제3점에 관하여

가집행으로 인한 변제의 효력은 확정적인 것이 아니고 어디까지나 상소심에서 그 가집행의 선고 또는 본안판결이 취소되는 것을 해제조건으로 하여 발생하는 것에 지나지 않으므로, 가집행선고부 제1심판결에 기하여 피고가 그 가집행선고 금액을 지급하였다 하더라도 항소심법원으로서는 이를 참작함이 없이 당해 청구의 당부를 판단하여야 한다(대법원 1993. 10. 8. 선고 93다26175, 26182 판결 등 참조).

따라서 원심이 같은 취지에서 피고가 가집행선고부 제1심판결에 따라 가지급한 사정을 참작하지 않고 앞서 본 영국법에 따라 판결선고 전 지연손해금과 판결선고 후 지연손해금을 산정하여 원고들 청구의 인용범위를 정한 조치는 정당하고, 거기에 상고이유 주장과 같이 선수금환급범위에 관한 법리를 오해한 위법이 없다.

2. 피고 승계참가인의 참가신청에 관하여 본다.

기록에 의하면, 피고 승계참가인은 금융산업의 구조개선에 관한 법률 제14조 제2항에 따라 피고로부터 이 사건 보증서에 관한 권리의무를 이전받았다고 주장하며 이 법원에 승계참가신청을 하였다. 그러나 법률심인 상고심에서 승계인의 소송참가는 허용되지 아니하므로(대법원 2014. 4. 30. 선고 2012다76553 판결 등 참조), 피고 승계참가인의 참가신청은 부적법하다.

3. 그러므로 상고를 모두 기각하고 피고 승계참가인의 참가신청을 각하하며, 상고비용은 상고인 각자가 부담하고 참가로 인한 소송비용은 피고 승계참가인이 부담하기로 하여, 관여 대법관의 일치된 의견으로 주문과 같이 판결한다.

재판장 대법관 권순일
대법관 민일영
주 심 대법관 박보영
대법관 김 신

〈제10호-II〉

대 법 원

제 1 부

판 결

사 건	2012다118846(본소) 채무부존재확인
	2012다118853(반소) 채무부존재확인
원고(반소피고), 피상고인	메리츠화재해상보험 주식회사
피고(반소원고), 상고인	인성실업 주식회사
원 심 판 결	서울고등법원 2012. 11. 22. 선고 201나7207(본소), 7214(반소)
판 결 선 고	2015. 3. 20.

주 문

상고를 기각한다.
상고비용은 피고가 부담한다.

이 유

상고이유(상고이유서 제출기간이 경과한 후에 제출된 상고이유보충서의 기재는 상고이유를 보충하는 범위 내에서)에 대하여 판단한다.

1. 상고이유 제1점, 제2점에 대하여

약관의 규제에 관한 법률(이하 '약관규제법'이라 한다)의 규제 대상인 약관은 그 명칭이나 형태 또는 범위에 관계없이 계약의 일방당사자가 다수의 상대방과 계약을 체결하기 위하여 일정한 형식으로 미리 마련한 계약의 내용을 말하는 것이므로, 구체적인 계약에서 개별적으로 이루어진 합의 등은 약관에 해당한다고 할 수 없다(대법원 2001. 11. 27. 선고 99다8353 판결 등 참조).

원심은 채택 증거에 의하여 그 판시와 같은 사실을 인정한 다음, 이 사건 적하보험증권 등의 문언 내용, 보험계약을 체결한 동기와 경위, 그로 인하여 달성하려는 목적, 당사자의 진정한 의사 등을 종합적으로 고려하면, 이 사건 적하보험은 남빙양 어장의 경우 남위 60도 이북의 수역을 조업구역으로 한정하여 체결된 것으로 봄이 상당하다고 판단하였다. 나아가 원심은 원고가 이 사건 적하보험이 남빙양의 일부분만을 조업구역으로 삼고 있다는 점을 설명하지 않았으므로 조업구역 제한에 관한 규정이 약관규제법 제3조에 의하여 이 사건 적하보험에 편입되지 않았다는 피고의 주장에 대하여, 원고와 피고가 이 사건 적하보험을 체결하기 전에 피고 소유의 선박 전부에 관한 적하보험 조건을 협의하면서 조업구역을 남위 60도 이북의 남빙양으로 제한하기로 합의한 것이므로, 원고가 조업구역에 관하여 설명의무를 이행하지 않았다는 피고의 주장은 더 나아가 살필 필요 없이 받아들일 수 없다고 판단하여 이를 배척하였다.

앞서 본 법리와 기록에 비추어 살펴보면, 원심의 위와 같은 사실인정과 판단은 정당하고, 거기에 상고이유 주장과 같이 논리와 경험의 법칙을 위반하여 자유심증주의의 한계를 벗어나거나 처분문서 해석에 관한 법리를 오해하여 심리를 다하지 아니한 위법이 없다.

나아가 이 사건 적하보험이 부보하는 조업수역 조건을 개별적 합의로 본 원심의 위와 같은 판단이 정당한 이상, 위 조업수역 조건이 약관임을 전제로 원심판결에 판례 위반의 위법이 있다는 등의 나머지 상고이유 주장도 받아들일 수 없다.

2. 상고이유 제3점에 대하여

관련 법리와 기록에 비추어 살펴보면, 원심이 채택 증거에 의하여 이 사건 선박보험증권에 "항해구역: 인도양 중 협회담보약관이 정한 구역 내(Trading Limit: Indian Ocean within I.W.)"라고 기재되어 있고, 협회담보약관(Institute Warranties) 제5조가 "케르겔렌(Kerguelen), 크로제(Croset) 도서 또는 남위 50도 이남의 수역"으로 항해하지 않을 것을 규정하고 있는 사실 등 그 판시와 같은 사실을 인정한 다음, 이 사건 선박이 남위 50도 이북의 인도양 해역에서 항해하기로 정한 것은 영국법상의 워런티(warranty) 조항에 해당하고, 이 사건 1, 2차 배서장에 의하여 항해구역을 태평양 쪽 남빙양의 남위 65도 또는 67도까지 확장하기로 한 기간이 만료되었음에도 새로운 조건 변경에 대한 합의 없이 이 사건 선박이 위 워런티 조항에서 정한 구역을 벗어나 항해한 것은 이 사건 선박보험에서의 워런티 조항 위반이라고 판단한 것은 정당하고, 거기에 상고이유 주장과 같이 계약해석에 관한 법리를 오해하여 심리를 다하지 아니한 위법이 없다.

3. 상고이유 제4점에 대하여

가. 원심판결 이유와 기록에 의하면 다음과 같은 사정을 알 수 있다.

① 피고는 매년 11월경부터 다음 해 3~4월경까지 태평양 쪽 남빙양 남위 50도 이남 수역에서 조업을 하였고, 이러한 사정을 매년 11월경 원고에게 통지하면서 원고의 요구에 따라 그 조업에 필요한 확장담보 요청을 1개월 단위로 하여 왔다. 이 사건 선박도 2010년 11월경부터 2011년 3~4월경까지 남위 50도 이남 수역에서 조업할 것이 예정되어 있었다.

② 이 사건 선박보험계약과 그에 편입된 협회담보약관 제5조에 의하면, 이 사건 선박보험에서 당초 부보된 항해구역은 인도양 중 남위 50도 이북의 수역 내이다.

③ 피고는 2010. 11. 11. 원고에게 이 사건 선박의 남극어장에서의 조업을 위하여 이 사건 선박보험의 조업수역을 1개월간 남위 65도까지 확장하고 대양을 태평양 수역으로 변경해 줄 것을 요청하였고, 원고는 같은 날 이를 승낙하여 항해구역을 태평양 및 남위 65도까지, 기간을 2010. 11. 11.부터 2010. 12. 11.까지로 하는 이 사건 1차 배서장을 피고에게 발송하였다.

④ 피고는 2010. 12. 2. 원고에게 2010. 12. 10.까지 조업수역을 남위 67도까지 변경해 줄 것을 요청하였고, 원고는 같은 날 이를 승낙하여 항해구역을 남위 67도까지, 기간을 2010. 12. 2.부터 2010. 12. 10.까지로 하는 이 사건 2차 배서장을 피고에게 발송하였다.

⑤ 그 후 피고가 이 사건 1차 배서장에 의한 확장담보 기간 만료 이후의 기간에 대한 추가확장담보 요청을 하지 않고 있던 중인 2010. 12. 13.(월요일) 04:30경(대한민국 시각, 이하 같다) 이 사건 선박이 태평양 쪽 남빙양에 해당하는 남위 63도 20분, 서경 160도 15분 지점(예상위치)을 항해하다가 전복되어 침몰하였다(이하 '이 사건 사고'라 한다).

⑥ 피고 소유 선박 전체의 보험 관련 업무를 담당하는 수산부 계장 소외인은 같은 날 04:30경부터 05:00경 사이에 이 사건 사고 발생 사실을 확인하고, 05:45경 원고에게 팩스로 2010. 12. 12.부터 1개월간 조업수역을 남위 67도까지 변경해 줄 것을 요청하는 확장담보요청서를 전송하였다. 그리고 피고는 다음 날인 2010. 12. 14.(화요일) 원고에게 이 사건 사고 발생 사실을 통보하였다.

나. 원심은, 원고와 피고 사이에 이 사건 선박보험에 관하여 피고가 매년 11월경 남빙양 조업을 개시한다는 통지를 하면 그때부터 조업기간 종료일까지 항해구역을 그에 필요한 범위로 확장하되 재보험 요율의 산정을 위하여 형식적으로 매 1개월 단위로 항해구역 변경요청을 하고 이에 대하여 원고가 선박배서장을 발급하기로 하면서 추가보험료는 조업 종료 후 일괄하여 정산 지급하기로 하는 묵시적 합의가 있었는데, 2010년 11월경 피고가 남빙양 조업을 개시한다는 통지를 함으로써 이 사건 선박보험에서 정한 항해구역은 피고의 조업에 필요한 범위로 확장되었다는 주장에 대하여, 피고가 매년 11월경 그때부터 다

음 해 3~4월경까지 남빙양에서 조업을 한다는 점을 원고에게 통지하면서 매 1개월마다 확장담보 요청을 한 사실, 피고가 선박배서장에 기재된 기일까지 보험료를 납입하지 아니하더라도 최고장이 발송되거나 보험계약이 해지된 적은 없고, 보험료를 남빙양 조업이 완료된 4월경 한꺼번에 결산하기도 한 사실 등은 인정되나, 원고와 피고 사이에 위와 같은 통지만으로 별도의 구체적인 기간과 범위를 정한 확장담보 요청이 없더라도 남빙양 조업이 종료될 때까지 항해구역을 그에 필요한 범위까지 확장하기로 하는 묵시적 합의가 존재하였다는 점을 인정할 증거가 없다는 이유로 이를 배척하였다.

이 부분 원심의 판단에 대한 상고이유의 요지는, 원심이 협회기간약관 제3조의 '계속담보조항(Held Covered Clauses)'에 정한 통지(notice)의 요건과 관련하여 남빙양에서 조업한다는 통지만으로는 부족하고 구체적인 기간과 범위를 정한 통지가 필요하다는 취지로 판단하였으나, 계속담보조항에 의한 통지는 워런티 위반의 사정, 즉 항해가능지역에 대한 위반이 있다는 점만을 통지하면 충분하므로 원심은 영국법상 계속담보 통지의 요건에 관한 법리를 오해하였다는 것이다.

기록에 의하면, 피고는 원심까지 협회기간약관 제3조에서 정한 계속담보의 성립요건이 '워런티 위반사실을 인지한 후 보험자에 즉시 통지할 것(notice be given to the Underwriters immediately after receipt of advices)'과 '보험자가 요구하는 조건의 변경 및 추가보험료에 대한 합의가 있을 것(any amended terms of cover and any additional premium required by them be agreed)'임을 전제로, 남극조업이 종료한 후에 그 전체 조업기간 중 변경된 조건, 즉 조업구역이나 변경기간을 따져 전체 조업기간에 대한 추가보험료를 일괄 정산하기로 하는 원고와 피고 사이의 묵시적 합의가 있었고 피고가 2010년 11월경 원고에게 구두로 남극조업사실을 통지함으로써 위 계속담보 성립의 두 가지 요건이 모두 충족되었다고 주장하였음을 알 수 있다.

위와 같은 피고의 주장 내용에 비추어 보면, 원심의 위와 같은 판단은 협회기간약관 제3조에서 정한 계속담보 성립요건 중 '보험자가 요구하는 조건의 변경 및 추가보험료에 대한 합의'와 관련하여 판시 주장과 같은 묵시적 합의가 있었다는 피고의 주장을 배척하는 취지임이 분명하다. 그렇다면 이 부분 상고이유 주장은 원심의 판단과 다른 전제에서 원심을 탓하는 것에 불과할 뿐만 아니라, 기록에 비추어 살펴보더라도 원심의 위와 같은 판단은 정당하다. 따라서 이 부분 상고이유 주장은 받아들일 수 없다.

다. 한편 원심은, 피고가 항해구역을 벗어났다는 점을 신속하게 통지하는 경우 추가보험료에 대한 합의 없이도 협회기간약관 제3조에 따라 계속담보가 성립하는 관행이 있었는데 이 사건 1차 배서장의 유효기간 만료일인 2010. 12. 11.이 토요일이어서 그 직후 영업일인 2010. 12. 13. 피고가 확장담보 요청을 함으로써 위 관행에 따라 계속담보가 성립하였다는 피고의 주장에 대하여, 그 판시와 같은 사정에 비추어 보면 원고와 피고 사이에 피고가 종전의 확장담보 기간이 지나기 전에 확장담보를 요청한 경우에는 원고는 일단 피고의 요청대로 승인하고 후에 보험료를 정산하며, 나아가 설령 종전의 확장담보 기간이 경과한 후에 추가 요청을 하더라도 협회기간약관 제3조에 따라 계속담보가 이루어진 것으로 처리하되 추가보험료는 사후에 정산하는 관행이 있었다고 할 수 있으나, 이러한 관행은 확장담보가 흠결된 기간 동안 보험사고의 발생이 없었던 경우에 대한 것이고 더 나아가 보험사고가 발생한 경우에도 피고의 신속한 통지만으로 계속담보가 이루어지는 관행까지 있다고 인정할 증거는 없다고 판단하였다.

외국적 요소가 있는 법률관계에 관하여 적용될 외국법규의 내용을 확정하고 그 의미를 해석함에 있어서는 외국법이 그 본국에서 현실로 해석·적용되고 있는 의미와 내용에 따라 해석·적용하여야 하고, 그 본국에서 최고법원의 법해석에 관한 판단은 특별한 사정이 없는 한 존중하여야 할 것이나, 소송과정에서 그에 관한 판례나 해석 기준에 관한 자료가 충분히 제출되지 아니하여 그 내용의 확인이 불가능한 경우 법원으로서는 일반적인 법해석 기준에 따라 법의 의미와 내용을 확정할 수밖에 없다(대법원 2007. 6. 29. 선고 2006다5130 판결 등 참조).

영국법원의 판례에 의하면, 해난사고(a casualty)가 이미 발생한 경우라도 피보험자가 계속담보에 의해 보호받을 자격(entitlement to be held covered)을 발생시키는 사건(the events)을 그 해난사고가 발생할 때까지 알지 못하였을 경우에는 계속담보조항이 소급하여 적용된다고 해석하고 있는 것으로 보인다. 그러나 이 사건과 같이 피보험자가 워런티 위반이 예정되어 있는 사실을 알면서 이를 사전에, 나아가 그 워런티 위반이 실제로 발생한 후에도 통지하지 않고 있다가 해난사고가 발생한 후에 비로소 통지를 한 사안에서 계속담보가 성립하는지 여부에 관한 영국 법원의 판례나 해석기준을 알 수 있는 자료는 기록상 찾을 수 없다.

이 사건에서 피고의 2010. 12. 13.자 통지가 계속담보가 성립하기 위한 유효한 통지인지 여부는 '피고가 워런티 위반사실, 즉 이 사건 선박이 2010. 12. 12. 이후에도 워런티 조항에서 항해를 허용하지 않는 태평양 쪽 남빙양 남위 60도 이남에서 조업을 계속한다는 사실을 인지한 후 즉각적인 통지를 한 것으로 평가될 수 있는가'에 달려 있다고 보인다. 남위 60도 이남의 남빙양 조업은 위험이 현존하는 경우이므로 통지가 요구되는 합리적인 시간은 짧은 시간이 되어야 하고, 이 사건 선박의 2010. 12. 12. 이후의 항해구역 이탈은 갑자기 발생한 상황이 아니라 피고의 조업방침상 원래 예정된 것이었다는 점 등을 고려하면, 통지는 앞선 확장담보 기간이 경과하기 전에 이루어지거나 늦어도 2010. 12. 12.이 되자마자 지체없이 이루어졌어야 한다고 봄이 타당하다. 피고가 주장하는 바와 같이 당시 피고의 업무 담당자가 2010. 12. 10. 출장 중이었다거나 2010. 12. 12.이 일요일이라는 사정이 있었다고 하더라도, 계속담보를 위한 통지는 다른 직원에 의해서도 충분히 이루어질 수 있는 성격의 업무이고 2010. 12. 13.자 통지 역시 원고의 영업시간 전인 새벽에 팩스 전송에 의해 원고의 영업장소에 이루어진 점 등에 비추어 보면, 피고의 위 주장과 같은 사정을 이유로 2010. 12. 13.자 통지가 계속담보가 성립하기 위한 유효한 통지라고 보기는 어렵다.

따라서 2010. 12. 13.자 통지에 의한 계속담보 성립에 관한 피고의 주장을 배척한 원심의 판단은 정당하고, 거기에 상고이유 주장과 같은 영국법상 계속담보의 통지에 관한 법리를 오해하여 판결에 영향을 미친 위법이 없다.

4. 상고이유 제5점에 대하여

국제사법 제27조에서 소비자 보호를 위하여 준거법 지정과 관련하여 소비자계약에 관한 강행규정을 별도로 마련해 두고 있는 점이나 약관규제법의 입법 목적을 고려하면, 외국법을 준거법으로 하여 체결된 모든 계약에 관하여 당연히 약관규제법을 적용할 수 있는 것은 아니다(대법원 2010. 8. 26. 선고 2010다28185 판결 등 참조).

원심은, 이 사건 선박보험에 적용되는 협회기간약관[Institute Time Clauses (Hull－1/10/83)]에서 이 보험은 영국의 법률 및 관례에 준거한다고 정하고 있고, 제3조에서 계속담보가 성립하기 위한 요건과 통지 등에 관하여 규정하고 있으며, 협회담보약관에는 앞서 본 바와 같은 워런티 조항에 관하여 규정하고 있는 사실 등을 인정한 다음, 원고가 영국법상 워런티 조항의 내용과 효력, 그 위반의 효과 등에 관하여 설명하지 아니하였으므로 약관규제법 제3조에 의하여 협회담보약관이 이 사건 선박보험에 편입되었다고 볼 수 없다는 피고의 주장에 대하여, 이 사건 선박보험에서 해상보험업계의 일반적 관행에 따라 영국법 준거약관을 사용하고 있고 그것이 대한민국의 공익이나 공서양속에 반한다거나 피고의 이익을 부당하게 침해하는 것이라고 볼 수 없으므로, 이 사건 선박보험과 관련된 모든 법률관계의 준거법은 영국법이고 달리 약관규제법을 적용하여야 할 사정이 없어, 이 사건 선박보험에는 약관규제법이 적용되지 않는다고 판단하여 피고의 위 주장을 배척하였다.

원심의 위와 같은 판단은 앞서 본 법리에 따른 것으로서 정당하다. 따라서 이 사건 선박보험에 약관규제법이 적용됨을 전제로 원심판결에 설명의무 위반이 있었는지 여부에 관하여 일부 판단을 누락한 위법이 있다는 이 부분 상고이유 주장은 나아가 살필 필요 없이 받아들일 수 없다. 그리고 상고이유에서 들고 있는 대법원 2010. 9. 9. 선고 2009다105383 판결은 선박보험계약이 준거법 지정 외에 외국적 요소가 없는 순수 국내계약인 사안에 관한 것으로서, 외국적 요소가 있는 이 사건과는 사안을 달리하므로 이 사건에서 원용하기에 적절하지 아니하다.

5. 결 론

그러므로 상고를 기각하고 상고비용은 패소자가 부담하도록 하여, 관여 대법관의 일치된 의견으로 주문과 같이 판결한다.

재판장 대법관 고 영 한
주 심 대법관 이 인 복
대법관 김 용 덕
대법관 김 소 영

〈제11호-I〉

서 울 고 등 법 원

제 13 민 사 부

판 결

사 건 2009나99916 용역비

원고, 피항소인 겸 항소인

주원환경 주식회사

피고, 항소인 겸 피항소인

대한민국

피고 보조참가인 1. 허베이 스피리트 선박 주식회사(Hebei Spirit Shipping Company Limited)

2. 1992년 유류오염손해보상국제기금(International Oil Pollution Compensation Fund 1992)

제 1 심 판 결 인천지방법원 2009. 9. 17. 선고 2008가합9750 판결

변 론 종 결 2011. 12. 9.

판 결 선 고 2012. 1. 13.

주 문

1. 제1심 판결 중 아래에서 지급을 명하는 금원을 초과하는 피고 패소부분을 취소하고, 그 취소부분에 해당하는 원고의 청구를 기각한다.

   피고는 원고에게 24,429,768원 및 이에 대하여 2011. 9. 23.부터 2012. 1. 13.까지는 연 5%의, 그 다음날부터 다 갚는 날까지는 연 20%의 각 비율에 의한 금원을 지급하라.

2. 원고의 항소 및 피고의 나머지 항소를 모두 기각한다.
3. 소송총비용 중 원고와 피고 사이에 생긴 부분은 원고가 60%를, 피고가 40%를 각 부담하고, 보조참가로 인한 비용은 원고가 60%를, 피고 보조참가인들이 40%를 각 부담한다.

청구취지 및 항소취지

1. 청구취지

피고는 원고에게 574,598,674원 및 이에 대하여 2011. 9. 23.부터 당심 판결선고일까지는 연 5%의, 그 다음날부터 다 갚는 날까지는 연 20%의 각 비율에 의한 금원을 지급하라(원고는 당심에서 청구를 감축하였다).

2. 항소취지

원고: 제1심 판결 중 원고 패소부분을 취소한다. 피고는 원고에게 52,894,749원 및 이에 대하여 2008. 3. 22.부터 소장 부본 송달일까지는 연 5%의, 그 다음날부터 다 갚는 날까지는 연 20%의 각 비율에 의한 금원을 지급하라.

피고: 제1심 판결 중 피고 패소부분을 취소하고, 그 취소부분에 해당하는 원고의 청구를 기각한다.

이 유

1. 기초사실

가. 원고는 해상 방제업 등을 영위하는 법인이고, 피고 보조참가인 허베이 스피리트 선박 주식회사(이하 '허베이호 선주'라 한다)는 유조선 허베이 스피리트호(M. T. Hebei Spirit, 이하 '허베이호'라 한다)의 선박소유자로서 유류운송업을 영위하는 법인이며, 피고 보조참가인 1992년 유류오염손해보상국제기금(이하 '국제기금'이라 한다)은 1992년 유류오염손해보상을 위한 국제기금의 설치에 관한 국제협약에 따라 설치된 국제기관이다.

나. 삼성중공업 주식회사가 3,000t급 해상크레인으로 인천대교 건설작업을 마치고 위 해상크레인을 거제시 고현항으로 이동시키기 위해 임차하여 운항 중이던 주예인선 삼성 T-5호, 보조예인선 삼호 T-3호, 위 해상크레인을 적재한 부선 삼성 1호, 앵커선 삼성 A-1호가 하나의 예인선단을 이루어 항해하던 중 2007. 12. 7. 06:52경 삼성 T-5호와 연결된 예인줄이 끊어져 부선이 허베이호 방향으로 약 600m 가량 밀려가다가 같은 날 07:06경 충남 태안군 원북면 신도 남서방 6마일 해상에서 원유 약 263,994t을 적재한 상태로 정박 중이던 허베이호와 충돌하여 허베이호 좌현 1, 3, 5번 유류탱크 3곳에 파공이 생기면서 약 12,547kℓ(10,900t)의 원유가 해상으로 유출되어 충청남도, 전라북도, 전라남도에 걸친 약 357km의 해안 및 해상이 오염되는 사고(이하 '이 사건 유출사고'라 한다)가

발생하였다.

다. 원고는 이 사건 유출사고 발생일인 2007. 12. 7.부터 2008. 1. 3.까지 8명의 인원을 고용하고 선박 5척(주원 2호, 한길 2호, 12덕운호, 태양호, 독수리 3호)과 살수차량(인천 86자7111호, 인천 80마4592호) 2대를 임차하여 피고 산하 해양경찰청 소속 함정이 해상에서 수집한 유류폐기물을 해안으로 운반하고 해안에서 방제물품을 받아 위 함정에 운반하거나, 항공기 유처리제 살포를 지원하는 등 해양경찰(이하 '해경'이라 한다)의 유류방제작업을 보조하였다.

[인정근거] 다툼 없는 사실, 갑 제1 내지 20호증, 갑 제25 내지 31호증, 갑 제33호증의 2, 갑 제38, 39호증, 갑 제41 내지 44호증, 을 제3 내지 6호증(가지번호 있는 경우 각 가지번호 포함)의 각 기재 및 영상, 제1심 증인 한수영, 양진명, 김영환의 각 증언, 변론 전체의 취지

2. 본안전 항변에 관한 판단

피고 보조참가인 허베이호 선주는, 허베이호 선주가 이 사건 유출사고로 인한 유류오염 손해배상의무에 관하여 유류오염손해배상보장법에 의한 책임제한절차를 신청하여 2009. 2. 9. 대전지방법원 서산지원 2008책1호로 책임제한절차가 개시되어 현재 진행 중이므로 원고는 위 책임제한절차에서 선박소유자 등의 책임제한절차에 관한 법률에 의하여 배당을 받는 외에 피고의 재산에 대하여 권리를 행사할 수 없으므로, 이 사건 유출사고에 관한 책임제한절차가 진행되고 있는 중에 제기된 이 사건 소는 소의 이익이 없어 부적법하다는 취지로 항변한다.

살피건대, 을 제9호증의 기재에 변론 전체의 취지를 종합하면, 이 사건 유출사고로 인한 손해배상의무에 대하여 허베이호 선주의 신청으로 2009. 2. 9. 대전지방법원 서산지원 2008책1호로 책임제한절차가 개시되어 현재 진행되고 있는 사실이 인정되고, 선박소유자 등의 책임제한절차에 관한 법률 제27조는 책임제한절차가 개시된 경우 제한채권자는 이 법에 따라 공탁된 금전과 이에 대한 이자의 합계액(이하 '기금'이라 한다)에서 이 법에 정하는 바에 따라 배당을 받을 수 있고, 이 경우 제한채권자는 기금 외에 신청인 또는 수익채무자의 재산에 대하여 권리를 행사하지 못한다고 규정하고 있기는 하나, 이는 제한채권자의 신청인 또는 수익채무자의 다른 재산에 대한 집행을 금지하는 취지에 불과하고, 집행권원의 확보와 집행의 문제는 구별되어야 할 뿐만 아니라, 같은 법 제61조 내지 제64조는 책임제한절차 외에 제한채권자와 신청인 또는 수익채무자 사이에 그 채권에 관한 소송이 계속 중일 때의 절차에 관하여 규정하고 있어 책임제한절차 외에 별도로 소가 제기된 경우를 예정하고 있는바, 책임제한절차가 계속 중이라는 사정만으로 이 사건 유출사고로

인한 해양오염 방제작업을 보조한 원고가 도급계약, 부당이득, 사무관리 등을 근거로 피고에 대하여 원고가 지출한 비용의 상환을 구하는 이 사건 소가 소의 이익이 없다고 볼 수 없으므로 위 본안전 항변은 이유 없다.

3. 본안에 관한 당사자들의 주장

가. 원고

피고가 이 사건 유출사고를 수습하기 위해 원고에게 방제보조작업을 지시하거나 요청하고 원고가 이에 응해 방제보조작업을 함으로써 원고와 피고 사이에 도급계약이 체결되었으므로 피고는 원고에게 도급계약에 따른 작업비용을 지급해야 한다. 설사 도급계약이 체결된 것으로 볼 수 없더라도, 피고는 이 사건 유출사고의 긴급방제조치 의무자로서 원고의 방제보조작업으로 인해 법률상 원인 없이 그 비용 상당의 이익을 얻고 이로 인해 원고에게 손해를 가했으므로 위 비용을 부당이득으로 반환하거나, 원고가 의무 없이 피고를 위해 피고의 긴급방제조치 사무를 관리한 것이므로 그 비용을 상환해야 한다.

나. 피고

국가를 당사자로 하는 계약에 관한 법률에 의하면 원고와 피고 사이에 도급계약이 체결된 것으로 볼 수 없고, 원고의 방제보조작업 비용 상당의 부당이득을 한 자는 긴급방제조치 비용 부담자인 허베이호 선주이며, 이 사건 해양오염의 방제사무는 오염야기자인 선주 측의 사무이지 보충적 지위에 있는 피고의 사무라 할 수 없고, 원고 또한 선주 측의 사무를 처리한다는 의사로 방제작업을 한 것이다. 따라서 피고는 도급계약, 부당이득, 사무관리를 근거로 원고에게 방제보조작업 비용을 지급할 의무가 없다(한편 피고 보조참가인 국제기금은, 원고의 방제보조작업 비용을 부담할 사무주체는 허베이호의 선주라고 보아야 하므로 원고가 피고의 사무를 관리하였다고 볼 수 없다고 주장한다).

4. 판　　단

가. 방제보조작업에 관한 도급계약의 성립 여부

국가를 당사자로 하는 계약에 관한 법률 제11조 제1항, 제2항에 의하면, 국가가 계약을 체결하고자 할 때에는 계약의 목적, 계약금액, 이행기간, 계약보증금, 위험부담, 지체상금 기타 필요한 사항을 명백히 기재한 계약서를 작성하여야 하고, 그 담당공무원과 계약상대자가 계약서에 기명·날인 또는 서명함으로써 계약이 확정된다고 규정하고 있는바(한편, 원고가 주장하는 방제보조작업에 관한 도급계약은 국가를 당사자로 하는 계약에 관한 법률 시행령 제49조 소정의 계약서의 작성을 생략할 수 있는 경우에 해당하지 아니한다. 이에 대하여 원고는, 이 사건 유출사고의 심각성 및 그 처리의 긴박성에 비추어 볼 때 계약서를 작성할 시간적 여유가 없었고, 피고가 구두로 방제보조작업을 지시 또는 요청하고 원고가 이에 응해 방제보조작업을 하였으므로 계약서가 작성되지 않았더라도 예외적으로 도급계약이 성립된 것으로 보아야 한다고 주장한다.), 이 사건의 경우 원고와 피고 사이에 방제보조작업에 관한 도급계약서가 작성되지 않았음은 당사자 사이에 다툼이 없고, 달리 원고와 피고 사이에 방제보조작업에 관한 도급계약이 체결되었다고 인정할 만한 증거가 없으므로{그렇지 않다고 하더라도 위 각 규정의 취지에 의하면, 국가가 사경제의 주체로서 사인과 사법상의 계약을 체결함에 있어서는 위 법령에 따른 계약서를 따로 작성하는 등 그 요건과 절차를 이행하여야 할 것이고, 설사 원고가 주장하는 방제보조작업에 관한 도급계약이 체결되었다 하더라도 위 법령상의 요건과 절차를 거치지 아니한 계약은 그 효력이 없다고 할 것이다(대법원 2005. 5. 27. 선고 2004다30811, 30828 판결 참조).} 원고의 이 부분 주장은 이유 없다.

나. 사무관리의 성립 여부

1) 이 사건 유출사고의 특징

앞서 든 증거들에 변론 전체의 취지를 보태어 보면, 이 사건 유출사고가 발생하자 막대한 양의 원유가 빠르게 해상으로 유출되어 충청남도, 전라북도, 전라남도에 걸친 약 357km의 해안 및 해상이 오염되었고, 강한 조류와 바람 등 기상이 좋지 않아 사고 수습이 어려웠으며, 인근 서해안 지역 생태계와 지역 주민들에게 치명적인 오염 피해를 줄 것이 예상되는 등 위 사고는 사고 규모와 피해 규모의 측면에서 유례를 찾아보기 어려운 해양오염사고였다. 그로 인하여 공공기관이나 민간을 불문하고 동원 가능한 모든 인력과 장비를 투입하여 긴급하게 방제작업을 할 것이 요청되었다.

2) 방제작업이 피고의 사무인지 여부

구 해양오염방지법(법률 제8466호, 해양환경관리법 법률 제8260호로 폐지되지 전의 것) 제48조 제2항, 제50조 제1항, 제51조에 의하면, 기름 등 폐기물이 배출되는 경우 배출된 기름 등 폐기물이 적재되어 있거나 적재되어 있던 선박의 소유자는 배출되는 기름 등 폐기물을 신속히 수거·처리하는 등 필요한 방제조치를 즉시 취하여야 하고, 선박의 소유자가 위와 같은 조치를 하지 아니하거나 그 조치만으로는 해양오염을 방지하기 곤란하다고 인정하는 경우 또는 긴급방제조치가 필요하다고 인정하는 경우에는 해양경찰청장은 관계기관의 협조를 얻어 필요한 조치를 하여야 하며, 기름 등 폐기물의 유출사고 등 해양오염사고로 해양환경의 보전에 현저한 피해가 있거나 피해를 미칠 우려가 있어 긴급방제 등 필요한 조치를 하게 하기 위하여 해양수산부장관 소속 하에 해양오염방제대책위

원회를, 해양경찰서장 소속 하에 지역해양오염방제대책협의회를 두며, 해양경찰청장 소속 하에 방제대책본부를 둘 수 있다고 규정하고 있고, 구 재난 및 안전관리기본법(법률 제8623호, 법률 제8856호로 개정되기 전의 것) 제61조에 의하면, 국가 또는 지방자치단체는 제60조의 규정에 의하여 특별재난지역으로 선포된 지역에 대하여는 대통령령이 정하는 바에 의하여 응급대책 및 재난구호와 복구에 필요한 행정·재정·금융·의료상의 특별지원을 할 수 있다고 규정하고 있다.

실제로 이 사건 유출사고가 발생하자 피고는 이 사건 유출사고로 인해 피해를 보았거나 피해가 예상되는 지역을 특별재난지역으로 선포하고, 위 사고처리를 위해 행정자치부장관을 본부장으로 하여 중앙재난안전대책본부를 설치하고, 해양수산부장관을 중앙사고수습본부장으로, 해양경찰청장을 방제대책본부장으로 임명하여 조직적으로 사고 처리에 나섰다.

위 관계 법령의 규정에 의하면, 비록 허베이호 선주에게 일차적으로 필요한 방제조치를 취하여야 할 의무가 있다고 하더라도, 앞서 본 이 사건 유출사고의 특징 및 피고가 이 사건 유출사고의 처리를 위해 실제로 취한 조치에 비추어 허베이호 선주의 조치만으로는 이 사건 유출사고로 인한 해양오염을 방지하기 곤란하고 긴급방제조치가 필요하였다고 할 것이고, 또한 피고는 위와 같은 관계 법령상의 의무 외에 국민의 생명, 건강, 재산을 보호하고 영토가 심각하게 훼손되는 사고가 발생할 경우 이를 회복하기 위한 조치를 취해야 할 법적 의무가 있는바, 해양오염사고의 방제작업이 선주의 사무라는 이유만으로 국가의 사무가 될 수 없다고 한다면 이 사건과 같이 유례를 찾아보기 어려운 대규모 해양오염사고가 발생한 경우 동원 가능한 모든 인력과 장비를 투입하여 긴급하게 방제작업을 수행하는 것이 곤란하게 되어 회복할 수 없는 환경재앙을 초래할 우려가 있고, 여기에 인간의 상호부조정신을 법적으로 승인하고 이를 고양하고자 하는 사무관리 제도의 취지를 종합하여 보면, 결국 이 사건 유출사고 처리를 위한 방제작업은 긴급방제 등 필요한 조치로서 피고(해양경찰청장)의 의무영역과 이익영역에 속하는 피고의 사무라고 봄이 상당하다.

이에 대하여 피고는, 위 관계 법령상 피고의 긴급방제조치 의무는 피고가 반드시 이행해야 하는 의무가 아니라 시혜적인 공법상의 일반적인 의무로서 허베이호 선주의 사무라고 주장하나, 위 관계 법령에 의하면, 기름 등 폐기물이 배출되는 경우 일차적으로 선주가 방제조치를 해야 하지만, 선주의 방제조치만으로는 해양오염 방지가 곤란하거나 긴급방제조치가 필요한 경우에는 해양경찰청장이 선주의 방제조치를 보완하거나 대신하여 방제조치를 하여야 한다고 규정하고 있고, 나아가 피고는 위와 같은 관계 법령상의 의무 외에 국민의 생명, 건강, 재산을 보호하고 영토가 심각하게 훼손되는 사고가 발생할 경우 이를 회복하기 위한 조치를 취해야 할 법적 의무가 있는바, 비록 이 사건 방제작업이 일차적으로 허베이호 선주의 사무라고 하더라도, 피고가 방제작업을 한 것이 단지 공법상의 일반적인 의무의 이행으로써 허베이호 선주의 사무를 도운 것이라고만 볼 수는 없고, 이 사건 방제작업은 피고가 허베이호 선주와 중첩적으로 수행하여야 할 피고의 사무라 할 것이므로 위 주장은 이유 없다.

나아가 아래에서 보는 바와 같이 이 사건 유출사고의 실질적인 방제작업은 피고가 해경을 통해 전체적으로 지휘, 통제했다고 보아야 하고, 원고가 해경 함정을 따라다니면서 방제작업을 하면서 해경의 지시, 통제를 받았던 점에 비추어 원고는 피고의 사무를 처리한다는 의사로 방제작업을 한 것으로 봄이 상당하다.

3) 소결

따라서 원고는 피고의 사무인 방제작업을 보조함으로써 의무 없이 피고의 사무를 관리하였다고 할 것이므로 피고는 원고에게 원고가 피고를 위하여 지출한 필요비 또는 유익비를 상환할 의무가 있다.

다. 비용상환의무가 없다는 피고의 주장에 대한 판단

1) 피고는, ① 별지 기재 관계 법령상 허베이호의 선주가 방제비용 부담자이고, ② 피고는 원고에게 '방제작업 비용은 위 선주 측이 책임을 지는 것이고 피고는 이에 대한 책임이 없음'을 명확히 하였고, 위 선주 측이 원고와 피고의 방제작업을 지휘, 감독하였으므로 원고는 위 선주 측만을 상대로 비용상환 청구를 할 수 있고, 피고는 원고에게 비용상환의무가 없다고 주장한다.

2) 판단

가) ① 주장에 대해 살피건대, 별지 관계 법령에 의하더라도 허베이호 선주 측이 최종적인 방제비용 부담자라는 취지이므로, 위 선주 측이 방제비용의 최종적인 부담자라고 하여 방제작업에 여러 형태로 참여한 방제작업 주체 사이에 발생한 채권, 채무 관계와 무관하게 방제작업 주체들이 선주만을 상대로 방제비용을 청구할 수 있는 것으로 볼 수 없고, 그 개별적인 채무는 그것대로 이행되어야 하며, 그 과정에서 비용을 부담한 자가 위 선주 측에 구상할 수 있다고 보아야 한다. 따라서 원고는 위 선주 측뿐만 아니라 피고에 대해서도 법정채권관계인 사무관리를 근거로 방제비용을 청구할 수 있다고 할 것이므로 피고의 위 주장은 이유 없다.

나) ② 주장에 대해 살피건대, 앞서 든 증거들 및 을 제3, 7호증(가지번호 있는 경우 각 가지번호 포함)의 각 기재에 변론 전체의 취지를 종합하면, 다음과 같은 사실을 인정할 수 있다.

(1) 이 사건 유출사고가 발생한 2007. 12. 7. 서해지방해양경찰청장은 산하 각 해양경

찰서장에게 방제작업을 위해 민간 방제업체와 비상연락망을 구축하여 긴급방제를 요청할 경우 방제작업 지원이 가능하도록 출동태세를 유지해 줄 것을 요청하였고, 이에 따라 인천해양경찰서장은 원고를 포함한 인천 지역 방제업체에 위와 같은 사항을 요청하였다가 잠시 후 동원 가능한 방제 장비 및 물품을 가지고 위 유출사고 해역에 출동해달라고 요청하였다.

(2) 사고발생일 다음날인 2007. 12. 8. 해양수산부 직원, 충청남도 부도지사, 해양경찰청 직원, 원고를 포함한 방제업체들이 참석한 가운데 열린 대책본부회의에서 해양수산부 직원과 충청남도 부도지사는 실제 방제작업 비용과 보험금과의 차액은 책임지고 받을 수 있도록 해주겠으니 방제작업에 최선을 다해달라는 취지의 말을 하였다.

(3) 사고발생일로부터 2일이 지난 2007. 12. 9. 허베이호 선주, 허베이호 선주의 보험사, 국제기금은, 국제기금으로부터 위임을 받은 국제유조선선주오염연맹(ITOPF, 이하 '선주연맹'이라 한다)과 허베이호 선주로부터 위임받은 한국해사감정 주식회사(이하 '한국해사감정'이라 한다)가 이 사건 유출사고의 방제조치업무를 총괄하기로 합의했고, 이에 따라 선주연맹과 한국해사감정이 방제조치에 관한 제반 업무를 수행했다.

(4) 한편 방제대책본부장인 해양경찰청장은 해상방제, 해안방제, 보급지원을 지휘했고, 서해지방해양경찰청장은 사고 해역에 동원된 선박을 해경 함정과 묶어 8개의 편대로 편성한 후 편대별로 담당구역을 지정하여 방제작업을 하였으며, 태안해양경찰서에 방제대책본부를 설치하여 매일 방제대책회의를 개최하면서 동원세력을 지휘, 통제하고 각 기관 사이의 업무를 조정하면서 방제전략을 수립하였다.

(5) 원고는 앞서 본 바와 같이 기름이 배출된 서해 해상 각 지역에서 이루어진 해경의 방제작업을 보조하였고, 방제작업 기간의 작업일보를 작성하여 한국해사감정에 제출하였다.

위와 같은 사실관계에 비추어 보면, ① 원고는 인천해경의 출동요청을 받고 해경의 방제작업을 보조하였고, ② 선주연맹과 한국해사감정이 파견한 직원 수 명이 광범위한 기름 배출 지역에서 이루어진 방제작업을 총체적으로 관리, 감독하였고, 피고는 효율적인 방제작업을 위해 선주 측을 보조하여 방제방법과 기술을 지도하고 작업에 필요한 물건을 확인하는 등의 부수적인 역할만을 했다고 보기는 어려우며, ③ 선주연맹과 한국해사감정이 방제업무와 관련하여 수행하는 제반 업무는 추후 이루어질 보험금 또는 손해배상액 사정작업을 위한 것으로 보이고, 실질적인 방제작업은 피고가 해경을 통해 전체적으로 지휘, 통제했다고 보아야 하며, ④ 다른 해상 사고와 달리 이 사건 유출사고 발생 당시 막대한 양의 기름이 해상으로 배출되었을 뿐만 아니라 강한 조류와 바람에 의해 배출된 기름이 빠르게 넓은 지역으로 확산되어 피해지역의 범위 및 위치를 예측할 수 없었던 상황에서 원고가 해경 함정을 따라다니면서 방제작업을 하기 위해서는 선주연맹과 한국해사감정이 아닌 해경의 지시, 통제를 받았던 것으로 보인다.

따라서 허베이호 선주 측이 원고와 피고의 방제작업을 지휘, 감독하였다고 볼 수 없고, 원고는 방제작업 과정에서 해경의 직접적인 지휘를 받아 방제작업을 보조하였다고 봄이 상당하므로 피고의 위 주장도 이유 없다.

라. 방제보조작업 비용의 액수

나아가 피고가 원고에게 상환해야 하는 비용의 액수에 대해 본다.

원고는 2007. 12. 7.부터 2008. 3. 21.까지 방제보조비용으로 합계 739,035,540원(=인건비 44,930,000원+선박사용료 571,780,000원+차량임차료 15,895,000원+자재비용 5,260,600원+장비손상비용 4,774,000원+일반관리비 및 기업이윤 96,383,343원)을 지출하였는데, 허베이 센터로부터 2011. 9. 22. 이 사건 용역비용으로 304,177,512원을 지급받았으므로, 피고는 원고에게 원고가 지출한 위 방제보조비용 739,035,540원에서 164,436,866원(=위 중간정산금 304,177,512원을 위 739,035,540원에 대한 2008. 3. 22.부터 2011. 9. 22.까지 민법 소정의 연 5%의 이자 상당액 129,584,313원의 변제에 충당하고 남은 금원에서 위 중간정산금에 포함되어 있으나 원고가 이 사건 소로 청구하지 않았던 통신비 1,900,000원과 보일러설치비용 8,256,333원을 각 공제한 나머지 금원)을 공제한 나머지 574,598,674원 및 이에 대한 지연손해금을 지급할 의무가 있다고 주장한다.

살피건대, 을나 제4호증의 기재에 변론 전체의 취지를 종합하면, 원고의 방제보조작업을 직접 참관했던 손해사정업체인 주식회사 스파크 인터내쇼널이 원고의 손해액을 합계 318,450,947원(=인건비 39,540,000원+선박사용료 239,906,664원+차량임차료 14,450,000원+자재비용 4,200,000원+장비손상비용 3,800,000원+일반관리비 및 이윤 16,554,283원)으로 사정한 사실을 인정할 수 있다.

한편, 유류오염법 제2조 제4호는 유류오염손해를 '유출 또는 배출된 장소에 불구하고 선박으로부터 유류가 유출 또는 배출되어 초래된 오염에 의하여 선박외부에서 발생한 손실 또는 손해와 방제조치의 비용 및 방제조치로 인한 추가적 손실 또는 손해. 이 경우 환경손상으로 인한 이익상실 외의 환경손상에 대한 손실 또는 손해는 그 회복을 위하여 취하였거나 취하여야 할 상당한 조치에 따르는 비용에 한한다.'고 규정하고, 같은 조 제6호는 '방제조치라 함은 사고가 발생한 후에 유류오염손해를 방지 또는 경감하기 위하여 당사자 또는 제3자에 의하여 취하여진 모든 합리적 조치를 말한다.'고 규정하고 있으며, 같은 법 제44조의 2는 '유류오염으로 인한 손해의 조사, 손해액의 산정, 유류오염손해의 감정을 행하는 자가 갖추어야 할 요건에 관하여 필요한 경우에는 대통령령으로 정한다.'고 규정하고 있다.

이와 같은 규정취지에 비추어 원고가 배상받을 수 있는 방제보조비용의 범위에 관하여 보건대, 위 인정사실 및 을나 제4호증(가지번호 포함)의 각 기재, 당심 법원의 주식회사 스파크 인터내쇼날에 대한 각 사실조회결과에 변론 전체의 취지를 종합하여 인정되는 다음과 같은 사정들 즉, ① 유류오염법상 유류오염손해를 방제를 위한 '합리적인 조치'에 든 비용으로 한정함으로써 선박소유자가 배상하여야 할 방제조치비용을 당사자 또는 제3자가 지출한 모든 비용이 아니라 당사자 또는 제3자가 지출한 방제비용 중 방제를 위하여 필요한 합리적인 범위 내의 비용으로 제한하고 있으며, 유류오염법은 그 손해액을 산정하기 위한 절차를 예정하고 있는 점, ② 주식회사 스파크 인터내쇼날은 손해액 산정에 있어서 전문성을 갖추고 있는 손해사정기관으로 위 회사의 직원이 원고의 방제보조작업 현장에 입회하여 현장에 투입된 장비, 인원 및 물자 등의 수량 및 시간에 대해 확인하고 그 내용을 근거로 원고로부터 제출된 청구서의 내용에 오류나 금액의 부풀림 등이 있는지를 검토하여 합리적인 범위의 방제조치작업 비용을 산정하였고, 그와 같은 판단에 이르게 된 근거가 현저히 불공정하다거나 객관성과 합리성을 결여하였다고 보이지는 않는 점 등에 비추어 보면, 갑 제1 내지 20호증, 갑 제24 내지 29호증, 갑 제41 내지 44호증(가지번호 있는 경우 각 가지번호 포함)의 각 기재 및 영상, 제1심 증인 한수영, 양진명, 김영환의 각 증언만으로는 원고가 위 사정금액을 초과하여 피고를 위하여 필요한 필요비 또는 유익비를 지출하였다고 인정하기에 부족하고, 달리 이를 인정할 증거가 없다.

따라서 피고가 원고에게 상환해야 하는 비용은 위 손해사정액 318,450,947원 중 원고가 허베이 스피리트 센터로부터 이미 지급받은 294,021,179원(원고가 허베이 스피리트 센터로부터 304,177,512원을 지급받았으나, 그 중에는 원고가 이 사건 소로 청구하지 아니한 통신비 1,900,000원 및 보일러설치비용 8,256,333원이 포함되어 있는 사실은 당사자 사이에 다툼이 없는바, 위 304,177,512원에서 1,900,000원 및 8,256,333원을 공제한 나머지 금원)을 공제한 나머지 24,429,768원(=318,450,947원-294,021,179원)이 된다(원고는 위 294,021,179원 중 원고의 방제보조비용 739,035,540원에 대한 2008. 3. 22.부터 2011. 9. 22.까지 민법이 정한 연 5%의 비율에 의한 지연손해금 상당액은 위 지연손해금채무의 변제에 먼저 충당되어야 한다고 주장하나, 을 제18호증의 3, 4의 각 기재에 변론 전체의 취지를 종합하면, 위 중간정산금 지급 당시 허베이 스피리트 센터에서 그 내역을 지정하여 변제에 충당한 것으로 보이므로 원고의 위 주장은 받아들이지 아니한다).

마. 소결

따라서 피고는 원고에게 사무관리비용 24,429,768원 및 이에 대하여 원고가 위 비용을 지출한 날 이후로 원고가 구하는 바에 따라 2011. 9. 23.부터 피고가 지급의무의 존부 및 범위에 관해 항쟁함이 상당한 당심 판결선고일인 2012. 1. 13.까지는 민법에 정한 연 5%의, 그 다음날부터 다 갚는 날까지는 소송촉진 등에 관한 특례법에 정한 연 20%의 각 비율로 계산한 지연손해금을 지급할 의무가 있다.

5. 결 론

그렇다면 원고의 청구는 위 인정 범위 내에서 이유 있어 이를 인용하고, 나머지 청구는 이유 없어 이를 기각할 것인바, 제1심 판결은 이와 결론을 일부 달리하여 부당하므로 피고의 항소를 일부 받아들여 제1심 판결 중 피고에 대하여 위 금원을 초과하여 지급을 명한 피고 패소부분을 취소하고, 그 취소부분에 해당하는 원고의 청구를 기각하며, 원고의 항소 및 피고의 나머지 항소는 이유 없어 이를 모두 기각하기로 하여 주문과 같이 판결한다.

재판장 판 사 문 용 선
판 사 양 철 한
판 사 문 병 찬

(별지)

해양오염방지법(법률 제8466호, 법률 제8260호로 폐지되기 전의 것)

제48조 (기름 등 폐기물이 배출되는 경우의 방제조치)

① 다음 각 호의 1에 해당하는 자는 기름 등 폐기물이 배출되는 경우에는 대통령령이 정하는 바에 따라 배출되는 기름 등 폐기물의 계속되는 배출의 방지와 배출된 기름 등 폐기물의 확산방지 및 제거(이하 '방제'라 한다)를 위한 응급조치를 하여야 한다.

1. 배출된 기름 등 폐기물이 적재되어 있거나 적재되어 있던 선박의 선장이나 시설의 관리자
2. 선박 또는 시설의 종사자가 아닌 자로서 기름 등 폐기물의 배출원인이 되는 행위를 한 자

② 기름 등 폐기물이 배출되는 경우 다음 각호의 1에 해당하는 자는 대통령령이 정하는 바에 따라 배출되는 기름 등 폐기물을 신속히 수거·처리하는 등 필요한 방제조치를 즉시 취하여야 한다.

1. 배출된 기름 등 폐기물이 적재되어 있거나 적재되어 있던 선박의 소유자(임대된 선박의 경우에는 선박의 임차인을 말한다. 이하 같다) 또는 시설의 설치자(시설이 임대되어 있을 때에는 시설의 임차인을 말한다. 이하 같다)
2. 제1호에 해당하는 자 외의 자로서 그 업무와 관련하여 기름 등 폐기물의 배출 원인이 되는 행위를 한 자의 사용자

③ 제2항 각 호의 1에 해당하는 자가 동항의 규정에 의한 방제조치를 하지 아니하고 있다고 인정되는 경우에는 해양경찰청장은 그 자에게 방제조치를 하도록 명할 수 있다.

제50조 (행정기관의 방제조치와 비용부담)

① 제48조 제2항의 규정에 의하여 방제조치를 하여야 할 자가 조치하지 아니하거나 그 조치만으로는 해양오염을 방지하기 곤란하다고 인정하는 경우 또는 긴급방제조치가 필요하다고 인정하는 경우에는 해양경찰청장은 관계기관의 협조를 얻어 필요한 조치를 하여야 한다. 다만, 해안에 달라붙은 기름에 대하여는 그 해안을 관할하는 시장·군수·구청장이 필요한 조치를 하여야 하되, 대통령령이 정하는 시설이 설치된 해안에 대하여는 그 시설을 관리하는 행정기관의 장이 필요한 조치를 하여야 한다.

② 제1항의 규정에 의한 조치에 소요된 비용은 대통령령이 정하는 바에 따라 선박소유자 또는 해양시설의 설치자에게 부담시킬 수 있다. 다만, 천재지변 기타 대통령령이 정하는 사유에 해당하는 경우에는 그러하지 아니하다.

③ 제2항의 규정에 의하여 부담시킨 비용의 징수에 관하여는 「행정대집행법」 제5조 및 제6조의 규정을 준용한다.

④ 제2항의 경우에 기름 등 폐기물의 배출에 대하여 책임을 질 자가 따로 있는 때에는 선박소유자 또는 시설의 설치자는 그 자에 대하여 부담한 비용의 구상권을 가진다.

제51조 (해양오염방제대책위원회 등의 설치)

① 기름 등 폐기물의 유출사고 등 해양오염사고로 해양환경의 보전에 현저한 피해가 있거

나 피해를 미칠 우려가 있어 긴급방제 등 필요한 조치를 하게 하기 위하여 해양수산부 장관 소속하에 해양오염방제대책위원회를, 해양경찰서장 소속하에 지역해양오염방제대책협의회를 두며, 해양경찰청장 소속하에 방제대책본부를 둘 수 있다.

유류오염손해배상 보장법(법률 제8300호, 법률 제8581호로 개정되기 전의 것)

제4조 (유류오염손해배상책임)

① 유류오염손해가 발생한 때에는 사고 당시의 선박소유자는 그 손해를 배상할 책임이 있다.

제16조 (보험자 등에 대한 손해배상의 청구)

① 제4조 제1항 또는 제2항의 규정에 의한 선박소유자의 손해배상책임이 발생한 때에는 피해자는 보험자 등에 대하여도 직접 손해배상의 지급을 청구할 수 있다.

제23조 (국제기금에 대한 피해자의 보상청구)

피해자는 선박소유자 또는 보험자 등으로부터 배상을 받지 못한 유류오염손해금액에 관하여 국제기금협약이 정하는 바에 따라 국제기금에 대하여 국제기금협약 제4조 제1항의 규정에 의한 보상을 청구할 수 있다.

재난 및 안전관리기본법(법률 제8623호, 법률 제8856호로 개정되기 전의 것)

제61조 (특별재난지역에 대한 지원)

국가 또는 지방자치단체는 제60조의 규정에 의하여 특별재난지역으로 선포된 지역에 대하여는 대통령령이 정하는 바에 의하여 응급 대책 및 재난구호와 복구에 필요한 행정・재정・금융・의료상의 특별지원을 할 수 있다.

허베이 스피리트호 유류오염사고 피해주민의 지원 및 해양환경의 복원 등에 관한 특별법

제8조(손해보전의 지원)

① 국가 또는 지방자치단체는 허베이 스피리트호 유류오염사고와 관련하여 「유류오염손해배상 보장법」에 따른 손해배상 또는 보상을 청구한 자가 손해배상금 또는 보상금을 지급받기 전에 손해배상청구권 또는 보상청구권의 대위행사를 전제로 일정 범위의 금액을 지급할 수 있다. 끝.

〈제11호-Ⅱ-①〉

서 울 중 앙 지 방 법 원

판 결

사 건 2009가단331555구상금
원고, 피항소인 겸 항소인
아메리칸홈어슈어런스캄파니
피고, 항소인 겸 피항소인
페더럴익스프레스코포레이션
변 론 종 결 2010. 9. 29.
판 결 선 고 2010. 12. 15.

주 문

1. 피고는 원고에게 17,745,290원과 이에 대하여 2009. 6. 10.부터 2010. 12. 15.까지 연 5%, 그 다음날부터 다 갚는 날까지 연 20%의 비율로 계산한 돈을 지급하라.
2. 원고의 나머지 청구를 기각한다.
3. 소송비용 중 50%는 원고가, 나머지는 피고가 각 부담한다.
4, 제1항은 가집행할 수 있다.

청 구 취 지

피고는 원고에게 35,490,580원과 이에 대하여 2009. 6. 10.부터 소장 송달일까지 연 6%, 그 다음날부터 갚는 날까지 연 20%의 비율로 계산한 돈을 지급하라.

이 유

1. 기초사실

가. 원고는 2009. 4. 30. 비크조이엘리 주식회사(이하 '비크조이엘리'라고만 한다)와 사

이에 비크조이엘리가 중국 칭다오 소재 제모피아 쥬얼리 주식회사(이하 '제모피아'라고만 한다)로부터 수입하는 미화 139,217,50달러 상당 귀금속 3.347개 중량 11.5kg(이하 '이 사건 화물'이라고 한다)에 관하여 협회항공약관(전위험담보) 및 가액이 운송인에게 통보되고 가액에 상응한 요금이 지급되어야 하며(Full value declared to Carrier and Valuation Charge Paid), 국내운송 전과정 중 경호원이 동행되어야 함(It is warranted that the subject matter insured be accompanied by Guard during whole course of transit within domestic are)을 보험조건(이하 뒤의 2개를 '이 사건 보험조건'이라고 한다)으로 하여 적하보험계약(이하 '이 사건 적하보험계약'이라고 한다)을 체결하였다.

나. 비크조이엘리는 2009. 4. 30. 피고에게 이 사건 화물을 칭다오 소재 제모피아 공장에서 서울 용산 소재 비크조이엘리 사무실까지 육상 및 항공 운송하여 줄 것을 의뢰하였고, 피고는 같은 날 18:18경 제모피아의 사무실에서 이 사건 화물(1개의 종이상자, 그 안에는 2개의 철제상자가 2단으로 담겨져 있고 그 철제상자 안에 비닐백 및 버블비닐에 포장된 보석류가 담겨져 있었으며, 위 종이박스는 상자 전체가 투명테이프로 감겨져 있고 상자 안쪽 끝 부분에 피피밴드가 둘러져 있었다)을 인수한 다음 '송하인 제모피아, 수하인 비크조이엘리, 수하물 정보란에 '포장 1개, 무게 11.5kg, 화물명세서 쥬얼리 18K Gold, 가액 미화 139,217,50달러'로 각 기재된 국제항공운송장(이하 '이 사건 운송장'이라고 한다)을 발행하였다.

한편, 위 운송장에는 'Total Declared Value for Carraige'란이 별도로 있었으나 그 란에는 아무런 기재가 되어 있지 않았고, 비크조이엘리는 고가 화물에 대한 요금이 아닌 일반요금만을 운송료로 지급하였다.

다. 이 사건 화물은 피고의 칭다오 사무실로 수집된 다음 같은 날 23:42경 피고의 사무실을 출발하여 피고의 비행기를 통해 항공운송되어 2009. 5. 2. 14:25경 인천공항에 도착한 후 피고의 보세창고에 입고되었고, 그 후 통관되어 피고의 한국지사인 페덱스코리아가 수배한 퀵서비스업체를 통하여 육상운송되어 2009. 5. 4. 11:15경 비크조이엘리의 용산 소재 사무실에 배달되었다.

라. 비크조이엘리측이 수령 직후 종이상자를 개봉한 결과 2개의 철제상자 중 1개의 철제상자가 비정상적으로 거꾸로 담겨져 뜯겨진 채 개방되어 있었고, 종이상자 하부쪽 투명테이프가 뜯기고 잘려나갔으며, 그 위에는 정체불명의 테이프가 2중으로 붙어 있었고, 피피밴드는 사라지고 없었다. 보석의 개수를 확인한 결과 3,347개 중 780개(미화 27,148달러)가 부족하였다.

마. 한편, 출발지나 도착지에서 세관검사시 종이상자의 개방은 없었던 것으로 확인되었

고, 인천공항 통관시 찍힌 사진에 의하면 이 사건 종이상자에 피피밴드가 부착되어 있는 것으로 확인되었으며, 피고의 한국지사인 페덱스코리아는 그들의 내부조사결과 운송물의 부족사고가 페덱스중국이 관리하고 있던 때 중국에서 발생하였다고 주장하고 있으나 입증자료를 제공하지는 않았다.

바. 원고는 비크조이엘리로부터 보험금청구를 받고 보험조건 부합 여부를 심사하였는데 법률전문가(법무법인 미래)의 자문결과 원고의 영업사원이 이 사건 보험조건 및 그 위반시 효과를 비크조이엘리에게 제대로 설명하지 아니한 것으로 판단될 여지가 크다고 보고 약관의 규제에 관한 법률 제3조에 의거 이 사건 보험조건을 이 사건 적하보험계약의 내용으로 삼지 않기로 하여 2009. 6. 9. 비크조이엘리에게 보험금으로 미화 29,862.80달러(위 부족분 상당 가액에 부가가치세를 포함한 가액)를 지급하였다.

[인정근거] 갑1 내지 10호증의 각 기재, 을1호증의 영상, 변론 전체의 취지

2. 주장 및 판단

가. 피고의 비크조이엘리에 대한 손해배상책임 발생

위 인정사실에 의하면 누군가가 이 사건 화물이 담겨져 있는 종이상자의 피피밴드를 제거하고 종이상자의 밑면 투명테이프를 절단한 후 종이상자 밑면을 뜯고 그 안에 있는 철제상자 중 1개를 훼손한 다음 이 사건 화물 중 일부를 절취하여 간 것으로 보이고, 위와 같은 도난사고는 피고 직원이 제모피아로부터 외관상 아무런 문제가 없는 종이상자를 인수한 점에 비추어 그 인수 이후부터 비크조이엘리의 사무실에 배달완료하기 전까지 사이 즉, 피고의 운송구간 중 발생한 것으로 보이는바, 위와 같이 피고의 운송구간에서 도난사고가 발생한 경우 피고는 자신의 귀책사유 없음을 입증하지 못하는 이상 운송계약의 상대방(제모피아와 비크조이엘리 사이의 수입계약은 Exwork 즉, 공장인도조건으로 중국공장에서부터 수입시까지 모든 책임과 비용을 비크조이엘리가 부담하므로 이 사건 운송계약의 계약자도 송하인인 제모피아가 아니라 수하인인 비크조이엘리이다)인 비크조이엘리에게 채무불이행책임을 부담한다.

따라서 피고는 비크조이엘리에게 미화 27,148달러(도착당시 한화로 환산한 금액은 35,490,580원)을 배상할 의무가 있다.

나. 원고의 구상금채권 성립 여부

피고는, 원고의 보험금지급은 이 사건 보험조건에 위배하여 이루어진 것이므로 원고는 비크조이엘리의 손해배상청구권을 대위 행사 할 수 없다고 주장한다.

보건대, 위 인정사실에 의하면 비록 비크조이엘리가 이 사건 화물을 수입함에 있어 국

내 운송과정 전과정에 경호원을 동행하지도 않았고 고가신고도 하지 않았으며(항공운송장 가액란에 금액을 신고한 것만으로는 고가신고로 볼 수 없고 내용물을 공개하고 운송장의 'Total Declared Value for Carriage'란에 금액을 기재하여야 고가신고로 볼 수 있을 것이다) 가액에 따른 요금을 지급한 것이 아니므로 이 사건 보험조건을 위배한 것은 맞지만, 원고가 비크조이엘리에게 이 사건 보험조건을 설명하지 아니하여 약관의 규제에 관한 법률에 따라 이 사건 보험조건이 보험계약의 내용이 아닌 것으로 보고 비크조이엘리에게 보험금을 지급한 것은 앞서 본 바와 같은바, 원고의 보험금 상법 및 약관의 규제에 관한 법률에 따른 것으로 정당하다.

다만, 원고는 자신이 보험약관을 설명하지 않아서 생긴 위험 및 손해를 피고에게 전가할 수 없고 비크조이엘리 또한 스스로 보험조건을 위반하여 생긴 손해에 대해서까지 피고에게 그 책임을 전가할 수 없으므로, 원고의 구상금채권의 범위 및 피고의 책임을 정함에 있어서는 아래에서 보는 바와 같이 비크조이엘리가 보험조건을 위반함으로써 도난의 발생 및 손해의 확대에 기여한 정도를 참작하여야 한다.

다. 책임제한약관 적용 여부에 관한 판단

피고는, 피고의 표준항공운송약관 및 민법과 상법에 우선하는 몬트리올협약(민법 및 상법의 특별법의 지위에 있는 협약으로 한국은 2007. 10. 30. 위 협약에 가입하였다. 이하 '이 사건 협약'이라고 한다) 제22조 제3항에 의하면 '운송 중 화물의 파괴, 분실 등 손해가 발생한 경우 운송인의 책임은 1킬로그램당 17SDR로 제한된다'고 규정하고 있으므로, 피고의 책임은 위 한도 내로 제한된다고 주장한다.

보건대, 위와 같은 항공운송약관 및 협약은 항공운송구간 중 발생한 사고에 대하여 적용되는 것이고 육상운송구간과 항공운송이 혼합된 복합운송의 경우, 특히 육상운송구간에서 발생한 손해에 대하여는 위 약관 및 협약이 적용될 여지가 없는바, 위 협약 제18조 제4항도 '항공운송구간에는 공항외부에서 행한 육상, 해상, 내륙수로 운송은 포함되지 아니하되, 그러한 운송이 항공운송계약을 이행함에 있어 화물의 적재, 인도 또는 환적을 목적으로 하여 행하여졌을 때에는 반증이 없는 한 어떠한 손해도 항공운송중에 발생한 사고의 결과라고 추정된다'라고 규정하고 있어 항공운송에 밀접하게 부수하여 행해지는 육상운송의 경우 항공운송 중 발생한 사고로 추정하되 항공운송에 밀접하게 부수하여 행해지는 육상운송이 아닌 경우 항공운송 중 발생한 사고로 추정되지 아니하여 여전히 운송인이 항공운송중 사고임을 입증해야 할 것인바, 위 인정사실에 의하면 피고가 이 사건 화물을 칭다오 송하인 사무실에서 수거하여 칭다오 공항까지 운송하고 인천공항에서 통관 후 수하인의 사무실까지 인도하는 행위는 명백히 공항외부에서 행한 육상으로 항공운송계약을 이행함에 있어 화물의 적재, 인도를 목적으로 한 운송은 아니라고 할 것이므로, 여전히 피고가 이 사건 도난사고가 항공운송구간 중 발생하였음을 입증하여야 하는데, 을1호증의 영상만으로는 이를 인정하기에 부족하고, 오히려 을1호증의 영상에 의하면 인천공항 통관시 이 사건 종이상자에 피피밴드가 둘러져 있었는데 수령 당시에는 피피밴드가 사라지고 없었다는 것인바 이 사건 도난사고가 인천공항 통관 후 수하인에게 배달되는 육상운송구간에서 발생하였을 가능성도 배제할 수 없다고 할 것이다.

따라서 피고의 이 부분 주장은 이유 없다.

라. 피고의 책임제한

위 인정사실에 의하면 비크조이엘리는 고가의 보석류를 운송 의뢰하면서 고가신고도 하지 않았고 가액에 비례한 요금도 지불하지 않았으며 별다른 안전조치도 취하지 않았는바, 이와 같은 비크조이엘리의 과실은 이 사건 손해발생 및 확대에 기여했다고 보이고, 위 제반 사정을 고려하여 그 비율을 50%로 정하기로 한다.

마. 소결론

그렇다면 피고는 비크조이엘리를 대위한 원고에게 17,745,290원(35,490,580원×0.5)과 이에 대한 보험금 지급일 다음날이 2009. 6. 10.부터 피고가 이행의무의 존부 및 범위에 관하여 항쟁함이 상당한 2010. 12. 15.까지 민법 소정의 연 20%의 비율로 계산한 돈을 지급할 의무가 있다.

3. 결 론

원고의 청구 중 일부는 이유 있어 이를 인용하고 나머지 청구는 이유 없어 이를 기각하기로 하여 주문과 같이 판결한다.

판 사 임 성 실

〈제11호-II-②〉

서 울 중 앙 지 방 법 원

제 2 민 사 부

판　　　결

사　　건　　2011나3526　구상금

원고, 피항소인 겸 항소인

아메리칸홈어슈어런스캄파니

피고, 항소인 겸 피항소인

페더럴익스프레스코포레이션

제 1 심 판 결　　서울중앙지방법원 2010. 12. 15. 선고 2009가단331555 판결

변 론 종 결　　2011. 12. 6.

판 결 선 고　　2011. 12. 27.

주　　　문

1. 원고와 피고의 항소를 모두 기각한다.
2. 항소비용은 각자 부담한다.

청구취지 및 항소취지

1. 청구취지

피고는 원고에게 35,490,580원과 이에 대하여 2009. 6. 10.부터 이 사건 소장 부본 송달일까지는 연 6%, 그 다음날부터 다 갚는 날까지는 연 20%의 각 비율로 계산한 돈을 지급하라.

2. 항소취지

가. 원고: 제1심 판결 중 원고 패소부분을 취소한다. 피고는 원고에게 추가로 17,745,290원과 이에 대하여 2009. 6. 10.부터 항소심 판결 선고시까지는 연 5%, 그 다음날부터 다 갚는 날까지는 연 20%의 각 비율로 계산한 돈을 지급하라.

나. 피고: 제1심 판결 중 피고 패소부분을 취소한다. 위 취소부분에 해당하는 원고의 청구를 기각한다.

이 유

1. 제1심 판결의 인용

이 법원이 이 사건에 관하여 설시할 이유는, 제1심 판결문 제3면 20행의 "3.347개"를 "3,347개"로 고치고, 제5면 17행의 "원고의 보험금" 다음에 "지급은"을 추가하며, 제6면 내지 7면의 "다. 책임제한약관 적용 여부에 관한 판단" 부분을 다음과 같이 다시 쓰는 외에는 제1심 판결의 이유 부분 기재와 같으므로, 민사소송법 제420조 본문에 의하여 이를 그대로 인용한다.

『다. 책임제한약관 적용 여부에 관한 판단

1) 피고의 주장

피고의 표준항공운송약관 및 민법과 상법에 우선하는 몬트리올협약(민법 및 상법의 특별법의 지위에 있는 협약으로 한국은 2007. 10. 30. 위 협약에 가입하였다, 이하 '이 사건 협약'이라고 한다) 제22조 제3항에 의하면 '화물의 운송에 있어서 화물의 파괴, 분실, 손상 등 손해가 발생한 경우 운송인의 책임은 1kg당 17SDR로 제한된다'고 규정하고 있으므로, 피고의 책임은 위 한도 내로 제한된다.

2) 판단

가) 이 사건 협약의 관련 조항

○ 제18조 – 화물에 대한 손해

1. 운송인은 화물의 파괴, 분실 또는 손상으로 인한 손해에 대하여 손해를 야기한 사고가 항공운송 중에 발생하였을 경우에 한하여 책임을 진다.

3. 본 조 제1항의 의미상 항공운송은 화물이 운송인의 관리하에 있는 기간도 포함된다.

4. 항공운송의 기간에는 공항 외부에서 행한 육상, 해상운송 또는 내륙수로운송은 포함되지 아니한다. 그러나 그러한 운송이 항공운송계약을 이행함에 있어서, 화물의 적재, 인도 또는 환적을 목적으로 하여 행하여졌을 때에는 반증이 없는 한 어떠한 손해도 항공운송 중에 발생한 사고의 결과라고 추정된다. (후략)

○ 제22조 – 지연, 수화물 및 화물과 관련한 배상책임의 한도

3. 화물의 운송에 있어서 화물의 파괴, 분실, 손상 또는 지연이 발생한 경우 운송인의 책임은 1kg당 17SDR로 제한된다. 단, 송하인이 화물을 운송인에게 인도할 때에 도착지에서 인도 시 이익에 관한 특별신고를 하고 필요에 따라 추가요금을 지급한 경우에는 그러

하지 아니하다. (후략)

○ 제29조 – 청구의 기초

승객, 수화물 및 화물의 운송에 있어서, 손해에 관한 어떠한 소송이든지 이 협약, 계약, 불법행위 또는 기타 어떠한 사항에 근거하는지 여부를 불문하고, 소를 제기할 권리를 가지는 자와 그들 각각의 권리에 관한 문제를 침해함이 없이, 이 협약에 규정되어 있는 조건 및 책임한도에 따르는 경우에만 제기될 수 있다. 어떠한 소송에 있어서도, 징벌적 배상 또는 비보상적 배상은 회복되지 아니한다.

○ 제38조 – 복합운송

1. 운송이 항공과 다른 운송형식에 의하여 부분적으로 행하여지는 복합운송의 경우에는 이 협약의 규정들은, 제18조 제4항을 조건으로 하여, 항공운송에 대하여만 적용된다. (후략)

나) 판단

앞서 본 바와 같이, 비크조이엘리는 피고와 사이에, 이 사건 화물을 중국 칭다오 소재 제모피아 공장에서 서울 용산 소재 비크조이엘리 사무실까지 육상 및 항공운송(이하 '이 사건 운송'이라 한다)하여 줄 것을 의뢰하는 운송계약을 체결하였는바, 위 운송계약은 이 사건 협약이 피고의 약관이나 민법 및 상법에 우선하여 적용되는 국제항공운송계약에 해당한다. 또한, 이 사건 운송은 항공과 육상 운송이 결합된 복합운송이므로, 위 협약 제18조 제4항 및 제38조 제1항에 따라 항공운송계약을 이행함에 있어서, 화물의 적재, 인도 또는 환적을 목적으로 하여 행하여졌을 때에는 반증이 없는 한 어떠한 손해도 항공운송 중에 발생한 사고의 결과라고 추정된다.

그러나 위 인정사실, 앞서 든 각 증거 및 변론 전체의 취지를 종합하여 인정할 수 있는 다음과 같은 사정, 즉 피고가 비크조이엘리로부터 이 사건 화물을 인도받을 당시 종이상자 양쪽 끝에 피피밴드가 둘러져 있었는데 피피밴드의 재질 및 강도에 비추어 이를 절단하는 등 훼손하지 않고서는 종이상자와 철제상자로 이중 포장된 위 화물 안의 보석을 가져가는 것은 불가능해 보이는 점, 이 사건 화물의 출발지나 도착지에서 세관 검사 당시 종이상자의 개방은 없었고, 인천공항 통관 당시에 찍힌 영상(을 제1호증)에 의하면 종이상자에 여전히 피피밴드가 둘러져 있었던 점 등에 비추어 보면, 이 사건 도난사고는 인천공항 통관 후 수하인인 비크조이엘리에게 배달되는 육상운송구간에서 발생하였다고 추단되므로, 항공운송 중에 발생한 사고라는 위와 같은 추정은 깨어졌다고 할 것이고, 달리 이를 인정할 만한 증거가 없다.

따라서 이 사건 도난사고가 항공운송 중에 발생한 사고임을 전제로 한 피고의 위 주장은 더 나아가 판단할 필요 없이 이유 없다.』

2. 결　론

그렇다면, 제1심 판결은 정당하므로 원고와 피고의 항소는 이유 없어 이를 모두 기각한다.

재판장 판사 장재윤
판사 안 석
판사 오승이

〈제11호-II-③〉

대 법 원

2014. 11. 27. 선고 2012다14562 판결

【원고, 피상고인 겸 상고인】 아메리칸홈어슈어런스캄파니
【피고, 상고인 겸 피상고인】 페더럴익스프레스코포레이션
【원심판결】 서울중앙지법 2011. 12. 27. 선고 2011나3526 판결

【주 문】

원심판결을 파기하고, 사건을 서울중앙지방법원 합의부에 환송한다.

【이 유】

상고이유에 대하여 판단한다.

1. 사고 발생 구간에 관한 주장에 대하여

원심은 그 판시와 같은 사실과 사정을 종합하여 이 사건 도난사고가 인천공항 통관 후 수하인에게 배달되는 육상운송구간에서 발생하였다고 보아, 1999년 몬트리올에서 서명된 '국제항공운송에 있어서의 일부 규칙 통일에 관한 협약'(이하 '몬트리올 협약'이라 한다) 제18조 제4항에 의한 항공운송 중에 발생한 사고라는 추정이 깨어졌다고 판단하였다. 원심판결 이유를 기록에 비추어 살펴보면 원심의 이러한 판단은 정당하고, 거기에 피고의 상고이유 주장과 같이 논리와 경험의 법칙을 위반하여 자유심증주의의 한계를 벗어나거나 법률상의 추정규정에 대한 법리를 오해한 위법이 없다.

2. 보험자대위에 관한 법리오해 주장에 대하여

상법 제682조에서 정한 제3자에 대한 보험자대위가 인정되기 위하여는 보험자가 피보험자에게 보험금을 지급할 책임이 있는 경우이어야 한다(대법원 2009. 10. 15. 선고 2009다48602 판결 참조). 보험자가 보험약관에 정하여져 있는 중요한 내용에 해당하는 면책약관에 대한 설명의무를 위반함으로 인하여 약관의 규제에 관한 법률 제3조 제4항에 따라

해당 면책약관을 계약의 내용으로 주장하지 못하고 보험금을 지급하게 되었더라도, 이는 보험자가 피보험자에게 보험금을 지급할 책임이 있는 경우에 해당하므로 보험자는 보험자대위를 할 수 있다.

원심판결 이유와 기록에 의하면, 원고는 2009. 4. 30. 비크조이엘리 주식회사(이하 '비크조이엘리'라 한다)와 사이에 비크조이엘리가 중국 칭다오에 있는 제모피아 쥬얼리 주식회사로부터 수입하는 미화 139,217.50달러 상당의 귀금속 3,347개, 중량 11.5kg에 관하여 '협회항공약관(전위험담보) 및 가액이 운송인에게 통보되고 가액에 상응한 요금이 지급되어야 하며(Full value declared to Carrier and Valuation Charge Paid), 국내운송 전과정 중 경호원이 동행되어야 함(It is warranted that the subject matter insured be accompanied by Guard during whole course of transit within domestic area)'을 보험조건으로 하여 적하보험계약을 체결한 사실, 비크조이엘리는 이 사건 화물을 수령한 직후 누군가 운송 과정에서 이 사건 화물이 들어 있던 철제상자와 종이상자를 훼손하고 화물 중 귀금속 780개 미화 27,148달러 상당을 절취한 사실을 발견하고 원고에게 보험금 지급을 청구한 사실, 이에 따라 원고는 보험조건 부합 여부에 관하여 심사한 결과, 이 사건 보험조건 및 그 위반 시의 효과를 비크조이엘리에 제대로 설명하지 아니하였음을 이유로 그 보험조건을 적하보험계약의 내용으로 삼지 않기로 하고, 2009. 6. 9. 비크조이엘리에 보험금으로 미화 29,862.80달러(위 부족분 상당 가액에 부가가치세를 포함한 가액)를 지급한 사실을 알 수 있다.

이러한 사실관계를 앞에서 본 법리에 비추어 살펴보면, 원고는 면책약관에 대한 설명의무를 위반하여 해당 면책약관을 계약의 내용으로 주장할 수 없게 됨으로써 피보험자인 비크조이엘리에 보험금을 지급할 책임이 있었던 것이므로, 적법하게 보험자대위를 할 수 있다. 따라서 원고의 보험자대위를 인정한 원심의 판단에 피고의 상고이유 주장과 같이 보험자대위에 관한 법리를 오해한 위법이 있다고 할 수 없다.

3. 약관상의 책임제한 규정에 관한 법리오해 주장에 대하여

원심판결 이유와 기록에 의하면, 이 사건 운송계약 당시 작성되어 송하인에게 교부된 항공화물운송장의 뒷면에 계약조건(Conditions of Contract)이 기재되어 있는데, 위 계약조건에 피고의 책임제한(Limitation of Liability)과 관련하여 '바르샤바 협약 등의 국제조약이나 법률 등이 적용되지 않을 경우, 송하인이 고가의 신고를 하고 소정의 추가 요금을 지불하지 않는다면, 피고의 책임은 위 항공화물운송장에 의하여 운송물 당 미화 100달러 또는 1파운드 당 미화 9.07달러(kg당 미화 20달러) 중 더 큰 금액으로 제한된다'는 취지의 규정이 있는 사실, 이 사건 항공화물운송장의 수하물 정보란에 '포장 1개, 무게 11.5kg,

화물명세 쥬얼리 18K Gold, 가액 미화 139,217.50달러'라는 기재가 있으나, 운송료를 지급하기로 한 비크조이엘리는 피고에게 고가 화물에 대한 요금이 아닌 일반요금만을 운송료로 지급한 사실, 이 사건 화물은 비크조이엘리가 중국 칭다오에 있는 업체로부터 수입하기 위하여 운송되는 것이었는데, 인천공항을 통관한 후 비크조이엘리에 배달되는 육상운송구간에서 그 내용물 일부를 도난당한 사실 등을 알 수 있다.

이러한 사실관계에 의하면, 이 사건 항공화물운송장 뒷면에 기재된 책임제한에 관한 계약조건은 약관으로서 항공운송과 육상운송이 결합된 이 사건 운송계약의 내용을 이룬다고 할 것이므로, 그 적용 범위를 제한하는 특별한 규정이 없는 한, 위 책임제한 규정은 육상운송구간을 포함한 이 사건 운송계약 전반에 적용된다고 할 것이다. 따라서 비록 이 사건 도난사고가 육상운송구간에서 발생하였다고 하더라도 이 사건 화물에 대하여 고가의 신고가 되고 또한 소정의 추가요금이 지불되지 않았다면 피고의 책임은 위 계약조건에 정해진 범위 내로 제한된다고 보아야 한다.

그럼에도 원심은 이 사건 도난사고가 육상운송구간에서 발생한 것이어서 몬트리올 협약이나 이 사건 항공화물운송장의 이면약관이 적용되지 않는다는 이유로 피고의 책임제한에 관한 주장을 배척하였으므로, 이러한 원심판결에는 항공화물운송장의 이면약관에 의한 책임제한에 관한 법리를 오해함으로써 판결에 영향을 미친 잘못이 있다. 이 점을 지적하는 피고의 상고이유 주장에는 정당한 이유가 있다.

4. 상사법정이율의 적용에 관한 법리오해 주장에 대하여

상법 제54조의 상사법정이율이 적용되는 '상행위로 인한 채무'에는 상행위로 인하여 직접 생긴 채무뿐만 아니라 그와 동일성이 있는 채무 또는 그 변형으로 인정되는 채무도 포함된다.

그런데 이 사건 운송계약은 상인인 피고가 영업으로 하는 상행위에 해당하고, 원고는 비크조이엘리의 피고에 대한 운송계약상의 채무불이행을 원인으로 한 손해배상청구권을 대위행사하고 있으므로, 그 지연손해금은 민사법정이율이 아닌 상법 제54조가 정한 연 6%의 상사법정이율을 적용하여 산정하여야 할 것이다.

그럼에도 원심은 민사법정이율을 적용하여 연 5%의 비율로 계산한 지연손해금의 지급을 명하였으므로, 이러한 원심판결에는 상사법정이율의 적용에 관한 법리를 오해한 잘못이 있다. 이 점을 지적하는 원고의 이 부분 상고이유 주장에는 정당한 이유가 있다.

5. 결 론

그러므로 원고와 피고의 나머지 상고이유에 관한 판단을 생략한 채 원심판결을 파기하고, 사건을 다시 심리·판단하도록 원심법원에 환송하기로 하여, 관여 대법관의 일치된 의견으로 주문과 같이 판결한다.

대법관 재판장 고 영 한
주 심 이 인 복
김 용 덕
김 소 영

〈제12호-I-①〉

서 울 중 앙 지 방 법 원

제 2 2 민 산 부

판 결

사 건	2011가합124948 선수금환급보증금
원 고	1. 퍼시픽캐리어 시핑 에스 에이(Pacific Carrier Shipping S. A.)
	2. 아틀란틱 캐리어 시핑 에스 에이(Atlantic Carrier Shipping S. A.)
피 고	주식회사 국민은행
피고보조참가인	회생회사 주식회사 오리엔트조선의 공동관리인 이동희, 차재철
변 론 종 결	2012. 8. 31.
판 결 선 고	2012. 9. 28.

주 문

1. 원고들의 청구를 모두 기각한다.
2. 소송비용은 원고들이 부담한다.

청 구 취 지

피고는, 원고 퍼시픽 캐리어 샤핑 에스 에이에게 미화 13,680,000달러 및 그 중 6,840,000달러에 대하여는 2007. 9. 27.부터, 6,840,000달러에 대하여는 2008. 7. 30.부터 각 2011. 12. 15.까지는 연7%의, 그 다음날부터 다 갚는 날까지는 연 20%의 각 비율에 의한 금원을 지급하고, 원고 아틀란틱 캐리어 시핑 에스 에이에게 미화 6,840,000달러 및 이에 대한 2007. 9. 27.부터 2011. 12. 16.까지는 연 7%의, 그 다음날부터 다 갚는 날 까지는 연 20%의 각 비율에 의한 금원을 지급하라.

이 유

1. 기초사실

가. 원고들은 파나마 공화국 법률에 따라 설립된 회사로서 선박의 소유를 목적으로 하는 회사이고, 조강해운 주식회사(이하 '조강해운'이라 한다)는 원고들의 모회사이며, 피고는 대한민국 은행법에 따라 설립된 은행이다. 주식회사 오리엔트조선(이하 '오리앤트조선'이라 한다)은 선박건조회사로서 2012. 3. 22. 회생절차개시결정(부산지방법원 2012회합3호)[1]을 받고 피고 보조참가인 회생회사 주식회사 오리엔트조선의 공동관리인 이동희, 차재철(이하 '피고 보조참가인'이라 한다)이 관리인으로 선임되었다.

나. 조강해운은 2007. 8. 9. 오리엔트조선과 사이에 선체번호 OSN-1006호 및 OSN-1009호(이하 각 '1006호 선박' 및 '1009호 선박'이라 하고, 위 두 선박을 합하여 '이 사건 선박들'이라 한다)에 대하여 대금을 각 미화 34,200,000달러로 하는 선박건조계약(이하 '이 사건 계약'이라 한다)을 체결하였는데, 주요 내용은 다음과 같다.[2]

> **Article[3] 서술 및 선급(description and class)**
> 3. 등급, 규정 및 규칙
> (a) 이 사건 각 선박은 한국선급의 현재 규정 및 규칙에 합당하게 건조되어야 한다.
> (b) 한국선급의 규정, 규칙 및 요건은 이 사건 계약 체결일 현재 공표되고 효력을 가지는 것을 포함하여야 한다.
>
> **Article Ⅲ. 선박건조대금의 조정**
> 1. 선박인도의 지연
> (c) 그러나, 만약 선박의 인도가 이 사건 계약이 건조자(오리엔트조선을 말한다, 이하 같다)의 선박인도기한으로 정하고 있는 인도기일을 180일 이상 경과하여 지연되는 경우, 위 180일이 경과한 시점에 매수인(원고들을 말한다. 이하 같다)은 그 선택에 따라 건조자에게 전문을 송부하거나 팩스로 통지함으로써 이 사건 계약을 해제할 수 있다. 이와 같은 해제는 위 해제통지서가 건조자에게 도달한 날로부터 효력을 발생한다.

1) 오리엔트조선은 2010. 8. 9. 부산지방법원 2010회합11호로 회생개시결정을 받았으나 2012. 1. 27. 회생절차가 폐지되었다가 다시 같은 법원 2012회합3호로 회생개시결정을 받고 2012. 7. 25. 회생계획인가판정을 받았다.
2) 계약서는 이 사건 선박들마다 개별적으로 작성되었으나 선박인도기한(1006호 선박의 경우 2009년 8월말, 1009호 선박의 경우 2010 5월말)을 제외하고는 내용이 동일하다.
3) 이하 'Article Ⅰ 3. (a)'의 경우 제1조 제3항 (a)호'로 변역한다.

Article Ⅳ. 조사 및 승인

1. 선주감독관의 임명

매수인은 적정한 시기에 자신의 비용과 부담으로 한명 혹은 그 이상의 선주감독관을 파견, 유지할 수 있고, 이 선주감독관은 건조자의 이 사건 선박, 장비, 기타 의장품을 적절하게 건조하고 있는지를 감독할 수 있는 권한을 수여받았음을 매수인이 서면으로 확인해 주어야 한다. 이 사건 계약에 따른 어떠한 작업을 시작하기 전에, 건조자는, 합리적으로 요구되는 경우라면 언제든지, 그에 관한 모든 설계도면(plans and drawings)에 대해 사전에 선주감독관에 보여주고 제공하여, 선주감독관 권한의 범위 내에서, 선주감독관의 승인을 얻어야 한다.

Article Ⅹ. 건조대금지급

2. 지급조건

선박건조대금은 계약의 효력이 유지되는 한 아래와 같은 방법으로 지급한다 :

(a) 1차 선수금[4]

매수인은 선박건조대금의 20%에 해당하는 금액인 미화 6,840,000달러를 건조자로부터 본 조 제8항이 규정하고 있는 선수금환급보증서를 수령한 후, 2007. 9. 20. 전까지 지급한다.

(b) 2차 선수금

매수인은 선박건조대금의 20%에 해당하는 금액인 미화 6,840,000달러를 건조자로부터 강재절단(steel cutting)[5] 공정원료 통지를 받은 날로부터 5 영업일 이내에 지급한다. 다만, 2차 선수금에 대한 자금 요청은 2008. 6.말 전까지는 할 수 없다.

(c) 3차 선수금

매수인은 선박건조대금의 20%에 해당하는 금액인 미화 6,840,000달러를 건조자로부터 용골거치(keel laying)[6] 공정완료 통지를 받은 날로부터 5 영업일 이내에 지급한다.

(d)[7] 4차 선수금

매수인은 선박건조대금의 20%에 해당하는 금액인 미화 6,840,000달러를 건조자로부터 진수(launching) 수행 통지를 받은 날로부터 5 영업일 이내에 지급한다.

---

4) 'instalment'는 '분할금'으로도 번역할 수 있으나, 이 사건 각 선박이 건조되어 인도되기 전에 지급되는 금원으로서 통상적인 공사 또는 제작물계약에서의 '선수금'의 성격과 유사하고 당사자들로 '선수금'이라는 용어를 혼용하고 있으므로, 이하에서는 '선수금'으로 번역한다.

5) 선박건조단계 중 도면에 따라 최초로 강재(steel)를 절단하는 것으로서, 선박건조가 본격적으로 시작됨을 의미한다.

6) 전통적인 선박건조에 있어서 용골(선수에서 선미에 이르는 배 바닥 부분을 가로지르는 종방향의 뼈대)을 제일 먼저 바닥에 깐 후 횡방향으로 뼈대를 놓아가는 방법을 사용하는 것에서 유래한 것으로서, 블록단위로 선박 각 부분을 제작하여 조립하는 형식의 현대적인 선박건조에서는 위와 같은 용골이 사용되지 아니하나 첫 번째 블록을 건조선대에 거치하는 것을 용골거치라고 부른다.

(e) 5차 선수금

매수인은 선박건조대금의 20%에 해당하는 금액인 미화 6,840,000달러에서 이 사건 계약서 제3조 및 제5조에 따라 선박의 인도 이전에 발생한 계약의 변경 또는 수정으로 인해 증감된 금액을 선박 인도(delivery)와 동시에 건조자에게 지급한다.

(중략)

건조자와 매수자는, 건조자와 매수인 사이의 어떠한 분쟁이나 불일치를 이유로 하여 이 조항에 따른 모든 지급을 지체하거나 유보할 수 없음에 합의한다. 어떠한 분쟁이 있으면 이는 이하 제13조의 중재조항에 따라 해결되어야 한다.

5. 건조자의 선수금 지급의무

매수인이 선박의 인도에 앞서 건조자에게 지급한 금원은 건조자에게 지급한 선수금으로 본다. 이 사건 계약상 조건에 의거하여 매수인이 선박의 인수를 거절하거나, 제11조에 따라 건조자가 이 사건 계약을 해제 또는 취소하는 경우를 제외하고, 만일 매수인이 이 사건 계약을 종료, 취소 또는 해제할 수 있도록 허용하고 있는 이 사건 계약상 어느 조항에 따라 매수인이 해제, 취소, 종료하면, 건조자는 매수인이 기지급한 선수금율, 이화료, 인도 전에 지급한 금원 전액 및 그에 대한 이자를 합산한 금원을 매수인의 거절의사표시를 수령한 날로부터 7 은행 영업일 내에 즉시 매수인에게 환급한다. (중략) 환급시 이자율은 각 선수금을 지급받은 날의 다음날부터 계좌이체 등을 통한 환급이 이루어지는 날까지 연 7%의 비율로 한다.

Article XI. 채무자의 채무불이행

1. 채무불이행 정의

채무자는 다음의 각 경우에 이 사건 계약의 채무불이행에 해당한다.

(a) 그러한 채무불이행이 계속되는 실제 기간 동안 선박의 인도일이 자동으로 연장된다.

(d) 건조자가 매수인의 채무불이행을 통지한 날로부터 7일이 경과할 동안 매수인의 채무불이행이 계속될 경우, 건조자는 그 선택에 따라 서면으로 건조계약을 해제할 수 있다.

(e) 상기에서와 같이 매수인의 채무불이행에 따라 서면으로 건조계약을 해제하였을 경우, 건조자는 매수인으로부터 지급받은 선수금을 보유하며, 매수인의 채무불이행 및 그에 따른 건조계약의 해제로 인하여 건조자가 입은 손실 및 손해의 전보에 충당할 수 있고, 동시에 선박을 공매 또는 사적 매매의 방법으로 처분할 수 있는 권리를 갖는다.

피고는 이로써 조강해운을 수익자로 하여, 오리엔트조선을 위하여, 이 사건 각 선박을 건조하는 것을 내용으로 하여 매수인과 건조자간에 2007. 8. 9. 체결된 선박건조계약에 의거하여 당 은행의 취소불가능한 보증서를 개설한다.

만약, 이 사건 계약의 조건과 관련하여, 매수인의 선박 인도 이전에 건조자에게 지급한

7) 갑 제1호증 및 갑 제4호증의 각 제40면에는 (g)로 표시되어 있으나 이는 (d)의 오기로 보인다.

선수금의 환급을 청구할 수 있게 되는 경우, 우리는 취소불가능하고 무조건적으로(아래에서 적시한 조건들을 제외하고는) 처음 서면요구를 한 날로부터 30일 이내에 매수인에게 그 반환을 보증한다.8)

(중략)

본 보증서는 매수인이 계약 제10조에 의거하여 건조자에게 환급청구를 하였다는 점 및 건조자가 환급하지 못하였다는 점을 내용으로 하는 매수인의 단순한 서면진술서에 기하여 지급이 가능하다.9)

(중략)

위에서 언급한 조항에도 불구하고, 상기 건조자에 대한 선수금반환청구일로부터 30일 내에, 당 은행이 귀사의 건조계약해제 혹은 그에 따른 선수금환급청구가 다투어 지고 이 계약에 따른 중재절차에 회부되었다는 서면확인서가 첨부된 통지서를 귀사 또는 건조자로부터 수령한 경우, 당 은행은 이 보증하에서 그와 같은 중재절차에서 내려진 중재판정에 의거 귀사가 건조자에게 지급받도록 판정받은 금액을 귀사로부터 그와 같이 판정된 금액의 지급요청 및 중재판정의 사본을 수령하는 즉시 지급한다.

(중거)

본 보증서는 개설일로부터 건조자가 매수인에게 계약이 정하고 있는 바에 따라 선박을 인도하는 시점까지 양도가능하고 유효하다.

본 보증서는 대한민국 법의 적용을 받고, 해석되며, 하기 서명인은 대한민국의 법원을 비전속적인 재판관할로 한다.

본 보증서는 개설은행의 확인하에 양도된다.

다. 이 사건 계약에 따라 오리엔트조선은 피고에게 선수금환급보증을 의뢰하였고, 피고는 2007. 9. 20. 수익자를 조강해운으로 하는 선수금환급보증서(Letter of Guarantee 또는 Refund Guarantee, 이하 '이 사건 보증서'라 한다)를 발급하였는데, 그 주요 내용은 다음과 같다.

라. 조강해운은 이 사건 보증서 발급 이후 2007. 9. 27. 오리엔트조선에게 이 사건 선박들에 대한 1차 선수금 각 6,840,000달러를 지급하였고, 2007. 11. 19. 조강해운, 오리엔트조선과 원고들은 1006호 선박에 대한 선박건조계약의 매수인 지위를 원고 퍼시픽 캐리어 시핑 에스 에이(이하 '원고 퍼시픽'이라 한다)로, 1009호 선박에 대한 선박건조계약의

---

8) If, in connection with the terms of the CONTRACT, the BUYER shall become entitled to a refund of the advance payments made to the BUILDER, prior to the delivery of the VESSEL, we hereby irrevocably and unconditionally (except conditions written hereunder), guarantee the repayment of the same to the BUYER within 30days after first written demand.

9) This Letter of Guarantee is available against the BUYER's simple written statement certifying that the BUYER's demand for refund has been made in conformity with Article X of the CONTRACT and the BUILDER has failed to make the refund.

매수인 지위를 원고 아틀란틱 캐리어 시핑 에스 에이(이하 '원고 아틀란틱'이라 한다)로 각 변경하는 계약을 체결하였으며, 원고 퍼시픽은 2008. 7. 30. 오리엔트조선에게 1006호 선박에 대한 2차 선수금 6,840,000달러를 지급하였다.

마. 원고들은 2011. 8. 2.6 오리엔트조선에게 '오리엔트조선의 채무불이행을 이유로 이 사건 계약을 해제하므로 이미 지급한 선수금을 환급하라'고 요구하였으나, 오리엔트조선은 위 선수금을 반환하지 아니하였다. 그러자 원고들은 2011. 11. 25. 피고를 상대로 이 사건 보증서에 기한 선수금환급보증서의 지급을 청구하는 소장을 제출하면서 원고들의 오리엔트조선에 대한 '매수인해제통지서(갑 제8호증)'를 소장에 첨부하였다.

2. 당사자들의 주장

가. 원고들의 주장

1) 이 사건 보증서는 소위 '독립적 은행보증'으로서 민법상 보증계약과는 달리 수익자와 보증의뢰인 사이의 원인관계와 이 사건 보증사이에는 부종성이 없고, 원고들은 이 사건 보증서에 정한 요건에 따라 '원고들이 이 사건 계약 제10조에 따라 환급청구를 하였고 오리엔트조선이 이를 환급하지 못하였음'을 진술하는 '단순 서면 진술서(simple written statement)'인 이 사건 소장을 제출하여 이는 피고에게 송달되었으므로, 피고는 이 사건 보증서에 따라 원고들이 오리엔트조선에 지급한 선수금 상당의 보증금을 지급할 의무가 있다.

2) 이 사건 계약이 누구의 채무불이행으로 해제되었는지에 관하여는, ① 오리엔트조선이 적법한 선수금지급청구를 한 사실이 없고, ② 오리엔트조선은 건조능력과 자금이 부족하여 이 사건 선박들을 정상적으로 건조할 수 없는 상태였으므로 원고들은 불안의 항변권에 기해 후속 선수금을 지급하지 아니하였고, 위와 같은 불안한 상태가 계속되는 상황에서 이루어진 오리엔트조선의 선수금지급요구는 계약이행의 의사 없이 오로지 선수금을 유용하고 원고들에게 손해를 입히겠다는 의사에 기한 권리남용에 해당한다.

나. 피고 및 피고 보조참가인의 주장

1) 이 사건 보증서는 독립적 은행보증이 아니고, 가사 독립적 은행보증이라고 하더라도 당사자 사이에 약정으로 별도 요건을 부할 수 있는데, 이 사건 보증서에서는 수익자의 권리행사 요건으로서 '① 매수인이 건조계약에 따라 건조자에게 선수금 반환을 청구할 권리가 있을 것, ② 매수인은 선수금반환청구가 이 사건 계약 제10조에 부합한다는 점을 증명(cerfitying)하는 서면을 제출할 것'을 정하고 있는바, 원고들의 이 사건 청구는 위와 같은 요건을 충족하지 못하였다.

2) 이 사건 계약은 원고들의 채무불이행을 이유로 오리엔트조선에 의해 이미 해제되어 더 이상 원고들이 오리엔트조선에 대하여 선수금반환을 구할 권리가 없음이 명백함에도 이 사건 보증서에 기한 권리를 행사하는 것은 권리남용에 해당한다.

3. 청구원인에 대한 판단

가. 이 사건 보증서의 성격

1) 국제상거래에 있어서 계약의 일방 당사자가 거래 상대방에 대하여 그 계약(매매, 도급 등)상의 채무이행을 담보하거나 계약 해제 또는 해지의 경우 미리 받은 계약금, 선수금 등의 반환의무를 담보하기 위해 거래 상대방을 수익자로 하는 은행의 보증서를 발급받아 주기로 약정하고, 은행은 위 일방 당사자의 의뢰에 따라 거래 상대방을 수익자로 하여 위와 같은 일방 당사자의 의무를 보증하는 약정을 하는 거래가 다수 있고, 특히 선박건조계약의 경우 매수자가 건조자에게 각 공정단계별로 건조대금 중 일부를 선수금으로 지급하되, 선박건조계약이 해제되는 경우 매수자의 선수금반환채권을 담보하기 위해 은행의 보증서를 제출할 것을 요구하는 경우가 많다. 그런데 위와 같은 보증서의 문언상 보증의뢰인이 수익자와의 계약조건의 어느 것이라도 불이행하였다고 수익자가 그 절대절인 판단에 따라 결정한 때에는 보증인은 수익자의 서면에 의한 청구가 있으면 보증의뢰인이 어떤 반대에도 불구하고 즉시 수익자가 청구하는 보증금을 지급하겠다는 것으로서, 그 의무의 성질이 무조건적이고 보증인이 주장할 수 있는 어떠한 면책사유로도 대항하지 않겠다는 것임이 분명하다면, 이는 주채무에 대한 관계에 있어서 부종성을 지니는 통상의 보증이 아니라, 주채무자(보증의뢰인)와 채권자(수익자) 사이의 원인관계와는 독립되어 그 원인관계에 기한 사유로서는 수익자에게 대항하지 못하고 수익자의 청구가 있기만 하면 보증인의 무조건적인 지급의무가 발생하게 되는 이른바 독립적 은행보증(first demand bank guarantee)에 해당한다고 할 것이다. 따라서 이러한 은행보증의 보증인으로서는 수익자의 청구가 있기만 하면 보증의뢰인이 수익자에 대한 관계에 있어서 채무불이행책임을 부담하게 되는지의 여부를 불문하고 그 보증서에 기재된 금액을 지급할 의무가 있다고 할 것이며, 이 점에서 이 은행보증은 수익자와 보증의뢰인과의 원인관계와는 단절된 추상성 내지 부인성을 가진다(대법원 1994. 12. 9. 선고 93다43873 판결 등 참조).

2) 이 사건 보증서의 문언을 살펴보면, 피고는 '취소불가능하고 무조건적으로(irrevocably and unconditionally) 매수인에 대하여 선수금 반환을 보증'하였고, 위와 같은 피고의 보증금 지급의무에 대한 예외는 '아래에서 적시한 조건들(conditions written hereunder)'로서 '건조자와 매수인 사이에 계약의 해제 혹은 선수금반환청구에 관한 분쟁이 중재절차에

회부된 경우'뿐이므로, 위와 같이 보증서 문언상 명백한 예외적 사유 외에는, 수익자인 원고들이 보증의뢰인인 오리엔트조선의 채무불이행이 있었음을 구체적으로 증명할 것을 요구한다거나 원인관계인 이 사건 계약에 따른 사유로 항변할 수 있음을 정하고 있지 않다.

3) 피고는 이 사건 보증서의 문언 중, ① '이 사건 계약의 조건과 관련하여, 매수인이 선박의 인도 이전에 건조자에게 지급한 선수금의 환급을 청구할 수 있게 되는 경우(If, in connection with the terms of the CONTRACT, the BUYER shall become entitled to a refund of the advance payment)', ② '매수인이 계약 제10조에 의거하여 건조자에게 환급청구를 하였다는 점 및 건조자가 환급하지 못하였다는 점을 증명하는 매수인의 서면 진술서에 기하여 지급이 가능하다(This L/G is available against the BUYER's simple written statement certifying that the BUYER's demand for refund has been made in conformity with Article Ⅹ of the CONTRACT and the BUILDER has failed to make the refund)'는 문구에 비추어 보면 이 사건 보증서상 보증의무는 원인관계상 선수금반환채권의 발생을 그 요건으로 하므로, 독립적 은행보증에 해당하지 않는다고 주장한다.

살피건대, 독립적 은행보증의 경우에도 수익자의 보증금지급청구는 원인관계에 기초해야 하므로, 수익자와 보증의뢰인 사이에 원인관계와 다른 별도의 법률관계가 있다거나(다른 계약관계, 불법행위 또는 부당이득 등), 원인관계가 되는 계약상 근거가 없는 청구나 해당 보증서가 담보하는 채무가 아닌 경우(가령 이 사건 보증서는 이 사건 계약서 제10조에 기초한 환급청구를 요건으로 하는데 계약의 종료, 취소, 해제를 전제로 하지 않은 보증금지급청구)에는 당연히 보증금지급사유가 발생하는 것이 아니고, 이러한 경우에 만약 보증서의 독립·추상성을 빌미로 보증금지급을 청구한다면 이는 사기적 청구에 해당하게 되므로, 독립적 은행보증의 경우에도 원인관계에 관한 표현이 있을 수 밖에 없어 원인관계에 대한 언급이 있다는 점만으로는 독립적 은행보증이 아니라고 볼 수 없다. 또한 이 사건 보증서의 문구 중 'certifying'은 위 단어의 영문법상 의미 및 일반적인 용례상 'prove'와 차이가 있는 점, 'certifying'에 의해 수식되는 명사가 '매수인의 단순한 서면진술서(the BUYER's simple written statement)'인데, 계약당사자인 매수인이 작성한 서면진술서로서 우리나라법상 어떠한 '증명'이 이루어질 수 없는 점, 이 사건 계약의 준거법은 대한민국 법이고 원고들의 모회사로서 처음 이 사건 계약서를 작성한 조강해운과 피고는 모두 우리나라 법인인데, 우리나라법상 '증명'은 통상 'prove'로 번역되는 점까지 고려하면, 위 ②번 문구는 '매수인이 계약 제10조에 의거하여 건조자에게 환급청구를 하였다는 점 및 건조자가 환급하지 못하였다는 점을 <u>내용으로 하는(또는 진술하는)</u> 매수인의 서면진술서'로 이해함이 타당하다.

4) 결국 이 사건 보증서는 독립적 은행보증에 해당한다.

나. 보증금청구의 요건구비 여부

1) 원고들은 이 사건 소장에서 이 사건 계약의 체결, 원고들이 위 계약서 제3조 제1항 (c)호에 따라 이 사건 계약을 모두 해제하고 위 계약서 제10조 제5항에 따라 오리엔트조선에게 선수금환급을 요구하였으나 이를 지급받지 못하였음을 진술하였고 위 소장이 2011. 12. 16. 피고에게 도달하였음은 기록상 명백하므로, 원고들의 이 사건 선수금환급 보증지급청구는 이 사건 보증서상 요건을 충족하였다고 판단된다.

2) 한편 피고는, 가사 이 사건 보증서가 독립적 은행보증에 해당한다고 하더라도, 위 ① 및 ② 문언은 이 사건 보증서상의 보증금지급청구의 요건으로 별도로 규정된 것이므로, 위 각 문언에 따라 원고들에게 이 사건 계약상 오리엔트조선에 대한 선수금반환청구권이 실제로 발생해야 하고, 이 사건 계약서 제10조에 따라 적법하게 이 사건 계약이 건조자의 채무불이행을 이유로 해제되었음을 증명해야 한다고 주장한다.

살피건대, 독립적 은행보증의 특징인 독립·추상성은, 은행은 수익자가 제시한 서류가 보증서의 조건과 일치하는지 여부만을 고려하여 보증금지급여부를 결정하고, 그 서류는 보증서의 조건과 엄격하게 일치되어야 하며, 보증금지급여부는 원인계약에 영향을 받지 않는다는 일종의 무인성을 의미하므로, 이는 민법상 보증의 부종성이나 보충성을 배제하는 특약으로 이해된다. 이러한 독립·추상성은 거래당사자에게는 보증서 조건과 서류만에 의하여 보증금 지급에 관한 권리관계가 확정된다는 신뢰를 제공하는 점에서 상업적 효용이 있다. 또한 원인계약의 당사자가 아닌 은행으로서는 보증서 발급 당시 수수료 상당의 수익을 얻으면서, 보증사고가 발생한 경우 무조건적으로 수익자에게 보증금을 지급하고 이러한 보증금지급이 원인관계에 정당한 근거를 가지는지 여부를 따질 필요 없이 보증의뢰인에게 역시 무조건적인 구상권을 행사할 수 있다는 점에서 은행에게도 상업적 효용이 있는 거래이다. 따라서 독립적 은행보증서를 발급하면서 그 보증서 문언으로 다시 보증금 지급여부를 원인관계상 청구권의 실질적인 존부 또는 면책사유의 존부에 의존하도록 하는 것은 이러한 상업적 효용을 의도한 당사자들의 의사에 부합하지 않고, 원인관계에 관한 분쟁은 그 당사자인 보증의뢰인과 수익자 사이의 중재절차 또는 소송절차에 따라 해결되는 것이 효율적이고 본질적이라는 점에 비추어 보더라도 독립적 은행보증서상 보증금지급 요건을 별도로 규정하는 문언은 엄격하게 해석함이 상당하다.

피고가 주장하는 이 사건 보증서의 문언(위 ① 및 ②)은 위 가. 3).에서 본 바와 같이 원고들이 일응 그 외관상 이 사건 계약에 근거하여 건조자에 대하여 선수금환급청구권을 갖고 있고 이 사건 계약서 제10조에 따라 건조자에게 이 사건 계약의 해제에 따른 선수금환급청구를 한 사실을 내용으로 하는 서면진술서를 제출할 것을 요구하는 것에 불과하고, 이러한 선수금환급청구권이 실질적으로 존재함을 '증명'할 필요까지는 없다고 판단된다. 또한 이 사건 계약서 제10조 제5항에서는 '건조자가 먼저 계약을 해제 또는 취소한 경우를 제외'하고 매수인이 이 사건 계약서에 따라 해제 등을 하는 경우 선수금환급의무가 발생한다고 규정하고 있는데, 그 문언의 형식상 '건조자의 해제 또는 취소' 요건은 매수인의 해제, 취소 등을 부인하는 상대방이 적극적으로 주장·입증해야할 사항으로 보이므로, 수익자가 건조자에게 선수금환급청구를 하거나 은행에게 보증금지급청구를 하면서 이 사건 계약이 건조자에 의해 먼저 해제되거나 취소되지 않았음을 주장하거나 증명할 이유는 없다.

따라서 피고의 위 주장은 이유 없다.

다. 소결

그렇다면 특별한 사정이 없는 한, 피고는 원고들에게 선수금환급보증금을 지급할 의무가 있다.

4. 피고의 권리남용 항변에 대한 판단

가. 인정사실

다음 각 사실은 당사자 사이에 다툼이 없거나 갑 제12, 13, 26, 30 내지 33호증, 을 제1 내지 6, 8, 9, 11, 14 내지 21, 24호증의 각 기재, 을 제13호증의 각 영상, 증인 안재호의 증언에 변론 전체의 취지를 더하여 이를 인정할 수 있다.

1) 선박건조의 공정

가) 선박건조의 주요 공정은 '① 강재절단(steel cutting : 선박건조에 사용될 강재를 절단하는 작업), ② 용골거치(keel laying : 강재로 만들어진 블록을 조립 및 용접하여 선체를 만드는 작업), ③ 진수, ④ 시운전, ⑤ 완공, ⑥ 인도'의 순서로 이루어진다.

나) 건조자는 최초 공정인 강재절단 이전에 미리 강재를 구입하고 다른 자재를 준비해야 하므로 초기 투입비용은 전체 선박건조비용의 30% 이상에 해당하고 공정 진행 과정에서 계속적으로 비용이 투입되므로, 선박건조계약은 선박건조가 완공되고 선박이 인도된 후에 선박대금을 일시에 지급받는 것이 아니라, 각 공정마다 선박건조대금을 분할하여 지급받는 형태로 진행된다.

2) 1006호 선박의 건조 작업

가) 오리엔트조선은 조강해운에게 1006호 선박의 용골거치 행사를 2009. 4. 24. 실시하겠다고 통보하였는데, 조강해운은 2009. 4. 20. 오리엔트조선에게 '블록 60% 이상을 생산완료하고, 이동이 필요없이 진수할 수 있는 장소에서 용골거치할 것'을 조건으로 용골거

치를 시작할 것을 요구하였다.

나) 다시 오리엔트조선은 2009. 5. 28. 원고 퍼시픽에게 '2009. 6. 11. 전남 광양조선소에서 용골거치를 수행하니 참석하기를 바란다'고 통지하였는데, 원고 퍼시픽은 2009. 6. 8. 오리엔트조선이 용골거치를 할 준비가 충분히 되어 있지 않다고 주장하면서 위와 같은 2가지 조건을 다시 요구하였고, 조강해운은 2009. 6. 8. 위 용골거치 행사에 동의할 수 없다는 의사를 표시하였다.

다) 그러나 오리엔트조선은 2009. 6. 11. 원고 퍼시픽이 불참한 상태에서 2개 블록(B15P 및 B15S)을 이용하여 용골거치 행사를 진행하였고, 20009. 6. 12. 원고 퍼시픽에게 용골거치를 수행하였으므로 2009. 6. 19.까지 3차 선수금을 지급할 것을 요구하였다. 그러자 조강해운은 2009. 6. 15. 오리엔트조선에게 위 2가지 조건을 다시 요구하면서 용골거치 행사를 인정할 수 없고 3차 선수금을 지급할 수 없다고 하였다.

라) 오리엔트조선이 용골거치에 사용한 2개 블록은 무게 합계 168톤 이상으로 제작되었고 용골거치 이전에 선주감독관의 확인을 받은 것이다.

3) 1009호 선박의 건조작업

가) 오리엔트조선은 2009. 7. 16. 원고 아틀란틱에게 '2009. 7. 30. 강재절단을 수행하니 참석하기를 바란다'고 통지하였는데, 원고 아틀란틱은 2009 7. 29. 오리엔트조선이 매입한 강재가 1009호 건조에 필요한 규격에 맞지 않고, 초기(2009. 1. 15.자) 일정에 비해 건조작업이 지연됨을 지적하고, 강재 및 자재 리스트, 이후 작업계획에 관한 자료를 제출할 것을 요구하면서 강재절단에 반대하였다.

나) 오리엔트조선은 2009. 7. 30. 원고 아틀란틱이 불참한 상태에서 강재절단 행사를 진행하였고, 같은 날 원고 아틀란틱에게 강재에 대한 검사증명서(Inspection Certificate of Steel Plate)[10], 강재절단도면(Steel Plate NC Cutting Drawing) 및 사진을 첨부하면서 2009. 8. 5.까지 2차 선수금을 지급할 것을 요구하였다.

다) 강재절단은 일반적으로 선박건조에 사용될 강재 1장을 처음으로 절단하는 행사로서 일종의 기공식의 의미를 가지는 행사이고, 위 1009호 선박의 강재절단 행사에 사용된 강재는 제철소에서 제작될 당시 전처리 작업(shop priming : 강재에 발생한 녹과 불순물을 제거하고 아연 등을 발라 녹을 방지하는 작업)이 되어 있고, 한국선급이 품질을 검사하고 증명한 제품들이다.

4) 오리엔트조선의 해제통보 및 원고들의 반박

가) 원고들이 이 사건 선박들의 후속 선수금을 지급하지 아니하자, 오리엔트조선은

10) 강재를 공급한 철강회사에서 해당 강재의 품질을 검사한 증명서

2009. 10. 8. 및 2009. 10. 9. 원고들에게 이 사건 계약상 채무불이행(default)에 해당한다고 통지하였고, 2009. 10. 16. 원고들에게 이 사건 계약서 제11조 제2항 (d)호에 따라 이 사건 계약을 모두 해제한다는 의사를 표시하였다.

나) 원고들은 2009. 10. 20. 오리엔트조선에게 위 계약해제통지는 적합하지 않으므로 이 사건 계약이 유효하고, 적절한 용골거치 및 강재절단 절차가 이루어져야 한다는 취지의 공문을 보냈다.

5) 계약 변경 협의 및 결렬

가) 조강해운의 대표이사 엄종석과 전무 최용석이 2009. 11. 26. 오리엔트조선의 부산조선소를 방문하여 오리엔트조선의 대표이사 이동희와 이 사건 각 선박의 건조를 재개하기 위하여 오리엔트조선의 계약해제통지의 효력, 선가의 감액, 선박인도일의 연장, 1006호 선박을 위해 제작된 2개 블록의 소유권등에 관해 논의하였고, 오리엔트조선은 같은 날 '건조대금 200만 달러 감액, 7일 내 후속 선수금의 지급, 인도일 6개월 연장' 등을 내용으로 하는 추가약정서(addendum)의 초안을, 2009. 12. 18. 1006호 선박용 블록 2개를 오리엔트조선이 임의로 사용해도 좋다는 내용의 확인서(Letter of Acknowledgement) 초안을 각 조강해운에 이메일로 보냈다.

나) 조강해운은 2009. 12. 24.자 공문으로 위 추가약정서 초안 검토결과 인도기한 연장이 과다하고 오리엔트조선의 선박건조 수행능력을 확인해 줄 것을 요구하였다.

다) 원고들은 2010. 2. 1. 오리엔트조선에게 '오리엔트조선의 채무불이행을 선언한다'는 취지의 공문을 보냈다. 이후로도 조광해운은 2010. 3. 12.부터 2010. 3. 17.까지 오리엔트조선에게 이 사건 각 선박의 건조대금을 감액해 달라고 요구하지는 못하였다.

나. 판단

1) 판단기준

독립적 은행보증의 경우에도 신의성실의 원칙 내지 권리남용금지의 원칙의 적용까지 배제되는 것은 결코 아니라고 할 것이므로 수익자가 실체에 있어서는 보증의뢰인에게 아무런 권리를 가지고 있지 못함에도 불구하고 위와 같은 은행보증의 추상성 내지 무인성을 악용하여 보증인에게 청구를 하는 것임이 객관적으로 명백할 때에는 이는 권리남용의 경우에 해당하여 허용될 수 없는 것이고, 이와 같은 경우에는 보증인으로서도 수익자의 청구에 따른 보증금의 지급을 거절할 수 있다고 보아야 할 것이다(위 대법원 93다 43873 판결 참조).

2) 원고들의 선수금환급청구권 발생 여부

가) 살피건대, 이 사건 계약서 제10조 제2항에 의하면 매수자는 건조자로부터 강재절단

공정완료 통지를 받은 날로부터 5 영업일 이내에 2차 선수금을, 용골거치 공정완료 통지를 받은 날로부터 5 영업일 이내에 3차 선수금을 각 지급하도록 규정되어 있고, 위 선수금지급은 당사자 사이의 어떠한 분쟁이나 불일치를 이유로 지체되거나 유보될 수 없다고 규정하고, 위 계약서 제11조 제1항 (a)호에서는 선수금이 각 지급기일 내에 건조자에게 지급되지 아니하는 경우 매수인의 채무불이행에 해당하고, 이 경우 건조자는 채무불이행을 통지한 날로부터 7일이 경과할 동안 채무불이행 상태가 유지되면 서면으로써 이 사건 계약을 해제할 수 있으며, 이 경우 건조자는 매수인으로부터 지급받은 선수금을 보유하여 건조계약 해제로 인한 손해의 전보에 충당할 수 있다고 규정하고 있다.

그런데 앞서 본 바와 같이 오리엔트조선은 2009. 6. 11. 1006호 선박에 대한 용골거치를, 2009. 7. 30. 1009호 선박에 대한 강재절단을 각 시행하고 그 무렵 원고들에게 이를 통지하면서 5일 내에 후속 선수금을 지급할 것을 요구하였으므로, 원고들로서는 후속 선수금을 지급할 의무가 있다. 그럼에도 원고들은 위 기간 내에 이를 지급하지 아니하였고, 오리엔트조선은 2009. 10. 8. 및 2009. 10. 9. 원고들의 채무불이행(default)을 통지하고 그로부터 7일이 경과한 후인 2009. 10. 16. 원고들에게 이 사건 계약을 모두 해제한다는 의사를 서면으로 표시하였다. 따라서 원고들의 채무불이행으로 인해 이 사건 계약은 2009. 10. 16.경 해제되었다고 할 것이어서 이 사건 계약서 제10조 제5항의 '이 사건 계약 제11조에 따라 건조자가 이 사건 계약을 해제한 경우에' 해당하므로 원고들은 더 이상 오리엔트조선에 대하여 위 제10조에 따른 선수금환급을 청구할 권리가 없다.

나) 한편 원고들은, ① 1006호 선박의 경우 오리엔트조선이 선박건조에 부합하는 규격의 강재를 확보하고, 전처리 공정을 진행하였어야 함에도 이러한 절차를 이행하지 아니하였고, ② 1009호 선박의 경우 상당한 정도(전체 블록의 60% 이상)의 블록을 생산하였어야 하고, 첫 블록이 조립되어 선박을 건조하고자 하는 선대에 거치되어야 함에도 이러한 조건을 갖추지 아니하였으며, ③ 각 공정단계별로 선주감독관으로부터 확인 또는 검사를 받았어야 하는데 이를 받지 아니하였고, ④ 각 공정단계별로 한국선급의 확인을 받지 아니하였고 각 공정이 한국선급의 규정에 부합하지 않았으며, ⑤ 오리엔트조선은 단기간 내에 14척 이상의 선박건조계약을 수주하고 광양 조선소를 신축하는 과정에서 자금사정이 악화되어 실제로 선박을 건조할 의사나 능력이 없는 상태였음에도, 선수금을 유용하기 위한 목적에서 형식적으로 강재절단 및 용골거치를 강행하고 선수금지급청구를 한 것은 권리남용에 해당하므로, 결국 오리엔트조선은 이 사건 계약상 적법한 선수금지급청구를 한 것이 아니어서 당연히 원고들의 선수금지급의무가 발생하지 아니하였거나, 위와 같은 사정들은 오리엔트조선의 선박건조의무의 이행이 곤란할 현저한 사유에 해당하므로 원고들은 민법 제536조 제2항의 불안의 항변권을 행사한 것이어서 원고들이 선수금지급의무를

이행하지 아니한 데에는 정당한 사유가 있다고 주장하는바, 아래에서는 위 주장들에 대해 순서대로 판단한다.

①번 주장에 대하여 살피건대, 갑 제1, 4호증, 을 제10, 13, 20, 21호증의 각 기재 및 증인 안제호의 증언에 변론 전체의 취지를 더하면, i) 오리엔트조선은 2007년 11월경부터 2009년 초순경까지 사이에 이 사건 선박들을 포함하여 14척의 33,300톤급 벌크선캐리어 건조를 위하여 42,000톤의 강재를 구매하였는데 이는 한국선급으로부터 검사증명을 받은 제품들인 사실, ii) 위와 같은 강재는 제철소에서 생산하여 출고할 당시 전 처리 작업을 마친 상태이고 출고일로부터 3~6개월 내에는 전 처리 작업을 다시할 필요는 없는 사실, iii) 조강해운은 2008. 7. 8. 1006호 선박에 대한 강재절단 행사에 참석하고 2차 선수금을 지급하였는데 그 과정에서 강재의 규격 및 적합성 등에 관해 문제를 제기하지 아니한 사실, iv) 강재절단은 통상적으로 선박건조작업의 시작을 의미하는 행사이고 강재절단에 관하여 국제선급협회(IACS) 및 국제해사기구(IMO)에서 강재절단과 관련한 명시적 규정은 없는 사실, v) 이 사건 계약서상 강재의 두께와 등급 등 규격이 정해진 바 없고 강재절단 단계에서 얼마만큼의 강재를 확보하고 있어야 한다는 규정도 없는 사실 등에 비추어 보면, 갑 제13, 16, 27, 28호증의 각 기재만으로는 오리엔트조선이 실시한 강재절단이 이 사건 계약서에서 정한 요건에 부합하지 않는다고 볼 수 없다.

②번 주장에 대하여 살피건대, 갑 제1, 4호증의 각 기재 및 증인 안제호의 증언에 변론 전체의 취지에 의하면, i) 용골거치는 절단된 강재로 제작한 블록 2개를 처음으로 탑재하여 본격적인 선박건조가 진행됨을 상징하는 행사에 불과하고, 용골거치 단계에서 어느 정도의 블록이 생산되어 있어야 하는지에 관해서는 계약서 및 당시 유효한 한국선급의 규정에 정해진 바가 없는 사실, ii) 이 사건 계약서 전문에 의하면 선박의 건조장소는 부산 또는 광양조선소로서 오리엔트조선이 선택할 수 있고(selection of the shipyard is BUILDER's option), 그밖에 이 사건 계약서상 선박건조가 이동이 필요없이 진수할 수 있는 장소에서 이루어질 것을 정하고 있지도 아니한 사실을 인정할 수 있으므로, 원고들이 주장하는 사정만으로는 오리엔트조선이 실시한 용골거치가 이 사건 계약서에 정한 요건에 부합하지 않는다고 보기 어렵다.

③번 주장에 대하여 살피건대, 갑 제1, 4호증의 각 기재에 변론 전체의 취지를 더하면, 이 사건 계약서 제4조 제1항은 원고들이 자신의 대리인 내지 이행보조자로서 선주감독관을 임명할 수 있고, 오리엔트조선은 모든 설계도면(all plans and drawings)[11]을 선주감

---

11) 이 사건 계약서 제4조 제3항 (a),(b)호에는 건조자가 매수인에게 the plans and drawing의 사본을 제출하여 승인을 받고, 건조장에 선주감독관이 파견될 경우 건조자는 이를 선주감독관으로부터도 승인받도록 규정하고 있는바, 이는 선박건조가 시작되기 전에 이미 이루어지는 절차로 보인다.

독관에게 보여주고 승인을 받을 의무가 있다고 규정하고 있으나, 공정단계별로 구체적인 계획을 승인받거나 선주감독관의 지시를 따를 의무는 규정하지 않고 있는 사실을 인정할 수 있으므로[12], 강재절단 및 용골거치에 관해 선주감독관의 확인 또는 검사를 받았는지 여부는 선수금지급청구 요건이 아니다.

④번 주장에 대하여 살피건대, i) 이 사건 계약서 제1조 제3항 (a), (b)호에 의하면 이 사건 계약에 적용되는 한국선급의 규정은 2007. 8. 9. 경 공표되고 효력이 있는 것이어야 하는데 원고들이 주장하는 한국선급의 규정(갑 제14, 21호증)은 그 이후에 개정된 것이거나 그 시행일이 언제인지 알 수 없는 규정인 점, ii) 이 사건 계약서상 한국선급이 발행하는 공정단계확인서의 제출이 선수금지급청구의 요건은 아닌 점, iii) 갑 제14호증, 을 제12호증의 각 기재에 변론 전체의 취지를 더하면 한국선급은 부가적인 서비스 차원에서 공정단계확인서를 발급해 왔는데, 선주와 조선소간의 부쟁이 발생하자 2009. 1.경에는 선주와 조선소간 합의가 없으면 확인서를 발급하지 않겠다는 원칙을 세우고 이에 따라 오리엔트조선의 확인서발급요청을 거부한 사실, 한국선급은 2009. 8. 경 선주와 조선소간에 합의가 성립되지 않는 경우 공정단계확인서의 발급요건을 구체적으로 정하였고, 원고들이 주장하는 용골거치의 장소요건인 '선대(dock, slipway, 육상 skid 등)'는 위 2009. 8. 27.자 규정에서 비로소 명시된 사실이 인정되는바, 그렇다면 위와 같이 불확실한 한국선급의 확인서발급 여부가 선수금지급청구의 요건이 되기는 어려운 점, iv) 각 공정단계별로 한국선급의 확인을 받는 것이 조선해운업계의 확립된 관행임을 인정할 만한 증거가 없는 점 등을 종합하면, 한국선급의 확인서발급이 선수금지급청구의 요건이라거나 오리엔트조선이 한국선급의 규정에 위반하여 선박건조공정을 집행하였다고 보기 어렵다.

⑤번 주장에 대하여 살피건대, 갑 제24, 25호증은 원고들 또는 조강해운이 일방적으로 작성한 문서로서 선뜻 믿기 어렵고, 갑 제11, 12, 13, 14, 15, 16, 31호증의 각 기재만으로는 오리엔트조선이 건조능력이나 의사 없이 선수금을 유용할 목적으로 강재절단 및 용골거치를 하였다고 보기에 부족하고 그밖에 이를 인정할 만한 증거가 없다. 또한 갑 제22호증의 기재에 의하면 오리엔트조선은 2009. 1. 15. 조강해운에게 이 사건 선박들의 예상건조공정일정표를 송부하였고 위 일정표에는 1006호 선박의 경우 2008. 7. 8. 강재절단을, 2009. 3. 16. 용골거치를 각 수행하고, 1009호 선박의 경우 2009. 5. 1. 강재절단을 2009. 10. 1. 용골거치를 각 수행하는 것으로 일정이 기재된 사실은 인정되나, 이 사건 계약서상 오리엔트조선이 각 공정단계 이전에 원고들에게 그 일시와 장소를 통보하도록

12) 이 사건 계약서 제4조 제2항의 7번 문단(계약서 제15면)에서는 선주감독관이 건조공정에서 문제를 제기하였는데 건조자가 이에 동의하지 않는 경우, 건조자와 매수인은 이에 관해 선급의 의견을 구하거나 이 사건 계약서 13조에 따른 중재절차를 거치고 그 결정에 따르기로 규정하고 있을 뿐이다.

정한 것 외에, 오리엔트조선이 원고들에게 건조공정일정표를 제시하고 이를 준수할 의무를 부담한다고 볼 만한 규정이 없고, 위와 같은 예상 건조공정일정표보다 각 공정이 늦어졌다는 사정만으로는 오리엔트조선의 건조능력이 없다고 단정할 수도 없다.

따라서 원고들이 주장하는 위 ① 내지 ⑤번 사정들은 이 사건 계약서에서 정한 선수금 지급청구권의 발생요건이 아니다. 또한 민법 제536조 제2항 소정의 불안의 항변권은 선이행채무를 지게 된 채권자가 계약성립 후 채무자의 신용불안이나 재산상태의 악화 등의 사정으로 반대급부를 이행받을 수 없는 사정변경이 생기고 이로 인하여 당초의 계약내용에 따른 선이행의무를 이행케하는 것이 공평과 신의칙에 반하게 되는 경우를 말하는 것이고, 이와 같은 사유는 당사자 쌍방의 사정을 종합하여 판단하여야 할 것이데(대법원 2004. 6. 25. 선고 20048791 판결), 오리엔트조선은 원고들과 사이에 선수금지급에 관한 분쟁이 발생한 2009. 6.경으로부터 1년이 넘은 2010. 8.경 최초로 회생절차개시결정을 받은 점, 원고들은 오리엔트조선과 분쟁이 발생하거나 채무불이행의 우려가 있는 경우 이 사건 계약서 제13조에 따라 중재절차를 신청할 수 있었음에도 이러한 절차를 취하지 않았던 점, 원고들은 실제로 오리엔트조선의 채무불이행이 발생하는 경우 이 사건 보증서에 기해 피고로부터 선수금을 환급받을 수 있는 지위에 있었던 점 등에 비추어 보면, 원고들로 하여금 선수금을 지급하도록 하는 것이 공평과 신의칙에 반하게 되는 경우라고 보기 어렵고, 원고들이 주장하는 사정들만으로는 오리엔트조선의 선수금지급청구가 권리남용에 해당된다고 할 수 없다.

결국 원고들의 위 주장은 모두 이유 없다.

3) 원고들의 청구가 권리남용에 해당하는지 여부

앞서 본 바와 같이, 오리엔트조선의 선수금지급청구의 요건, 원고들의 채무불이행 요건, 원고들이 어떠한 분쟁이나 불일치를 이유로도 선수금지급의 지체할 수 없다는 점은 이 사건 계약서에 명문으로 기재되어 있는 점, 오리엔트조선의 용골거치 및 강재절단 시행 통지, 선수금지급청구, 원고들에 대한 채무불이행 선언 및 이 사건 계약 해제의사표시는 모두 서면으로 통지되었고 그 기재에 있어서 어떠한 오해의 여지도 없는 점, 원고들은 오리엔트조선이 먼저 해제통지를 한 사실을 알면서도 계약상 근거없는 주장을 하면서 그 해제통지의 효력을 부인하고 선박건조대금의 감액만을 요구해 온 점, 원고들의 모회사이자 최초 이 사건 계약의 당사자였던 조강해운은 외항화물운송, 선박용선 및 매매업 등을 목적으로 하는 회사로서 선박건조계약 및 공정단계에 대해 잘 알고 있거나 손쉽게 알 수 있는 지위에 있음에도 이 사건 계약서에 존재하지 않는 조건을 오리엔트조선에 요구하고 분쟁해결을 위해 중재를 신청하지도 않은 점 등에 비추어 보면, 원고들이 오리엔트조선에 대하여 선수금환급을 구할 권리가 없음은 객관적으로 명백하므로, 원고들이 이러한 사정을 잘 알면서도 이 사건 보증서의 독립·추상성을 근거로 선수금보증금의 지급을 구하는 것은 권리남용에 해당한다고 판단된다.

따라서 피고의 위 항변은 이유 있다.

5. 결 론

그렇다면 원고들의 이 사건 각 청구는 이유 없으므로 이를 모두 기각하기로 하여 주문과 같이 판결한다.

재판장 판 사 지 상 목

판 사 장 정 태

판 사 권 미 연

〈제12호-I-②〉

서 울 고 등 법 원

제 1 9 민 사 부

판 결

사 건	2012나90216 선수금환급보증금
원고, 항소인	1. 퍼시픽 캐리어 시핑 에스 에이(Pacific Carrier Shipping S. A.) 2. 아틀란틱 캐리어 시핑 에스 에이(Atlantic Carrier Shipping S. A.)
피고, 피항소인	주식회사 국민은행
피고보조참가인	회생회사 주식회사 오리엔트조선의 공동관리인 이동희, 차재철
제 1 심 판 결	서울중앙지방법원 2012. 9. 28. 선고 2011가합124948 판결
변 론 종 결	2013. 10. 30.
판 결 선 고	2013. 11. 29.

주 문

1. 원고들의 항소를 모두 기각한다.
2. 보조참가를 비롯하여 항소비용은 원고들이 부담한다.

청구취지 및 항소취지

제1심판결을 취소한다.

피고는, 원고 퍼시픽 캐리어 시핑 에스 에이에게 미합중국 통화 13,680,000달러(이하 '달러'라고 한다) 및 그 중 6,840,000달러에 대하여는 2007. 9. 27.부터, 6,840,000달러에 대하여는 2008. 7. 30.부터 각 이 사건 소장 부본 송달일까지는 연 7%의, 그 다음날부터 다 갚는 날까지는 연 20%의 각 비율에 의한 금원을 지급하고, 원고 아틀란틱 캐리어 시핑 에스 에이에게 6,840,000달러 및 이에 대한 2007. 9. 27.부터 이 사건 소장 부본 송달일까지는 연 7%의, 그 다음날부터 다 갚는 날까지는 연 20%의 각 비율로 계산한 돈을 지급하라.

이 유

1. 제1심판결의 인용

이 사건에 관하여 이 법원이 적을 이유는 다음과 같이 고쳐적거나 판단을 추가하는 이외에는 제1심 판결문 이유란 기재와 같으므로 민사소송법 제420조 본문에 의하여 이를 그대로 인용한다.

• 제1심 판결문 제5쪽 제16행과 제17행 사이에 다음의 사항을 추가한다.
8. 선수금환급보증
선수금의 환급을 담보하기 위하여, 건조자는 매수인에게, 매수인을 수익자로 하여 매수인이 인도 전에 지급한 금원 및 그에 대한 이자를 지급하는 것을 내용으로 한 대한민국 은행이 발행한 선수금환급보증서를 제공하여야 한다. 선수금환급보증서는 첨부한 양식과 실질적으로 동일한 형식 및 내용이어야 한다.
(이하 생략)

• 제1심 판결문 제6쪽 제2행 다음에 다음의 사항을 추가한다.
ARTICLE XVII 해석과 준거법
이 사건 계약은 영문으로 작성되었고, 건조자와 매수자는 계약의 유효성과 해석의 준거법으로 대한민국 법이 적용됨을 합의한다.

• 제1심 판결문 제6쪽 제7행의 '조강해운'을 '조강해운(매수인)'으로, '오리엔트조선'을 '오리엔트조선(건조자)'로 각 고쳐 적는다.

• 제1심 판결문 제12쪽 제2행의 '없다'와 '또한' 사이에 다음의 판단을 추가한다.
만약, '매수인이 건조자에 대해 이 사건 계약상 선수금환급청구권을 가진다는 점'이 판결 등을 통해 객관적으로 확정되어야 지급이 가능하다고 해석한다면 이 사건 보증서의 핵심적 문언인 '취소불가능하고 무조건적으로' 보증한다는 약속을 실질적으로 좌절시키는 결과가 되며 이것은 이 사건 거래에 나타난 당사자들의 의사와 기대에 부합하지 않는다.

• 제1심 판결문 제6행의 '이 사건 계약의 준거법은'을 '이 사건 보증서의 준거법은'으로 고쳐 적는다.

• 제19쪽 제12행부터 제24쪽 제4행까지의 '나)'항 부분을 다음과 같이 고쳐 적는다.

나) 원고들의 주장에 대한 판단

(1) 원고들의 주장 요지

오리엔트조선은 단기간 내에 14척 이상의 선박건조계약을 수주하고 광양 조선소를 신축하는 과정에서 자금사정이 악화되어 실제로 이 사건 선박들을 건조할 의사나 능력이 없는 상태였음에도, 선수금을 유용하기 위한 목적에서 다음과 같이 형식적으로 강재절단 및 용골거치를 강행하고 선수금지급청구를 한 것으로 다음과 같이 선수금지급청구요건을 갖추지 못하였을 뿐만 아니라 이는 권리남용에 해당한다. 따라서 오리엔트조선은 이 사건 계약상 적법한 선수금지급청구를 한 것이 아니어서 원고들의 선수금지급의무가 발생하지 아니하였으므로 이를 이유로 한 계약해제는 부적법하다.

즉 ① 1006호 선박의 경우 오리엔트조선이 선박건조에 부합하는 규격의 강재를 확보하고, 전처리 공정을 진행하였어야 함에도 이러한 강재를 확보하지 아니하고 형식적으로 강재절단행사를 하였고, ② 1009호 선박의 경우에도 111개의 블록 생산이 예정되어 있음에도 단 2개의 블록만으로, 또한 첫 블록이 조립되어 선박을 건조하고자 하는 선대에 거치되어야 함에도 이러한 조건도 갖추지 아니한 상태에서 용골거치행사를 진행하였으며, ③ 위 강재절단행사나 용골거치행사 시에 선주감독관으로부터 확인 또는 검사를 받았어야 하는데 이를 받지 아니하였고, ④ 각 공정단계별로 한국선급의 확인을 받지 아니하였고 각 공정이 한국선급의 규정에 부합하지 않는다.

또한, 위와 같은 사정들은 오리엔트조선의 선박건조의무의 이행이 곤란할 현저한 사유에 해당하므로 원고들은 민법 제536조 제2항의 불안의 항변권을 행사한 것이어서 원고들이 선수금지급의무를 이행하지 아니한 데에는 정당한 사유가 있어 원고들의 선수금지급의무가 발생하지 아니하였다.

(2) 판단

(가) 이 사건 계약에서 대한민국 법이 계약의 준거법으로 지정되어 있는바, 처분문서가 그 성립의 진정함이 인정되는 이상 법원은 그 기재 내용을 부인할 만한 분명하고도 수긍할 수 있는 반증이 없는 한 그 처분문서에 기재되어 있는 문언대로의 의사표시의 존재 및 내용을 인정하여야 하고, 당사자 사이에 계약의 해석을 둘러싸고 이견이 있어 처분문서에 나타난 당사자의 의사해석이 문제되는 경우에는 문언의 내용, 그와 같은 약정이 이루어진 동기와 경위, 약정에 의하여 달성하려는 목적, 당사자의 진정한 의사 등을 종합적으로 고찰하여 논리와 경험칙에 따라 합리적으로 해석하여야 한다(대법원 2002. 6. 11. 선고 2002다6753 판결, 대법원 2012. 8. 17. 선고 2010다60172 판결 등 참조).

(나) 이 사건 계약은 매수인이 선박의 인도에 앞서 건조자에게 지급한 금원은 건조자에

게 지급한 '선수금'으로 본다(The payment made by the BUYER to the BUILDER prior to delivery of the VESSEL shall constitute 'advance' to the BUILDER)라고 규정하여(제10조 제5항) 원고들이 선박인도 전에 지급하는 분할금이 기성고에 대한 대금이 아닌 선수금임을 명확히 하고, 그 선수금의 지급에 관하여 '건조자와 매수인은, 건조자와 매수인 사이의 어떠한 분쟁이나 불일치를 이유로 하여 이 조항에 따른 모든 지급을 지체하거나 유보할 수 없음에 합의하고, 어떠한 분쟁이 있으면 이는 이하 제13조의 중재조항에 따라 해결되어야 한다'고 규정하면서(제10조 제4항) 한편으로 계약에서 정한 바에 따라 매수인이 선박의 인수를 거절하거나 계약을 해제, 취소, 종료하면 건조자는 매수인이 기지급한 선수금 및 그에 대한 이자를 즉시 환급하도록 규정하고(제10조 제5항) 그러한 선수금의 환급을 담보하기 위하여 은행이 조강해운을 수익자로 하는 선수금환급보증서를 발행받아 이를 조강해운에게 교부하도록 규정한다(제10조 제8항). 그리고 이 사건 계약 제10조 제8항에 따라 피고가 발행한 이 사건 보증서가 주채무자(보증의뢰인)와 채권자(수익자) 사이의 원인관계와는 독립되어 그 원인관계에 기한 사유로서는 수익자에게 대항하지 못하고 수익자의 청구가 있기만 하면 보증인의 무조건적인 지급의무가 발생하게 되는 이른바 독립적인 은행보증에 해당함은 앞서 판단한 바와 같다.

따라서 이 사건 계약의 구조는 매수인은 계약에서 정한 선수금 지급사유의 발생시 선수금을 지급하고, 건조자는 그 선수금으로 선박을 건조하고, 만일 매수인이 계약에 따라 선박의 수령을 거절하거나 계약을 해제 또는 취소하는 경우 건조자는 즉시 선수금을 반환하여야 하며 매수인은 원인관계와 독립된 이 사건 보증에 의하여 추심위험 없이 선수금을 돌려받는 구조이다. 이와 같은 계약구조에 비추어 보면, 이 사건 계약에서 '매수인은 건조자와의 어떠한 분쟁이나 불일치를 이유로 하여 이 조항에 따른 모든 지급을 지체하거나 유보할 수 없다'고 규정한 것은 선박공정의 각 단계에 따라 필요한 건조비용에 매수인이 지급하는 선수금을 활용하기로 한 이 사건 계약의 특성을 고려하여 선박의 건조라는 계약의 목적을 달성하기 위하여 매수인은 계약에서 정한 선수금 지급사유가 발생하는 경우 선수금을 지급하여야 하고 기타의 사유로 이를 거절할 수 없는 것으로 해석할 것이다. 그리고 이 사건 계약에서 건조자의 채무불이행 등이 있을 경우 선수금의 환급은 은행에서 발행한 독립적인 은행보증에 의하여 담보되도록 한 점에 비추어 보면 이러한 규정이 부당히 원고들의 권리를 박탈하는 것이라고 볼 수도 없다.

나아가 이 사건 계약 제10조 제2항은 이 사건에서 문제되는 2차 선수금(1009호 선박), 3차 선수금(1006호 선박)의 지급사유로, ① 2차 선수금 6,840,000달러는 건조자로부터 강재절단(steel cutting) 공정완료 통지를 받은 날로부터 5 영업일 이내에, ③ 3차 선수금 6,840,000달러는 용골거치(keel laying) 공정완료 통지를 받은 날로부터 5 영업일 이내로 규정하고 있을 뿐인 사실은 앞서 본 바와 같다.

따라서 위 각 규정에 따른 선수금 지급사유가 발생한 경우 원고들로서는 그 이외의 사유를 들어 이를 다툴 수 없다고 할 것인데 이하 원고들의 주장에 대해 순서대로 판단한다.

(다) 먼저 이 사건 계약에서 정한 선수금지급청구권의 발생요건에 관한 원고들 주장 사유의 당부에 관하여 본다.

①번 주장에 대하여 보건대, 갑 제1, 4호증, 을 제10, 13, 20, 21, 26 내지 28, 49 내지 51호증의 각 기재 및 증인 안제호의 증언에 변론 전체의 취지를 더하면, i) 오리엔트조선은 2007.경부터 33,000톤급 선박 14척, 58,000톤급 선박 2척, 180,000톤급 선박 2척에 관하여 선박건조계약을 체결하고 2007. 1.경부터 선박건조를 위한 강재를 구매하기 시작하여 2009. 초순경까지 33,000톤급 선박용 강재로 42,000톤을 구매하였는데 이는 한국선급 등으로부터 검사증명을 받은 제품들인 사실, ii) 위와 같은 강재는 제철소에서 생산하여 출고할 당시 전 처리 작업을 마친 상태이고 출고일로부터 3~6개월 내에 전 처리 작업을 다시 할 필요는 없는 사실, iii) 조강해운은 2008. 7. 8. 1006호 선박에 대한 강재 절단 행사에 참석하고 2차 선수금을 지급하였는데 그 과정에서 강재의 규격 및 적합성 등에 관해 문제를 제기하지 아니한 사실, iv) 강재절단행사는 통상적으로 선박건조작업의 시작을 의미하는 행사이고 그와 같은 강재절단행사에 관하여 국제선급협회(IACS) 및 국제해사기구(IMO)에서 정한 명시적 규정은 없는 사실, v) 이 사건 계약서 강재절단 단계에서 일정한 규격의 강재를 얼마만큼 확보하고 있어야 한다고 규정하고 있지도 않은 사실 등에 비추어 보면, 갑 제13, 16, 27, 28, 51, 56 내지 58, 73, 75호증의 각 기재 또는 일부 기재만으로는 오리엔트조선이 실시한 강재절단행사가 이 사건 계약서에서 정한 선수금 지급사유에 부합하지 않는다고 볼 수 없다.

②번 주장에 대하여 보건대, 갑 제1, 4, 78의 2호증, 을 제14, 15, 29, 37 내지 44호증의 각 기재 및 갑 제46, 52의 6호증의 각 일부 기재, 증인 안제호의 증언에 변론 전체의 취지를 더하면, i) 용골거치는 절단된 강재로 제작한 블록 2개를 처음으로 탑재하여 본격적인 선박건조가 진행됨을 상징하는 행사에 불과하고, 용골거치 단계에서 어느 정도의 블록이 생산되어 있어야 하는지에 관해서는 계약서 및 당시 유효한 한국선급의 규정에 정해진 바가 없는 사실, ii) 이 사건 계약서 전문에 의하면 선박의 건조장소는 부산 또는 광양조선소로서 오리엔트조선이 선택할 수 있고(selection of the shipyard is the BUILDER's option), 그밖에 이 사건 계약서상 선박건조가 이동이 필요 없이 진수할 수 있는 장소에서 이루어질 것을 정하고 있지도 아니한 사실, iii) 2009. 6. 12. 원고들의 선주감독관인 피로소프가 원고측에 보낸 이메일에서 현재 건조 중인 블록이 22개라고 기재하고 있으며, 실제로 오리엔트조선은 2009. 10.경까지 총 10개의 블록 제작을 완성하여 한국선급으로부

터 검사합격도 받았던 사실, iv) 피고는 2009. 3.경 블록 등의 제작공정을 태성기업 등에게 하도급하였고, 하도급업체는 그때로부터 용골거치 행사 당시는 물론 2009. 10. 피고가 계약해제를 통보할 당시까지도 블록을 계속 제작하고 있었던 사실을 인정할 수 있으므로, 원고들이 주장하는 사정만으로는 오리엔트조선이 실시한 용골거치가 이 사건 계약서에 정한 요건에 부합하지 않는다고 보기 어렵다.

③번 주장에 대하여 보건대, 갑 제1, 4호증의 각 기재에 변론 전체의 취지를 더하면, 이 사건 계약서 제4조 제1항은 원고들이 자신의 대리인 내지 이행보조자로서 선주감독관을 임명할 수 있고, 오리엔트조선은 모든 설계도면(all plans and drawings)을 선주감독관에게 보여주고 승인을 받을 의무가 있다고 규정하고 있고 제4조 제2항에 의하면 선주감독관은 선박이 계약서, 설계도면대로 건조되는지를 확인하기 위하여 건조에 사용되는 재료를 검사할 권한이 있고 건조자에게 서면으로 선박재료가 계약서, 설계도면에 부합하지 않는다는 것을 통지할 수 있도록 규정한다. 그러나 한편으로 건조자는 선주감독관의 요구나 통지 등이 계약에 반하지 않는 경우에 한하여 이에 따르고(The BUILDER shall comply with any such demand which is not contradictory to this CONTRACT, THE SPECIFICATIONS or the PLAN) 만약 건조자가 선주감독관의 위와 같은 통지 등의 의견에 동의하지 않은 경우 매수인 또는 건조자는 선급에 의견을 구하거나 제13조에서 정한 중재를 요청할 수 있다고 규정한 사실도 인정된다. 그런데 앞서 본 바와 같이 강재절단행사 시에 어떠한 규격의 강재를 얼마만큼 확보하여야 하는지나 용골거치 행사시에 어느 정도의 블록을 제작하여야 하는지 및 용골거치행사의 장소 등에 대하여는 계약서나 설계서 등에서 정하여지지 아니하는 사유이고 오히려 선수금 지급 규정으로 볼 수 없다고 할 것인 점은 앞서 판단한 바와 같으므로 결국 강재절단 및 용골거치행사에 관해 선주감독관의 확인 또는 검사를 받았는지 여부는 선수금지급청구 요건이 아니다. 이러한 의미에서 원고들의 다음과 같은 주장, 즉 원고들은 강재절단 당시 강재보유량 등을 검사할 권한이 있고 오리엔트조선이 그러한 요구에 응하지 않은 것은 계약위반이라는 주장도 받아들이지 아니한다.

④번 주장에 대하여 보건대, i) 이 사건 계약서 제1조 제3항 (a), (b)호에 의하면 이 사건 계약에 적용되는 한국선급의 규정은 2007. 8. 9.경 공표되고 효력이 있는 것이어야 하는데 원고들이 주장하는 한국선급의 규정(갑 제14, 21호증)은 그 이후에 개정된 것이거나 그 시행일이 언제인지 알 수 없는 규정인 점, ii) 이 사건 계약서상 한국선급이 발행하는 공정단계확인서의 제출이 선수금지급청구의 요건은 아닌 점, iii) 갑 제14호증, 을 제12호증의 각 기재에 변론 전체의 취지를 더하면 한국선급은 부가적인 서비스 차원에서 공정단계확인서를 발급해 왔는데, 선주와 조선소간의 분쟁이 발생하자 2009. 1.경에는 선주와

조선소간 합의가 없으면 확인서를 발급하지 않겠다는 원칙을 세우고 이에 따라 오리엔트조선의 확인서발급요청을 거부한 사실, 한국선급은 2009. 8.경 선주와 조선소간에 합의가 성립되지 않는 경우 공정단계확인서의 발급요건을 구체적으로 정하였고, 원고들이 주장하는 용골거치의 장소요건인 '선대(dock, slipway, 육상 skid 등)'는 위 2009. 8. 27.자 규정에서 비로소 명시된 사실이 인정되는바, 그렇다면 위와 같이 불확실한 한국선급의 확인서발급 여부가 선수금지급청구의 요건이 되기는 어려운 점, iv) 각 공정단계별로 한국선급의 확인을 받는 것이 조선해운업계의 확립된 관행임을 인정할 만한 증거가 없는 점 등을 종합하면, 한국선급의 확인서발급이 선수금지급청구의 요건이라거나 오리엔트조선이 한국선급의 규정에 위반하여 선박건조공정을 진행하였다고 보기 어렵다.

따라서 원고들이 주장하는 위 ① 내지 ④번 사유들은 이 사건 계약서에서 정한 선수금지급청구권의 발생요건이 아니다. 이와 다른 전제에서 계약해제가 부적법하다는 원고들의 주장은 모두 받아들이지 아니한다.

(라) 다음으로, 오리엔트조선이 선박을 건조할 능력이나 의사 없이 선수금을 유용할 목적으로 형식적으로 강재절단 및 용골거치를 하고 선수금 지급을 요청하였는지를 본다.

이 부분 원고들의 주장에 부합하는 듯한 갑 제24, 25, 42 내지 44, 47, 61, 62호증은 원고들 또는 조강해운이 일방적으로 작성한 문서로서 앞서 본 (다)항의 사정에 비추어 선뜻 믿기 어렵고, 그 외 갑 제11, 12, 13, 15, 16, 31, 46, 51 내지 54, 59, 73, 75, 78, 79호증의 각 기재만으로는 오리엔트조선이 선박을 건조할 능력이나 의사 없이 선수금을 유용할 목적으로 강재절단 및 용골거치를 하였다고 보기에 부족하며 그밖에 이를 인정할 만한 증거가 없다. 또한, 갑 제22, 50, 70 내지 72호증의 각 기재에 의하면 오리엔트조선은 2009. 1. 15. 조강해운에게 이 사건 선박들의 예상 건조공정일정표를 송부하였고 위 일정표에는 1006호 선박의 경우 2008. 7. 8. 강재절단을, 2009. 3. 16. 용골거치를 각 수행하고, 1009호 선박의 경우 2009. 5. 1. 강재절단을, 2009. 10. 1. 용골거치를 각 수행하는 것으로 일정이 기재된 사실은 인정되나, 한편으로 이 사건 계약서 상 오리엔트조선이 각 공정단계 이전에 원고들에게 그 일시와 장소를 통보하도록 정한 것 외에, 오리엔트조선이 원고들에게 건조공정일정표를 제시하고 이를 준수할 의무를 부담한다고 볼 만한 규정이 없으므로 위 예상공정일정표보다 각 공정이 늦어졌다는 사정만으로는 오리엔트조선의 건조능력이 없다고 단정할 수 없다. 또한, 오리엔트조선은 원고들과 사이에 선수금 지급에 관한 분쟁이 발생한 2009. 6.경으로부터 1년이 넘은 2010. 8.경 최초로 회생절차개시결정을 받았고 원고들이 오리엔트조선의 건조능력이 없음의 근거로 주장하는 조사보고서(갑 제11호증) 역시 2010. 10.경 작성된 것으로 이는 사후적으로 오리엔트조선의 자산 및 부채현황을 실사하여 그 원인을 평가한 것인데 위 조사보고서에서도 원고 등 선주의

대금 지급 지연이 오리엔트조선이 채무원리금을 상환하지 못한 요인이 되었다고 기재하고 있어 이만으로 2009. 6.경 당시 오리엔트조선의 건조능력이 없다고 단정할 수도 없고 그 외 앞서 배척증거나 부족증거 이외에는 2009. 6.경 당시 오리엔트조선의 건조능력이 없다고 인정할 증거가 없다. 이 부분 원고들의 주장도 이유 없다.

(마) 다음으로, 원고들의 불안의 항변권 주장에 관하여 본다.

이 사건 계약은 매수인은 계약에서 정한 선수금 지급사유의 발생시 선수금을 지급하고, 건조자는 그 선수금으로 선박을 건조하고, 만일 매수인이 계약에 따라 선박의 수령을 거절하거나 계약을 해제 또는 취소하는 경우 건조자는 즉시 선수금을 반환하여야 하며 매수인은 원인관계와 독립된 이 사건 보증에 의하여 추심위험 없이 선수금을 돌려받는 구조이고, 이와 같은 계약구조에 비추어 보면, 이 사건 계약에서 '매수인은 건조자와의 어떠한 분쟁이나 불일치를 이유로 하여 이 조항에 따른 모든 지급을 지체하거나 유보할 수 없다'고 규정한 것은 선박공정의 각 단계에 따라 필요한 건조비용에 매수인이 지급하는 선수금을 활용하기로 한 이 사건 계약의 특성을 고려하여 선박의 건조라는 계약의 목적을 달성하기 위하여 매수인은 계약에서 정한 선수금 지급사유가 발생하는 경우 선수금을 지급하여야 하고 기타의 사유로 이를 거절할 수 없는 것으로 해석할 것임은 앞서 판단한 바와 같다. 이에 따라 원고들은 선수금지급에 대하여 불안의 항변권을 행사할 권리 역시 포기하였다고 볼 것이다.

또한, 불안의 항변권은 상대방의 이행이 곤란할 현저한 사유가 있는 때에 선이행의무자가 상대방에 대한 반대급부가 이행되지 않을 수 있다는 불안감을 제거하기 위하여 공평 또는 신의성실의 원칙상 인정되는 것이다. 따라서 상대방이 반대급부의 이행이나 반대급부의 불이행에 따라 선이행의무자에게 발생할 손해에 대하여 이미 담보를 제공하고 있는 경우에는 제공된 담보가 실제로 별다른 가치가 없다는 등의 특별한 사정이 없는 한 선이행의무자에게 반대급부 불이행에 대한 위험이 있다고 볼 수 없으므로 이러한 경우에는 불안의 항변권도 인정되지 않는다고 볼 것이다.

이 사건에서 원고들이 선이행의무를 지는 선수금지급과 관련하여 그 대가적 관계에 있는 오리엔트조선의 선박건조의무와 관련하여 채무불이행이 있는 경우 오리엔트조선은 선수금을 환급할 의무가 있는데 그 선수금 환급의무를 담보하기 위하여 원인관계와 분리된 독립적인 은행보증으로 이 사건 보증서가 발행·교부되었고 이 사건 보증서가 독립적인 은행 보증인 이상 그 지급이 곤란하다고 볼 아무런 자료도 없다. 따라서 원고들은 이점에서도 선수금지급의무를 이행함에 있어서 불안의 항변권을 행사할 수 없다.

가사 견해를 달리하여 이러한 경우에도 원고들이 불안의 항변권을 행사할 수 있다고 하더라도, 앞서 본 바와 같이 오리엔트조선은 원고들과 사이에 선수금 지급에 관한 분쟁이 발생한 2009. 6.경으로부터 1년이 넘은 2010. 8.경 최초로 회생절차개시결정을 받았고 원고들이 오리엔트조선의 건조능력이 없음의 근거로 주장하는 조사보고서(갑 제11호증) 역시 2010. 10.경 작성된 것으로 이는 사후적으로 오리엔트조선의 자산 및 부채현황을 실사하여 그 원인을 평가한 것으로 위 조사보고서에서도 원고 등 선주의 대금 지급 지연이 오리엔트조선이 채무원리금을 상환하지 못한 요인이 되었다고 기재하고 있어 이만으로 2009. 6.경 당시 오리엔트조선의 건조능력이 없다고 단정할 수 없는 점, 이 사건 선수금 지급 당시에 원고들이 조사보고서에 기재된 사정을 모두 파악하여 선수금지급 결정의 기초로 삼았다고 볼 수도 없고 오히려 원고들은 오리엔트조선이 계약해제를 통지한 이후에도 2009. 11.경 오리엔트조선과 선가를 낮춰 선박을 계속 건조할 목적으로 협상을 하기도 하였는데 이는 오리엔트조선이 선박을 건조할 능력이 없어 선수금을 지급하지 않았다는 원고들의 주장과 배치되는 점, 원고들은 선수금지급과 관련하여 오리엔트조선과 분쟁이 발생한 경우 이 사건 계약서 제13조에 따라 중재절차를 신청하여 선수금 지급 문제를 다툴 수 있었음에도 그러한 절차를 취하지 아니한 점, 그리고 원고들은 실제로 오리엔트조선의 채무불이행이 발생하는 경우 이 사건 보증서에 기해 피고로부터 선수금을 환급받을 수 있는 지위에 있었던 점 등에 비추어 보면, 원고들로 하여금 선수금을 지급하도록 하는 것이 공평과 신의칙에 반하게 되는 경우라고 볼 수 없다. 이 부분 원고들의 주장도 이유 없다.

(바) 결국, 원고들의 이 부분 주장은 어느 모로 보나 이유 없다.

(3) 다시, 원고들은, 오리엔트조선의 선박건조계약 해제통보는 실제 해제를 목적으로 한 것이 아니라 협상을 위한 수단에 불과하였고 이에 따라 해제통지 이후에도 원고들과 오리엔트조선은 지속적으로 선박건조를 위한 실무적인 논의를 하였는바, 이러한 점에 비추어보면 오리엔트조선의 계약해제의사는 철회되었거나 그 효력이 없다는 취지로 주장한다.

오리엔트조선의 계약해제 통지 이후 2009. 11.경 원고들과 오리엔트조선 사이에 계약변경 건 등으로 수차례 협상을 가진 사실은 앞서 본 바와 같다. 그러나 한편으로 을 제19, 30호증의 각 기재에 의하면, 오리엔트조선은 2009. 12. 18.경 피고에게 '변경계약이 체결되는 경우에도 2009. 10. 16.자 계약해제 통지의 효력에 아무런 영향이 미치지 않는다'고 통보를 하였고 다시 2010. 1. 22. 원고들에게 매수인과 건조자가 협상을 하였다는 사실이 건조자의 2009. 10. 26.자 해제통보를 철회하거나 기존 계약을 부활시키려는 의도로 해석될 수 없다는 점을 분명히 밝히고 있는 사실이 인정되는 점에 비추어 보면 원고들과 오리엔트조선 사이에 변경계약의 체결에 대한 협상이 있었다는 점만으로 오리엔트조선의 2009. 10. 16.자 해제통지가 실제로 해제할 의사 없이 한 것이라거나 계약해제통지가 철회되었다고 볼 수 없다. 이 부분 원고들의 주장은 이유 없다.

2. 결 론

그렇다면 제1심의 판단을 정당하므로 원고들의 항소를 모두 기각하기로 하여, 주문과 같이 판결한다.

재판장 판 사 윤 성 근
판 사 문 정 일
판 사 구 자 헌

〈제12호-Ⅰ-③〉

대 법 원
제 2 부
판 결

사 건	2014다6442 선수금환급보증금
원고, 상고인	1. 퍼시픽 캐리어 시핑 에스 에이 (Pacific Carrier Shipping S. A.) 2. 아틀란틱 캐리어 시핑 에스 에이 (Atlantic Carrier Shipping S. A.)
피고, 피상고인	주식회사 국민은행
피고보조참가인	회생회사 주식회사 오리엔트조선의 공동관리인 이동희, 차재철
원 심 판 결	서울고등법원 2013. 11. 29. 선고 2012나90216 판결
판 결 선 고	2015. 7. 9.

주 문

원심판결을 파기하고, 사건을 서울고등법원에 환송한다.

이 유

상고이유(상고이유서 제출기간이 지난 후에 제출된 각 상고이유보충서는 상고이유를 보충하는 범위 내에서)를 판단한다.

1. 은행이 보증을 하면서 보증금 지급조건과 일치하는 청구서 및 보증서에서 명시적으로 요구하고 있는 서류가 제시되는 경우에는 그 보증이 기초하고 있는 계약이나 이행제공의 조건과 상관없이 그에 의하여 어떠한 구속도 받지 않고 즉시 수익자가 청구하는 보증금을 지급하겠다고 약정하였다면, 이는 주채무에 대한 관계에서 부종성을 지니는 통상의 보증이 아니라, 주채무자인 보증의뢰인과 채권자인 수익자 사이의 원인관계와는 독립되어 원인관계에 기한 사유로는 수익자에게 대항하지 못하고 수익자의 청구가 있기만 하면 은행의 무조건적인 지급의무가 발생하게 되는 이른바 독립적 은행보증이다. 이러한 독립적 은행보증의 보증인으로서는 수익자의 청구가 있기만 하면 보증의뢰인이 수익자에 대한 관

계에서 채무불이행책임을 부담하게 되는지를 불문하고 보증서에 기재된 금액을 지급할 의무가 있으며, 이 점에서 독립적 은행보증에서는 수익자와 보증의뢰인 사이의 원인관계와는 단절되는 추상성 및 무인성이 있다. 다만 독립적 은행보증의 경우에도 신의성실 원칙이나 권리남용금지 원칙의 적용까지 완전히 배제되는 것은 아니므로, 수익자가 실제로는 보증의뢰인에게 아무런 권리를 가지고 있지 못함에도 불구하고 은행보증의 추상성과 무인성을 악용하여 보증인에게 청구를 하는 것임이 객관적으로 명백할 때에는 권리남용에 해당하여 허용될 수 없고, 이와 같은 경우에는 보증인으로서도 수익자의 청구에 따른 보증금의 지급을 거절할 수 있으나, 원인관계와 단절된 추상성 및 무인성이라는 독립적 은행보증의 본질적 특성을 고려하면, 수익자가 보증금을 청구할 당시 보증의뢰인에게 아무런 권리가 없음이 객관적으로 명백하여 수익자의 형식적인 법적 지위의 남용이 별다른 의심 없이 인정될 수 있는 경우가 아닌 한 권리남용을 쉽게 인정하여서는 아니 된다(대법원 2014. 8. 26. 선고 2013다53700 판결 참조).

2. 원심은 제1심판결의 이유를 일부 인용하여, 그 판시와 같은 사실을 토대로 (1) 피고가 수익자를 조강해운 주식회사(이하 '조강해운'이라 한다)로 하여 발급한 선수금환급보증서(이하 '이 사건 보증서'라고 한다)는 독립적 은행보증에 해당하고, 다만 독립적 은행보증의 경우에도 수익자의 청구가 권리남용에 해당하는 경우에는 보증인이 수익자의 청구에 따른 보증금의 지급을 거절할 수 있는데, (2) 주식회사 오리엔트조선(이하 '오리엔트조선'이라 한다)이 1006호 선박에 관한 용골거치, 1009호 선박에 관한 강재절단을 시행하였음에도, 조강해운으로부터 1006호 선박의 매수인 지위를 인수한 원고 퍼시픽 캐리어 시핑 에스 에이(이하 '원고 퍼시픽'이라 한다)가 위 선박에 관한 3차 선수금을, 1009호 선박의 매수인 지위를 인수한 원고 아틀란틱 캐리어 시핑 에스 에이(이하 '원고 아틀란틱'이라 한다)가 위 선박에 관한 2차 선수금을 지급하지 아니함에 따라, 오리엔트조선이 이 사건 선박건조계약을 적법하게 해제하고 기왕에 지급받은 1006호 선박에 관한 1, 2차 선수금 및 1009호 선박에 관한 1차 선수금을 손해의 전보에 충당한 이상 원고들로서는 오리엔트조선에 대하여 선수금의 환급을 청구할 권리가 없고, (3) 오리엔트조선의 선수금지급청구의 요건, 원고들의 채무불이행 요건, 원고들이 어떠한 분쟁이나 불일치를 이유로도 선수금지급을 지체할 수 없음은 오리엔트조선과 사이의 이 사건 선박건조계약서에 명문으로 기재되어 있는 점, 오리엔트조선의 용골거치 및 강재절단 시행 통지, 선수금지급청구, 원고들에 대한 채무불이행 선언 및 계약 해제의사표시는 모두 서면으로 통지되었고 그 기재에 있어서 오해의 여지도 없는 점, 원고들은 오리엔트조선이 먼저 해제통지를 한 사실을 알면서도 계약상 근거 없는 주장을 하면서 그 해제통지의 효력을 부인하고 선박건조대금의

감액만을 요구해 온 점, 원고들의 모회사이자 최초 이 사건 선박건조계약의 당사자였던 조강해운은 외항화물운송, 선박용선 및 매매업 등을 목적으로 하는 회사로서 선박건조계약 및 공정단계에 대해 잘 알고 있거나 손쉽게 알 수 있는 지위에 있음에도 이 사건 선박건조계약서에 존재하지 않는 조건을 오리엔트조선에 요구하고 분쟁해결을 위해 중재를 신청하지도 않은 점 등을 고려하면, 원고들이 오리엔트조선에 대하여 선수금환급을 청구할 아무런 권리가 없음이 객관적으로 명백하고 원고들은 이러한 사정을 잘 알고 있음에도 이 사건 보증서의 추상성 및 무인성을 악용하여 이 사건 청구를 한 것이므로 권리남용에 해당한다고 판단하였다.

3. 그러나 원심의 위와 같은 판단은 다음과 같은 이유로 수긍하기 어렵다.

원심판결 이유에 의하면, 피고는 이 사건 선박건조계약이 원고들의 후속 선수금지급의무 불이행을 이유로 오리엔트조선에 의해 이미 적법하게 해제되어 원고들이 선수금환급을 청구할 권리가 없음이 명백함에도 이 사건 보증서에 기하여 청구하는 것은 권리남용에 해당한다고 주장하고, 이에 대하여 원고들은 오리엔트조선의 선수금지급청구가 그 요건을 갖추지 못하였거나 권리남용에 해당하고 또 불안의 항변권을 이유로 선수금지급청구를 거절할 수 있으므로 오리엔트조선의 위 계약 해제가 부적법하다고 다투었음을 알 수 있다.

앞서 본 법리에 의하면, 독립적 은행보증인 이 사건 보증서에 기한 원고들의 청구가 권리남용에 해당하기 위해서는 원고들이 이 사건 소 제기를 통하여 보증금을 청구할 당시 오리엔트조선에 대하여 아무런 선수금환급청구권이 없음에도 독립적 은행보증의 수익자라는 법적 지위를 남용하여 청구하는 것임이 독립적 은행보증인인 피고에게 객관적으로 명백하다고 인정되어야 하는데, 피고 및 원고들의 위와 같은 주장 내용과 아울러 기록에 의하여 알 수 있는 이 사건 보증금 청구 당시의 사정, 즉 이 사건 소 제기 전에 이루어진 원고들과 오리엔트조선 사이의 회생채권조사확정재판에서도 오리엔트조선의 위 계약 해제가 적법한지 여부가 쟁점이 되어 1년여에 걸쳐 심문절차가 이루어졌음에도 결론이 내려지지 못한 채 회생절차폐지로 종결된 점 등을 고려하면, 이 사건 소 제기 당시 원고들이 오리엔트조선에 대하여 선수금환급청구권이 없음에도 이 사건 보증금을 청구하는 것임이 피고에게 객관적으로 명백한 경우에 해당한다고 보기는 어렵다.

그럼에도 원심은 이와 달리 오리엔트조선의 위 계약 해제가 적법하여 원고들의 선수금환급청구권이 존재하지 않음이 객관적으로 명백히 밝혀졌다는 심리 결과에 기초하여 그 판시와 같은 이유로 원고들의 이 사건 청구가 권리남용에 해당한다고 판단하였으니, 이러한 원심의 판단에는 독립적 은행보증에서의 권리남용에 관한 법리를 오해하여 판결에 영향을 미친 위법이 있다고 할 것이다.

4. 그러므로 나머지 상고이유에 대한 판단을 생략한 채 원심판결을 파기하고, 사건을 다시 심리·판단하도록 원심법원에 환송하기로 하여, 관여 대법관의 일치된 의견으로 주문과 같이 판결한다.

재판장 대법관 김 창 석
대법관 이 상 훈
대법관 조 희 대
주 심 대법관 박 상 옥

〈제12호-II〉

서 울 고 등 법 원

제 3 3 민 사 부

판 결

사 건	2012나29269 손해배상(기)
주위적 원고, 항소인	○○○
예비적 원고, 항소인	1. ●●●
	2. ◎◎◎
	3. ◇◇◇
	4. ◆◆◆
	5. □□□
	6. ■■■
	7. △△△
	주위적 및 예비적 원고들 소송대리인 변호사 ○○○
피고, 피항소인	▲▲▲ 주식회사
제 1 심 판 결	서울중앙지방법원 2012. 2. 24. 선고 2009가합119080 판결
변 론 종 결	2015. 4. 9.
판 결 선 고	2015. 6. 9.

주 문

1. 주위적 원고 및 예비적 원고들의 항소를 모두 기각한다.
2. 항소비용은 주위적 원고 및 예비적 원고들이 부담한다.

청구취지 및 항소취지

피고는 제1심 공동피고 ▽▽▽ 주식회사와 연대하여,

1. 주위적으로,

주위적 원고에게 미합중국 통화(이하 통화명은 생략한다) 1,257,566.70달러 및 이에 대하여 2007. 7. 24.부터 이 사건 소장부본 송달일까지는 연 6%, 그 다음 날부터 다 갚는 날까지는 연 20%의 비율로 계산한 금원을 지급하고,

2. 예비적으로,

가. 예비적 원고 ●●●, ◎◎◎, ▼▼▼, ◆◆◆에게 각 223,469.60달러,

나. 예비적 원고 □□□, ■■■에게 각 111,772.52달러,

다. 예비적 원고 △△△에게 139,730.75달러

및 위 각 금원에 대하여 2007. 7. 24.부터 이 사건 소장부본 송달일까지는 연 6%, 그 다음 날부터 다 갚는 날까지는 연 20%의 비율로 계산한 금원을 지급하라.

이 유

1. 기초 사실

가. 당사자의 지위

1) 주위적 원고는 사우디아라비아 주베일에서 석유화학업을 영위하는 법인이고, 예비적 원고들은 영국 소재 법인으로 보험업에 종사하고 있다.

2) 제1심 공동피고 ▽▽▽ 주식회사(이하 '▽▽▽'이라고 한다)는 대한민국 법인으로 2007. 5. 23. 콘 로즈 호(M. V. Corn Rose, 이하 '이 사건 선박'이라고 한다)에 관하여 선주인 콘 로즈 리미티드(Corn Rose Ltd.)와 사이에 정기용선계약을 체결하였고, 피고는 역시 대한민국 법인으로 ▽▽▽ 과 보험계약을 체결한 보험자이다.

나. 이 사건 운송계약 및 선하증권의 발행 경위

1) ▽▽▽은 2007. 6. 21.경 주위적 원고가 사우디아라비아 주베일에서 건설 중인 정유공장 내의 보일러 설치공사와 관련하여 위 공사를 담당한 →→→ 주식회사(이하 '→→→'이라고 한다)와 사이에, 위 공사에 필요한 설비 및 자재들 89패키지(543,013kg, 2,961.20CBM, 이하 '이 사건 화물'이라고 한다)를 태국 램차방 항에서 사우디아라비아 주베일 항까지 운송하기로 하는 내용의 계약을 체결한 후, →→→에게 송하인 →→→, 수하인 주위적 원고, 선적항 태국 램차방 항, 양하항 알 주베일 항으로 된 별지와 같은 선하증권(이하 '이 사건 선하증권'이라고 한다)을 발행하였다.

2) 한편 ▽▽▽은 2007. 5. 30. →→→으로부터 이 사건 화물의 해상운송에 관하여 위임을 받은 ←←← 주식회사와 사이에, 아래와 같은 내용으로 이 사건 선박에 대한 용선계약을 체결하였다.

4. 화물수량 : 가열기 등
5. 선적항 : 태국 램차방항
6. 양하항 : 사우디아라비아 알 주베일항
7. 예정일자 : 2007. 6. 16. ~ 23.
14. 일부 화물은 겹쳐서 적재될 수 있고, 갑판 선적이 허용된 용선계약임

다. 보험계약의 체결 및 사고의 발생

1) 피고는 2007. 6. 21. ▽▽▽과 사이에, 아래와 같은 내용의 해상적하책임보험계약(이하 '이 사건 보험계약'이라고 한다)을 체결하였다.

아 래

피보험자 : ▽▽▽
운송선박 : 이 사건 선박
선적항 : Leam Chabang Port, Thailand
양하항 : Al Jubail, Saudi Arabia
적용약관 및 주요 보험조건 : Shipowner's Liability Clause(On Deck)
보험금액 : USD 1,200,000
부보 위험 및 보상내용 : 선창 내 적재조건으로 선하증권이 발행되었음에도 불구하고 갑판상에 적재됨으로써 화물에 손상이 발생하고 그로 인해 피보험자인 선주가 화물소유자에게 손해배상책임을 이행한 경우, 보험자는 선주가 지불한 손해배상금액에서 적하의 송장금액에 10%를 가산한 금액에 대한 보험금액의 비율로 선주에게 보상한다.

2) 방콕 마린 서베이 컴퍼니 리미티드는 2007. 6. 22. 이 사건 화물에 대하여 조사하고, '이 사건 화물은 야외 야적장에 있었고, 또한 물기가 묻어 있는 상태였다. 이 사건 화물은 갑판에 선적되어 있다'는 취지의 조사보고서를 작성하였다.

3) 이 사건 화물은 이 사건 선박의 갑판에 적재된 채 운송되었고, 이 사건 선박은 2007. 7. 20. 사우디아라비아 주베일 항에 도착하였는데, 위와 같은 운송 과정 중에 이 사건 선박이 황천을 만나 일부 화물이 바다에 떨어져 멸실되거나 손상되는 등의 사고(이하 '이 사건 사고'라고 한다)가 발생하였다.

라. 예비적 원고들의 재보험계약의 체결

주위적 원고는 ↑↑↑ 인슈어런스 컴퍼니(Insaudi Insurance Company, 이하 '↑↑↑'라고 한다)와 사이에, 주위적 원고가 사우디아라비아 주베일에서 건설 중인 정유공장 내의 보일러 설치공사와 관련하여 위 공사현장에 운송되어 투입될 설비 등에 대하여 적하

보험계약을 체결하였고, ↑↑↑는 자신이 인수한 위험의 90%에 관하여 예비적 원고들과 사이에 재보험기간을 2007. 2. 12.부터 2009. 12. 31.까지, 인수비율을 예비적 원고 1 내지 4는 각 17.77%, 예비적 원고 5, 6은 각 8.888%, 예비적 원고 7은 11.1112%로 정하여 재보험계약을 체결하였다.

마. 이 사건 사고 후의 경과

1) 주위적 원고는 이 사건 사고로 인하여 이 사건 화물의 일부가 멸실 또는 손상되자 →→→으로부터 2007. 9. 22.경 13패키지의 화물을 다시 인도받고, 2007. 10. 5.경 14패키지의 화물을 다시 인도받았는데, 당시 발행된 선하증권은 모두 갑판에 화물을 적재하는 것을 조건으로 하여 발행되었다.

2) 예비적 원고들은 이 사건 사고가 발생한 후 예비적 원고들과 ↑↑↑ 사이의 재보험계약 체결을 중개한 보험중개인인 마쉬 리미티드(Marsh Ltd.)를 통하여 ▽▽▽과 사이에, 이 사건 사고에 따른 손해의 배상과 제소기간 연장 등에 관하여 협의하였다.

[인정근거] 다툼 없는 사실, 갑1, 6~8, 10~12, 을1~10, 16(가지번호 포함, 이하 같다)의 기재, 변론 전체의 취지

2. 당사자들의 주장

가. 주위적 및 예비적 원고들의 주장

1) ▽▽▽은 →→→의 의뢰를 받고 이 사건 화물을 운송하면서 주위적 원고를 수하인, →→→을 송하인으로 정하여 이 사건 화물을 선창에 적재하기로 하는 내용의 이 사건 선하증권을 발행하였으나, 이 사건 화물을 갑판에 적재한 후 운송하던 중 황천을 만나 이 사건 사고가 발생하였다.

한편 ▽▽▽은 피고와 사이에 ▽▽▽이 이 사건 화물을 선창에 적재하는 것을 내용으로 하는 선하증권을 발행하였음에도 갑판에 적재하여 운송하다가 이 사건 화물에 손상이 발생한 경우를 보험사고로 하는 내용의 이 사건 보험계약을 체결하였다.

따라서 피고는 운송인인 ▽▽▽과 연대하여 주위적 원고 또는 주위적 원고에게 보험금을 지급함으로써 보험자 대위권을 행사할 수 있는 예비적 원고들에게 이 사건 사고로 인하여 발생한 손해를 배상할 책임이 있다.

2) 한편 주위적 원고 및 예비적 원고들이 직접청구권을 행사할 수 있는가의 문제는 보험계약의 책임 및 결제에 관한 사항이 아니므로, 영국법이 아닌 대한민국법을 적용하여 판단해야 하고, 더욱이 제3자의 직접청구권을 정한 대한민국 상법 제724조 제2항은 국제사법 제7조에서 말하는 '준거법에 관계없이 적용되어야 하는 강행규정'에 해당하므로, 이

사건에는 준거법과 관계없이 상법 제724조 제2항이 적용되어야 한다. 그리고 설령 영국법이 적용된다고 보더라도 이 사건 청구는 영국법상 직접청구권의 요건을 모두 갖추었다.

3) ▽▽▽은 여러 차례에 걸쳐 2009. 10. 20.까지 제소기간 연장 합의를 하였고, 피고도 제소기간 연장에 동의하였다.

나. 피고의 주장

1) 이 사건 선하증권상 준거법 규정 또는 관련 대법원판례에 따르면 이 사건 선하증권의 해석 및 제소기간의 기준에 관한 준거법은 대한민국 상법이다.

이 사건 사고에 적용되는 구 상법(2007. 8. 3. 법률 제8581호로 개정되기 전의 것) 제811조는 "운송인의 용선자, 송하인 또는 수하인에 대한 채권 및 채무는 그 청구원인의 여하에 불구하고 운송인이 수하인에게 운송물을 인도한 날 또는 인도할 날부터 1년 내에 재판상 청구가 없으면 소멸한다. 그러나 이 기간은 당사자의 합의에 의하여 연장할 수 있다."고 규정하고 있다. 따라서 주위적 원고가 이 사건 화물을 인도받은 2007. 7. 20.부터 1년 이내에 재판상 청구를 하여야 하는데, 이 사건 소는 2009. 10. 20.에 제기되었으므로 제소기간을 도과한 것이므로 부적법하다.

영국법이 준거법이라고 하더라도 영국이 체약국인 헤이그－비스비 규칙 제3조 제6항에 따라 제소기간 1년이 동일하게 적용된다.

한편 원고들이 주장하는 제소기간 연장 합의는 이 사건 적하보험의 재보험자인 예비적 원고들과 ▽▽▽ 사이에서만 체결되었다.

2) 이 사건 선하증권의 발행인란에는 '▽▽▽이 이 사건 선박의 선장을 대리하여 선하증권을 발행한다'는 취지로 기재되어 있으므로, 이 사건 선하증권상 운송인은 ▽▽▽이 아니다. 따라서 이를 전제로 한 원고들의 청구는 이유 없다.

3) 피고가 인수한 위험은 ▽▽▽이 선창 적재 조건의 선하증권을 발행하였음에도 불구하고 갑판에 적재하였을 경우에 발생하는 손해인데, 이 사건 선하증권은 이 사건 화물을 갑판에 적재하는 것을 조건으로 하여 발행된 것이므로, 이 사건 화물이 갑판에 적재되어 운송되던 중 손해가 발생하더라도 이는 이 사건 보험계약이 정한 보험사고에 해당하지 아니하여 피고가 이를 배상할 책임이 없다.

4) 설령 피고에게 배상책임이 있다고 하더라도 이 사건 사고는 개정 전 상법 제789조 제2항 제1호의 해상 고유의 위험 또는 제2호의 불가항력에 기한 사고이거나 제6호 송하인 또는 운송물의 소유자나 그 사용인의 행위 내지 제9호 운송물의 포장 불충분에 의한 사고이거나 제788조 제2항의 항해과실에 의한 사고에 해당하여 운송인은 면책된다.

5) 또한 피고는 ▽▽▽이 보험료 산출의 근거인 적하의 가치에 대한 고지의무를 위반

하였음을 이유로 이 사건 2011. 3. 9.자 준비서면으로 이 사건 보험계약을 취소하는 바이므로 피고는 이 사건 보험계약에 따른 어떠한 책임도 없다.

6) 피고가 면책되지 않는다고 하더라도 개정 전 상법 제789조의2에 따르면, 운송인의 포장당 책임제한액은 포장당 500SDR이고, ▽▽▽의 보고서에 따르면 이 사건 화물 중 총 27개의 화물이 멸실 또는 훼손되었으므로, ▽▽▽의 이 사건 사고에 대한 책임제한액은 13,500SDR(=500SDR×27개)이다.

7) 원고들에게 직접청구권이 인정되는지 여부에 관한 준거법은 이 사건 보험계약의 준거법인 영국법이다. 영국의 제3자 권리법에 따르면 원고들에게 직접청구권이 인정되지 않는다.

3. 주위적 원고의 청구에 관한 판단

가. 준거법의 결정

주위적 원고가 외국 법인임은 앞에서 본 바와 같으므로 이 사건에는 외국적 요소가 있어서 국제사법에 따라 그 준거법을 정하여야 한다. 주위적 원고의 이 사건 청구는 주위적 원고가 선하증권의 소지인으로서 운송인인 ▽▽▽의 보험자인 피고에 대한 보험금의 청구권을 직접 행사하는 것이다. 따라서 이 부분에서는 운송인과 그 보험자가 체결한 이 사건 보험계약에 따른 보험자의 책임, 주위적 원고의 직접청구권, 선하증권 소지인과 운송인 사이의 법률관계가 문제 되고, 이러한 쟁점에 대하여 다음과 같은 준거법에 따라 판단한다.

1) 보험자의 책임에 관한 준거법

을1의 기재에 따르면, 이 사건 보험계약의 보험증권에 '본 보험증권에 따라 발생하는 책임에 관한 모든 문제는 영국의 법과 관습이 적용된다(All questions of liability arising under this policy are to be governed by the laws and customs of England)'는 내용의 영국법 준거조항이 규정되어 있는 사실이 인정되고, 특별한 사정이 없는 한 이러한 영국법 준거약관은 오랜 기간 동안에 걸쳐 해상보험업계의 중심이 되어 온 영국의 법률과 관습에 따라 당사자간의 거래관계를 명확하게 하려는 것으로서 우리나라의 공익규정 또는 공서양속에 반하는 것이라거나 보험계약자의 이익을 부당하게 침해하는 것이라고 볼 수 없어 유효하므로, 이 사건 보험계약에 따른 보험자인 피고의 책임에 관한 문제에는 당사자가 정한 바에 따라 영국의 법률 즉, 1906년 영국해상보험법(Marine Insurance Act 1906, 이하 '영국 해상보험법'이라 한다)과 관습이 적용된다.

2) 주위적 원고의 직접청구권에 관한 준거법

주위적 원고와 피고 사이에 어느 법을 준거법으로 하여야 하는지에 관하여 본다.

▽▽▽과 피고 사이에서는 영국법을 준거법으로 하는 합의가 이루어진 사실은 앞서 본 바와 같으나, 쌍방 당사자 사이의 준거법 합의는 제3자에게 영향을 미치지 아니하므로 주위적 원고와 피고 사이에 위 준거법 합의가 영향을 미치지 아니한다.

한편 우리 국제사법에는 이 사건과 같이 피해자가 보험자에 대하여 직접청구권을 주장하는 경우에 관한 규정은 존재하지 아니한다. 따라서 불법행위 등의 피해자가 보험계약에 기하여 보험자에게 직접청구권을 행사하는 경우 보험계약에 관한 준거법이 적용될 것인지 여부가 결국 이 사건의 준거법 결정에 있어서의 핵심이라고 할 것이다.

살피건대 ① 피해자가 보험자에 대하여 직접청구를 하는 것은 보험자가 보험계약을 체결하였다는 것에 그 직접적인 근거를 두고 있는 점, ② 직접청구권이 인정될 경우 그 내용(보상의 범위, 지급시기 등) 역시 보험계약에 따라 정해질 수밖에 없는 점, ③ 피보험자의 보험금지급청구권의 인정 여부는 보험계약의 준거법에 의하고, 피해자의 직접청구권은 다른 준거법에 따른다면 하나의 계약관계에서 파생되는 밀접한 법률효과에 있어 준거법을 분리시키게 되어 보험계약 당사자의 의사에도 반할 뿐만 아니라 법해석에 있어 모순 및 충돌의 가능성이 있는 점, ④ 우리 국제사법은 '연결점'이라는 개념을 중심으로 준거법을 정하고 그러한 연결점을 정하는 여러 기준을 제시하되 그와 별도로 당사자 사이에서 국제사법이 정한 준거법과 다른 준거법을 정하는 것의 효력을 인정하면서, 당사자의 의사합치가 준거법에 있어서 가장 중요한 요소로 작용하는 것을 허용하고 있는데, 피해자의 직접청구권에 있어서 보험자와 피보험자 사이에 합의된 준거법과 다른 법을 적용하는 것은 피해자의 직접청구권이 보험자의 의무 범위와 직결되어 있는 점에 비추어 위와 같은 국제사법의 규정 취지에도 부합하지 않는 점 등을 종합하여 보면, 피해자가 보험자에 대하여 직접청구권을 행사하는 경우에는 '보험계약에 따른 준거법'에 의하는 것이 상당하다. 결국 이 사건에 있어서는 영국법이 준거법이 된다.

3) 선하증권 소지인과 운송인 사이의 법률관계의 준거법

국제사법 제25조 제2항에 따르면 당사자는 계약의 일부에 관하여도 준거법을 선택할 수 있다.

을10의 기재에 의하면, 이 사건 선하증권의 이면약관 제3조(선적항부터 양하항까지 운송책임)에 '이 계약에는 선적지국에서 입법화된 헤이그-비스비 규칙[Protocol to Amend the International Convention for the Unification of Certain Rules of Law Relating to Bills of Lading, 1968, 아래에서 보는 브뤼셀에서 1924. 8. 25. 성립된 선하증권에 대한

규정의 통일에 관한 국제협약에 포함된 헤이그 규칙(International Convention for the Unification of Certain Rules of Law Relating to Bills of Lading, 1924) 중 일부를 개정한 것이다](선적지국에서 입법화된 법률이 없는 경우에는 도착지국에서 입법화된 헤이그-비스비 규칙)이 적용된다. 선적지국이나 도착지국에서 헤이그-비스비 규칙을 입법화한 법률이 없는 때에는, 선적지국에서 입법화된 헤이그 규칙(선적지국에서 입법화된 법률이 없는 경우에는 도착지국에서 입법화된 헤이그 규칙)이 강행적으로 적용되는 경우를 제외하고 이 계약에는 헤이그-비스비 규칙이 적용된다.'고 규정되어 있고, 제4조(준거법과 관할)에 '이 사건 선하증권으로부터 발생하거나 이와 관련된 분쟁에 관하여는 운송인의 주된 영업소가 소재한 국가의 법에 따르고 그 국가의 법원이 전속적 관할을 보유한다'고 정하고 있다.

이와 같이 위 선하증권의 이면약관 제3조는 위 운송계약에 헤이그-비스비 규칙의 적용에 관하여 규정하고 있는 반면 제4조는 준거법을 운송인의 주된 영업소가 소재한 국가의 법에 따른다고 규정하고 있는 점, 위 헤이그 규칙 또는 헤이그-비스비 규칙을 국제사법에서 정의하는 준거법으로서의 외국법에 해당한다고 볼 수도 없는 점 등에 비추어 볼 때, 위 제3조에서 헤이그-비스비 규칙이 적용될 수 있다고 규정하고 있는 것은 준거법을 지정한 것이 아니라 당해 규칙을 선하증권의 내용으로 편입하기로 한 것으로 봄이 타당하다.

이 사건의 경우 선적지국인 태국이나 도착지국인 사우디아라비아가 헤이그 규칙 및 헤이그-비스비 규칙을 입법화하였다는 자료를 찾아볼 수 없으므로, 위 약관 제3조에 따라 운송인의 책임과 의무 및 그 제한에 관하여는 선하증권에 편입된 헤이그-비스비 규칙이 적용되고, 그 외 위 규칙에서 정하고 있지 아니한 사항에 관하여는 운송인인 피고의 본점이 소재한 대한민국의 법률이 적용된다고 보아야 한다.

나. 본안전항변에 관한 판단

앞서 본 바와 같이 피고는, 이 사건 소가 화물을 인도받은 2007. 7. 20.부터 1년이 경과한 2009. 10. 20.에 제기되었으므로 제소기간을 도과한 것이어서 부적법하다고 항변한다.

이 사건 소가 제소기간을 도과한 것인지는 선하증권 소지인과 운송인 사이의 법률관계에 해당하고, 이와 같은 관계에는 헤이그-비스비 규칙 또는 대한민국 상법이 적용됨은 앞서 본 바와 같다.

구 상법 제811조(2007. 8. 3 법률 제8581호로 개정되기 전의 것, 이하 '구 상법'이라고 한다)는 "운송인의 용선자, 송하인 또는 수하인에 대한 채권 및 채무는 그 청구원인의 여하에 불구하고 운송인이 수하인에게 운송물을 인도한 날 또는 인도할 날부터 1년 내에 재판상 청구가 없으면 소멸한다. 그러나 이 기간은 당사자의 합의에 의하여 연장할 수 있다."고 규정하고 있고, 헤이그-비스비 규칙 제3조 제6항도 같은 취지로 규정하고 있다.[1)]

이 사건 화물이 2007. 7. 20. 양하항인 사우디아라비아 주베일 항에 도착한 사실은 앞에서 본 바와 같고, 이 사건 소가 그로부터 1년이 경과한 2009. 10. 20.에 제기된 사실은 기록상 명백하다. 그러나 갑10, 11의 기재에 따르면 ▽▽▽이 주위적 원고와 재보험자인 예비적 원고들과 사이에 5차례에 걸쳐 제소기간을 연장하여 최종적으로 2009. 10. 20.까지 연장한 사실, 이와 같은 제소기간 연장에 관한 통지가 피고에게도 전달된 사실, 피고는 위와 같은 연장 통지를 받고도 이에 관하여 아무런 이의를 제기하지 아니한 사실, 피고가 5차 연장 합의 당일인 2009. 6. 12. 주위적 원고 및 예비적 원고들과 ▽▽▽에게 검정인이 손해사정에 필요한 자료를 주지 않는다고 하면서 2009. 10. 20.까지 자료를 제공하거나 자료 제공이 지연되는 합당한 이유를 설명하지 않으면 보험금지급절차를 종결할 것이라는 취지의 통지를 한 사실을 인정할 수 있다. 위 인정 사실에 따르면 피고도 제소기간 연장에 묵시적으로 동의하였다고 봄이 타당하다.

따라서 피고의 본안전항변은 받아들이기 어렵다.

다. 본안에 관한 판단

1) 이 사건 선하증권상 운송인이 ▽▽▽인지 여부

갑1의 기재에 따르면, 이 사건 선하증권의 발행인란에 '▽▽▽, 이 사건 선박의 선장을 대리함'이라고 기재되어 있음은 피고의 주장과 같다.

그러나 을5의 기재에 따르면, ▽▽▽이 2007. 5. 23. 이 사건 선박의 선주인 콘 로즈 리미티드로부터 이 사건 선박을 정기용선한 사실을 인정할 수 있고, 여기에 갑6, 8, 10, 을1의 기재와 변론 전체의 취지를 종합하여 알 수 있는 다음과 같은 사정들 즉, ▽▽▽은 이 사건 선하증권을 발행한 당일인 2007. 6. 21. 피고와 사이에 이 사건 보험계약을 체결한 점, ▽▽▽이 2007. 7. 24. 이 사건 화물이 손상된 사실을 발견하고 같은 날 및 그로부터 이틀 후인 2007. 7. 26. 이 사건 화물의 화주에게 사고 통지를 한 점, 또한 ▽▽▽은 위 사고 통지 후 2009. 6. 12.경까지 피고와 함께 원고들과 사이에 손해배상협의를 진행하였고 그 과정에서 여러 차례 제소기간 연장 합의를 한 점 등을 더하여 보면, ▽▽▽을 이 사건 선하증권상의 운송인으로 봄이 타당하다.

---

1) "the carrier and the ship shall in any event be discharged from all liability whatsoever in respect of the goods, unless suit is brought within one year of their delivery or of the date when they should have been delivered. This period, may however, be extended if the parties so agree after the cause of action has arisen,"

2) 이 사건 사고가 이 사건 보험계약의 부보범위에 해당하는지 여부

가) 앞서 본 바와 같이 이 사건 보험계약이 부보하는 위험은 '선창 내 적재조건으로 선하증권이 발행되었음에도 불구하고 갑판에 적재됨으로써 화물에 손상이 발생한 경우'이므로, 이 사건 선하증권이 이 사건 화물을 갑판이 아닌 선창 내에 적재하는 것을 조건으로 발행된 것인지에 관하여 보건대, 이 사건 선하증권은 선창 내에 적재하는 것을 조건으로 발행된 것이라고 봄이 타당하다. 그 이유는 다음과 같다.

(1) 갑1의 기재에 따르면, 이 사건 선하증권에는 아래와 같이 기재되어 있다.

> SAY : EIGHY NINE(89) PACKAGES ONLY
> (of which ______on deck at shipper's risk ~)

앞서 든 증거, 갑14, 을26의 기재 및 변론 전체의 취지를 종합하여 알 수 있는 다음과 같은 사정들 즉, ① 'of which'는 그 앞에 전체 수량이 기재된 것을 전제로 한 표현인 점, ② 위 기재보다 위쪽에 있는 '화물내역(Shipper's Description of Goods)'란에는 수량이 '89 PKGS'로 숫자로만 기재되어 있는 점, ③ 피고가 제출한 견본(을26)을 보면 그 위치가 이 사건 선하증권보다는 더 떨어져 있긴 해도 위와 같은 문구 위에 전체 수량이 한 번 더 기재되어 있는 점, ④ 선창 내 적재조건으로 발행된 선하증권에 이 사건 선하증권과 같은 형식으로 운송물량을 숫자로 기재하고, 이를 다시 문자로 기재하는 방식을 사용하기도 하는 것으로 보이는 점 등에 비추어 위 'SAY: EIGHTY NINE (89) PACKAGES ONLY' 부분은 '화물내역'란에 숫자로 기재한 '89 PKGS'를 명확하게 재확인하기 위해 기재한 것으로 보인다.

(2) 헤이그-비스비 규칙에 따르면, '운송계약 중 운송인 또는 선박에 대하여 이 조에서 규정한 책임과 의무에 있어서의 부주의, 과실 또는 불이행에 의해서 발생하는 물건의 멸실·훼손 또는 물건과 관련한 책임을 면제하거나 또는 그 책임을 이 규칙의 규정들에 반하여 경감하는 조항, 약관 또는 합의는 무효이고(제3조 제8항[2]), '운송계약에서 갑판에 선적되어 운송된다는 취지가 기재되어 있고 그와 같이 운송된 화물'에는 위 규칙이 적용

2) Article Ⅲ 8. Any clause, covenant, or agreement in a contract of carriage relieving the carrier or the ship from liability for loss or damage to, or in connection with, goods arising from negligence, fault, or failure in the duties and obligations provided in this article or lessening such liability otherwise than as provided in these Rules, shall be null and void and of no effect. A benefit of insurance favour of the carrier or similar clause shall be deemed to be a clause relieving the carrier from liability.

되지 않으며[제1조 (c)호[3]], 여기서 '운송계약'은 '선하증권 또는 이와 유사한 권리증권으로서 해상 화물운송에 관한 것이 발행된 운송계약'만을 의미한다[제1조 (b)호[4]].

위 규정들의 취지에 비추어 보면, 송하인과 운송인 사이에 갑판적 합의가 있었다고 하더라도 그러한 취지를 선하증권에 기재하지 않았다면 헤이그-비스비 규칙이 적용되어 운송인의 책임을 면하거나 경감하는 합의 역시 무효가 된다.

따라서 설령 피고의 주장과 같이 ▽▽▽이 이 사건 화물의 송하인인 →→→으로부터 이 사건 화물의 운송을 위임받은 ←←←와 사이에 이 사건 화물을 갑판적하여 운송한다는 합의가 있었다거나 ←←←가 그러한 사실을 알았거나 알 수 있었다고 하더라도, 그러한 사정만으로 갑판적 선하증권의 발행이라는 요건이 충족된다고 볼 수 없고, 갑판적 선하증권이 발행되지 않은 이상 그와 같은 합의로 선하증권의 소지인에게 대항할 수도 없다.

(3) 을2의 기재에 따르면, 이 사건 보험계약은 '선창적 선하증권으로 운송되는 갑판적 화물로 인한 선주의 책임'만을 부보위험으로 특정하여 담보하는 SOL(Shipowners' Liability) 보험인데, ▽▽▽이 갑판적 선하증권을 발행하고도 위와 같은 성격의 보험에 가입하였다는 것은 납득하기 어렵다.

(4) 갑12의 기재에 따르면, 이 사건 사고 이후 교체화물은 갑판적으로 운송되었는데 이때 발행된 갑판적 선하증권은 이 사건 선하증권과 달리 전면 또는 첨부된 rider에 명확하게 갑판적임이 기재되어 있고, ▽▽▽이 이 사건 보험계약과 같은 SOL 보험에는 가입하지 않았다.

(5) 피고는 ←←←와 ▽▽▽ 사이에 갑판적 운송 합의가 있었고 양자 사이에 체결된 항해용선계약(을3)에도 갑판적 허용 문구가 명시적으로 기재되어 있는 점에 비추어 이 사건 선하증권이 갑판적 선하증권이라고 주장하나, 그 문구 자체도 갑판적 운송을 허용하는 취지의 문구일 뿐 나아가 이로써 갑판적 합의가 있었다고 인정하기에는 부족할 뿐만 아니라 그와 같은 합의 여부에 따라 이 사건 사고가 이 사건 보험계약으로 담보되는지가 결정되는 것도 아니다. 또한 정기용선계약서와 항해용선계약서의 조항들이 선하증권의 내용으로 편입되었다고 볼 사정도 없다.

---

3) Article Ⅰ(c) 'Goods' includes goods, wares, merchandise, and articles of every kind whatsoever except live animals and cargo which by the contract of carriage is stated as being carried on deck and is so carried.

4) Article Ⅰ(b) "Contract of carriage' applies only to contracts of carriage covered by a bill of lading or any similar document of title, in so far as such document relates to the carriage of goods by sea, including any bill of lading or any similar document as aforesaid issued under or pursuant to a charter party from the moment at which such bill of lading or similar document of title regulates the relations between a carrier and a holder of the same.

(6) 갑17, 18의 기재에 따르면, 주위적 원고가 ↑↑↑와 사이에 체결한 적하보험과 ↑↑↑가 예비적 원고들과 사이에 체결한 적하재보험계약은 이 사건 화물의 운송을 특정하여 그에 따르는 위험을 담보하기 위한 것이 아니라, 이 사건 선하증권이 발행되기 전인 2007. 2. 12.부터 주위적 원고가 사우디아라비아 주베일에 건설 중인 정유공장의 건설 완료 예정 시점까지를 보험기간으로 하고, 공장 건설을 위해 운송되는 모든 자재, 설비, 공급품 등이 육상, 해상, 항공운송을 모두 포괄하여 그 운송과정에서 멸실되거나 손상을 입는 일체의 보험사고를 대비하기 위하여 체결된 포괄예정 적하보험(Cargo Insurance Open Cover Policy) 또는 포괄예정 적하재보험(Cargo Re-insurance Open Cover Policy)이다. 따라서 위 계약들이 갑판적 운송을 담보하고 있다는 사실로부터 이 사건 선하증권이 갑판적 선하증권이라는 사실을 추인하기는 어렵다.

(7) 그 외에 이 사건 선하증권의 이면약관에 '운송인이 갑판적재를 할 수 있다'는 취지가 기재되어 있다거나, 이 사건 화물이 갑판적재에 더 적합한 화물 또는 갑판적재가 관행인 화물이라고 하더라도, 갑판적 화물의 경우 통상 운송인이 면책되는 것으로 합의하기 때문에 선의의 선하증권 소지자가 선하증권의 기재에 따라 화물이 갑판에 적재되어 운송된다는 사실을 확실히 알 수 있어야 하는 점에 비추어, 그러한 사정만으로 이 사건 선하증권이 갑판적 선하증권이라고 볼 수는 없다.

(8) 피고의 주장과 같이 이 사건 선하증권이 갑판적 선하증권으로 발행되었다면, 이 사건 사고 발생 후 ▽▽▽이 이를 이유로 면책을 주장했어야 할 것으로 보이는데, 갑6, 8의 기재에 따르면, ▽▽▽이 2007. 7. 24. 주위적 원고에게 '▽▽▽과 피고가 사건을 처리할 수 있도록 최선을 다하겠다'는 취지의 서신을 보낸 사실이 인정될 뿐, 위와 같이 항변한 사정을 찾아볼 수 없다.

나) 따라서 이 사건 사고는 이 사건 보험계약의 부보범위에 해당한다.

3) **피고의 보험금지급의무의 발생 여부**

가) 위에서 인정한 사실에 따르면, 피고는 특별한 사정이 없는 한 피보험자인 ▽▽▽에 이 사건 보험계약에 따른 보험금을 지급할 의무가 있다.

나) 피고의 항변에 관한 판단

(1) 피고는 이 사건 사고가 구 상법 제789조 제2항 제1호의 해상 고유의 위험 또는 제2호의 불가항력에 기한 사고이거나 제6호 송하인 또는 운송물의 소유자나 그 사용인의 행위 내지 제9호 운송물의 포장 불충분에 의한 사고이거나 구 상법 제788조 제2항의 항해과실에 의한 사고에 해당하여 운송인은 면책된다고 주장한다. 그런데 이 사건 운송계약에 따른 운송인의 면책 등 운송인의 책임과 의무 및 그 제한에 관하여는 헤이그-비스비

규칙이 적용됨은 앞에서 본 바와 같으므로, 피고의 면책 주장을 헤이그－비스비 규칙에 따른 면책 주장으로 선해하여 본다.

살피건대, 운송물의 멸실 또는 손상에 관하여 해상운송인의 면책을 규정하고 있는 헤이그－비스비 규칙 제4조 제2항은 어디까지나 해상운송인이 운송물에 관한 선적 등의 주의의무를 다하였음에도 해상 고유의 위험 등으로 인하여 화물의 멸실이나 손상이 발생한 경우에 적용되는 것이다(이는 구 상법 제789조 제2항 단서 규정의 취지에 비추어 보아도 마찬가지이다). 통상 갑판적 운송은 선창 내 선적에 비하여 강한 파도에 의하여 용기나 화물이 멸실·파괴되거나 해수, 우수에 의하여 젖거나 태양열에 의하여 부패되는 등의 위험이 크고, 이러한 위험성으로 인하여 갑판적 합의가 있는 경우를 제외하고는 이를 갑판에 적재하는 것이 금지되는데, 앞서 본 바와 같이 운송인인 ▽▽▽이 선창 내에 적재할 것을 조건으로 선하증권을 발행하고도 이 사건 화물을 위와 같이 사고가 발생할 위험성이 높은 갑판에 적재하여 악천후로 일부 화물이 바다에 떨어져 멸실되거나 손상되게 한 이 사건의 경우에는, 운송인이 주의의무를 다하였음에도 해상 고유의 위험 등으로 화물의 멸실이나 손상이 발생하였을 경우에 적용되는 위와 같은 면책 규정이 적용될 수 없다고 봄이 타당하다.

따라서 이 부분 피고의 주장은 받아들일 수 없다.

(2) 피고는 구 상법 제789조의2에 따라 운송인의 포장당 책임이 제한된다고도 주장한다.

구 상법 제789조의2의 제1항 본문에 의하면 해상운송인이 운송물의 수령, 선적, 적부, 운송 등과 관련하여 부담하는 손해배상책임은 당해 운송물의 매 포장당 500SDR을 한도로 제한할 수 있는 것으로 하고 있으나, 한편 같은 항 단서에 의하면 운송물에 관한 손해가 운송인 자신의 고의 또는 그 손해가 생길 염려가 있음을 인식하면서 무모하게 한 작위 또는 부작위로 인하여 생긴 것인 때에는 이러한 책임의 제한을 허용하지 않는 것으로 하고 있다.

그런데 운송인인 ▽▽▽이 갑판에 이 사건 화물을 적재하여 운송하는 것은, 해상운송에 흔히 수반되고 선창 내 선적으로 피할 수 있는 정도의 해수로 인한 손해 발생의 위험을 감수하여야 하는 행위로서 특별한 사정이 없는 한 위 단서에서 말하는 무모한 행위로 보아야 한다.

따라서 이 사건 ▽▽▽의 갑판적 운송은 운송인이 그 손해가 생길 염려가 있음을 인식하면서도 무모하게 이 사건 화물을 갑판에 적재한 행위로 인한 것이므로, 피고는 구 상법 제789조의2 제1항 본문에 의한 손해배상책임의 제한을 받을 수 없다. 이 부분 피고의 주장도 받아들일 수 없다.

(3) 피고는 ▽▽▽의 고지의무 위반으로 이 사건 보험계약이 취소되었다고 주장한다.

이 사건 보험계약에 있어 고지의무 위반을 이유로 한 계약 취소 등에 관하여는 보험자의 책임에 관한 사항이므로 앞서 본 바와 같이 준거법으로 영국법이 적용되는데, 고지의무 위반을 이유로 한 보험계약의 취소를 규정하고 있는 영국 해상보험법 제18조에는 그 취소권의 행사기간에 관하여 아무런 제한을 두고 있지 않다.

그러나 영국 법원의 판례에 의하면 피보험자의 고지의무 위반 사실을 안 보험자가 기간의 제한 없이 무한정하게 고지의무 위반을 원인으로 보험계약을 취소할 수 있는 것이 아니라 그 사실을 안 날로부터 보험계약 취소 여부를 결정하는 데 필요한 상당한 기간 내에 취소권을 행사하여야 하고, 보험자가 취소권을 행사하지 않을 의사임이 명백할 정도로 오랜 시간이 흐른 경우나 보험자가 취소권을 늦게 행사함으로써 피보험자에게 손해가 발생한 경우 또는 제3자의 권리관계가 개입하게 된 경우라면 보험자가 보험계약을 추인하였다고 볼 수 있다는 것인바(대법원 1996. 3. 8. 선고 95다28779 판결 참조), 앞서 든 증거와 변론 전체의 취지를 종합하여 알 수 있는 다음과 같은 사정, 즉 피고가 이 사건 사고가 발생한 2007. 7.경부터 약 4년이 지난 2011. 3. 9.에야 그 준비서면으로 이 사건 보험계약을 취소한다는 통지를 하였고, 그 당시에는 이미 원고들과 같은 제3의 이해관계인이 발생한 점, 피고는 이 사건 소가 제기되기 전까지 이에 관한 어떠한 언급도 하지 않았던 점 등에 비추어 볼 때, 설령 피고에게 ▽▽▽의 고지의무 위반에 따른 취소권이 발생하였다고 하더라도 그 취소권은 피고가 이 사건 보험계약을 추인함에 따라 소멸되었다고 봄이 타당하다.

따라서 이 부분 피고의 주장도 받아들일 수 없다.

4) 주위적 원고의 피고에 대하여 직접청구권의 인정 여부

가) 영국법은 우리 상법과 달리 피해자의 보험자에 대한 직접청구권을 일반적으로 허용하지 아니하고 예외적인 경우에만 허용하고 있으며, 이에 관한 규정이 '제3자 권리법 [Third Parties (Rights against Insurers) Act 1930]'인바, 현행 제3자 권리법 제1조에는 직접청구권이 허용되는 경우에 관하여 '피보험자가 개인인 경우는 파산하였거나 채권자들과의 화의가 이루어진 경우', '피보험자가 법인인 경우는 해산명령이 이미 내려졌거나, 임의 해산에 대한 승인이 이루어졌거나 파산관재인 등이 적법하게 임명되는 등 도산절차가 개시된 경우'에 한하여 직접청구권이 인정된다고 규정하고 있다.

나) 그런데 피보험자인 ▽▽▽은 현재 법적으로 파산 또는 회생절차가 개시되어 진행중이지는 않고 다만 폐업하여 '사실상' 파산한 상태라는 사실은 당사자 사이에 다툼이 없다. 위와 같이 사실상 파산한 경우에도 영국의 제3자 권리법에 따라 피해자에게 직접청구권이 인정될 수 있는지에 관하여 본다.

앞서 본 바와 같이 이 부분의 준거법은 영국법이므로, 이는 우선 영국에서 현실적으로 해석·적용되고 있는 의미에 따라 판단하여야 할 것이고 그와 같은 해석 기준에 관한 자료를 확인할 수 없는 경우에는 일반적인 법해석 기준에 따라야 할 것이다. 그런데 영국에서는 제3자 권리법 제1조의 입법 취지, 규정의 방식 등을 고려할 때 위 규정에서 직접청구권을 허용하고 있는 경우를 '제한적, 열거적'인 것으로 해석하고 있고, 이와 유사한 것으로 보이는 경우까지도 위 법의 적용 범위에 포함된다고는 볼 수 없다는 해석 태도를 취하고 있다(영국법의 위와 같은 법해석이 우리나라의 법해석 기준을 비롯한 일반적인 법해석 기준에 의하더라도 타당한 것으로 볼 수 있다).[5]

결국, 피보험자인 ▽▽▽은 제3자 권리법 제1조에서 정한 요건을 충족하였다고 볼 수 없으므로, 피해자인 주위적 원고는 보험자인 피고에게 직접청구권을 행사할 수 없다.

5) 소결

이 부분 준거법인 영국법에 의하면, 주위적 원고의 피고에 대한 직접청구권은 인정될 수 없으므로, 주위적 원고의 피고에 대한 청구는 이유 없다.

4. 예비적 원고들의 청구에 관한 판단

예비적 원고들의 청구는 피고에 대한 주위적 원고의 권리가 인정되는 것을 전제로 주위적 원고의 직접청구권을 대위하여 피고에게 그 지급을 구하는 것인데, 피대위권리인 주위적 원고의 직접청구권이 인정될 수 없음은 앞서 본 바와 같으므로 이를 대위하여 구하는 예비적 원고들의 청구도 모두 이유 없다.

5. 결 론

제1심판결의 결론은 정당하다. 주위적 및 예비적 원고들의 항소를 모두 기각한다.

재판장 판 사 이 경 춘
판 사 권 동 주
판 사 황 의 동

---

5) Howard Bennet, "The Law of Marine Insurance", Oxford University Press(2006), pp. 613~614 참조.

〈제13호-I-①〉

제 주 지 방 법 원

제 2 민 사 부

판 결

사 건	2011가합3875 손해배상(기)
원 고	주식회사 혜성물류
피 고	주식회사 세주
변 론 종 결	2012. 7. 26.
판 결 선 고	2012. 9. 6.

주 문

1. 피고는 원고에게 서울중앙지방법원 2012책1호 선박책임제한절차의 폐지 또는 그 개시결정의 취소를 정지조건으로 119,920,484원 및 이에 대한 2011. 11. 22.부터 2012. 9. 6.까지는 연 6%의, 그 다음날부터 다 갚는 날까지는 연 20%의 각 비율로 계산한 금원을 지급하라.
2. 원고의 나머지 청구를 기각한다.
3. 소송비용은 각자 부담한다.
4. 제1항은 가집행할 수 있다.

청 구 취 지

피고는 원고에게 119,920,484원 및 이에 대한 2011. 11. 22.부터 이 사건 소장 부본 송달일까지는 연 6%의, 그 다음날부터 다 갚는 날까지는 연 20%의 각 비율로 계산한 금원을 지급하라.

이 유

1. 인정사실

가. 당사자들의 지위

1) 원고는 신조 차량 탁송업 등을 목적으로 하는 회사로서, 소외 현대글로비스 주식회사(이하 '현대글로비스'라고만 한다)와 사이에, 소외 현대자동차 주식회사, 기아자동차 주식회사가 생산하여 판매한 신조 차량, 전시 차량 등을 원고가 위 제조사들의 출고센터부터 지점(대리점) 또는 매수인이 지정한 장소까지 운송해 주기로 하는 배달・탁송 위탁계약을 체결하였다.

2) 피고는 부산－제주 항로에서 해상 운송업 등을 목적으로 설립된 회사로서, 2009. 9. 1. 소외 동양고속훼리 주식회사(이하 '동양고속훼리'라고만 한다)와 사이에, 동양고속훼리 소유의 현대설봉호(이하 '이 사건 선박'이라 한다)에 관하여 아래와 같은 사항을 주된 내용으로 하는 화물영업운영계약(을 제2호증)을 체결하였다(이하 '갑'은 '동양고속훼리'를, '을'은 '피고'를 의미한다).

제1조(목적) 본 계약의 범위는 '갑'의 여객영업(선내 부대사업 포함)과 선원, 선박 관리를 제외한 화물영업 운영(화물 집하 및 하역)에 대하여 '갑'으로부터 위임을 받은 '을'이 상호간 제반 책임과 의무를 약정함에 있다.

제2조(업무 범위)

① (하역의 범위) '을'은 '갑'의 선편으로 해송되는 화물 하역에 대하여 다음 업무를 성실히 수행한다.

1. 화물 수탁 및 상, 하차 작업
2. 수탁 화물의 선적 및 양하
3. 선적 화물의 LASHING 및 UNLASHING
4. 발, 도착 화물의 인수도 및 집배, 보관
5. 기타 화물 하역에 관련된 제반 업무

② (집하 업무 위임) '갑'은 '갑'의 선편으로 해송되는 화물의 집하 업무를 '을'에게 위임하고 '을'은 다음 업무를 성실히 수행한다.

1. 화주로부터 화물의 집하, 알선
2. '을'은 물동량의 최대 확보를 위한 판촉 및 영업활동을 하여야 하며 확보된 물량은 '갑'의 소유 선박을 제외한 타 선박을 이용할 수 없다.
3. 물표, 세금계산서 발행 및 적입, 적하목록 작성 등 화물 인수도에 따른 제반 업무(단, 적하목록에 작업비를 명기하여야 한다.)

4. 기타 집하에 관련된 제반 업무

제3조(화물의 조작 장소와 인수도) '을'의 하역 및 집하 장소는 선박 착부장인 부산항 및 제주항으로 하며 '갑'의 선박에 적재 해송되는 화물 인수도는 '을'의 책임으로 한다.

제12조(영업운영계약 금액) ① 1차년도(2009. 9. 1.~2010. 8. 31.)의 계약금액은 46억 원(부가세 별도)으로 한다.

② 2차년도(2010. 9. 1.~2011. 8. 31.)의 계약금액은 48억 3천만 원(부가세 별도)으로 한다.

③ 3차년도(2011. 9. 1.) 이후부터는 전년도 계약금액의 5% 이상 선으로 인상률을 상호 협의한다.

제13조(선임의 정산) ① 을은 약정 선임을 월 균등액으로 배분하여 갑에게 지급한다.

② 지급방법은 을은 선임을 매월 15일 및 말일 단위로 세금계산서를 발행 정산하며 각각 당월 20일 및 익월 5일까지 갑에게 현금으로 지정은행 계좌에 입금한다.

제14조(영업운영보증금) '을'은 '갑'에게 영업운영보증금으로 일십억 원정(1,000,000,000)을 예치한다. 영업운영보증금은 기간의 만료 또는 해지, 기타 사유로 인하여 계약이 종료되는 경우 선임, 금품, 손해배상금, 위약벌 기타 모든 사항을 정산한 후 잔액이 있는 경우 1개월 내에 운영보증금을 '을'에게 반환한다.

제16조(화물적하보험) ① 화물적하보험은 '을'이 부보하기로 한다.

② '갑'은 화물적하보험에 필요한 제반 정보가 포함된 제반 서류를 '을'에게 제공하여 화물적하보험 가입에 차질이 발생치 않도록 한다.

제23조(지도감독) '갑'은 업무 수행 및 계약 이행에 관한 정기 또는 수시 지도 감독을 할 수 있으며 '을'은 이에 응하여야 하며, 화주와의 운송계약 시 '갑'과 사전 협의하는 것을 원칙으로 한다.

나. 원 · 피고 간의 운송계약 체결

원고는 현대글로비스와의 배달탁송 위탁계약을 이행하기 위하여, 2009. 9. 23. 해상 운송업 등을 목적으로 하는 피고 회사와 아래와 같은 내용의 운송계약(갑 제6호증, 이하 '이 사건 계약'이라 한다)을 체결하였고(이하 '갑'은 '원고'를, '을'은 '피고'를 의미한다), 이 사건 계약은 제5조에 따라 자동연장 되었다.

제1조(목적) 본 계약은 '갑'이 현대글로비스로부터 의뢰받은 신조 자동차 및 부품을 '을'이 현재 운용하는 선박으로 부산항에서 제주항에 인도하기까지의 제반 절차 및 운용사고 처리에 관하여 규정함을 목적으로 한다.

② 인수한 차량 및 부품은 부득이한 경우를 제외하고 당일 항차 및 다음 항차 내에 선적하여야 한다.

③ '을'은 선적이 완료되면 명세서를 작성하여 출항과 동시 '갑'에게 전송하여야 한다.

제3조(사고책임 및 손해배상) ① 사고책임 한계는 부산항에 도착한 운송차량으로부터 지상에 하차 검수 직후부터 제주항 '갑'의 야적장에 도착 검수 전까지 외적 요인에 의해 발생된 제반 사고에 대하여 '을'이 책임진다.

② '을'의 사고책임 한계 내에서 사고가 발생한 경우 실제 고객 및 화주가 인수 거부 시 신조 차량인 경우 '을'이 사고차량을 즉시 인수하고 새로운 차량으로 대체해야 하며 수리 후 인도 가능할 시 수리비와 감가비용을 고객에게 차량 인도와 동시 지급해야 한다. 부품인 경우 (주)모비스로부터 차후 결정된 감가비를 지급한다.

③ 신조 차량에 지급된 품목(매트, 쟈키, 타이어 공구 등)이 분실된 경우 '을'이 실비 보상한다.

제4조(운송료 지급) ① 운송 단가는 별첨된 가격표로 한다(신조 차량 운송 단가, 부품 운송 단가).

② '을'은 1개월 단위로 선적 거래 명세표를 익월 5일까지 제출하고 확인된 금액에 대하여 익월 30일 전에 결제한다.

제5조(계약기간) ① 본 계약은 계약일로부터 1년간으로 하며 이의가 없는 경우에는 1년간 자동연장되는 것으로 한다.

② 쌍방과 계약 내용 위반 시나 부득이한 경우로 계약을 해지할 시는 1개월 전 통보 합의하에 해지할 수 있다.

제6조(관할법원) 본 계약에 관한 소송이 있을 시 '갑'의 영업소재지 법원을 관할 법원으로 한다.

제7조(조문해석) 본 계약서상에 정하지 않은 사항이나 이의가 발생 시는 '갑', '을' 상호 합의하에 처리하고, 합의가 이루어지지 않을 시는 일반 상관계에 준한다.

다. 이 사건 차량들의 운송

현대글로비스는 원고에게 현대자동차 주식회사가 생산하여 소외 김미애 등에게 판매한 액센트 승용차 외 15대(이하 '이 사건 차량들'이라 한다)의 배달·탁송을 위탁하였고, 원고는 2011. 9. 5. 이 사건 계약에 따라 피고에게 이 사건 차량들의 부산항부터 제주항까지의 운송을 맡겼으며, 피고는 같은 날 원고로부터 이 사건 차량들을 인도받아 이 사건 선박에 선적하였다.

라. 이 사건 화재사고의 발생

이 사건 선박이 2011. 9. 5. 19:00경 부산항을 출발하여 같은 달 6. 00:40경 여수시 삼산면 백도 북동쪽 7마일 해상을 항행하던 중 위 선박에 선적된 활어 운반트럭 내 전원 배선의 합선으로 화재가 발생하였고(이하 '이 사건 화재사고'라고 한다), 이로 인하여 위 선박에 선적된 이 사건 차량들은 모두 전소하였다.

마. 원고의 현대글로비스에 대한 손해배상

원고는 2011. 11. 22. 현대글로비스에 이 사건 화재사고로 인한 손해배상금으로 이 사건 차량들의 가격 합계 323,790,000원에서 제세금의 합계 46,089,516원을 공제한 판매원가 합계 277,700,484원을 지급하였다.

바. 보험계약의 체결 및 원고의 보험금 수령

1) 피고는 화물의 운송 중 위험을 담보하기 위하여 소외 삼성화재해상보험 주식회사(이하 '삼성화재'라고만 한다)와 사이에, 피고가 운송하는 화물의 화주를 위하여 계약기간은 계약 개시일부터 1년간, 보험금액은 화물 가액의 110%에 해당하는 금액을 기준으로 선적 또는 사건별 보상한도액 미화 3,000,000달러의 범위 내에서 산정된 금액으로 정한 적하보험계약을 체결하였다.

2) 삼성화재는 2012. 6. 20. 원고 등 이 사건 선박에 화물을 선적한 화주들의 소송대리인 법무법인 국제의 담당변호사 이원철에게 이 사건 화재사고로 인한 보험금 420,420,000원을 지급하였고, 원고는 2012. 7. 26. 이 사건 제4차 변론기일에서, 위 보험금 중 이 사건 차량들에 관한 보상액이 157,780,000원임을 자인하였다.

사. 동양고속훼리에 대한 책임제한절차

1) 동양고속훼리는 이 사건 화재사고로 인한 물적 손해의 총 채권액이 이 사건 선박톤수에 상응하는 책임한도액을 초과한다고 주장하면서 서울중앙지방법원 2012책1호로 책임제한절차의 개시를 신청하였고, 위 법원은 2012. 6. 11. 이를 받아들여 동양고속훼리에 결정 송달 다음날부터 10일 이내에 779,922SDR 및 이에 대한 2011. 9. 6.부터 공탁일까지 연 6%의 비율로 계산한 공탁금을 공탁하도록 결정하였고, 같은 해 7. 11. 책임제한절차 개시결정을 하였다.

2) 피고는 상법 제774조 제1항 제1호 및 제3호에 따라 책임제한의 이익을 원용할 수 있는 수익채무자에 해당한다고 주장하면서 위 책임제한절차에 대한 수익채무자로 신고 하였다.

[인정근거] 다툼 없는 사실, 갑 제1호증 내지 갑 제15호증, 을 제1호증 내지 을 제8호증(각 가지번호 포함)의 각 기재 및 영상, 변론 전체의 취지

2. 판 단

가. 청구원인에 관한 판단

위 인정사실에 의하면, 이 사건 차량들이 이 사건 선박에 선적되어 운송되는 도중 전소

됨으로써 이 사건 계약 제3조 제1항이 규정하는 손해배상책임 발생의 요건을 충족하였다 할 것이므로, 피고는 특별한 사정이 없는 한 위 제3조 제2항, 제3항에 따른 손해배상의무의 이행으로 원고에게, 이 사건 화재사고로 인한 잔여 손해배상금 119,920,484원(= 원고가 현대글로비스에 지급한 손해배상금 277,700,484원 − 원고가 지급받은 보험금 157,780,000원) 및 이에 대한 지연손해금을 지급할 의무가 있다.

나. 피고의 주장에 관한 판단

1) 상법 제795조 제2항에 기한 면책주장

피고는, 이 사건 계약 제3조 제1항에서 정한 '외적 요인에 의해 발생된 제반 사고'는 피고에게 귀책사유가 인정되고 법률상 면책이 인정되지 아니하는 사고에 한정되고, 피고는 이 사건 계약 당시 상법 제795조의 운송인의 면책 조항을 알지 못한 채 이 사건 계약을 체결한 것으로 피고가 위 상법 규정에 의한 면책을 포기하였다고 볼 수 없으므로, 이 사건 계약 제3조 제1항이 상법 제795조 제2항의 적용을 배제하는 것은 아니어서 피고는 위 상법 규정에 따라 면책된다고 주장한다.

법률행위의 해석은 당사자가 그 표시행위에 부여한 객관적인 의미를 명백하게 확정하는 것으로서, 사용된 문언에만 구애받는 것은 아니지만, 어디까지나 당사자의 내심의 의사가 어떤지에 관계없이 그 문언의 내용에 의하여 당사자가 그 표시행위에 부여한 객관적 의미를 합리적으로 해석하여야 하는 것이고, 당사자가 표시한 문언에 의하여 그 객관적인 의미가 명확하게 드러나지 않는 경우에는 그 문언의 형식과 내용, 그 법률행위가 이루어진 동기 및 경위, 당사자가 그 법률행위에 의하여 달성하려는 목적과 진정한 의사, 거래의 관행 등을 종합적으로 고려하여 사회정의와 형평의 이념에 맞도록 논리와 경험의 법칙, 그리고 사회일반의 상식과 거래의 통념에 따라 합리적으로 해석하여야 한다(대법원 2009. 5. 14. 선고 2008다90095, 90101 판결 등 참조).

위 법리에 비추어 이 사건에 관하여 보건대, 이 사건 계약 제3조 제1항은 원고가 피고로부터 제주항에 있는 원고의 야적장에서 운송물을 인도받아 검수하기 전까지 운송 과정에서 발생한 외적 요인에 의하여 발생한 제반사고에 대하여 피고가 그 책임을 부담한다고 명시적으로 규정하고 있고, 이 사건 계약 제3조 제2항은 같은 조 제1항에 의하여 운송물에 관하여 발생한 손해배상책임의 구체적인 범위 및 이행 방법에 대하여 규정하고 있는 사실은 앞서 본 바와 같고, 갑 제10호증, 을 제2호증의 각 기재에 변론 전체의 취지를 종합하면, 동양고속훼리는 2004. 12. 27.부터 이 사건 화재사고 발생일까지 이 사건 선박을 소유해 온 회사로서 2009. 9. 1.부터 피고에게 이 사건 선박의 화물 운송 업무를 위탁하여 온 사실을 인정할 수 있다. 또한 상법 제799조는 상법 제794조부터 제789조까지의 규정에 반하여 운송인의 의무 또는 책임을 경감 또는 면제하는 당사자 간의 특약만이 효력이 없도록 규정하고 있으므로, 운송인의 책임제한을 배제하거나 책임제한액을 가중하는 당사자 간의 특약은 유효하다 할 것이다.

이러한 사정에 비추어 볼 때 이 사건 계약 제3조 제1항은 처분문서인 이 사건 계약서의 문언 내용에 따라 상법 제795조 제2항의 적용을 배제하여(대법원 1975. 12. 23. 선고 75다83 판결, 대법원 1971. 4. 30. 선고 71다70 판결 등 참조), 원고가 위탁한 신조 차량 등을 피고가 운송하던 도중에 피고에게 귀책사유 없는 외적 사고로 인하여 손해가 발생하더라도 피고가 그 손해배상책임을 부담하겠다는 취지로 해석함이 상당하고, 달리 피고가 이 사건 계약 당시에 위 상법 규정을 알지 못하여 착오로 이 사건 계약 제3조 제1항이 포함된 계약을 체결하였다는 등으로 그 문언의 의미를 달리 해석할 만한 사정이 존재하지 않으므로, 피고의 위 주장은 이유 없다.

2) **상법 제797조에 기한 책임제한 주장**

피고는, 설령 피고가 이 사건 차량들의 전소로 인한 손해배상책임을 부담한다고 하더라도 그 책임은 상법 제797조 제1항 본문에 따라 중량당 책임제한액인 44,216SDR의 범위 내로 제한되고, 원고는 이미 삼성화재로부터 위 책임제한액을 초과하는 보험금을 지급받았으므로, 피고의 손해배상책임은 소멸하였다고 주장한다.

위 대법원 2008다90095, 90101 판결의 법리에 비추어 이 사건에 관하여 보건대, 이 사건 계약 제3조 제2항은 운송 중 발생한 사고로 원고가 운송 중인 차량이 파손되어 화주 등이 해당 차량을 인수하지 않는 경우 피고가 새로운 차량을 공급하여야 하고 수리 후 인도가 가능할 경우 수리비와 감가비용을 고객에게 지급하여야 하며 부품인 경우에는 화주가 결정한 감가비를 지급하여야 한다고 규정하고 있고, 같은 조 제3항은 신조 차량에 지급된 매트 등의 부속품이 분실된 경우에는 피고가 실비 보상한다고 규정하고 있는 점, 상법 제799조는 편면적 강행규정으로서 운송인의 책임제한을 배제하거나 책임제한액을 가중하는 당사자 간의 특약은 유효한 점은 앞서 본 바와 같은바, 이러한 사정에 비추어 보면, 이 사건 계약 제3조 제2항 및 제3항은 상법 제797조의 적용을 배제하여 피고가 원고가 위탁한 신조 차량 등을 운송하던 도중에 사고가 발생한 경우 피고가 해당 차량의 파손으로 인한 이행이익 상당의 손해배상책임을 부담하겠다는 취지로 해석함이 상당하므로 {피고가 체결한 적하보험계약에 따라 원고에게 지급된 보험금 157,780,000원도 위 상법상 책임한도액 44,216SDR(약 76,567,960원)을 현저히 초과한다}, 피고의 위 주장도 이유 없다(만약 피고의 주장대로 이 사건 계약 제3조 제1항 내지 제3항을 상법 제795조 또는 제797조의 범위 내에서 피고가 손해배상책임을 부담하는 것으로 해석하는 경우 이 사건 선박에 의한 운송 중 발생한 사고에 대한 손해배상책임의 발생 및 그 범위에 대하여 명시적으로 규정한 이 사건 계약 제3조의 취지가 몰각된다).

3) 불공정한 법률행위에 해당하여 무효라는 주장

피고는 이 사건 계약 직전 설립된 업체로서 해상 화물 운송업 및 하역업 등에 관한 전문성이 부족하여 기존 업체들과 계약을 맺고 있었던 원고가 제시하는 계약을 수용할 수밖에 없었고, 원고는 이러한 피고의 경솔 또는 무경험을 이용하여 피고와 사이에 운송 중 사고로 인한 손해배상책임에 관하여 상법상 해상운송인의 손해배상책임 제한 규정을 배제하는 취지의 제3조가 포함된 이 사건 계약을 체결하였으며, 그로 인하여 피고는 운임의 수천 배에 이르는 손해배상책임을 부담하게 되었으므로, 이 사건 계약 체결은 불공정행위에 해당하여 무효라고 주장한다.

살피건대, 민법 제104조에 규정된 불공정한 법률행위는 객관적으로 급부와 반대급부 사이에 현저한 불균형이 존재하고, 주관적으로 그와 같이 균형을 잃은 거래가 피해 당사자의 궁박, 경솔 또는 무경험을 이용하여 이루어진 경우에 성립하는 것인데(대법원 2010. 9. 30. 선고 2009다76195, 76201 판결 등 참조), 이 사건 계약이 통상의 해상 화물 운송계약보다 현저하게 불공정하다거나 피고가 이 사건 계약 당시 경솔 또는 무경험 상태에 있었다고 인정할 만한 아무런 증거가 없으므로, 피고의 위 주장도 이유 없다.

4) 상법 제769조 내지 제776조에 기한 책임제한 주장

피고는, 설령 피고에게 이 사건 차량들의 전소로 인한 손해를 배상할 책임이 있다 하더라도 이 사건 선박의 소유자인 동양고속훼리에 대한 책임제한절차가 개시되었으므로, 이 사건 선박의 용선자인 피고도 위 책임제한절차에 따른 책임한도액의 범위 내에서만 배상할 책임이 있다고 항변한다.

먼저 피고가 이 사건 선박의 용선자에 해당하는지에 관하여 살피건대, 피고가 동양고속훼리와 사이에 체결한 위 화물영업운영계약에 의하면, 피고는 부산-제주 간 화물 해상운송과 관련하여 다른 선박을 이용할 수 없고(제2조 제2항), 동양고속훼리에 계약 1차년도에는 46억 원, 2차년도에는 48억 3,000만 원, 3차년도 이후에는 전년도 계약금액에서 인상한 영업운영계약금을 지급하여야 하며(제12조), 영업운영보증금으로 10억 원을 예치하여야 할 뿐 아니라(제14조), 약정 선임을 월 균등액으로 배분하여 지급하여야 하고(제13조), 화주를 위한 화물적하보험도 피고가 피보험자로서 가입하도록(제16조) 규정되어 있는 사실, 피고는 원고와 자신의 명의로 이 사건 차량들에 대한 운송계약을 체결하는 등 화주들과 운송인으로서 이 사건 선박에 관한 운송계약을 체결한 사실은 앞서 본 바와 같으므로, 이러한 사정에 비추어 볼 때 피고는 동양고속훼리와 사이에 동양고속훼리로부터

이 사건 선박을 일정한 기간 동안 제공받아 화물운송에 이용하고 그에 대한 용선료를 정기적으로 지급하기로 약정한 일종의 정기용선계약을 체결하였다고 봄이 상당하므로, 피고는 상법 제769조 이하에서 규정하는 책임제한절차의 적용을 받는 상법 제774조 제1항 제1호의 '용선자'에 해당한다고 할 것이다.

또한 동양고속훼리가 서울중앙지방법원 2012책1호로 책임제한절차의 개시를 신청하였고, 위 법원은 2012. 7. 11. 위 신청을 받아들여 책임제한절차 개시결정을 한 사실은 앞서 본 바와 같고, 이 법원이 채택한 각 증거들 및 변론 전체의 취지를 종합하면, 원고의 피고에 대한 이 사건 화재사고로 인한 손해배상채권이 위 책임제한절차의 제한채권에 포함되어 있는 사실을 인정할 수 있다.

따라서 위 책임제한절차에서 확정되는 책임한도액의 범위 내로 수익채무자인 피고의 이 사건 화재사고로 인한 손해배상책임이 제한된다 할 것이므로 피고의 책임제한 항변은 이유 있다.

5) 소결론

피고는 원칙적으로 원고에게 앞서 살펴본 바와 같이 산정된 손해배상금 119,920,484원 및 이에 대한 지연손해금을 지급하여야 할 것이나, 책임제한절차가 개시되어 아직 종료되지 아니하였으므로, 피고는 원고에게 서울중앙지방법원 2012책1호 선박책임제한절차의 폐지 또는 그 개시결정의 취소를 정지조건으로 위 손해배상금 119,920,484원 및 원고의 현대글로비스에 대한 손해배상금 지급일인 2011. 11. 22.부터 피고가 그 이행의무의 존부나 범위에 관하여 항쟁함이 상당하다고 인정되는 이 사건 판결선고일인 2012. 9. 6.까지는 상법이 정한 연 6%의, 그 다음날부터 다 갚는 날까지는 소송촉진 등에 관한 특례법이 정한 연 20%의 각 비율로 계산한 지연손해금을 지급할 의무가 있다.

3. 결 론

그렇다면 원고의 이 사건 청구는 위 인정 범위 내에서 이유 있어 인용하고 나머지 청구는 이유 없어 이를 기각하기로 하여 주문과 같이 판결한다.

재판장 판 사 송 인 권

판 사 신 동 헌

판 사 고 소 영

〈제13호-Ⅰ-②〉

광 주 고 등 법 원
제 주 민 사 부
판 결

사 건	(제주)2012나1018 손해배상(기)
원고, 항소인 겸 피항소인	
	주식회사 혜성물류
피고, 피항소인 겸 항소인	
	주식회사 세주
제 1 심 판 결	제주지방법원 2012. 9. 6. 선고 2011가합3875 판결
변 론 종 결	2013. 7. 3.
판 결 선 고	2013. 7. 17.

주 문

1. 제1심 판결을 다음과 같이 변경한다.

피고는 원고에게 119,920,484원 및 이에 대하여 2011. 12. 24.부터 2013. 7. 17.까지는 연 6%, 그 다음날부터 다 갚는 날까지는 연 20%의 각 비율에 의한 금원을 지급하라.

2. 피고의 항소를 기각한다.

3. 소송총비용은 피고가 부담한다.

4. 제1항은 가집행할 수 있다.

청구취지 및 항소취지

1. 청구취지

주문 제1항의 변경된 부분과 같다(원고는 당심에서 지연손해금 부분을 감축하였다).

2. 항소취지

원고 : 제1심 판결 중 원고 패소부분을 취소한다. 주문 제1항의 변경된 부분과 같다.

피고 : 제1심 판결 중 피고 패소부분을 취소하고, 그에 해당하는 원고의 청구를 기각한다.

이 유

1. 제1심 판결의 일부 인용

이 법원이 '인정사실'과 '청구원인에 관한 판단'에 대하여 설시할 이유는 아래와 같이 수정하는 것 이외에는 제1심 판결의 이유 중 각 해당부분의 기재와 같으므로, 민사소송법 제420조 본문에 따라 이를 그대로 인용한다.

○ 제1심 판결서 제2쪽 제12행의 "회사로서 소외 현대글로비스"는 "회사로서 2011. 7. 1. 소외 현대글로비스"로 수정한다.

○ 같은 판결서 제6쪽 제11행의 "피고는 화물의" 부분을 "피고는 2011. 9. 30.(보험책임 개시일은 2011. 9. 5.부터이다) 화물의"로 수정한다.

2. 피고의 주장에 관한 판단

가. 불공정한 법률행위 관련

1) 주장

피고는 이 사건 계약 직전 설립된 업체로서 해상 화물운송업 및 하역업 등에 관한 전문성이 부족하여 기존 업체들과 계약을 맺고 있었던 원고가 제시하는 계약을 수용할 수박에 없었다. 원고는 이러한 피고의 경솔 또는 무경험을 이용하여 피고와 운송 중 사고로 인한 손해배상책임에 관하여 상법상 해상운송인의 화재면책 규정 및 손해배상 책임제한 규정을 배제하는 취지가 포함된 이 사건 계약을 체결하였고, 그로 인하여 피고는 운임의 수천 배에 이르는 손해배상책임을 부담하게 되었으므로, 이 사건 계약 체결은 불공정행위에 해당하여 무효라고 주장한다.

2) 판단

민법 제104조에 규정된 불공정한 법률행위는 객관적으로 급부와 반대급부 사이에 현저한 불균형이 존재하고, 주관적으로 그와 같이 균형을 잃은 거래가 피해 당사자의 궁박, 경솔 또는 무경험을 이용하여 이루어진 경우에 성립하는 것으로서, 약자적 지위에 있는 자의 궁박, 경솔 또는 무경험을 이용한 폭리행위를 규제하려는 데에 그 목적이 있고, 불공정한 법률행위가 성립하기 위한 요건인 궁박, 경솔, 무경험은 모두 구비되어야 하는 요건이 아니라 그 중 일부만 갖추어져도 충분한데, 여기에서 '궁박'이라 함은 '급박한 곤궁'을 의미하는 것으로서 경제적 원인에 기인할 수도 있고 정신적 또는 심리적 원인에 기인할 수도 있으며, '무경험'이라 함은 일반적인 생활체험의 부족을 의미하는 것으로서 어느 특정영역에 대한 경험부족이 아니라 거래일반에 대한 경험부족을 뜻하고, 당사자가 궁박 또는 무경험의 상태에 있었는지 여부는 그의 나이와 직업, 교육 및 사회경험의 정도, 재산 상태 및 그가 처한 상황의 절박성의 정도 등 제반 사정을 종합하여 구체적으로 판단하여야 하며, 한편 피해 당사자가 궁박, 경솔 또는 무경험의 상태에 있었다고 하더라도 그 상대방 당사자에게 그와 같은 피해 당사자측의 사정을 알면서 이를 이용하려는 의사, 즉 폭리행위의 악의가 없었다거나 또는 객관적으로 급부와 반대급부 사이에 현저한 불균형이 존재하지 아니한다면 불공정 법률행위는 성립하지 않는다(대법원 2002. 10. 22. 선고 2002다38927 판결 등 참조).

이 사건의 경우 갑 제1호증, 갑 제4호증의 각 기재에 의하면, 원고는 신조차량 탁송업을 목적으로 2006. 3. 3. 설립된 자본금 2억 원의 주식회사이고, 피고는 해상 운송업 등을 목적으로 2008. 10. 15. 설립된 자본금 2억 원의 주식회사인 사실을 인정할 수 있는바, 법인인 피고에게 해상 화물운송업이라는 특정영역의 경험부족이 아니라 거래일반에 대한 경험부족이 있었다는 점, 또는 피고가 '급박한 곤궁'에 처해 있었다는 점, 반대로 원고에게 폭리행위의 악의가 있었다는 점을 인정할 만한 아무런 증거가 없으므로, 피고의 위 주장은 받아들일 수 없다.

나. 상법에 따른 면책 또는 책임제한 주장

1) 피고의 주장

(가) 상법 제795조 제2항에 따른 화재손해 면책

피고는 상법 제795조 제2항에 따라 화재로 인하여 생긴, 운송물에 관한 손해를 배상할 책임이 없다.

(나) 상법 제797조에 따른 책임제한

피고의 손해배상책임은 상법 제797조 제1항 본문에 따라 중량당 책임제한액인 44,216SDR의 범위 내로 제한되고, 원고는 이미 삼성화재로부터 위 책임제한액을 초과하는 보험금을 수령하였으므로, 피고의 손해배상책임은 소멸하였다.

(다) 제769조 내지 제776조에 따른 책임제한

이 사건 선박 소유자인 동양고속훼리에 대한 책임제한절차가 개시되었으므로, 이 사건 선박의 용선자인 피고도 위 책임제한절차에 따른 책임한도액의 범위 내에서만 배상할 책임이 있다.

2) 원고의 주장

이에 대하여 원고는, 피고가 주장하는 화재면책 또는 책임제한규정에 대한 공통적인 재항변 사유로서 이 사건 계약 제3조 제2항(이하 '이 사건 조항'이라고 한다)에 따라 위 규정들의 적용이 배제된다고 주장한다.

결국 피고가 책임면제 또는 책임제한의 근거로 삼는 상법 규정들이 강행규정인지 또는 임의규정인지에 따라 이 사건의 결론이 달라지므로, 피고가 위 규정들의 적용대상이 되는지 여부를 판단하기에 앞서 아래에서는 먼저 상법상 위 규정들이 임의규정인지에 관하여 살펴 본 후 다음으로 이 사건 조항에 따라 상법상 위 규정의 적용이 배제되는지에 관하여 판단한다.

다. 화재면책 규정의 임의규정성 및 이 사건 조항에 따른 적용 배제

비록 이 사건 조항에는 상법상 화재면책규정을 배제한다는 명시적인 표현은 사용되지 않았지만, 위 조항에 의하면 원고가 피고로부터 제주항에 있는 원고의 야적장에서 운송물을 인도받아 검수하기 전까지 운송 과정에서 발생한 외적 요인에 의하여 발생한 제반사고에 대하여 피고가 그 책임을 부담한다고 명시적으로 규정하고 있는 사실, 이 사건 계약 제3조 제2항은 운송 중 발생한 사고로 원고가 운송 중인 차량이 파손되어 화주 등이 해당 차량을 인수하지 않는 경우 피고가 새로운 차량을 공급하여야 하고 수리 후 인도가 가능할 경우 수리비와 감가비용을 고객에게 지급하여야 하며 부품인 경우에는 화주가 결정한 감가비를 지급하여야 한다고 규정하고 있는 사실, 같은 조 제3항은 신조 차량에 지급된 매트 등의 부속품이 분실된 경우에는 피고가 실비 보상한다고 규정하고 있는 사실은 앞서 본 바와 같다.

위 인정사실에 의하면, 이 사건 조항에 따라 상법 제795조 제2항의 규정을 배제한 것으로 보이고 같은 조항이 강행법규라고 볼 만한 이유가 없다(대법원 1971. 4. 30. 선고 71다70 판결, 대법원 1975. 12. 23. 선고 75다83 판결 각 참조).

따라서 피고의 이 부분 주장은 받아들일 수 없다.

라. 선박소유자 등 및 운송인에 대한 책임제한 규정

1) 임의규정성

(가) 전제

선박소유자의 유한책임을 규정하고 있는 상법 제769조는 "선박소유자는 청구원인의 여하에 불구하고 다음 각 호의 채권에 대하여 제779조에 따른 금액의 한도로 그 책임을 제한할 수 있다. 그러나 그 채권이 선박소유자 자신의 고의 또는 손해발생의 염려가 있음을 인식하면서 무모하게 한 작위 또는 부작위로 인하여 생긴 손해에 관한 것인 때에는 그러하지 아니하다"라고 규정하고 있어, 운송인의 개별적 책임제한에 관한 상법 제796조의 규정이 총체적 선주유한책임을 규정하고 있는 상법 제769조의 규정과 입법의 형식에 있어 유사함을 알 수 있다.

비록 양자는 그 취지를 달리하는 것이어서 서로 적용에 영향을 미치지 않는 것이기는 하지만(상법 제769조 제4항), 책임제한의 주체로서 운송인 자신 혹은 선박소유자 자신이라고 한 점이 동일하고, 나아가 '고의' 이외에 대륙법계에서는 생소한 '무모한 행위'의 개념을 '중대한 과실' 개념에 대체하여 사용하고 있는 점에서도 유사하다.

따라서 총체적 선주유한책임의 규정과 운송인의 개별적 책임제한제도가 각각의 고유한 목적과 의미를 가지는 별개의 제도라 할지라도 그 책임제한의 배제에 관한 해석은 동일한 원리에 의하여 규율될 수 있는 여지가 있다고 볼 것이다.

(나) 판단

위 인정사실을 통하여 알 수 있는 다음과 같은 사정에 비추어 보면, 위 책임제한규정들은 이른바 편면적 강행규정 또는 임의규정라고 봄이 상당하다.

(1) 상법 제799조는 상법 제794조부터 제798조까지의 규정에 반하여 운송인의 의무 또는 책임을 경감·면제하는 당사자 사이의 특약만 무효로 하고 있으므로, 그 반대해석상 운송인의 책임제한을 배제하거나 책임제한액을 가중하는 당사자 사이의 특약은 유효하다고 봄이 타당하다(대법원 2002. 5. 24. 선고 2001다33901 판결).

(2) 또한, 선주유한책임의 경우 운송인의 경우와는 달리 이를 금지하는 상법의 규정도 없고, 또한 운송인의 책임제한이나 선주유한책임의 책임배제에 관한 해석은 동일한 원리에 의하여 규율하는 것이 타당하다고 보는 이상, 양자 모두 당사자의 약정으로써 책임제한규정의 적용을 배제할 수 있다고 봄이 상당하다.

(3) 상법상 선박소유자와 운송인 등에 대한 책임제한의 목적은, 해상운송 과정에 도사리고 있는 위험과 그 손해발생에 대하여 선박소유자 등에게 무한책임을 지우는 대신 그 책임을 제한함으로써 해상운송업을 보호하려는 정책적·연혁적인 이유가 있는 것 이외에, 선박소유자 등의 책임을 제한하는 데 일정한 한계를 둠으로써 화주에게 배상액의 최저한을 보장하는 것에도 있다.

(4) 선주유한책임에 관하여는 「선박소유자 등의 책임제한절차에 관한 법률」에 따라 이른바 집단적 채무청산절차에 들어가게 되지만, 위 법률에 따른 책임제한절차가 개시되고 나아가 조사절차에서 제한채권으로 확정되더라도 제한채권 확정의 효력은 책임제한절차 내에서만 미칠 뿐이므로, 채권자는 책임제한절차와 상관없이 채무자를 상대로 한도액의 제한 없이 책임을 추급하는 개별소송을 제기할 수 있다.

또한 그와 같이 별도 소송을 제기한 채권자는 책임제한절차에서 배당표에 대한 이의신청기간이 지나기 전에 자기의 신고채권에 관하여 절차 외 소송이 계속 중인 사실을 증명하여 배당 유보의 신청을 할 수 있고(위 법률 제70조, 제71조 제1호), 그 후 절차 외 소송에서 책임제한 배제사유의 존재를 주장·증명함으로써 당해 채권이 비제한채권이라는 판결 등이 확정되면 선박소유자 책임제한절차에 의하지 아니하고 채무자의 일반재산에서 채권의 만족을 얻을 수 있다(대법원 2012. 4. 17.자 2010마222 결정 참조).

2) 이 사건 조항이 상법상 책임제한 규정을 배제하였는지 여부

(가) 관련 법리

처분문서의 진정성립이 인정되면 법원은 그 기재 내용을 부인할 만한 분명하고도 수긍할 수 있는 반증이 없는 한 그 처분문서에 기재되어 있는 문언대로의 의사표시의 존재와 내용을 인정하여야 하고, 당사자 사이에 계약의 해석을 둘러싸고 이견이 있어 처분문서에 나타난 당사자의 의사해석이 문제되는 경우에는 문언의 내용, 그와 같은 약정이 이루어진 동기와 경위, 약정에 의하여 달성하려는 목적, 당사자의 진정한 의사 등을 종합적으로 고찰하여 논리와 경험칙에 따라 합리적으로 해석하여야 한다(대법원 2005. 5. 13. 선고 2004다67264, 67271 판결 등 참조).

(나) 판단

위 법리를 앞서 본 인정사실에 나타나는 아래와 같은 사정들에 비추어 보면, 원고와 피고는 이 사건 조항을 통하여 상법상 책임제한규정의 적용을 배제하였다고 봄이 타당하다. 따라서 피고의 책임제한 주장은 받아들이지 아니한다.

(1) 원고는 차량 탁송업을 목적으로 하는 주식회사이고, 피고는 해상 운송업 등을 목적으로 하는 주식회사로서 자본금의 규모가 서로 동일하다. 또한 이 사건 계약은 약관에 의하여 체결된 것이 아니라 법인인 원·피고 사이의 개별적인 약정에 터잡아 체결된 것이다. 따라서 이 사건 계약은 원고와 피고가 서로 대등한 지위에서 체결하였다고 볼 수 있다.

(2) 이 사건 조항을 통하여 피고는 이 사건 선박으로 운송하는 과정에서 발생한 사고에 대하여 손해배상책임을 부담한다는 것을 명시적으로 약정하였고, 손해배상의 범위에 대해서도 구체적으로 특정하였다. 따라서 원고와 피고가 이 사건 조항을 통하여 달성하려는 목적은, 피고가 원고로부터 운송을 의뢰받은 자동차에 대하여 이 사건 선박의 운송 중 발생한 일체의 손해를 배상하여야 한다는 것에 있다고 봄이 타당하다.

(3) 이 사건 조항은 "사고책임 한계"의 의미에 관하여, '부산항에 도착한 운송차량으로부터 지상에 하차 검수직후부터 제주항 원고의 야적장에 도착 검수 전까지 외적 요인에 의해 발생된 제반사고'라고 정의하고 있다. 이에 따르면 이 사건 조항은 상법상 책임제한 규정에서 정해진 손해배상의 범위 내에서 피고가 그 책임을 부담한다는 것을 약정하였다기보다는 피고의 손해배상책임의 "시간적·공간적 범위"를 특정하였다고 봄이 타당하다.

마. 소결론

따라서 피고는 원고에게 채무불이행에 따른 손해배상금 위 119,920,484원 및 이에 대하여 이 사건 소장 부본 송달일 다음날인 2011. 12. 24.부터 피고가 그 이행의무의 존재

여부나 범위에 관하여 항쟁하는 것이 타당하다고 인정되는 당심 판결 선고일인 2013. 7. 17.까지는 상법에서 정해진 연 6%, 그 다음날부터 다 갚는 날까지는 소송촉진 등에 관한 특례법에서 정해진 연 20%의 각 비율에 의한 지연손해금을 지급할 의무가 있다.

3. 결 론

그렇다면, 원고의 이 사건 청구는 이유 있어 인용할 것인바, 제1심 판결 중 위에서 추가로 인용하는 부분에 대한 원고의 패소부분은 이와 결론을 달리하여 부당하므로, 원고의 항소를 받아들여 이를 변경하고, 피고의 항소는 이유 없어 기각하기로 하여 주문과 같이 판결한다.

재판장 판 사 성 백 현

판 사 전 보 성

판 사 이 용 우

〈제13호-I-③〉

대 법 원

제 2 부

판 결

사 건	2013다61343 손해배상(기)
원고, 피상고인	주식회사 혜성물류
피고, 상고인	주식회사 세주
원 심 판 결	광주고등법원 2013. 7. 17. 선고 (제주)2012나1018 판결
판 결 선 고	2015. 11. 17.

주 문

상고를 기각한다.

상고비용은 피고가 부담한다.

이 유

상고이유(상고이유서 제출기간이 지난 후에 제출된 서면의 기재는 상고이유를 보충하는 범위 내에서)를 판단한다.

1. 상법 제769조 본문은 그 규정 형식과 내용 및 입법취지 등에 비추어 임의규정으로 보아야 하므로 당사자 사이의 합의에 의하여 선박소유자 등의 책임제한의 적용을 배제할 수 있다. 그리고 상법 제799조 제1항에 의하면 해상운송인의 책임에 관한 당사자 사이의 특약은 상법 제794조부터 제798조까지의 규정에 반하여 운송인의 의무 또는 책임을 경감 또는 면제하는 경우가 아닌 한 유효하다.

한편, 법률행위의 해석은 당사자가 그 표시행위에 부여한 객관적인 의미를 명백하게 확정하는 것으로서, 사용된 문언에만 구애받는 것은 아니지만, 어디까지나 당사자의 내심의 의사가 어떤지에 관계없이 그 문언의 내용에 의하여 당사자가 그 표시행위에 부여한 객관적 의미를 합리적으로 해석하여야 한다(대법원 2009. 5. 14. 선고 2008다90095 · 90101 판결 참조).

2. 원심판결 이유에 의하면, 원고와 피고는 이 사건 조항을 통하여 운송 의뢰 차량이 부산항에서 검수된 직후부터 제주항 야적장에서 검수되기 전까지 외적 요인에 의하여 발생된 모든 사고에 대하여 피고가 책임을 지기로 약정하고, 아울러 피고가 책임질 내용은 실제 고객 및 화주가 신조차량의 인수를 거부할 경우 새로운 차량으로 대체하여 주고, 수리가 가능할 경우에는 수리비와 감가비를 지급하며, 신조차량에 지급된 매트 등의 부속품이 분실된 경우에는 실비 보상하기로 약정한 것임을 알 수 있다.

위와 같은 사실관계를 앞에서 본 법리에 따라 살펴보면, 원고와 피고는 이 사건 조항을 통하여 화재면책이나 선박소유자 등의 책임제한 또는 해상운송인의 책임제한에 관한 상법 규정의 적용을 배제하기로 합의하였다고 할 것이므로, 이러한 합의가 유효하다고 본 원심의 판단은 정당하다. 거기에 상법상 선박소유자 등과 해상운송인의 책임제한 또는 당사자의 의사해석에 관한 법리를 오해한 위법이 없다. 상고이유에서 들고 있는 판례들은 이 사건과 다른 경우에 관한 것으로서 이 사건에 원용하기에 적절하지 않다.

3. 그러므로 상고를 기각하고 상고비용은 패소자가 부담하도록 하여, 관여 대법관의 일치된 의견으로 주문과 같이 판결한다.

재판장 법 관 이 상 훈
대법관 김 창 석
주 심 대법관 조 희 대
대법관 박 상 옥

〈제13호-II-①〉

서 울 중 앙 지 방 법 원

판 결

사 건	2011가단148992 손해배상(기)
원 고	주식회사 코리아로드
피 고	에이.피.묄러 머스크 에이/에스
변 론 종 결	2012. 4. 4.
판 결 선 고	2012. 6. 8.

주 문

1. 원고의 청구를 기각한다.
2. 소송비용은 원고가 부담한다.

청 구 취 지

피고는 원고에게 미화 57,000달러와 이에 대하여 이 사건 소장 부본이 피고에게 송달된 다음날부터 다 갚는 날까지 연 20%의 비율로 계산한 돈을 지급하라.

이 유

1. 기초사실

가. 소외 스카이 트레이딩은 요르단의 소외 모하메드 아브드 알스타 하산(MOHMMED ABD ALSTAR HASAN)에게 중고 차량부품 등을 수출하면서, 원고에게 수출화물의 운송을 수차례 의뢰하였다.

나. 이에 원고는 요르단의 아카바로 수출하는 중고 차량부품이 적입된 아래 각 컨테이너(이하 '이 사건 각 화물'이라고 한다)에 대하여 피고에게 운송을 의뢰하였다.

컨테이너번호 Container No.	선하증권번호 B/L No.	운송의뢰일선적일	선박명 Vessel	송하인 Shipper	수하인 Consignee
YMLU2560841 (1번 화물)	859568469	2010. 2. 16. 2010. 2. 24.	MAERSK WILMINGTON	KR SEA & AIR INC	AL－SARAYA SHIPPING CO.,LTD
TTNU9528131 TTNU9801288 (2번화물)	860102763	2010. 3. 11. 2010. 3. 14.	MAERSK KWANGYANG	KR SEA & AIR INC	AL－SARAYA SHIPPING CO., LTD
FLZU6645391 (3번 화물)	860590209	2010. 6. 11. 2010. 6. 17.	PROVIDENCE	KR SEA & AIR INC	BLUE WHALE SHIPPING SERVICE CO.

다. 원고는 이 사건 각 화물과 관련한 운송서류로서 해상화물운송장(Seaway Bill)을 요구하였다.

라. 피고는 이 사건 각 화물을 인도받고, 이를 위 표 기재의 각 선박에 선적하여 부산항에서 아카바까지 해상운송 하여 2010. 4. 5., 같은 달 19., 같은 해 7. 20. 각 아카바항에 도착하였다.

마. 아카바항에 도착한 직후 선적요청서(Shipping Request) 및 해상화물운송장에 기재된 화물의 수하인들로서 원고의 요르단 현지 대리인들인 알－사라야 쉬핑 주식회사(AL－SARAYA SHIPPING CO., LTD)와 블루 웨일 서비시즈 씨오(BLUE WHALE SHIPPING SERVICE CO.)가 피고에게 운임을 모두 지불한 뒤 각 선하증권번호(위 각 해상화물운송장에 기재된 번호임)가 기재된 서류를 제출하여 이 사건 각 화물에 대한 화물인도지시서(Delivery Order)의 발행을 요청하였고, 이에 따라 피고는 위 각 수하인들에게 이 사건 각 화물에 대한 화물인도지시서를 발행하였으며, 위 수하인들은 이에 기하여 2010. 4. 7., 같은 달 23., 같은 해 7. 25. 각 화물을 반출하였다.

바. 선적지 운임을 아직 지급하지 않고 있던 원고측은 2011. 3.경 피고측에 미지급 운임 및 화물들의 반출상황에 대한 논의를 요청하였고, 그때 피고측은 그 직원의 착오로 말미암아 위와 같이 이 사건 각 화물이 이미 반출되었음에도 불구하고 아직 반출되지 않았다고 확인해 주었으며, 이에 원고측은 화물대금을 지급받지 않은 상태에서 이 사건 각 화물이 반출되는 사태를 방지하기 위해 선하증권을 발행해 달라고 요청하였고, 피고는 그에 응하여 이 사건 각 화물에 관하여 2011. 4. 1.자 각 선하증권을 발행하여 주었다.

[인정근거] 당사자 사이에 다툼이 없거나, 갑1－1, 1－2, 2－1~2－3, 3－1, 3－2, 4 ~ 6, 을 1－1~1－3, 2－1, 2－2, 3－1~3－3, 4－1, 4－2, 5－1~5－4, 6=1~6－4, 7－1, 7－2의 각 일부 기재, 증인 이중해, 민덕순의 각 일부 증언과 변론 전체의 취지.

2. 양쪽의 각 주장

가. 원고의 주장

(1) 원고와 피고 사이에는 송하인인 원고가 선적지 비용을 지급하지 않으면 비록 수하인이 화물의 인도를 요구하더라도 피고는 화물을 반출하지 않는 관행 또는 묵시적 약정이 존재하는데, 피고는 이를 위반하여 원고가 수하인으로부터 화물대금을 지급받기 전까지 화물의 반출을 저지할 목적으로 선적지 비용의 지급을 늦추고 있었음에도 불구하고 선적지 비용이 지급되지 않은 상태에서 수하인들에게 이 사건 각 화물을 인도함으로써 원고는 화물의 멸실 및 피고의 화물 인도의무 불이행에 따른 화물가액 상당의 손해를 입었으므로, 피고는 원고에게 이를 배상할 의무가 있다.

(2) 이 사건 3건의 화물 운송과 관련하여 최종적으로 해상화물운송장이 아닌 선하증권이 발행되었으므로 피고는 위 각 선하증권과 상환하지 않고는 제3자에게 운송물을 인도하지 않아야 할 의무가 있음에도 불구하고 이를 위반하여 선하증권과 상환하지 않은 채 수하인들에게 이 사건 각 화물을 인도하였고, 그로 말미암아 원고는 이 사건 각 화물의 소유권을 상실하는 손해를 입었으므로, 피고는 원고에게 화물가액 상당의 손해를 배상하여야 한다.

나. 피고의 주장

(1) 선하증권에 갈음하여 해상화물운송장이 발행된 경우에 해상화물운송장은 유가증권이 아니고 상환증권성이 없기 때문에 운송인은 반드시 해상화물운송장과 상환하여 화물을 인도하여야 할 의무를 부담하지 않으며, 원고가 주장하는 바와 같은 선적지 비용을 지급하지 않으면 화물을 반출하지 않는 관행 또는 묵시적 약정도 없었기에, 운송인인 피고는 해상화물운송장과 상환하지 않더라도 그에 기재된 수하인에게 운송물을 인도하면 그 인도의무를 다한 것이 되는데, 피고는 위 알-사라야 쉬핑 주식회사 등이 해상화물운송장에 기재된 정당한 수하인이 맞는지 여부를 선량한 주의의무를 기울여 확인한 다음 2010. 4. 6., 같은 달 19., 같은 해 7. 20. 각 위 회사들에게 화물인도지시서를 발행하여 주었으며, 위 회사들은 화물인도지시서에 기하여 2010. 4. 7., 같은 달 23., 같은 해 7. 25. 각 화물을 수령하여 갔으므로, 피고는 인도의무를 다한 것이 되어 원고에게 운송계약상 채무불이행책임 또는 불법행위책임을 지지 않는다.

(2) 위와 같이 이미 정당한 수하인들에게 이 사건 각 화물이 반출된 상황에서 피고측 직원이 아직 화물이 반출되지 않았다고 착오한 뒤 원고의 요청에 응하여 이 사건 각 선하증권을 발행하여 주었기에 착오를 이유로 각 선하증권 발행행위를 취소하므로, 비록 피고

가 이후 원고가 선하증권을 제시하면서 화물의 인도를 요구함에 대하여 이를 이행하지 못하게 되었더라도 위 각 선하증권이 무효로 되었을 뿐만 아니라 원고가 입었다고 주장하는 손해와 피고가 선하증권을 발행한 행위 사이에 인과관계도 없으므로 피고는 원고에 대하여 운송계약상 채무불이행책임이나 불법행위책임을 지지 않는다.

3. 판 단

가. 먼저 원고와 피고 사이에 선적지 비용이 지급되기 전에는 화물을 반출하지 않기로 하는 관행 또는 묵시적 약정이 있었는지 여부에 관하여 보건대, 갑 9~12의 각 기재만으로는 이를 인정하기에 부족하고 달리 이를 인정할 만한 증거가 없으므로 원고의 이 부분 주장은 받아들이지 않는다(기록에 의하면 원고가 2011. 3.경 피고측에 이 사건 각 화물을 포함한 화물들의 반출 여부에 관한 확인을 요청할 때 이미 화물의 일부 또는 전부가 반출되었을지도 모른다고 예상하고 있었던 것으로 보이며, 또한 이 사건 3건의 선하증권이 발행된 경우뿐만 아니라 그 나머지의 경우에도 이 건과 마찬가지로 선적지 비용이 지급되기 전에 피고가 수하인들에게 화물을 인도한 것으로 보임에도 불구하고 그에 대하여 원고가 별다른 조치를 취하지 않은 것으로 보이는 점에 비추어 보더라도 원고와 피고 사이에 그와 같은 관행 또는 묵시적 약정이 있었다고 보기 어렵다).

나. 다음으로 피고가 양륙항에서 수하인들에게 각 화물인도지시서를 발행하여 그에 기하여 이미 화물이 반출된 이후 원고에게 각 선하증권을 발행함으로써 결국 그 선하증권에 기한 원고의 화물인도청구에 응하지 못하게 된 행위가 위법한지, 원고가 그로 말미암아 어떠한 손해를 입었는지 여부에 관하여 살피건대, 해상화물운송장이 발행된 경우에는 해상화물운송장은 선하증권과 달리 유가증권이 아니고 상환증권성이 없기 때문에 운송인은 해상화물운송장과 상환하여 운송물을 인도하여야 할 의무를 지지 않고, 그 해상화물운송장에 기재된 수하인(또는 그 대리인)에게 운송물을 인도하면 그 인도의무를 다한 것이 되며, 설령 원고의 주장대로 운송물이 양륙항에 도착한 후 피고가 각 수하인들에게 화물인도지시서를 발행해 줄 때 아직 해상화물운송장이 발행되지 않은 상태였다고 하더라도, 당시 선하증권이 발행되지 않았다면 운송계약서에 지정된 수하인이 정당한 수하인으로서 운송물이 양륙항에 도착한 때에는 송하인과 동일한 권리를 취득하고, 그 수하인이 운송물의 인도를 청구한 때에는 수하인의 권리가 송하인의 권리에 우선하므로(상법 제815조, 제140조 제1항, 제2항 참조), 운송물이 양륙항에 도착한 때에 수하인이 송하인 보다 먼저 운송물의 인도를 청구하면 운송인은 수하인에게 운송물을 인도할 의무를 부담하는바, 앞서 본 바와 같이 이 사건 각 화물이 아키바항에 도착한 후 선적요청서 및 해상화물운송장에 수하인으로 기재된 위 각 수하인들이 피고에 대하여 각 화물인도지시서의 발행을 요청할 당

시에는 아직 선하증권이 발행되지 않았던 이 사건에서 위 각 수하인들의 요구에 따라 피고가 그들에게 각 화물에 대한 화물인도지시서를 발행하여 그들로 하여금 이 사건 각 화물을 반출할 수 있도록 해 준 것은 정당하고, 달리 피고가 그 과정에서 어떠한 운송계약상 의무를 위반하거나 원고에 대하여 위법행위를 하였다고 볼 수 없으며, 또한 위와 같이 이 사건 각 화물이 이미 반출된 상태에서 피고가 원고에게 각 선하증권을 발행해 주었고, 이후 원고가 선하증권을 제시하며 화물의 인도를 요구함에 대하여 결국 피고가 화물을 인도하지 못하였다고 하더라도, 위와 같이 이미 화물이 반출된 상태에서 발행된 선하증권은 무효라고 보아야 하므로 피고가 그에 응하여 화물을 인도하지 못한 행위가 위법하다고 볼 수 없을 뿐만 아니라 그로 말미암아 원고에게 상당인과관계 있는 손해가 발생하였다고 보기도 어려우므로(피고가 선하증권을 발행할 당시 이미 이 사건 각 화물이 모두 정당한 수하인들에게 인도된 상태였으므로 그 이후 원고의 재산상태에 어떠한 변화가 있다고 볼 수도 없음), 원고의 이 부분 주장도 받아들이지 않는다.

4. 결 론

따라서 원고의 청구는 모두 이유 없으므로 이를 기각하기로 하여 주문과 같이 판결한다.

판 사 정 하 정

〈제13호-Ⅱ-②〉

서 울 중 앙 지 방 법 원
제 1 민 사 부
판 결

사 건	2012나32729 손해배상(기)
원고, 항소인	주식회사 코리아로드
피고, 피항소인	에이.피.묄러 머스크 에이/에스
제 1 심 판 결	서울중앙지방법원 2012. 6. 8. 선고 2011가단148992 판결
변 론 종 결	2012. 11. 16.
판 결 선 고	2012. 11. 30.

주 문

1. 원고의 항소를 기각한다.
2. 항소비용은 원고가 부담한다.

청구취지 및 항소취지

제1심 판결을 취소한다. 피고는 원고에게 미화 57,000달러와 이에 대하여 이 사건 소장부본 송달 다음날부터 다 갚는 날까지 연 20%의 비율에 의한 금원을 지급하라.

이 유

1. 제1심 판결의 인용

이 법원이 이 사건에 관하여 설시할 이유는, 원고의 당심에서의 주장에 대하여 다음과 같은 판단을 추가하는 이외에는 제1심 판결문의 이유 기재와 같으므로 민사소송법 제420조 본문에 의하여 이를 그대로 인용한다.

2. 추가판단사항

원고는 예비적 주장으로, 피고는 원고가 미수금을 담보할 목적으로 화물인도청구권을 확보하기 위하여 선하증권의 발행을 요구한다는 사실을 잘 알면서 2011. 4. 1. 이 사건 각 화물에 관하여 선하증권을 발행함으로써, 원고가 선하증권을 제시하고 화물의 반환을 요청하면 원고에게 화물을 인도할 것을 별도로 약정하였음에도 불구하고 이를 이행하지 못하였으므로 화물가액 상당의 손해를 배상할 책임이 있다고 주장한다.

살피건대, 피고가 이 사건 각 화물에 관하여 선하증권을 발행하였다고 하여 원고와 사이에 선하증권과 상환으로 화물을 인도하기로 하는 별도의 약정이 체결되었다고 보기 어렵고, 달리 원고와 피고 사이에 화물을 인도하기로 하는 약정이 체결되었음을 인정할 만한 아무런 증거가 없으며, 오히려 앞서 본 바와 같이 피고 직원이 이 사건 각 화물이 이미 반출되었음에도 불구하고 아직 반출되지 않았다고 착오하여 원고의 요청에 따라 선하증권을 발행하여 준 사실만을 인정할 수 있을 뿐이므로, 이와 다른 전제에서 한 원고의 위 주장은 받아들이지 않는다.

3. 결 론

그렇다면, 제1심 판결은 정당하므로 원고의 항소는 이유 없어 이를 기각하기로 하여, 주문과 같이 판결한다.

재판장 판 사 김 정 학

판사 최 지 경

판사 문 주 희

〈제13호-Ⅱ-③〉

대 법 원

제 3 부

판 결

사 건	2013다3170 손해배상(기)
원고, 상고인	주식회사 코리아로드
피고, 피상고인	에이.피.묄러 머스크 에이/에스
원 심 판 결	서울중앙지방법원 2012. 11. 30. 선고 2012나32729 판결
판 결 선 고	2015. 12. 10.

주 문

상고를 기각한다.

상고비용은 원고가 부담한다.

이 유

상고이유를 판단한다.

1. 상고이유 제1점 및 제2점에 대하여

가. (1) 선하증권은 운송물의 인도청구권을 표창하는 유가증권인데, 이는 운송계약에 기하여 작성되는 유인증권으로 상법은 운송인이 송하인으로부터 실제로 운송물을 수령 또는 선적하고 있는 것을 유효한 선하증권 성립의 전제조건으로 삼고 있으므로, 운송물을 수령 또는 선적하지 아니하였음에도 발행된 선하증권은 원인과 요건을 구비하지 못하여 목적물의 흠결이 있는 것으로서 무효이고(대법원 2005. 3. 24. 선고 2003다5535 판결, 대법원 2008. 2. 14. 선고 2006다47585 판결 등 참조), 이러한 법리는 운송물이 이미 수하인에게 적법하게 인도된 후에 발행된 선하증권의 경우에도 마찬가지이다.

그리고 상법 제854조는 제1항에서 "선하증권이 발행된 경우 운송인과 송하인 사이에 선하증권에 기재된 대로 개품운송계약이 체결되고 운송물을 수령 또는 선적한 것으로 추정한다"라고 규정하는 한편, 제2항에서 "제1항의 선하증권을 선의로 취득한 소지인에 대하여 운송인은 선하증권에 기재된 대로 운송물을 수령 혹은 선적한 것으로 보고 선하증권에 기재된 바에 따라 운송인으로서 책임을 진다"고 규정하고 있다. 상법 제854조 제2항은 제1항에서 정한 운송인과 송하인 사이의 법률관계와 달리 선하증권을 선의로 취득한 제3자를 보호함으로써 선하증권의 유통성 보호와 거래의 안전을 도모하기 위한 규정이므로, 여기서 말하는 '선하증권을 선의로 취득한 소지인'이란 운송계약의 당사자인 운송인과 송하인을 제외한, 유통된 선하증권을 선의로 취득한 제3자를 의미한다고 봄이 타당하다.

한편 선하증권이 발행되지 아니한 해상운송에서, 수하인은 운송물이 목적지에 도착하기 전에는 송하인의 권리가 우선되어 운송물에 대하여 아무런 권리가 없지만(상법 제815조, 제139조), 운송물이 목적지에 도착한 후 수하인이 그 인도를 청구한 때에는 수하인의 권리가 송하인에 우선한다(상법 제815조, 제140조 제2항).

위와 같은 법리들을 종합하여 보면, 수하인이 목적지에 도착한 화물에 대하여 운송인에게 인도 청구를 한 다음에는, 비록 그 후 운송계약에 기하여 선하증권이 송하인에게 발행되었다고 하더라도 선하증권을 소지한 송하인이 운송인에 대하여 새로 운송물에 대한 인도청구권 등의 권리를 갖는다고 할 수 없다(대법원 2003. 10. 24. 선고 2001다72296 판결 참조).

(2) 법원은 변론 전체의 취지와 증거조사의 결과를 참작하여 자유로운 심증으로 사회정의와 형평의 이념에 입각하여 논리와 경험의 법칙에 따라 사실 주장이 진실한지 아닌지를 판단하며(민사소송법 제202조), 원심판결이 이와 같은 자유심증주의의 한계를 벗어나지 아니하여 적법하게 확정한 사실은 상고법원을 기속한다(같은 법 제432조).

나. 원심은 판시와 같은 이유를 들어 아래와 같은 취지의 사실들을 인정하였다.

(1) 대한민국의 '스카이 트레이딩(SKY TRADING)'은 요르단의 '모하메드 아브드 알스타 하산(MOHMMED ABD ALSTAR HASAN)'에게 차량부품을 수출하기 위하여 원고에게 수출화물이 적입된 컨테이너 3개(이하 '이 사건 화물'이라 한다)의 운송을 의뢰하였다.

(2) 이에 원고는 2010. 2. 16.과 같은 해 3. 11. 및 6. 11.경 대한민국의 부산항에서 요르단의 아카바항까지 이 사건 화물의 운송을 피고에게 위탁하는 계약(이하 '이 사건 운송계약'이라 한다)을 체결하였다.

(3) 피고는 원고의 요청에 따라 2010. 2. 22., 같은 해 3. 12. 및 6. 12.경 이 사건 화물에 관한 해상화물운송장(이하 '이 사건 해상화물운송장'이라 한다)을 발행한 다음, 이 사건 운송계약에 따라 이 사건 화물을 아카바항까지 운송하였다.

(4) 이 사건 화물이 2010. 4. 5., 같은 해. 4. 19. 및 7. 20.경 목적지인 아카바항에 도착하자, 이 사건 해상화물운송장에 기재된 수하인으로서 원고의 요르단 현지 대리인인 '알

-사라야 쉬핑 주식회사(AL-SARAYA SHIPPING CO., LTD)' 및 '블루 웨일 쉬핑 서비시 주식회사(BLUE WHALE SHIPPING SERVICE CO., 이하 위 둘을 합하여 '이 사건 수하인들'이라 한다)'는 운송인인 피고에게 이 사건 화물의 인도를 요청하였다.

(5) 이에 피고가 이 사건 수하인들에게 화물인도지시서(Delivery Order)를 발행하여 주었고, 이 사건 수하인들은 2010. 4. 7., 같은 해 4. 23. 및 7. 25.경 화물인도지시서에 의하여 이 사건 화물을 반출함으로써 인도받았다.

(6) 그 후 피고는 이 사건 화물이 위와 같이 이미 이 사건 수하인들에게 인도되었음에도 불구하고 착오로 2011. 4. 1.경 원고에게 이 사건 화물에 관한 선하증권(이하 '이 사건 선하증권'이라 한다)을 발행하여 주었다.

다. 먼저, 이 사건 선하증권의 발행 당시 이미 이 사건 화물이 이 사건 수하인들에게 인도되었다는 원심의 사실인정을 다투는 상고이유 주장은, 실질적으로 사실심 법원의 자유심증에 속하는 증거의 취사선택과 증거가치의 판단을 탓하는 것에 불과하다.

그리고 원심판결 이유를 앞에서 본 법리와 적법하게 채택된 증거들에 비추어 살펴보아도, 원심의 판단에 상고이유 주장과 같이 논리와 경험의 법칙에 반하여 자유심증주의의 한계를 벗어나거나 필요한 심리를 다하지 아니하는 등의 위법이 없다.

라. 그리고 위와 같은 사실관계를 앞에서 본 법리에 비추어 살펴보면, 이 사건 선하증권은 이 사건 화물이 목적지에 도착하여 운송계약상의 정당한 수하인에게 인도된 후에 비로소 발행되었으므로 무효이고, 이 사건 운송계약의 당사자인 원고는 상법 제854조 제2항에서 정한 '선하증권을 선의로 취득한 소지인'에 해당하지 않으므로, 원고가 이 사건 선하증권을 소지하고 있다 하더라도 피고는 원고에게 무효인 이 사건 선하증권에 따라 이 사건 화물을 인도하여야 할 의무를 지지 아니한다.

원심이 이 사건 선하증권은 무효이므로 피고가 그에 응하여 화물을 인도하지 못한 행위가 위법하다고 할 수 없다거나 이 사건 선하증권을 발행하였다 하더라도 이 사건 선하증권과 상환으로 이 사건 화물을 인도하기로 하는 별도의 약정이 체결되었다고 보기 어렵다고 판단한 것은 이와 같은 취지로서 앞에서 본 법리에 기초한 것으로 보인다.

따라서 이러한 원심의 판단에 상고이유 주장과 같이 상법 제854조 제2항에서 정한 '선하증권을 선의로 취득한 소지인'에 관한 법리나 운송인으로서의 의무에 관한 법리 등을 오해하여 판결에 영향을 미친 위법이 없다.

2. 상고이유 제3점에 대하여

원심은 판시와 같은 이유로, 원고가 선적지 비용을 지급하기 전에는 피고가 수하인에게 화물을 인도하지 않기로 하는 관행 또는 묵시적 약정이 원고와 피고 사이에 존재한다고 볼 수 없다고 판단하여, 이러한 관행 또는 묵시적 약정이 존재함을 전제로 하여 피고가 이를 위반하였다는 원고의 주장을 배척하였다.

이러한 원심의 판단을 다투는 취지의 주장은 실질적으로 사실심 법원의 자유심증에 속하는 증거의 취사선택과 증거가치의 판단 및 이에 기초한 사실인정을 탓하는 것에 불과하고, 원심판결 이유를 앞에서 본 법리와 적법하게 채택된 증거들에 비추어 살펴보아도 원심의 판단에 자유심증주의의 한계를 벗어난 위법이 없다.

그리고 원고와 피고 사이에 이러한 약정 내지 관행이 존재한다고 볼 수 없는 이상, 피고가 이 사건 선하증권을 발행하였다는 사정만으로 선적지 비용을 받기 전에는 수하인에게 화물을 인도하지 않겠다는 신뢰를 원고에게 부여하였다고 할 수 없고 또한 피고가 선적지 비용을 지급받지 않은 상태에서 이 사건 화물을 인도한 것이 금반언의 원칙에 반한다고 할 수 없으므로, 원심이 비록 이에 관한 원고의 주장에 대하여 직접 판단하지 아니하였더라도 판결에 영향을 미친 판단 누락의 위법이 있다고 할 수 없다.

3. 상고이유 제4점에 대하여

(1) 이 사건 화물에 관하여 원고의 요청에 의하여 이 사건 해상화물운송장이 발행되어 그에 따라 화물운송 및 인도 절차가 이루어졌고, 또한 선적지 비용을 지급받기 전에는 피고가 수하인에게 화물을 인도하지 않기로 하는 관행 또는 묵시적 약정이 원고와 피고 사이에 존재한다고 볼 수 없다는 원심의 판단에 잘못이 없음은 위에서 본 것과 같으므로, 이와 다른 취지에서 피고가 선적지 비용을 지급받기 전에는 수하인에게 화물을 인도하지 않는다고 기망하였음을 전제로 하는 상고이유 주장 부분은 받아들일 수 없다.

(2) 원심은 판시와 같은 이유로, 피고가 원고에게 이 사건 선하증권을 발행하여 주었다 하더라도 그로 말미암아 원고에게 상당인과관계가 있는 손해가 발생하였다고 보기 어렵고 또한 그 발행 당시 이 사건 화물이 모두 정당한 수하인들에게 인도된 상태였으므로 그 이후 원고의 재산상태에 변화가 있다고 볼 수 없다고 인정하여, 이 사건 선하증권 발행으로 인하여 원고가 이 사건 화물의 소유권을 상실하거나 화물 가액 상당의 손해를 입었다는 취지의 원고 주장을 받아들이지 아니하였다.

원심판결 이유를 앞에서 본 법리와 아울러 적법하게 채택된 증거들에 비추어 살펴보면, 위와 같은 원심의 판단에 상고이유 주장과 같이 무효인 선하증권의 발행 등으로 인한 손해와의 상당인과관계 등에 관한 법리를 오해하거나 자유심증주의의 한계를 벗어나 판단을 그르친 위법이 없다.

4. 결 론

그러므로 상고를 기각하고 상고비용은 패소자가 부담하도록 하여, 관여 대법관의 일치된 의견으로 주문과 같이 판결한다.

재판장 대법관 김 신
주 심 대법관 김 용 덕
대법관 박 보 영
대법관 권 순 일

〈제14호-I-①〉

서 울 중 앙 지 방 법 원
제 2 0 민 사 부
판 결

사 건	2011가합59969 손해배상(기)
원 고	주식회사 우리은행
피 고	1. 아산해운 주식회사
	2. 주식회사 평택당진항만
변 론 종 결	2012. 1. 11.
판 결 선 고	2012. 2. 3.

주 문

1. 피고 주식회사 평택당진항만은 원고에게 842,771,804원 및 이에 대하여 2011. 3. 15.부터 2011. 10. 18.까지는 연 5%, 그 다음날부터 다 갚는 날까지는 연 20%의 각 비율로 계산한 돈을 지급하라.
2. 원고의 피고 아산해운 주식회사에 대한 청구를 기각한다.
3. 소송비용 중 원고와 피고 아산해운 주식회사 사이에 생긴 부분은 원고가 부담하고, 원고와 피고 주식회사 평택당진항만 사이에 생긴 부분은 피고 주식회사 평택당진항만이 부담한다.
4. 제1항은 가집행할 수 있다.

청 구 취 지

주문 제1항 및 피고 아산해운 주식회사(이하 '아산해운'이라고 한다)는 피고 주식회사 평택당진항만(이하 '평택당진항만'이라고 한다)과 연대하여 원고에게 842,771,804원 및 이에 대한 2011. 3. 15.부터 이 사건 소장 부본 최후 송달일까지는 연 5%, 그 다음날부터 다 갚는 날까지는 연 20%의 각 비율로 계산한 돈을 지급하라.

이 유

1. 기초사실

가. 원고는 은행업을 하는 회사이고, 피고 아산해운은 해상운송주선업을 하는 회사이며, 피고 평택당진항만은 하역업을 하는 회사이다.

나. 원고는 2004. 7. 22. 에이스스틸 주식회사(이하 '에이스스틸'이라고 한다)와 사이에 에이스스틸이 수입거래를 함에 있어 기간을 정함이 없이 외국환거래약정을 체결하여 에이스스틸과 신용장 거래를 하였다.

다. 에이스스틸은 2011. 초경 오스트리아 빈에 소재한 에프제이엘스너 트레이딩 게엠베하(F. J. Elsner Trading GMBH, 이하 '에프제이엘스너'라고 한다)와 사이에 아래 표 기재와 같은 철강코일(이하 '이 사건 화물'이라고 한다)을 741,941.90달러에 수입하기로 하는 내용의 수출입계약을 체결하였고, 원고는 2011. 1. 20. 에이스스틸에게 신용장번호 'MD1RK101NS00057', 개설일 '2011. 1. 20.', 개설금액 '796,132.90달러', 수익자 '에프제이엘스너'로 된 내용의 신용장(이하 '이 사건 신용장'이라고 한다)을 개설하여 주었다.

품명	크기	무게(MT)	수량
철강코일 (Hot Rolled Steel in Coils)	1.90mm × 1,244mm × C	286.179	15
	1.90mm × 1,280mm × C	194.190	10
	2.80mm × 1,270mm × C	376.890	19
	2.85mm × 1,224mm × C	136.570	7
	4.00mm × 1,420mm × C	119.830	5
		1,113.659	56

라. 에프제이엘스너는 그 무렵 벵시 아이언 앤드 스틸 인터내셔날 이코노믹 앤드 트레이딩 컴퍼니 리미티드(Benxi Iron and Steel International Economic and Trading Co., Ltd., 이하 '벵시'라고 한다)를 통하여 다련 트라윈드 마린 컴퍼니(Dalian Trawind Marine Co., 이하 '다련'이라고 한다)와 사이에 이 사건 화물에 대한 해상운송계약을 체결한 후 중국 다련항에서 다련에게 이 사건 화물을 인도하였다.

마. 다련은 그 무렵 송하인을 벵시, 수하인을 원고, 통지처를 에이스스틸로 하는 내용의 선하증권(이하 '이 사건 선하증권'이라고 한다)을 발행하였고, 원고는 이 사건 변론종결 당시 이 사건 선하증권을 소지하고 있다.

바. 다련은 이 사건 화물을 '씬안(Xin An)호'를 통하여 운송하여 2011. 2. 7. 평택항에 입항하였고, 피고 평택당진항만은 이 사건 화물의 화주인 에이스스틸의 의뢰를 받아 2011. 2. 8.까지 하역작업을 하여 평택항서부두에 소재한 피고 평택당진항만의 영업용 보세창고에 이 사건 화물을 하역하였으며, 피고 아산해운은 위 하역과정에서 운송인인 다련의 선박대리점으로서 관여하였다.

사. 그 후 피고 평택당진항만은 에이스스틸로부터 출하요청서, 수입신고필증을 교부받고 2011. 2. 9.부터 2011. 2. 18.까지 사이에 이 사건 화물을 에이스스틸에게 인도하였다.

아. 한편, 이 사건 신용장에 매입은행으로 기재되어 있는 라이파이센란데스방크(Raiffeisenlandesbank Niederoesterre, 이하 'RLB'라고 한다)는 이 사건 신용장을 이 사건 선하증권 등 선적서류와 함께 매입하였고, 원고는 2011. 3. 14. RLB로부터 이 사건 신용장 및 선하증권 등을 교부받은 후 RLB에게 이 사건 화물 대금 741,941.90달러를 지급하였다.

[인정근거] 다툼 없는 사실, 갑 제1 내지 5호증의 각 기재, 이 법원의 평택세관장, 에이스스틸의 관리인에 대한 각 사실조회결과, 변론 전체의 취지

2. 피고 평택당진항만에 대한 청구에 관한 판단

가. 당사자의 주장

1) 원고의 주장

피고 평택당진항만은 이 사건 화물의 보관자로서 선하증권과 상환하여 정당한 선하증권의 소지인에게 이 사건 화물을 인도할 의무가 있다. 피고 평택당진항만은 이 사건 선하증권과 상환하지 아니하고 이 사건 화물을 에이스스틸에게 인도하면 이 사건 선하증권의 소지인에게 이 사건 화물을 인도하는 것이 불가능하게 될 것이라는 사정을 알았거나 알 수 있었음에도 수입신고필증 등만을 제시한 에이스스틸에게 이 사건 화물을 무단 반출하였다. 따라서 피고 평택당진항만은 이 사건 선하증권의 소지인인 원고에게 손해배상으로 이 사건 화물의 무단 반출 당시의 시가 상당액을 배상할 의무가 있는바, 원고는 그 일부로서 842,771,804원(원고가 지급한 741,941.90달러를 그 지급일인 2011. 3. 14. 당시의 환율 1,135.90원으로 환산한 금액임)의 지급을 구한다.

2) 피고 평택당진항만의 주장

이 사건 화물에 관한 해상운송계약은 "FO(Free Out)조건"으로 체결된 것으로 이른바 '선상도'의 방식으로 인도하기로 약정한 경우에 해당하므로, 운송인인 다련이 에이스스틸의 의뢰를 받은 하역업자인 피고 평택당진항만에게 이 사건 화물을 인도함으로써 그 시점

에 선하증권의 소지인인 원고에 대한 불법행위가 이미 성립한 것이고, 피고 평택당진항만이 이 사건 화물을 보관하다가 에이스스틸에게 반출한 것은 별도의 불법행위를 구성하지 않는다.

나. 이 사건 화물의 인도시기

선하증권이 발행된 화물의 해상운송에 있어서 운송인 또는 그 선박대리점은 선하증권과 상환하여 화물을 인도함으로써 의무의 이행을 다하는 것이므로, 선하증권상의 통지처에 불과한 화주의 의뢰를 받은 하역회사가 화물을 양하하여 통관을 위해 지정장치장에 입고시켰다면, 화물이 운송인 등의 지배를 떠나 화주에게 인도된 것으로 볼 수는 없고, 운송인 등은 지정장치장 화물관리인을 통하여 화물에 대한 지배를 계속하고 있고 지정장치장 화물관리인의 입장에서도 운송인 등으로부터 점유를 이전받았다고 할 것이므로, 운송인 등과 지정장치장 화물관리인 사이에는 화물에 관하여 묵시적인 임치계약관계가 성립하고, 지정장치장 화물관리인은 운송인 등의 지시에 따라 임치물을 인도할 의무를 지게 된다(대법원 2006. 12. 21. 선고 2003다47362 판결 등 참조).

이 사건에 관하여 보건대, 위 기초사실 및 변론 전체의 취지를 종합하면, 이 사건 화물은 화주인 에이스스틸의 의뢰를 받은 피고 평택당진항만에 의하여 피고 평택당진항만의 영업용 보세창고에 하역되어 보관되었고, 그 후 에이스스틸이 이 사건 화물에 대하여 수입신고를 마치고 수입신고필증을 피고 평택당진항만에게 교부하고 이 사건 화물을 인도받은 사실을 알 수 있는바, 위와 같이 선하증권상의 통지처에 불과한 화주인 에이스스틸의 의뢰를 받은 피고 평택당진항만이 이 사건 화물을 양하하여 통관을 위해 영업용 보세창고에 입고시켰다면, 이 사건 화물이 운송인의 지배를 떠나 화주에게 인도된 것으로 볼 수는 없고 운송인은 보세창고업자인 피고 평택당진항만을 통하여 이 사건 화물에 대한 지배를 계속하고 있다고 봄이 상당하므로, 이 사건 화물은 피고 평택당진항만의 영업용 보세창고에서 반출되었을 때 비로소 에이스스틸에게 인도되었다고 할 것이다.

다. 손해배상책임의 발생

1) 해상운송화물은 선하증권과 상환으로 그 소지인에게 인도되어야 하고 선하증권 없이 화물이 적법하게 반출될 수 없으므로, 선하증권을 제출하지 못하여 운송인 또는 그 선박대리점으로부터 화물인도지시서를 발급받지 못한 화주에게 화물을 인도하면 그 화물이 무단 반출되어 선하증권 소지인이 화물을 인도받지 못하게 될 수 있음을 예견할 수 있고, 따라서 지정장치장 화물관리인이 화물인도지시서나 운송인의 동의를 받지 않고 화물을 인도하였다면 그로 말미암아 선하증권 소지인이 입은 손해에 대하여 불법행위에 기한 손해배상책임을 지는 것인바(대법원 2006. 12. 21. 선고 2003다47362 판결 등 참조), 피고 평

택당진항만이 선하증권과 상환하지 아니하고 이 사건 화물을 에이스스틸에게 인도한 이상 이 사건 선하증권의 정당한 소지인인 원고에게 이와 같은 불법행위에 따른 손해를 배상할 의무가 있다.

2) 피고 평택당진항만은, 이 사건 화물이 무단반출되기 이전에도 에이스스틸은 원고가 개설한 신용장에 근거하여 이 사건 화물과 동종의 화물을 수입하였고, 그러한 화물에 대하여도 이 사건과 같이 선하증권과 상환 없이 화물을 반출하는 관행이 있었으므로 피고 평택당진항만의 책임을 상당 부분 제한하여야 하고, 또한 원고에게는 이 사건 신용장을 개설할 당시 에이스스틸의 신용상태가 악화되어 있었음에도 아무런 담보도 확보하지 아니한 채 이 사건 신용장을 개설하고, 이 사건 화물의 도착이나 행방에 관하여 아무런 주의를 기울이지 아니한 과실이 있고, 이러한 과실은 이 사건 손해의 발생 및 확대의 원인이 되었으므로, 이 사건 손해배상액을 산정함에 있어 이를 참작하여야 한다고 주장한다.

살피건대, 피고 평택당진항만이 주장하는 바와 같이 이 사건 화물이 무단 반출되기 이전에도 에이스스틸과 피고 평택당진항만 사이에 선하증권과 상환 없이 화물을 반출하는 거래를 하였다고 하더라도 그러한 불법적인 관행이 존재한다는 이유로 피고 평택당진항만의 책임을 제한할 수 없을 뿐 아니라, 원고가 지불한 신용장대금에 대하여는 이 사건 화물 자체가 담보로서 역할을 하는 것이므로 달리 원고에게 담보를 확보할 의무가 있다고 볼 수 없으며, 선하증권과 상환 없이 화물이 인도됨으로써 정당한 선하증권의 소지인인 신용장 개설은행이 손해를 입은 경우, 신용장 개설은행이 신용장대금 지급과 관련하여 별도의 담보를 제공받지 아니하였거나 수입보증금을 징수하지 않았다고 하더라도 그것이 손해 발생 또는 확대의 원인이 되었다고 할 수 없고, 신용장 개설은행이 선적서류를 송부받고도 화물의 행방을 알아보지 아니하였다는 사실만으로는 신용장 개설은행에게 사회통념상 또는 신의성실의 원칙상 주의의무를 게을리한 잘못이 있다고 보기도 어렵다고 할 것이므로(대법원 2004. 3. 25. 선고 2001다53349 판결), 피고의 위 주장은 이유 없다.

라. 손해배상의 범위

피고 평택당진항만은 이 사건 화물을 불법인도하여 멸실되게 하였으므로 이 사건 선하증권의 소지인인 원고가 입은 손해를 배상할 책임이 있는바, 그 손해액은 이 사건 화물이 멸실될 당시의 시가 상당액의 범위 내에서 원고가 이 사건 신용장에 의하여 이 사건 화물의 대금으로 신용장 매입은행인 RLB에게 지급한 금원이라고 할 것이다.

갑 제6호증의 1, 2, 3의 각 기재에 의하면, 2011. 1. 및 2.경 이 사건 화물과 같은 물건인 중국산 열연코일의 1t당 국내의 시세는 830,000원 내지 870,000원인 사실을 인정할 수 있으므로, 이 사건 화물의 시가는 적어도 924,336,970원(=1,113.659t×최저 시가 1t당

830,000원)이 되고, 한편 갑 제5호증의 기재에 의하면, 원고가 2011. 3. 14. RLB로부터 이 사건 신용장 및 선하증권 등을 교부받은 후 RLB에게 이 사건 화물 대금 741,941.90달러를 지급하면서 당시의 환율인 1,135.90원의 비율로 계산한 842,771,804원을 지급한 사실을 인정할 수 있으므로, 결국 원고가 입은 손해액은 842,771,804원이 된다.

마. 소결론

따라서 피고 평택당진항만은 원고에게 842,771,804원 및 이에 대하여 불법행위일 이후로 원고가 구하는 2011. 3. 15.부터 이 사건 소장 부본 최후 송달일인 2011. 10. 18.까지는 민법에 정해진 연 5%, 그 다음날부터 다 갚는 날까지는 소송촉진 등에 관한 특례법에 정해진 연 20%의 각 비율로 계산한 지연손해금을 지급할 의무가 있다.

3. 피고 아산해운에 대한 청구에 관한 판단

가. 원고의 주장

피고 아산해운은 운송인인 다련의 선박대리점의 지위에서 피고 평택당진항만에게 이 사건 화물의 보관을 의뢰하였으므로 이 사건 선하증권과 상환함이 없이 이 사건 화물을 인도하지 말아야 할 의무가 있음에도 피용자인 피고 평택당진항만에 대하여 선하증권과 상환하지 않고서는 이 사건 화물을 인도하지 말도록 지시하거나 감독하는 것을 태만히 함으로써 이 사건 화물의 무단 반출을 방지하지 못한 잘못이 있으므로, 민법 제756조 제1항에 따라 원고가 입은 손해를 배상할 책임이 있다.

나. 판단

영업용 보세창고업자가 수입화물의 실수입자와의 임치계약에 의하여 수입화물을 보관하게 되는 경우, 운송인 또는 그 국내 선박대리점의 입장에서는 수입화물이 자신들의 지배를 떠나 수하인에게 인도된 것은 아니고 보세창고업자를 통하여 수입화물에 대한 지배를 계속하고 있다고 볼 수 있으므로, 보세창고업자는 수입화물에 대한 통관절차가 끝날 때까지 수입화물을 보관하고 적법한 수령인에게 수입화물을 인도하여야 하는 운송인 또는 그 국내 선박대리점의 의무이행을 보조하는 지위에 있다고 할 수 있으나, 영업용 보세창고업자는 일반적으로 독립된 사업자로서 자신의 책임과 판단에 따라 화물을 보관하고 인도하는 업무를 수행하고 운송인 또는 그 국내 선박대리점의 지휘·감독을 받아 수입화물의 보관 및 인도업무를 수행하는 것이라고는 할 수 없으므로 특별한 사정이 없는 한 운송인 및 그 국내선박대리점이 영업용 보세창고업자에 대하여 민법상 사용자의 지위에 있다고 볼 수는 없다고 할 것인바(대법원 2005. 1. 27. 선고 2004다12394 판결 등 참조), 피고 평택당진항만이 이 사건 화물의 실수입업자인 에이스스틸과의 임치계약에 따라 이 사건 화물을 하역하여 피고 평택당진항만의 영업용 보세창고에 보관하였음은 앞서 본 바와 같으므로, 피고 아산해운이 피고 평택당진항만에 대하여 사용자의 지위에 있다고 보기는 어렵다. 따라서 피고 아산해운이 피고 평택당진항만의 사용자임을 전제로 하는 원고의 위 주장은 나머지 점에 관하여 살필 필요 없이 이유 없다.

4. 결 론

그렇다면 원고의 피고 평택당진항만에 대한 청구는 이유 있어 인용하고, 원고의 피고 아산해운에 대한 청구는 이유 없으므로 기각하기로 하여 주문과 같이 판결한다.

재판장 판 사 신 광 렬

판 사 김 진 만

판 사 이 미 주

〈제14호-Ⅰ-②〉

서 울 고 등 법 원

제 1 9 민 사 부

판 결

사 건	2012나21722 손해배상(기)
원고, 피항소인	주식회사 우리은행
피고, 항소인	주식회사 평택당진항만
제 1 심 판 결	서울중앙지방법원 2012. 2. 3. 선고 2011가합59969 판결
변 론 종 결	2012. 10. 16.
판 결 선 고	2012. 11. 8.

주 문

1. 제1심판결을 취소한다.
2. 원고의 청구를 기각한다.
3. 소송총비용은 원고가 부담한다.

청구취지 및 항소취지

1. 청구취지

피고는 원고에게 842,771,804원 및 이에 대하여 2011. 3. 15.부터 이 사건 소장 부본 송달일까지는 연 5%, 그 다음날부터 다 갚는 날까지는 연 20%의 각 비율로 계산한 돈을 지급하라.

2. 항소취지

주문과 같다.

이 유

1. 기초사실

이 부분에서 이 법원이 적을 이유는 제1심 판결문 ① 제2쪽 제20행의 '피고 평택당진항만은 하역업을 하는 회사이다'를 '피고 평택당진항만은 수입화물의 하역 및 보관을 영업으로 하는 자로서 관할 세관장으로부터 특허를 받아 평택당진항에서 영업용 보세창고를 운영하고 있다'로, ② 제3쪽의 표 중 '크기'란 중 첫 번째란의 '1.90㎜×1,244㎜×C'를 '1.90㎜×1,224㎜×C'로, ③ 제4쪽 제12행의 '이 사건 화물 대금'을 '이 사건 신용장 대금'으로 각 고치는 이외에는 제1심 판결문 해당 부분 기재와 같으므로 민사소송법 제420조 본문에 의하여 이를 그대로 인용한다.

2. 당사자의 주장

가. 원고의 주장

피고가 실수입업자인 에이스스틸의 의뢰를 받아 이 사건 화물을 영업용 보세창고에 보관하고 있었다고 하더라도, 피고는 해상운송화물에 대한 통관절차가 끝날 때까지 화물을 보관하고 적법한 수령인에게 화물을 인도하여야 하는 운송인인 다련의 의무이행을 보조하는 지위에 있으므로 선하증권과 상환하여 정당한 선하증권의 소지인에게 이 사건 화물을 인도할 의무가 있다. 그런데 피고는 이 사건 선하증권과 상환하지 아니하고 이 사건 화물을 에이스스틸에게 인도하면 이 사건 선하증권의 소지인에게 이 사건 화물을 인도하는 것이 불가능하게 될 것이라는 사정을 알았거나 알 수 있었음에도 수입신고필증 등만을 제시한 에이스스틸에게 이 사건 화물을 인도하였다. 따라서 피고는 이 사건 선하증권의 소지인인 원고에게 손해배상으로 이 사건 화물의 무단 반출 당시의 시가 상당액을 배상할 의무가 있는바, 원고가 명시적 일부 청구로 구하는 842,771,804원(원고가 지급한 741,941.90달러를 그 지급일인 2011. 3. 14. 당시의 환율 1,135.90원으로 환산한 금액임)을 지급할 의무가 있다.

나. 피고의 주장

이 사건 화물에 관한 운송계약은 이른바 '선상도'의 방식으로 인도하기로 약정한 경우에 해당하여, 운송인인 다련이 에이스스틸의 의뢰를 받은 하역업자인 피고에게 이 사건 화물을 인도함으로써 그 시점에 선하증권의 소지인인 원고에 대한 불법행위가 성립한 것이고, 피고가 사건 화물을 보관하다가 에이스스틸에게 반출한 것은 별도의 불법행위를 구성하지 않는다.

3. 판 단

가. 해상운송에 있어서 선하증권이 발행된 경우 운송인은 수하인, 즉 선하증권의 정당한 소지인에게 운송물을 인도함으로써 그 계약상의 의무이행을 다하는 것이 되고, 그와 같은 인도의무의 이행방법 및 시기에 대하여는 당사자 간의 약정으로 이를 정할 수 있음은 물론이며, 만약 수하인이 스스로의 비용으로 하역업자를 고용한 다음 운송물을 수령하여 양륙하는 방식(이른바 '선상도')에 따라 인도하기로 약정한 경우에는 수하인의 의뢰를 받은 하역업자가 운송물을 수령하는 때에 운송인은 그 인도의무의 이행을 다하는 것이 되고, 이때 운송인이 선하증권 또는 그에 갈음하는 수하인의 화물선취보증서 등(이하 '선하증권 등'이라고 한다)과 상환으로 인도하지 아니하고 임의로 선하증권상의 통지처에 불과한 실수입업자의 의뢰를 받은 하역업자로 하여금 양하작업을 하도록 하여 운송물을 인도하였다면 이로써 선하증권의 정당한 소지인에 대한 불법행위는 이미 성립하는 것이고, 달리 특별한 사정이 없는 한 위 하역업자가 운송인의 이행보조자 내지 피용자가 된다거나 그 이후 하역업자가 실수입업자에게 운송물을 전달함에 있어서 선하증권 등을 교부받지 아니하였다 할지라도 그로써 별도로 선하증권의 정당한 소지인에 대한 불법행위가 성립하는 것은 아니다(대법원 2004. 10. 15. 선고 2004다2137 판결 등 참조)

나. 이 사건의 경우, 이른바 선상도 약정이 있는지에 관하여 본다.

갑 제2, 4호증, 을 제9호증의 각 기재에 변론 전체의 취지를 종합하면, 이 사건 신용장의 45A란 및 이 사건 화물 송장의 운송조건(Delivery term)란에 각 'CFR FO'라고 기재되어 있는 사실이 인정되므로, 에프제이엘스너와 이 사건 운송인인 다련 사이에 양륙비용을 화주가 부담하기로 하는 조건(Free Out, F.O., 이하 'FO 조건'이라고 한다)으로 운송계약이 체결되었음이 추인된다.

그리고 이와 같이 운송계약이 단지 FO라고만 기재되어 있고 양륙작업에 관한 위험과 책임을 누가 부담할 것인지를 명시적으로 정하지 아니한 경우, 우리나라의 해상운송업계에서 화주가 양륙작업의 비용만을 부담하는 것이 아니라 하역근로자를 수배·고용하고 경우에 따라서는 작업에 대한 지시·감독까지 하는 것이 관행인 점 등에 비추어, 달리 특별한 사정이 없는 한, 화주가 비용뿐 아니라 자신의 위험과 책임 부담 아래 양륙작업을 하기로 약정하였다고 해석함이 상당하다(대법원 2010. 4. 15. 선고 2007다50649 판결 등 참조).

더구나 이 사건의 경우, 이 사건 화물의 수입업자인 에이스스틸의 의뢰로 피고가 이 사건 화물을 양륙하여 피고의 영업용 보세창고에 보관한 사실은 당사자 사이에 다툼이 없고 을나 제8, 9호증의 각 기재에 변론 전체의 취지를 종합하면, 에이스스틸이 그 하역비 및 보관비를 피고에게 지급한 사실, 평택당진항에서는 사료, 철제코일, 원목 등 살화물(Bulk Cargo)에 대하여 FO 조건으로 운송되면 화주의 의뢰 및 비용 부담으로 피고가 하역작업을 하는 사실, 반면 컨테이너 화물의 경우 및 살화물이라도 선적과 양륙비용을 운송인이 부담하는 조건(Berth Term)으로 운송된 경우는 운송인의 의뢰 및 비용 부담으로 피고가 하역작업을 하는 사실, 평택당진항에서 피고가 하역하는 물량 중 FO 조건의 살화물은 1개월에 약 20여 건의 선박에 달하는 사실, 피고는 이와 같이 하역된 살화물을 피고의 영업용 보세창고에 보관하는바 보관된 살화물은 그 성격상 대량으로 운송된 것으로 대부분 분할 출고되는데 피고가 출고하는 물량은 1개월에 약 1,000여 회 이상에 달하는 사실, 이와 같은 처리 물량에 따라 FO 조건으로 운송된 살화물을 출고함에 있어서 피고는 수하인의 선하증권이나 운송인 또는 그 선박대리점의 화물인도지시서 등을 징구하지 않고 실화주의 출고지시서만을 징구한 사실, 이에 대하여 그동안 운송인 또는 그 선박대리점으로부터 아무런 이의가 없었던 사실, 에이스스틸은 2010. 3.경부터 피고에게 하역 및 보관 위탁거래를 의뢰하여 피고는 2011. 2.경까지 에이스스틸이 수입하는 철강코일에 대하여 선박기준으로 약 15건, 선하증권 건수로 약 50건에 달하는 약 35,000톤의 철강코일 하역 및 보관작업을 수행하였는데 전체 물량이 FO 조건으로 운송되어 에이스스틸으로부터 그 하역 및 보관비용을 수령하였으며 철강코일의 출고 역시 다른 살화물과 마찬가지로 수하인의 선하증권이나 운송인 등의 화물인도지시서 등의 징구 없이 에이스스틸의 출고지시서만을 받아 약 190여 회에 걸쳐 분할 출고하여 준 사실, 이에 대하여 선하증권상의 수하인이나 운송인 및 그 선박대리점 등은 아무런 이의를 제기하지 아니한 사실, 이 사건 화물 역시 앞서 본 바와 같이 에이스스틸의 의뢰로 피고가 하역작업을 실시하였는데 당시 운송인인 다련이나 선박대리점인 아산해운 주식회사는 하역작업에 대하여 아무런 이의를 제기지 않았고 그 하역된 철강코일은 2011. 2. 9.부터 같은 달 18.까지 사이에 분할 출고된 사실, 그런데 2011. 3.경 원고로부터 피고에게 이 사건 화물에 대한 배상청구가 있자, 이후 피고는 FO 조건으로 운송되는 살화물에 대하여도 화물인도지시서가 징구되지 않으면 화물을 출고하지 않겠다고 운송인 및 선박대리점 등에게 통지하기 시작한 사실도 인정된다.

이와 같은 에이스스틸이 수입한 철강코일 등의 운송, 하역 및 보관, 출고의 처리 실태, 이 사건 운송인인 다련이나 그 선박대리점인 아산해운 주식회사가 이 사건 화물의 양륙작업이나 화물의 출고에 별다른 관심을 기울이지 않은 점, FO 조건으로 운송되는 살화물의 경우 개품운송의 컨테이너 화물에 비하여 물품의 분류나 소유권 관계의 확인, 정리 등에 관하여 하역·보관업자가 운송인을 위해 담당할 업무가 별도로 존재한다고 보기 어려운 점 등의 사정과 함께 FO 조건으로 체결된 운송계약은 특별한 사정이 없는 한 화주가 비용뿐 아니라 자신의 위험과 책임 부담 아래 양륙작업을 하기로 한 약정으로 보는 것이 타당하다는 법리를 종합하여 보면, 이 사건 화물에 관한 운송계약상의 FO 조건은 양륙작업에 관한 비용 및 양륙작업에 따르는 위험 및 책임을 수하인인 에이스스틸이 부담하도록 한 이른바 선상도 약정에 해당한다.

다. 이 사건 화물의 인도시기 및 피고의 불법행위 성립 여부

앞서 본 평택당진항에서의 FO 조건으로 운송된 살화물에 대한 하역 및 보관, 출고에 대한 그동안의 처리실태와 더불어 대량으로 운송된 후 분할 출고되는 살화물의 성질을 종합하여 보면 평택당진항에서는 선상도 약정으로 운송된 살화물의 경우에는 비록 영업용 보세창고에 보관되더라도 수하인의 선하증권이나 운송인 및 그 선박대리점의 화물인도지시서를 받아야 화물이 출고된다거나 기타 창고업자 또는 화물의 하역·보관업자가 운송인 또는 운송인측 선박대리점의 이행보조자 내지 피용자의 지위를 갖게 되는 관행이 존재한다고 볼 수 없고 오히려 수하인의 선하증권이나 운송인 및 그 선박대리점의 화물인도지시서 없이 실수입업자인 화주의 출고지시서만으로 출고되는 관행이 있다고 할 것이다.

이 사건 화물의 운송계약 역시 선상도 약정에 해당함은 앞서 본 바와 같은데 여기에 이와 같은 평택당진항의 선상도 방식으로 운송된 살화물 처리 관행을 앞서 본 법리에 비추어 보면, 이 사건 운송인인 다련이 수하인인 에이스스틸의 의뢰를 받은 하역업자인 피고에게 이 사건 화물을 인도한 때에 그 인도의무의 이행을 다한 것이 된다. 따라서 이때 이 사건 운송인이 선하증권 또는 그에 갈음하는 수하인의 화물선취보증서 등과 상환으로 인도하지 아니하고 임의로 선하증권상의 통지처에 불과한 실수입업자인 에이스스틸의 의뢰를 받은 하역업자인 피고로 하여금 양하작업을 하도록 하여 운송물을 인도하였다면 이로써 선하증권의 정당한 소지인 원고에 대한 불법행위는 이미 성립하는 것이고, 특별한 사정이 없는 한 피고는 이 사건 운송인의 이행보조자 내지 피용자가 되어 수하인을 위하여 운송물을 보관하고 있다고 볼 수 없으며 그 이후 피고가 이 사건 선하증권 등을 교부받지 아니한 채 실수입업자인 에이스스틸에게 이 사건 화물을 출고하였다고 하여 별도로 원고에 대하여 불법행위가 성립하는 것은 아니라고 할 것이다. 피고가 이 사건 화물을 영업용 보세창고에 보관하였다고 하더라도 앞서 본 선상도 약정의 살화물 출고 관행에 비추어 볼 때 달리 볼 것은 아니다.

라. 소결

따라서 이와 다른 전제에 선 원고의 주장은 이유 없다.

4. 결 론

그렇다면 원고의 청구는 이유 없어 이를 기각하여야 할 것이다. 제1심판결은 이와 결론이 달라 부당하므로 피고의 항소를 받아들여 이를 취소하고 원고의 청구를 기각하기로 하여, 주문과 같이 판결한다.

재판장 판 사 윤 성 근
판 사 문 정 일
판 사 구 자 헌

〈제14호-Ⅰ-③〉

대 법 원

제 1 부

판 결

사 건	2012다115847 손해배상(기)
원고, 상고인	주식회사 우리은행
피고, 피상고인	주식회사 평택당진항만
원 심 판 결	서울고등법원 2012. 11. 8. 선고 2012나21722 판결
판 결 선 고	2015. 4. 23.

주 문

원심판결을 파기하고, 사건을 서울고등법원에 환송한다.

이 유

상고이유를 판단한다.

1. 원심은 제1심판결을 인용하여, 에이스스틸 주식회사(이하 '에이스스틸'이라 한다)는 에프제이엘스너 트레이딩 게엠베하(F. J. Elsner Trading GMBH, 이하 '에프제이엘스너'라 한다)와 사이에 철강코일(이하 '이 사건 화물'이라 한다)을 수입하는 수출입계약을 체결하였고, 원고는 에이스스틸에게 수익자를 에프제이엘스너로 한 신용장을 개설해 준 사실, 에프제이엘스너는 그 무렵 벵시 아이언 앤드 스틸 인터내셔날 이코노믹 앤드 트레이딩 컴퍼니 리미티드(Benxi Iron and Steel International Economic and Trading Co. Ltd., 이하 '벵시'라 한다)를 통하여 다련 트라윈드 마린 컴퍼니(Dalian Trawind Marine Co., 이하 '다련'이라 한다)와 사이에 이 사건 화물에 대한 운송계약을 체결하였고, 다련은 송하인을 벵시, 수하인을 원고, 통지처를 에이스스틸로 하는 선하증권을 발행하여 이를 원고가 소지하고 있는 사실, 중국 다련항에서 선적된 이 사건 화물이 평택항에 도착하자, 피고는 에이스스틸의 의뢰를 받아 양하작업을 한 후 평택항서부두에 있는 피고의 영업용 보세창고

에 이 사건 화물을 보관한 사실, 그 후 피고는 에이스스틸로부터 출하요청서, 수입신고필증만을 교부받고 이 사건 화물을 에이스스틸에 인도해 준 사실을 인정한 다음, 이 사건 운송계약은 양하비용을 화주가 부담하기로 하는 이른바 'FO(Free Out) 조건'으로 체결되었다고 인정하였다.

나아가 원심은 그 채택 증거들을 종합하여, 평택항에서는 사료, 철제코일, 원목 등 살화물(Bulk Cargo)에 대하여 FO 조건으로 운송되면 화주의 의뢰 및 비용 부담으로 피고가 하역작업을 한 사실, 평택항에서 피고는 1개월에 약 20여 건의 선박에 달하는 대량으로 운송된 FO 조건의 살화물을 하역하여 영업용 보세창고에 보관하였다가 대부분 분할 출고하였는데 그 물량이 1개월에 약 1,000회 이상에 달하여 이를 출고함에 있어 선하증권이나 화물인도지시서 없이 실화주의 출고지시서만을 징구하였고, 에이스스틸이 수입한 철강코일도 이 사건 화물을 포함하여 전체 물량이 FO 조건으로 운송되어 같은 방법으로 분할 출고되었으며, 이에 대하여 선하증권상의 수하인이나 운송인 및 그 선박대리점 등은 아무런 이의를 제기하지 아니한 사실, 그런데 2011. 3.경 원고의 배상청구가 있은 후 피고는 FO 조건으로 운송되는 살화물에 대하여도 화물인도지시서가 징구되지 않으면 화물을 출고하지 않겠다고 운송인 및 선박대리점 등에게 통지하기 시작한 사실 등을 인정한 다음 그 인정사실에 비추어 보면 이 사건 화물이 비록 영업용 보세창고에 보관되었다고 하더라도 운송계약의 FO 조건은 선상도 약정에 해당하고, 평택항에서는 선상도 약정으로 운송된 살화물의 경우에는 비록 영업용 보세창고에 보관되더라도 선하증권이나 화물인도지시서를 받아야만 화물이 출고되는 관행이 존재한다고 볼 수 없고 오히려 수하인의 선하증권이나 운송인 및 그 선박대리점의 화물인도지시서 없이 화주의 출고지시서만으로 출고되는 관행이 있다고 할 것이므로, 운송인 다련이 에이스스틸의 의뢰를 받은 하역업자인 피고에게 이 사건 화물을 인도한 때에 그 인도의무를 다하였고, 그 이후 피고가 선하증권 등을 교부받지 아니한 채 이 사건 화물을 출고한 것은 원고에 대하여 불법행위가 성립하지 않는다고 판단하였다.

2. 그러나 원심의 위와 같은 판단은 다음과 같은 이유로 수긍할 수 없다.

선하증권이 발행된 경우 해상운송화물의 하역작업이 반드시 선하증권 소지인에 의하여 수행되어야 하거나 선하증권의 제시가 있어야만 양하작업이 이루어지는 것이 아니다. 운송인은 화물을 선하증권 소지인에게 선하증권과 상환하여 인도함으로써 그 의무의 이행을 다하는 것이므로 선하증권 소지인이 아닌 선하증권상의 통지처의 의뢰를 받은 하역회사가 양하작업을 완료하고 화물을 영업용 보세창고에 입고시킨 사실만으로는 화물이 운송인의 지배를 떠난 것이라고 볼 수 없다. 이러한 경우 화물의 인도시점은 운송인 등의 화물인도지시서에 의하여 화물이 영업용 보세창고에서 출고된 때라고 할 것이다(대법원 2000. 11. 14. 선고 2000다30950 판결, 대법원 2014. 5. 16. 선고 2012다23320 판결 등 참조).

한편 해상운송화물은 선하증권과 상환으로 그 소지인에게 인도되어야 하고 선하증권 없이 화물이 적법하게 반출될 수는 없으므로, 선하증권을 제출하지 못하여 운송인으로부터 화물인도지시서를 발급받지 못한 통지처에게 화물을 인도하면 그 화물이 무단 반출되어 선하증권의 소지인이 화물을 인도받지 못하게 될 수 있음을 예견할 수 있다고 할 것이다. 따라서 영업용 보세창고업자가 화물인도지시서나 운송인의 동의를 받지 않고 화물을 인도하였다면 그로 말미암아 선하증권 소지인이 입은 손해에 대하여 불법행위에 기한 손해배상 책임을 진다(대법원 2000. 11. 14. 선고 2000다30950 판결 등 참조).

그리고 기록에 의하면 2011. 3.경 원고의 배상청구가 있은 후 선하증권이나 화물인도지시서 없이 화물을 출고하지 말라고 통보한 것은 피고가 아니라 선박대리점들로서 입항 예정인 화물에 대해 선하증권이나 화물인도지시서 수령 후 반출할 것을 요구하거나, 보세구역에서 수입화물을 반출할 경우에는 반드시 화물인도지시서가 제출되어야 함을 이유로 피고에게 각서 작성을 요구하는 내용을 통보한 사실을 알 수 있고, 여기에 관세청에서 1970년경부터 보세장치장의 설치 및 운영허가를 받은 사람들에 대하여 화물의 타소장치, 보세운송 및 반출시 화물인도지시서나 선주의 동의를 받도록 행정지도를 하여 왔으며 이에 따라 영업용 보세창고업자가 화물을 반출할 때에는 운송인의 화물인도지시서를 제출받는 관행이 형성되었던 점 등을 보태어 보면, 원심이 들고 있는 그 판시와 같은 이유만으로는 평택항에서 FO 조건으로 운송되어 영업용 보세창고에 보관된 화물에 대하여 선하증권이나 화물인도지시서 없이 실수입업자의 출고지시서만으로 출고되는 관행이 존재한다고 단정하기 어렵다.

그렇다면 앞서 본 법리에 비추어, 보세창고업자인 피고가 선하증권의 소지인이 아닌 통지처의 의뢰를 받아 이 사건 화물을 양하하여 자신의 영업용 보세창고에 입고한 이 사건에서, 이 사건 운송계약이 FO 조건으로 체결되어 에이스스틸의 의뢰와 비용 부담으로 양하작업이 이루어졌다고 하더라도 이로써 이 사건 화물이 양하되는 즉시 운송인의 지배를 떠났다고 볼 수 없다.

그런데도 이와 달리 원심이 운송계약의 FO 조건이 곧 선상도 약정에 해당하고, 이 사건 화물이 영업용 보세창고에 보관되었다고 하더라도 평택항에서는 화물인도지시서 등을 받아야 화물이 출고되는 관행이 존재한다고 볼 수 없으므로 운송인 다련이 피고에게 이 사건 화물을 인도한 때에 그 인도의무를 다하였다는 이유로 피고의 불법행위가 성립하지 않는다고 판단하였으니, 결국 원심판결에는 FO 조건의 해상운송화물의 인도에 관한 법리를 오해하여 필요한 심리를 다하지 아니함으로써 판결에 영향을 미친 위법이 있고, 이를 지적하는 취지의 상고이유 주장은 이유 있다.

원심이 인용한 대법원 2004. 10. 15. 선고 2004다2137 판결은 화물이 실수입업자의 의뢰를 받은 하역업자에 의하여 양하 및 보세운송되어 자가보세장치장에 입고된 사안에서 FO 조건에 따라 선상도가 이루어졌다고 판단한 것으로, 이 사건과 사안을 달리하여 이 사건에 원용하기에 적절하지 아니하다.

3. 그러므로 나머지 상고이유에 대한 판단을 생략한 채 원심판결을 파기하고, 사건을 다시 심리·판단하게 하기 위하여 원심법원에 환송하기로 하여, 관여 대법관의 일치된 의견으로 주문과 같이 판결한다.

재판장 대법관 김 용 덕
대법관 이 인 복
대법관 고 영 한
주 심 대법관 김 소 영

〈제15호-Ⅰ〉

조 세 심 판 원

조심 2015지0873, 2015. 12. 24.

주 문

○○○의 부과처분은 이를 취소한다.

이 유

1. 처분개요

가. 청구법인은 2009.8.20. 선박건조용 플로팅도크를 취득한 후, 「지방세법」(2010.1.1. 법률 제9924호로 일부개정되기 전의 것) 제276조 제1항의 규정에 의거 산업단지 안에서 취득한 산업용 건축물(도크)로 신고하여 취득세 ○○○을 신고·납부하였다.

나. 처분청은 쟁점시설을 해상에 떠있는 선박건조 작업장으로서 선박에 해당하는 것으로 보아 취득가액 ○○○을 2014.9.16. 청구법인에게 부과·고지하였다.

다. 청구법인은 이에 불복하여 2014.11.26. 이의신청을 거쳐2015.5.13. 심판청구를 제기하였다.

2. 청구법인 주장 및 처분청 의견

가. 청구법인 주장

(1) 쟁점시설은 아래와 같은 이유로 「지방세법」상 취득세 과세대상 재산 중 '선박'에 해당하지 않고, '건축물'로 보아야 한다.

(가) 「지방세법」상 선박은 「상법」, 「선박법」 및 「선박안전법」상 선박의 정의를 준용하여 '항해에 사용되는 배'를 의미하는 것인데, 쟁점시설은 항해용으로 사용될 의도나 사용된 사실이 전혀 없으므로 선박에 해당하지 않으며, 또한, 쟁점시설은 「선박법」과 「선박등기법」상 선박으로 등기 또는 등록의 대상도 아니고, 또한, 등기 또는 등록한 사실도 없는 점,

(나) 쟁점시설은 고정식 플로팅도크로서 항행용 시설이 없고 비상발전기 역시 진수 도중 비상시 육지와 전력선이 차단된 경우 침몰을 방지하기 위한 것으로 항해를 대비한 것

이 아니며, 발전기의 전력산출량도 선박건조시 또는 진수시 필요 전력량에 턱없이 부족하여 비상시 침몰 상황을 대비한 제한적인 용도인 점,

(다) ○○○의 검사는 선박이라서가 아니라 해상 구조물로서 선주가 요구하는 선박건조 설비의 안전성 확보를 위해 청구법인이 임의로 선택하여 받은 것이고, 선급부호인 '+KRS0S'의 의미는 원칙적으로 해상에서 이동이 불가하며 다만 불가피한 경우 평수구역(항만 내 좁은 구역) 내에서만 제한적으로 가능하다는 의미에 불과한 점,

(라) 해저에 앵커로 연결 고정되어 선박계류 및 진수에 사용되는 바지선에 대한 조세심판원의 선결정례(조심 2012지423, 2012. 11. 19.)와 기타 유권해석에서도 같은 쟁점에 대해 선박에 해당되지 않는다고 판시하였으며, 또한, 최근 대법원 판례의 다른 조선사의 경우 선박 진수를 위해 먼 바다로 이동(항해)하는 소위 런칭방식(launching)의 플로팅도크를 선박으로 판단한 사례인 반면, 청구법인의 쟁점시설은 고정식 플로팅도크로서 설치된 위치에 고정되어 진수시에도 전후좌우 이동 없이 일부 바닥면이 반잠수하여 선박만 바다로 진수해 나가는 방식이므로 사실관계가 다른 점,

(마) 청구법인이 오래 전 1994년 취득한 다른 플로팅도크○○○는 설비가 노후화되고 크기가 작아 더 이상 선박 건조에 사용할 수가 없었고 구매자도 없어 불가피하게 외부 임대하는 과정에서 임차인의 사정으로 선박으로 등기했던 예외적인 사례에 불과하므로, 이를 일반화하여 영구히 고정식으로 설치된 쟁점시설이 언제든 해체되어 선박으로 사용될 가능성이 있다는 이유로 선박이라 보는 것은 부당한 점,

(바) 쟁점시설을 고정식으로 설치하기 위해 자체 구조물의 제작비용에 추가로 수심확보를 위한 준설공사 및 정위치설치공사(앵커, 체인 등 고정)에 약 8개월간 총○○○에 달하는 비용이 소요된 사실을 보더라도, 이를 해체하여 선박으로 사용할 계획이나 가능성이 없다는 점을 확인할 수 있는 점,

(사) 「지방세법」상 건축물은 등기대상인 「건축법」상 건축물에 한정되지 않고 '이와 유사한 형태의 건축물'과 '토지 등에 정착(定着)한 도크시설'도 포함되는 것으로서, 쟁점시설은 지붕, 기둥, 벽을 갖춘 구조물로서 「건축법」상 건축물과 유사한 형태의 건축물에 해당하고, 또한 앵커, 쇠사슬, 상부잔교에 의해 토지(안벽)와 해저지면에 연결되어 항구적으로 고정된 상태를 유지하고 있어 '토지 등에 정착된 도크시설'로서 「지방세법」상 건축물로 보는 것이 타당하므로 처분청의 취득세 등 부과처분은 위법하다 할 것이다.

(2) 청구법인은 「지방세법」상 과세표준 및 산출세액의 신고기한 내에 취득세 감면신청과 더불어 취득세 과세표준과 산출세액을 신고했으므로 취득세와 농어촌특별세의 신고불성실가산세의 부과처분은 위법하고,

처분청은, 청구법인이 당초 취득세감면분의 20% 상당의 농어촌특별세를 기한내에 납부

했던 사정을 감안하지 않고 취득세의 10% 세율로 부과되는 농어촌특별세를 당초 납부하지 않은 것으로 보아 농어촌특별세에 대한 납부불성실가산세를 부과하였는바, 동일 과세물건에 대한 동일 세목임에도 다른 세목인 것처럼 환급가산금과 납부불성실가산세를 구분 적용한 것은 「농어촌특별세법」상 근거가 없으므로 이 건 농어촌특별세에 대한 납부불성실가산세도 부당하다.

나. 처분청 의견

(1) 「지방세법」 제104조 제4호에서 "건축물"이란 「건축법」 제2조 제1항 제2호의 규정에 의한 건축물(이와 유사한 형태의 건축물을 포함한다)과 토지에 정착하거나 지하 또는 다른 구조물에 설치하는 레저시설, 저장시설, 도크시설, 접안시설, 도관시설, 급・배수시설, 에너지 공급시설 그 밖에 이와 유사한 시설(이에 부수되는 시설을 포함한다)로서 대통령령이 정하는 것을 말한다고 규정하고 있고, 같은 조 제5호에서 "선박"이란 기선・범선・전마선 등 기타 명칭 여하를 불문하고 모든 배를 말한다고 규정하고 있으며, 「선박법」(2008.7.1. 법률 제8621호로 일부개정된 것, 이하 같다) 제1조의2 제1항 제3호에서 "부선"이란 자력항행능력이 없어 다른 선박에 의하여 끌리거나 밀려서 항행되는 선박이라고 규정하고 있는바,

(가) 청구법인이 2009.8.20. 「선박안전법」(2009.12.29. 법률 제9871호로 일부개정되기 전의 것, 이하 같다) 제60조에 따라 해양수산부장관의 선박검사 등의 업무를 대행하는 ○○○」에 의하면 쟁점시설이 평수구역 제9구에서 운행이 가능함을 의미하는 것이며, 제9구 평수구역은 ○○○을 나타내는 것이고, 특히, 위 선급증서에 "상기 선박은 선급의 규칙에 따라 검사원에 의하여 등록검사를 받고 현상 양호하다고 보고되었으며, 선급등록원부에 등록되었음을 증명함"이라고 기재되어 있고, 2014.8.13. 유효기간이 '2019년 8월 19일까지'로 된 선급증서를 다시 받은 사실 등을 제출된 자료를 통해 알 수 있으며,

(나) 「지방세법」상 건축물에 해당하기 위해서는 토지에 정착하거나 다른 구조물에 설치되어야 하는데, 쟁점시설은 바다에 떠 있는 상태로서 언제라도 항해가 가능하다고 보이고,

(다) 쟁점시설이 취득세 과세대상 물건 중 "선박"인지 여부의 판단 기준은 그 현황이 선박으로서의 실체를 갖추고 있으면 충분하고, 항해에 사용될 의도나 사용된 사실이 있는지 여부는 영향을 미치지 않는다 할 것으로, 쟁점시설과 유사한 것으로 보이는 청구법인 소유의 ○○○가 선박등기를 마친 사실 등을 종합해 보면, 쟁점시설은 언제든지 항해가 가능한 선박으로서 실체를 갖추었다고 보이는바, 쟁점시설을 취득세 과세대상인 「지방세법」 제104조 제5호의 선박에 해당하는 것으로 보아 이 건 취득세 등을 부과한 처분은 적법하다.

(2) 「지방세법」 제120조 및 제121조에서 취득세 과세물건을 취득한 자는 그 취득한 날부터 30일 이내에 그 과세표준액에 제112조의 규정에 의한 세율을 적용하여 산출한 세액을 신고하고 납부하여야 하고 그 신고 또는 납부의무를 다하지 아니 한 때에는 그 산출세액에 신고불성실가산세와 납부불성실가산세를 합한 금액을 세액으로 보아 보통징수의 방법에 의하여 징수한다고 규정하고 있고, 「농어촌특별세법」(2009.10.2. 법률 제9620호로 개정되기 전의 것, 이하 같다) 제8조에서 농어촌특별세 부과징수에 관하여 본세의 부과·징수의 예에 따른다고 규정하고 있는바,

청구법인의 경우, 쟁점시설은 「지방세법」 제104조 제5호의 선박에 해당하는데도 그에 대한 취득세 신고·납부 의무를 다하지 않았고, 「지방세법」 제27조의2 제2항에 의한 가산세 면제사유에 대한 입증도 없으므로, 가산세를 면제하여야 한다는 청구법인의 주장은 받아들이기 어렵다.

3. 심리 및 판단

가. 쟁점

① 쟁점시설이 취득세 과세대상인 선박에 해당하는지 여부(주위적 청구)

② 이 건 가산세 부과처분이 적법한지 여부(예비적 청구)

나. 관련 법령 등 :〈별지〉 기재

다. 사실관계 및 판단

(1) 처분청 및 청구법인이 제출한 공사도급계약서, 이의신청 결정서(제2015-9호), ○○○의 선급증서 및 회신문, 처분청의 출장결과 보고서 등에 의하면 다음과 같은 사실이 확인된다.

(가) 청구법인은 ○○○에서 선박 및 조선용 기자재 제조업을 영위하고 있는 조선업체이다.

(나) 쟁점시설은 횡단면이 유자형(∪)이며, 밑부분과 측면에 여러 구획으로 나누어진 탱크가 설치되어 있어서 이들 탱크에 물을 넣거나 빼내면 뜨거나 가라앉게 되어 있는 반잠수식 야외작업장으로서 선박을 건조하는데 주로 사용되어 플로팅도크라고도 한다.

(다) 청구법인은 ○○○를 임차하여 2009.1.20.부터 2009.5.31.까지 쟁점시설의 기본구조물을 자체 제작하여 후행의장 등의 공사완료 후 ○○○ 내로 이동시켜 2009.6.1. 정박시켰다.

(라) 청구법인과 ○○○가 도급금액 ○○○(부가가치세 포함)에 해저지면 수심확보를 위한 준설공사를 2008.12.1. 착공하여 2009.7.31. 준공하기로 한 것으로 나타난다.

(바) 청구법인은 육상안벽과 쟁점시설 입구를 8개의 쇠사슬(개당 13톤/70m)로 연결하였고, 안벽과 쟁점시설 사이에 하부잔교(1개, 진수시 분리)와 상부잔교(2개, 진수시 고정)를 설치하였으며, 해상에 접한 3개면을 따라 22개(좌측 10개, 우측 10개, 뒤쪽 2개, 개당 25톤)의 앵커를 해저지면에 박고 22개의 쇠사슬(개당 52톤/275m)로 쟁점시설과 엑스자(X)로 연결하여 고정한 후, 좌·우측에 크레인을 설치하는 쟁점시설에 대한 정위치 설치공사를 2009.8.19. 완료하였다.

(사) ○○○ 항해구역에 제한을 받는 선박이며, 'S'는 평수구역을 조건으로 하는 선박을 뜻한다.

(아) 처분청의 세무공무원은 2014.8.12. 쟁점시설에 대한 현장확인을 실시하고 아래와 같이 설치 현황을 보고하였다.

(자) ○○○ 2014.10.2. 처분청에 회신한 문서의 주요 내용은 아래와 같다.

(차) 한편, 청구법인이 2012.4.18. 쟁점시설과 유사한 시설인 ○○○에 대해 선박등기를 한 사실에 대해서는 청구법인과 처분청 간에 다툼이 없다.

(카) 청구법인은 우리 원 조세심판관회의에 출석해서 ○○○는 쟁점시설과 달리 한국선급의 검사를 받지 않고 등록도 하지 않았다고 진술하였고, ○○○에 입급된 사실이 없는 것으로 나타난다.

(2) 처분청은 쟁점시설에 설치된 발전기가 비상시 항행에 필요한 전기 생산을 위한 것이라는 의견으로, 이의신청 결정서(제2015－9호)를 보면, 아래의 내용이 기재되어 있다.

(3) 청구법인은 처분청의 위 (2)의견에 대해, 쟁점시설의 이동을 위한 자체동력이 없고, 발전기 1대(최대 전력 산출량 1,000kw)는 진수과정에서 비상시 육지와 전력선이 차단된 경우 침몰 방지를 위한 최소한의 전력생산시설이라는 주장으로, 청구법인이 제출한 쟁점시설의 펌프시설의 사양서에 따르면, 배수펌프 등의 가동에 필요한 전력소요량은 아래와 같이 나타난다.

(4) 이상의 사실관계 및 관련 법령 등을 종합하여, 먼저, 쟁점①에 대하여 살펴본다.

(가) 처분청은 쟁점시설이 토지에 정착되지 않아 「지방세법」상 건축물에 해당하지 않고, 쟁점시설과 유사한 것으로 보이는 청구법인 소유의 ○○○이 발급한 쟁점시설에 대한 선급증서상 쟁점시설이 평수구역 제9구에서 운행이 가능한 시설로 기재되어 있는 점, 쟁점시설에 설치된 발전기가 비상시 항행에 필요한 전기 생산을 위한 것이라고 보이는 점 등을 들어 쟁점시설이 해상에 떠 있는 구조물로서 언제라도 항해가 가능한 선박이라는 의견이다.

(나) 살피건대, 「지방세법」 제104조에 따른 취득세 과세대상인 "선박"이란 기선・범선・전마선 등 기타 명칭 여하를 불문하고 모든 배를 말하고, 한편, 「선박법」 제1조의2

제1항에서 “선박”이란 수상 또는 수중에서 항행용으로 사용하거나 사용될 수 있는 배종류로 정의하고 있으며, 「선박안전법」 제2조 제1호 및 「선박안전법 시행규칙」(2010. 2. 17. 국토해양부령 제220호로 일부개정되기 전의 것, 이하 같다) 제3조에 따르면 “선박”을 수상 또는 수중에서 항해용으로 사용하거나 사용될 수 있는 것과 이동식 시추선·수상호텔 등 해양수산부령이 정하는 부유식 해상구조물로 보되, 이동식 시추선과 수상호텔, 수상식당 및 수상공연장 등으로서 소속 직원 외에 13명 이상을 수용할 수 있는 해상구조물 중 항구적으로 해상에 고정된 것은 선박으로 보지 않고 있어, 「지방세법」상 선박은 항구적으로 해상에 고정되어 있지 않은 ‘항해에 사용되는 배’를 의미하는 것으로 해석하는 것이 타당하다고 보이는바, ① 쟁점시설은 고정식 플로팅도크로서 설치된 위치에 고정되어 진수시에도 전후좌우 이동 없이 일부 바닥면이 반잠수하여 선박만 바다로 진수해 나가는 방식으로 항행용으로 사용할 필요성이 없고, 쟁점시설에 설치된 발전기의 전력산출량을 볼 때, 발전기 역시 침몰을 방지하기 위한 것으로 항해를 대비한 것이 아닌 것으로 보이는 점, ② 쟁점시설을 고정식으로 설치하기 위해 자체 구조물의 제작비용에 추가로 수심확보를 위한 준설공사에 약 8개월간 총 OOO에 달하는 비용이 소요된 사실을 보더라도, 이를 해체하여 선박으로 사용할 계획이나 가능성이 있다고 하기 어려워 보이는 점, ③ 쟁점시설이 항구적으로 해상에 고정되어 있어 「선박안전법」상 검사의무가 적용되지 않지만, 선주가 요구하는 선박건조 설비의 안전성 확보를 위해 청구법인이 임의로 선택하여 한국선급의 검사를 받았다는 청구주장이 OOO가 선급검사를 받지 않았다는 사실을 고려할 때에 신빙성이 있어 보이는 점, ④ 쟁점시설은 「선박법」과 「선박등기법」상 선박으로 등기 또는 등록의 대상이 아니고, 또한, 등기 또는 등록한 사실도 없는 점, ⑤ 산업단지 내 산업용 건축물의 취득에 대한 지방세를 감면해주는 것이 산업단지 내 산업용 건축물의 취득시 세제혜택을 부여하고자 하는 취지임을 감안할 때, 청구법인이 선박건조를 위해 핵심적인 시설로 사용되고 있는 쟁점시설도 육상 도크와 마찬가지로 감면대상으로 보는 것이 감면취지에도 부합하는 것으로 보이는 점 등에 비추어 쟁점시설을 항해에 사용되는 ‘선박’으로 보기 어렵다.

따라서, 처분청이 쟁점시설을 선박으로 보아 이 건 취득세 등을 부과한 처분은 잘못이 있다고 판단된다.

(5) 쟁점②는 쟁점①을 인용하여 심리의 실익이 없으므로 그 심리를 생략한다.

4. 결 론

이 건 심판청구는 심리결과 청구주장이 이유 있으므로 「지방세기본법」 제123조 제4항과 「국세기본법」 제81조 및 제65조 제1항 제3호에 의하여 주문과 같이 결정한다.

〈제16호-I〉

대 구 지 방 법 원

2015. 2. 4. 선고 2014나303202 판결【손해배상(기)】

원고, 항소인 겸 피 항소인	○○○
피고, 항소인 겸 피 항소인	□□□□□□ 주식회사
제 1 심 판 결	대구지방법원 2014. 7. 8. 선고 2013가단24136 판결
변 론 종 결	2014. 12. 24.
판 결 선 고	2015. 2. 4

주 문

1. 제1심 판결 중 피고 패소 부분을 취소하고, 그 취소 부분에 해당하는 원고의 청구를 기각한다.
2. 원고의 항소를 기각한다.
3. 소송총비용은 원고가 부담한다.

청구취지 및 항소취지

1. 청구취지

피고는 원고에게 76,455,000원 및 이에 대하여 이 사건 소장 부본 송달 다음날부터 갚는 날까지 연 20%의 비율로 계산한 돈을 지급하라.

2. 항소취지

가. 원고 : 제1심 판결 중 원고 패소 부분을 취소한다. 피고는 원고에게 65,292,055원 및 이에 대하여 이 사건 소장 부본 송달 다음날부터 갚는 날까지 연 20%의 비율로 계산한 돈을 지급하라.

나. 피고. : 주문과 같다.

이 유

1. 기초 사실

다음의 사실은 당사자 사이에 다툼이 없거나, 갑 제1 내지 5호증, 을 제1 내지 9호증의 각 기재(가지번호 있는 것은 각 가지번호 포함)에 변론 전체의 취지를 종합하여 인정할 수 있다.

가. 당사자의 지위

1) 원고는 2006. 12. 6. 피고의 대구 시지지점에서 피고가 판매하는 A 선박펀드(이하 '이 사건 펀드'라고 한다)에 가입하여 선박투자회사법에 따라 설립된 A 선박투자회사(이하 '이 사건 선박투자회사'라고 한다)의 주식을 취득한 개인투자자이다.

2) 피고는 이 사건 선박투자회사가 주식을 구주매출할 당시, 그 매출을 위탁받고 B주식회사(이하 'B'라고만 한다)와 함께 공동주관회사 겸 총액인수회사의 지위에서 이를 기관투자자 및 일반투자자에게 취득시킬 목적으로 매출대상 주식의 50%씩 총액인수한 다음 공모 방식으로 청약자들에게 배정한 증권회사이다.

나. 선박투자회사의 개념 등

1) '선박투자회사'란 선박투자회사법(이 사건의 경우 2007. 1. 3. 법률 제8223호로 개정되기 전의 것을 말한다. 이하 '법'이라고만 한다)에 따라 자산을 선박에 투자하여 그 수익을 주주에게 분배하는 것을 목적으로 설립된 주식회사이다(법 제2조 제1호, 제3조 제1항). 위 법에 따른 투자구조는 투자자들로부터 모은 자금으로 '선박투자회사'를 설립하고, 그 자본금 및 차입금으로 선박을 건조하거나 매입한 후, 용선자와 해당 선박에 관한 용선계약을 체결하고 용선료를 지급받아 차입금에 대한 원리금을 상환한 뒤, 그 나머지 이익을 투자자들에게 배당하는 구조를 갖는다.

2) '선박운용회사'란 선박투자회사의 위탁을 받아 선박 등 자산을 실제로 운용하는 업무를 하는 회사이고, '자산보관회사'란 선박투자회사의 위탁을 받아 그 자산의 보관 및 이와 관련된 업무를 행하는 회사(구 신탁업법에 의한 신탁회사 또는 자본시장과 금융투자업에 관한 법률에 따른 신탁업자로서, 은행 등 신탁업을 겸영하는 금융기관을 포함한다)를 뜻하며, '선박운항회사'란 선박투자회사 또는 그 자회사가 소유하는 선박을 대선(貸船)받아 운항 또는 대선하는 업무를 하는 회사를 말한다(법 제2조 제2, 3, 4호).

3) 선박투자회사는 구 증권거래법 제71조의 규정에 의한 한국증권거래소의 유가증권시장의 상장기준이나 같은 법 제162조의 규정에 의한 한국증권업협회의 등록요건을 갖추게

된 때에는 지체없이 유가증권시장에 상장하거나 한국증권업협회에 등록하여 그 주식이 거래되도록 하여야 한다(법 제17조 제1항, 이에 따라 이 사건 선박투자회사도 2007. 1. 22. 한국증권선물거래소에 상장하였다). 선박투자회사는 회사설립 후에 주식을 발행하여 그 인수의 청약을 권유하는 경우 주식청약서 및 투자설명서를 작성하여 그 주식을 인수하려는 자에게 제공하여야 한다(법 제15조 제1항).

4) 선박투자회사는 1척의 선박만을 소유하여야 하며, 존립기간 중에 다른 선박으로 대체하여서는 아니된다(법 제3조 제2항). 선박의 건조 또는 매입이 완료된 이후에는 주식을 발행할 수 없고(법 제15조 제2항), 선박투자회사의 주주는 선박투자회사의 존립기간 중 당해주식의 환매를 청구할 수 없다(법 제15조 제3항).

5) 이 사건 선박투자회사의 경우, 운용회사는 C 주식회사(이하 'C'라고만 한다)이고, 자산보관회사는 주식회사 D이며, 피고는 이 사건 선박투자회사가 그 매출주식을 공모하고 상장함에 있어 B와 함께 공동주관회사 겸 총액인수회사의 지위에서 유가증권신고서를 검토하고 분석한 뒤 청약기일(2006. 12. 6.~2006. 12. 7.)에 공모 청약을 취급하고 배정하는 업무를 수행하였다(이 사건 선박투자회사의 주식 공모청약투자자들을 위하여 작성·배포된 팸플릿에는 피고와 B가 '판매회사'로 기재되어 있다).

다. 원고의 이 사건 선박투자회사 주식의 취득

1) 원고는 2006. 12. 6. 배우자 ◇◇◇로 하여금 피고의 대구 시지지점을 방문하게 하였고 ◇◇◇는 원고의 대리인으로서 원고 명의로 A 주식 20,000주를 청약하고, 청약증거금 1억 원을 납부하였다.

2) 원고는 2006. 12. 13. A 주식 15,291주를 배정받고, 위 청약증거금 중 76,455,000원(15,291주×5,000원)을 납입하였다.

라. 이 사건 선박투자회사 주식 취득을 통한 투자의 구조

1) C는 자본금 5,000만원으로 이 사건 선박투자회사를 설립하여 선박운용위탁계약을 맺고, 이 사건 선박투자회사는 파나마에 설립한 자회사(이하 '이 사건 파나마 자회사'라고 한다)로 하여금 주식회사 E(이하 'E'라 한다). E 싱가폴 지점, F, G(위 금융기관들을 합하여 이하 '선순위 대주단'이라 한다)로부터 선순위 대출(약 2,859만 달러)을, 이 사건 선박투자회사로부터 주식을 공모하여 납입받은 자본금 전액에 해당하는 금액의 후순위 대출(약 1,780만 달러)을 받아 조달한 자금으로 149,477 DWT 중고 건화물선(이하 '이 사건 선박'이라 한다)을 매수하여, 해운회사와 5년간의 나용선계약(Bareboat Charter Agreement)을 체결하여 이 사건 선박을 용선해 준 뒤, 이후 용선자의 모회사 등의 지급보증 하에 용선료를 지급받아 선순위 대주단 및 이 사건 선박투자회사에 대출 원리금을

각 균등 상환하도록 한 상태였다.

2) 이 사건 선박투자회사는 위와 같이 상환받은 대출 원리금을 재원으로, 원고와 같이 공모에 의한 구주매출 과정에서 주식을 청약하여 취득한 주주들에게 5년 동안 매3개월마다 연 7.5%의 배당금을 지급하고, 위 나용선계약의 종료 시점에 선박의 매각을 통하여 투자 원금을 상환할 예정이었다.

3) 한편, 이 사건 파나마 자회사는 나용선계약의 종료 시점에서의 선박 매각대금을 보장하기 위하여 H와 선박잔존가치보증계약(Residual Value Guarantee Agreement, 이하 'RVG 계약'이라고 한다)을 체결하였는데, 이에 따르면, 위 파나마 자회사는 나용선계약기간이 만료되고 일정 요건이 충족될 경우 H로 하여금 이 사건 선박을 미리 정한 금액(1,870만 달러)에 매도할 권리를 보유하게 된다.

마. 용선자의 채무불이행과 RVG 계약의 효력 상실

1) 그러나 이 사건 선박의 용선자는 모회사의 자금경색으로 2009. 4. 21. 용선료를 지급하지 아니하였고, 이후 같은 해 5. 경 위 연체 용선료를 지급하였으나, 2009. 6. 22.부터 다시 용선료를 연체하기 시작하였고, 이후 앞서 언급된 RVG 계약은 효력을 상실하였다{을 제2호증 투자설명서 제41쪽 '잔존가치보증(RVG)'에 기재된 설명에 따르면 이는 용선자의 용선료 미지급등 RVG 계약상의 제반조건 불충족에 따른 것으로 보인다}.

2) 그 후 이 사건 선박은 제3자에게 매각되었으나, 그 매각대금 전부가 각종 비용 및 선순위 대출 원리금 채무의 변제에 충당됨으로써, 이 사건 선박투자회사는 잔존 원리금을 변제받지 못하여 원고를 비롯한 투자자들 또한 투자원금을 회수하지 못하게 되었다.

2. 원고의 주장

이 사건 선박투자회사의 주식(이하 '이 사건 주식'이라 한다)에 대한 투자를 권요한 피고로서는 그 투자에 따르는 위험을 포함하여 당해 주식투자의 특성과 주요 내용을 명확히 설명함으로써 고객이 그 정보를 바탕으로 합리적인 투자판단을 할 수 있도록 충분한 설명을 하여 고객을 보호하여야 할 주의의무가 있다.

그럼에도 피고의 직원은 이 사건 펀드가 마치 투자 원금의 회수가 보장되는 안전한 상품인 것 처럼 설명하며, 용선자 등의 자력, RVG 계약의 내용 등 구체적인 투자위험 요소에 관하여 잘못된 설명을 하였으므로, 피고는 원고에게 이 사건 주식 취득으로 인한 손해를 배상할 의무가 있다고 주장한다{원고는 피고가 이 사건 주식을 판매하면서 구간접투자자산운용업법(2005. 7. 29. 일부 개정, 법률 제7618호)상의 투자원금의 보장 등 수익을 보장하는 권유행위, 중요한 사항에 대하여 오해를 유발할 수 있는 표시행위를 함으로써 동법을 위반함으로써 원고에게 손해를 입혔다는 주장도 하고 있는데 이 또한 마찬가지의 주장인 것으로 보인다}.

3. 손해배상책임 성립 여부에 관한 판단

가. 선박투자회사 주식 취득의 청약을 권유할 경우 설명의무의 내용

주식, 유가증권 기타 금융투자상품에 대한 투자는 항상 위험이 존재하고 이러한 위험을 감수하고 거래에 참여한 투자자는 자신의 투자결정에 대해 스스로 책임을 져야하는 것이지만, 그 거래의 공정성과 투자자 보호를 위해서는 투자자의 자기책임원칙이 납득될 수 있는 정보가 당해 투자를 권유하는 증권회사 등에 의해 제공되어야 한다. 그러므로 증권회사의 임직원이 고객에게 투자를 권유할 때에는 고객이 합리적인 투자판단과 의사결정을 할 수 있도록 고객을 보호할 의무를 부담하고, 따라서 유가증권의 가치나 거래행위에 필연적으로 수반되는 위험성에 중대한 영향을 미치는 중요정보는 고객에게 제공하고 설명하여야 할 의무를 부담한다(대법원 2006. 6. 29. 선고 2005다49799 판결 등 참조). 그러나 주식 기타 금융투자상품의 거래는 본래적으로 여러 불확정요소에 의한 위험성을 동반할 수 밖에 없고, 투자자로서도 일정한 범위내에서는 자신의 투자로 인해 발생할지 모르는 손실을 스스로 부담해야 한다는 점에 비추어, 증권회사 임직원의 투자자에 대한 불법행위책임이 성립하기 위해서는 거래경위와 거래방법, 고객의 투자상황(재산상태, 연령, 사회적 경험 정도 등), 거래의 위험도 및 이에 관한 설명의 정도 등을 종합적으로 고려한 후, 그 행위가 일반 투자자에게 거래행위에 필연적으로 수반되는 위험성에 관한 올바른 인식형성을 방해하거나 또는 고객의 투자상황에 비추어 과대한 위험성을 수반하는 거래를 적극적으로 권유한 경우에 해당하여, 결국 고객에 대한 보호의무를 저버려 위법성을 띈 행위인 것으로 평가될 수 있는 경우라야 할 것이다(대법원 1994. 1. 11. 선고 93다26205 판결 등 참조).

나. 판단

살피건대, 앞서 든 증거들에 변론 전체의 취지를 종합하여 인정할 수 있는 아래와 같은 사실 및 사정들에 비추어 보면, 설령, 피고의 직원이 이 사건 펀드에 관한 설명을 하면서 그 위험성에 관한 설명을 다소 미흡하게 하였다고 하더라도, 원고가 제출한 증거만으로는 피고의 직원이 이 사건 선박투자회사가 제공한 한정된 정보에만 의존하여 이 사건 펀드에 필연적으로 수반되는 위험성에 중대한 영향을 미치는 중요정보에 관한 설명 없이 안정성만을 강조하여 원금이 보장되는 상품인 것처럼 설명하면서 원고에게 적극적으로 투자를 권유함으로써 일반투자자인 원고의 올바른 인식형성을 방해하여 고객인 원고에 대한 보호의무를 다하지 아니하였음을 인정하기에 부족하고, 달리 이를 인정할 증거가 없는바, 이를 전제로 하는 원고의 주장은 더 나아가 살펴볼 필요 없이 이유 없다.

1) 원고 대리인 ◇◇◇가 작성한 '선박투자회사 주식청약 신청서'(을 제1호증)의 '위험고지 확인 및 투자설명서 수령 등 고객 확인란'에 '본인은 본 청약서에 기재한 거래와 관련하여 A 선박투자회사의 주식모집요령을 승인하여 청약하고, 투자설명의 주요 내용에 대해 당사 직원으로부터 충분한 설명을 들었으며, 이를 교부받았습니다'라고 기재되어 있고 신청인란에 '○○○'이라고 수기되어 있으며 ○○○의 날인이 있다.

그 아래 란에는 ◇◇◇가 대리인으로 기재되어 있다.

2 위에서 원고가 ◇◇◇를 통하여 수령한 것으로 보이는 '투자설명서'의 첫 장에는 붉은색 글씨로 박스 안에 "본 설명서는 A 선박투자회사의 사업 내용 및 사업 위험 등 투자와 관련된 사항을 고지하기 위한 것입니다. A는 149,447DWT 1)

톤수에 대하여 투자설명서 내용에서는 2회 이상 149,477DWT라고 기재된 점에 비추어 오기로 보인다. 건화물 운반선 한 척에 투자하게 되면, 선박인도 후 5년 이내에 용선자가 파산하거나 계약불이행등으로 인해 기한의 이익이 상실되면, 보유선박의 매각을 통해 해산을 추진하게 됩니다. 이러한 경우 선박매각이 지연되어 적기에 해산할 수 없거나 저가매각으로 인한 투자원금손실위험이 있습니다." "이 투자설명서는 해양수산부장관이 그 내용이 진실 또는 정확하다는 것을 인정하거나 당해 주식의 가치를 보증 또는 승인하는 것이 아니며, 투자원금도 보장되지 않기 때문에 투자에 신중을 기하여 주시기 바랍니다."라고 기재되어 있는 것을 비롯하여 "당사의 주식에 대한 투자는 관련 법령상 원리금 보호대상이 아니므로 투자자는 투자원금에 대한 손실을 입을 위험이 있습니다. 투자에서 발생하는 손실은 주주인 투자자가 전적으로 책임을 져야 하고 투자자 이외의 어떠한 자도 투자손실에 대한 책임을 지지 아니합니다."라는 문구, "다른 주식 관련 투자와 같이, 회사주식에 대한 투자는 투자원금에 대하여 손실이 발생할 위험 등 다양한 위험을 수반합니다. 또한, 회사 주식의 가치는 보장되지 아니하며 회사 주식에 대한 투자로 인하여 투자자에게 발생가능한 손실은 어떠한 방법으로도 보상되지 아니합니다. 따라서 당 회사의 주식에 투자하고자 하는 투자자들은 아래의 투자위험 요소들을 주의깊게 고려하시기 바랍니다. (본 항에서 언급되지 않은 위험요소는 본 유가증권신고서중 '제1부 모집 또는 매출의 개요 - Ⅱ. 투자위험요소'를 참조하시기 바랍니다.)"라는 문구, "(용선자가)파산하거나 계약불이행 등으로 인해 기한의 이익이 상실되면, 보유선박의 매각을 통해 해산을 추진하게 됩니다. 이러한 경우 선박매각이 지연되어 적기에 해산할 수 없거나 저가 매각으로 인한 투자원금 손실위험이 있습니다."라는 문구 등이 붉은색으로 강조되어 기재되어 있다.

3) 또한, 고객들에게 설명자료로 제공된 것으로 보이는 청약 관련 공지사항(을 제7호증) 제24항에도 "투자원금 손실에 대한 위험 : 관계법령은 당사와 같은 선박투자회사에

대한 투자에 대하여 원리금을 보장하거나 보호하지 않습니다. 따라서 회사의 주식에 투자하는 경우 투자원금의 전부 또는 일부에 대한 손실의 위험이 존재합니다.

이와 같이 투자금액의 손실 내지 감소의 위험은 전적으로 투자자가 부담하며, 당사 및 주관회사를 포함한 어떠한 당사자도 투자손실에 대하여 책임을 지지 아니합니다."라고 기, 재되어 있다.

4) 뿐만 아니라, 이 사건 펀드의 포스터 상에도 좌측 하단에 붉은 색 글씨로 "※본 상품은 운용실적에 따라 이익 또는 손실이 발생될 수 있으며 그 결과는 투자자에게 귀속됩니다."라고 기재되어 있고, 팸플릿의 표지 하단에도 "※ 본 상품은 운용실적에 따라 이익 또는 손실이 발생될 수 있으며, 그 결과는 투자자에게 귀속됩니다."라고 기재되어 있다.

5) 이 사건과 관련하여 문제가 되는 것 중에 하나인 RVG 계약과 관련하여서도 투자설명서에 "만일 용선자가 제반조건을 지키지 못하는 경우 효력이 상실될 수 있으며... 용선자의 회사상태가 좋지 못하고 중고선 시장 상황이 좋지 않을 경우 원금에 대한 전액상환이 불가능할 수 있으며 이에 따라 투자자의 원금손실이 발생할 위험이 있습니다."라고 기재되어 있으며, 팸플릿에 "RVG상의 권리는 선박이 용선기간 동안 RVG의 선박관리 및 인도 조건 등의 제반 조건을 충족한다는 조건하에 유효함"이라고 기재되어 있는 등 RVG 계약의 존재만으로 투자 원금이 보장되는 것이 아님을 명시하고 있다.

6) 앞서 본 바와 같은 이 사건 선박투자회사의 사업구조상 투자위험요소는 용선자 또는 그 지급보증인인 용선자의 모회사(이하 '용선자 등'이라고 한다)의 채무불이행(용선료 미지급)과 나용선계약이 종료되는 등의 사정으로 이 사건 각 선박을 매도할 경우의 잔존가치 하락이라고 할 것인데, 투자설명서나 팸플릿에 용선자 등이 명시되어 있고, 용선자 등에 대한 재무정보 등이 기재되어 있었던 이상, 원고는 용선자 등의 재무구조나 자력 등을 조사한 후 투자 여부나 투자 규모를 결정할 수 있었으며, 이 사건 펀드가 후순위 대출상품이고 선순위 근저당권의 대출액이 선박 매입자금의 60～70%에 이르는 점이 명시되어 있었던 이상, 선순위 채권의 규모나 선박 잔존가치에 따라 이 사건 각 선박펀드의 수익이 영향을 받으리라는 것은 쉽게 예상할 수 있었을 것으로 보인다.

7) 원고는 이 사건 펀드 이전에도 선박펀드에 투자한 경험이 있으며, 이 사건 펀드는 실질적으로 이 사건 선박회사의 주식을 취득하는 것으로 2006. 12. 6.부터 2006. 12. 7.까지 단 이틀에 걸쳐 공모 방식으로 일반투자자들로부터 청약 신청을 받았는데, 원고는 그 첫째 날 배우자를 통해 피고 지점에 방문하여 청약증거금 100,000,000원을 예치하며 주식 20,000주를 청약하였는바, 피고 직원의 적극적인 권유로 인하여 이 사건 펀드에 투자하게 된 것은 아닌 것으로 보인다.

4. 결 론

그렇다면, 원고의 이 사건 청구는 이유 없어 이를 기각할 것인바, 제1심 판결은 이와 결론을 일부 달리 하여 부당하므로, 피고의 항소를 받아들여 제1심 판결 중 피고 패소부분을 취소하고, 원고의 청구를 기각하며, 원고의 항소는 이유 없어 이를 기각하기로 하여 주문과 같이 판결한다.

재판장 판 사 김 형 한

판 사 김 병 휘

판 사 박 주 영

〈제16호-II〉

대 법 원

2016. 5. 12. 선고 2015다49811 판결
[채무부존재확인][공2016상,748]

【전 문】

【원고, 피상고인】 아시안 이글쉽핑 리미티드

【피고, 상고인】 주식회사 흥해 외 4인

【원심판결】 서울고법 2015. 7. 10. 선고 2014나44996 판결

주 문

상고를 모두 기각한다. 상고비용은 피고들이 부담한다.

이 유

상고이유를 판단한다.

1. 상고이유 제1점에 대하여

이 사건 정기용선계약의 준거법인 영국법에 따르면 계약이 성립하기 위하여는 청약과 승낙 이외에 약인(consideration)이 있어야 하고 용선계약의 약인은 용선료의 지급을 의미하므로 이 사건 선박의 소유자인 원고가 용선자인 텐진 마린 쉽핑 컴퍼니 리미티드(Tianjin Marine Shipping Co., Limited. 이하 '텐진 마린'이라 한다)로부터 용선료를 지급받지 아니하였다면 용선계약이 유효하게 성립되었다고 볼 수 없다는 취지의 이 부분 상고이유의 주장은 상고심에 이르러 처음으로 내세우는 것으로서 적법한 상고이유가 될 수 없다.

2. 상고이유 제2점에 대하여

원심판결 이유를 관련 법리와 기록에 비추어 살펴보면, 원심이 그 판시와 같은 이유로 원고와 스카이 글로리 쉽핑 리미티드(Sky Glory Shipping Limited)는 서류상의 회사에

불과하고 텐진 마린이 이 사건 선박의 실질적인 소유자라는 피고들의 주장을 배척한 것은 정당하고, 거기에 상고이유의 주장과 같은 계약의 성립이나 법인격 부인에 관한 법리오해, 채증법칙 위반, 심리미진 등으로 판결 결과에 영향을 미친 위법이 없다.

3. 상고이유 제3점에 대하여

가. 외국적 요소가 있는 법률관계에 관하여 적용될 외국 법규의 내용을 확정하고 그 의미를 해석하는 경우에는 그 외국법이 그 본국에서 현실로 해석·적용되고 있는 의미·내용대로 해석·적용하는 것이 원칙이며, 소송 과정에서 그 외국의 판례나 해석기준에 관한 자료가 제출되지 아니하여 그 내용의 확인이 불가능한 경우에만 일반적인 법해석 기준에 따라 법의 의미·내용을 확정할 수 있다(대법원 2010. 1. 28. 선고 2008다54587 판결 등 참조).

나. 원심판결 이유에 의하면 다음과 같은 사정을 알 수 있다.

(1) 라이베리아국 해상법 제114조는 선박우선특권에 관하여 규정하고 있고, 특히 그 제3항에서는 '물품공급자가 용선계약상의 계약조항이나 선박 매매계약상 합의 또는 다른 이유를 통하여 선박에 물품공급을 주문한 자가 선박을 기속할 권한을 가지지 아니하고 있음을 알았거나 합리적인 조사를 통하여 이를 알 수 있었을 경우에는 본 조항에 따른 우선특권은 발생하지 아니한다'고 하여 공급자의 조사의무를 규정하고 있다.

(2) 라이베리아국 해상법 제114조 제1항 내지 제3항은 1910년부터 1971년까지 유효하였던 미국 연방해상법 제46편(이하 '미국 연방해상법'이라 한다) 제971조 내지 제973조와 동일한 내용으로 규정되어 있었는데, 1971년 미국 연방해상법이 개정되면서 라이베리아국 해상법 제114조 제3항과 동일한 내용의 미국 연방해상법 제973조(이하 '구 미국 연방해상법 제973조'라 한다)는 삭제되었다. 반면 라이베리아국 해상법 제114조 제3항은 삭제되거나 수정됨이 없이 현재까지 그대로 유지되고 있다.

(3) 라이베리아국 해상법 제30조는 라이베리아국 해상법의 다른 규정과 충돌하지 아니하는 한 성문화되지 아니한 미국 일반 해상법(the non-statutory General Maritime Law of the United States of America)을 준용하는 것으로 규정하고 있다.

(4) 구 미국 연방해상법 제973조가 정한 '합리적인 조사의 이행'과 관련하여, 미국 연방대법원은 공급자에게는 주문자가 선박에 우선특권을 부여할 권한을 갖고 있는지를 조사할 의무가 있으므로 용선계약에서 용선자는 선박에 대하여 담보권을 설정할 수 없다고 약정한 경우에는 공급자가 그러한 담보금지조항의 존재에 대하여 알지 못하였더라도 이를 조사하지 아니한 이상 선박우선특권을 주장할 수 없다고 판시하였고, 이후 미국법원은 이와 같은 해석 태도를 일관하여 유지하였다. 그러나 1971년 미국 연방해상법 개정 이후 미국

법원은 공급자에게 이러한 조사의무를 부과하지 아니하는 것으로 견해를 변경하였다.

다. 이와 같은 사정을 앞서 본 법리에 비추어 살펴보면, 라이베리아국 해상법상으로 미국의 해상 판례법은 라이베리아국 해상법 제114조 제3항의 해석에 관한 중요한 법원(법원)이 되는데, 구 미국 연방해상법 제973조가 삭제됨으로써 공급자에게 조사의무를 부과하지 아니한 1971년 이후의 미국법원의 판례를 적용한다면 이는 현행 라이베리아국 해상법 제114조 제3항의 조문 내용과 부합하지 아니하고 그 조항의 입법 취지에도 어긋나게 되므로, 위 조항을 해석할 때 구 미국 연방해상법 제973조가 존속하고 있을 당시의 이에 관한 미국법원의 판례에 따르는 것이 합리적인 해석이라 할 것이다. 즉 라이베리아국 해상법 제114조 제3항에 따르면, 선박의 운항에 필요한 물품이나 용역의 공급자는 선박의 용선 여부 및 용선자에게 선박을 기속할 권한이 있는지를 질문하고 조사할 의무가 있고, 공급자가 이러한 의무를 이행하지 아니하였으면 선박우선특권을 주장할 수 없다고 해석함이 타당하다.

라. 원심이 같은 취지에서 이와 같은 조사의무를 이행하지 아니한 피고들이 라이베리아국 해상법 제114조 제1항에 정한 선박우선특권을 주장할 수 없다고 판단한 것은 정당하고, 거기에 상고이유의 주장과 같은 라이베리아국 해상법상 합리적인 주의의무에 관한 법리오해 등의 위법이 없다.

4. 결 론

그러므로 상고를 모두 기각하고, 상고비용은 패소자들이 부담하도록 하여 관여 대법관의 일치된 의견으로 주문과 같이 판결한다.

대법관 재판장 조 희 대
주 심 이 상 훈
김 창 석
박 상 옥

〈제17호-I〉

창 원 지 방 법 원

결 정

사 건	2016타키227 경매개시결정에 대한 이의
신청인, 항고인	회생회사 주식회사 한진해운의 관리인 석태수
피신청인, 피항고인	1. 월드 퓨얼 서비시즈 (싱가포르) 피티이 엘티디
	2. 월드 퓨얼 서비시즈 잉스

주 문

1. 이 사건 이의신청을 기각한다.
2. 소송비용은 신청인이 부담한다.

이 유

1. 기초사실

기록에 의하면 다음의 각 사실이 인정된다.

가. 피신청인들은 선박용 유류공급업 등을 영위하는 싱가포르 및 미합중국 법인이고, 주식회사 한진해운(이하 '한진해운'이라 한다)은 해운업 및 선박관리업 등을 영위하는 대한민국 법인으로 2016. 8. 31. 서울중앙지방법원에 회생절차개시신청을 하여 위 법원으로부터 2016. 9. 1. 2016회합100211호로 회생절차개시결정을 받았으며, 신청인이 관리인으로 선임되었다. 별지 목록 기재 선박(이하 '이 사건 선박'이라 한다)은 파나마국 법인인 알이에프 5 쉽핑 에스에이(이하 '파나마국 법인'이라 한다)의 소유이다.

나. 피신청인 월드 퓨얼 서비시즈(싱가포르) 피티이 엘티디는 한진해운의 유류 공급 요청에 따라 2016. 7. 6. 현지 유류공급 하청업체를 통하여 말레이시아 케랑항에 입항 예정이던 이 사건 선박에 미화 208,146.51달러 상당의 선박용 증유(500CST) 700.913메트릭톤을 공급하였다.

다. 피신청인 월드 퓨얼 서비시즈 잉스는 한진해운의 유류 공급요청에 따라 2016. 8.

19. 현지 유류공급 하청업체를 통하여 미국 뉴욕항에 입항 예정이던 이 사건 선박에 미화 939,888.90달러 상당의 선박용 중유(500CST) 3,700.35 메트릭톤과 미화 45,653.70달러 상당의 선박용 경유(LS MGO) 98.18톤을 공급하였다.

라. 피신청인들은 한진해운에 대한 위 유류비채권이 이 사건 선박의 선적국법인 파나마 해상법 제244조 제9호의 '선박의 필수품 및 선용품 공급을 위한 계약과 관련하여 지급해야 할 금원(Any amounts due by virtue of the obligations contracted for the necessities and provisioning of the vessel)'에 해당하여 선박우선특권에 의하여 담보되는 채권이라고 주장하며 위 채권을 청구채권으로 하여 이 사건 선박에 관하여 2016. 10. 5. 이 법원에 2016타경11161호로 선박임의경매신청을 하였고, 이 법원은 2016. 10. 6. 선박임의경매개시결정(이하 '이 사건 경매개시결정'이라 한다)을 하였다.

마. 한편, 한진해운은 2015. 9. 30. 파나마국 법인과 이 사건 선박에 대하여 고정용선료 총액을 미화 14,210,000달러 및 160억 원의 합계 상당액, 용선기간을 선박인도일(2015. 10. 6.)로부터 2019. 3. 12.까지로 하는 국적취득조건부 나용선계약(이하 '이 사건 나용선계약'이라 한다)을 체결하였는데, 위 계약에 의하면 계약이 기간만료로 종료하는 때에 한진해운이 마지막 고정용선료와 미상환 가변용선료 및 기타 지급의무가 있는 모든 금액(추가용선료 및 기타 채무)을 파나마국 법인에 지급하면 이 사건 선박의 소유권을 취득하도록 규정되어 있다.

2. 신청인의 주장

가. 피신청인들의 채권은 모두 한진해운에 대하여 회생절차개시 전의 원인에 의하여 생긴 재산상의 청구권으로서 회생채권 또는 회생담보권에 해당하고, 이 사건 선박은 국적취득조건부 나용선으로서 이 사건 나용선계약은 단순한 선박의 이용에 관한 계약이 아니라 실질적으로는 선박의 매매계약에 해당하는바, 한진해운은 이 사건 나용선계약을 통하여 이 사건 선박을 사실상 취득하였거나 소유권 취득에 대한 확실한 기대권을 취득하였으므로, 이 사건 선박은 한진해운의 재산으로 보아야 한다. 또한 이 사건 선박은 한진해운의 중요한 영업용 재산이므로 회생제도의 취지에 비추어 볼 때에도 채무자의 재산으로 보는 것이 상당하다. 따라서 이 사건 경매신청은 회생절차개시결정 후 회생채권에 기하여 채무자의 재산에 대하여 하는 강제집행에 해당하여 부적법하다.

나. 선박임의경매의 경우 선박에 대한 담보권설정등기로, 제3자에 대한 대항요건이 구비된 경우에는 예외적으로 소유자 이외의 사람이 선박을 점유하고 있는 경우에도 집행이 가능하고, 이 경우 경매신청인은 신청인에게 대항할 수 있는 권원을 가지지 아니한 선박

의 점유자에 대하여 선박국적증서 등의 인도명령(민사집행규칙 제195조 제2항)을 받아 집행을 할 수 있다. 그런데 피신청인들이 주장하는 선박우선특권은 공시되지도 아니할 뿐만 아니라 그 피담보채권은 한진해운에 대한 회생채권이므로, 이 사건 나용선계약에 기하여 선박을 점유하고 있는 회생채무자 한진해운에 대하여 대항할 수 없다 할 것이어서 이 사건 경매는 허용될 수 없다. 또한 점유자인 한진해운에 대한 인도 명령을 받지 아니하고 선박국적증서 등을 수취한 것은 위법한 집행이므로, 이 사건 경매개시결정은 취소되어야 한다.

다. 이 사건 경매를 허용한다면 피신청인들이 회생채권을 그 피담보채권으로 하면서도 회생절차에 의하지 아니하고 우선변제를 받게 되어 다른 회생채권자들 및 회생담보권자들과 현저한 불공평을 초래하게 되는바, 이는 신의성실의 원칙에 반한다.

3. 판 단

가. 회생절차개시결정의 효력에 위반된다는 주장에 관한 판단

회생절차개시결정이 있으면 회생채권 또는 회생담보권에 기하여 채무자의 재산에 대한 강제집행 등을 할 수 없으며, 채무자의 재산에 대하여 이미 행한 회생채권 또는 회생담보권에 기한 강제집행 등은 중지된다(채무자 회생 및 파산에 관한 법률 제58조 제1항, 제2항). 강제집행 등이 금지되는 것은 채무자의 재산에 대하여 행하는 것에 한하므로 연대채무자·보증인·물상보증인 등 제3자의 재산에 대하여 행하는 것은 금지되지 않는다.

이 사건 선박이 국적취득조건부 나용선인 사실은 앞서 본 바와 같으나, 그 계약기간이 종료되기 전에는 선박의 소유권이 파나마국 법인에 귀속되어 있고, 용선자인 한진해운은 용선기간 종료시에 약정한 용선료 등을 모두 지급하는 것을 조건으로 그 소유권을 취득할 수 있는 기대권을 취득할 뿐인바, 이 사건 나용선계약이 2019. 3. 12.까지인 사실은 앞서 본 바와 같으므로, 이 사건 선박의 소유권은 여전히 파나마국 법인에 있다고 할 것이다. 또한 회생제도의 취지에 비추어 볼 때 영업에 사용하는 선박을 확보함으로써 회생재단을 충분히 충족시켜 회생절차를 원활하게 진행하는 것이 사회적 비용 측면에서 필요성이 크다고 해도 파나마국 법인의 명의의 이 사건 선박을 한진해운의 재산으로 포섭하여 회생절차를 진행하는 것은 채권자의 예측가능성과 법적 안전성을 크게 해할 우려가 있다. 따라서 이 사건 선박을 한진해운의 재산으로 보아야 한다는 신청인의 이 부분 주장은 이유 없다.

나. 소유자 이외의 제3자가 점유 중인 선박이므로 경매가 허용되지 않는다는 주장에 관한 판단

선박우선특권은 점유나 등기 등의 공시방법이 필요하지 않으며 그 소유자나 점유자가 누구인지를 따지지 아니하고 '선박 그 자체'에 대하여 인정되는 권리로서 선박소유권의 이전으로 영향을 받지 아니하는 추급효가 있으므로, 피신청인들의 선박우선특권이 점유자인 한진해운에 대항할 수 없다는 신청인의 주장은 이유 없다. 또한 이 사건 선박을 점유하고 있는 한진해운은 제3자가 아닌 채무자이므로 민사집행규칙 제195조 제2항 소정의 인도명령을 받을 필요가 없을 뿐만 아니라 한진해운이 임의로 선박국적증서 등을 제출하였으므로 위법한 집행이라고 할 수 없다. 따라서 신청인의 이 부분 주장도 이유 없다.

다. 신의성실의 원칙 위반 주장에 관한 판단

피신청인들이 이 사건 유류비채권이 선박우선특권에 의하여 담보되는 채권이고, 이 사건 선박의 소유자가 파나마국 법인인 이상 신청인이 주장하는 사정만으로 이 사건 경매신청이 신의성실 원칙에 반한다고 볼 수 없으므로, 신청인의 이 부분 주장 역시 이유 없다.

4. 결 론

그렇다면 신청인의 이 사건 경매개시결정에 대한 이의신청은 이유 없으므로 이를 기각하기로 하여 주문과 같이 결정한다.

2016. 10. 17.

재판장 판 사 유 희 선

〈제17호-II-①〉

서 울 고 등 법 원

제 1 9 민 사 부

판 결

사 건	2015나2036769 손해배상
원고, 항소인	현대해상화재보험 주식회사
피고, 피항소인	평택항만 주식회사
제 1 심 판 결	서울중앙지방법원 2015. 6. 18. 선고 2014가합2360 판결
변 론 종 결	2015. 11. 18.
판 결 선 고	2016. 2. 5.

주 문

1. 제1심판결을 다음과 같이 변경한다.
   가. 피고는 원고에게 114,070,836원 및 위 금원 중 109,054,656원에 대하여 2013. 1. 14.부터 2015. 6. 18.까지는 연 5%, 그 다음 날부터 다 갚는 날까지는 연 20%의 각 비율로 계산한 금원을, 5,016,180원에 대하여 2013. 1. 14.부터 2016. 2. 5.까지는 연 5%, 그 다음 날부터 다 갚는 날까지는 연 20%의 각 비율로 계산한 금원을 지급하라.
   나. 원고의 나머지 청구를 기각한다.
2. 소송총비용 중 9/10는 원고가, 나머지는 피고가 부담한다.
3. 제1의 가.항은 가집행할 수 있다.

청구취지 및 항소취지

1. 청구취지

피고는 원고에게 1,021,310,782원 및 이에 대하여 2013. 1. 14.부터 이 사건 2014. 9. 24.자 청구취지 및 청구원인 변경신청서부본 송달일까지는 연 6%, 그 다음 날부터 다 갚는 날까지는 연 20%의 각 비율로 계산한 금원을 지급하라.

2. 항소취지

제1심판결 중 아래에서 지급을 구하는 금원에 해당하는 원고 패소부분을 취소한다.

피고는 원고에게 912,256,126원 및 이에 대하여 2013. 1. 14.부터 이 사건 2014. 9. 24.자 청구취지 및 청구원인 변경신청서부본 송달일까지는 연 6%, 그 다음 날부터 다 갚는 날까지는 연 20%의 각 비율로 계산한 금원을 지급하라.

이 유

1. 기초사실

이 법원이 이 부분에서 설시할 이유는 아래와 같이 고쳐 쓰는 것을 제외하고는 제1심 판결문 "1. 기초사실" 항 기재와 같으므로, 민사소송법 제420조 본문에 의하여 이를 그대로 인용한다.

[고쳐 쓰는 부분]

○ 제1심 판결문 제3쪽 제3～4행의 "…선적 · 양륙 · 적부 · 선창 내 화물정리 비용을 송하인이 부담하는 조건…"을 "…선적 · 양륙 · 적부 · 선창 내 화물정리 비용을 용선자가 부담하는 조건…"으로 고쳐 쓴다.

2. 당사자의 주장 및 이에 대한 판단

가. 청구원인에 관한 판단

이 법원이 이 부분에서 설시할 이유는 아래와 같이 고쳐 쓰는 것을 제외하고는 제1심 판결문 제4쪽 하단의 "가. 청구원인에 관한 판단" 항 기재와 같으므로, 민사소송법 제420조 본문에 의하여 이를 그대로 인용한다.

[고쳐 쓰는 부분]

○ 제1심 판결문 제5쪽 제6～8행의 "피고 소속 직원의 … 봄이 상당하다."를 아래와 같이 고쳐 쓴다.

『피고 소속 직원의 업무 집행상 과실로 인하여 이 사건 사고가 발생함으로써 히타치로 하여금 앞서 본 바와 같은 수리비 및 운송비 등을 추가로 지출하게 하는 손해가 발생하였다고 봄이 상당하다.』

나. 피고의 주장에 관한 판단

1) 주위적 주장에 관한 판단

이 법원이 이 부분에서 설시할 이유는 제1심 판결문 제5쪽 하단의 "1) 주위적 주장에 관한 판단" 항 기재와 같으므로, 민사소송법 제420조 본문에 의하여 이를 그대로 인용한다.

2) 예비적 주장에 관한 판단

가) 당사자들의 주장 요지

이 법원이 이 부분에서 설시할 이유는 제1심 판결문 제7쪽 중단의 "가) 당사자들의 주장 요지" 항 기재와 같으므로, 민사소송법 제420조 본문에 의하여 이를 그대로 인용한다.

나) 판단

(1) 이 사건 선하증권 이면약관의 운송계약상 편입 여부

이 법원이 이 부분에서 설시할 이유는 아래와 같이 고쳐 쓰거나 피고가 당심에서 거듭 주장하는 사항에 대한 판단을 추가하는 것을 제외하고는 제1심 판결문 제7쪽 마지막 행의 "(1) 이 사건 선하증권 이면약관의 운송계약상 편입 여부" 항 기재와 같으므로, 민사소송법 제420조 본문에 의하여 이를 그대로 인용한다.

[고쳐 쓰는 부분]

○ 제1심 판결문 제9쪽 제11행의 "…좌측 상단에는…"을 "…우측 상단에는…"으로 고쳐 쓴다.

○ 제1심 판결문 제9쪽 제17행의 "…좌측 하단에…"를 "…우측 하단에…"로 고쳐 쓴다.

[추가하는 부분]

『(가) 피고 주장의 요지

① 선하증권에는 상환증권성, 처분증권성, 문언증권성 등이 있는데, 이 사건 선하증권과 같이 그 표면에 'SURRENDERED'라는 스탬프가 날인된 이른바 '서렌더 선하증권'은 일반적인 선하증권으로 볼 수 없으므로 위 3가지 성격 모두를 갖지 아니하는 것이다.

② 그리고 선하증권 표면에 'SURRENDERED'라는 스탬프가 날인되어 있다면, ㉮ 송하인이 처음부터 서렌더 화물로 처리해 줄 것을 운송인에게 요청하여 운송인이 선하증권 원본을 발행하지 아니하고 서명이나 이면약관 없이 선하증권 양식의 사본에다 서렌더 화물임를 표시하여 송하인에게 교부하는 경우와 ㉯ 이와 달리 송하인이 운송인으로부터 선하증권 원본을 발행받은 이후 운송인에게 선하증권의 서렌더를 요청하여 운송인이 선하증권

원본을 회수한 다음 그 위에 'SURRENDERED'라는 스탬프를 날인하고 선박대리점 등에 전신으로 선하증권 원본의 회수 없이 물품을 수하인에게 인도하라는 취지의 서렌더 통지를 보내게 되는 경우를 구분하여 그 효력을 달리 볼 것은 아니다.

③ 이 사건 선하증권은 그 우측 하단에 'SURRENDERED'라는 스탬프가 날인된 이상 '서렌더 선하증권'으로서 문언증권성을 갖지 아니하므로, 그 이면약관은 운송계약의 내용에 편입되지 아니한 것으로 보아야 한다.

(나) 판단

앞서 본 인정사실 및 증거들에 의하여 인정할 수 아래와 같은 사정을 고려해 보면, 이 사건 선하증권의 이면약관은 그 표면의 'SURRENDERED'라는 스탬프와 관계없이 이스턴 마린과 히타치 사이에 체결된 운송계약의 내용으로 편입되었다고 봄이 상당하다. 따라서 피고의 이 부분 주장은 받아들일 수 없다.

① 'SURRENDERED'라는 스탬프가 날인된 선하증권의 이면약관이 운송계약의 내용으로 편입되었는지 여부는 선하증권의 발행 및 회수 경위, 선하증권상의 문언 내용 등 제반 정황에 비추어 운송계약 당사자의 합리적 의사를 추단하여 결정될 성질의 문제이다. 즉, 선하증권 표면에 'SURRENDERED'라는 스탬프가 날인되었다는 사정만으로 일률적으로 선하증권의 성질을 모두 부인하여 그 이면약관이 운송계약의 내용으로 편입되지 아니하였다고 볼 것은 아니다.

② 이 사건 선하증권 표면 우측 상단에 'ORIGINAL', 즉 '선하증권 원본'이라는 표시가 되어 있고 좌측 하단에 일본국이 발행한 수입인지가 부착되어 있다. 이러한 사정에 의하면, 이 사건 선하증권은 그 원본이 실제로 발행되었고 이후 히타치의 요청으로 출발지에서 그 원본이 회수되었다는 취지에서 선하증권 원본 표면에 'SURRENDERED'라는 스탬프가 날인된 것으로 봄이 상당하다.

③ 그리고 이 사건 선하증권 표면 우측 상단에 'Bill of Lading'이라는 표제 하에 '이 사건 선하증권의 약관은 이면으로 이어진다(Terms of this Bill of Lading continued on the back hereof)'는 문구가 기재되어 있다. 이러한 사정에 의하면, 이 사건 선하증권은 이면약관과 함께 일체로 발행되었다고 볼 수밖에 없다.

④ 위와 같이 이 사건 선하증권이 이면약관과 함께 일체로 발행된 이상, 위 이면약관은 특별한 사정이 없는 한 선하증권의 문언증권성 등에 의하여 이스턴 마린과 히타치 사이에 체결된 운송계약의 내용으로 편입되었다고 봄이 상당하다.

⑤ 한편, 이 사건 선하증권 표면에 'SURRENDERED'라는 스탬프가 날인되어 있다는 사정만으로 위와 같이 이스턴 마린과 히타치 사이에 이미 운송계약 내용으로 편입된 위 이면약관의 적용을 배제하기로 하는 합의까지 있었다고 볼 수는 없고, 달리 이를 인정할

증거가 없다.

⑥ 오히려, 위와 같은 스탬프가 날인된 것은 단거리 운송계약에 있어 선하증권 원본보다 운송물이 먼저 도착하였음에도 선하증권의 상환증권성으로 인하여 선하증권 원본이 도착할 때까지 운송물을 인도받지 못하는 불편을 해소하기 위한 실용적 목적 내지 의도, 즉 선하증권의 상환증권성을 배제하기 위한 의도에 기인한 것으로 보일 뿐이다.』

(2) 피고가 이른바 히말라야 약관을 원용할 수 있는지 여부

이 법원이 이 부분에서 설시할 이유는 아래와 같이 피고가 당심에서 거듭 주장하는 사항에 대한 판단을 추가하는 것을 제외하고는 제1심 판결문 제10쪽 하단의 "(2) 피고가 히말라야 약관을 원용할 수 있는지 여부" 항 기재와 같으므로, 민사소송법 제420조 본문에 의하여 이를 그대로 인용한다.

[추가하는 부분]

『(가) 피고 주장의 요지

① 선하증권을 발행한 운송인이 화주 등에 대하여 책임을 지는 경우이어야 그가 선임한 하역회사 등이 해당 선하증권의 이면약관에 규정된 히말라야 약관을 원용할 수 있다.

② 그런데 이 사건 선하증권을 발행한 운송인인 이스턴 마린은 앞서 본 바와 같이 FIOST 조건으로 운송계약을 체결하였으므로, 양륙항에서의 양륙작업은 당연히 용선자인 태원상선 주식회사의 비용부담 및 책임하에 이루어지는 것이고, 따라서 이스턴 마린은 이 사건 화물의 양륙작업 중 발생한 이 사건 사고와 관련하여 책임을 부담하지 아니한다.

③ 또한, 피고는 태원상선 주식회사와 세방 주식회사로부터 순차로 양륙작업만을 하도급받았고, 이스턴 마린과는 아무런 계약관계가 없다.

④ 따라서 피고는 히말라야 약관을 원용할 수 없다.

(나) 판단

앞서 본 인정사실 및 증거들에 의하여 알 수 있는 아래와 같은 사정을 고려해 보면, 피고는 이 사건 선하증권 이면약관 제1조에 정한 이스턴 마린의 양륙작업을 대행한 하위독립계약자(Sub-Contractor)로서 히말라야 약관을 원용할 수 있다고 봄이 상당하다. 따라서 이 부분 피고의 주장은 받아들일 수 없다.

① 이 사건 선하증권 이면약관 제6조는 이스턴 마린의 책임범위에 관하여 '선적항에서 선적하기 전이나 양륙항에서 양륙한 이후에 발생한 손해에 관하여는 운송인에게 어떠한 책임도 없다'는 취지로 규정하고 있으므로, 양륙 이전 단계인 '양륙항에서의 양륙작업'은 이 사건 선하증권을 발행한 운송인인 이스턴 마린의 업무범위에 포함된다고 볼 것이다. 따라서 이스턴 마린은 이 사건 선하증권의 소지인인 히타치에 대하여 이 사건 화물의 양

륙작업 중에 발생한 이 사건 사고에 관하여 운송계약에 따른 계약상 책임 또는 불법행위 등의 비계약적 책임을 부담한다(이스턴 마린이 태원상선 주식회사 및 엠 스타 쉬핑 컴퍼니 리미티드와 FIOST 조건으로 용선계약을 체결하였다고 하더라도, 이는 태원상선 주식회사 등과의 내부적인 관계에서 책임 및 비용부담 주체를 정한 것에 불과하므로, 이를 근거로 이스턴 마린이 히타치에 대하여 책임을 부담하지 아니한다고 볼 것은 아니다).

② 이 사건 선하증권 이면약관 제5조(DEFENCE AND LIMITS) 제2항은 이른바 히말라야 약관으로서 '소송이 운송인의 사용인, 대리인 또는 하위계약자에게 제기된 경우, 이들은 운송인이 본건 선하증권에 따라서 주장할 수 있는 항변 및 책임제한을 원용할 수 있다'는 취지로 규정하는 한편, 제1조는 용어에 관한 정의 조항으로서 '하위계약자는 선주 및 선박 운용자 그리고 선복 제공자(운송인이 아닌 자), 하역업자, 터미널 및 분류업자, 그들을 대리하는 대리점 및 이행보조자, 그리고 누구든지 운송의 수행을 보조하는 모든 자를 포함한다'고 규정하고 있다. 위와 같이 이 사건 선하증권 이면약관은 하위계약자의 요건으로 운송인과 직접적인 계약관계가 있을 것을 정하고 있지 아니하다.

③ 그리고 피고는 앞서 본 바와 같이 이스턴 마린의 업무범위 및 책임영역에 속하는 양륙작업을 대행한 하역업자이므로, 이 사건 선하증권 이면약관 제1조에 정해진 '하위계약자'의 개념에 포함된다고 볼 것이다.

④ 한편, 히말라야 약관은 제3자를 위한 면책계약의 일종으로서 요약자인 이스턴 마린과 제3자(수익자)인 피고 사이의 법률관계(대가관계)의 흠결이나 하자는 위와 같은 계약의 성립이나 효력에 아무런 영향이 없고, 따라서 낙약자인 히타치는 위와 같은 흠결 등을 들어 수익자인 피고에게 대항하지 못한다.』

(3) 피고의 책임 범위

이 법원이 이 부분에서 설시할 이유는 아래와 같이 고쳐 쓰는 것을 제외하고는 제1심 판결문 제12쪽 중단의 "(3) 피고의 책임 범위" 항 기재와 같으므로, 민사소송법 제420조 본문에 의하여 이를 그대로 인용한다.

[고쳐 쓰는 부분]

○ 제1심 판결문 제12쪽 제9～14행의 "피고의 책임은 … 으로 제한된다."를 아래와 같이 고쳐 쓴다.

『앞서 본 바와 같이, 피고는 히말라야 약관에 따라 운송인인 이스턴 마린이 주장할 수 있는 항변과 책임제한을 원용할 수 있고, 앞서 든 증거들에 의하면, 이 사건 선하증권 이면약관 제21조(LIMITATION OF LIABILITY) 제2항은 '운송인은 화물의 멸실 또는 손상 또는 화물과 관련하여 어떠한 경우에도 포장 또는 물건당 666.67

계산단위(SDR) 및 화물의 총중량의 1킬로그램당 2계산단위(SDR) 중 높은 금액을 초과하여 책임지지 아니한다'고 규정하고 있는 사실, 이 사건 화물의 중량은 35,400kg인 사실을 인정할 수 있으므로, 피고의 책임은 이 사건 선하증권 이면약관 제5조 제2항 및 제21조 제2항에 따라 중량 1kg당 2SDR로 계산한 금액으로 제한된다. 한편, 당심 변론종결일인 2015. 11. 18. 기준 1SDR의 환산율이 1,611.17원임은 공지의 사실이므로, 결국 이 사건 사고로 인한 피고의 책임은 114,070,836원(=35,400kg×2SDR×1,611.17원)으로 제한된다.』

다. 소결론

따라서 피고는 원고에게 이 사건 화물의 훼손 등에 따른 불법행위에 기한 손해배상으로 114,070,836원 및 위 금원 중 제1심에서 인용된 109,054,656원에 대하여는 이 사건 사고 발생일인 2013. 1. 14.부터 피고가 이행의무의 존재 여부나 범위에 관하여 항쟁함이 타당하다고 인정되는 제1심판결 선고일인 2015. 6. 18.까지는 민법이 정한 연 5%, 그 다음 날부터 다 갚는 날까지는 소송촉진 등에 관한 특례법이 정한 연 20%의 각 비율로 계산한 지연손해금을, 나머지 당심에서 추가로 인정된 5,016,180원(=114,070,836원-109,054,656원)에 대하여는 이 사건 사고 발생일인 2013. 1. 14.부터 피고가 이행의무의 존재 여부나 범위에 관하여 항쟁함이 타당하다고 인정되는 당심판결 선고일인 2016. 2. 5.까지는 민법이 정한 연 5%, 그 다음 날부터 다 갚는 날까지는 소송촉진 등에 관한 특례법이 정한 연 20%의 각 비율로 계산한 지연손해금을 지급할 의무가 있다(원고는 이 사건 사고 발생일로부터 연 6%의 비율로 계산한 지연손해금을 구하고 있으나, 이 사건 청구원인이 불법행위에 기한 손해배상청구로서 민법이 정한 법정이율인 연 5%가 적용되어야 함이 명백하므로, 위 비율을 초과하여 지급을 구하는 청구 부분은 받아들이지 아니한다).

3. 결 론

그렇다면, 원고의 청구는 위 인정범위 내에서 이유 있어 이를 인용하고, 나머지 청구는 이유 없어 이를 기각할 것이다. 환율변동에 따라 우리나라 통화로 환산한 피고의 지급의무의 범위가 달라졌으므로, 제1심판결을 위와 같이 변경하기로 하여 주문과 같이 판결한다.

〈제17호-II-②〉

대 법 원

제 1 부

판 결

사 건	2016다213237 손해배상
원고, 상고인	현대해상화재보험 주식회사
피고, 피상고인	평택항만 주식회사
원 심 판 결	서울고등법원 2016. 2. 5. 선고 2015나2036769 판결
판 결 선 고	2016. 9. 28.

주 문

상고를 기각한다.
상고비용은 원고가 부담한다.

이 유

상고이유를 판단한다.

1.

가. 운송물에 대한 손해배상청구가 '운송인의 이행보조자, 대리인 또는 하위계약자(any servant, agent or Sub-contractor of the Carrier)'(이하 '운송관련자'라 한다)에 대하여 제기된 경우에 그들이 운송인이 주장할 수 있는 책임제한 등의 항변을 원용할 수 있고, 이와 같이 보호받는 하위계약자(Sub-contractor)에 '선박소유자 및 용선자, 운송인 아닌 선복제공자, 하역업자, 터미널 운영업자 및 분류업자, 그들을 위한 이행보조자와 대리인 및 누구든지 운송의 이행을 보조하는 사람이 포함된다'는 취지의 이른바 '히말라야 약관(Himalaya Clause)'이 선하증권의 이면에 기재되어 있는 경우에, 그 손해가 고의 또는 운송물의 멸실, 훼손 또는 연착이 생길 염려가 있음을 인식하면서 무모하게 한 작위 또는 부작위로 인하여 생긴 것에 해당하지 않는다면, 하위계약자인 하역업자도 선하증권에 기

재된 운송과 관련하여 운송인이 선하증권 약관조항에 따라 주장할 수 있는 책임제한을 원용할 수 있다(대법원 1997. 1. 24. 선고 95다25237 판결, 대법원 2007. 4. 27. 선고 2007다4943 판결 등 참조). 그리고 여기에서 말하는 '누구든지 운송의 이행을 보조하는 사람'에는 위 약관에서 운송인과 직접적인 계약관계가 있을 것을 요구하는 등의 특별한 사정이 없는 한, 운송인과 직접적인 계약관계 없이 그 운송인의 선하증권에 따른 업무범위 및 책임영역에 해당하는 작업의 일부를 대행한 하역업자도 포함된다.

나. 한편 운송거리가 단거리인 경우에 운송품보다 선하증권 원본이 뒤늦게 도착하면 수하인이 신속하게 운송품을 인도받을 수 없다는 불편함을 해소하기 위한 무역실무상의 필요에 따라, 출발지에서 선하증권 원본을 이미 회수된 것으로 처리함으로써 선하증권의 상환증권성을 소멸시켜 수하인이 양륙항에서 선하증권 원본 없이 즉시 운송품을 인도받을 수 있도록 하는 경우가 있다. 이 경우에 송하인은 운송인으로부터 선하증권 원본을 발행받은 후 운송인에게 선하증권에 의한 상환청구 포기(영문으로 'surrender'이며, 이하 '서렌더'라 한다)를 요청하며, 운송인은 선하증권 원본을 회수하여 그 위에 '서렌더(SURRENDERED)' 스탬프를 찍고 선박대리점 등에 전신으로 선하증권 원본의 회수 없이 운송품을 수하인에게 인도하라는 서렌더 통지(surrender notice)를 보내게 된다.

이와 같은 이른바 '서렌더 선하증권(Surrender B/L)'은 유가증권으로서의 성질이 없고 단지 운송계약과 화물인수사실을 증명하는 일종의 증거증권으로 기능하는데, 이러한 효과는 송하인과 운송인 사이에 선하증권의 상환증권성을 소멸시키는 의사가 합치됨에 따른 것으로서, 당사자들 사이에 다른 의사표시가 없다면 상환증권성의 소멸 외에 선하증권에 기재된 내용에 따른 운송에 관한 책임은 여전히 유효하다.

2. 원심판결 이유와 적법하게 채택된 증거들에 의하면 다음과 같은 사실을 알 수 있다.

가. 한국동서발전 주식회사(이하 '한국동서발전'이라 한다)가 발주한 보일러 장치 공급 프로젝트에 관하여 히타치 리미티드(Hitachi, Ltd., 이하 '히타치'라 한다)와 컨소시엄을 구성한 대림산업 주식회사(이하 '대림산업'이라 한다)는 보일러 장치(이하 '이 사건 화물'이라 한다)의 운송을 위하여 주식회사 대림코퍼레이션(이하 '대림코퍼레이션'이라 한다)에 해상운송주선을 위탁하였다.

나. 대림코퍼레이션은 태원상선 주식회사(이하 '태원상선'이라 한다)와 이 사건 화물의 운송을 위하여 3차례에 걸친 화물운송을 위한 용선계약(이하 '이 사건 재용선계약'이라 한다)을 체결하였는데, 이 사건 재용선계약에서는 선적, 적부 및 양하 시 모든 비용과 책임을 선박소유자가 부담하는 조건(Full Berth Term, FBT)을 명시하고, 운임약정을 체결하였다.

다. 태원상선은 엠 스타 쉬핑 컴퍼니 리미티드(M Star Shipping Co., Ltd, 이하 '엠 스타 쉬핑'이라 한다)와 용선계약을 체결하였고, 엠 스타 쉬핑은 이스턴 마린 코퍼레이션(Eastern Marine Corp., 이하 '이스턴 마린'이라 한다)과 이 사건 선박에 관하여 선적, 양륙, 적부 및 정돈비용을 용선자가 부담하는 조건(Free In and Out, Stowed and Trimming, FIOST)으로 용선계약(이하 '이 사건 주된 용선계약'이라 한다)을 체결하였다.

라. 이스턴 마린은 2013. 1. 11. 히타치로부터 이 사건 화물을 수령하고 송하인을 히타치로, 수하인을 한국동서발전으로, 통지처를 대림산업으로 하는 선하증권(이하 '이 사건 선하증권'이라 한다)을 발행하였다.

마. 이 사건 선하증권의 이면약관은 제6조(운송인의 책임기간)에서 "선적항에서 선적하기 전이나 양륙항에서 양륙한 이후에 발생한 손해에 관하여는 운송인에게 어떠한 책임도 없다"라고 정하였고, 제5조(책임제한)에서 "소송이 운송인의 이행보조자, 대리인 또는 하위계약자에게 제기된 경우에, 이들은 운송인이 이 사건 선하증권에 의하여 주장할 수 있는 항변 및 책임제한을 원용할 수 있다"라고 정하였으며, 제1조(정의규정)에서 "하위계약자는 선박소유자 및 용선자 그리고 운송인이 아닌 선복제공자, 하역업자, 터미널 및 분류업자, 그들을 위한 대리인 및 이행보조자, 그리고 누구든지 운송의 이행을 보조하는 모든 사람을 포함한다"라고 규정하고 있다(이하 위 제5조와 제1조를 합하여 '이 사건 히말라야 약관'이라 한다).

바. 이 사건 선하증권은 히타치의 요청으로 이스턴 마린이 다시 회수하여 그 표면에 서렌더 스탬프를 찍고, 선하증권 원본을 회수하지 않고 운송품을 수하인에게 인도하도록 함으로써, 이른바 서렌더 선하증권이 되었다.

사. 한편 태원상선은 이 사건 주된 용선계약 조건에 따라 양륙항에서의 양륙작업을 세방 주식회사에 도급을 주었고, 이를 다시 피고가 하도급받았다. 그런데 피고의 직원이 이 사건 화물의 양륙작업을 수행하는 과정에서 이 사건 화물이 추락·파손되는 사고가 발생하였고, 송하인 히타치가 수리비 등을 지출하는 손해를 입게 되었다.

3. 이러한 사실관계를 앞에서 본 법리와 아울러 적법하게 채택된 증거들에 비추어 살펴보면, 아래와 같이 판단된다.

가. 선주와 용선자 사이의 주된 용선계약과 용선자와 재용선자 사이의 재용선계약은 각각 독립된 운송계약으로서 선주와 재용선계약의 재용선자와는 아무런 직접적인 관계가 없고, 선하증권의 발행사실만으로 당연히 운송인의 지위가 인정되는 것은 아니다(대법원 2004. 10. 27. 선고 2004다7040 판결 등 참조).

태원상선은 대림코퍼레이션과 이 사건 재용선계약을 체결하였는데, 이 사건 주된 용선계약과 다른 비용부담조건 등의 운송조건을 명시하고 수수료가 아닌 운임약정을 하였다. 그리고 태원상선이 순수한 의미의 운송주선인이라면 화주와의 관계에서 운송용역을 인수하지 아니하므로 운송과 관련된 이행보조자를 둘 필요가 없음에도, 직접 하역업체에 양륙작업의 도급을 주었다.

이러한 사정들에 비추어 보면, 태원상선이 체결한 이 사건 재용선계약은 이 사건 주된 용선계약과 별도로 이루어진 운송계약으로 볼 수 있으며, 이 사건 선하증권에 송하인이 히타치로 표시된 사정만을 가지고 히타치와 실제운송인인 이스턴 마린 사이에 직접 운송계약이 체결되었다고 단정하기는 어렵다.

나. 그렇지만, 운송계약을 체결한 계약운송인의 위임을 받아 운송의 전부 또는 일부를 수행한 실제운송인이 있을 경우에, 선하증권을 발생한 실제운송인과 선하증권 소지인 사이에는 선하증권 기재에 따라 운송계약상의 채권관계가 성립하는데(대법원 2003. 1. 10. 선고 2000다70064 판결 등 참조), 이 사건 선하증권 이면약관의 해석상 이스턴 마린이 실제운송인으로서 송하인 히타치에 대하여 이 사건 선하증권에 따라 운송에 관하여 책임을 지는 기간은 이 사건 화물의 선적시점부터 양륙시점까지이므로, 양륙 이전 단계인 양륙항에서의 양륙작업은 이스턴 마린의 운송 책임 범위에 포함된다. 비록 태원상선이 이 사건 주된 용선계약의 FIOST 조건에 따라 직접 양륙작업을 인수하였고 피고가 그 양륙작업을 하수급함에 따라 피고와 이스턴 마린 사이에 직접적인 계약관계가 존재하지 않더라도, 이스턴 마린은 이 사건 선하증권에 의하여 히타치에 대하여 양륙작업까지의 운송책임을 지며 피고는 이러한 이스턴 마린의 양륙작업을 대행한 자로서 이 사건 히말라야 약관에서 규정하는 운송인의 하위계약자의 지위에 있다고 봄이 타당하다.

또한 이 사건 선하증권이 비록 발행 후 다시 운송인인 이스턴 마린에 회수되어 서렌더 선하증권이 되었지만, 그 밖의 합의가 이루어졌다는 특별한 사정이 없는 한 이 사건 선하증권 발행 당시 유효하였던 운송 책임에 관한 이면약관의 내용은 여전히 효력이 있으므로, 피고는 송하인인 히타치를 상대로 이 사건 히말라야 약관에 따른 책임제한을 주장할 수 있다.

4. 원심이 히타치와 이스턴 마린 사이에 직접 운송계약이 체결되었다고 보고 그 전제에서 이 사건 선하증권의 이면약관이 그들 사이의 운송계약의 내용으로 편입되었다고 판단한 부분은 잘못이나, 피고가 선하증권에서 정한 이스턴 마린의 양륙작업을 대행한 하위계약자로서 이 사건 선하증권의 히말라야 약관을 원용하여 책임제한의 항변을 할 수 있다고 판단한 결론은 수긍할 수 있다. 따라서 원심의 판단에 상고이유 주장과 같이 운송계약, 서렌더 선하증권 등에 관한 법리를 오해하고 사실을 오인하거나 이유를 밝히지 아니하는

등의 사유로 판결에 영향을 미친 위법이 있다고 할 수 없다.

5. 결 론

그러므로 상고를 기각하고 상고비용은 패소자가 부담하도록 하여, 관여 대법관의 일치된 의견으로 주문과 같이 판결한다.

재판장 대법관 김소영
주 심 대법관 김용덕
대법관 김 신
대법관 이기택

〈제18호-I〉

대 법 원

2016. 6. 23. 선고 2015다5194 판결

【원고, 상고인】 주식회사 두베스트
【피고, 피상고인】 에이스아메리칸화재해상보험 주식회사
【원심판결】 서울고법 2014. 12. 9. 선고 2013나80674 판결

주 문

상고를 기각한다. 상고비용은 원고가 부담한다.

이 유

상고이유(상고이유서 제출기간이 경과한 후에 제출된 상고이유보충서의 기재는 상고이유를 보충하는 범위 내에서)를 판단한다.

1. 상고이유 제1점에 대하여

가. 국제사법 제25조는 제1항 본문 및 제2항에서, “계약은 당사자가 명시적 또는 묵시적으로 선택한 법에 의한다.”, “당사자는 계약의 일부에 관하여도 준거법을 선택할 수 있다.”라고 규정하고, 제26조 제1항에서 “당사자가 준거법을 선택하지 아니한 경우에 계약은 그 계약과 가장 밀접한 관련이 있는 국가의 법에 의한다.”라고 규정하고 있다. 따라서 외국적 요소가 있는 계약에서 당사자가 계약의 일부에 관하여만 준거법을 선택한 경우에 그 해당 부분에 관하여는 당사자가 선택한 법이 준거법이 되지만, 준거법 선택이 없는 부분에 관하여는 계약과 가장 밀접한 관련이 있는 국가의 법이 준거법이 된다.

그리고 약관의 규제에 관한 법률(이하 ‘약관규제법’이라고 한다) 제3조 제3항이 사업자에 대하여 약관에 정하여져 있는 중요한 내용을 고객이 이해할 수 있도록 설명할 의무를 부과하고, 제4항이 이를 위반하여 계약을 체결한 경우에는 해당 약관을 계약의 내용으로 주장할 수 없도록 한 것은, 고객으로 하여금 약관을 내용으로 하는 계약이 성립되는 경우에 각 당사자를 구속하게 될 내용을 미리 알고 약관에 의한 계약을 체결하도록 함으로써

예측하지 못한 불이익을 받게 되는 것을 방지하여 고객을 보호하려는 데 입법 취지가 있다. 따라서 고객이 약관의 내용을 충분히 잘 알고 있는 경우에는 그 약관이 바로 계약내용이 되어 당사자에 대하여 구속력을 갖는다고 할 것이므로, 사업자로서는 고객에게 약관의 내용을 따로 설명할 필요가 없다(대법원 2010. 9. 9. 선고 2009다105383 판결 참조).

나. 원심판결 이유 및 원심이 적법하게 채택한 증거에 의하면, 다음 사실을 알 수 있다.

1) 대한민국 법인인 원고는 2012. 6. 14. 터키의 코자 폴리에스터 사나이 베 티카렛 에이 에스(Koza Polyester Sanayi Ve Ticaret A.S., 이하 '코자 폴리에스터'라고 한다)에게 폴리머리제이션 라인(Polymerization Line) 1세트 4포장(이하 '이 사건 화물'이라고 한다)을 미화 350만 달러에 매도한 다음, 2012. 6. 22. 미합중국 법인인 피고와 사이에, 이 사건 화물에 관하여 부보금액 미화 385만 달러로 하는 적하보험계약(이하 '이 사건 보험계약'이라고 한다)을 영국 런던 보험자협회(Institute of London Underwriters)의 적하약관(Institute Cargo Clause, 이하 '영국 적하약관'이라고 한다)에서 규정하고 있는 WAIOP 조건(With Average Irrespective Of Percentage, 일정한 해상고유의 위험을 해손의 종류나 규모와 상관없이 보상하는 조건)으로 체결하였다.

2) 피고는 대한민국에 영업소를 설치하고 따로 대표자를 두면서 이를 등기한 후 대한민국에서 영업행위를 하고 있고, 이 사건 보험계약도 대한민국에 있는 피고의 대리점을 통하여 대한민국에서 체결되었다.

3) 이 사건 보험계약에는 ① "본 보험증권에 따라 발생하는 책임에 관한 모든 문제는 영국의 법률과 관습이 적용된다(All questions of liability arising under this policy are to be governed by the laws and customs of England)."라는 내용의 준거법 약관(이하 '이 사건 준거법 약관'이라고 한다)과 ② 원고가 피고에게 부보화물의 갑판적재 사실을 고지하지 않은 경우 이 사건 보험계약의 담보범위는 '투하(투하, Jettison)와 갑판유실(갑판유실, Washing Overboard)' 이외의 일반 분손(분손)은 담보하지 않는 분손부담보[분손불담보, Free from Particular Average (F.P.A.)] 조건으로 축소된다는 내용의 '갑판적재(갑판적재) 약관'(On－Deck Clause, 이하 '이 사건 갑판적재 약관'이라고 한다)이 포함되어 있다.

4) 원고는 중국 상하이 항부터 터키의 이스켄데룬 항까지 이 사건 화물의 해상운송을 주식회사 글로벌카고솔루션에 의뢰한 다음, 2012. 6. 14. 위 회사로부터 이 사건 화물에 관한 선하증권을 교부받았는데, 위 선하증권에는 '이 사건 화물은 송하인·수하인의 위험부담으로 갑판에 적재되는데, 그 손실·손상에 대하여 이 사건 선박 또는 선주는 어떠한 경우에도 책임을 부담하지 않는다'는 취지의 운송인 면책약관(이하 '이 사건 운송인 면책특약'이라고 한다)이 기재되어 있다.

5) 이 사건 화물은 2012. 6. 14. 중국의 상하이 항에서 선박 레이스 지(MV Reis G)호의 갑판 위에 선적되어 운송되던 중 2012. 7. 7. 오만 앞바다에서 이 사건 화물 4포장 중 한 포장인 보일러 1대(이하 '이 사건 보일러'라고 한다)가 해상으로 떨어지는 사고(이하 '이 사건 사고'라고 한다)가 발생하였다.

6) 코자 폴리에스터는 원고에게 이 사건 보험계약에 기한 보험금청구권을 양도하고 2013. 4. 3. 이를 피고에게 통지하였다.

다. 위와 같은 사실관계를 앞서 본 법리에 비추어 살펴본다.

1) 이 사건 준거법 약관은 이 사건 보험계약 전부에 대한 준거법을 지정한 것이 아니라 보험자의 '책임' 문제에 한정하여 영국의 법률과 관습에 따르기로 한 것이므로 보험자의 책임에 관한 것이 아닌 사항에 관하여는 이 사건 보험계약과 가장 밀접한 관련이 있는 우리나라의 법이 적용된다고 할 것인데, 약관의 설명의무에 관한 사항은 약관의 내용이 계약내용이 되는지 여부에 관한 문제로서 보험자의 책임에 관한 것이라고 볼 수 없으므로(대법원 2001. 7. 27. 선고 99다55533 판결 참조), 이에 관하여는 영국법이 아니라 우리나라의 약관규제법이 적용된다.

2) 그런데 기록에 의하면 다음 사정을 알 수 있다.

① 이 사건 갑판적재 약관은 영국 적하약관에 공통적으로 포함되어 있는 약관으로서 해상적하보험자들이 일반적으로 사용하는 해상보험시장의 국제적 표준약관이다.

② 이 사건 갑판적재 약관은 이 사건 보험증권의 표면 및 이면에 기재되어 있고, 원고와 피고가 2007년경 체결한 '수출입적하 포괄보험 약정서'에도 보험조건으로 기재되어 있었다.

③ 이 사건 보험계약 체결 업무를 담당하였던 원고 측 실무자 소외인은 2003년부터 약 10년간 해상적하보험계약 체결 업무에 종사하여 왔고, 2007. 4.경부터 2013. 3.경까지 원고의 수출화물에 관한 해상적하보험계약 관련 업무를 담당하면서 피고와 월 30건 내지 50건 가량의 해상적하보험계약을 체결한 바 있다.

④ 원고가 피고와 해상적하보험을 체결한 위 기간 동안 사용한 보험증권의 표면과 이면에는 모두 이 사건 갑판적재 약관이 기재되어 있었다.

⑤ 원고는 이 사건 화물의 갑판적재 사실을 피고에게 고지하였다고 일관되게 주장하고 있고, 원고 측 실무자인 소외인의 진술서에는 '통상적으로 갑판적(갑판적)이 되면 보험료가 인상된다'는 취지의 기재가 있음에 비추어, 원고는 피고에게 갑판적재 사실을 고지하지 아니하거나, 추가 보험료를 지급하지 않고 갑판적재 운송을 하는 경우에는 보험금을 지급받을 수 없게 될 수도 있음을 인식하고 있었다고 보인다.

3) 위와 같은 여러 사정에 비추어 보면, 이 사건 보험계약 체결 당시 원고는 이 사건

갑판적재 약관의 내용을 잘 알고 있었다고 보이므로, 피고가 그 내용을 설명하지 않았더라도 이 사건 갑판적재 약관은 이 사건 보험계약의 내용이 된다고 봄이 상당하다.

따라서 원심이 이 사건 보험계약에 약관규제법이 적용되지 아니한다고 판단한 것은 잘못이나, 원고가 이 사건 갑판적재 약관의 내용을 잘 알고 있었으므로 이 사건 갑판적재 약관은 약관규제법이 정하는 설명의무의 대상이 되지 아니하고, 따라서 피고가 그 내용을 설명하지 않았더라도 이 사건 보험계약의 내용이 된다고 본 원심판단의 결론은 정당하므로, 거기에 상고이유 주장과 같이 약관규제법의 적용 및 해석에 관한 법리 등을 오해하여 판결에 영향을 미친 위법은 없다.

2. 상고이유 제2점에 대하여

원심은, 이 사건 보험계약 체결할 당시 원고는 피고에게 이 사건 화물의 갑판적재 사실을 고지하지 않았다고 판단하였다.

이러한 원심의 판단을 다투는 이 부분 상고이유 주장은 사실심인 원심의 전권사항인 증거의 취사선택과 사실인정을 탓하는 것에 불과하여 적법한 상고이유로 볼 수 없다.

3. 상고이유 제3점에 대하여

영국 해상보험법 및 관습에 의하면, 보험의 목적에 생긴 손해가 그 부보위험인 해상 고유의 위험으로 인하여 발생한 것이라는 점에 관한 증명책임은 피보험자가 부담하고, 그 증명의 정도는 이른바 '증거의 우월(preponderance of evidence)'에 의한 증명에 의한다(대법원 2001. 5. 15. 선고 99다26221 판결 참조).

그리고 영국법의 적용을 받는 영국 적하약관에서 규정하고 있는 '갑판유실(갑판유실, Washing Overboard)'이란, 해수의 직접적인 작용으로 인하여 갑판 위에 적재된 화물이 휩쓸려 배 밖으로 유실되는 경우를 의미하는 제한적인 개념이므로, 악천후로 인한 배의 흔들림이나 기울어짐 등으로 인하여 갑판 위에 적재된 화물이 멸실되는 이른바 '갑판멸실(갑판멸실, Loss Overboard)'은 갑판적재 약관의 담보범위에 포함되지 않는다.

원심은, 이 사건 사고는 갑판 위에 적재되어 운송되던 이 사건 보일러가 황천(황천, Heavy Weather) 시 유입된 해수의 작용으로 유실되어 발생한 것이므로, 이 사건 갑판적재 약관에서 부보하는 위험인 '갑판유실'에 해당한다는 원고의 주장을 다음과 같은 이유로 배척하였다. 즉, ① 악천후에 선박이 요동치거나 갑자기 기울어져 화물이 멸실된 경우는 갑판유실에 해당하지 않고, ② 이 사건 사고 당시 사고 지역의 기상은 강한 남서풍을 동반한 몬순기후였지만 이는 그 지역에서 통상적인 것으로 특이한 상황은 아니었으며, 당시 중량 54.5톤에 달하는 이 사건 보일러를 휩쓸고 갈 정도의 심한 파도가 있었던 것으로 보이지 않는 점, ③ 이 사건 사고 당시의 사진을 보아도 파도의 직접적인 작용으로 이 사건 보일러가 유실된 것으로 보이지 않는 점, ④ 영국의 법률사무소 클라이드앤코(Clyde & Co)가 '이 사건 보일러의 고박(고박)은 부적절하였다. 이 사건 보일러는 갑판유실된 것이 아니라 악천후에 선박이 요동하여 미끄러져 떨어진 것에 불과하므로 이 사건 보험계약으로 담보되지 않는다'는 취지의 의견을 제시한 점 등에 비추어, 이 사건 사고가 '갑판유실'에 해당한다고 볼 수 없다고 판단하였다.

앞서 본 법리와 기록에 비추어 살펴보면, 원심의 위와 같은 판단은 정당하고, 거기에 상고이유의 주장과 같이 영국법상 갑판유실에 관한 법리 등을 오해한 잘못이 없다.

4. 상고이유 제4점에 대하여

원심은, 원고가 이 사건 보험계약 체결 당시 이 사건 운송인 면책특약을 피고에게 고지하지 않은 것은 영국 해상보험법상 고지의무 위반에 해당하고, 이러한 원고의 고지의무 위반을 이유로 한 피고의 이 사건 보험계약 취소의사가 원고에게 도달함으로써 이 사건 보험계약은 취소되었다고 판단하였다.

원심의 이 부분 판단은 가정적·부가적 판단에 불과한 것으로서, 앞서 본 바와 같이 이 사건 사고가 이 사건 갑판적재 약관의 부보위험인 갑판유실로 인한 사고에 해당하지 않는다는 원심의 판단이 정당한 이상, 위와 같은 가정적·부가적 판단의 당부는 판결 결과에 영향을 미치지 아니하므로, 이에 관한 상고이유는 더 살펴 볼 필요 없이 받아들일 수 없다.

5. 결 론

그러므로 상고를 기각하고 상고비용은 패소자가 부담하도록 하여, 관여 대법관의 일치된 의견으로 주문과 같이 판결한다.

대법관 재판장 김 신
주 심 박병대
박보영
권순일

〈제18호-II〉

창 원 지 방 법 원

제 1 1 민 사 부

결 정

사 건	2016라308 경매개시결정에 대한 이의
신청인, 항고인	회생회사 주식회사 한진해운의 관리인 석태수
피신청인, 피항고인	1. 월드 퓨얼 서비시즈 (싱가포르) 피티이 엘티디
	2. 월드 퓨얼 서비시즈 잉스
제1심결정	창원지방법원 2016.10.17.자 2016타키227 결정

주 문

이 사건 항고를 기각한다.

이 유

1. 기초사실

기록에 의하면 다음의 각 사실이 인정된다.

가. 2004년경 한국수출입은행 등은 파나마국 법인인 제이.오.이. 쉽핑 에스에이(이하 '파나마국 제1법인'이라 한다)에 미화 48,720,000달러를 대출하였고, 주식회사 한진해운(이하 '한진해운'이라 한다)은 파나마국 제1법인과 파나마국 제1법인 소유인 별지 목록 기재 선박(이하 '이 사건 선박'이라 한다)에 관하여 용선료 총액을 위 대출금 상당액으로 하는 국적취득조건부 나용선계약을 체결하였다. 위 국적취득조건부 나용선계약에 의하면 2015. 10. 1. 경 한진해운이 용선료 등을 모두 지급하면 이 사건 선박의 소유권을 취득할 수 있었다.

나. 파나마국 법인인 알이에프 5 쉽핑 에스에이(이하 '파나마국 제2법인'이라 한다)는 2015. 9. 30. 파나마국 제1법인으로부터 이 사건 선박의 소유권을 이전받으면서 파나마국 제 1법인의 한국수출입은행 등에 대한 미화 14,210,000달러의 잔여 대출금 채무를 인수

하고, 농협은행 주식회사 등에 사채를 발행하여 조달한 160억 원으로 한진해운이 위 국적취득조건부 나용선계약에 따라 2015. 10. 1.자로 취득하게 될 이 사건 선박에 대한 매수선택권을 인수하였다.

다. 한진해운은 2015. 9. 30. 파나마국 제2법인 소유가 된 이 사건 선박에 관하여 다시 고정용선료 총액을 미화 14,210,000달러 및 160억 원의 합계 상당액, 용선기간을 선박인도일(2015. 10. 6.)부터 2019. 3. 12.까지로 하는 국적취득조건부 나용선계약(이하 '이 사건 나용선계약'이라 한다)을 체결하였다. 이 사건 나용선계약에 의하면, 계약이 기간만료로 종료하는 때에 한진해운이 마지막 고정용선료와 미상환 가변용선료 및 기타 지급의무가 있는 모든 금액(추가용선료 및 기타 채무)을 파나마국 제2법인에 지급하면 이 사건 선박의 소유권을 취득하게 된다.

라. 한진해운의 유류 공급 요청에 따라, 이 사건 선박에 피신청인 월드 퓨얼 서비시즈(싱가포르) 피티이 엘티디는 2016. 7. 6. 미화 208,146.51 달러 상당의 선박용 중유를, 피신청인 월드 퓨얼 서비시즈 잉스는 2016. 8. 19. 미화 939,888.9달러 상당의 선박용 중유 및 미화 45,653.7달러 상당의 선박용 경유를 각 공급하였다.

마. 피신청인들은 한진해운에 대한 위 유류비 채권이 이 사건 선박의 선적국법인 파나마 해상법 제244조 제9호의 '선박 필수품 및 선용품 공급을 위한 계약과 관련하여 지급하여야 할 금원(Any amounts due by virtue of the obligations contracted for the necessities and provisioning of the vessel)'에 해당하여 선박우선특권에 의하여 담보되는 채권이라고 주장하며 위 유류비 채권을 청구채권으로 하여 이 사건 선박에 관하여 이 법원에 선박임의경매신청을 하였고, 이 법원은 2016. 10. 6. 2016타경11161호로 선박임의 경매개시결정(이하 '이 사건 경매개시결정'이라 한다)을 하였다.

바. 한편, 한진해운은 서울중앙지방법원으로부터 2016. 9. 1. 2015회합100211호로 회생절차개시결정을 받아 신청인이 관리인으로 선임된 상태이다.

2. 항고이유의 요지

신청인은 아래와 같은 이유로 이 사건 경매개시결정이 부적법하다고 주장한다.

가. 피신청인들의 채권은 모두 회생채권에 해당한다. 한진해운은, 한진해운에 이 사건 선박의 건조 자금을 대출하였던 한국수출입은행 등에 이 사건 선박을 대출금의 담보로 제공하기 위하여 종이회사(paper company)인 파나마국 제1법인을 설립하여 이 사건 선박을 편의치적한 뒤 국적취득조건부 나용선계약을 체결하고 용선료 명목으로 대출금을 변제하여 왔고, 이후 추가로 160억 원을 대출받으면서 파나마국 제2법인에 이 사건 선박을 편

의치적한 뒤 이 사건 나용선계약을 체결하고 용선료 명목으로 대출금을 변제하여 왔다. 따라서 이 사건 선박에 대한 실질적인 지배권을 행사하는 것은 파나마국 제2법인이 아닌 한진해운이라고 할 것인바, 회생절차에서 이 사건 선박을 한진해운의 소유로 보아야 하고, 선박우선특권은 회생담보권으로 보아야 한다. 이 사건 선박을 파나마국 제2법인의 소유로 본다고 하더라도, 선박경매에서의 감수 및 보존처분은 한진해운이 가지는 이 사건 선박에 관한 점유·사용권을 침해하여 결국 한진해운의 재산에 대한 강제집행에 해당한다. 따라서 피신청인들의 이 사건 선박에 대한 강제집행은 회생채권 또는 회생담보권에 기한 채무자의 재산에 대한 강제집행에 해당하므로 채무자 회생 및 파산에 관한 법률(이하 '채무자회생법'이라 한다) 제58조 제1항의 규정에 따라 금지된다.

나. 회생절차가 개시된 채무자가 점유하고 있는 선박은 채무자회생법 제58조 제1항에 의하여 강제집행이 금지되므로, 한진해운이 점유하고 있는 이 사건 선박에 대하여도 강제집행절차의 하나에 해당하는 선박국적증서의 수취 및 인도명령이 금지되는데, 이 사건 선박의 선장은 그러한 사실을 알지 못한 채 선박국적증서를 제출하였다. 이는 임의성이 없어 위법하다.

다. 이 사건 선박은 부산신항을 중간항으로 기항하여 중국 상하이로 가는 중이었고 최종 목적지까지의 항해준비를 완료한 상태였다. 따라서 항해의 준비를 완료한 선박은 압류하지 못한다는 상법 제744조 제1항의 규정에 따라 압류할 수 없다.

3. 판 단

가. 이 사건 경매개시결정이 회생절차개시결정에 따라 금지된다는 주장 부분

회생절차개시결정이 있으면 회생채권 또는 회생담보권에 기하여 채무자의 재산에 대한 강제집행 등을 할 수 없다(채무자회생법 제58조 제1항). 강제집행 등이 금지되는 것은 채무자의 재산에 대하여 행하는 것에 한하므로 연대채무자·보증인·물상보증인 등 제3자의 재산에 대하여 행하는 것은 금지되지 않는다.

국적취득조건부 나용선계약에서 용선자는 용선기간이 종료된 후에 약정한 용선료등을 지급하고 선박의 소유권을 취득할 수 있는 계약상 권리를 취득할 뿐인바, 특별한 사정이 없는 한 특수목적법인에 선박을 편의치적하였다는 사정만으로 용선기간 중에도 용선자가 선박에 대한 소유권을 가진다고 할 수는 없다. 이 사건 나용선계약이 국적취득조건부 나용선계약인 사실, 그 계약기간이 2019. 3. 12.까지인 사실은 앞서 본 바와 같은바, 용선기간이 종료되지 아니한 이상 이 사건 선박의 소유자는 제3자인 파나마국 제2법인이라고 보아야 한다. 이 사건 선박이 국제선박인 점, 특수목적법인의 설립 및 편의치적으로 인하여 이 사건 선박이 누리는 제도상 및 금융상의 지위, 피신청인들과의 유류공급계약의 내용에다가 이 사건 선박과 관련하여 자금조달을 하여 준 위 금융기관 등의 이 사건 선박의 법적 소유관계에 대한 신뢰 등을 고려하여 보면, 회생절차에서 이 사건 선박을 한진해운의 소유로 취급하는 것은 국제거래에서의 채권자 등 제3자의 예측가능성 및 법적 안정성을 크게 해할 우려가 있다.

또한, 이 사건 선박에 대한 강제집행의 결과 한진해운이 이 사건 나용선계약에 기하여 가지는 이 사건 선박에 관한 점유・사용권이 침해된다고 하더라도 이는 선박에 대한 강제집행의 부수적 결과에 지나지 아니하여 위 점유・사용권 자체에 대한 강제집행과 동일하게 볼 수 없을 뿐만 아니라, 한진해운의 이 사건 선박에 관한 점유・사용권은 한진해운과 파나마국 제2법인 사이의 계약상 권리에 불과하여 이로써 제3자인 채권자에게 대항할 수도 없다.

따라서 이 사건 선박에 대한 경매는 채무자의 재산에 대한 강제집행으로 볼 수 없어 채무자회생법 제58조 제1항에 의하여 금지되는 때에 해당한다고 할 수 없으므로 신청인의 이 부분 주장은 받아들이지 아니한다.

나. 선박국적증서의 수취가 금지되고 그 수취에 임의성이 없다는 주장 부분

이 사건 선박에 대한 강제집행은 채무자의 재산에 관한 강제집행에 해당하지 아니하여 회생절차개시결정의 효력으로 금지되지 아니함은 앞서 본 바와 같은바, 채무자회생법 제58조 제1항에 따라 금지되는 강제집행임을 전제로 한 신청인의 이 부분 주장은 받아들이지 아니한다.

다. 항해준비를 마친 선박에 해당하여 압류가 금지된다는 주장 부분

항해의 준비를 완료한 선박과 그 속구는 압류하지 못한다(상법 제744조 제1항). 항해준비를 완료하였다는 것은 일반적으로 선박의 즉시 출발을 가능하게 하는 사실상, 법률상의 전제조건을 충족한 때, 즉 선원이 모두 승선하고 선박의장 및 운송물의 선적을 마친 다음 발항에 필요한 서류를 구비한 때를 말한다.

이 사건 선박이 항해의 준비를 완료하였다는 점을 인정할 아무런 자료가 없다. 오히려 기록에 의하면 이 사건 선박은 이 사건 경매개시결정이 내려진 2016. 10. 6. 이후 중국 닝보 및 상하이로 가는 화물을 선적할 예정이었던 사실을 엿볼 수 있을 뿐이다.

따라서 이 사건 선박이 항해준비를 완료한 선박이라는 점을 전제로 한 신청인의 이 부분 주장도 받아들이지 아니한다.

4. 결 론

그렇다면 제1심결정은 정당하므로 이 사건 항고는 이유 없어 이를 기각하기로 하여 주문과 같이 결정한다.

2017. 2. 14.

재판장 판 사 정재규
판 사 최아름
판 사 구지인

〈제19호-I〉

대전지방법원 서산지원

결 정

사 건	2015타기180 선박임의경매개시결정에 대한 이의
신 청 인	프라미스 쉽홀딩 에스. 에이. (Promise Shipholding S.A.)
피 신 청 인	아이앤지 뱅크 앤. 브이. (ING Bank N.V.)

주 문

1. 대전지방법원 서산지원 2015타경11224호 선박임의경매사건에 관하여 위 법원이 2015. 9. 18.에 한 임의경매개시결정을 취소한다.
2. 피신청인의 임의경매신청을 기각한다.

이 유

1. 기초사실

기록에 의하면, 다음과 같은 사실이 인정된다.

가. 당사자의 지위

① 신청인은 파나마국에서 설립된 법인으로, 파나마국 선적의 총톤수 75,254톤의 벌크선인 케이. 프라미스호(K.PROMISE, 이하 '이 사건 선박'이라 한다)의 소유자이다.

② 에스케이해운 주식회사(이하 'SK해운'이라 한다)는 2010. 1. 14. 신청인과 사이에 이 사건 선박에 관하여 나용선계약을 체결한 후, 이 사건 선박을 사용하고 있다.

③ 싱가폴에서 설립된 법인으로 선박용 연료유 판매업을 영위하는 에스케이 비앤티 피티이 엘티디(SK B&T Pte. Ltd, 이하 'SK비앤티'라 한다)는 2012. 10. 1. 에스케이해운과 사이에 연료유를 공급하기로 하는 내용의 연료유 공급계약을 체결하였다.

나. 이 사건 선박에 대한 연료유 공급

① 오.더블유.벙커 미들 이스트 디엠씨씨(O.W.Bunker Middle East DMCC, 이하 '오더

블유벙커'라 한다)는 2014. 9. 17 SK비앤티로부터 러시아 보스토치니(Vostochnyy)항에서 이 사건 선박에 연료유 3,200톤을 공급하여 달라는 주문을 받았다.

② 이에 발틱 탱커 코. 엘티디(Baltic tanker Co., Ltd.)는 2014. 10. 9.부터 2014. 10. 10.까지 사이에 러시아 보스토치니항에 기항 중이던 이 사건 선박에 연료유 3,200톤을 공급하였다.

③ 오덜유벙커는 2014. 10. 9. SK비앤티에게 위 유류공급대금 합계 미화 1,545,600달러(톤당 미화 483달러, 이하 '이 사건 유류대금채권'이라 한다)를 2014. 11. 7.까지 지급하여 줄 것을 청구하는 내용의 청구서를 발행하였다.

④ 한편, 오더블유벙커의 모기업은 2014. 11. 7. 덴마크 법원에 파산신청을 하였다.

다. 이 사건 임의경매절차의 개시

네덜란드에서 설립된 법인으로 금융업을 영위하는 피신청인은 2015. 9. 18. '피신청인이 오더블유벙커의 SK비앤티에 대한 위 유류대금채권을 양수받았는데, 위 유류대금채권은 파나마국법상 선박우선특권으로 담보되는 채권에 해당한다'고 주장하면서, 대전지방법원 서산지원 2015타경11224호로 이 사건 선박에 대한 임의경매를 신청하여, 같은 날 그 개시결정을 받았다.

2. 당사자의 주장

가. 신청인의 주장

파나마국 법률의 관련 규정 및 파나마국 대법원의 판례에 비추어 볼 때, 이 사건 선박의 소유자나 용선자가 아닌 SK비앤티와 체결한 계약으로부터 발생한 오더블유벙커의 이 사건 유류대금채권은 파나마국법에 의하여 선박우선특권으로 담보되는 채권에 해당하지 아니한다.

나. 피신청인의 주장

① 파나마국 법률의 해석 · 적용과 관련하여

이 사건 유류대금채권은 파나마국 법률 제55호의 제244조 제9호에 의하여 선박우선특권에 의하여 담보되는 채권이고, 파나마국 법률 제55호상 선박우선특권으로 담보되는 채권발생의 원인이 되는 계약 상대방을 제한하는 규정이 없다.

또한, 파나마국 법률 제55호의 제27조에 의하면, 선박소유자인 신청인이 선박우선특권의 행사에 대항하기 위해서는 채권발생의 위법성 및 채권자의 악의를 증명할 책임이 있는데, 이 점에 관하여 신청인은 아무런 증명을 하지 못하고 있으므로, 피신청인의 선박우선특권 행사에 대항할 수 없다.

② SK비앤티의 지위와 관련하여

한편, SK비앤티는 SK해운의 하나의 사업부문이었다가 2012년 8월경 SK해운의 해상급유사업부문을 분리하여 설립한 회사로서, 모든 영업팀의 근무처가 서울의 SK해운의 주소와 동일하고, 싱가폴 주소 역시 SK해운의 싱가폴 지사의 것과 동일한 점, SK해운과 SK비앤티가 임원진을 공유하는 등 인적 구성이 동일한 점에 비추어 보면, SK비앤티는 실질적으로는 SK해운의 하나의 사업부문으로서 SK해운의 급유업무를 취급하고 있을 뿐이므로, SK해운으로부터 이 사건 유류공급대금을 부담시킬 권할을 부여받았다고 봄이 상당하다.

3. 판 단

가. 준거법에 대하여

선박우선특권의 성립 여부, 일정한 채권이 선박우선특권에 의하여 담보되는지 여부 및 선박우선특권이 미치는 대상의 범위는 국제사법 제60조 제1호에 따라 선적국(船籍國)의 법이 준거법이 된다(대법원 2014. 12. 24. 선고 2014다27128 판결 참조).

이 사건에서, 이 사건 선박의 선전국이 파나마국인 사실은 앞서 인정한 바와 같으므로, 피신청인이 양수하였다는 오더블유벙커의 이 사건 유류대금채권이 선박우선특권에 의하여 담보되는지 여부는 선적국법의 법인 파나마국법에 의하여 판단하여야 한다.

나. 이 사건 유류대금채권이 파나마국법에 의하여 선박우선특권으로 담보되는 채권인지 여부에 대하여

(1) 파나마국법의 규정

기록에 의하면, 파나마국의 선박우선특권 관련 규정은 다음과 같음을 알 수 있다.

파나마국 법률 제55호[1)]

제4조[2)] 선박은 선박소유자의 일반채무 또는 우선채무의 지급에 대하여 책임이 있고, 그러한 책임이 존재하는 한 제3자가 선박을 점유하고 있다고 하더라도 이와 같다(Vessels shall be liable for the payment of owner's debts, whether common or preferred, and creditors may pursue the same even if in the possession of third parties as long as such liability exists).

제27조[3)] 자신을 위하여 다른 사람 소유의 선박을 항해에 사용하는 자는, 그가 직접 지휘하는지 아니면 다른 사람을 통하여 지위하는지 여부와 관계없이, 제3자에 대하여 선박

1) 법률 제55호가 2008. 8. 7. 시행됨으로써 종전의 구 상법 제2권은 폐지되었는데, 아래의 각 조문은 그 내용이 실질적으로 거의 동일하다.
2) 구 상법 제1079조에 해당한다.
3) 구 상법 제1102조에 해당한다.

소유자로 본다(He who on his own behalf employs a vessel owned by another party for maritime traffic, whether he directs it himself or through another, shall be deemed in his relations to third parties as the owner of the vessel).

선박소유자는, 채권 성립의 위법성과 채권자의 악의를 증명하지 아니하면, 제3자가 선박 취역의 결과 선박채권자로서 취득한 권리에 대항할 수 없다(The real owner cannot oppose the rights acquired by third parties as creditors of the vessel and as consequence of its employment from being made effective, unless the former justifies its illegitimacy and the creditor's bad faith).

제224조[4] 다음의 각 채권은 선박우선특권을 가지며, 그 우열은 이 조항에 규정된 순서에 따른다.(The following credits shall have a privilege on the vessel and shall concur on her price, in the order expressed in this article).

9. 선박의 필수품과 의장으로 인하여 발생한 채무액(The sums owed by virtue of obligations incurred for the provision and necessities of the vessel)

(2) 파나마국 법률 제55호의 해석·적용

(가) 외국적 요소가 있는 법률관계에 관하여 적용될 외국법규의 내용을 확정하고 그 의미를 해석함에 있어서는 그 외국법이 그 본국에서 현실로 해석·적용되고 있는 의미·내용대로 해석·적용되어야 하는 것이 원칙이다(대법원 2014. 12. 24. 선고 2014다27128 판결 참조).

(나) 파나마국 대법원의 판결

을 제16호증의 기재에 의하면, 파나마국 대법원은 2011. 2. 28. 페트로 세르비시오(Petro Servicios, S.A., 이하 '페트로'라 한다) 대 베델스보그호(M/N 'Wedellsborg') 사건에서 다음과 같이 판결한 바 있음을 알 수 있다.

1) 사안의 개요

① 해운대리점인 이그제큐티브 쉬핑 서비스(Executive Shipping Service Inc., 이하 '이그제큐티브쉬핑'이라 한다)는 2005년경 파나마국의 항구에 기항하는 선박에게 연료유를 구입·공급하는 사업을 영위하던 페트로에게 크로스 차터링 엔.브이.(Cross Chartering N.V., 이하 '크로스차터링'이라 한다)가 용선 중이던 베델스보그호의 연료유 공급을 요청하여, Cespa Panama S.A.(이하 'CEPSA'라 한다)가 2005. 1. 7. 콜론(Colon) 주 크리스토발(Cristobal)항에서 베델스보그호에 420.225톤과 299.86톤의 연료유를 공급하였다.

② 이에 페트로는 미화105,929.72달러와 미화 80,256.84달러의 유류대금 청구서를 각

4) 구 상법 제1507조에 해당한다.

발행하였는데, 이그제큐티브쉬핑은 미화 14,318.62달러만을 지급하였다.

③ 페트로는 2005. 6. 17. 베델스보그호에 대한 위 유류대금채권에 기한 선박우선특권 집행절차를 신청하여 그 집행절차가 개시되었따.

④ 이에 대하여 베델스보그호는 용선자인 크로스차터링과 페트로 사이에 거래관계를 보여주는 어떠한 증거도 없다는 이유로 대물적 의무의 부존재/선박우선특권의 부존재를 근거로 이의신청을 하였다.

⑤ 이에 대하여 원심인 제2해사법원은 2008. 5. 22. '베델스보그호의 연료유 구입 및 판매에 있어서 이그제큐티브쉬핑이 그 대리인으로 행위하였다는 점이 입증되었다'는 이유로 베델스보그호의 이의신청을 받아들이지 아니하는 결정을 하였다.

2) 파나마국 대법원의 판결

그러나, 파나마국 대법원은 대물적 의무의 부존재 내지 선박우선특권의 부존재를 이유로 한 베델스보그호의 이의신청이 이유가 있다고 판단하였는데, 그 판결의 내용 요지는 다음과 같다.

① 서증에 대하여,

㉠ 이크제큐티브쉬핑이 2005. 3. 1.자로 페트로에게 보낸 문서에 대하여, 원심은 위 문서가 이그제큐티브쉬핑이 선박대리인이라는 점을 표시한 것이라고 보았으나, 위 문서는 베델스보그호의 연료유를 공급함으로써 이그제큐티브쉬핑이 페트로에 대하여 직접채무를 부담한다는 점을 나타낼 뿐, 이그제큐티브쉬핑이 용선자로부터 권한을 부여받은 해운대리인으로 행위한다는 점을 표시하였다는 점을 입증하는 것이 아니며, 더구나 위 문서의 내용 역시 베델스보그호가 연료유를 공급받았다는 점을 넘어 페트로가 베델스보그호의 채권자라는 점의 증거가 아니다. 위 문서의 중앙 상단에 '선박 대리점'이라고 기재되어 있는 문구는 이그제큐티브쉬핑이 용선자를 위하여 행위한다는 점의 명시적인 표현도 아니다.

㉡ 이그제큐티브쉬핑이 해운 대리인으로서 영업을 허가받았다는 상공부 발행의 증명서 역시, 이그제큐티브쉬핑이 이 사건 거래에 있어서 용선자로부터 분명히 권한을 수여받은 해운대리인으로 행위하였다는 점을 입증하지 못한다.

㉢ 원심이 i) 이그제큐티브쉬핑이 해운 대리인의 지위를 갖고 있음을 페트로가 승인하였고, ii) 연료유를 판매함에 있어서 이그제큐티브쉬핑이 대리인 지위에서 행위하였음을 입증한다고 본 문서들은, 페트로와 이그제큐티브쉬핑 사이의 연료유 구입 및 판매에 관한 거래관계, CEPSA의 베델스보그호에 대한 연료유 공급, CEPSA가 판매한 연료유 대금지불 지연에 대한 페트로와 CEPSA 사이의 논의를 입증하는 것일 뿐, 이그제큐티브쉬핑이 크로스차터링이나 베델스보그호의 해운 대리인으로서 행위한다거나 그것을 나타내었음을 증명하는 것이 아니다.

㉣ 용선자인 크로스차터링이 유류대금을 이그제큐티브쉬핑에게 송금한 계좌이체증서, 이그제큐티브쉬핑이 크로스차터링에게 유류대금 견적을 제시하는 이메일 등도, 이그제큐티브쉬핑이 크로스차터링의 해운대리점으로 행위하였다는 점을 증명하지 못하고, 오히려 이그제큐티브쉬핑이 크로스차터링에 대한 연료유의 직접 판매자로 보일 뿐이다.

② 진술증거에 대하여

페트로의 대표자인 아드리안 라모스(Adrian Ramos)의 진술과 관련하여, 원심은 특히 기존에 거래가 있었던 경우 이 분야에서의 상사거래는 신뢰관계 하에서 이루어지므로, 거래를 문서화하거나 확인서의 발급을 요구하는 시장의 기준에 맞출 필요가 없다고 지적하였다.

그러나, 페트로와 용선자 사이의 연료유 공급 약정이 존재하지 아니하고, 이그제큐티브쉬핑이 자신을 위하여 행위한 것이지 크로스차터링의 해운 대리인으로서 행위한 것이 아니라고 상대방이 다투고 있는 상황에서, 페트로가 종전에도 연료유 판매 확인서의 발급과 동일시할 신뢰관계 하에서 이그제큐티브쉬핑 내지 다른 고객과 거래를 하였다거나, 확인서 발급 없는 신뢰관계 하에서 거래가 시장에서 일반적으로 관찰되는 상사 관행으로 승인되었음을 인정할 수 있는 증거가 없다.

오히려, CEPSA가 페트로를 상대로 제기한 해사소송의 서류에 의하면, CEPSA가 이그제큐티브쉬핑에게 확인서를 작성하여 주었고 페트로가 CEPSA에게 지명서를 작성하여 준 것이 확인되고, 이는 페트로의 주장과 배치된다.

고객과 기존에 거래가 있었던 경우에는, 이 분야에서의 상사거래가 신뢰관계 하에 이루어지므로, 문서화하거나 확인서 발급을 요구하는 시장의 기준에 맞출 필요가 없다는 라모스의 증언에 담긴 주장은, 그의 증언 외에는 증명되지 않는다.

③ 전문가 증거에 대하여

전문가인 구스타보 카시스 아빌라(Gustavo Casis Avila)의 보고서 및 증언과 관련하여, 원심은 연료유 공급의 문서화 여부에 관한 전문가의 의견을 증인의 증언과 대조시켰다.

그러나, 페트로가 이그제큐티브쉬핑을 통하여 용선자와 연료유 공급 약정을 체결하였다는 점과 이그제큐티브쉬핑이 그 자신을 위해서가 아닌 크로스차터링을 대신하여 행위하였다는 점을 입증할 책임은 페트로에게 있는데, 앞서 검토한 바와 같이 페트로는 연료유 공급 거래를 문서화하지 못한 주된 이유로 들고 있는 신뢰관계 및 기존 거래에 관한 주장을 뒷받침하지 못하였다.

또한, 원심은, 전문가가 신뢰의 측면을 인정하였다고 결론내리기 위하여 전문가 증인의 증언 중 일부에 중요성을 부여하였으나, 이는 잘못된 결론을 내리기 위하여 진술의 일부만을 추출함으로써 전문가 증거를 평가한 것이다. 카시스는 페트로측 대리인의 질문에 "이 문제에 관한 관행은 서면 확인서를 작성하는 것이다.", "그것이 국제적인 관행이다."라고 답하였다.

전문가 증거를 면밀히 검토해보면, 카시스는 일관되게 연료유 구입과 판매 약정에 있어서, 시장의 관행은 구매자의 지명과 판매자의 확인서를 통한 문서화를 요구하는 것이고, 그 규칙에 대한 예외로써 오로지 당사자 사이에 신뢰가 있는 경우에만, 구매자가 지명서를 발급하지 않을 뿐 판매자는 언제나 확인서를 발급하여야 한다고 밝혔다.

④ 결론

원심은 당사자가 제출한 증거를 종합적으로 평가하지 않았다. 또한 이런 형태의 거래의 존재 내지 소송당사자 사이에 신뢰에 기반한 거래관계가 있었음을 보여주는 종전 거래의 존재를 인정할 증거가 없음에 비추어, 파나마의 관행상 문서화의 필요 없이 연료유 구입 및 판매 거래가 이루어질 수 있다는 점을 페트로가 입증하지 못하였고, 따라서 용선자인 크로스차터링을 통하여 페트로와 베델스보그호 사이에 연료유 구입 및 판매 약정이 존재한다는 점이 이크제큐티브쉬핑이 크로스차터링의 해운대리인으로서 거래를 하였다는 점을 페트로가 증명하지 못하였음에도, 원심은 이를 올바로 판단하지 못하였다.

그러므로, 페트로가 용선자와 계약관계에 있지 않았던 점, 이그제큐티브쉬핑이 용선자의 해운대리인으로서 행위하였음을 페트로가 증명하지 못한 점 등에 비추어 보면, 페트로는 대물적 권리, 즉 선박에 대한 직접적인 권리의 존재를 주장할 수 없다. 왜냐하면, 베델스보그호의 용선자인 크로스차터링이 페트로와 사이에 페트로가 선박에 대하여 권리를 주장할 수 있는 어떠한 약정도 하지 않았음을 감안하면, 구 상법 제1102조(현행 파나마국 법률 제55호의 제27조에 해당한다)의 실체법적 규정에 규정된 사실이 발생하지 않았기 때문이다.

(다) 파나마국에서 현실로 해석·적용되고 있는 법률 제55호의 의미·내용에 대한 검토

① 제27조, 제4조에 따라 선박에 대한 대물적 권리를 주장할 수 있는 자의 범위

위 사건에서 파나마국 대법원이 ㉠ 용선자인 크로스차터링과 페트로 사이의 계약관계 내지 이그제큐티브쉬핑이 크로스차터링의 대리인으로서 행위하였음이 증명되는지(그리고 그 전제로서 문서화하지 않은 거래의 관행의 존재) 여부와 관련하여 개별 증거들을 구체적으로 검토하고 있는 점, ㉡ 용선자인 크로스차터링과 페트로 사이에 계약관계가 없었고 연료유 주문자가 용선자의 대리인임을 증명하지도 못하였으므로 연료유 판매자가 선박에 대한 직접적인 권리를 주장할 수 없다는 취지로 판시한 점 등에 비추어 보면, 파나마국 대법원은 최소한 용선자(위 사건에서 크로스차터링)가 아닌 제3자(위 사건에서 이그제큐티브쉬핑)와 사이의 계약관계에 기하여 선박에 연료유를 공급한 자는 파나마국 법률 제55호의 제27조, 제4조에 기한 선박에 대한 대물적 권리는 주장할 수 없는 것으로 보고 있음을 알 수 있다(만약 피신청인의 주장과 같이 파나마국법의 해석상 채권발생의 원인이 된 계약의 상대방에 아무런 제한이 없다면, 파나마국 대법원이 계약관계 내지 대리권의 증명 여부에 대하여 위와 같이 구체적으로 개별 증거들을 검토할 이유가 없다).

② 제27조에 규정된 선박소유자의 증명책임 규정의 적용 요건

그리고 위 사건에서 ㉠ 파나마국 대법원이 페트로가 용선자와 계약관계에 있지 않음을 이유로 선박에 대한 직접적인 권리의 존재를 주장할 수 없다고 판단하였을 뿐, 나아가 베

델스보그호가 그 채권 성립의 위법성과 페트로의 악의를 증명하였는지 여부에 대해서는 아무런 판단을 하지 않은 점, ㉡ 위 사건의 쌍방 소송대리인들도 이 점에 관하여 어떠한 주장도 하지 않은 것으로 보이는 점, ㉢ 피신청인이 주장하는 선박소유자의 증명책임 규정은 그 조문 체계상 선박에 대한 대물적 권리발생의 요건사실이 충족된 경우를 전제로 하는 것으로 해석함이 일반적인 법해석 기준에도 부합한다고 보이는 점 등에 비추어 보면, 파나마국 대법원은 위와 같이 선박에 대한 대물적 권리 발생의 요건사실이 충족되지 않은 경우에는 거기서 더 나아가 선박소유자가 그 채권성립의 위법성 등을 증명할 것을 요구하지 않음을 알 수 있다(이와 달리 파나마국 법률상 연료유가 이 사건 선박에 공급된 이상, 연료유공급계약의 상대방이 누구인지 여부와 관계없이 선박소유자인 신청인에게 위와 같은 점을 증명할 책임이 있다는 취지의 피신청인의 주장은 받아들이지 아니한다).

③ 제244조의 지위

또한, 위 사건에서 ㉠ 파나마국 대법원이 파나마국 법률 제55호의 제27조의 요건사실이 충족되지 않았음을 이유로 선박에 대한 대물적 권리를 주장할 수 없다는 취지로 판단하고 있을 뿐, 이와 별개로 제244조의 규정에 기하여 선박우선특권이 성립될 수 있는 가능성에 대해서는 아무런 언급을 하지 않았고, 위 사건의 쌍방 소송대리인들도 이 점에 관하여 어떠한 주장도 하지 않은 것으로 보이는 점, ㉡ 제27조 규정과는 별개로, 선박에 연료유를 공급한 자에게는 그 연료유공급계약의 상대방이 누구인지 여부와 관계없이 제244조의 규정에 의하여 선박우선특권이 성립된다고 한다면, 파나마국 대법원이 앞서 본 바와 같이 그 계약관계 내지 대리권의 증명 여부에 대하여 개별 증거들을 검토하거나 쌍방 소송대리인이 이를 두고 치열하게 다툴 이유가 없는 점 등에 비추어 보면, 파나마국에서는 제244조의 규정이 제27조의 규정과는 별개의 권리발생의 근거규정이라고 보고 있지도 않은 것으로 보인다(제244조는 제4조 또는 제27조에 따라 선박의 대물적 책임 발생의 요건이 충족되는 경우 그에 의하여 담보되는 채권의 범주를 규정한 것으로 보일 뿐이다. 따라서, 제27조의 규정과는 별개로 제244조의 규정에 의하여 피담보채권의 발생 원인이 된 계약의 상대방이 누구인지 여부와 관계없이 파나마국법상 선박우선특권이 성립한다는 취지의 피신청인의 주장 역시 받아들이지 아니한다).

(3) 이 사건 유류대금채권이 파나마국법상 선박우선특권에 의하여 담보되는 채권인지 여부

기록에 의하면, ① 이 사건 선박의 용선자인 SK해운이 2014. 9. 16. SK비앤티에게 러시아 보스토치니항에서 이 사건 선박에 연료유 3,200톤을 공급하여 줄 것을 주문한 사실, ② SK비앤티는 2014. 9. 17. 오더블유벙커에게 위와 같은 내용의 연료유 공급 주문을 한 사실, ③ 이에 따라 2014. 10. 9.부터 2014. 10. 10.까지 사이에 이 사건 선박에 연료유

3,200톤이 공급된 사실, ④ 오버블유벙커는 2014. 10. 9. SK비앤티에게 위 연료유 공급대금 미화 1,545,600달러의 지급을 청구하는 청구서를 발행하였고, SK비앤티는 2014. 10. 10. SK해운에게 위 연료유 공급대금 미화 1,547,200달러의 지급을 청구하는 청구서를 발행한 사실, ⑤ SK해운은 2014. 10. 31. SK비앤티에게 위 유류공급 대금을 지급한 사실, ⑥ 한편, 벙커 홀딩스 엘티디.(Bunker Holdings Ltd., 이하 '벙커홀딩스'라 한다)는 2014. 11. 8. SK비앤티에게 '오더블유 벙커 파 이스트 피티이 엘티디.(O.W. Bunker Far East Pte Ltd.)와의 계약에 따라 이 사건 선박에 연료유를 공급하였다'면서 그 대금 미화 1,537,056달러를 청구하는 내용의 서신을 보낸 사실을 인정할 수 있다.

위와 같은 사실관계를 위 파나마국 법률 제55호의 규정과 파나마국 대법원의 판결에 비추어 본다.

먼저, 앞서 인정한 바와 같이 오더블유벙커는 용선자가 아닌 SK비앤티로부터 연료유 공급은 주문받았을 뿐, 나아가 오더블유벙커가 용선자인 SK해운과 사이에 직접 연료유 공급 계약을 체결하였음을 인정할 증거가 없다.

다음으로, SK비앤티의 지위에 관하여 보건대, 기록에 의하면, ① SK비앤티가 SK해운의 해상급유사업부문을 분할하여 2012. 8. 21. 싱가폴에서 설립된 사실, ② SK해운이 SK비앤티의 지분 중 50%의 비율을 초과하는 수량을 보유하며 SK비앤티를 지배하고 있는 사실, ③ SK해운과 SK비앤티의 사무소가 동일 건물 내에 있는 사실, ④ SK해운과 SK비앤티의 임원들이 순환근무 내지 겸직을 하고 있는 것으로 보이는 점 등은 인정된다.

그러나, ① SK해운이 SK비앤티에게 위 유류공급대금을 지급하였음은 앞서 인정한 바와 같고 이는 SK비앤티가 SK해운의 대리인이 아니라 연료유의 직접적인 판매자임에 부합하는 점, ② 오더블유벙커 스스로도 이 사건 연료유 공급 당시 SK비앤티에게 주문확인서와 청구서를 각 발행하는 등 SK해운이 아닌 SK비앤티를 거래 상대방으로 인식하고 있었던 점, ③ SK비앤티가 당시 오더블유벙커에 대하여 SK해운의 대리인으로 거래한다는 점을 표시하였다고 볼 만한 아무런 자료가 없는 점, ④ 위와 같은 지배구조와 임원진 구성의 공통점에도 불구하고 SK비앤티는 SK해운과 엄연히 별개의 법인이고, SK해운 외에도 Atlantic Star Ltd.와 한국산업은행이 SK비앤티의 주주로서 50%의 비율에 가까운 지분을 보유하고 있는 점, ⑤ SK비앤티가 오로지 SK해운에게만 연료유를 공급하고 있다거나, 역으로 SK해운이 SK비앤티에게만 연료유 공급을 주문하고 있다고 볼 만한 자료도 없는 점 등에 비추어 보면, 위 인정사실만으로는, SK비앤티가 용선자인 SK해운의 대리인으로서 오더블유벙커에게 위 연료유를 주문하였다거나 SK비앤티가 SK해운으로 하여금 유류대금채무를 부담시킬 권한을 부여받았다고 인정하기에 부족하고, 달리 이를 인정할 근거가 없다.

따라서, 오더블유벙커가 SK비앤티와 체결한 계약으로부터 발생한 이 사건 유류대금채권은 파나마국 법률상 이 사건 선박에 대한 선박우선특권에 의하여 담보되는 채권에 해당한다고 볼 수 없다.

4. 결 론

그렇다면, 피신청인은 이 사건 선박에 대한 우선특권을 갖는다고 볼 수 없으므로, 이 법원이 이 사건 선박에 대하여 한 임의경매개시결정을 취소하고, 피신청인의 이 사건 선박에 대한 임의경매신청을 기각하기로 하여 주문과 같이 결정한다.

2016. 1. 8.

판 사 이 성 율

〈제19호-II-①〉

서 울 중 앙 지 방 법 원

제 4 민 사 부

판　　　결

사　　　건	2014나54211 구상금
원고, 항소인	롯데손해보험 주식회사
피고, 피항소인	1. 위너스해운항공 주식회사 2. 주식회사 한진해운
제 1 심 판 결	서울중앙지방법원 2014. 9. 26. 선고 2013가단5154484 판결
변 론 종 결	2015. 4. 29.
판 결 선 고	2015. 6. 17.

주　　　문

1. 제1심 판결의 피고 위너스해운항공 주식회사에 대한 부분 중 아래에서 지급을 명하는 금원에 해당하는 원고 패소 부분을 취소한다.
   피고 위너스해운항공 주식회사는 원고에게 24,718,872원과 이에 대하여 2013. 12. 7.부터 2015. 6. 17.까지 연 6%, 그 다음날부터 다 갚는 날까지 연 20%의 각 비율로 계산한 돈을 지급하라.
2. 원고의 나머지 항소를 기각한다.
3. 원고와 피고 위너스해운항공 주식회사 사이에 생긴 소송총비용은 피고 위너스해운항공 주식회사가 부담하고, 원고의 피고 주식회사 한진해운에 대한 항소비용은 원고가 부담한다.
4. 제1항 중 금원의 지급을 명하는 부분은 가집행할 수 있다.

청구취지 및 항소취지

제1심 판결을 취소한다. 피고들은 공동하여 원고에게 미화 21,626.31달러 및 이에 대하여 이 사건 소장 부본 송달 다음날부터 다 갚는 날까지 연 20%의 비율에 의한 금원을 지급하라.

이 유

1. 인정사실

가. 삼원 스틸 코 엘티디(SAMWON STEEL CO. LTD, 이하 '삼원스틸'이라 한다)는 인도의 대원 인디아 오토파츠 프라이빗 리미티드(DAEWON INDIA AUTOPARTS PRIVATE LIMITED, 이하 '대원인디아'라 한다)에게 스프링 스틸 라운드 등 25,232pcs(38,456kg, 이하 '이 사건 화물'이라 한다)를 수출하는 계약을 체결하였다.

나. 삼원스틸은 피고 위너스해운항공 주식회사(이하 '주식회사'의 표기는 생략한다)에게 부산항으로부터 수하인인 대원인디아 영업소까지 이 사건 화물의 운송업무를 위탁하였고, 피고 위너스해운항공은 삼원스틸에게 국제운송중개인협회(FIATA)에서 정한 표준양식의 복합운송증권(이하 '이 사건 하우스 선하증권'이라 한다) 사본을 작성하여 삼원스틸에게 교부하였다.

다. 피고 위너스해운항공은 삼원스틸을 대리하여 피고 한진해운과 사이에 부산항부터 인도 첸나이항까지 이 사건 화물의 운송계약을 체결하였는데, 이와 관련하여 피고 한진해운이 발행한 선하증권(이하 '이 사건 마스터 선하증권'이라 한다)에는 "송하인이 적입하고 수량을 셈(Shipper's Load & Count)"이라는 이른바 '부지문구'가 기재되어 있다.

라. 이 사건 화물은 2012. 6. 18. 대한민국 부산항에서 피고 한진해운의 선박에 선적되어 2012. 7. 3. 인도 첸나이항에 도착하였고, 그 후 2012. 7. 4. 이 사건 마스터 선하증권에 수하인으로 기재된 롬 로지스틱스 인디아 프라이빗 리미티드(Lom Logistics India Private Limited, 이하 '롬 로지스틱스'라 한다)에 의하여 인도 첸나이항에서 양하되어 2012. 7. 9. 수입자인 대원인디아에게 인도되었다.

마. 이 사건 화물을 인도받은 대원인디아는 이 사건 화물이 적재된 컨테이너 2개(HJCU8269072, HJCU8326980) 가운데 1개의 콘테이너(HJCU8326980)에서 나온 이 사건 화물 중 일부에서 녹손을 발견하고, 2012. 7. 10. 현지 손해사정인에게 이 사건 화물에 관한 조사를 신청하였다.

바. 손해사정인은 위 녹손이 발견된 화물에 대한 검사결과 위 녹손이 해수 접촉에 의한 것으로 판단하고, 이 사건 화물 중 위 컨테이너에 담긴 12,954pcs(19,056kg)에 관한 손해를 미화 21,626,31달러로 사정하였다.

사. 원고는 2012. 6. 29. 삼원스틸과 이 사건 화물의 해상 및 육상운송 과정에서의 파

손위험을 담보하는 내용의 적하보험계약을 체결한 보험사로서 2013. 3. 28. 대원인디아에게 이 사건 화물의 손상으로 인한 손해로 미화 21,626,31달러를 지급하였다.

[인정근거] 다툼 없는 사실, 갑 제1호증의 1, 2, 갑 제2 내지 4, 6 내지 8호증의 각 기재, 변론 전체의 취지

2. 청구원인에 대한 판단

가. 당사자들의 주장

1) 원고의 주장

피고 위너스해운항공은 계약운송인 또는 용선자로서, 피고 한진해운은 실제운송인으로서 이 사건 화물을 목적지까지 안전하게 운송할 의무가 있음에도 이를 게을리 하여 이 사건 화물 운송 과정에서 해수가 침투하게 하여 그 가치를 손상시켰다. 따라서 피고 위너스해운항공은 운송계약상의 의무위반 또는 불법행위에 기한 손해배상책임을, 피고 한진해운은 불법행위에 기한 손해배상책임을 각 진다고 할 것이므로, 피고들은 공동하여 삼원스틸의 권리를 대위취득한 원고에게 이 사건 화물에 관하여 발생한 손해금으로서 미화 21,626,31달러와 이에 대한 지연손해금을 지급할 의무가 있다.

2) 피고 위너스해운항공의 주장

이 사건 하우스 선하증권은 서렌더 도장이 날인되어 있고 발행인 란에 서명이 없어 정식으로 발행된 선하증권으로 볼 수 없고, 피고 위너스해운항공은 특별한 운송설비나 상업신용을 갖추고 있지 아니하여 운송인으로서 행위하거나 책임을 부담할 의사가 없었으며, 이 사건 하우스 선하증권 우측 하단에 "as agent for carrier"라고 기재하여 운송인을 대신하여 이 사건 하우스 선하증권을 발행한다는 뜻을 명시하였고, 이 사건 마스터 선하증권에도 피고 위너스해운항공이 삼원스틸을 대리하여 피고 한진해운과 이 사건 화물 운송계약을 체결한다는 뜻이 명시되어 있으므로, 피고 위너스해운항공은 운송주선인에 불과할 뿐 운송인으로 볼 수 없다.

나. 피고 위너스해운항공에 대한 청구에 관한 판단

1) 피고 위너스해운항공을 이 사건 화물의 계약운송인으로 볼 수 있는지 여부에 관한 판단

물품운송계약은 당사자의 일방에게 물품을 한 장소로부터 다른 장소로 이동할 것을 약속하고 상대방이 이에 대하여 일정한 보수를 지급할 것을 약속함으로써 성립하는 계약으로서, 운송계약에 따른 권리·의무를 부담하는 운송인은 운송의뢰인에 대한 관계에서 운

송을 인수한 자가 누구인지에 따라 확정된다. 한편, 운송주선인은 자기의 명의로 물건운송의 주선을 영업으로 하는 사람으로서, 자기의 이름으로 주선행위를 하는 것이 원칙이지만 하주나 운송인의 대리인 또는, 위탁자의 이름으로 운송계약을 체결하였다고 하더라도 실제로 주선행위를 하였다면 운송주선인임에는 변함이 없다. 그런데 운송주선인이 상법 제116조에 따라 위탁자의 청구에 의하여 화물상환증을 작성하거나 상법 제119조 제2항에 따라 운송주선계약에서 운임의 액을 정한 경우에는 운송인으로서의 지위도 취득할 수 있지만, 운송주선인이 위 각 조항에 따라 운송인의 지위를 취득하지 않는 한, 운송인의 대리인으로서 운송계약을 체결하였더라도 운송의뢰인에 대한 관계에서는 여전히 운송주선인의 지위에 있음에 지나지 아니한다고 할 것이다.

그리고 운송주선업자가 운송의뢰인으로부터 운송관련 업무를 의뢰받았다고 하더라도 운송을 의뢰받은 것인지, 운송주선만을 의뢰받은 것인지 여부가 명확하지 않은 경우에는 당사자의 의사를 탐구하여 운송인의 지위를 취득하였는지 여부를 확정하여야 할 것이지만, 당사자의 의사가 명확하지 않은 경우에는 하우스 선하증권의 발행자 명의, 운임의 지급형태 등 제반 사정을 종합적으로 고려하여 논리와 경험칙에 따라 운송주선업자가 운송의뢰인으로부터 운송을 인수하였다고 볼 수 있는지 여부를 확정하여야 한다(대법원 2007. 4. 27. 선고 2007다4943 판결 참조).

살피건대, 위 인정사실에 변론 전체의 취지를 종합하여 인정되는 다음과 같은 사정에 비추어 보면, 피고 위너스해운항공은 운송주선인이 아니라 삼원스틸과 사이에 이 사건 화물에 관한 운송계약을 체결한 계약운송인으로 봄이 상당하다.

① 비록 이 사건 하우스 선하증권이 발행인 란에 날인이 되지 않은 사본에 해당하고 서렌더 직인이 날인되어 있어 유가증권성은 부인된다고 하더라도 삼원스틸과 피고 위너스해운항공 사이의 계약내용을 추단할 수 있는 문서로서의 증명력까지 부인된다고 볼 수는 없다.

② 특별한 운송설비나 신용을 갖추지 못한 운송주선인이라고 하더라도 항상 운송인으로서 행위하거나 책임을 부담할 의사가 없다고 단정할 수 없고, 오히려 상법 제116조 제2항은 그러한 운송주선인이라도 개입권을 행사한 경우 운송인으로 간주된다고 정하고 있다.

③ 만약 피고 위너스해운항공이 운송주선인으로서의 책임만을 부담할 의사였다면 이 사건 마스터 선하증권을 삼원스틸에게 교부하면 족하였을 터임에도 굳이 자신의 명의로 된 이 사건 하우스 선하증권을 작성하여 교부하였고, 이 사건 하우스 선하증권에 "as agent for carrier"라는 문구가 부동문자로 인쇄되어 있기는 하나 정작 피고 위너스해운항공은 이 사건 하우스 선하증권상의 계약운송인(carrier)이 누구인지 제대로 밝히지 못하고 있을 뿐만 아니라, 그 계약운송인지 누구인지 특정할 수 있는 그 어떠한 자료도 제출하지

못하였다.

④ 피고 위너스해운항공이 삼원스틸로부터 이 사건 화물 운송업무를 의뢰받은 운송구간은 부산항 컨테이너 야드에서 수하인인 대원인디아의 창고까지(CY/DR)인 반면, 피고 한진해운이 인수한 운송구간은 부산항 컨테이너 야드에서 인도 첸나이항 컨테이너 야드까지(CY/CY)이므로, 만약 피고 한진해운이 계약운송인이라면 육상 운송구간에 해당하는 인도 첸나이항으로부터 대원인디아의 사업소까지는 계약운송인이 존재하지 아니하는 결과가 되는바, 이는 송하인인 삼원스틸의 의사에 반한다.

2) 운송인으로서의 손해배상책임 성립 여부에 관한 판단

운송인은 자기 또는 선원이나 그 밖의 선박사용인이 운송물의 수령·선적·적부(積付)·운송·보관·양륙과 인도에 관하여 주의를 해태하지 아니하였음을 증명하지 아니하면 운송물의 멸실·훼손 또는 연착으로 인한 손해를 배상할 책임을 지는바(상법 제795조 제1항), 운송인인 피고 위너스해운항공 또는 그 이행보조자에 해당하는 피고 한진해운이나 롬 로지스틱스가 이 사건 화물의 수령·선적·적부(積付)·운송·보관·양륙과 인도에 관하여 주의를 해태하지 아니하였다고 볼 아무런 자료가 없는 이상 운송인인 피고 위너스해운항공은 이 사건 화물 중 일부에 관하여 발생한 녹손으로 인한 손해를 배상할 책임이 있다.

3) 손해배상액수에 관한 판단

채무불이행으로 인한 손해배상을 규정하고 있는 민법 제394조는 다른 의사표시가 없는 한 금전으로 배상하여야 한다고 규정하고 있는바, 위 법조 소정의 금전이라 함은 우리나라의 통화를 가리키는 것이어서 채무불이행으로 인한 손해배상을 구하는 채권은 당사자가 외국통화로 지급하기로 약정하였다는 등의 특별한 사정이 없는 한 채권액이 외국통화로 지정된 외화채권이라고 할 수 없다(대법원 2007. 8. 23. 선고 2007다26455 판결).

따라서 피고 위너스해운항공은 원고에게 이 사건 화물에 관하여 발생한 손해액인 미화 21,626,31달러를 그 손해가 확정된 2012. 7. 9. 기준 미화 1달러의 매매기준 환율 1,143원을 적용하여 계산한 24,718,872원(=21,626,31달러×1,143원, 원 미만 버림)과 이에 대하여 원고가 구하는 이 사건 소장 부본이 피고 위너스해운항공에게 송달된 다음날인 2013. 12. 7.부터 피고 위너스해운항공이 그 이행의무의 존부 및 범위에 관하여 항쟁함이 상당한 당심 판결선고일인 2015. 6. 17.까지 상법이 정한 연 6%, 그 다음날부터 다 갚는 날까지 소송촉진 등에 관한 특례법이 정한 연 20%의 각 비율로 계산한 지연손해금을 지급할 의무가 있다.

다. 피고 한진해운에 대한 청구에 관한 판단

이 부분에 관하여 이 법원이 설시할 이유는 제1심 판결 제5면 제4행부터 제6면 제17행까지 사이에 설시된 판단 부분 기재와 같으므로, 민사소송법 제420조 본문에 의하여 이를 그대로 인용한다.

3. 결 론

그렇다면, 원고의 피고 위너스해운항공에 대한 청구는 위 인정범위 내에서 이유 있어 이를 인용하고, 그 나머지 청구와 피고 한진해운에 대한 청구는 이유 없어 이를 각 기각할 것인바, 제1심 판결 중 피고 위너스해운항공에 대한 부분은 이와 결론을 일부 달리하여 부당하므로 원고의 항소를 일부 받아들여 제1심 판결 중 위에서 지급을 명하는 부분에 해당하는 원고 패소부분을 취소하고, 피고 위너스항공에 대하여 위 돈의 지급을 명하며, 원고의 나머지 항소는 이유 없어 이를 기각하기로 하여, 주문과 같이 판결한다.

재판장 판 사 이 대 연
판 사 이 창 경
판 사 류 호 중

〈제19호-II-②〉

대 법 원

제 1 부

판 결

사 건	2015다225851 구상금
원고, 피상고인	롯데손해보험 주식회사
피고, 상고인	주식회사 위너스해운항공
원 심 판 결	서울중앙지방법원 2015. 6. 17. 선고 2014나54211 판결
판 결 선 고	2017. 1. 25.

주 문

상고를 기각한다.

상고비용은 피고가 부담한다.

이 유

상고이유를 판단한다.

1. 상고이유 제1, 2점에 대하여

가. 물품운송계약은 당사자 일방이 물품을 한 장소에서 다른 장소로 이동할 것을 약속하고, 상대방은 이에 대하여 일정한 보수를 지급할 것을 약속함으로써 성립하는 계약이다. 운송계약에 따른 권리·의무를 부담하는 운송인은 운송의뢰인에 대한 관계에서 운송을 인수한 자가 누구인지에 따라 확정된다.

한편, 운송주선업자가 운송의뢰인으로부터 운송관련 업무를 의뢰받았다고 하더라도 운송을 의뢰받은 것인지, 운송주선만을 의뢰받은 것인지 여부가 명확하지 않은 경우에는 당사자의 의사를 탐구하여 운송인의 지위를 취득하였는지 여부를 확정하여야 한다. 당사자의 의사가 명확하지 않은 경우에는 하우스 선하증권의 발행자 명의, 운임의 지급형태 등 제반 사정을 고려하여 논리와 경험칙에 따라 운송주선업자가 운송의뢰인으로부터 운송을 인수하였다고 볼 수 있는지 여부를 확정하여야 한다(대법원 2007. 4. 27. 선고 2007다4943 판결 참조).

나. 원심은, ① 비록 이 사건 하우스 선하증권이 발행인란에 날인이 되지 않은 사본이고 서렌더 직인이 날인되어 있어 유가증권성은 부인된다고 하더라도, 삼원스틸 코 엘티디(이하 '삼원스틸'이라고 한다)와 피고가 체결한 계약내용을 추단할 수 있는 문서로서의 증명력까지 부인된다고 볼 수는 없는 점, ② 특별한 운송설비나 신용을 갖추지 못한 운송주선인이라고 하더라도 운송인으로 행위하거나 책임을 부담할 의사가 전혀 없다고 단정할 수 없고, 오히려 상법 제116조 제2항은 그러한 운송주선인이라도 개입권을 행사한 경우 운송인으로 간주된다고 규정하고 있는 점, ③ 만약 피고가 운송주선인으로서의 책임만을 부담할 의사였다면 주식회사 한진해운(이하 '한진해운'이라고 한다)이 발행한 이 사건 마스터 선하증권을 삼원스틸에 그대로 교부하면 되는데도, 굳이 피고의 명의로 된 이 사건 하우스 선하증권을 작성하여 교부하였고, 또한 이 사건 하우스 선하증권에 "as agent for carrier"라는 문구가 부동문자로 인쇄되어 있기는 하나, 정작 피고는 이 사건 하우스 선하증권상의 계약운송인(carrier)이 누구인지 밝히지 못하고 있을 뿐만 아니라 누구인지 특정할 수 있는 자료도 제출하지 못한 점, ④ 피고가 삼원스틸로부터 이 사건 화물 운송업무를 의뢰받은 운송구간은 부산항 컨테이너 야드에서 수하인인 대원인디아의 창고까지(CY/DR)인 반면, 한진해운이 인수한 운송구간은 부산항 컨테이너 야드에서 인도 첸나이항 컨테이너 야드까지(CY/CY)이므로, 만약 한진해운이 계약운송인이라면 인도 첸나이항부터 대원인디아의 창고까지는 계약운송인이 존재하지 아니하는 결과가 되는데, 이는 송하인인 삼원스틸의 의사에 반하는 점을 종합하여 보면, 피고는 삼원스틸에 대하여 이 사건 화물에 관한 계약운송인에 해당한다고 판단하였다.

다. 관련 법리와 기록에 비추어 살펴보면, 원심의 위와 같은 판단에 상고이유 주장과 같이 상법 제116조 제2항에서 정한 화물상환증에 관한 법리 및 운송인과 운송주선인의 구별에 관한 법리를 오해하거나, 운송인 지위 인정에 관한 이유가 모순되거나, 채증법칙 위반으로 인하여 사실을 오인하였거나, 필요한 심리를 다하지 아니한 잘못이 있다고 할 수 없다.

상고이유에서 들고 있는 대법원판결들은 이 사건과 사안을 달리하는 것이어서 이 사건에 원용하기에 적절하지 아니하다.

2. 상고이유 제3점에 대하여

원심은, 운송인은 자기 또는 선원이나 그 밖의 선박사용인이 운송물의 수령 · 선적 · 운송 · 보관 · 양륙과 인도에 관하여 주의를 해태하지 아니하였음을 증명하지 아니하면 운송물의 멸실·훼손 또는 연착으로 인한 손해를 배상할 책임을 지는데(상법 제795조 제1항), 운송인인 피고 또는 그 이행보조자에 해당하는 한진해운이나 롬 로지스틱스 인디아 프라이빗 리미티드가 이 사건 화물의 수령·선적·운송·보관·양륙과 인도에 관하여 주의를 해태하지 아니하였다고 볼 아무런 자료가 없는 이상, 계약운송인인 피고는 이 사건 화물 중 일부에 관하여 발생한 녹손으로 인한 손해를 배상할 책임이 있다고 판단하였다.

관련 법리와 기록에 비추어 살펴보면, 원심의 위와 같은 판단에 상고이유 주장과 같이 양호한 화물 인도에 관하여 필요한 심리를 다하지 아니하였다거나, 이유가 모순된다거나, 증명책임을 위반한 잘못이 없다.

3. 결 론

그러므로 상고를 기각하고, 상고비용은 패소자가 부담하도록 하여, 관여 대법관의 일치된 의견으로 주문과 같이 판결한다.

재판장 대법관 이 기 택
대법관 김 용 덕
주 심 대법관 김 신
대법관 김 소 영

〈제20호-I〉

서 울 고 등 법 원
제 3 3 민 사 부
판　　　결

사　　　건	2015나2029365(본소) 선박보험금 수령권 확인청구의 소 등 2015나2029372(반소) 공탁금 출급권자 확인의 소 등
원고(반소피고), 항소인	에스앤비 코리아 주식회사
피고(반소원고), 피항소인	지엠 쉽핑 코퍼레이션(GM Shipping Corp.)
제 1 심 판 결	서울중앙지방법원 2015. 5. 22. 선고 2014가합527289(본소), 2014가합554359(반소) 판결
변 론 종 결	2016. 11. 17.
판 결 선 고	2017. 1. 10.

주　　　문

1. 제1심판결의 반소에 대한 부분 중 원고(반소피고)에게 금전지급을 명한 부분을 취소하고, 그 취소부분에 해당하는 피고(반소원고)의 반소청구를 기각한다.
2. 이 법원에서 추가된 원고(반소피고)의 제2 예비적 청구에 따라, 피고(반소원고)는 원고(반소피고)에게 207,796,772원 및 그 중 207,762,620원에 대한 2017. 1. 11.부터 다 갚는 날까지 연 15%의 비율에 의한 금액을 지급하라.
3. 원고(반소피고)의 본소에 관한 항소와 반소에 관한 나머지 항소 및 이 법원에서 추가된 원고(반소피고)의 제1 예비적 청구와 나머지 제2 예비적 청구를 모두 기각한다.
4. 피고(반소원고)는 가지급물의 반환으로 원고(반소피고)에게 120,033,349원 및 이에 대한 2016. 2. 19.부터 2017. 1. 10.까지 연 5%, 그 다음 날부터 다 갚는 날까지 연 15%의 비율에 의한 금액을 지급하라.
5. 소송 총비용은 본소, 반소를 통틀어 그중 80%는 원고(반소피고)가, 나머지는 피고(반소원고)가 부담하고, 가지급물반환신청비용은 피고(반소원고)가 부담한다.
6. 제2항 및 제4항은 가집행할 수 있다.

청구취지, 항소취지 및 가지급물반환신청취지

1. 청구취지

가. 본소

1) 주위적으로, 현대해상화재보험 주식회사가 2014. 3. 31. 부산지방법원 금 제2367호로 공탁한 1,430,390,619원에 대한 공탁금출급청구권의 92.0968% 지분권은 원고(반소피고, 이하 '원고'라 한다)에게 있음을 확인한다.

2) 제1 예비적으로, 피고(반소원고, 이하 '피고'라 한다)는 현대해상화재보험 주식회사가 2014. 3. 31. 부산지방법원 금 제2367호로 공탁한 1,430,390,619원에 대한 공탁금출급청구권의 92.0968% 지분권에 관하여 원고에게 양도한다는 의사표시를 하고, 대한민국에게 위 지분권을 원고에게 양도하였다는 취지의 통지를 하라.

3) 제2 예비적으로, 피고는 원고에게 1,390,283,460원 및 이에 대한 이 판결 선고일부터 다 갚는 날까지 연 15%의 비율에 의한 금액을 지급하라.

(원고는 이 법원에 이르러 종전의 공탁금출급청구권 확인청구를 일부 감축하여 주위적 청구로 유지하고, 불법행위에 기한 손해배상청구를 취하하였으며, 보험금정산청구 및 부당이득반환청구를 제1, 2 예비적 청구로 추가하였다.)

나. 반소

현대해상화재보험 주식회사가 2014. 3. 31. 부산지방법원 금 제2367호로 공탁한 1,430,390,619에 대한 공탁금출급청구권이 피고에게 있음을 확인한다. 원고는 피고에게 일본국화 15,000,000엔(이하 '일본국화'는 생략한다) 및 이에 대한 2013. 7. 13.부터 이 사건 반소장 부본 송달일까지 연 6%, 그 다음 날부터 다 갚는 날까지 연 20%의 비율에 의한 금액을 지급하라.

2. 항소취지

제1심판결을 취소한다. 현대해상화재보험 주식회사가 2014. 3. 31. 부산지방법원 금 제2367호로 공탁한 1,430,390,619원에 대한 공탁금출급청구권의 92.0968% 지분권은 원고에게 있음은 확인한다(이 법원에서의 본소 청구취지 감축에 따라 본소에 관한 항소취지도 감축된 것으로 본다). 피고의 반소청구를 기각한다.

3. 원고의 가지급물반환신청취지

주문 제4항과 같다.

이 유

1. 기초사실

가. 원고와 피고 사이의 선체용선계약 체결 및 용선료 지급

1) 해상운송업을 주로 하는 업체인 원고는 2008. 4. 13. 선박보유회사인 피고와 사이에 다음과 같은 내용의 소유권취득조건부 선체용선계약을 체결하였다(이하 '이 사건 선체용선계약'이라 한다).

〈이 사건 선체용선계약의 주요 내용〉

선박명 : MGM NO.5(이하 '이 사건 선박'이라 한다)
선주 : 피고
용선자 : 원고
1. 수취인 : 원고
2. 운행구간 : 원고 선택사항
3. 용선기간 : 50개월[1)]
4. 선박인수(Delivery) : 2008. 4. 13. 대한민국 부산항
5. 선박반선(Re-delivery) : 용선기간 만료 후 피고는 원고에게 소유권을 이전한다.
6. 화물 : 강설, 철강제품과 그 밖에 무해한 합법적인 화물
7. 소유권취득조건부 선체용선료 : 1일당 일화 130,000엔,[2)] 선박인도금 38,000,000엔
8. 지불금액
   1) 용선료는 선박인도일 한 달 후에 지불한다.
   2) 1일당 일화 130,000엔의 용선료를 피고에게 지급한다.
   3) 원고는 용선기간이 종료한 후 인도대금 38,000,000엔을 피고에게 지급한다.
9. 보험 : 모든 보험은 원고 부담으로 한다.
10. 선거비용(Docking Expense) : 모든 선거비용은 원고의 부담으로 한다.
11. 원고 및/또는 그 대리점은 용선계약서를 침해하지 않고 이 사건 선박 수취증이나 검수증에 따라 소유자 대신 선하증권에 서명할 수 있다.

---

1) 용선기간은 2008. 4. 13.부터 2012. 6. 12.까지이다.
2) 월별 용선료는 3,640,000엔(28일인 경우), 3,900,000엔(30일인 경우) 또는 4,030,000(31일인 경우)이다. 50개월 용선기간에 대한 용선료 총액은 197,860,000엔(1,522일 × 130,000엔)이 될 것이나, 위 용선료 총액이 197,730,000엔(1,521일 ×130,000엔)이라는 점에 대하여는 당사자 사이에 다툼이 없으므로, 이하에서는 용선료 총액을 197,730,000엔으로 본다.
3) 이 사건 선체용선계약서에는 "TYPE 1993"이라고 기재되어 있으나, 이는 뉴욕프로듀스서식을 나타내는

12. 원고는 원고의 선하증권 양식을 사용한다.
13. 원고는 선박반환 7/5/3/2/1/일 전에 인도통지서를 보내야 한다.
14. 선박 인수 또는 반선 시 별도의 점검을 하지 않으며, 검정이 필요할 경우 마스터 케이블이나 대리점 보고서에 따른다.
15. 보험료를 포함한 모든 비용은 원고의 부담으로 한다.
16. 원고는 담보 선박 설비들을 정상 상태로 유지하여야 한다.
17. 용선계약 세부사항은 뉴욕프로듀스서식(1993)[3]을 기본으로 적용하되, 논리적 수정만 가능하다.
18. 공동해손 분쟁은 서울에서 중재로 해결하고, 대한민국 법을 적용한다.

2) 이 사건 선체용선계약 제17항에 의하여 준용되는 뉴욕프로듀스서식(1993년) 중 관련 내용은 다음과 같다.

〈뉴욕프로듀스서식(1993년)의 관련 내용〉

제11조 (용선료의 지급)

(a) 용선료는 선박소유자 또는 선박소유자가 지정한 (여백) 곳에 있는 수취인에 대하여 (여백)의 통화 또는 미화로써 선박소유자가 사용 가능한 자금으로서 15일치를 지급일에 선급하여야 한다. 마지막 달 또는 마지막 달의 일부분에 대하여는 개략을 지급한다. 그 개략액이 실제의 시간을 만족시키지 못하는 경우에는, 선박소유자가 원하면, 만기가 되면 그 날로 나머지를 지급하여야 한다. 용선료의 정시지급과 규칙적 지급이 되지 않는 경우 또는 용선계약의 어떠한 기본조항 위반이 있는 경우에 선박소유자는 자신이 용선자에 대하여 가지는 어떠한 손해배상청구에 대하여도 영향을 받지 않고, 용선자의 사용으로부터 용선선박을 철수시킬 권리를 갖는다.

제20조 (전손)

용선선박이 멸실되었을 때에는 선급금 중 경과되지 아니한 금액(멸실 또는 최후의 소식이 있었던 날부터 기산하여)은 바로 용선자에게 반환되어야 한다.

3) 원고는 2008. 4. 13.경 피고로부터 이 사건 선박을 인도받은 후 41회차(2011. 8. 13.～2011. 9. 12.분)까지는 용선료를 제대로 납부하였으나, 42회차～45회차(2011. 9. 13.～2012. 1. 12.분)의 용선료는 2～4개월 지연하여 분할 납부하였고, 그 후 2012. 6.부터는 원・피고 사이의 합의에 따라 매월 3,000,000엔씩을 지급하였다. 원고가 이 사건 선

"NYPE 1993"의 오기임이 분명하다.

체용선계약 체결 이후 2013. 6. 27.까지 피고에게 지급한 용선료 지급내역은 별지기재와 같고, 그 지급 용선료 총액은 217,100,000엔이다.

나. 이 사건 선박의 침몰사고

1) 위와 같이 원고가 용선료를 제대로 지급하지 아니하고 이 사건 선체용선계약에서 정한 용선기간 만료일(2012. 6. 12.) 이후 이 사건 선박을 계속 사용하였음에도 피고는 뉴욕프로듀스서식(1993년) 제11조 (a)항에 의하여 이 사건 선박을 회수하지 않았다.

2) 그러던 중 이 사건 선박은 2013. 7. 12. 쇳가루를 싣고 인천항에서 일본와카야마 항으로 항해하다가 통영시 백도 인근 해상에서 화물창 폭발 사고로 침몰하였다. 위 사고에 대한 조사결과, 원고 측의 별다른 귀책사유는 발견되지 않았다.

다. 이 사건 선박에 관한 보험계약 체결

1) 위 사고 당시의 보험계약

이 사건 선박에 관하여 2013. 7. 6. 보험자 현대해상화재보험 주식회사(이하 '현대해상'이라 한다), 보험금 미화 1,350,000달러(이하 '미화'는 생략한다), 보험기간 2013. 7. 8.부터 1년, 보험료율 4.104%로 하고, 보험사고를 이 사건 선박의 멸실 또는 훼손으로 하는 보험계약이 체결되었다(이하 '이 사건 보험계약'이라 한다).

위 보험계약은 원고로부터 이 사건 선박관리를 위탁받은 주식회사 수승코퍼레이션(이하 '수승'이라 한다)이 체결하였고, 그 보험료는 원고가 납입하였다. 이 사건 보험증권에는 피보험자로 '소유자(owner) 피고, 관리자(manager) 수승'이 기재되어 있고, 그 밖에 영국 협회기간약관(1983년)이 적용된다는 기재와 '운항자(operator) 원고'라는 기재가 있다.

2) 그 이전의 보험계약

종전에 이 사건 선박에 관하여, ① 2011. 7. 6. 보험자 LIG손해보험 주식회사, 보험기간 1년, 보험료율 3.9815%로 하고, 보험사고를 이 사건 선박의 멸실 및 훼손으로 하는 보험계약이 체결되었고, ② 2012. 7. 6. 보험자 현대해상, 보험기간 1년, 보험료율 4.104%로 하고, 보험사고를 이 사건 선박의 멸실 및 훼손으로 하는 보험계약이 체결된 바 있었다.

위 2011. 7. 6.자 보험계약의 보험증권에는 피보험자로 '소유자 수승, 관리자 수승'이 기재되어 있었고, 위 2012. 7. 6.자 보험계약의 보험증권에는 피보험자로 '소유자 원고, 관리자 수승'이 기재되어 있었다.

라. 현대해상의 이 사건 보험금 공탁

1) 이 사건 선박의 침몰사고 직후 원고는 현대해상에 자신이 피보험자라고 주장하며

보험금의 지급을 청구하였고, 수승은 2013. 7. 19. 자신의 보험금청구권을 원고에게 양도하였다. 한편, 피고는 현대해상에 이 사건 선박의 소유자인 피고가 정당한 보험금 청구권자라고 주장하였다.

2) 이에 현대해상은 2014. 3. 31. 채권자 불확지를 이유로 피공탁자를 원고 또는 피고로 하여 부산지방법원 2014년 금 제2367호로 이 사건 보험금 1,430,390,619원[4]을 변제공탁하였다(이하 '이 사건 공탁금'이라 한다).

[인정근거] 다툼 없는 사실, 갑1～3, 9~18, 22, 35, 36, 40, 43~45, 64, 을1～3(가지번호 있는 것은 가지번호 포함, 이하 같다)의 기재, 변론 전체의 취지

2. 당사자들의 주장

가. 원고의 본소 청구원인 주장

1) 주위적 청구(공탁금출급청구권확인청구)

이 사건 선체용선계약은 소유권취득조건부 선체용선계약(BBCHP, barebiat charter with hire purchase)으로서, 그 법적 성질은 전체용선기간을 통하여 용선료와 선박인도금을 지급완료하는 것을 조건으로 하는 '소유권유보부 매매'라고 할 것인데, 원고는 이 사건 선체용선계약상 용선료 및 선박인도금 합계 235,730,000엔의 92.9068%에 해당하는 217,100,000엔을 이미 지급하였으므로, 이 사건 선박에 대하여 위 비율만큼 물권적 기대권을 보유하고 있다.

또한, 이 사건 보험증권에 관리자인 수승이 피보험자로 기재되어 있으나, 수승은 원고의 대리인에 불과하고 비현명대리에 의한 피보험자 본인은 원고이므로, 원고는 위 물권적 기대권을 피보험이익으로 하여 이 사건 보험금 중 위 92.0968%에 해당하는 금액에 대하여 직접적인 보험금청구권을 가지고, 피고는 그 나머지 금액에 대하여만 보험금청구권을 가진다. 이에 원고는 피고에 대하여 이 사건 공탁금출급청구권 중 92.0968% 지분권이 원고에게 있다는 확인을 구한다.

2) 제1 예비적 청구(보험금정산청구)[5]

이 사건 선체용선계약 제17조는 '용선계약의 세부적인 사항에 대하여는 뉴욕프로듀스서식의 합당한 수정(logical amendment)을 통하여 적용한다'고 규정하고 있는바, 뉴욕프로듀스서식은 정기용선계약에 관하여 통용되는 서식이고, 선체용선계약에 관하여 국제적 양

4) 전손보험금 1,350,000달러에서 미지급 보험료 11,935,81달러를 공제한 1,338,064.19달러를 당시 환율에 따라 원화로 환산한 금액이다.

5) 제1, 2 예비적 청구는 모두 피고에게 이 사건 공탁금출급청구건(보험금청구권)이 귀속됨을 전제로 한 것이다.

식으로 사용되는 서식은 BARECON 2001'이므로, BARECON 2001을 준용하는 것이 뉴욕프로듀스서식의 합당한 수정이(logical amendment)이다.

그런데 BARECON 2001 제13조는 선박이 전손(멸실)되는 경우 선주는 선박보험금을 수령하여 선체용선자와 사이에 선박에 대하여 가지는 이익의 비율에 따라 분배·정산할 책임이 있다고 규정하고 있으므로, 위 조항에 따라 원고는 피고에게 앞서 본 물권적 기대권에 상응하는 이익의 비율만큼 이 사건 보험금의 정산을 요구할 수 있다. 따라서 위 정산의 방법으로 피고는 원고에게 이 사건 공탁금출급청구권 중 92.0968% 지분권을 양도하고, 제3채무자인 대한민국에 위 양도사실을 통지할 의무가 있다.

3) 제2 예비적 청구(부당이득반환청구)

이 사건 선체용선계약에 따라 원고가 지급한 용선료에는 순수한 선박사용의 대가(용선료) 이외에 소유권이전의 대가(할부매매대금)도 함께 포함되어 있는바, 만약 피고가 이 사건 보험금 전부에 대한 권리자라면 원고로부터 지급받은 용선료 중 소유권 이전의 대가 상당의 금액은 이중이득을 한 셈이므로, 이를 부당이득으로 원고에게 반환하여야 한다. 그 구체적인 부당이득액은 원고가 지급한 용선료 총액 2,468,991,460원(217,100,000엔을 이 사건 선박의 침몰사고 당시의 환율로 환산한 금액)에서 순수한 선박사용의 대가인 1,078,708,000원(실제 용선기간 1,916일 동안 1일당 500달러의 순수한 선체용선료를 위 침몰사고 당시의 환율로 환산한 금액)을 공제한 1,390,283,460원이다.

나. 피고의 반소 청구원인 주장

1) 공탁금출급청구권 확인청구

이 사건 선체용선계약은 용선기간 동안 약정된 용선료에 선박을 임대하여 사용하는 것을 기본으로 하되, 용선기간 종료 시 예상 중고 선가를 선박인도금으로 정하여 용선자에게 매수할 수 있는 권한을 부여하는 내용으로서, 이는 기본적으로 선박 임대차계약에 불과하다.

그런데 원고는 약정 용선료 및 선박인도금을 전부 지급하지 아니하여 이 사건 선박의 소유권을 취득하지 못하였고, 이 사건 보험계약의 피보험자로 인정될 수도 없으므로, 이 사건 보험금은 이 사건 선박의 소유자이자 피보험자인 피고에게 전부 귀속되어야 한다. 이에 피고는 원고에 대하여 이 사건 공탁금출급청구권이 피고에게 있다는 확인을 구한다.

2) 용선료 지급청구

피고는 원고의 요청에 따라 2012. 1. 13.부터의 용선료를 월 3,000,000엔으로 감액하고, 이 사건 선체용선계약의 용선기간을 기한의 정함이 없이 연장하기로 합의하였다. 그런데 원고는 2013. 2. 13.부터 2013. 7. 12.(이 사건 선박의 침몰사고일)까지 5개월간 용선료를 지급하지 아니하였으므로, 원고는 피고에게 위 미지급 용선료 15,000,000엔(월 3,000,000엔×5개월) 및 이에 대한 지연손해금을 지급하여야 한다.

3. 준거법

가. 원고는 대한민국 법인이고 피고는 파나마 법인이므로, 이 사건은 외국적 요소가 있어 국제사법에 따라 준거법을 정하여야 한다.

나. 국제사법 제25조 제1항 본문은 '계약은 당사자가 명시적 또는 묵시적으로 선택한 법에 의한다'고 규정하고 있다.

이 사건 보험계약에 적용되는 영국 협회기간약관[Institute Time Clauses(Hull－1/10/83)]은 '이 보험은 영국의 법과 관습에 따른다'고 정하고 있으므로, 이 사건 보험계약의 성립과 효력, 그로 인한 보험금청구권의 발생 여부 등 이 사건 보험계약과 관련한 법률관계의 준거법은 영국의 법률과 관습이라고 할 것이다.

그 밖에 이 사건 선체용선계약과 관련한 법률관계에 대하여는 원칙적으로 이 사건 선체용선계약 제17조에서 정한 뉴욕프로듀스서식(1993)이 적용될 것이나(원고의 주장과 같이 BARECON 2001이 적용될 수 있는지 여부는 아래에서 별도로 판단한다), 그것만으로 부족한 경우에는 준거법에 의하여 보충되어야 하는바, 이 사건 선체용선계약 제18조에서 공동해손 중재에 관하여 대한민국법을 준거법으로 규정하고 있는 점, 용선자인 원고가 대한민국 법인이고, 피고의 대표이사도 일본에 귀화한 재일교포인 점, 원고와 피고 모두 위 법률관계에 대하여 대한민국법이 적용됨을 전제로 변론을 집행하여 온 점 등을 고려하면, 원고와 피고는 위 법률관계에 대한 준거법으로 대한민국법을 명시적 또는 묵시적으로 선택하였다고 볼 수 있으므로, 대한민국법이 그 보충적 준거법이 된다고 할 것이다.

4. 본소 중 주위적 청구 및 반소 중 공탁금출급청구권 확인청구에 관한 판단

가. 이 부분의 쟁점

이 사건 보험증권(갑15)에 기재된 피보험자는 소유자인 피고와 관리자인 수승이고, 원고는 피보험자로 기재되어 있지 않다. 피고는 이 사건 보험증권상 기명피보험자일뿐 아니라 이 사건 선박의 소유자로서 보험목적물(이 사건 선박)에 대하여 피보험이익을 가지고 있음이 분명한 반면, 원고의 경우에는 보험목적물에 대하여 피보험이익을 갖는 피보험자에 해당하는지 여부가 명확하지 아니한다. 따라서 이 부분의 쟁점은 원고의 주장과 같이 ① 이 사건 선체용선계약이 소유권유보부 매매로서 원고가 이 사건 선박에 대하여 물권적 기대권(피보험이익)을 가지는지 여부 및 ② 원고가 이 사건 보험계약의 피보험자로 인정되는지 여부라고 할 것이다.

나. 이 사건 선체용선계약이 소유권유보부 매매인지 여부

1) 이 사건 선체용선계약은 원고가 피고에게 약정 용선료 등(50개월간 1일당 130,000엔의 용선료 + 선박인도금 38,000,000엔)을 모두 지급하면 피고가 원고에게 이 사건 선박의 소유권을 이전한다는 내용으로서(이 사건 선체용선계약 제5, 7, 8조 참조), 실질적으로 소유권유보부 매매와 유사한 성격이 내포되어 있는 것은 사실이다.

2) 그러나 아래와 같은 사정을 종합적으로 고려할 때, 이 사건 선체용선계약의 법적 성격은 소유권유보부 매매라기보다는 용선기간 종료 후 소유권취득 조건이 부가된 선박임대차라고 봄이 타당하다.

① 상법 제848조 제1항은 '선체용선계약은 그 성질에 반하지 아니하는 한 민법상 임대차에 관한 규정을 준용한다'고 규정하고, 제2항은 '용선기간이 종료된 후에 용선자가 선박을 매수 또는 인수할 권리를 가지는 경우 및 금융의 담보를 목적으로 채권자를 선박소유자로 하여 선체용선계약을 체결할 경우에도 용선기간 중에는 당사자 사이에서는 이 절의 규정에 따라 권리와 의무가 있다'고 규정하고 있다. 따라서 이 사건 선체용선계약과 같은 소유권취득조건부 선체용선계약(BBCHP)의 경우에 용선자와 선박소유자 사이의 관계는 우선적으로 선체용선계약에 따라 규율되고, 보충적으로 그 성질에 반하지 않는 한 민법상 임대차 규정이 준용된다고 할 것이다.

② 소유권유보부 매매란 매매계약을 체결하면서 매도인이 대금을 모두 지급받기전에 목적물을 매수인에게 인도하지만 대금이 모두 지급될 때까지는 목적물의 소유권은 매도인에게 유보되며 대금이 모두 지급된 때에 그 소유권이 매수인에게 이전된다는 내용의 이른바 소유권유보의 특약을 한 경우로서, 목적물의 소유권을 이전한다는 당사자 사이의 물권적 합의는 매매계약을 체결하고 목적물을 인도한 때 이미 성립하지만 대금이 모두 지급되는 것을 정지조건으로 하는 것이다(대법원 1999. 9. 7. 선고 99다30534 판결 등 참조). 그런데 이 사건 선체용선계약 제5조는 '선박반선(Re-delivery): 용선기간 만료 후 피고는 원고에게 소유권을 이전한다(Owner have to transfer of ownership to S&B Shipping Co., LTD. after complete charter period)'고 규정하고 있고, 이에 의하면 용선기간이 만료될 경우 자동적으로 이 사건 선박의 소유권이 원고에게 이전되는 것이 아니라 별도의 소유권 이전행위가 요구되는 것으로 보인다. 실제로 원고와 피고 사이에 이 사건 선체용선계약 이전에 체결된 다른 선박에 관한 소유권취득조건부 선체용선계약에서도 용선기간 만료 후 소유권 이전을 위한 별도의 공증서류(갑7, 8)가 작성되었다.

③ 소유권유보부 매매는 동산의 매도인이 매매대금을 다 수령할 때까지 그 대금채권에

대한 담보의 효과를 취득·유지하려는 의도에서 비롯된 것이므로, 부동산과 같이 등기에 의하여 소유권이 이전되는 경우에는 등기를 대금완납 시까지 미룸으로써 담보의 기능을 할 수 있기 때문에 굳이 위와 같은 소유권유보부 매매의 개념을 원용할 필요성이 없으며, 한편 자동차, 중기, 건설기계 등은 비록 동산이기는 하나 부동산과 마찬가지로 등록에 의하여 소유권이 이전되고, 등록이 부동산 등기와 마찬가지로 소유권 이전의 요건이므로, 역시 소유권유보부 매매의 개념을 원용할 필요성이 없다(대법원 2010. 2. 25. 선고 2009도5064 판결 등 참조). 이 사건 선박과 같은 20톤 이상의 선박의 경우, 비록 등기가 제3자에 대한 대항요건이기는 하지만(상법 제743조) 매수인에게 등기를 하지 않음으로써 대금채권에 대한 담보의 기능을 유지할 수 있으므로, 이 역시 소유권유보부 매매의 개념을 원용할 필요성이 별로 없다.

④ 이 사건 선체용선계약에서는 용선기간에 따른 용선료 외에 선박인도금 38,000,000엔을 지급하도록 규정하고 있으므로(제7조, 제8조 제3항), 원고로서는 용선기간 종료 후 용선료 총액 197,730,000엔의 약 20% 정도에 이르는 선박인도금을 추가로 지급하여야만 이 사건 선박의 소유권을 취득할 수 있다. 일반적인 소유권취득조건부 선체용선계약의 경우에는 용선료 외에 추가적인 인도금이 없거나 형식적 수준의 금액으로 책정된다는 점을 고려하면, 이 사건 선체용선계약은 일반적인 소유권취득조건부 선체용선계약의 경우보다 더욱 임대차계약에 가깝다.

3) 따라서 이 사건 선체용선계약이 소유권유보부 매매임을 전제로 원고가 이 사건 선박에 대하여 물권적 기대권(피보험이익)을 가진다는 원고의 주장은 이유 없다.

다. 원고의 피보험자 여부

1) 원고는 이 사건 보험증권상 피보험자로 기재된 관리자 수승은 원고의 대리인에 불과하고 원고가 비현명대리에 의한 피보험자 본인이라고 주장한다. 이 사건 보험계약의 준거법인 영국법상 보험계약서에 피보험자로 기재되어 있지 않은 사람이라도 피보험자가 될 수는 있으나[이른바 '현명되지 않은 본인의 법리(unnamed principal)'[6] 또는 '노출되지 않은 본인의 법리(undisclosed principal)'[7] 등], 원고가 비현명대리에 의한 피보험자에 해당한다고 보기 위해서는 적어도 수승이 이 사건 보험계약 체결 당시 원고의 대리인으로

6) 본인으로부터 계약 체결의 대리권을 수여받은 대리인이 상대방에게 본인의 존재를 노출하기는 하였으나 다만 그 본인이 누구인지 현명하지 않아 상대방이 본인의 존재를 알고 있는 경우에는 원칙적으로 본인이 계약상 권리의무자가 된다는 법리

7) 본인으로부터 대리권을 수여받은 대리인이 본인을 노출하지 않아 상대방도 본인의 존재를 알지 못하지만, 계약내용에 비추어 대리인이 실제의 유일한 본인이라고 볼 수밖에 없거나 계약의 성질에 비추어 노출되지 않는 본인이 계약의 당사자가 될수 없는 경우를 제외하고 본인이 누구인지가 중요하지 않은 경우와 같이 일정한 경우에는 본인에게 계약의 효과가 미친다는 법리

서 원고의 이익을 위하여 이 사건 보험증권에 피보험자로 기재되었다는 점이 인정되어야 한다.

2) 이 사건 선체용선계약 제9조, 제15조가 이 사건 선박에 관한 보험은 용선자인 원고의 부담으로 가입하여야 한다는 취지로 규정하고 있는 사실, 이 사건 보험계약은 원고로부터 이 사건 선박의 관리를 위탁받은 선박관리회사인 수승이 현대해상과 체결한 사실, 그 보험료는 원고가 납입한 사실 등은 위 기초사실에서 본 바와 같다.

3) 그러나 수승이 원고의 대리인으로서 이 사건 보험증권에 피보험자로 기재되었다는 점에 부합하는 듯한 갑35, 36의 일부 기재 및 이 법원 증인 김원호(당시 수승의 대표이사), 황인정(현대해상의 담당직원)의 일부 증언은 아래에서 보는 사정들에 비추어 그대로 믿기 어렵고, 위 2)항의 인정 사실 및 그 밖에 원고가 제출한 증거만으로는 이를 인정하기에 부족하며, 달리 이를 인정할 만한 증거가 없다.

① 이 사건 보험계약이 체결되기 이전의 2012. 7. 6.자 보험계약의 보험증권상 피보험자는 '소유자 원고, 관리자 수승'으로 변경되었는데, 이는 수승의 착오나 실수로 인한 것이 아니라 원고와 수승의 담당직원 사이에 협의를 거쳐 이루어진 것이다(이 법원 증인 황인정의 증언). 위와 같이 피보험자란의 소유자를 원고에서 피고로 변경한 것은 이 사건 선박의 소유자인 피고의 피보험이익을 보호해 주기 위해서였던 것으로 보인다.[8]

② 이 사건 보험계약 체결 당시 수승과 현대해상 사이에 보험증권의 기재와 관계없이 원고를 피보험자로 한다는 합의를 한 바도 없다(이 법원 증인 김원호, 황인정의 증언).

③ 선박보험계약에서 보험요율을 산정할 때 중요한 요소 중 하나는 관리자의 선박관리 능력이고, 관리자가 누구인지에 따라 사고 발생가능성 등 위험측정요인이 달라지므로, 선박보험업계의 관행상 보험증권의 피보험자란에 관리자를 필수적으로 포함시키고 있으며, 관리자가 중간에 변경되는 경우에는 보험약관상 보험의 효력이 중지되도록 규정하고 있다(이 법원 증인 황인정의 증언). 또한 수승은 이 사건 보험계약 당시 자신이 관리하는 여러 선박들을 선단으로 묶어서 보험에 가입함으로써 보험료를 절감하게 하는 효과를 누리기도 하였다(갑35, 이 법원 증인 김원호의 증언). 이에 비추어 수승은 선체용선자인 원고의 대리인 자격이 아니라 이 사건 선박의 관리자 자격으로 피보험자로 기재된 것으로 보이고, 이는 이 사건 보험증권상 피보험자 기재의 형식("관리자 수승")과도 부합한다.

④ 용선자가 선박보험료 등 선박유지비용을 부담하는 것은 선체용선계약에서의 일반적

8) 원고도 2015. 8. 12.자 항소이유서 29~30면에서 '수승 실무자의 설명에 의하면, 이 사건 보험증권에서 원고가 피보험자란에서 빠지고 피고가 소유자로 기재된 것은 수승이 관리회사로 기재됨으로써 원고는 당연히 피보험자로 보호될 것이므로 아직 용선료 잔액채권을 보유한 피고를 잔액채권의 범위 내에서 보호하여 주기 위해서였다는 것이다'라고 주장한 바 있다.

인 약정이고, 이 사건 선체용선계약에서도 그와 같이 규정하고 있으므로, 원고가 이 사건 보험계약의 보험료를 부담하였다고 하여 이 사건 보험계약이 원고의 이익을 위한 것이라거나 원고가 그 피보험자에 해당한다고 인정될 수는 없다.

⑤ 이 법원 증인 김원호, 황인정은 막연히 원고가 실질적으로 보험금을 수령할 자격이 있는 피보험자라는 취지로 진술할 뿐, 피보험자란의 소유자가 원고에서 피고로 변경되었음에도 어떠한 근거에서 원고에게 피보험자 자격이 있다는 것인지에 대하여는 납득할 만한 설명을 하지 못하였다.

4) 따라서 원고가 이 사건 보험계약의 피보험자에 해당한다는 원고의 주장도 이유없다.

라. 소결

1) 위에서 살펴본 바와 같이 원고가 이 사건 선박에 대하여 물권적 기대권(피보험이익)을 가진다고 볼 수 없을 뿐만 아니라 이 사건 보험계약의 피보험자로 인정할 수도 없으므로, 이 사건 공탁금출급청구권 중 92.0968% 지분권이 원고에게 있다는 원고의 본소 주위적 청구는 어느 모로 보나 받아들일 수 없다[설령 수승이 원고의 대리인으로 보험증권에 피보험자로 기재되었다고 하더라도, 원고가 이 사건 선박의 소유자이거나 그와 유사한 물권적 기대권을 가지고 있지 않은 한 관리자의 지위에서 피보험자가 될 뿐이므로, 이 사건 선박의 멸실(전손)에 따른 이 사건 보험금에 대하여는 원고의 피보험이익을 인정할 수 없다].

2) 결국 이 사건 공탁금출급청구권은 이 사건 보험증권상 피보험자이자 이 사건 선박의 소유자인 피고에게 귀속되어야 하고, 원고가 이를 다투는 이상 그 확인의 이익도 있으므로, 피고의 이 부분 반소 청구는 이유 있다.

5. 본소 중 제1, 2 예비적 청구에 관한 판단

가. 제1, 2 예비적 청구를 추가하는 청구 변경의 적법 여부

1) 피고는, 제1심에서 심리된 주된 쟁점은 이 사건 보험금이 누구에게 귀속되어야 하는 것이었던 반면, 원고가 항소심에서 추가한 제1, 2 예비적 청구는 이 사건 보험금이 피고에게 귀속된다는 전제 하에 피고에 대하여 그 정산 또는 부당이득반환을 구하는 것인바, 제1, 2 예비적 청구는 종전 청구(주위적 청구)와 그 소송물 및 청구의 기초가 다를 뿐 아니라 심급의 이익을 침해할 우려도 있으므로, 제1, 2 예비적 청구를 추가하는 원고의 청구 변경은 부적법하다고 주장한다.

2) 청구의 변경은 소송절차를 현저히 지연시키는 경우가 아닌 한 청구의 기초가 바뀌지 아니하는 한도 안에서 사실심의 변론종결시까지 할 수 있는 것이고, 동일한 생활사실

또는 동일한 경제적 이익에 관한 분쟁에 있어서 그 해결 방법에 차이가 있음에 불과한 청구취지 및 청구원인의 변경은 청구의 기초에 변경이 없다고 할 것이며, 또 새로운 청구의 심리를 위하여 종전의 소송자료를 대부분 이용할 수 있는 경우에는 소송절차를 지연케 함이 현저하다고 할 수 없다(대법원 2009. 3. 12. 선고 2007다56524 판결 등 참조).

3) 이 사건에 관하여 보건대, 원고의 종전 청구(주위적 청구)와 이 법원에서 예비적으로 추가한 청구들은 모두 원고와 피고 사이의 이 사건 선체용선계약 및 그 용선선박의 침몰사고로 인한 보험금과 관련하여 원고의 권리를 주장하는 것으로, 동일한 생활사실 또는 동일한 경제적 이익에 관한 분쟁에 있어서 그 해결 방법만을 달리할 뿐 청구의 기초가 바뀌었다고 볼 수는 없고, 추가된 청구의 심리를 위하여 종전의 소송자료를 대부분 이용할 수 있기 때문에 소송절차를 현저히 지연시킨다고 할 수도 없다. 따라서 제1, 2 예비적 청구를 추가하는 원고의 청구 변경은 적법하고, 이를 다투는 피고의 위 주장은 이유 없다.

나. 제1 예비적 청구(보험금정산청구)에 관한 판단

1) 이 사건 선체용선계약서에는 용선기간, 용선료, 각종 비용부담 등 당사자의 주요한 권리의무가 기재되어 있고, 다만 제17조에서 '용선계약의 세부사항은 뉴욕프로듀스서식(NYPE 1993)을 기본으로 적용하되, 논리적인 수정만 가능하다(SUB C/P DETAILS BASES ON NYPE 1993 WITH LOGICAL AMENDMENT ONLY)'고 규정하고 있다. 이는 이 사건 선체용선계약에서 별도로 정하지 않은 세부사항에 대하여는 뉴욕프로듀스 서식을 기본으로 적용하되 이 사건 선체용선계약의 내용과 논리적으로 합치되지 않는 부분에 대해서만 이를 수정할 수 있다는 취지라고 봄이 타당하다.

2) 비록 뉴욕프로듀스서식이 선체용선계약이 아닌 정기용선계약에 관하여 국제적으로 통용되는 서식이고, 선체용선계약에 관하여는 BARECON 2001 서식이 가장 널리 사용되고 있기는 하나, 이러한 사정만으로 이 사건 선체용선계약에 언급조차 되지 아니한 BARECON 2001 서식이 계약 내용에 편입되었다고 볼 수는 없고, 이 사건 선체용선계약 체결 당시 원고와 피고가 BARECON 2001 서식을 적용하고자 하는 의사를 가지고 있었다고 볼 만한 증거도 없다. 원고는 이 사건 선체용선계약 제17조의 일부 문구(WITH LOGICAL AMENDMENT)를 근거로 이 사건 선체용선계약에 BARECON 2001 서식을 적용하는 것이 논리적으로 합당한 수정안이라고 주장하나, 이러한 해석은 이 사건 선체용선계약 제17조의 전체 문언의 의미를 벗어나는 것일 뿐 아니라 위에서 본 사정들에 비추어 보아도 받아들일 수 없다.

3) 따라서 이 사건 선체용선계약에 BARECON 2001 서식이 적용 또는 준용되어야함을 전제로 이 사건 보험금의 정산을 구하는 원고의 이 부분 청구는 나아가 살펴볼 필요 없이

이유 없다.

다. 제2 예비적 청구(부당이득반환청구)에 관한 판단

1) 이 사건 선체용선계약에서 정한 용선료 등 합계액 및 원고의 지급 용선료 총액

이 사건 선체용선계약에서 정한 용선료 및 선박인도금의 합계액이 235,730,000엔(2008. 4. 13.부터 2012. 6. 12.까지 50개월간 용선료 합계 197,730,000엔+선박인도금 38,000,000엔)인 사실, 원고가 용선기간 개시 이후 2013. 6. 27.까지 피고에게 지급한 용선료 총액이 217,000,000엔인 사실은 앞서 본 바와 같다.

2) 원고가 지급한 용선료 총액

원고가 지급한 용선료 총액 217,100,000엔 중 이 사건 선체용선계약에서 정한 50개월간 용선료 합계 197,730,000엔을 초과하는 19,370,000엔(217,100,000엔-197,730,000엔)은 아래 제6의 나항에서 보는 바와 같이 실질적으로는 선박인도금 중 일부로 지급한 것으로 보아야 한다. 따라서 적어도 위 19,370,000엔은 순수한 용선료가 아닌 이 사건 선박의 소유권 이전의 대가로 지급된 것이고, 그 후 이 사건 선박이 멸실되어 피고가 그 소유권을 이전하여 줄 수 없게 되었을 뿐 아니라 위 멸실로 인한 이 사건 보험금 전액이 피고에게 귀속되었으므로,[9] 피고는 원고에게 위 19,370,000엔을 부당이득으로 반환하여야 한다.

3) 원고가 지급한 용선료 총액 중 선박인도금에 해당하지 않는 부분

원고는 이 사건 선체용선계약에서 정한 용선료 합계 197,730,000엔 중에서도 순수한 용선료 이외에 소유권 이전의 대가(할부매매대금)가 포함되어 있으므로 그에 상응하는 금액은 부당이득으로 반환되어야 한다는 취지로 주장하나, 원고의 위 주장은 다음과 같은 이유로 받아들일 수 없다.

① 원고의 위 주장은 이 사건 선체용선계약이 소유권유보부 매매 또는 할부매매임을 전제로 하는 것인데, 앞서 본 바와 같이 이 사건 선체용선계약의 법적 성격이 그와 같다고 할 수 없다.

② 갑41-2의 기재에 의하면, 원고와 피고 측 사이에 이 사건 선체용선계약 이전에 체결된 2005. 7. 13.자 단순 선체용선계약에서 대상 선박(MGM No.1)의 용선료는 월 25,000달러이었고, 위 선박의 총중량은 1,598톤으로서 이 사건 선박의 총중량(1,917톤)보다 작은 사실을 인정할 수 있는바, 위 단순 선체용선계약과 이 사건 선체용선계약의 각

---

9) 이 사건 선체용선계약에 적용되는 뉴욕프로듀스서식 제20조는 '용선선박이 멸실되었을 때에는 선급금 중 경과되지 아니한 금액은 바로 용선자에게 반환되어야 한다'고 규정하고 있는바, 이에 비추어 용선선박의 멸실로 인한 위험부담은 선박소유자에게 있다고 봄이 타당하다.

체결시점 사이에 3년 정도의 시간적 간격이 있다는 점 및 그에 따른 시장상황의 변동 등을 감안하더라도, 이 사건 선박의 단순 선체용선료(소유권취득조건을 고려하지 아니한 순수한 선체용선료)가 일 500달러(월 15,000달러)에 불과하다는 원고 제출의 감정서(갑51, 52)는 그대로 믿기 어렵다.

③ 다만, 이 사건 선체용선계약에서 정한 선박인도금 38,000,000엔은 위 계약체결 당시 피고의 이 사건 선박 구매비용 189,000,000엔(갑12)의 약 20%에 해당하는 금액으로서, 50개월의 용선기간 동안 감가상각 및 용선기간 종료 시 이 사건 선박의 선령이 24년에 달하는 점 등을 고려하더라도 용선기간 종료 후 이 사건 선박의 중고선가는 위 38,000,000엔보다 높을 가능성이 커보이고, 이에 비추어 이 사건 선체용선 계약에서 정한 용선료(1일당 130,000엔, 30일당 3,900,000엔) 역시 단순 선체용선료에 비하면 높을 가능성이 크다. 그러나 설령 이 사건 선체용선계약상 용선료가 소유권취득조건을 고려하여 단순 선체용선료에 비하여 다소 높은 금액으로 책정되었다고 하더라도, 이 사건 선체용선계약이 소유권유보부 매매 또는 할부매매가 아닌 이상, 피고가 위와 같은 고액의 용선료로 수령한 것이 법률상 원인 없는 부당이득이라고 보기 어렵다.

④ 또한 피고가 이 사건 보험금을 전부 취득함으로써 이 사건 선체용선계약이 정상적으로 유지·종료되는 경우보다 훨씬 큰 이익을 얻게 된 것은 사실이나, 이는 이 사건 보험가입금액이 이 사건 선박의 잔존가치보다 컸기 때문이지 피고가 원고로부터 부당한 이익을 취하였기 때문은 아니다.

4) 소결

피고는 원고에게 위 19,370,000엔을 부당이득으로 반환하여야 한다. 그런데 채권자가 외화채권을 우리나라 통화로 환산하여 청구하는 경우에는 법원은 채무자가 현실로 이행할 때에 가장 가까운 사실심 변론종결 당시를 우리나라 통화로 환산하는 기준시로 삼아 그 당시의 외국환 시세를 기초로 채권액을 환산한 금액에 대하여 이행을 명하여야 하는바(대법원 2012. 10. 25. 선고 2009다77754 판결 등 참조), 위 부당이득반환채권은 그 채권액이 외국통화로 정해진 외화채권이고(대법원 2008. 12. 24. 선고 2007다20495, 20501 판결 참조), 원고가 이를 우리나라 통화로 환산하여 청구하고 있으므로, 피고가 원고에게 반환하여야 할 금액은 위 19,370,000엔을 이 법원 변론종결일인 2016. 11. 17. 당시 엔화의 매매기준 환율인 1072.60원/100엔(이 법원에 현저한 사실)을 기초로 환산한 207,762,620원(=19,370,000엔×1072.60원/100엔)이라고 할 것이다.

따라서 피고는 원고에게 위 207,762,620원과 이에 대하여 원고가 구하는 이 판결선고일인 2017. 1. 10.부터 피고가 이행의무의 존부 및 범위에 관하여 항쟁함이 타당하다고 인정되는 같은 날까지 상법이 정한 연 6%의 비율로 계산한 지연손해금 34,152원(207,762,620원×0.006×1/365, 원 미만 버림)을 합한 207,796,620원+34,152원) 및 그 중 207,762,620원에 대하여 2017. 1. 11.부터 다 갚는 날까지 소송촉진 등에 관한 특례법이 정한 연 15%의 비율에 의한 지연손해금을 지급할 의무가 있다.

6. 반소 중 용선료 지급청구에 관한 판단

가. 인정 사실

원고가 2008. 4. 13.경 피고로부터 이 사건 선박을 인도받은 후 41회차(2011. 8. 13~2011. 9. 12.분)까지는 용선료를 제대로 납부하였으나, 42회차~45회차(2011. 9. 13.~2012. 1. 12.분)의 용선료는 2~4개월 지연하여 분할 납부하였고, 그 후 2012. 6.부터는 원·피고 사이의 합의에 따라 매월 3,000,000엔씩을 지급한 사실, 이에 따라 원고가 2013. 6. 27.까지 피고에게 지급한 용선료 총액이 별지 기재와 같이 217,100,000엔인 사실, 원고가 용선기간 만료일인 2012. 6. 12. 이후 이 사건 선박의 침몰사고일인 2013. 7. 12.까지 이 사건 선박을 계속하여 사용한 사실은 앞서 기초사실에서 인정한 바와 같다.

나. 미지급 용선료가 존재하는지 여부

1) 피고는, 2012. 1. 13.부터 용선료를 월 3,000,000엔으로 감액하고 이 사건 용선 기간의 정함이 없이 연장하기로 원고와 합의하였고, 이에 따라 당초 약정한 용선기간 만료일 다음 날인 2012. 6. 13.부터 이 사건 선박의 침몰사고일인 2013. 7. 12까지 총 11개월의 기간에 대하여도 월 3,000,000엔의 용선료가 발생하였는데, 원고가 그 중 5개월분 용선료 합계 15,000,000엔을 미지급하였다는 취지로 주장한다.

2) 그러나 피고가 제출한 증거만으로는 원고와 피고 사이에 추가 용선료 지급을 전제로 하는 용선기간의 연장 합의가 있었다고 인정하기에 부족하고, 달리 이를 인정할 만한 증거가 없다. 오히려 갑 제13, 19,, 29, 30, 31, 33, 38, 39, 42의 기재, 이 법원의 피고 대표자(카네야마 마모루) 본인 신문결과 및 변론 전체의 취지에 의하여 인정되는 아래와 같은 사정을 종합하면, 원고와 피고는 용선기간 연장에 따른 추가 용선료 발생없이 당초 이 사건 선체용선계약에서 정한 용선료 등 합계 235,730,000엔(용선료 197,730,000엔+선박인도금 38,000,000엔) 중 미납액을 매월 3,000,000엔씩을 분할 지급하기로 합의하였다고 봄이 타당하므로, 원고가 2013. 6. 27.까지 지급한 용선료 총액 217,100,000엔 중 197,370,000엔은 이 사건 선체용선계약에서 정한 용선료 전액의 지급에 충당되었고, 나머지 19,370,000엔(217,100,000엔－197,730,000엔)은 선박인도금 중 일부에 충당되었다고 할 것이다(이를 지적하는 원고의 주장은 이유 있다).

① 이 사건 선체용선계약은 단순한 선체용선계약이 아니라 소유권취득조건부 선체용선계약으로서 피고가 지급받아야 할 총액(50개월간 용선료+선박인도금)이 당초부터 정해져 있었으므로, 그 용선기간이 연장되었다는 사유만으로 당연히 추가 용선료가 발생한다고 단정할 수는 없다.

② 원고는 약정된 용선기간 만료일인 2012. 6. 12.경 46회차~50회차(2012. 1. 13.~2012. 6. 12.분) 용선료 지급을 지체하고 있었고, 피고는 경제적 어려움을 호소하는 원고의 요청에 따라 용선기간을 연장하여 주는 한편 2012. 6.부터는 매월 3,000,000엔씩을 지급받기로 구두 합의하였는데, 그 합의 당시 위 3,000,000엔이 연장된 용선기간에 대한 추가 용선료인지 여부에 관하여는 특별히 논의되지 않았던 것으로 보인다.

③ 이 사건 선박의 침몰사고 이후 피고의 대리인이었던 법무법인 화우의 담당변호사는 2013. 9. 5. 원고의 대리인에게 '원고는 어떠한 이유로도 미지급 용선료 등 합계 18,630,000엔의 지급의무를 면할 수 없다'는 이메일(갑19)을 보냈는데, 위 18,630,000엔은 이 사건 선체용선계약에서 정한 용선료 등 합계 235,730,000엔(용선료 197,730,000엔+선박인도금 38,000,000엔)에서 원고가 기지급한 217,100,000엔을 공제한 금액인 18,630,000엔과 정확히 일치한다.

④ 또한, 피고의 대리인이었던 법무법인 화우의 담당변호사는 이 사건 소제기 이전에 진행된 중재절차에서도 2014. 2.경 위와 같은 취지의 준비서면(갑33)을 제출하였고, 이 사건 소제기 직전인 2014. 4. 2.에도 원고의 대리인에게 같은 취지의 이메일 (갑39)을 보낸 사실이 있는 등 피고는 이 사건 소제기 이전까지는 원고에게 당초 약정된 용선료 총액을 초과하는 추가 용선료를 주장한 바 없었다.

⑤ 피고는 당초 약정된 용선기간 중에는 매월 해당 용선기간을 표시한 용선료 청구서를 원고에게 보냈으나, 2013. 6. 이후로는 해당 용선기간의 표시 없이 매월 3,000,000엔이 기재된 용선료 청구서를 보냈다(갑29, 30, 42).

⑥ 피고의 대표이사 카네야먀 마모루는 이 법원 본인신문 과정에서 '원고로부터 선박인도금을 매월 3,000,000엔씩 분할 상환하도록 해 달라는 요청을 받고 이에 사실상 동의하였다'는 취지로 진술하였는바(진술녹취서 11~12면 참조), 이는 위 3,000,000엔이 연장된 용선기간에 대한 추가 용선료가 아님을 의미한다고 볼 수 있다.

⑦ 원고는 이 사건 선체용선계약 체결 이전에 피고 측과 2차례 이와 유사한 소유권취득조건부 선체용선계약을 체결한 적이 있었는데, 그중 MGM NO.1 선박의 경우에는 원고가 당초 약정된 용선기간(36개월)보다 16개월 늦게 용선료 지급을 완료하였음에도(갑31, 38-1, 2) 피고가 추가 용선료나 지연이자 등을 요구하지 않았고, MGM NO.3 선박의 경우에도 원고가 당초 약정된 용선기간(48개월)보다 8개월 늦게 선박인도금 지급을 완료하

였음에도(갑38－3) 피고는 추가 용선료나 지연이자 등을 요구하지 않았다.

다. 소결

따라서 당초 약정한 용선기간 만료 후 연장된 용선기간에 대하여는 원고가 용선료 지급의무를 부담한다고 볼 수 없으므로, 이와 다른 전제에서 용선료 지급을 구하는 피고의 이 부분 반소청구는 이유 없다.

7. 원고의 가지급물반환신청에 관한 판단

갑48의 기재 및 변론 전체의 취지에 의하면, 피고는 이 사건 제1심 가집행선고부 판결에 기초하여 원고가 2015. 10. 12. 서울중앙지방법원 2015년 금 제22150호로 공탁한 공탁금 120,000,000원의 회수청구권에 대하여 채권압류 및 추심명령(부산지방법원 2015타채27164호)을 받은 후 2016. 2. 19. 위 공탁금 원리금 합계 120,003,349원을 수령한 사실을 인정할 수 있다.

그런데, 앞서 본 바와 같이 피고의 반소청구 중 용선료 지급청구는 이유 없으므로 이를 인용한 이 부분 제1심판결은 취소되어야 하고, 이에 따라 제1심판결에 붙은 가집행선고 역시 이 법원의 판결 선고로써 그 효력을 잃게 된다.

따라서 피고는 원고에게 가지급물의 반환으로 위 120,003,349원 및 이에 대하여 그 수령일인 2016. 2. 19.부터 피고가 이행의무의 존부 및 범위에 관하여 항쟁함이 타당하다고 인정되는 이 판결선고일인 2017. 1. 10.까지 민법이 정한 연5%, 그 다음 날부터 다 갚는 날까지 소송촉진 등에 관한 특례법이 정한 연 15%의 비율로 계산한 법정이자 또는 지연손해금을 지급할 의무가 있다.

8. 결 론

원고의 본소청구 중 주위적 청구 및 제1 예비적 청구는 이유 없어 이를 모두 기각하고, 제2 예비적 청구는 위 인정범위 내에서 이유 있어 이를 인용하며 나머지 청구는 이유 없어 이를 기각하여야 한다. 피고의 반소청구는 위 인정범위 내에서 이유 있어 이를 인용하고 나머지 반소청구는 이유 없어 이를 기각하여야 한다.

제1심판결이 반소에 대한 부분 중 금원지급청구(용선료 지급청구) 부분은 이와 결론을 달리하여 부당하므로, 이 부분 제1심판결을 취소하고 그 취소부분에 해당하는 피고의 반소청구를 기각한다. 그 밖에 제1심판결의 나머지 부분은 이와 결론을 같이하여 정당하므로, 원고의 본소에 관한 항소와 반소에 관한 나머지 항소를 기각한다. 이 법원에서 추가된 원고의 제1 예비적 청구는 이유 없어 이를 기각하고, 제2 예비적 청구는 위 인정범위 내에서 이유 있어 이를 인용하고 나머지 청구는 이유 없어 이를 기각한다. 원고의 가지급물반환신청은 이유 있으므로 이를 인용한다.

재판장 판 사 이 경 춘

판 사 황 의 동

판 사 신 용 호

〈제20호-II〉

서 울 고 등 법 원

판 결

사 건	2015나2030020 판결
원고, 항소인	동부화재해상보험 주식회사
피고, 피항소인	주식회사 논스톱서비스
제 1 심 판 결	수원지방법원 2015. 5. 21. 선고 2015가합60774 판결
변 론 종 결	2016. 3. 10
판 결 선 고	2016. 4. 21.

주 문

1. 원고의 항소를 기각한다.
2. 항소비용은 원고가 부담한다.

청구취지 및 항소취지

제 1심 판결을 취소한다. 별지 목록 제1항 기재 사고와 관련하여 별지 목록 제2항 기재 보험계약에 기한 원고의 피고에 대한 보험금지급채무는 존재하지 아니함을 확인한다.

이 유

1. 인정사실

가. 보험계약의 체결

1) 원고는 손해보험업 등을 영위하는 회사이고, 피고는 운송알선업 등을 영위하는 회사이다.

2) 피고는 2014. 4.경 주식회사 인텍에프에이와 사이에 100kw급 에너지저장 계통연계형 시스템 1대 등 물품(이하 '이 사건 적재물'이라 한다)을 서울에서 제주도까지 운송

하기로 하는 운송계약을 체결하면서, 이 사건 적재물의 운송과정에서 발생된 사고로 인하여 적재물에 관한 배상책임을 부담하게 되는 경우에 대비하기 위하여 원고와 사이에 2014. 4. 9. 적재물가액 4억 원, 1사고당 보상한도액 5억 원, 보험기간 2014. 4. 11.부터 2015. 4. 11.까지로 하는 적재물배상책임보험계약(이하 '이 사건 보험계약'이라 한다)을 체결하였다.

나. 사고의 발생

1) 피고는 이 사건 적재물을 제주도로 운송하기 위하여 2014. 4. 15. 서울 공세동 소재 주식회사 인텍에프에이 사업장에서 이 사건 적재물을 인도받아 허웅이 운전하는 제주96아2602호 5톤 화물차량에 이를 적재시켜 인천항에 이동한 후, 그 곳에서 제주도행 선박인 ○○○해운 소속 ○○호에 위 차량을 이 사건 적재물이 적재되어 있는 상태로 선적시켰다.

2) 세월호는 인천항을 출발하여 제주도로 항해하던 중 2014. 4. 16. 전남 진도군 조도면 동거차도리 병풍도 북방 1.8해리 해상에서 침몰하였고, 위 화물차량에 적재되어 있던 이 사건 적재물 또한 멸실되었다(이하 '이 사건 사고'라 한다).

3) 피고는 2014. 12. 10. 원고에게 이 사건 사고의 발생을 통보하고 이 사건 보험계약에 기한 보험금을 청구하였는데, 원고는 보험금 지급을 거절하였다.

다. 보험약관의 내용

이 사건 보험계약에 적용되는 적재물배상책임보험 보통약관 중 이 사건과 관련 있는 주요 내용은 다음과 같다.

[인정근거] 다툼 없는 사실, 갑 제1, 2호증, 을 제1, 2, 3호증의 각 기재, 변론 전체의 취지

2. 당사자의 주장 및 판단

가. 당사자의 주장

1) 원고의 주장

이 사건 보험계약은 약관 규정상 피보험자가 차량운송 및 화물운송부수업무를 수행하는 과정에서 발생한 보험사고로 인한 손해만을 담보하는데, 이 사건 사고는 차량운송 및 화물운송부수업무를 벗어난 해상운송 중 발생한 것으로서 그로 인한 손해는 이 사건 보험계약이 담보하는 손해가 아니므로 원고는 피고에게 이 사건 보험계약에 따른 보험금지급의무를 부담하지 않는다.

또한 이 사건 적재물의 화주는 4·16 세월호 참사 피해구제 및 지원 등을 위한 특별법(이하 '세월호 배상법'이라 한다)에 따라 국가로부터 보상을 받았고 더 이상 손해배상을 청구하지 않겠다는 의사를 표시하였으므로, 원고는 피고에 대하여 이 사건 보험계약에 따른 보험금지급의무를 부담하지 않는다.

적재물배상책임보험 보통약관
Ⅲ. 화물자동차운송주선위험
제45조(가입대상)
이 제3장(화물자동차운송주선위험)의 가입대상은 화물자동차운수사업법에서 규정한 화물자동차운송주선사업자 및 운송가맹사업자에 한합니다.
제46조(보상하는 손해)
회사는 피보험자(보험대상자)가 보험증권(보험가입증서)상의 보장지역 내에서 보험기간 중에 자기의 명의로 운송계약을 체결하거나 중개 또는 대리를 의뢰받은 수탁화물에 대하여 화주로부터 수탁받은 시점으로부터 수하인에게 인도하기까지의 운송과정(차량운송 및 화물운송 부수업무) 동안에 발생된 보험사고로 인하여 수탁화물에 대한 법률상의 배상책임을 부담함으로써 입은 손해를 이 약관에 따라 보상하여 드립니다.
제49조(보상하지 아니하는 손해)
1. 계약자 및 피보험자의 고의로 생긴 손해에 대한 배상책임
2. 전쟁, 혁명, 내란, 사변, 테러, 폭동, 소요, 노동쟁의 기타 이들과 유사한 사태로 생긴 손해에 대한 배상책임
3. 지진, 분화, 홍수, 해일 또는 이와 비슷한 천재지변으로 생긴 손해에 대한 배상책임
4. 피보험자와 타인 간에 손해배상에 관한 약정이 있는 경우, 그 약정에 의하여 가중된 손해배상책임. 그러나 약정이 없었더라도 법률규정에 의하여 피보험자가 부담하게 될 배상책임은 보상합니다.
5. 핵연료물질(사용된 연료를 포함합니다. 이하 같습니다) 또는 핵연료물질에 의하여 오염된 물질(원자핵 분열 생성물을 포함합니다)의 방사성, 폭발성 그 밖의 유해한 특성 또는 이들의 특성에 의한 사고로 생긴 손해에 대한 배상책임
6. 제5호 이외의 방사선 조사 또는 방사능 오염으로 인한 손해
7. 전자파, 전자장(EMF)으로 생긴 손해에 대한 배상책임
8. 통상적이거나 급격한 사고에 의한 것인가의 여부에 관계없이 공해물질의 배출, 방출, 누출, 넘쳐흐름 또는 유출로 생긴 손해에 대한 배상책임 및 오염제거비용
9. 수탁화물의 하자, 자연소모 또는 성질로 인한 발화, 폭발, 뜸, 곰팡이, 부패, 변색, 향기의 변질, 녹과 기타 이와 유사한 사고로 생긴 손해에 대한 배상책임
10. 피보험자의 대리인이나 근로자 또는 그의 가족, 친족이 행하거나 가담한 도난이나 강도로 생긴 손해에 대한 배상책임
11. 차량의 덮개(차량에 부착된 덮개를 포함합니다) 또는 화물의 포장불완전(해당 적재화물 자체의 포장불완전

및 적재화물의 결박 부적정 등을 포함)으로 생긴 손해 및 보장차량의 충돌이 수반되지 아니한 경우 수탁화물 간 충돌, 접촉으로 생긴 손해에 대한 배상책임	
12. 도로교통법 시행령 제22조(운행상의 안전기준)의 적재중량과 적재용량 기준을 초과하여 적재함으로써 생긴 손해에 대한 배상책임(단, 차량높이 기준은 도로법 시행령 제55조(차량의 운행제한) 제2항 기준을 적용함). 다만, 도로교통법 제39조(승차 또는 적재의 방법과 제한)에 의해 출발지를 관할하는 경찰서장의 허가를 받은 때와 피보험자(보험대상자)가 사고의 원인이 초과적재가 아님을 입증할 때에는 실제 적재중량에 대한 적재중량 또는 실제 적재용량에 대한 적재용량의 비율로 그 손해를 보상합니다.	
13. 보장차량의 충돌이 수반되지 아니한 경우 냉동냉장 장치 또는 설비의 고장이나 전기공급의 중단에 의한 온도변화로 수탁화물에 생긴 손해에 대한 배상책임	
14. 국가나 공공기관에 의한 수탁화물의 징발, 몰수, 압류, 파괴 또는 국유화로 생긴 손해에 대한 배상책임	
15. 분실, 감량으로 생긴 손해에 대한 배상책임	
16. 기계류, 전자기기류 또는 이와 유사한 재물의 해체 또는 설치 중에 생긴 손해	
17. 수탁물이 수하인에게 인도된 후 14일을 초과하여 발견된 손해에 대한 배상책임	
18. 이사화물과 관련한 배상책임	
19. 피보험자가 자기소유의 화물자동차로 차량운송 중 생긴 손해에 대한 배상책임	
20. 피보험자가 소유 또는 관리하는 창고(모든 보관시설을 포함합니다)에 보관 중에 발생한 손해에 대한 배상책임	
용어의 정의	
화물운송 부수업무	화물운송 부수업무라 함은 수탁화물의 반입, 반출, 환적 및 기계를 이용한 상·하차 등 통상의 운송과정 중에 발생하는 차량운송과 관련된 부수업무를 말합니다. 단, 보관업은 이에 해당하지 않습니다.
법률상의 배상책임	화물자동차운수사업법상의 손해배상책임에 따른 배상금을 말합니다. 단, 세금·벌금·과태료·과징금·징벌적손해배상금·배액배상금·특별손해액(가치하락, 시장상실 등에 의한 손해액을 말합니다) 및 피보험자(보험대상자)와 타인과의 사이에 손해배상에 관한 특별한 약정이 있을 경우에 그 약정에 따라서 가중된 손해배상금(계약상의 가중책임)은 포함되지 아니합니다.

2) 피고의 주장

이 사건 보험계약은 운송인 등이 운송과정 중 우연한 사고로 화주에 대하여 손해배상책임을 부담함으로써 입은 손해를 보상하는 내용의 책임보험에 해당하고, 이 사건 보험계약상 면책약관에 해당되는 등의 특별한 사정이 없는 한 이 사건 사고로 인한 손해는 이 사건 보험계약에 의하여 담보된다고 보아야 한다.

그렇지 않더라도 원고는 이 사건 보험계약 체결 당시 차량을 선박에 선적시켜 이동하는 중에 발생하는 사고로 인한 손해는 담보대상에서 제외된다는 취지 등 보험상품의 내용 및 담보대상에 관하여 아무런 설명도 하지 아니하였으므로, 위와 같은 설명의무 위반에 따라 원고는 이 사건 사고로 인한 손해는 이 사건 보험계약의 담보대상에서 제외된다고 주장할 수 없다.

이 사건 사고로 피해를 입은 화주들이 세월호 배상법에 따라 국가로부터 보상을 받았다 하더라도 이로 인하여 피고의 화주에 대한 손해배상의무가 종국적으로 소멸하는 것은 아니므로, 피고의 원고에 대한 이 사건 보험금청구권의 존부에 영향이 없다.

나. 판단

1) 이 사건 사고가 이 사건 보험계약에 의하여 담보되는지 여부

가) 이 사건 보험계약에 적용되는 원고의 적재물배상책임보험 보통약관(이하 '이 사건 약관'이라 한다) 제46조가 '피보험자의 수탁화물이 화주로부터 수탁받은 시점으로부터 수하인에게 인도하기까지의 운송과정(차량운송 및 화물운송 부수업무) 동안에 발생된 보험사고로 인하여 수탁화물에 대한 법률상의 배상책임을 부담함으로써 입은 손해를 보상한다'고 규정하고 있음은 앞서 본 바이므로, 원고가 이 사건 사고에 대하여 보험금을 지급할 의무를 부담하기 위해서는 위 약관상의 보험금지급대상이 되는 운송과정 중에 발생한 사고로 인하여 이 사건 적재물이 멸실되는 등으로 피고가 법률상 배상책임을 부담하게 된 경우에 해당하여야 할 것이다.

나) 앞서 본 사실관계에 의하면, 이 사건 사고는 이 사건 적재물을 적재한 상태의 화물차량이 선박에 선적되어 위 선박이 해상에서 이동하는 도중에 위 선박이 해상에서 침몰함에 따라 이 사건 적재물이 선박과 함께 침몰하여 발생한 사고인바, 다음과 같은 점에 비추어 볼 때, 이 사건 사고는 이 사건 약관에서 보상하는 손해로 규정하고 있는 '운송과정 중에 발생된 사고'에 해당하지 않는다고 봄이 타당하다.

① 이 사건 약관에 의하면, 그 가입대상은 화물자동차운수사업법에서 규정한 화물자동차운송사업자 및 운송가맹사업자로 한정되어 있고(제45조), 용어의 정의 규정에서는 보상하는 손해 규정의 '법률상의 배상책임'에 대하여 '화물운송자동차운수사업법상의 손해배상책임에 따른 배상금을 말합니다.'라고 정의하고 있다. 화물자동차운수사업법은 자동차운송업을 규율하는 법률로서, 제7조에서 화물의 멸실·훼손 또는 인도의 지연으로 발생한 운송사업자의 손해배상책임에 관하여 상법 제135조의 운송인의 손해배상책임을 준용하고 있는데, 상법은 해상운송인의 손해배상책임에 관하여는 상법 제135조와는 별도로 '해상편'에 그 근거규정을 따로 두고 있음에도 화물자동차운수사업법은 상법상 해상운송인의 손해배상책임 규정을 준용하고 있지 않다.

② 이 사건 약관상 보상하는 손해는 '운송과정 동안에 발생된 보험사고'로 규정하고 있고, 운송과정에 관하여는 '차량운송 및 화물운송부수업무'라고 명시하고 있으므로(제46조), 차량운송 및 화물운송부수업무의 범위를 벗어난 경우에는 위 약관의 담보범위에서

제외된다고 보아야 한다. '차량운송'이란 차량을 동력수단으로 사용하는 운송을 가리키는 것으로서, 차량이 선박이나 비행기에 선적되어 선박이나 비행기를 동력수단으로 하여 이동되는 경우에는 차량을 동력수단으로 사용하였다고 볼 수 없어 이를 차량운송이라고 할 수 없다.

③ 또한 이 사건 보험계약은 화물자동차운송사업자를 가입대상으로 하는 보험으로서, 피보험자가 운송의 목적으로 수탁받은 화물을 화물자동차로 운송하는 동안에 발생된 보험사고를 담보하는 것인데, 수탁화물을 차량에 적재한 채로 그 차량 자체를 선박에 적재시켜 해상에서 운반하는 것은, 위 약관 정의규정에서 '화물운송부수업무'에 대하여 정의하고 있는 '수탁화물의 반입, 반출, 환적 및 기계를 이용한 상・하차 등 통상의 운송과정 중에 발생하는 차량운송과 관련된 부수업무'에 해당한다고 볼 수도 없다.

④ 나아가 육상운송과 해상운송의 위험은 본질적으로 다르고 통상적으로 해상운송이 육상운송보다 위험도가 높다고 할 것인데, 수탁화물만을 개별적으로 선박에 선적시킨 경우와 차량에 적재하여 차량 자체를 선박에 선적시킨 경우를 놓고 볼 때, 그 위험이 본질적으로 다르다고 볼 수 없는바, 수탁화물을 차량에 적재한 채로 그 차량 자체를 선박에 적재시켜 해상에서 운반하는 경우는 수탁화물만을 개별적으로 선박에 선적시킨 경우와는 달리 차량운송에 해당하는 것으로 보아 이를 이 사건 보험계약의 담보대상이 되는 것으로 예정하였다고 볼 아무런 근거규정이 없다.

다) 따라서 이 사건 사고는 이 사건 보험계약에서 보장하는 운송과정에서 일어난 사고라고 볼 수 없다.

2) **원고가 이 사건 약관에 대한 명시·설명의무를 위반하였는지 여부**

가) 상법 제638조의3 제1항 및 약관의 규제에 관한 법률 제3조의 규정에 의하여 보험자는 보험계약을 체결할 때 보험계약자에게 보험약관에 기재되어 있는 보험상품의 내용, 보험료율의 체계, 보험청약서상 기재 사항의 변동 및 보험자의 면책사유 등 보험계약의 중요한 내용에 대하여 구체적이고 상세한 명시・설명의무를 지고 있다고 할 것이어서, 만일 보험자가 이러한 보험약관의 명시・설명의무에 위반하여 보험계약을 체결한 때에는 그 약관의 내용을 보험계약의 내용으로 주장할 수 없고, 다만 보험약관의 중요한 내용에 해당하는 사항이라 하더라도 거래상 일반적이고 공통된 것이어서 보험계약자가 별도의 설명 없이도 충분히 예상할 수 있었던 사항이거나 보험계약자나 그 대리인이 그 내용을 충분히 잘 알고 있는 경우에는 그 약관이 바로 계약 내용이 되어 당사자에 대하여 구속력을 가지므로 보험자로서는 보험계약자 또는 그 대리인에게 약관의 내용을 따로 설명할 필요가 없다(대법원 2005. 12. 9. 선고 2004다26164, 26171 판결, 대법원 2005. 8. 25. 선고 2004

다18903 판결 등 참조).

나) 이 사건 약관에 의하면, 피보험자가 차량을 동력원으로 하여 육상에서 화물을 운송하는 중에 발생한 사고로 인하여 화주에 대하여 손해배상책임을 지는 경우에 한하여 보험금이 지급되고, 피보험자가 화물을 적재시킨 상태의 차량을 선박에 선적시켜 운송하는 경우에는 보험금을 지급받을 수 없는바, 이는 보험자의 책임 범위와 관련되는 해당 보험상품의 중요한 내용에 해당하는 사항으로서 보험자의 구체적이고 상세한 명시·설명의무의 대상이 된다고 할 것이다.

다) 이에 대하여 원고는, 이 사건 보험의 담보명이 '화물자동차운송주선위험'이고 약관 제46조가 보상하는 손해의 대상을 차량운송 및 화물운송부수업무의 운송과정에서 발생한 보험사고를 담보한다고 규정하고 있어 육상운송 중 발생한 사고만 담보하는 것임을 사회통념상 쉽게 알 수 있으므로 보험자에게 이에 대한 명시·설명의무가 인정된다고 할 수 없다고 주장한다.

그러나 이 사건 약관의 보상하는 손해 규정은 '보장지역 내에서 수탁화물에 대하여 화주로부터 수탁받은 시점으로부터 수하인에게 인도하기까지의 운송과정 동안에 발생된 보험사고로 인하여 수탁화물에 대한 법률상의 배상책임을 부담함으로써 입은 손해를 보상한다'는 취지로만 기재되어 있을 뿐이어서, 수탁화물을 적재시킨 상태의 차량을 선박에 선적시켜 이동하는 중에 발생한 사고로 인한 손해는 배상대상에서 제외된다는 취지가 명백하다고 볼 수 없는 점, 이 사건 보험계약상 보장지역인 '대한민국[1] 내'는 한반도와 부속도서로 이루어져 있어 해상구간의 이동이 수반되는 경우도 상정할 수 있고 화물차량 자체를 선적시킨 선박의 운행이 일반화되어 있다고 보임에도 피보험자가 수탁화물을 운송하는 과정 중에 해상구간이 있음을 고지하도록 하는 규정도 없는 점, 국내운송과 관련하여 육상운송 및 해상운송을 포괄하는 복합운송상의 사고를 담보하는 보험상품이나 선박업자가 아닌 화물운송업자를 위하여 해상운송상의 사고를 담보하는 적하보험 상품이 없어서 피고와 같은 화물운송업자들은 이 사건 보험계약과 같은 보험계약만을 체결하고 있고, 해상운송상의 사고를 담보하기 위하여 별도의 보험계약을 체결하여야 한다는 것이 화물운송업계에 일반적으로 알려져 있다고 보기 어려운 점 등에 비추어 보면, 피고가 이 사건 보험계약의 담보대상이 육상운송의 경우에만 담보되는 것임을 별도의 설명 없이도 충분히 예상할 수 있었다고 보기 어렵다.

라) 그렇다면, 원고가 이 사건 보험계약이 육상운송의 경우에만 부보 범위에 포함되고 이 사건 사고와 같이 차량에 화물을 적재한 상태에서 선박으로 운송하는 과정에 발생한

1) 이 점에 관하여 원고가 명백히 다투지 않고 있다.

사고는 담보되지 않는다는 점에 관하여 피고에게 명시·설명의무를 이행하였음을 인정할 아무런 증거가 없는 이 사건에서, 원고는 이 사건 보험계약이 육상운송의 경우에만 부보범위에 포함된다는 것을 보험계약의 내용으로 주장할 수 없다.

따라서, 이 사건 사고는 이 사건 보험계약에서 보장하는 운송과정에서 일어난 사고라고 보는 것이 타당하므로, 이 사건 보험계약상 면책약관에 해당되는 등의 특별한 사정이 없는 한 이 사건 사고로 인한 손해는 이 사건 보험계약에 의하여 담보된다고 보아야 하고, 이와 다른 전제에서 주장하는 원고의 청구는 이유 없다.

3) **원고의 세월호 배상법 관련 주장에 관한 판단**

살피건대, 이 사건 적재물의 화주가 이 사건 사고로 인하여 입은 피해에 대하여 세월호 배상법에 따라 국가로부터 보상을 받은 사실은 피고도 자인하고 있는 바이나, 그 경우 국가는 세월호 배상법 제18조[2]에 따라 이 사건 적재물의 화주에게 지급한 금액의 한도에서 피고에 대하여 화주와 피고 사이의 운송계약상의 채무불이행 등에 기한 손해배상청구권을 대위하게 된다.

따라서, 이 사건 적재물의 화주가 이 사건 사고로 인하여 입은 피해에 대하여 세월호 배상법에 따라 국가로부터 보상을 받았다는 사정만으로는 피고의 이 사건 적재물의 화주에 대한 손해배상책임이 종국적으로 소멸한다고 볼 수 없고, 나아가 이 사건 적재물의 화주가 피고에 대하여 이 사건 사고로 인한 손해배상청구권을 행사하지 않겠다는 의사를 표시하였다는 원고 주장사실에 관하여는 이를 인정할 아무런 증거가 없다.

그렇다면, 이 사건 사고로 인한 피고의 손해배상의무가 존재하지 아니함을 전제로 하여 피고의 원고에 대한 보험금청구권이 존재하지 않는다는 원고의 주장은 결국 이유 없다.

3. 결 론

그러므로 원고의 청구는 이유 없으므로 이를 기각할 것인바, 제1심 판결은 이와 결론을 같이하여 정당하므로 원고의 항소는 이유 없어 이를 기각하기로 하여 주문과 같이 판결한다.

판 사 재판장 정 종 관
재판장 김 유 진
재판장 박 해 빈

2) 제18조(국가의 손해배상청구권의 대위행사 등) 국가는 제12조의 지급결정 및 제17조의 임시지급결정에 따라 신청인에게 지급한 금액의 한도에서 신청인의 국가 외의 자에 대한 손해배상청구권을 대위한다.

찾 / 아 / 보 / 기

ㄱ

감항능력주의의무 33
갑판멸실(Loss overboard) 127
갑판유실(Washing overboard) 127
갑판적재약관(On-Deck Clause) 126
강행규정 27, 65
개별적(포장당) 책임제한제도 52
계약운송인 135
공익채권 8, 10
공작물의 점유자로서의 책임 69
관리인(manager) 138
광주고등법원 2013.7.17. 선고 2012나1018 판결 94
국립해양조사원 19
국적취득조건부 나용선 121
국제사법 제7조 65
국제사법 제8조 제1항 21
국제사법 제10조 18, 63
국제사법 제25조 제1항 60
국제사법 제25조 제4항 11, 78
국제사법 제26조 제1항 60
국제사법 제60조 66
국취부선체용선계약 140
금화 100파운드 58

ㄴ

나용선등록 67
난파물제거협약(Wreck Removal Convention) 65

ㄷ

담보특약 76
대구지방법원 2015.2.4. 선고 2014나203202 판결 115
대법원 1983.3.22. 선고 82다카1533 판결 60
대법원 1988.9.27. 선고 84다카1639 판결 104
대법원 1989.4.25. 선고 87다카1669 판결 87
대법원 1991.12.10. 선고 91다14123 판결 103
대법원 1992.2.14. 선고 91다4249 판결 104
대법원 1993.2.26. 선고 92다46684 판결 43
대법원 1994.1.11. 선고 93다26205 판결 117
대법원 1996.3.8. 선고 95다28779 판결 11
대법원 1997.8.26 선고 96다33143 판결 21
대법원 1998.5.15. 선고 96다2773 판결 49
대법원 1999.4.23. 선고 98다13211 판결 103
대법원 2000.3.10. 선고 99다55052 판결 137
대법원 2000.11.14. 선고 2000다30950 판결 104
대법원 2001.5.15. 선고 99다26221 판결 49
대법원 2001.7.27. 선고 99다55533 판결 12
대법원 2003.1.10. 선고 2000다70064 판결 54, 55
대법원 2003.10.24. 선고 2001다72296 판결 137
대법원 2004.3.25. 선고 2001다53349 판결 54
대법원 2004.7.22. 선고 2001다67164 판결 27
대법원 2005.3.24. 선고 2003다5535 판결 99
대법원 2006.6.29. 선고 2005다49709 판결 117
대법원 2006.10.26. 선고 2004다27082 판결 124
대법원 2007.9.6. 선고 2005다38263 판결 9

대법원 2010.9.9. 선고 2009다105383 판결 12, 76
대법원 2012.10.11. 자 2010마122 결정 8
대법원 2012.7.16. 자 2009마 결정 24
대법원 2013.10.31. 선고 2011다16431 판결 44
대법원 2013.9.13. 자 2013마816 결정 67
대법원 2014.5.9. 자 2014마223 결정 50
대법원 2014.6.12. 선고 2012다106058 판결 57
대법원 2014.6.26. 선고 2014두3945 판결 113
대법원 2014.7.24. 선고 2013다34839 판결 63
대법원 2014.10.2. 자 2013마1518 결정 61
대법원 2014.10.15. 선고 2004다2137 판결 103
대법원 2014.11.27. 선고 2012다14562 판결 81
대법원 2014.11.27. 자 12014마1099 결정 66
대법원 2014.12.11. 선고 2012다15602 판결 79
대법원 2014.12.24. 선고 2014다 27128 판결 135
대법원 2015.2.26. 선고 2012다79866 판결 72
대법원 2015.3.20. 선고 2012다118846, 2012다118853(반소) 판결 75
대법원 2015.4.23. 선고 2012다115847 판결 101
대법원 2015.7.9. 선고 2014다 64442 판결 88
대법원 2015.11.17. 선고 2013다61343 판결 94
대법원 2015.12.10. 선고 2013다3170 판결 97
대법원 2016.5.12. 선고 2015다49811 판결 117
대법원 2016.6.23. 선고 2015다5194 판결 126
대법원 2016.9.28. 선고 2016다213237 판결 123
대법원 2017.1.25. 선고 2015다225851 판결 135
대전지법 서산지원 2016.1.8. 자 2015타기180호 결정 133
인도지시서(D/O) 101
독립적 은행보증 89
독립증 보증 73

ㄹ

라이베리아국 해상법 제114조 118

ㅁ

마스터 선하증권(Master B/L) 137
몬트리올협약 82
물권적 기대권 140
미국 제2항소법원 2012.8.29. 판결 3
민법 제459조 74
민법 제507조 74
민법 제734조 80
민법 제750조 68
민법 제756조 69
민법 제758조 제1항 본문 69

ㅂ

배타적 경제수역(EEZ) 108
보험자대위 83
부산고등법원 2012.10.29. 자 2012라61 결정 5
부산지방법원 2013.4.18. 선고 2012가합6274 판결 19
부산지방법원 2013.4.24. 자 2012라19 결정 67
부산지방법원 2014.5.15. 선고 2013가합47173 판결 68
분손부담보(Free from Particular Average) 126
불법표시(misrepresentation) 39
불법행위 65
불법행위책임 99
비정상적인(abnormal) 상황 85

ㅅ

사무관리 79, 80
사용자 책임 69
상법 제139조 98

상법 제140조 제2항 98
상법 제682조 83
상법 제724조 제2항 18, 63
상법 제744조 제1항 131
상법 제769조 50, 95
상법 제774조 50
상법 제798조 52
상법 제799조 27
상법 제799조 제1항 95
상법 제815조 98
상법 제850조 제2항 62
서렌더 선하증권 123
서울고등법원 2012.7.20. 선고 2011나60300 판결 73
서울고등법원 2016.4.21. 선고 2015나2030020 판결 141
서울고등법원 2017.1.10. 선고 2015나2029365, 2029372 판결 138
서울고법 2014.5.9. 선고 2013나73560 판결 63
서울고법 2015.6.9. 선고 2012나29269 판결 91
서울남부지방법원 2013.5.30. 선고 2012가합7046 판결 13, 15
서울중앙지방법원 2013.11.21. 선고 2011가합98377 판결 40
서울중앙지법 2013.11.1. 자 2013책2 결정 26
서울중앙지법 2014.4.3. 선고 2013가합14274 판결 47
선급협회(classification society) 4
선박소유자 책임제한조약(LLMC) 6
선박소유자책임제한 51
선박연료유 협약 7
선박연료유공급자 66
선박연료유채권 134
선박우선특권(maritime lien) 22, 24
선박의 운항(operation) 51
선박임대차유사설 62
선박잔존가치보증계약(RVG계약) 115, 117
선수금환급보증서(RG) 72, 88, 90
선적국법 주의 23
선지급(先支給)규정(pay to be paid rule) 105
선지급항변 17, 19
선체용선등록 67
설명의무위반 84
성약서(Fixture Note) 59
소송중지명령(anti-suit injunction) 105, 107
소유권 유보부 매매 138
소유권등록국법 67
소유권보존등기 114
손해배상청구권설 18
수로국 20
수익채무자 30
신용장개설은행 45
신용장통일규칙 45
실제공급업체(physical supplier) 133
쌍방미이행쌍무계약 9

ㅇ

안전항담보의무 86
약관규제법 제3조 76
약관의 규제에 관한 법률 10, 75
약식판결(summary judgment) 5
양도담보계약 73
여객운송인 42
영국 100파운드 58
영국 MIA 제55조 49
영국 여왕좌부 2015.2.11. 판결 104
영국 준거법약관 128
영국항소법원 2015.1.22. 판결 85
영업용 보세장치장 103
외관상 양호한 상태 36

외관상 양호함 38
용선계약상의 중재조항 53
울산지방법원 2014.2.6. 선고 2012가합3810 판결 53, 59
울산지방법원 2014.4.22. 자 2014책1 결정 56
원인관계 88
유배법 제5조 41
유배법 제45조 6
유엔 해양법재판소 108
인천지방법원 2012.8.8. 선고 2011가합19740 판결 33
인천지방법원 2013.5.21. 선고 2011가합17126 판결 29
일반편입조항 55

ㅈ

자가보세장치장 103
정기용선자 62
제3자 권리법[Third Parties Act 1930] 17, 93
조세심판원 2015.12.24. 자 2015자0873 결정 112
증거의 우월(preponderance of evidence) 49
직접청구권 16, 91, 105

ㅊ

창원지방법원 2013.4.10. 선고 2012나5173 배당이의 판결 21
창원지방법원 2016.10.17. 자 2016타기227 결정 121, 129
창원지방법원 2017.2.14. 자 2016라308 결정 129
채무불이행책임 99
채무자 회생 및 파산에 관한 법률 제58조 121
채무자회생법 제58조 129
책임제한절차 56
청주지방법원 2013.11.15. 선고 2012가단25357 판결 42
추월항법 13
취소될 수 없고 무조건적인 74

ㅌ

튜멘호 가압류사건 110
특정편입조항 55

ㅍ

편의치적선 21, 23
표현선주(ostensible owner) 134
플로팅 도크 112
필요품 118

ㅎ

하우스 선하증권 136, 137
항해과실 면책 96
항해의 준비를 완료한 선박 131
해상화물운송장(sea waybill) 99
해양오염방지법 80
허베이 스피리트 호 충돌사고 79
헤이그 규칙 제3조 제1항 (a)호 34
헤이그 규칙 제4조 제5호 및 제9조 58
헤이그비스비 규칙 제3조 제8항 27
화물인도지시서(D/O) 97
화물자동차운송사업법 142
화재면책 94
회생담보채권 10
회생채권 10

기타

1958년의 The Eastern City 판결 86

1967년 국제협약 61
1976년 해사채권에 대한 책임제한조약 제2조 50
1993년 협약 61
ABS 3
Bunker협약 6
Clean B/L 37
FIOST 조건 124
FO(Free Out) 101
ITC(Hull) 제6조 제2항 50
Nicolas H호 4
OW Bunker 133
P&I 클럽 63
Retla 조항 36
Sundance호 사건(1993년) 3
The Arctic Sunrise 108
THE OCEAN VICTORY 85
The Saga Explorer 37
The Yusuf Cepnioglu 104
Tokio Marine 판결 36

고려대 해상법연구센터

해상법연구센터는 2011년 한국 해상법의 발전을 위하여 설립되었다. 해상법 판례의 저변 확대와 외국 홍보를 위하여 2013년 1월부터 Korea Maritime Law News Update를 연간 4회 발간하고 있다.
또한 선박건조·금융법연구회를 연간 6회 실시하고 매년 말에는 "해상법전문가 강좌"를 개최하고 있다.

편저자 약력

한국해양대학교 항해학과 졸업
고려대학교 법학·석사·박사
University of Texas at Austin, LLM(법학석사)
싱가포르 국립대학 방문교수
일본 산코기센(Sanko Line) 항해사 및 선장
김&장 법률사무소 해사자문역(선장)
국립목포해양대학교 부교수
부산대학교 법과대학 부교수
현) 고려대학교 법과대학(법학전문대학원) 교수
고려대 해상법연구센터 소장
한국해법학회 회장, 상사법학회 부회장
인천항만공사 항만위원
국회 입법지원 위원, 법원 전문심리위원
중앙해양안전심판원 재결평석위원회 위원장

■ 주요 저서
해상법, 법문사, 2014.
선박충돌법, 법문사, 2015.
해상법연구 I, II, III
Transport Law in South Korea, Kluwer, 2016

해상법 중요판례집(I) (2012-2017)

2018년 1월 25일 초판 인쇄
2018년 1월 30일 초판 1쇄 발행

발 간 고려대해상법연구센터
편저자 김 인 현
발행인 배 효 선

발행처 도서출판 法 文 社

주 소 10881 경기도 파주시 회동길 37-29
등 록 1957년 12월 12일/제2-76호(윤)
전 화 (031)955-6500~6 FAX (031)955-6525
E-mail (영업) bms@bobmunsa.co.kr
(편집) edit66@bobmunsa.co.kr
홈페이지 http://www.bobmunsa.co.kr
조 판 법 문 사 전 산 실

정가 37,000원 ISBN 978-89-18-09137-2